Rudolf Cronau

Drei Jahrhunderte deutschen Lebens in Amerika

Eine Geschichte der Deutschen in den Vereinigten Staaten

**Cronau, Rudolf: Drei Jahrhunderte deutschen Lebens in Amerika.
Eine Geschichte der Deutschen in den Vereinigten Staaten**

**Hamburg, SEVERUS Verlag 2010.
Nachdruck der Originalausgabe, Berlin 1909.**

ISBN: 978-3-942382-31-1
Druck: SEVERUS Verlag, Hamburg, 2010

Bibliografische Information der Deutschen Nationalbibliothek:
Die Deutsche Nationalbibliothek verzeichnet diese Publikation in der Deutschen Nationalbibliografie; detaillierte bibliografische Daten sind im Internet über http://dnb.d-nb.de abrufbar.

© **SEVERUS Verlag**
http://www.severus-verlag.de, Hamburg 2010
Printed in Germany
Alle Rechte vorbehalten.

Der SEVERUS Verlag übernimmt keine juristische Verantwortung oder irgendeine Haftung für evtl. fehlerhafte Angaben und deren Folgen.

Vorwort.

Seit drei Jahrhunderten wälzt sich aus Deutschlands Gauen ein Strom von Auswandrern nach der Neuen Welt, je nach den im alten Vaterland obwaltenden politischen oder wirtschaftlichen Verhältnissen bald gleichmäßig fließend, bald nachlassend, um dann plötzlich wieder mächtig anzuschwellen und den Charakter einer wahren Völkerwanderung anzunehmen.

Fragte man die in der Heimat Zurückgebliebenen, was aus ihren nach Millionen zählenden ausgewanderten Landsleuten in der Fremde geworden, so vermöchten gewiß nur sehr wenige eine befriedigende Auskunft zu geben. Man verhielt sich in Deutschland gegenüber dem Schicksal seiner ausgewanderten Söhne bisher recht gleichgültig, indem man sich an die durchaus falsche Vorstellung gewöhnte, daß dieselben für ihr Vaterland wie für das deutsche Volkstum verloren seien. Man betrachtete sie als Faktoren, mit welchen man nicht länger rechnen dürfe. Man weiß nicht, was sie da draußen erlebten und verrichteten, ob sie im Elend verkamen oder es verstanden, eine achtunggebietende Stellung zu erringen.

Und die Ausgewanderten selbst? — Obwohl sie die Erfolge vieler ihrer Brüder vor Augen sehen, so sind auch sie über das, was die Gesamtmasse der Deutschen in Amerika leistete, doch nur oberflächlich unterrichtet. Weder sie, noch die neben ihnen wirkenden Amerikaner anderer Abstammung wissen, wie ungeheuer viel die großartig entwickelten Vereinigten Staaten von Amerika der rastlosen Arbeit, dem unermüdlichen Fleiß und der Intelligenz der Deutschen verdanken. —

An Geschichtswerken, welche die Vergangenheit Amerikas, den Ursprung und die Entwicklung der Vereinigten Staaten behandeln, ist zwar kein Mangel. Aber gegen diese Werke ist von vielen klarblickenden, nach historischer Wahrheit strebenden Forschern mit vollem Recht der Einwand erhoben worden, daß sie die Geschichte nur eines T e i l e s des amerikanischen Volkes, und zwar des aus England eingewanderten berücksichtigen, während auf die Vergangenheit und Leistungen der anderen Völkerelemente, die zum Aufbau der amerikanischen Nation beitrugen, entweder gar nicht oder nur sehr oberflächlich eingegangen sei. —

Beim Prüfen dieser Angelegenheit kann der mit der Entwicklungsgeschichte Amerikas Vertraute sich der Erkenntnis nicht entziehen, daß jener

Einwand durchaus zutrifft. Fast alle in den vorhandenen Geschichtswerken geschilderten Ereignisse sind vom Gesichtswinkel des Anglo-Amerikaners, speziell des Neu-Engländers aus gesehen und beschrieben. Was andere Völkerelemente zur amerikanischen Kultur, zum Aufbau der Nation beitrugen, welche hervorragenden Männer sie lieferten, welche Taten dieselben verrichteten, was sie an Großem, Bleibendem schufen, blieb entweder unberücksichtigt oder wurde nur mit flüchtigen Strichen angedeutet, oft sogar absichtlich entstellt. Infolgedessen bildet sich bei den Lesern solcher Werke die irrige Anschauung, als ob die Anwesenheit der zahlreichen, nicht angelsächsischen Stämme auf amerikanischem Boden für die dort entstandene Kultur gar nichts bedeutet habe, und den Angelsachsen allein das Verdienst gebühre, das Material zum Aufbau der amerikanischen Nation geliefert und die Kultur derselben geschaffen zu haben.

So wenig aber eine Schilderung des Mississippi Anspruch auf Vollständigkeit erheben dürfte, die es unterließe, auch seine Hauptarme, den Missouri und Ohio zu beschreiben und ihre Bedeutung für die Größe und den Charakter des ganzen Stromsystems darzulegen, ebensowenig können so einseitig aufgefaßte Geschichtswerke wie die bezeichneten Anspruch auf den Titel einer „Geschichte des amerikanischen Volkes" erheben.

Diese muß noch geschrieben werden. Und zwar unter gerechter Berücksichtigung aller verschiedenen Rassen- und Völkerelemente, aus denen sich das Volk der Vereinigten Staaten zusammensetzt und die in irgendeiner besonderen Weise zur amerikanischen Kultur beitrugen.

Das kann erst geschehen, wenn das erforderliche historische Material in Spezialwerken niedergelegt ist, die den Anteil der Deutschen, Iren, Schotten, Holländer und Skandinavier, der romanischen und slavischen Völker, der Isrealiten, der indianischen, afrikanischen und mongolischen Rassen feststellen. Durch ausgedehnten Gebrauch solcher Spezialwerke kann die zu schreibende Geschichte der amerikanischen Nation an Interesse, Mannigfaltigkeit und Farbenreiz nur ungemein gewinnen. —

Wie zu dem in der Bundeshauptstadt Washington gen Himmel ragenden Monument zu Ehren des Begründers der Union, George Washington, fast alle Nationen des Erdballs Bausteine beitrugen, so mögen die in den Vereinigten Staaten ansässig gewordenen Vertreter solcher Nationen dies auch tun zu dem erhabenen Ruhmestempel der amerikanischen Geschichte. —

Der Verfasser dieses Buches bietet einen solchen Baustein, in der Überzeugung, daß die nach Millionen zählenden Abkömmlinge des deutschen Volkes, welche seit frühen Tagen in das Gebiet der heutigen Vereinigten Staaten von Amerika einströmten, in jeder Beziehung ein gewaltiger Faktor waren, der nicht übersehen werden sollte.

Berlin, im Sommer 1909.

Rudolf Cronau.

Inhaltsverzeichnis.

	Seite
Vorwort	V
Verzeichnis der Abbildungen	IX

I. Teil: Die Deutschen während der Kolonialzeit.

Die ersten deutschen Flugblätter über Amerika und die Vorläufer
der deutschen Auswanderung dorthin 3

Die ersten Deutschen in den nordamerikanischen Kolonien.
    Die deutschen Gouverneure von Neu-Niederland und Neu-Schweden 11
    Jakob Leisler. Die stürmischste Periode in der Geschichte der Kolonie New York   26
    Augustin Herrman, der erste deutsche Kartograph; Johann Lederer, der erste
        deutsche Forschungsreisende in Nordamerika 41

Die deutschen Sektenniederlassungen des 17. und 18. Jahrhunderts.
    Die Ursachen der Sektenauswanderung 46
    Die Mennoniten und die Gründung Germantowns 49
    Die Labadisten und Rosenkreuzer 70
    Die Tunker und das Kloster Ephrata 75
    Die Salzburger in Georgia 81
    Die Mährischen Brüder oder Herrnhuter 85

Die Masseneinwanderung der Pfälzer im 18. Jahrhundert 97
    Die Pfälzer in Karolina und Virginien. — Die Pfälzer in der Kolonie New York.
    — Die Niederlassungen der Pfälzer und Elsaß-Lothringer in Louisiana. —
    Die Pfälzerniederlassungen in Neu-England.

Die Käuflinge oder Redemptionisten und das Entstehen der „Deutschen
    Gesellschaften" 116

Die kulturellen Zustände der Deutschamerikaner während der
    Kolonialzeit 124

Der Franzosenkrieg 152

Gegner und Freunde der deutschen Ansiedler 170

Der Anteil der Deutschen am amerikanischen Unabhängigkeitskriege.
    Der Freiheit Morgengrauen 177
    Deutsches Heldentum und deutsche Opferwilligkeit im Freiheitskrieg 185
    Nikolas Herchheimer und die deutschen Helden von Oriskany 196
    Generalmajor Peter Mühlenberg 205
    Der Soldatenhandel deutscher Fürsten und die deutschen Söldlinge im eng-
        lischen Heer 208

	Seite
Die deutschen Ansiedler im Kampf mit den indianischen Verbündeten der Briten	216
Generalmajor Johann von Kalb	222
Generalmajor Friedrich Wilhelm von Steuben, der Schöpfer des amerikanischen Heeres	226
Die deutschen Truppenabteilungen im französischen Hilfsheer	242

II. Teil: Die Deutschamerikaner seit Aufrichtung der Union.

Der Anteil der Deutschen an der Erschließung und Besiedlung der westlich von den Alleghany's gelegenen Gebiete.
  Die deutschen Ansiedler im Stromgebiet des Ohio 249
  Die deutschen Ansiedler im Mississippital 260
  Deutsche Pioniere des fernen Westens 273
  Deutsche Kommunistengemeinden 285
  Staatenpläne 296
Die politischen Flüchtlinge der deutschen Revolutionszeit 301
Der Anteil der Deutschamerikaner an den Kriegen der Vereinigten Staaten im 19. Jahrhundert 308
Die Deutschamerikaner im politischen Leben der Vereinigten Staaten 332
  Karl Schurz 338
Die kulturellen Bestrebungen der Deutschamerikaner während des 19. Jahrhunderts und ihr Einfluß auf die amerikanische Bevölkerung.
  Die Gründung der deutschen Turnvereine und ihr Einfluß auf die körperliche Entwicklung der amerikanischen Bevölkerung 349
  Der Einfluß des deutschen Erziehungswesens auf die Lehranstalten der Vereinigten Staaten 355
  Die deutschamerikanischen Landwirte und Forstleute der Neuzeit 370
  Der Anteil der Deutschen an der Entwicklung der amerikanischen Industrie . 381
  Der Anteil der Deutschen an der Entwicklung des amerikanischen Verkehrswesens 411
  Deutschamerikanische Techniker und Ingenieure 423
  Die deutsche Presse in den Vereinigten Staaten 441
  Deutsche Gelehrte in den Vereinigten Staaten 446
  Der Einfluß des deutschen Ärztetums auf die amerikanische Heilkunde . . . 458
  Deutschamerikanische Schriftsteller 461
  Die deutschamerikanische Dichtung des 19. und 20. Jahrhunderts 468
  Deutsches Lied und deutscher Sang in Amerika 498
  Deutsche Einflüsse im Musikleben Amerikas 505
  Das deutsche Theater in Amerika 517
  Die deutsche Oper in Amerika 522
  Deutschamerikanische Maler, Bildhauer und Baumeister 530
  Ehrendenkmäler des Deutschamerikanertums 578
Die neueste Zeit 585
Der deutschamerikanische Nationalbund 605
Die Quellen zur Geschichte des deutschen Elements in den Vereinigten Staaten 613
Register 632

Verzeichnis der Abbildungen.

I. Teil.

	Seite
Titelblatt des im Jahre 1497 zu Straßburg gedruckten ersten deutschen Flugblattes, welches die Entdeckungen des Columbus meldet	3
Titelblatt der ersten deutschen Ausgabe von Amerigo Vespuccis Reisebeschreibungen	4
Titelblatt der zweiten deutschen Ausgabe von Vespuccis Reisebeschreibungen	5
Stelle aus Waldseemüllers „Cosmographiae introductio", wo vorgeschlagen wird, die Neue Welt „Amerika" zu nennen	6
Titelblatt des als „Neue Zeitung aus Jucatan" bekannten deutschen Flugblattes	7
Neu-Amsterdam zur Zeit Minnewits	11
Peter Minnewit ersteht von den Indianern die Insel Manhattan	15
Das Siegel der Kolonie Neu-Niederland oder Neu-Belgien	18
Titelblatt der Argonautica Gustaviana, der ersten in deutscher Sprache gedruckten Auswanderungs-Flugschrift	19
Unterschriften der deutschen Gouverneure von Neu-Niederland und Neu-Schweden	24
Das Fort Dreifaltigkeit	25
Leislers Wohnhaus in Alt New York	26
Neu-Amsterdam zu Leislers Zeit	31
Das Stadthaus zu New York, in dem Leisler prozessiert wurde	37
Leislers Grabstätte auf dem ehemaligen Friedhof der holländischen Gemeinde zu New York	39
Leislers Siegel und Unterschrift	40
Porträt Augustin Herrmans	41
Namenszug Augustin Herrmans	43
Indianer aus Virginien	45
Plünderung eines Dorfs im Dreißigjährigen Krieg	46
William Penn	49
Namenszug von William Penn	50
Namenszug von Pastorius	51
Pastorius' Gruß an die Nachkommenschaft	55
Der Protest der Deutschen von Germantown gegen die Sklaverei	58/59
Altes Haus in Germantown, in dem der Protest gegen die Sklaverei verfaßt und geschrieben wurde	62
Titelblatt der ersten mit deutschen Lettern in Amerika gedruckten Zeitung	66
Titelblatt der ersten in Amerika gedruckten deutschen Bibel	67
Christoph Saurs Wohnhaus und Druckerei	68
Das Siegel von Germantown	69
Johannes Kelpius	70
Kelpius' Höhle	74

	Seite
Konrad Beissel	75
Ein Liebesmahl der Tunker	76
Eine Klosterschwester von Ephrata	77
Die Handpresse des Klosters Ephrata	78
Titelblatt des in Ephrata gedruckten Märtyrerspiegels	79
Pastor Johann Martin Bolzius	81
Graf Nikolaus Ludwig von Zinzendorf	85
Ansicht von Bethlehem im Jahre 1830	87
Das Schwesternhaus der Herrnhuter in Bethlehem, Pennsylvanien	88
Herrnhuter Missionare unter den Indianern	91
Johann Heckewelder	95
Der Friedhof der Herrnhuter zu Bethlehem	96
Der Brand der Stadt Worms	97
Greueltaten französischer Soldaten im 17. Jahrhundert	98
Ein Häuptling der Mohawk-Indianer	105
Ein Pfälzer des Mohawktals im 18. Jahrhundert	108
Beim Bau der Heimstätte	124
Eine befestigte Niederlassung des 18. Jahrhunderts	125
Angriff auf eine befestigte Ansiedlung	126
Die Verteidigung einer verpalisadierten Ansiedlung im 18. Jahrhundert	129
Eine befestigte Ansiedlung zur Winterszeit	131
Eine entstehende Ansiedlung	132
Eine Waldkirche	135
David Rittenhausen	144
Heinrich Melchior Mühlenberg	149
Die letzte Zuflucht	151
Indianische Kundschafter beschleichen unter Wolfsmasken ein Lager von Ansiedlern	152
Ein Indianer mit den Zeichen seiner Kriegstaten geschmückt	155
Die Abschlachtung einer Ansiedlerfamilie durch Indianer	158
Heinrich Bouquet	164
Die Heimkehr aus indianischer Gefangenschaft	167
Indianischer Tomahawk	169
Benjamin Rush	170
Namenszug von Peter Zenger	178
A. Hamilton	179
Der Ruf zu den Waffen	185
Daniel Morgan, der Führer der virginischen Scharfschützen	187
Marie Heis (Molly Pitcher) in der Schlacht bei Monmouth	191
Versorgung der Soldaten im Winterlager von Valley Forge durch die Herrnhuter	194
Michael Hillegas, erster Schatzmeister der Vereinigten Staaten	195
Herchheimers Wohn- und Sterbehaus im Mohawktal	196
Namenszug von Nikolas Herchheimer	197
Ein Originalbrief des Generals Nikolas Herchheimer	198
Bronzetafel am Schlachtendenkmal bei Oriskany	199
Herchheimers Grabstätte im Mohawktal	204
Generalmajor Peter Mühlenberg	205
Namenszug Peter Mühlenbergs	207
Vom Herde weg in ferne Lande	208
Ein Anhalt-Zerbstsches Werbeplakat aus dem 18. Jahrhundert	211
Thayendanegea	216
Das Wyomingtal	217

	Seite
Ein indianischer Skalp	220
Eine zerstörte Heimstätte	221
Johann von Kalb	222
Friedrich Wilhelm von Steuben	226
Friedrich Wilhelm von Steuben, der Generalinspektor der amerikanischen Armee	231
Titelblatt von Steubens „Regulations"	235
Steubens Ruhestätte in der Grafschaft Oneida, N. Y.	240
Steubens Blockhütte in der Grafschaft Oneida, N. Y.	241
Die Kapitulation der englischen Armee bei Yorktown	242

II. Teil.

	Seite
Die Unterzeichnung der Unabhängigkeitserklärung der Vereinigten Staaten von Amerika am 4. Juli 1776	249
Cumberland Gap	252
Ein Trapper des 18. Jahrhunderts	253
Ein Fort des 18. Jahrhunderts	256
Ein Flachboot auf dem oberen Ohio	257
Cincinnati im Jahre 1802	258
Fort Washington am Ohio	259
Amerikanische Flußdampfer aus der ersten Hälfte des 19. Jahrhunderts	260
Die Unterzeichnung des Louisiana-Vertrags	261
Eine Eisenbahn im Mohawktal im Jahre 1835	263
Einwandrer auf ihrem Zug gen Westen	266
Ansiedler beim Errichten ihrer Heimstätte	267
Sioux-Indianer	269
Überfall einer Auswandrerkarawane	270
Abgeschlachtet!	271
Astoria im Jahre 1812	273
Johann Jacob Astor	274
Johann August Sutter	277
Fort Sutter	279
Neu-Harmonie im Jahre 1832	286
Ansicht von Ökonomie (Economy) am Ohio im Jahre 1900	287
Die Kirche der Harmoniten in Ökonomie	289
Rapps Wohnhaus in Ökonomie	290
Deutsche Einwanderer auf dem Zuge nach Neu-Braunfels	299
Auszug eines New Yorker Regiments während des Bürgerkriegs	308
Johann Anton Quitmann	309
Generalmajor Franz Sigel	316
Reiterstatue des Generalmajors Franz Sigel in New York	317
Szene aus der Schlacht bei Gettysburg	321
Die Erstürmung der Missionary Ridge	322
Die Erstürmung des Lookout Mountain	323
Ch. Gustav Memminger, Finanzminister der südstaatlichen Regierung	327
Admiral Winfield Scott Schley	329
Friedrich August Mühlenberg, Vorsitzender im Abgeordnetenhause des Bundeskongresses	332
Karl Schurz	343
Das Deutsche Haus in Indianopolis, Indiana, der Sitz des Turnlehrerseminars des Nordamerikanischen Turnerbundes	349
Römischer Wagenlenker	354

	Seite
Benjamin Franklin	355
Kuno Francke	360
Das deutschamerikanische Lehrerseminar in Milwaukee, Wisconsin	368
Die Landwirtschaft	370
Westliche Farmer bei der Mais- und Kürbisernte	371
Ernte im fernen Westen	375
Ernte im fernen Westen	376
Die erste von Johann August Roebling im Jahre 1848 zu Trenton, New Jersey, angelegte Drahtseilfabrik	381
Die heutigen Drahtseilfabriken der Firma John A. Roeblings Sons Company zu Trenton, New Jersey	384
Die Anheuser-Busch Brauerei zu St. Louis, Missouri	389
Die Pabst Brauerei in Milwaukee, Wisconsin	391
Die Joseph Schlitz Brauerei in Milwaukee, Wisconsin	395
Die Konservenfabriken der Firma H. J. Heinz Company in Pittsburgh, Pennsylvanien	397
In der Konservenfabrik H. J. Heinz & Co., Pittsburgh, Pennsylvanien	399
Die Lederfabriken der Firma Robert H. Foerderer, Philadelphia, Pennsylvanien	400
Die Dixie-Gerbereien der Lederriemenfabrik Charles A. Schieren Company (New York) zu Bristol, Tennessee	401
Die Pianofabrik der Firma William Knabe & Co. in Baltimore, Maryland	402
Heinrich Steinway, der Begründer der Pianofabrik Steinway & Söhne in New York	403
Die Pianofabriken der Firma Steinway & Söhne in Steinway, Long Island, New York	404
Die Pianofabrik der Firma Steinway & Söhne an Park Avenue u. 53. Straße in New York	405
Die Spinnereien der von Stöhr, Arnold und Hirsch gegründeten Botany Worsted Mills zu Passaic, New Jersey	406
Der Segler „Deutschland" der „Hamburg-Amerika-Linie"	411
H. H. Meier, Gründer des „Norddeutschen Lloyd"	412
Lloyddampfer Kaiser Wilhelm II	413
„Kronprinzessin Cecilie", ein moderner Dampfer des Norddeutschen Lloyd	415
Die Pieranlagen des Norddeutschen Lloyd in Hoboken	416
Die Pieranlagen der Hamburg-Amerika-Linie in Hoboken, New Jersey	417
Eine Rennjacht der Herreshoffs im Kampf um den Amerikabecher	419
Heinrich Hilgard-Villard	421
Der erste Lloyddampfer „Bremen" im Jahre 1858	422
Roeblings Hängebrücke über den Niagara	423
Adolf Bonzanos Kinzua-Brücke während ihres Baus	427
Johann August Roebling	431
Roeblings Hängebrücke über den East River zwischen New York und Brooklyn	434
Lindenthals Eisenbahnbrücke über die Höllengasse bei New York	437
Ludwig Johann Rudolf Agassiz	446
Franz Lieber	452
Frauenfigur. Von Henry Linder, New York	468
Die von Sr. Maj. Kaiser Wilhelm II. dem Nordöstlichen Sängerbund gestiftete Silberstatuette	503
Die alte Herrnhuter Kirche zu Bethlehem in Pennsylvanien	505
Leopold Damrosch	508
Theodor Thomas	509
Karl Zerrahn	511
Anton Seidl	522
Malerei, Architektur und Poesie	530
Washingtons Übergang über den Delaware	531

— XIII —

	Seite
Die Westfahrer	535
Büffeljagd	539
Mount Corcoran	541
Der Kampf um die Palisaden	543
Ein sichrer Schuß	545
Der französische Entdecker La Salle schließt einen Vertrag mit den Miami-Indianern	547
Ein Renkontre in den Felsengebirgen	549
Sonnenuntergang der roten Rasse	550
Losgelassen	551
Ein Monarch der amerikanischen Wildnis	552
Ein König der Felsengebirge	553
Ahasver	554
Hochzeit in der Bretagne	555
Die beiden Schwestern	557
Die heilige Familie	561
Unsere Frau der immerwährenden Hilfe	562
Der kreuztragende Christus und Maria	563
Das Schicksal der roten Rasse	564
Denkmal des Generalmajors Friedrich Wilhelm von Steuben in Washington	565
General Grant	567
Die Kongreßbibliothek zu Washington, D. C.	569
Korridor in der Kongreßbibliothek zu Washington, D. C.	570
Treppenaufgang in der Kongreßbibliothek zu Washington, D. C.	571
Die Lesehalle der Kongreßbibliothek zu Washington, D. C.	572
Das Waldorf Astoria Hotel in New York	575
Das Gebäude der „Times" in New York	576
Das Mary Drexel-Heim in Philadelphia	578
Das Isabella-Heim in New York	583
Der Bannerträger	585
Blick auf den Dachgarten des Hotels Astor in New York	591
Die Einfahrt des Prinzen Heinrich von Preußen an Bord des Lloyddampfers „Kronprinz Wilhelm" in den Hafen von New York am 23. Februar 1902	599
Die Feier des Deutschen Tages auf der Weltausstellung zu Chicago am 15. Juni 1893	601
Das Gebäude der „Deutschen Gesellschaft" zu Philadelphia, die Geburtsstätte des Deutschamerikanischen Nationalbundes	605
Dr. Charles John Hexamer	609
Die Freiheitsstatue im Hafen von New York	613
Register	632

I. Teil.

Die Deutschen während der Kolonialzeit.

Die ersten deutschen Flugblätter über Amerika und die Vorläufer der deutschen Auswanderung dorthin.

Die glückliche Heimkehr des Genuesen Christoph Columbus von seiner ersten großen Entdeckungsreise war ein Ereignis, dessen Bedeutung von allen Kulturvölkern der damaligen Zeit sofort empfunden wurde. Man erkannte instinktiv, daß die gelungene Fahrt für die ganze Menschheit von höchster Wichtigkeit sei und gewaltige Umwälzungen zur Folge haben müsse. Welch tiefen Eindruck die Kunde in der Gelehrtenwelt erregte, kann man am besten aus folgendem Brief des spanischen Geschichtschreibers Peter Martyr an seinen Freund Pomponius Laetus ermessen: „Du schreibst, mein lieber Pomponius, daß Du beim Eintreffen meiner die Entdeckung der entgegengesetzten Welt betreffenden Nachricht vor Entzücken aufgesprungen seiest und Dich der Freudentränen nicht hättest erwehren können. Das zeigt, daß Du als Gelehrter die Größe und Tragweite der neuen Entdeckung wohl zu würdigen weißt. In der Tat, auch ich kenne keine Speise, die erhabenen und genialen Geistern willkommener sein könnte, als diese. Ich fühle eine wunderbare geistige Erregung in mir, wenn ich mit den aus jenen Gegenden zurückgekehrten Männern rede. Es ist, als ob ein Armer plötzlich zu Reichtum gelange. Unsere durch die

---

Kopfleiste: Titelblatt des im Jahre 1497 zu Straßburg gedruckten ersten deutschen Flugblattes, welches die Entdeckungen des Columbus meldet. Nach dem Exemplar der New Yorker Stadtbibliothek.

kleinen täglichen Sorgen und gesellschaftlichen Pflichten herabgezogenen Gedanken werden erhoben und geläutert durch das Nachsinnen über so herrliche Ereignisse."

Selbst in dem nüchternen England wurde die Tat des Columbus als etwas Unerhörtes, Göttliches gepriesen. Schrieb doch Giovanni Caboto (Johann Cabot), der von England aus im Jahre 1497 eine Fahrt nach dem Westen unternahm und dabei das Festland von Nordamerika entdeckte: „Als die Nachricht eintraf, daß Christoph Columbus, der Genuese, die Küsten Indiens entdeckt habe — wovon im ganzen Reich des damals regierenden Königs Heinrich VII. gesprochen wurde, indem alle voll größter Bewunderung erklärten, es sei mehr ein göttliches als menschliches Wagnis, auf nie zuvor befahrenen Wegen vom Westen aus nach den im Osten gelegenen Gewürzländern zu segeln, — da entbrannte in meinem Herzen ein heißes Verlangen, gleichfalls eine große Tat zu verrichten."

Auch in Frankreich und Deutschland erkannte man die Bedeutung des Ereignisses. Deutschland war schon damals das Land der Denker und Gelehrten. Martin Behaim, Schöner, Reisch, Münster, Pirckheimer u. a. verfolgten mit scharfen Blicken die in Afrika und Asien gemachten geographischen Entdeckungen und trugen dieselben auf ihre Weltkarten und Erdkugeln ein.

Titelblatt der ersten deutschen Ausgabe von Amerigo Vespuccis Reisebeschreibungen.
Nach dem Exemplar der New Yorker Stadtbibliothek.

Der Brief, den Columbus am 3. März 1493 nach seiner Ankunft in Lissabon an Raphael Sanchez, den Schatzmeister des spanischen Königspaares, gesandt hatte, fand in lateinischen und italienischen Ausgaben Verbreitung und wurde auch in deutscher Übersetzung in Straßburg, wahrscheinlich auch an andern Orten gedruckt. Man kennt bis jetzt siebzehn verschiedene Ausgaben dieses Columbusbriefes in spanischer, lateinischer, italienischer und deutscher Sprache. Es ist nicht ausgeschlossen, daß außerdem manche andere gedruckt wurden, von denen wir keine Kunde mehr besitzen.

Noch größeres Aufsehen erregten die Reisebeschreibungen des Amerigo Vespucci. Sie versetzten ganz Europa in Erregung, da sie im Gegensatz zu dem Brief des Columbus, der nur die Entdeckung einiger Inseln gemeldet hatte, die Entdeckung einer „neu gefunden Region" verkündigten, „die wohl eine Welt genannt mag werden". Dazu war in Vespuccis Schilderungen das Interessante hervorgehoben und in pikanter Weise ausgemalt; die Beschreibungen des Völker-, Tier- und Pflanzenlebens waren neu und fesselten um so mehr, als man außer dem mageren Brief des Columbus noch nichts über die Neue Welt erfahren hatte. Columbus, um das Geheimnis des neuen Seeweges nach Indien zu bewahren, vermied absichtlich jede weitere Mitteilung über seine Entdeckungen. Dadurch, wie auch durch den Umstand, daß Vespuccius fälschlich angab, die erste seiner angeblich vier Reisen im Jahre 1497 vollführt zu haben,

Titelblatt der zweiten deutschen Ausgabe von Vespuccis Reisebeschreibungen.
Nach dem Exemplar der New Yorker Stadtbibliothek.

wobei er konsequent die Namen der Befehlshaber verschwieg, an deren Forschungsreisen er sich beteiligte, gelangten die den Unternehmungen fernstehenden italienischen, deutschen und französischen Geschichtschreiber jener Zeit zu der irrtümlichen Anschauung, Vespuccius sei der Leiter jener Expeditionen gewesen und habe das Festland der neuen Welt entdeckt. Unter diesem

Eindruck stand auch der um das Jahr 1481 in Freiburg in Baden geborene Gelehrte Martin Waldseemüller, der in der lothringischen Stadt St. Dié lebte und an dem vom Herzog René II. errichteten „Vogesischen Gymnasium" Geographie und Naturwissenschaft lehrte.

Waldseemüller war zugleich mit einer Neuausgabe des Atlas von Ptolemäus beschäftigt, in welcher alle in der Neuen Welt gemachten Entdeckungen berücksichtigt werden sollten. Ferner schrieb Waldseemüller einen Leitfaden für den Unterricht in der Erd- und Himmelskunde.

Während er mit diesen Arbeiten beschäftigt war, erhielt der Herzog ein Exemplar der Vespuccischen Reisebeschreibungen. Dieselben erfüllten Waldseemüller mit solcher Begeisterung, daß er die Reisen Vespuccis in seinem am 25. April 1507 gedruckten Lehrbuch „Cosmographiae introductio" ausführlich besprach und im neunten Abschnitt den Vorschlag ausbrachte, die bis dahin noch namenlose Welt zu Ehren ihres Entdeckers, Amerigo Vespucci, „Amerika" zu nennen. Der betreffende Satz lautet verdeutscht: „Nun wahrlich, da diese Regionen weiter durchforscht sind, und da ein anderer Erdteil von Americus Vespuccius entdeckt wurde, wie aus den nachstehenden Briefen ersehen werden mag, so kenne ich keinen Grund, warum er nicht gerechterweise Amerigen genannt werden sollte, das ist das Land des Amerigus, oder America, nach seinem Entdecker Americus, einem Manne von scharfem Verstande; haben doch Europa und Asien beide ihre Namen nach Weibern erhalten."

> Nūc v̄o & hę partes funt latius luftratæ/& alia quarta pars per Americū Vefputiū(vt in fequentibus audietur)inuenta eft/quā non video cur quis iure vetet ab Americo inuentore fagacis ingenij viro Amerigen quafi Americi terrā / fiue Americam dicendā:cū & Europa & Afia a mulieribus fua fortita fint nomina. Eius fitū & gentis mores ex bis binis Americi nauigationibus quæ fequunt liquide intelligi datur.

Ameri‐ca

Stelle aus Waldseemüllers „Cosmographiae introductio", wo vorgeschlagen wird, die Neue Welt „Amerika" zu nennen.

Waldseemüllers Vorschlag fand bei vielen Geographen der damaligen Zeit Anklang. Da Columbus bereits im Jahre 1506 gestorben war, und niemand auftrat, um den wissenschaftlichen Irrtum zu berichtigen, so fand der von dem deutschen Gelehrten vorgeschlagene Name rasch Annahme. Schon 1510 konnte der dem „Vogesischen Gymnasium" angehörende Walter Lud in seiner „Grammatica Figurata" mit Stolz erklären, „daß St. Dié jetzt eine in der ganzen Welt bekannte Stadt sei, weil sie America den Namen gegeben habe".

Es war die einzige Großtat, durch die das Gymnasium bekannt wurde, denn als Herzog René starb, löste sich die kleine Gelehrtengemeinde auf. Waldseemüller zog nach Straßburg, wo er bei Jean Grüninger die fünfte Ausgabe seiner „Cosmographiae introductio" drucken ließ. Nachdem der Straßburger Jean Schott die Druckerpresse und den Typenvorrat des „Vogesischen Gymnasiums" erworben hatte, gab Waldseemüller hier auch im Jahre 1513 die von jenem Gymnasium geplante Neuausgabe des Atlas des Ptolemäus heraus. Inzwischen hatte er seinen Irrtum bezüglich des Entdeckers der Neuen Welt erkannt, denn er trug auf die schöne, dem Atlas beigegebene Karte von Amerika

Newe zeittung. von dem lande. das die
Sponier funden haben ym 1 f 21 iare genant Jucatan.

Titelblatt des als „Neue Zeitung aus Jucatan" bekannten deutschen Flugblattes.
Nach dem Exemplar der New Yorker Stadtbibliothek.

an der Stelle, wo Columbus zuerst seinen Fuß auf das Festland der Neuen Welt gesetzt hatte, folgenden Satz ein: „Hec terra adjacentibus insulis inventa est per Columbu ianuensem ex mandato Regis Castelle", „Dies Land und die benachbarten Inseln wurden durch Columbus unter der Regierung des Königs von

Kastilien entdeckt". Über die Reisen des Vespucci findet sich im ganzen Atlas kein Wort. Aber der frühere Irrtum konnte nicht wieder gutgemacht werden. Der Name Amerika hatte sich bereits so eingebürgert, daß er trotz aller Bemühungen, ihn durch die passendere Bezeichnung „Columbia" zu ersetzen, der Neuen Welt bis heute verblieb.

Den Reisebeschreibungen Vespuccis folgten zahlreiche „Newe Zeitungen", welche die Entdeckungen der Portugiesen in Südamerika, die kühnen Eroberungszüge der Spanier in Yucatan, Mexiko und Peru schilderten. Sie umfaßten meist nur wenige Seiten.

Von solchen, aus leicht erklärlichen Gründen, der Verzettelung unterworfenen Flugblättern haben sich leider nur wenige erhalten. Von diesen nenne ich die wahrscheinlich im Jahre 1520 gedruckte „Copia der Newen Zeytung auß Presillg Landt" (Brasilien); die „Newe Zeittung von dem Lande, das die Spanier funden haben im 1521 jare, genannt Yucatan". Von den mexikanischen Eroberungszügen erzählen Flugschriften, die im Jahre 1520 bei „Fryderichen Peypus in Nürmberg", 1522 in Augsburg, 1534 bei Georg Ulricher in Straßburg und 1550 bei Philipp Ulhart in Augsburg erschienen. Über den Raubzug Pizarros berichtet ein 1535 gedruckter Brief, der mit den Worten anhebt: „Item es ist vor etlichen Jaren durch Kay. May. beuelch (auf Befehl Sr. Majestät des Kaisers) außgefaren auß Hispania ein hispanischer Her Francisco de Pysaria . . ." usw.

Im Verein mit den von den Geographen und Geschichtsschreibern in umfangreichen Erdbeschreibungen niedergelegten Nachrichten übten diese neuen Zeitungen einen ungeheuren Eindruck auf das deutsche Volk. Man verschlang die Beschreibungen der mit goldenen Schätzen und seltsamen Götzenbildern gefüllten Tempel und Paläste der Inkas und Montezumas; staunend las man von den volkreichen Städten Tenochtitlan, Cholula, Tlaskala und Cuzko, von ihren großen Märkten und Festen. Man hörte von der Fahrt des Ritters Ponce de Leon nach Bimini, wo eine Quelle existiere, deren Wasser ewige Jugend verleihe. Man vernahm vom Eldorado, einem indianischen König, dessen Körper tagtäglich derart mit Goldstaub bedeckt werde, daß er einer Goldfigur gleiche.

Es bedurfte nicht mehr, um das Wunderfieber und die Lust zu Abenteuern bei den Deutschen zu erregen. Diese beiden Neigungen steckten ihnen von jeher im Blute. Seit den frühesten Tagen des Mittelalters zogen fahrende Ritter, Reisige und Minnesänger von Burg zu Burg, von Hof zu Hof, um Speere zu verstechen oder beim Klang der Saiten die Gunst hoher Herren und schöner Frauen zu gewinnen. Neben ihnen gab es viel anderes ruheloses Volk: fahrende Gaukler, Spielleute, Schüler und Fräulein, fahrende Ärzte und Quacksalber, und nicht zuletzt der unabsehbare Troß der Landsknechte, die ihre Dienste bald diesem, bald jenem Herrn verkauften. Deutsche Landsknechte fochten in fast allen europäischen Kriegen. Wenn einer dieser rauhen Söldlinge, Nikolaus Schmid von Regensburg, der für Philipp II. von Spanien in Marokko focht, in seiner poetischen Beschreibung der Kriege in selbstbewußtem Tone singt:

> Uns Deutsche braucht man zu dem Spiel
> Wan man einen Krieg will fangen an.
> Ohn uns wird nichts gerichtet auß,
> Wo wir nicht sein dabei im Strauß ...

so bezeichnete er die damalige Zeit in der zutreffendsten Weise.

Es konnte nicht ausbleiben, daß diese allzeit abenteuerlustigen Landsknechte durch die Nachrichten über die neuentdeckte Welt und deren Schätze mächtig angezogen wurden. Besonders diejenigen, welche unter den Fahnen des zum Erben des spanischen Thrones, und im Jahre 1519 auch zum deutschen Kaiser ausgerufenen Karls V. gen Spanien zogen. Dort kamen sie in Berührung mit jenen Abenteurern, die für diesen Herrscher die Länder der Neuen Welt eroberten. Mit Sicherheit dürfen wir annehmen, daß viele dieser deutschen Landsknechte sich für die Eroberungszüge in Amerika anwerben ließen. Leider wissen wir nur wenig über die Beteiligung solcher Deutschen. Daß sie aber keineswegs gering veranschlagt werden darf, geht daraus hervor, daß unter den 3000 Soldaten des Pedro de Mendoza, der im Jahre 1534 nach dem südamerikanischen „Silberstrom", dem La Plata, zog, sich 150 Deutsche befanden. Einer derselben war Ulrich Schmidel aus Straubing. Er verweilte 19 Jahre lang am La Plata und nahm an fast allen von Mendoza unternommenen Eroberungszügen teil. Als er nach zahllosen Abenteuern endlich wieder in die Heimat zurückkehrte, schrieb er seine: „Warhafftige Historien Einer Wunderbaren Schiffart, welche Ulrich Schmidel von Straubing von Anno 1534 biß Anno 1554 in Americam oder Neuwewelt, bey Brasilia und Rio della Plata getan. Was er in diesen neunzehn Jahren außgestanden, und was für seltzame Wunderbare Länder und Leut er gesehen" usw.

Noch absonderlichere Erlebnisse bestand der aus Homburg in Hessen stammende Hans Stade. In Brasilien geriet er in die Gefangenschaft „der wilden, nacketen, grimmigen Menschenfresser Leuthen", deren Sitten er in einem 1556 zu Frankfurt a. M. gedruckten Büchlein höchst anschaulich beschrieb.

Sicher befanden sich auch viele deutsche Landsknechte bei jenen Expeditionen, die in den Jahren 1528 bis 1546 von den Augsburger Kaufherren Welser ausgesandt wurden, um Venezuela zu erobern. Diese Expeditionen, von denen die erste 50 Bergleute aus dem Erzgebirge mit sich führte, wurden sämtlich von deutschen Rittern befehligt. Von der am Karabischen Meere gelegenen Ortschaft Coro aus drangen sie in überaus waghalsigen Entdeckerzügen durch die tropischen Niederungen des Zuliagebietes bis auf die kalten Hochebenen Kolumbiens, in südlicher Richtung bis zu den oberen Nebenflüssen des Orinoco. Nikolaus Federmann schrieb über diese oft mehrere Jahre währenden Fahrten seine berühmte „Indianische Historia". Der Junker Philipp von Hutten sandte gleichfalls hochinteressante Reisebriefe an seine in der Heimat zurückgebliebenen Angehörigen.

Alle diese Flugblätter, Zeitungen und Reiseschilderungen, zu denen sich noch viele in Erdbeschreibungen enthaltene umfangreiche Mitteilungen gesellten, erregten im deutschen Volke das lebhafteste Interesse für die Neue Welt. Die Folge war, daß im 17. und 18. Jahrhundert die auswanderungslustigen Deutschen sich nicht mehr ausschließlich nach Ungarn, Siebenbürgen, Polen und Rußland wendeten, sondern sich auch an der Besiedelung der Neuen Welt beteiligten.

Die ersten Deutschen in den amerikanischen Kolonien.

Die deutschen Gouverneure von Neu-Niederland und Neu-Schweden.

Wie deutsche Soldaten, Seefahrer, Handwerker und Kaufleute in der Gefolgschaft der Spanier und Portugiesen nach den neuweltlichen Kolonien derselben verschlagen wurden, so kamen auch zahlreiche Deutsche im Dienst der Holländer und Schweden nach der Ostküste von Nordamerika.

Es war im Jahre 1609, als der im Sold der „Niederländisch Ostindischen Compagnie" stehende Seefahrer Henry Hudson jenen herrlichen Strom entdeckte, der späterhin mit seinem Namen belegt wurde. Diesen Strom genauer zu erforschen, war aber nicht dem berühmten englischen Kapitän, sondern dem aus Kleve gebürtigen Hendrik Christiansen beschieden. Auf einer Handelsreise nach Westindien hatte dieser Deutsche die Mündung des majestätischen Stroms gesehen und war von dem Anblick so eingenommen worden, daß er wieder und wieder zurückkehrte und insgesamt elf Fahrten dorthin vollführte.

Die erste dieser Reisen machte er in Gemeinschaft mit dem Kapitän Adrian Block. Sie diente hauptsächlich Erkundigungszwecken. Aber die Bedeutung der Gegend für den Pelzhandel scheint beiden sofort aufgegangen zu sein.

Kopfleiste: Neu-Amsterdam zur Zeit Minnewits. Nach einem gleichzeitigen Kupferstich.

Denn nach ihrer Rückkehr bildete sich in Amsterdam und Horn eine Kaufmannsgesellschaft, die im Jahre 1614 eine kleine Flotte ausrüstete, um am Hudson den Grund zu einem Kolonialreich zu legen, das den Namen „Neu-Niederland" empfangen sollte.

Zwei der jener Flotte angehörenden Schiffe wurden von Christiansen und Block befehligt. Der erste führte die „Fortuna", Block den „Tiger".

Christiansen erkannte bald die Notwendigkeit und die Vorteile eines ständigen Stützpunktes für den Tauschhandel mit den Urbewohnern und legte auf der Südspitze der von den Manhattanindianern bewohnten, 13 engl. Meilen langen Manhattaninsel einen aus mehreren Blockhütten bestehenden Handelsposten an.

Später richtete er sein Augenmerk auch auf die Gegend, wo der Mohawkfluß sich mit dem Hudson verbindet und gründete auf einer unweit dieser Stelle gelegenen Insel eine zweite, befestigte Station, die er Fort Nassau taufte. Zur Verteidigung dieses mit Gräben und Palisaden umgebenen, aus Wohnstätten und Lagerhaus bestehenden Postens dienten zwei Kanonen und elf Drehbrassen. Der häufigen Überschwemmungen wegen wurde diese Station später auf das westliche Stromufer verlegt und bildete als „Fort Oranien" den Keim der heutigen Stadt Albany.

Leider sind wir über die weitere Tätigkeit Christiansens, des ersten in der Kolonialgeschichte der heutigen Vereinigten Staaten genannten Deutschen, nur wenig unterrichtet. Wir wissen nur, daß er dem Pelzhandel, der Haupteinnahmequelle der Kolonie Neu-Niederland, die Wege ebnete, indem er die an beiden Ufern des Hudson und am Ausfluß des Mohawk wohnenden Indianer besuchte und in regelmäßige geschäftliche Beziehungen zu ihnen trat. Daß die Holländer selbst Christiansen als den eigentlichen Erforscher der Hudsongegenden betracheteten, geht aus folgender Stelle der von dem zeitgenössischen Lehrer Nikolas Jean de Wassenaer stammenden „Geschichte der denkwürdigsten Ereignisse" hervor: „Dieses Land (Neu-Niederland) wurde zuerst von dem ehrenwerten Hendrik Christiansen von Kleve befahren . . . Hudson, der berühmte englische Seefahrer, war auch dort gewesen."

Leider fand Christiansen einen vorzeitigen Tod. Und zwar durch die Hand eines jungen Indianers, den er einst mit nach Holland genommen hatte. Die Beweggründe zu der Tat sind nicht bekannt, daß es sich aber um einen Mord handelte, dürfte daraus zu schließen sein, daß der Indianer von den Leuten Christiansens standrechtlich erschossen wurde.

Als im Jahre 1623 die „Niederländisch-Westindische Gesellschaft" einen Freibrief für Neu-Niederland erhielt, ernannte sie, nachdem ihre Interessen von den beiden Holländern Cornelius May und Willem Verhulst mit wenig Glück vertreten worden waren, im Jahre 1626 den aus Wesel gebürtigen Peter Minnewit zum Direktor der jungen Kolonie.

Leider wissen wir über das Vorleben dieses bedeutenden Mannes nur, daß er in seiner Vaterstadt Diakon der reformierten Kirche gewesen war. Von Wesel hatte Minnewit sich nach den Niederlanden gewendet, als die Stadt während des klevischen Erbfolgekrieges von den Spaniern eingenommen wurde. Von Holland aus unternahm Minnewit im Dienst hervorragender Handelshäuser Reisen nach Ostindien und Südamerika. Auf diesen erwarb er sich den Ruf eines so tüchtigen Beamten, daß die vorsichtigen Leiter der Niederländisch-Westindischen Gesellschaft ihn für den schwierigen Posten erkoren, der von seinem Inhaber so mannigfache Fähigkeiten erheischte.

Bereits die erste Maßregel, die Minnewit nach seiner am 4. Mai 1626 erfolgten Ankunft in seinem Verwaltungsbereich traf, stellt seiner Umsicht das beste Zeugnis aus. Obgleich die Niederländer kraft der in ihrem Auftrag geschehenen Entdeckung und Besiedelung alles Land am Hudson beanspruchten, so waren doch Gerüchte im Umlauf, daß die Engländer auf Grund der im Jahre 1497 von John Cabot gemachten Entdeckungen Anspruch auf die ganze Ostküste Nordamerikas von Neufundland bis Florida erhöben. Es galt nun, solchen vagen Ansprüchen einen einwandfreien Besitztitel gegenüberzustellen. Aus diesem Grunde, und um in der Ausdehnung des Handelspostens unbeschränkt zu sein, schloß Minnewit mit den die Insel bewohnenden Indianern einen Vertrag, durch welchen die Insel in den Besitz der Niederländisch-Westindischen Gesellschaft überging.

Die einzige, auf unsere Tage gekommene Urkunde, welche über diese hochinteressante Episode in der Kolonialgeschichte Amerikas berichtet, besteht in einem Brief, der von dem Stadtschreiber der Stadt Amsterdam an die im Haag residierenden Herren der Generalstaaten gerichtet ist. Derselbe lautet verdeutscht:

Hochmächtigste Herren!

Hier ist gestern das Schiff „das Wappen von Amsterdam" angekommen, welches von Neu-Niederland aus dem Muritius Fluß am 23. September abgesegelt ist. Es berichtet, daß unser Volk daselbst guten Mutes ist und in Frieden lebt. Die Frauen haben auch Kinder daselbst geboren; **man hat die Insel Manhattes von den Wilden für einen Wert von 60 Gulden gekauft; sie ist 11 000 Morgen groß.** Sie säten all ihr Korn um die Mitte des Mai und ernteten es Mitte August. Wir haben Proben des Sommer-Getreides, wie Weizen, Roggen, Gerste, Hafer, Buchweizen, Canarisamen, Böhnchen und Flachs. Die Ladung des genannten Schiffes besteht aus 7246 Biberfellen; 1781½ Otterfellen; 675 Otterfellen; 48 Minkfellen; 36 Wildkatzenfellen; 33 Minkfellen; 34 Rattenfellen. Viele Stämme von Eichen und Nußbaum. Hiermit mögen Eure hochmächtigen Herren der Gnade des Allmächtigen empfohlen sein.

In Amsterdam, den 5. November 1626.

Euer Hochm. Dienstwilligster

v. Schaaben.

Nachdem Minnewit so den Ansprüchen der Niederländer eine feste Grundlage gegeben, traf er Vorkehrungen zum Schutz der Insel, indem er auf ihrer Südspitze ein Fort aufführen ließ. Die Lage war glücklich gewählt. Denn auf seiner Westseite wurde das Fort vom Hudson, auf der Ostseite vom Mauritiusfluß, dem heutigen East River bespült. Gegen Norden konnte es durch einen befestigten Graben leicht verteidigt werden. Die Angaben über die Bauart des Forts widersprechen einander. Einige besagen, es sei von hohen, mit Palisaden besetzten Erdwällen umgeben gewesen, während andere Nachrichten von Steinmauern reden. Das aus Stein aufgeführte „Kontor" oder Geschäftshaus der Gesellschaft lag in der Mitte des Forts. Ein Teil dieses Hauses diente gleichzeitig als Lagerraum und Kaufladen. Die Holzhütten der Ansiedler und Bediensteten, etwa dreißig an der Zahl, lagen am Ufer des East Rivers. Der ganze Handelsposten führte den Namen Neu-Amsterdam. Der übrige Teil der Insel Manhattan war mit dichten Wäldern bedeckt, in deren Dunkel Hirsche, Panther und Bären hausten. Zwischen den Felsgraten dehnten sich zahlreiche Sümpfe, ferner ein kleiner See, an dessen malerischem Strand die Wigwams der Rothäute lagen. Ohne Zweifel muß der damalige Anblick der herrlich grünen Insel inmitten der von indianischen Kanus belebten Bai eines der großartigsten Landschaftsbilder gewesen sein, welche die Neue Welt zu bieten vermochte.

Unter der umsichtigen Leitung Minnewits, der es sich angelegen sein ließ, mit den Indianern in Frieden auszukommen, entwickelte sich der Handel von Neu-Amsterdam so rasch, daß die Ausfuhr an Pelzen, die im Jahre 1624 einen Wert von nur 25 000 Gulden besaß, im Jahre 1631 bereits auf 130 000 Gulden stieg. Minnewit war aber auch darauf bedacht, alle Hilfsquellen der jungen Kolonie zu entwickeln. Jede Bucht, jeder Strom wurden gründlich erforscht. Und zwar erstreckten sich diese Streifzüge über Long Island hinaus bis zur Narragansett Bai.

Nordöstlich der letzteren lag die im Jahre 1620 gegründete englische Kolonie New Plymouth, deren Bewohner gleichfalls mit den Indianern der Narragansett Bai Handel trieben.

Minnewit gab sich große Mühe, mit jenen englischen Nachbarn freundschaftlichen Verkehr zu gewinnen. Er sandte mehrere von Geschenken begleitete Briefe an den Gouverneur Bradford, in welchen er ihm Grüße übermittelte und einen Warenaustausch vorschlug. Der Engländer erwiderte zwar diese Höflichkeiten, benutzte aber gleichzeitig die Gelegenheit, das Recht der Niederländer, mit den Indianern der Narragansett Bai Handel zu treiben, anzuzweifeln. Ja, er ließ wissen, daß die englischen Schiffe vom König Befehl erhalten hätten, alle fremden Fahrzeuge, die an den bis zum 40. Breitengrad reichenden Küsten angetroffen würden, aufzugreifen und ihre Insassen gefangen zu nehmen. Da Neu-Niederland nördlich vom 40. Breitengrad lag, so ließ die Mitteilung sich nicht anders auslegen, als daß England die Ansprüche der Niederländer auf das Hudsongebiet nicht anerkenne.

Minnewits Antwort lautete höflich aber bestimmt: „As the English claim authority under the King of England, so we derive ours from the States of Holland and will defend it."

Peter Minnewit ersteht von den Indianern die Insel Manhattan.

Mit Erlaubnis der Title Guarantee & Trust Co. in New York nach dem in ihrem Besitz befindlichen Gemälde von A. Fredericks.

Obgleich die Versicherungen gegenseitigen Wohlwollens zwischen den beiden Gouverneuren fortgesetzt wurden, hielt Minnewit es doch für geraten, die niederländische Regierung um Verstärkung seiner Garnison zu bitten, damit er etwaige feindliche Angriffe zurückweisen könne. Ehe sein Gesuch in Holland eintraf, hatten die Niederlande aber bereits mit Karl I. von England ein Übereinkommen geschlossen, wonach sämtliche Häfen des Königreiches wie der englischen Kolonien holländischen Schiffen offenstehen sollten.

War dadurch den drohenden Verwicklungen einstweilen vorgebeugt, so bereiteten hingegen andere von den Direktoren der Niederländisch-Westindischen Gesellschaft getroffene Maßregeln Minnewit neue Verlegenheiten. Obwohl Neu-Niederland von Jahr zu Jahr Fortschritte machte, so war es noch nicht imstande, sich selbst zu erhalten. Die Einnahmen deckten nicht die Ausgaben.

Besonders die landwirtschaftlichen Zustände ließen viel zu wünschen übrig. Das war darauf zurückzuführen, daß die Westindische Gesellschaft weit intensiver die Interessen des Handels als die der Besiedlung betrieb. Überdies konnten wirkliche Ackerbauer nur schwer dazu bewogen werden, ein sicheres Auskommen im gesegneten Holland gegen ein ungewisses Dasein in einem unbekannten, von Wilden bewohnten Lande zu vertauschen.

Um nun die Besiedlung Neu-Niederlandes zu fördern und auch die Privatspekulationen zu ermuntern, nahmen die Direktoren der Gesellschaft am 7. Juni 1628 einen Freibrief an, in welchem allen denjenigen, die sich zur Gründung von Ansiedlungen in Neu-Niederland entschlössen, die weitestgehenden Vergünstigungen zugesichert wurden.

Wer eine Niederlassung mit wenigstens 50 erwachsenen Personen gründe, solle berechtigt sein, innerhalb der Kolonie am Ufer irgendeines schiffbaren Stromes einen Streifen Landes von 16 Meilen Länge auszusuchen, wenn das gewählte Stück auf einer Seite des Stromes lag. Aber man durfte auch zwei, auf beiden Ufern gelegene Streifen von je acht Meilen Länge besetzen. Nach dem Innern hin war die Ausdehnung unbegrenzt. Wer mehr als 50 Ansiedler brachte, dessen Ansprüche auf Land erhöhten sich der Kopfzahl der Personen entsprechend. Auf solchen „Patronaten", die als unumschränktes erbliches Eigentum zuerkannt wurden, standen den Besitzern alle Jagd- und Fischereigerechtsame, sowie die Gerichtsbarkeit über sämtliche dort wohnende Kolonisten zu. Entstand auf einem Patronat eine Stadt, so hatte der Patron das Recht, ihre Behörden zu ernennen und einzusetzen.

Da obendrein den Patronen für zehn Jahre lang alle Abgaben und Steuern erlassen wurden, so beeilten sich natürlich viele, deren Mittel zum Erfüllen der Bedingung ausreichten, von so verlockenden Vergünstigungen Gebrauch zu machen. Die ersten waren mehrere Direktoren der Gesellschaft. Schon als der Freibrief in Beratung war, belegten sie die schönsten und wertvollsten Landstriche für sich. Der Diamantenhändler Kilian van Rensselaer sicherte sich am Hudson ein Gebiet, welches die späteren Grafschaften Albany und

Rensselaer umfaßte. Michael Pauw belegte Staten Island und einen Streifen der New Jersey Küste. Andere Direktoren setzten sich am untern Hudson und nördlich von der Insel Manhattan fest. Natürlich führte diese Handlungsweise zu Eifersucht und Streit innerhalb der Gesellschaft. Das Verhältnis wurde noch gespannter, als die Herren der neugeschaffenen Besitzungen entgegen der ausdrücklichen Bestimmung, daß der Pelzhandel Reservatrecht der Gesellschaft bleiben solle, auf eigene Faust mit den Indianern Pelzhandel zu betreiben begannen, was einen bedeutenden Rückgang in den Einnahmen des Gesellschaftpostens Neu-Amsterdam zur Folge hatte.

Wie das bei solchen Vorgängen zu geschehen pflegt, so erhoben diejenigen, welche ihre Besitztümer nicht so ergiebig oder wertvoll wie jene der andern wähnten, gegen Gouverneur Minnewit die durchaus ungerechte Beschuldigung, daß er bei der Verteilung der Besitzungen andere Patronatsherren bevorzugt habe. Das Gezänk wurde schließlich so unerquicklich, daß Minnewit froh war, als im August des Jahres 1631 seine Abberufung erfolgte.

Das Siegel der Kolonie Neu-Niederland oder Neu-Belgien.

Sowohl für Neu-Niederland wie für die spätere Kolonie New York hatten die Bestimmungen des Freibriefes viele üble Folgen. Es wurde auf dem Boden der Neuen Welt ein Feudaladel geschaffen, der für das Aufblühen eines kräftigen Bürgertums überaus hinderlich war und durch seine Anmaßungen schwere Kämpfe mit den wirklichen Kolonisten verursachte.

War Peter Minnewit dem verhängnisvollen Fehler der Niederländisch-Westindischen Gesellschaft zum Opfer gefallen, so war aber seine Rolle auf dem Boden der Neuen Welt noch nicht abgeschlossen. Er trat in die Dienste der schwedischen Regierung, die sich gleichfalls mit Kolonisationsplänen trug.

Die Anregung hierzu hatte Willem Usselinx, einer der Gründer der Niederländisch-Westindischen Gesellschaft gegeben. Demselben schwebte der Aufbau eines großen niederländischen Kolonialreiches vor, welches demjenigen der Spanier die Spitze bieten und sein Handelsmonopol brechen sollte. Als er aber mit seinen kühnen Plänen im Direktorenrat nicht durchzudringen vermochte, wandte er sich an den hochstrebenden König Gustav Adolf von Schweden. Dieser griff die Pläne Usselinx' begierig auf und gründete am 10. November 1624 die „Australische Gesellschaft". Um den Handel Schwedens mit außereuropäischen Ländern zu fördern, erteilte er derselben die wertvollsten Vergünstigungen. Als er sich selbst mit 400 000 Reichstalern an die Spitze stellte, erwachte in Schweden ein förmliches Kolonisationsfieber. Die vornehmsten Edelleute, Offiziere, Bischöfe und Gelehrte beeilten sich, ihren Namen in die Listen der Gesellschaft einzutragen. Dieselbe änderte ihren Titel bald in „Süd-Gesellschaft" um und nahm ihren Sitz in Gothenburg. Dort reiften ihre Pläne ganz im Sinne Usselinx' zu einer der eigenartigsten Kolonialunternehmungen aller Zeiten aus. Man wollte alle germanischen Völker für dieselbe gewinnen. Vornehmlich die Deutschen, mit denen man die herzlichsten Beziehungen unterhielt. Von vornherein wurden zu diesem Zweck alle Veröffentlichungen der „Süd-Gesellschaft" auch in deutscher Sprache gedruckt. Zunächst die in den Jahren 1624 und 1626 in Stockholm durch „Christoffer Reusner" gedruckten Vertragsbriefe.

Zwar geriet das Unternehmen durch den Kriegszug Gustav Adolfs nach Deutschland etwas ins Stocken, aber der König beschäftigte sich unausgesetzt mit den großen Plänen. So ordnete er den Erlaß eines Aufrufs an die Deutschen zur Beteiligung an. Dieses vom Kanzler Oxenstierna verfaßte Schriftstück lag im November 1632 zur Unterzeichnung durch den König bereit.

Titelblatt der Argonautica Gustaviana, der ersten in deutscher Sprache gedruckten Auswanderungs-Flugschrift.

Unglücklicherweise wurde aber dem Leben des letzteren in der am 16. November 1632 stattfindenden Schlacht bei Lützen ein vorzeitiges Ziel gesetzt. —

Sobald die dadurch verursachte Verwirrung sich gelegt hatte, ließ Oxenstierna im April 1633 bei „Christoph Krausen zu Heilbrunn" mehrere Flugschriften und im Juni bei „Caspar Rödteln zu Frankfurt am Mayn" den Aufruf erscheinen. Wohl in der Voraussetzung, daß man den Deutschen mit nichts so sehr imponieren könne als Gründlichkeit, ließ Oxenstierna seiner 120 Folioseiten umfassenden Schrift einen Titel voransetzen, dessen ungeheure Länge gewiß auch in jenem, an Weitschweifigkeiten gewöhnten Zeitalter manchem Leser den Atem benommen haben mag. Zur Erheiterung unseres Kürze des Ausdrucks liebenden Geschlechts möge hier der Titel in einer verkleinerten Faksimiliewiedergabe eine Stelle finden.

Die von Friedrich Kapp treffend als „das erste in deutscher Sprache erschienene „Auswanderungspamphlet" bezeichnete Schrift war eine Sammlung aller das Unternehmen der „Süd-Gesellschaft" betreffenden Veröffentlichungen. Sie legte in klarer Weise sämtliche Vorteile dar, welche solchen erwachsen müßten, die sich mit ihrem Geld an dem Unternehmen beteiligen wollten.

Es wird ausgeführt:

I. „Daß Schweden und Teutschland so gut Fug vnd Recht für Gott vnd aller Welt, auch so viele gute vnd bequeme, allerhand behörliche Mittel habe, eine solche Seefahrt vnd Handelsgesellschaft anzurichten, als einig andter Landt in Europa: Vnd nichts mehr mangele, als daß man sich nur selbst recht erkennt, vnd die von Gott verliehenen vnd gewiesenen Mittel vernünftig vnd mit gutem Willen und Ernst gebrauche."

II. „Daß Sothane Compagny nicht allein vor allen andern Nationen in Europa, sondern auch vor alle andere Particulier Handlungen in Schweden vnd Teutschlandt vielfältige vnd vberaus große Vorteile, vnter andern auch in Zöllen, haben werde: — so daß solches respectiue 20. 30. 50 bis 100 pro cento außträgt."

III. „Daß männiglich so theil mit daran zu haben begehret, bey dem Gelde so er in diese Gesellschaft leget, sich viel weniger Gefahr zu besorgen habe, als wenn er es an andern Handlungen, Landgütern, Häusern, u. s. w. anleget, oder auff Zinsen, Wechsel, v. s. w. außßgethan hätte: Ja daz es ihme besser versichert sey, als wenn er es baar oder an Kleinodien in seynem Beutel und Kasten hette."

IV. „Daß er aber unter dessen vielfältig mehr Gewerb und Gewinn davon gewarten als in einiger andern Handthierung; so auch das, wohlbedachter Weise davon zu reden, von einem Thaler in dieser Compagny mehr Gewinn verhoffenlich vnd ordinaire zu erlangen seyn wirdt, als von 10 Thalern in andern Handlungen, vnd 20 Thalern an Landtgütern."

V. „Daß niemandt so Lust hiezu trägt, deßwegen sich auff koufmanschafften verstehen, Reyßen auff sich nehmen, oder das geringste seinem Beruff zuwider, er sei wes Standts oder Condition er auch jmmer wolle, handeln dürfe; Sondern seines ordentlichen Wesens einen Weg wie den andern abwarten, dieses als eine Zweckmühle betrachten könne."

Als weiterer, aus dem Unternehmen entspringender „Haubtnutz" sei die „Fortpflanzung des heiligen Evangelij" und die „Wohlfahrt aller Europeischen Landen" anzusehen. „In deme viel mehr Europeische Waaren verführet (verschifft) werden könne als jetzo." Zuletzt wird nicht unterlassen, darauf hinzuweisen, daß „eine sehr große Wohlthat widerfahre den Leuten, die wegen der großen Verfolgung und Verwüstung, die in Teutschland vnd andern Orten in diesen Jahren entstanden, und deß großen Krieges, so vber gantz Europam, mit dem eußersten Vntergang und Verderben vieler Ländter vnd Städte, sich außbreitet, nicht wissen, wohin sie sich wenden sollen, damit sie noch jhres Lebens, vnd der wenigen Mittel, so jhnen etwa vberblieben, vnd jhrer Töchter und Weiber Ehr, für Gewalt versichert seyn mögen." —

Der Aufruf bewirkte, daß zunächst die vier oberdeutschen Kreise sich am 12. Dezember 1634 in Frankfurt zur Unterstützung des Unternehmens bereit erklärten. Desgleichen sandten die Städte Emden, Stettin und Stralsund, ferner der Herzog von Pommern sowie Livland zustimmende Antworten. Aber die gerade jetzt mit vernichtender Gewalt einherbrausenden Stürme des Dreißigjährigen Krieges verhinderten, daß die große Masse des deutschen Volkes dem Vorhaben die erforderliche Aufmerksamkeit schenken konnte. Auch in Schweden machte das Unternehmen infolge des Krieges nur langsame Fortschritte. Willem Usselinx war am 1. Mai 1633 vom Kanzler Oxenstierna zum Generaldirektor der „Süd-Gesellschaft" ernannt und obendrein im Jahre 1635 zum schwedischen Minister erhoben worden. Als solcher bemühte er sich, auch in Holland und England Stimmung für seine Pläne zu machen, hatte aber nur wenig Erfolg. Erst als einer seiner Agenten, Peter Spiering, in Amsterdam mit Peter Minnewit, dem früheren Gouverneur von Neu-Niederland, zusammentraf, begannen die seit zwölf Jahren genährten Hoffnungen sich zu verwirklichen. Minnewit bot in einem vom 15. Juni 1636 datierten, von Spiering nach Schweden gebrachten Brief der dortigen Regierung seine Dienste an und erklärte sich bereit, eine Reise nach „gewissen, bei Virginien und Neu-Niederland gelegenen Gegenden zu machen, die ihm wohl bekannt seien, ein sehr gutes Klima besäßen und Nova Suedia genannt werden möchten". Für diese Expedition sei ein mit zwölf Kanonen, genügender Munition und 20 bis 25 Mann versehenes Schiff erforderlich. Als Ladung könne es für 10 bis 12 000 Gulden Beile, Äxte, Decken und andere Tauschgegenstände mit sich nehmen, wogegen es 4500 bis 6000 Biberfelle heimbringen werde. Die durch diesen Brief eingeleiteten Unterhandlungen führten zu einem Vertrag, wonach Minnewit und seine niederländischen Freunde die Kosten der Expedition zur Hälfte bestritten, während die schwedische Regierung die andere Hälfte trug. Die Expedition wurde aber in einem größeren als dem von Minnewit vorgeschlagenen Umfang ausgerüstet. Ihre Kosten beliefen sich auf 36 000 Gulden; zugleich stellte man zwei Schiffe sowie eine größere Zahl von Personen zur Verfügung.

Es war im Herbst 1637, als Minnewit mit dem „Kalmar Nyckel" („Schlüssel von Kalmar") und dem „Gripen" („Greif") von Gothenburg absegelte. Im

März 1638 liefen die beiden Fahrzeuge in den Delaware ein, fuhren diesen Fluß eine Strecke aufwärts und gingen an der Mündung des Minquas Creek vor Anker. Hier erwarb Minnewit am 29. März an der Stelle, wo heute die Stadt Wilmington liegt, von den Häuptlingen der Minquaindianer gegen mehrere Decken, kupferne Kessel und andere Kleinigkeiten das ganze, zwischen Bomtiens Udden und dem Einfluß des Schuylkillflusses gelegene Westufer des Delaware. Dem Innern zu blieb die Ausdehnung des Landes unbegrenzt. Zwar erhoben die Neu-Niederländer, als sie von dem Handel erfuhren, Einspruch gegen die Besitznahme; Minnewit aber schlug den Protest mit dem Hinweis darauf, daß das Land unbewohnt sei, in den Wind und baute ein Fort, das er zu Ehren der jungen schwedischen Königin Christina nannte.

Durch reiche Geschenke an die Indianer zog Minnewit den Pelzhandel so an sich, daß die am Delaware Handel treibenden Niederländer den Abgang bald empfindlich bemerkten. Zornentbrannt sandte William Kieft, der damalige Gouverneur in Neu-Amsterdam am 26. Mai 1638 einen Brief an Peter Minnewit, worin er ihn darauf aufmerksam machte, daß man den Delaware oder Südfluß seit vielen Jahren als zu Neu-Niederland gehörig betrachtete und entschlossen sei, dieses Gebiet zu verteidigen. Minnewit, der die Schwäche seiner Nachbarn nur zu gut kannte, ließ auch diesen Protest unbeachtet. Ja, er trat, um die Sicherheit des Fortes Christina unbesorgt, mit seinen beiden Schiffen eine Reise nach Westindien an, um Tabak einzukaufen. Auf dieser Fahrt kam Minnewit aber während eines Orkanes ums Leben.

Unter den hervorragenden Personen, welche der Kolonialgeschichte Nordamerikas so hohen Glanz verleihen, war Peter Minnewit zweifellos eine der bedeutendsten. Er war kein Abenteurer oder Phantast, sondern ein umsichtiger, praktisch denkender und handelnder Mann, der seinen schwierigen Posten mit Geschick ausfüllte und unermüdlich tätig war. Wo es nottat, zeigte er Entschlossenheit und Festigkeit des Charakters. Im Verkehr mit den Urbewohnern verstand er es in hohem Grade ihr Vertrauen zu gewinnen. Anstatt sie gewaltsam zu vertreiben, behandelte er sie als Menschen, die auf den von ihnen bewohnten Boden Anrecht besäßen. Aus diesem Grunde suchte er die begehrten Landstriche auf gütlichem Wege durch gegenseitiges Übereinkommen zu erwerben. Deshalb blieben auch Neu-Niederland sowohl wie Neu-Schweden unter seiner Verwaltung von Indianerunruhen verschont.

Die beiden Schiffe, mit welchen Minnewit nach Westindien gesegelt war und die dem Orkan glücklich entrannen, kehrten reichbeladen nach Schweden zurück. Dort ernannte man zum Nachfolger Minnewits den Leutnant Peter Holländer.

Dieser traf im April 1640 in Fort Christiana ein. Aber er vermochte nicht, sich gleich seinem Vorgänger bei den nördlichen Nachbarn Respekt zu verschaffen, denn bald begannen die Niederländer, in Neu-Schweden einzudringen. Auch englische Kolonisten von New Haven kamen den Delaware hinauf, trieben mit den Indianern Handel und schlossen mit ihnen Landkäufe über Gebiete ab, die lange zuvor auf die gleiche Art von den Schweden erworben waren. Obwohl Hollender die Eindringlinge prompt entfernte, so hielt man es in Schweden doch für geraten, eine kraftvollere Person an seine Stelle zu setzen. Die Wahl fiel auf den deutschen Edelmann Johann Printz von Buchau, einen Oberstleutnant der West-Gothischen Reiter. Das war ein Mann von festem Charakter und gewaltigem Körperbau. Sein Gewicht belief sich auf 350 Pfund; an Trinkfestigkeit übertraf ihn keiner.

Die erteilten Weisungen empfahlen ihm, mit seinen holländischen Nachbarn wennmöglich gutes Einvernehmen zu unterhalten, feindliche Angriffe dagegen mit Gewalt zurückzuweisen. Johann Printz (mit diesem Namen unterzeichnete sich der neue Gouverneur) traf am 15. Februar 1643 im Fort Christina ein, begleitet von zahlreichen Personen, unter denen sich viele Deutsche, meist Pommern und Westpreußen, befanden. Seine Residenz „Printzhof" schlug er auf einer mehrere Meilen nördlich von Christina, im Delaware gelegenen Insel auf, die er obendrein durch das aus schweren Holzstämmen erbaute Fort Neu-Gothenburg befestigte. Die Ansiedler trieben Ackerbau und pflanzten Tabak. Im Tauschhandel mit den Indianern zeigten sie sich so erfolgreich, daß die Holländer klagten, die Schweden verdürben den ganzen Handel. Nichtsdestoweniger blieb das Verhältnis zwischen den beiden Gouverneuren erträglich; ja, man wechselte Briefe miteinander und tauschte die von Europa kommenden Nachrichten aus.

Als Johann Printz im Jahre 1647 seinen dritten Bericht nach der Heimat sandte, konnte er die Lage der Kolonie als vorzüglich bezeichnen. Den früheren Befestigungen hatte er die Forts Elfsborg und Neu-Korsholm hinzugefügt.

Um die gleiche Zeit, wo dieser Bericht in Schweden eintraf, vollzog sich aber in der Verwaltung von Neu-Niederland ein bedeutungsvoller Wechsel: an Stelle des friedliebenden Gouverneurs Kieft trat im Mai 1647 der rücksichtslose, kriegerisch gesinnte Peter Stuyvesant, welcher sofort nach seiner Ankunft alles zwischen den Vorgebirgen Henlopen und Cod gelegene Land als holländisches Gebiet reklamierte. Im Mai 1651 sandte er sogar ein bewaffnetes Schiff nach dem Delaware. Er selbst zog mit 120 Mann über Land nach dem von den Holländern an der Nordgrenze von Neu-Schweden erbauten Fort Nassau, fuhr von dort mit vier stark ausgerüsteten Fahrzeugen den Delaware hinab und legte auf dem Westufer, zwischen den beiden schwedischen Forts Christina und Elfsborg die kleine Festung Casimir an. Zugleich ließ er die schwedischen Grenzpfähle niederschlagen und von allen in den Fluß einfahrenden Schiffen Zölle erheben. Gouverneur Printz fühlte sich mit seiner Handvoll Soldaten nicht imstande, diese Gewaltakte abzuwehren. Auf das gute Einvernehmen zwischen dem schwedischen Königshause und den Generalstaaten hinweisend, lud er Stuyvesant zu einer Besprechung ein. Das Ergebnis bestand in dem Übereinkommen, fortan freundschaftliche Beziehungen miteinander unterhalten zu wollen.

Printz erstattete über die Vorfälle Bericht nach Schweden und ersuchte, um Wiederholungen vorbeugen zu können, um Zusendung von Soldaten und Waffen.

Auch betonte er die Notwendigkeit stärkeren Nachschubes an Einwanderern. Gleichzeitig bat er um seine Ersetzung durch eine jüngere Kraft, da er alt und schwach geworden sei und nach dreißigjährigem Dienst sich nach Ruhe sehne.

Mehrere Jahre verstrichen, ohne daß auf diesen Bericht eine Antwort eintraf. In der Befürchtung, von der Heimat vergessen zu sein, beschloß Printz endlich, sich persönlich nach dem Stand der Dinge umzusehen. Er begab sich auf einem holländischen Schiff nach Europa und traf im April 1654 in Schweden ein. Dort erfuhr er zu seinem Staunen, daß bereits im Jahre 1649 ein Schiff mit 400 Auswandrern, 19 Kanonen und vielen Vorräten nach Neu-Schweden abgegangen sei. Es hatte aber an der Küste von Porto Rico Schiffbruch gelitten und war von den Spaniern geplündert worden. Von seiner Besatzung kehrten nur wenige Personen erst nach Jahren nach Schweden zurück. Eine Ersatzexpedition unter dem Befehl des Handelskammersekretärs J o h a n n R i s i n g aus Elbing war kurz vor dem Eintreffen des Gouverneurs nach Amerika abgegangen. Sie zählte mehr als 100 Familien und traf am 21. Mai 1654 an der Mündung des Delaware ein. Da das von den Holländern errichtete Fort Casimir von nur einem Dutzend Soldaten besetzt war, so forderte Rising dieselben zur Übergabe auf. Diesem Befehl kam die Besatzung nach, worauf die Schweden ihre Flagge aufzogen und das Fort zum Andenken an den Tag seiner Eroberung Trefaldighets Fort (Dreifaltigkeitsfeste) nannten.

Dieser Akt entflammte den Zorn der Neu-Niederländer. Der grimme Stuyvesant schwur, die Unbill bitter zu rächen. Als am 12. September das von Schweden kommende Schiff „Gyllene Hajen" irrtümlicherweise in die Mündung des Hudson anstatt in den Delaware einlief, bemächtigte der alte Haudegen sich des Fahrzeugs und ließ es samt der Ladung verkaufen. Gleichzeitig traf er Vorbereitungen, Neu-Schweden zu überfallen. Hierfür stellten ihm die Direktoren der „Westindischen Gesellschaft" das mit 36 Kanonen und 200 Mann ausgerüstete Kriegsschiff „De Waag" („Die Wage") zur Verfügung. Er selbst rüstete außerdem sechs Fahrzeuge mit zusammen 24 Kanonen und 700 Mann Besatzung aus und erschien mit dieser ansehnlichen Macht am 27. August 1665 im Delaware. Das nur von 47 Mann verteidigte Dreifaltigkeitsfort zwang er

Unterschriften der deutschen Gouverneure von Neu-Niederland und Neu-Schweden.

rasch zur Kapitulation. Dann umzingelte man das Fort Christina, wo Rising und 30 Soldaten sich aufhielten. Da zwischen den Königreichen Schweden und den Niederlanden fortgesetzt freundliche Beziehungen bestanden, so wollten sowohl Stuyvesant wie Rising Blutvergießen vermeiden. Man verlegte sich aufs Parlamentieren. Als Rising nach zwölftägiger Belagerung nicht nachgab, stellte Stuyvesant das Ultimatum, Fort Christina sofort zu räumen, widrigenfalls er es bombardieren werde. Die Nutzlosigkeit weiteren Widerstandes erkennend und hoffend, daß die Ansprüche auf das Land am Delaware am besten zwischen den Regierungen der Mutterländer geregelt werden würden, unterzeichnete Rising am 15. September einen Vertrag, der ihm freie Rückfahrt nach Europa, der schwedischen Regierung das Eigentumsrecht auf sämtliche Waffen, den schwedischen Ansiedlern das Verbleiben auf ihren Gütern sicherte. Den Soldaten ließ man die Wahl, entweder in Amerika zu bleiben oder nach Europa zurückzukehren.

Von seinen Beamten begleitet, traf Rising im April 1656 in Schweden ein, um über den Verlust der Kolonie zu berichten. An diplomatischen Bemühungen, die Niederlande zur Herausgabe derselben zu veranlassen, ließ König Karl X. es nicht fehlen. Aber er war zu sehr in kriegerische Unternehmungen gegen Polen und Dänemark verstrickt, als daß er seinen Reklamationen den nötigen Nachdruck hätte verleihen können. Die Unterhandlungen schleppten sich jahrelang hin und wurden endlich, als Neu-Niederland mitsamt Neu-Schweden im Jahre 1664 von den Engländern genommen wurden, ganz fallen gelassen.

Ob Stuyvesant, als am 28. August jenes Jahres die Feuerschlünde der vor Neu-Amsterdam erschienenen englischen Fregatten sein Fort bedrohten, und er zur Übergabe aufgefordert wurde, sich seines ehemaligen Nachbarn Rising erinnert haben mag, dem er neun Jahre zuvor in gleicher Weise mitgespielt hatte? Möglich ist's, denn seine Lage war jener Risings verzweifelt ähnlich. Was half's. Er mußte sich bequemen, die weiße Flagge aufziehen zu lassen. Als er dazu das Zeichen gab, knirschte er in seinen grauen Bart: „Lieber hätte ich mich begraben lassen."

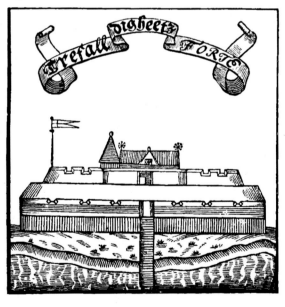

Schlußvignette: Das Fort Dreifaltigkeit. Nach einer Abbildung in Campanius' „Neu-Schweden".

Jacob Leisler; die stürmischste Periode in der Geschichte der Kolonie New York.

Es war am 27. April des Jahres 1660. Die Bäume und das Unterholz der mächtigen Wälder, welche die Ufer der herrlichen Bai von New York umgürteten, begannen eben, sich mit smaragdnem Frühlingsgrün zu schmücken. Ein wunderbar weicher Südwind, von den Küsten Karolinas und Virginiens kommend, schwellte die Segel eines holländischen Fahrzeuges, das nach langer, stürmischer Seereise nunmehr seinem Ziel nahe war und ihm geräuschlos wie ein gewaltiger Schwan entgegenglitt.

Mit derselben hoffnungsfrohen Erwartung, mit welcher noch heute tausende und abertausende Einwandrer dem aus den Fluten emportauchenden Häusermeer von Groß-New York entgegenblicken, so hafteten die Augen der damals Kommenden auf dem majestätischen Bild der waldumsäumten, durch den Zusammenfluß des Nord- oder Hudsonstroms mit dem Ostfluß gebildeten Bai, in deren stillen Buchten Scharen von Wildenten und anderen Wassergeflügels sich tummelten. Da und dort kräuselten blaue Rauchwölkchen am Strande empor. Bei schärferem Zusehen vermochte man leichtgebaute Hütten aus Baumrinde zu entdecken, vor denen braunrote, mit Fellen und bunten Wolldecken bekleidete Menschen lagen. Flinke, überaus zierliche Boote glitten vorüber. In ihnen saßen dieselben braunroten Menschen, die ihre Köpfe mit Adlerfedern geschmückt hatten und als Waffen Bogen und Pfeile, Keulen und Speere führten.

Kopfleiste: Leislers Wohnhaus in Alt New York.

Im Hintergrund der Bai wurde jetzt eine schmale, langgestreckte Insel sichtbar. Auf ihrer Südspitze lagerten mehrere hundert Holzhäuser um eine mit hohen steinernen Wällen umgebene Befestigung, über welcher die Flagge der „Niederländisch-Westindischen Gesellschaft" wehte.

Im Dienst dieser Gesellschaft stand auch ein junger, in das malerische Gewand damaliger Soldateska gekleideter Kriegsmann, der vom Bug des Schiffes aus seine strahlenden Blicke über die fremde, vom Schimmer wilder Romantik überflutete Landschaft schweifen ließ. Ein Deutscher war's, ein Sprößling der alten Handelsstadt Frankfurt a. M., den die Lust zu Abenteuern in die Fremde getrieben hatte. Jetzt öffnete sich vor ihm die „Neue Welt", von deren Schätzen, seltsamen Menschen und Tieren er soviel hatte erzählen hören.

Wie lange J a k o b L e i s l e r — das war der Name des Frankfurters — nach seiner Ankunft in Neu-Amsterdam im Sold der „Niederländisch-Westindischen Gesellschaft" blieb, wissen wir nicht. Vermutlich nahm der Dienst ein Ende, als vier Jahre nach Leislers Ankunft eines Morgens mehrere englische Kriegsschiffe in der Bai erschienen, Neu-Amsterdam samt Neu-Niederland mit Waffengewalt dem englischen Reiche einverleibten und Stadt wie Land dem Herzog York zu Ehren New York tauften.

Über Leislers Lebenslauf während der nächsten zwanzig Jahre wissen wir, daß er sich dem Handel widmete und zu Wohlstand kam. Sein Vermögen wuchs durch einen Ehebund mit Elsie, der Witwe des Kaufherrn van der Veen. Als Mann von generöser Veranlagung zeigte er sich häufig; so erkaufte er eines Tages die Freiheit einer Hugenottenfamilie, die nicht imstande gewesen war, das Geld für ihre Seereise aufzubringen, und damaliger Sitte gemäß dasselbe durch langjährige Dienstbarkeit hätte abtragen müssen. Unzweifelhaft gehörte Leisler zu den beliebtesten Persönlichkeiten der Stadt. Das ergibt sich daraus, daß, als er während einer im Jahre 1678 unternommenen Handelsreise nach Europa maurischen Seeräubern in die Hände fiel, der damalige Gouverneur von New York eine Sammlung durch die ganze Kolonie eröffnete, um Leisler loszukaufen, was glücklich gelang.

Seiner soldatischen Neigung hatte Leisler nicht entsagt. Er war in die sechs Kompagnien zählende Bürgerwehr eingetreten und im Jahre 1684 ihr Seniorkapitän. Daß er als solcher die Achtung des größten Teiles der Mitbürger genoß, zeigte sich, als im Jahre 1689 ein Ereignis eintrat, das sämtliche Kolonien in die heftigste Erregung versetzte. Der furchtbare Streit über religiöse Glaubensfragen, der damals ganz Europa erschütterte, stellte auch in England alle Verhältnisse auf den Kopf. Die Mehrheit des englischen Volkes hatte sich dem Protestantismus angeschlossen; König Karl II. aber und sein Nachfolger, James II., blieben Katholiken, welche mit aller Macht die Wiederherstellung der römischen Kirche in England anstrebten. Die dadurch entstehenden scharfen Reibungen zwischen Volk und Regierung führten schließlich zur Revolution. Als auf Bitten der englischen Edelleute Wilhelm der Oranier den Protestanten zu Hilfe eilte und mit einem starken Heer in England landete, floh James II. nach Frankreich. Er wurde vom Parlament seines Thrones verlustig erklärt und der Oranier als Wilhelm III. zum König ausgerufen.

In jenen Tagen langwieriger Schiffahrt drang die Kunde selbst so wichtiger Ereignisse nur langsam nach Amerika. Sie kam anfangs in Form unverbürgter Gerüchte, die von den Beamten, die ihre Stellen dem entthronten König verdankten, schleunigst unterdrückt wurden. Die an Geschäftsleute gerichteten Mitteilungen wurden unterschlagen, um „Ruhestörung durch Verbreitung so seltsamer Neuigkeiten zu verhüten".

Gründe zur Befürchtung von Ruhestörungen waren allerdings in den Kolonien genug vorhanden. Die Mehrheit der Bevölkerung bestand aus Puritanern und protestantischen Sektenanhängern, von denen viele wegen ihres Glaubens die Heimat verlassen hatten. Die den Kolonien vorstehenden Beamten hingegen waren meist katholisch; die religiösen Streitigkeiten waren dadurch törichterweise auch auf den Boden der Neuen Welt übertragen worden. Dazu kam, daß manche Beamten sich durch ihren Despotismus verhaßt gemacht hatten.

Als in den Monaten März und April 1689 endlich verbürgte Nachrichten über den Regierungswechsel nach Boston drangen, entstand dort ein Aufruhr, währenddessen das Volk den Gouverneur Andros gefangennahm und ihn sowohl wie 50 seiner Anhänger nach Europa sandte. Als Nicholson, Andros' Stellvertreter in New York, davon hörte, flüchtete er mit den öffentlichen Kassen in das Fort.

In New York gestaltete sich jetzt die Lage zu einer höchst eigentümlichen. Die von der „Niederländisch-Westindischen Gesellschaft" eingesetzten Großgrundbesitzer hatten sich während der letzten 60 Jahre zu einer förmlichen Kaste von Aristokraten zusammengeschlossen. Sie herrschten nicht bloß auf ihren ausgedehnten Besitztümern, den „Manors" im Feudalstil, sondern betrachteten auch die Besetzung höherer Ämter in den Kolonien mit Personen ihres Kreises als ein ihnen zukommendes Vorrecht. Sie bildeten einen förmlichen Ring, der stets bemüht war, Einfluß auf den jeweiligen Gouverneur zu gewinnen und ihn sowie das übrige Beamtentum den Interessen des nach weiteren Vergünstigungen und Landschenkungen lüsternen Ringes geneigt zu machen. Das war um so leichter, als die meisten Gouverneure infolge des in England geführten verschwenderischen Lebens bankerott waren, und die ihnen anvertrauten Posten in den Kolonien als günstige Gelegenheiten zum Aufbessern der zerrütteten Vermögensverhältnisse betrachteten. Für das gewöhnliche Volk, den sogenannten „rabble", bekundeten die dem Gouverneur schweifwedelnden Aristokraten natürlich unbegrenzte Verachtung. Sie hielten es nur mit der Regierung, von der allein ja weitere Vergünstigungen als Belohnung für die erwiesene Loyalität zu erwarten standen.

Das bedrückte, seiner unwürdigen Stellung bewußte Volk brachte sowohl der Regierung, ihren hochmütigen Vertretern wie den Aristokraten mühsam verhaltenen Haß entgegen. Wären der Regierungswechsel in England und die Vorgänge in Boston allein hinreichend gewesen, um die Explosion zu erzeugen, so ward dieselbe durch verschiedene andere Gerüchte noch beschleunigt. Man munkelte, der Vizegouverneur wolle die Kolonie für James II. behaupten und zu diesem Zweck aus Canada Franzosen herbeiziehen. Eine französische Flotte sei bereits von Europa unterwegs; sämtliche Protestanten in New York sollten in einer erneuten Bartholomäusnacht ausgerottet und die Stadt an allen vier Ecken angezündet werden. Da in jenen Zeiten grausamster Religionsverfolgungen und überraschender Staatsstreiche solche Anschläge keineswegs zu den Unmöglichkeiten gehörten, so entschlossen sich die beunruhigten Bürger, denselben zuvorzukommen und Stadt und Provinz für den Oranier zu bewahren.

Zum Durchführen dieses Plans bedurfte man eines entschlossenen Leiters. Als die Bürger Umschau hielten, erschien niemand so geeignet, als der Seniorkapitän der Bürgerwehr: Jakob Leisler. Sobald sein Name in der am 31. Mai 1689 statthabenden Bürgerversammlung in Vorschlag gebracht wurde, erscholl aus hundert Kehlen der Ruf: „Zu Leisler! Zu Leisler!" und unter Trommelschlag zog die Menge nach dessen Haus, um ihm ihren Willen kundzugeben. Leislers Haus, das erste aus Ziegeln aufgeführte Wohngebäude der Stadt, lag östlich vom Fort. Leisler war daheim, als die Menge sich heranwälzte und stürmisch verlangte, daß er die Stadt schütze und mit seiner Bürgerwehr das Fort besetze. Leisler, die Bedeutung eines solchen Schrittes klar erkennend, lehnte die Forderung ab und ermahnte die Bürger, die Entwicklung der Dinge abzuwarten. Davon wollte aber die erregte Menge nichts wissen; sie teilte sich in zwei Haufen, von denen einer vor das Stadthaus zog und dem gerade mit seinem Anhang beratenden Vizegouverneur Nicholson die Schlüssel des Forts abverlangte. Der zweite Haufe marschierte inzwischen ins Fort und besetzte es, ohne daß die dort befindlichen Soldaten Widerstand leisteten.

Nachdem so die Würfel ins Rollen gekommen, machte die Notwendigkeit, daß eine tüchtige, für die Aufrechterhaltung der Ordnung bürgende Person an die Spitze der Bewegung trete, sich um so dringender geltend. Als der Ruf nach Leisler aufs neue ertönte, glaubte dieser das Verlangen seiner Mitbürger nicht länger ablehnen zu dürfen. Er erklärte sich in einer öffentlichen Ansprache zur Übernahme der provisorischen Regierung bereit und versprach, Fort wie Stadt für Wilhelm den Oranier zu halten und gegen alle Anschläge der früheren Regierung zu schützen. Bei Übernahme seines Amts mag Leisler von der Hoffnnung geleitet worden sein, daß er, der durch seine Heirat mit Elsie van der Veen zu den Aristokratenfamilien, den van Cortlandts, Bayards, Philipses u. a. in verwandtschaftliche Beziehungen getreten war, ein Vermittler zwischen den beiden feindlichen Parteien werden könne.

Diese Hoffnung erwies sich als trügerisch. Denn mit dem Augenblick, wo Leisler sein Amt antrat, begannen die Aristokraten ihn als einen Demagogen zu hassen und zu bekämpfen. Das Glück schien Leisler zu begünstigen, denn als er am 3. Juni die Leitung der öffentlichen Angelegenheiten tatsächlich übernahm, floh Vizegouverneur Nicholson auf ein im Hafen liegendes Schiff und verließ die Kolonien auf Nimmerwiedersehen. Seine Anhänger zogen sich nach Albany zurück, um von dort aus einen wütenden Intriguenkrieg wider Leisler und die Volkspartei zu eröffnen.

Als in New York die offizielle Nachricht von der Thronbesteigung Wilhelms eintraf, sandten Leisler und die Bürger eine Ergebenheitsadresse nach England. Gleichzeitig veranstalteten sie eine öffentliche Huldigungsfeier. Es spricht in hohem Grade für die Friedliebe und das Rechtsgefühl Leislers, daß er den Bürgermeister Stephanus van Cortlandt sowie den Stadtrat, lauter der Aristokratenpartei angehörige Personen, einlud, an der Feier teilzunehmen. Den Bürgermeister ersuchte er sogar, die Huldigungsschrift zu verlesen. Aber die hohen Herren hielten sich fern. Sie veranstalteten auf eigene Faust eine Feier in Albany, gelegentlich welcher sie „die meuterischen Vorgänge in New York" aufs heftigste mißbilligten. Im Aufleben der Volkspartei das Ende ihrer Willkürherrschaft ahnend, entschlossen sie sich zur äußersten Kraftanstrengung, um ihre Vorzugsstellung zu behaupten. Was sie dabei nicht durch Gewalt erzwingen konnten, suchten sie durch Verdächtigungen herbeizuführen. Man beschuldigte in Briefen und Vorstellungen an die Regierung in England die in New York aufgerichtete Volksverwaltung der verwerflichsten Absichten, nannte Leisler einen „fremdländischen Plebejer" und „Volksaufwiegler", der eine Meuterei angezettelt habe, um während seiner Amtszeit für die auf seinen Schiffen ankommenden Waren keine Einfuhrzölle bezahlen zu müssen. Die Wut wuchs, als Leisler am 16. August durch einen über 400 Unterschriften tragenden Beschluß des Sicherheitsausschusses auch zum provisorischen Befehlshaber der Provinz New York ernannt wurde, und nun, durch die Opposition seiner Gegner erbittert, die bisherigen Stadtbehörden ihres Amtes entsetzte und Neuwahlen anordnete, in denen ausschließlich Männer des Volkes mit der Leitung der öffentlichen Geschäfte betraut wurden. Während die Vorstände der benachbarten Kolonien die Neuordnung anerkannten und mit Leisler offiziell in Verkehr traten, fuhren die in Albany versammelten Aristokraten fort, die „aus hergelaufenem Gesindel" bestehende Leislersche Regierung anzuschwärzen. Sie gehe nur darauf aus, die öffentlichen Kassen zu bestehlen und die Regierung um die Zölle zu betrügen. Selbstredend weigerten die Aristokraten sich, Leisler und die Beamten der Volkspartei anzuerkennen. Desgleichen erklärten sie die Absetzung der bisherigen Beamten als eine unrechtmäßige Maßnahme. Obendrein forderten sie die Bewohner der Kolonie auf, Leisler sowie den Männern seiner Regierung als Usurpatoren den Gehorsam zu verweigern.

Der so Herausgeforderte glaubte, die ihm gebührende Anerkennung seiner provisorischen Herrschaft erzwingen zu müssen. Zu diesem Zweck sandte er seinen Schwiegersohn, Major Jakob Milborne, mit einer Anzahl Soldaten nach Albany, damit er das dort von seinen Gegnern gehaltene Fort besetze und die Unbotmäßigen unterwerfe. Leider war die ausgeschickte Macht für einen solchen Handstreich viel zu gering. Die Aristokraten waren auf der Hut und verteidigten Fort und Stadt so erfolgreich, daß Milborne unverrichteter Dinge zurückkehren mußte. Die Folge war, daß die Aristokraten um so kühner wurden und der Leislerschen Regierung überall Hindernisse in den Weg legten.

Neu Amsterdam zu Leislers Zeit.
Nach einem Kupferstich des 17. Jahrhunderts.

Bereits war der Monat Dezember gekommen, als in Boston ein Brief des Königs Wilhelm mit der Aufschrift eintraf: „An Francis Nicholson oder denjenigen, welcher zurzeit in Sr. Majestät Provinz New York für die Aufrechterhaltung des Friedens und die Beobachtung der Gesetze Sorge trägt."

Durch ihre in Boston unterhaltenen Kundschafter erfuhren die Aristokraten von Albany zuerst von der Ankunft des Briefes und setzten Himmel und Erde in Bewegung, um in seinen Besitz zu kommen, hoffend, daß der Brief manche ihnen nützliche Nachrichten enthalte. Ihrer drei schlichen sich heimlich nach New York, um den von Boston kommenden Boten abzufangen und zur Herausgabe des wichtigen Schriftstückes zu bewegen. Aber Leislers Anhänger waren gewarnt und führten den Boten sofort ins Fort, wo Leisler das Schriftstück entgegennahm. Durch dasselbe wurde Nicholson oder derjenige Mann, welcher an seiner Stelle stehe, ermächtigt, den Oberbefehl über die Provinz zu übernehmen und mehrere Räte zu ernennen, die ihm beim Führen der Geschäfte zur Hand gehen sollten. Leisler entsprach dieser Vorschrift, indem er am 11. Dezember 1689 den Titel eines Vizegouverneurs annahm und einen aus neun Personen bestehenden Rat einsetzte.

Dieser Schritt entflammte die Wut der Aristokraten aufs höchste. Sie zettelten mit Hilfe ihrer in New York wohnenden Genossen einen öffentlichen Tumult an und suchten sich während desselben der Person Leislers zu bemächtigen.

Aber der kühne Anschlag mißlang. Die beiden Hauptanstifter, der frühere Stadtrat Bayard, sowie der Aristokrat Nicholson wurden gefangen und vom Gerichtshof wegen Angriffs auf die der Provinz vorgesetzte Behörde zum Tod verurteilt. Leisler ließ sich durch die in erbärmlicher Feigheit gegebene Versicherung der beiden, daß sie in törichter Verblendung gegen ihn aufgetreten seien und in Zukunft sich aller Feindseligkeiten enthalten wollten, bestimmen, das Todesurteil aufzuheben. Er gab aber Befehl, die Gefangenen bis zum Eintreffen des vom König ernannten Gouverneurs in Gewahrsam zu halten.

Der deutsch-amerikanische Geschichtschreiber Friedrich Kapp rügt diesen Gnadenakt Leislers als dessen größten politischen Fehler, da er eine der Ursachen seines Unterganges geworden sei. Leisler habe dem Gefühl die Oberherrschaft über den Verstand eingeräumt und schwächliches Mitleid über politische Logik gesetzt. Er hätte rücksichtslos durchgreifen und die Verfolgung seiner Gegner bis zu ihrer völligen Vernichtung fortsetzen müssen. Dieser Anschauung kann man entgegensetzen, daß es Leisler zu einem solchen Krieg gegen die über die ganze Provinz und auch in den benachbarten Kolonien stark verbreitete Aristokratenpartei doch an Machtmitteln fehlte. Zudem hätte er durch Heraufbeschwören solcher Kämpfe zweifellos den Verdacht auf sich geladen, ein Gewaltherrscher, ein Usurpator zu sein. Diesen Verdacht wollte und mußte er vermeiden und darum die Bestrafung der Schuldigen, hochangesehener Personen, der Regierung des Mutterlandes überlassen.

Übrigens zeigte es sich bereits im Januar 1690, daß die Besorgnis der New Yorker, der verjagte König James II. möge mit Hilfe der Franzosen die Wiederherstellung seiner Herrschaft versuchen, nicht unbegründet gewesen sei. In Europa mußte Wilhelm einen heftigen Krieg gegen die Heere des französischen Königs Ludwig XIV. führen. Von Kanada aus unternahmen die Franzosen unter

Frontenac drei Vorstöße gegen die Kolonien, wobei sie mit mehreren hundert Indianern bis nach Shenectady vordrangen, diesen Ort niederbrannten und den größten Teil seiner Bewohner töteten.

Leisler fiel die schwierige Aufgabe zu, die Franzosen zurückzuwerfen. Er raffte sofort alle verfügbaren Soldaten zusammen und sandte dieselben nach Albany, dessen Fort ihnen nun bereitwilligst eingeräumt wurde. Ferner errichtete er, um einem neuen Überfall vorzubeugen, fünfzig Meilen von dem Ort entfernt einen starken Außenposten und lud endlich Vertreter sämtlicher von den Franzosen bedrohten Neu-Englandstaaten nach New York ein, um über gemeinsame Schritte zur Züchtigung der Feinde zu beraten. Diese am 1. Mai 1690 abgehaltene Versammlung war insofern von hoher Bedeutung, als die Kolonien sich zum erstenmal zu gemeinsamem Handeln, zur Ausrüstung eines Heeres und einer Flotte entschlossen.

Die Kolonien New York, Connecticut, Plymouth, Massachusetts und Maryland verpflichteten sich, zusammen 850 Mann aufzubringen. Im Verein mit 1600 Mohawkindianern sollten dieselben über Land nach Canada vordringen. Gleichzeitig sollte eine 32 Schiffe zählende Flotte den St. Lorenzstrom hinauffahren und Quebek angreifen. Dieser groß angelegte Plan, das erste von den Kolonien auf eigene Kosten und Verantwortung ins Werk gesetzte gemeinschaftliche Unternehmen, kam tatsächlich zur Aufführung. Leider erwiesen sich aber die mit der Führung von Heer und Flotte betrauten Personen, Winthrop und Philipps, so wenig als tatkräftige Männer, daß der Zweck der Expedition fast vollständig verloren ging. Nur Leisler hatte einigen Erfolg, indem er sechs französische Schiffe, die sich bis vor den Hafen von New York wagten, kaperte. Trotz dieses Erfolgs säumten die Gegner Leislers nicht, ihn allein für das Mißlingen des Unternehmens, welches den Kolonien bedeutende Kosten verursacht hatte, verantwortlich zu machen. War dasselbe doch auf seine Anregung zurückzuführen! Desgleichen benützten sie jede andere Gelegenheit, um das Ansehen Leislers zu untergraben und die Zahl seiner Anhänger durch Versprechungen und Bestechung zu vermindern.

So kam das Jahr 1691 heran. Es war gegen Ende Januar, als ein von England kommendes Schiff die Nachricht brachte, daß Oberst Henry Sloughter vom König zum Gouverneur von New York ernannt worden sei. Derselbe befinde sich mit mehreren Fahrzeugen und zahlreichen Truppen unterwegs, um die Regierung der Provinz zu übernehmen. Ein schwerer Sturm hatte die kleine Flotte zerstreut und Sloughter genötigt, mit seinem Fahrzeug den Schutz der Bermudas aufzusuchen. Überbringer dieser Botschaft war Major Richard Ingoldsby, der Befehlshaber der auf den Schiffen befindlichen Truppen.

Kaum war die Ankunft dieses Mannes bekannt geworden, als die Feinde Leislers ihn an Bord des Schiffes besuchten und mit Höflichkeiten überschütteten. Natürlich versäumten sie nicht, die augenblickliche Lage in New York und die Volksregierung in den schwärzesten Farben zu schildern. Infolgedessen wurde Ingoldsby so gegen Leisler eingenommen, daß er dessen Einladung, in seinem

Hause Quartier zu nehmen, barsch abschlug und die sofortige Übergabe der Stadt und des Forts verlangte. Zum Erfüllen dieses Verlangens konnte Leisler sich aus guten Gründen nicht entschließen. Als er nämlich Ingoldsby um dessen Legitimationen und Vollmachten ersuchte, vermochte dieser nichts weiter als sein Offizierspatent vorzuzeigen. Daraufhin das Fort auszuliefern, fühlte Leisler sich nicht berechtigt, zumal die Möglichkeit eines Betrugs keineswegs ausgeschlossen war. In der Uniform des englischen Majors konnte sich sehr wohl ein Anhänger des vertriebenen Königs James II. verstecken. Indem Leisler sich weigerte, dem Offizier das Fort zu überliefern, folgte er nur dem Gebot der Klugheit. Aber Ingoldsby, ein hochfahrender, von seiner Würde sehr eingenommener Mann, fühlte sich in seiner Soldatenehre arg verletzt. Von den Aristokraten überdies aufgehetzt, beschloß er, die Übergabe des Forts mit Waffengewalt zu erzwingen.

Die jetzt in hellen Haufen nach New York zurückkehrenden Feinde Leislers schürten das Feuer. Dazu hatten sie reiche Gelegenheit, als Ingoldsby bei einem der Ihrigen, Frederick Philipse, Wohnung nahm.

Die ersten Schritte Ingoldsbys bestanden in der Besetzung des Stadthauses und dem Erlaß eines öffentlichen Aufrufs an das Volk, seine Treue zur königlichen Regierung dadurch zu bekunden, daß es ihn beim Begründen einer geordneten Verwaltung unterstütze. Diejenigen, welche ihm Hindernisse in den Weg legten, hätten zu gewärtigen, als Rebellen betrachtet und behandelt zu werden.

Diesen Aufruf beantwortete Leisler am 3. Februar mit einem öffentlichen Protest, in welchem er erklärte, daß man wohl Nachrichten über die Ernennung des Hauptmanns Henry Sloughter zum Gouverneur besitze, daß derselbe aber bisher niemandem Befehle oder Weisungen betreffs der Regierung von New York erteilt habe. Nichtsdestoweniger maße Ingoldsby, aufgereizt durch gewisse Gentlemen, sich allerlei Rechte an, gegen die im Namen des Königs Widerspruch erhoben werden müsse. Für jeden Gewaltstreich und etwa dadurch hervorgerufenes Blutvergießen sei Ingoldsby verantwortlich.

Dieser Protest hielt die rasche Entwicklung der Dinge nicht auf. Im Gegenteil, dieselben nahmen eine Gestaltung an, wie New York sie nie vordem erlebte und wohl niemals wieder erleben wird. Zwei Parteien, jede auf ihre Königstreue pochend, standen auf einem sehr engen Raume einander feindlich gegenüber, nicht geneigt, in ihren vermeintlichen Rechten das Geringste nachzugeben. Zwischen den beiden Parteien befanden sich die irregemachten Bürger, nicht wissend, wie sie sich verhalten und wem sie sich anschließen sollten.

Wäre Gouverneur Sloughter in diesem kritischen Augenblick eingetroffen, so hätte die Lage sich vielleicht noch zum Guten gewendet. Aber leider verstrichen Wochen, ohne daß das von Leisler sehnsüchtig erwartete Schiff des Gouverneurs auftauchte. Unterdessen spitzten sich die Dinge immer mehr zu. Aufgestachelt von den Aristokraten und dreist gemacht durch Leislers passives Verhalten, begann Ingoldsby das von jenem gehaltene Fort förmlich zu belagern. Er ließ alle dorthin führenden Straßen sperren, verbot jedermann, Nahrungsmittel nach dem Fort zu bringen und befahl die Beschießung sämtlicher Boote, die dem Fort sich nähern oder von dort abfahren würden. Leisler beantwortete diese brutalen Feindseligkeiten damit, daß er einige Soldaten, die dem Fort herausfordernd sich näherten und die Posten verhöhnten, aufgreifen und einsperren ließ. In blinder Wut befahl Ingoldsby nun die Erstürmung zweier nahegelegener Blockhäuser sowie die Beschießung des Forts. Acht grobe Geschütze wurden aufgepflanzt und die kleine Festung mit Kugeln überschüttet. Ob die Insassen des Forts Verluste erlitten, ist aus den vorhandenen Zeugenaussagen (dieselben finden sich in der von der New York Historical Society im Jahre 1868 veranstalteten Sammlung Leislerschen Dokumente) nicht ersichtlich. Aus einer geht aber hervor, daß durch einen Unfall beim Abfeuern der Geschütze drei Soldaten Ingoldsbys umkamen und fünf Verwundungen erlitten. Außerdem wurde ein Mann durch einen Schuß getötet, von dem nicht festgestellt werden konnte, ob er von Ingoldsbys Soldaten oder aus dem Fort abgefeuert war.

Obwohl nach den gleichen Zeugenaussagen Leisler in wenigen Augenblicken die ganze Stadt hätte in Trümmer schießen können, so enthielt sich dieser doch solcher Maßnahmen. Er sandte vielmehr am 12. März einen Brief an Gouverneur Sloughter nach Bermuda, in welchem er schrieb, daß infolge seiner Abwesenheit und infolge der Ausschreitungen Ingoldsbys die Dinge so in Unordnung geraten seien, daß er zu Gott flehe, seine Exzellenz baldigst in New York erscheinen zu lassen.

Ob dieser Brief in den Besitz des Gouverneurs gelangte, ist ungewiß. Der letzte traf endlich am 19. März 1691 auf dem Admiralschiff „Archangel" im Hafen ein. Natürlich wurde er von dem auf der Lauer liegenden Ingoldsby und den Häuptern der Aristokratenpartei sofort eingeholt, im Triumph nach der Stadt geleitet und gleichfalls im Hause eines Aristokraten einquartiert. Sloughter, ein Mann von schwachem, unselbständigem und leichtfertigem Charakter, Schmeicheleien sehr zugängig, durch verschwenderische Lebensweise finanziell und moralisch heruntergekommen, und gleich allen Standespersonen jener Zeit geneigt, das Volk als rechtlos und nur für die Zwecke der Aristokratie existierend zu betrachten, wurde das willenlose Werkzeug der Aristokraten. Diese überschütteten ihn so mit Klagen über die durch den Despoten Leisler erduldeten Vergewaltigungen, daß er noch am Abend seiner Ankunft Leisler und seine Räte für abgesetzt erklärte. Gleichzeitig bildete er aus den Häuptern der Aristokraten einen neuen Rat, in welchem die noch im Fort gefangengehaltenen Bayard und Nicholls Ehrenämter erhielten. Damit war der Untergang Leislers besiegelt.

Leisler hatte dem Gouverneur gleich nach seiner Ankunft durch mehrere Abgesandte seine Hochachtung entbieten lassen und ihn ersucht, Bestimmungen zur ordnungsmäßigen Übergabe des Forts zu treffen. Wie sehr Sloughter aber bereits von den Feinden Leislers beeinflußt war, ergibt sich daraus, daß er dessen Abgesandte verhaften ließ und dem Major Ingoldsby nachstehenden schriftlichen Befehl ausfertigte:

„Sir! Ich befehle Ihnen hierdurch, mit Ihrer Kompagnie Fußsoldaten vor das Fort dieser Stadt zu marschieren und abermals dessen sofortige Übergabe zu verlangen. Sollten, nachdem Sie im Besitz desselben sind, Kapitän Leisler und diejenigen Personen, welche man seine Räte nennt, sich nicht ergeben, so verhaften Sie dieselben im Namen Sr. Majestät und bringen sie alle vor mich und meinen Rat.

Ihr Freund
H. Sloughter."

New York, 20. März 1691.

Dieser Befehl gab dem erbitterten Ingoldsby erwünschte Gelegenheit, sich an Leisler zu rächen. Sobald Leisler ihn und seine Soldaten in das Fort eingelassen, erklärte er Leisler und dessen Räte für verhaftet und schleppte sie vor den Gouverneur ins Stadthaus.

Aus einem Brief, der gleichfalls in der von der New York Historical Society herausgegebenen Sammlung abgedruckt ist, geht hervor, welch schmachvoller Behandlung Leisler seitens der Aristokraten in Gegenwart des Gouverneurs ausgesetzt wurde.

„Nachdem Se. Exzellenz nur wenige Worte an ihn gerichtet hatte, ließ sie es ruhig geschehen, daß man Leisler ins Gesicht spuckte, ihm Perücke, Schwert, Gürtel und einen Teil der Kleider abriß. Sie behandelten ihn gleich wütenden Furien, legten ihn in Ketten und warfen ihn in ein schmutziges, mit Gestank erfülltes unterirdisches Loch."

Leisler hatte seine Verhaftung widerstandslos geschehen lassen in der festen Zuversicht, der Gouverneur wie die Regierung in England würden sein durchaus korrektes Verhalten aus den Gerichtsverhandlungen erkennen und ihm volle Genugtuung geben. Aber er unterschätzte den fanatischen Haß seiner Gegner, die nur noch ein Ziel, die gänzliche Vernichtung Leislers kannten. Sie schlugen Sloughter vor, die Prozessierung ihres Feindes einem Spezialgerichtshof zu überweisen. Diesem Vorschlag kam der Gouverneur um so bereitwilliger nach, als er dadurch der Verantwortung für den Schiedsspruch enthoben wurde. Natürlich war dieser Gerichtshof aus lauter Feinden Leislers zusammengesetzt. Obwohl dieser die Kompetenz desselben bestritt und in England prozessiert zu werden verlangte, so wurde das Verfahren gegen ihn dennoch „wegen gewaltsamer Auflösung des Rates des früheren Vizegouverneurs Nicholson, wegen unrechtmäßiger Aneignung der höchsten Macht, wegen unbefugter Erhebung der Steuern, wegen Rebellion gegen den König" usw. eingeleitet.

In der obenerwähnten Dokumentensammlung befindet sich ein Blatt, auf dem eine ungenannte Person, unzweifelhaft Leisler selbst, Bemerkungen in holländischer Sprache über eine Gerichtssitzung niedergeschrieben hat. Dies

Blatt gewährt Einblick in die geradezu frivole Behandlung, der Leisler unterworfen wurde. Es möge hier eine Stelle finden.

„Was geschehen ist, als ich vor Gericht erschien. Ein Schriftstück wurde mir vorgelesen. Ich antwortete, daß ich dasselbe nicht verstehe und bat um einen Dolmetscher. Stephanus van Cortlandt, der von der Volkspartei abgesetzte Bürgermeister von New York, erklärte, daß ich des Aufruhrs beschuldigt sei. Ich brauche nur zu sagen, ob ich mich schuldig bekenne oder nicht. Sie alle suchten mich zu der ersten Erklärung zu bereden. Ich antwortete, daß

Das Stadthaus zu New York, in dem Leisler prozessiert wurde.
Nach einem alten Stich.

ich mich nicht schuldig bekennen könne in einem Fall, in dem ich vom König und seinem Gerichtshof sicher freigesprochen würde. Sie schrien mich unter größtem Lärm an, ich solle englisch reden und jeder beschimpfte mich. Ich ersuchte aufs neue um einen Dolmetscher und fragte, wem ich Rede zu stehen habe; ich sei bereit, ihnen allen zu antworten. Desgleichen, daß sie sich schämen sollten, einen Spott aus ihrem Gerichtshof zu machen; es scheine für sie einem Sport gleichzukommen, einen Mann abzuurteilen oder ihn zu töten.

Der Richter fragte, was ich gesagt habe. Aber Cortlandt übersetzte das Gesagte in einer sehr nachteiligen, falschen und verkehrten Weise.

Sie sagten, ich solle mich der Gnade des Gerichtes unterwerfen, worauf ich entgegnete, daß ich keine Gnade suche, da ich wohl wisse, dieselbe hier nicht finden zu können, wo jeder ‚kreuziget ihn, kreuziget ihn!' rufe.

Der Gerichtsbeamte packte mich darauf gewalttätig an, ergriff sein Schwert und drohte, mich zu erstechen. Ich entblößte meine Brust und sagte, er sei ein Feigling und wage nicht, das zu tun. Ein Kinderspielzeug passe ihm besser als das Schwert . . ."

Hier brechen die Aufzeichnungen ab. Daß von einem Gerichtshof wie dem hier geschilderten weder Gerechtigkeit noch Gnade zu erwarten seien, war gewiß. Und in der Tat verhängte derselbe am 15. April über Leisler, seinen Schwiegersohn Milborne sowie sechs Mitglieder des von Leisler eingesetzten Rats wegen Hochverrates das Todesurteil. Zugleich wurde die Einziehung ihres Vermögens verfügt. —

Unter allen nicht zur aristokratischen Partei gehörenden Bewohnern der Kolonie New York erregte der ungerechte Spruch Erbitterung und Bestürzung. Man bestürmte den Gouverneur durch Bittschriften, die Verurteilten zu begnadigen. Aber die Feinde Leislers wußten es einzurichten, daß die Bittgesuche gar nicht in die Hände des Gouverneurs gelangten. Nur zu einem Zugeständnis, zur Begnadigung der sechs Räte ließen sie sich herbei. Der Tatsache vergessend, daß Leisler in hochherziger Weise zwei der Ihrigen, Bayard und Nicholls, geschont, drängten sie angesichts der von Tag zu Tag im Volke wachsenden Gärung auf schnelle Vollstreckung des Urteils, damit der Sieg ihnen nicht im letzten Augenblick entschlüpfe. Um den Schein zu wahren, veranlaßten sie die anfangs Mai in New York zusammentretende, fast nur aus Mitgliedern der Aristokratenpartei bestehende gesetzgebende Körperschaft der Provinz zur Abgabe eines Beschlusses, durch welchen Gouverneur Sloughter zur Bestätigung des „von allen loyalen Bürgern gebilligten" Todesurteils aufgefordert wurde, da „das Urteil zur Unterdrückung des in der Provinz umgehenden revolutionären Geistes wesentlich beitragen werde".

Trotzdem zögerte Sloughter, der die ganze Haltlosigkeit des Prozesses, den fanatischen Haß sowie die Selbstsucht der Feinde Leislers durchschaute, das Todesurteil zu unterzeichnen. Er erklärte, vorher nach England über den Fall berichten zu wollen. Das mußten die Aristokraten unter allen Umständen verhüten, da dann eine Aufdeckung ihres schandbaren Treibens zu befürchten stand. Sie machten deshalb den Gouverneur während eines großen Gelages sinnlos betrunken und ließen ihn so unter Versprechen einer großen Summe Geldes das Todesurteil Leislers und Milbornes unterzeichnen.

Als den beiden das Urteil verkündigt wurde, protestierten sie gegen die Vollstreckung, bis der Entscheid des Königs gehört worden sei. Aber ihr Protest blieb unbeachtet. Noch ehe der Gouverneur seinen Rausch ausgeschlafen hatte, wurden in der Frühe des 16. Mai 1691 Leisler und Milborne auf den Richtplatz geschleppt und am Galgen gehängt. Die Leichen wurden überdies noch geköpft. Von welch grauenhafter Rachgier Leislers Feinde besessen waren, ergibt sich aus den Zeugenaussagen einer Frau Latham. Sie erklärte, daß der Henker, nachdem er die Leiche Leislers geköpft hatte, dieselbe öffnete, um das Herz herauszunehmen, für welches ihm eine den Aristokraten angehörende Dame eine hohe Belohnung versprochen habe. An dieser Freveltat wurde der Henker nur durch den Einwand eines Mannes verhindert.

Die Leichen der Gerichteten begrub man auf einem dem Galgen gegenübergelegenen Grundstück der Familie Leislers, wo heute Park Row und Spruce Street zusammentreffen.

Die Aristokraten schwelgten in Freude über ihren Sieg. Am Herzen des Gouverneurs aber nagte das Gewissen, daß er bei dem zwiefachen Justizmord mitgeholfen. In einem Berichte der Ältesten der holländischen Kirche zu New York an die Regierung heißt es, daß er keine ruhige Stunde mehr gehabt habe und in Trübsinn verfallen sei.

Die Magistratspersonen suchten diesen Trübsinn zu zerstreuen, indem sie den Gouverneur häufig total betrunken machten. Aber sobald der Rausch ausgeschlafen war, bemächtigten Reue und Verzweiflung sich seiner aufs neue. Von seinen Genossen keinen bessern Trost in seinen Klagen empfangend, als Judas

Leislers Grabstätte auf dem ehemaligen Friedhof der holländischen Gemeinde zu New York.

von den Hohenpriestern empfing, stürzte er von einer leidenschaftlichen Zerstreuung zur andern, bis er plötzlich an einer Herzkrankheit starb.

Wie die Wahrheit stets zum Durchbruch kommt, so sollte auch dem Andenken Leislers Gerechtigkeit werden. Angesehene Männer, darunter der spätere Gouverneur Lord Bellemont, der die grenzenlose Selbstsucht der Aristokraten erkannte, unterstützten die von den Hinterbliebenen der Ermordeten beim König erhobenen Beschwerden über das Urteil, sowie die Gesuche um Rückgabe der eingezogenen Besitztümer. Allerdings bedurfte es jahrelanger Kämpfe, bis Leislers Sohn in sein väterliches Erbe eingesetzt wurde und vom englischen Parlament das Erkenntnis erwirkte, daß das über Leisler und Milborne gefällte Urteil für ungültig und beider Verhalten als gesetzmäßig und loyal anzuerkennen sei.

Dieses Erkenntnis erregte bei den Bürgern von New York hohe Befriedigung. Sie beschlossen, der Ehrenerklärung der Gerichteten durch feierliche Überführung ihrer Überreste zum Friedhof der holländischen Gemeinde auf sichtbare Weise Ausdruck zu verleihen. Diese Feierlichkeit erfolgte am 20. Oktober 1698 unter Teilnahme von 1500 Personen, die sich trotz eines starken Schneesturmes von diesem Akt der Pietät nicht abhalten ließen. —

Aus den Gräbern der Gemordeten aber stieg der Geist der Vergeltung empor. Er lebte fort in der Volkspartei, die sich ihrem gesunkenen Führer zu Ehren fortan die „Leislersche Partei" nannte und stetig an Boden gewann. Bei den Wahlen des Jahres 1699 gaben die Leislerianer bereits 455, ihre Gegner nur 177 Stimmen ab; in der gesetzgebenden Körperschaft, der Assembly, eroberten sie von 21 Sitzen deren 16. Schärfer und schärfer wurde ihr Widerstand gegen die Aristokraten und deren angemaßte Vorrechte. Von New York aus verpflanzte sich die Bewegung während der ersten Hälfte des 18. Jahrhunderts über alle anderen, ähnlichen Bedrückungen ausgesetzten englischen Kolonien der Ostküste Nordamerikas und führte endlich zu jenem großartigen Freiheitskriege, aus welchem der Bund der Vereinigten Staaten hervorging. Jakob Leisler, der Frankfurter, darf mit vollem Recht als der erste Märtyrer dieses gewaltigen, zu seinen Lebzeiten anhebenden Freiheitskampfes gelten.

Leislers Verdienst ist es ferner, bei den Bewohnern der Kolonien zuerst das Bewußtsein der Interessengemeinschaft erweckt zu haben, indem er Vertreter sämtlicher Kolonien nach New York berief, um sie zu gemeinsamen Maßregeln gegen die Franzosen zu veranlassen.

Die am 1. Mai 1690 unter seinem Vorsitz in New York abgehaltene Zusammenkunft von Vertretern mehrerer Kolonien war der Vorläufer jenes großen Kongresses, welchem 86 Jahre später das bedeutsamste und folgenreichste Dokument der Menschheit, die Unabhängigkeitserklärung der Vereinigten Staaten von Nordamerika entsprang.

Schlußvignette: Leislers Siegel und Unterschrift.

Augustin Herrman, der erste deutsche Kartograph; Johann Lederer, der erste deutsche Forschungsreisende in Nordamerika.

Neben deutschen Soldaten kamen auch deutsche Handwerker schon frühzeitig nach der Neuen Welt. Wegen ihres, in langen Dienstjahren erworbenen gründlichen Könnens wurden sie überall so geschätzt, daß sie mit Sicherheit darauf rechnen konnten, auch in der Fremde gutes Auskommen zu finden.

Meist kamen die deutschen Handwerker über holländische, englische oder spanische Häfen. Zu den über Spanien Auswandernden gehörte der Buchdrucker Johann Cromberger, der bereits im Jahre 1538 in der Stadt Mexiko eine Druckerei gründete und die dort hergestellten Werke mit dem Zusatz versah: „Impressa en la gran ciudad de Mexico en casa de Juam Cromberger." —

Im ersten Kapitel seiner „History of the German Element in Virginia" führt Hermann Schuricht zahlreiche Beweise dafür an, daß auch in Jamestown, der ersten englischen Ansiedlung von Virginien, manche deutsche Handwerker lebten. Dieselben mögen auf Grund jener Empfehlung dorthin gebracht worden sein, welche Kapitän John Smith, der Deutschland durch Augenschein kannte, an den Rat der Kolonie richtete: „to send to Germany and Poland for laborers."

Deutsche Handwerker zur Auswanderung nach Nordamerika zu bewegen, fiel nicht schwer. Die politischen und wirtschaftlichen Zustände Deutschlands waren durch den Dreißigjährigen Krieg so traurig geworden, daß Tausende ins Ausland flüchteten. Die meisten wandten sich nach den Niederlanden oder

---

Kopfleiste: Porträt Augustin Herrmans.

England, wo die Erwerbsmöglichkeiten am günstigsten lagen. Besonders die in Amsterdam und London bestehenden Kolonisationsgesellschaften waren stets bereit, tüchtige Handwerker anzuwerben und nach den in der Neuen Welt gegründeten Niederlassungen zu schicken.

Neben solchen Handwerkern begannen auch bereits den gebildeten Klassen angehörende Deutsche in den Kolonien aufzutauchen. Johann Huygen aus Wesel, der Schwager Peter Minnewits, des Generaldirektors von Neu-Niederland, hatte den wichtigen Posten eines Lagerverwalters in Neu-Amsterdam inne. Peter Petersen Bielefeld, offenbar auch ein Deutscher, war der erste Beirat. Dr. Lubbertus van Dinklage, einer der fähigsten Beamten der „Niederländisch-Westindischen Gesellschaft", brachte es zum Vizedirektor. Als Notar amtete um das Jahr 1650 Tielman van Vleck aus Bremen in Neu-Amsterdam. Erster lutherischer Pfarrer war Johann Ernst Gutwasser. Ihm folgte im Jahre 1669 der Schlesier Jakob Fabricius. Paulus van der Beek aus Bremen, Wilhelm Trophagen aus dem Detmoldischen und Hans Kierstede aus Magdeburg waren als Ärzte in Neu-Amsterdam tätig. Unter den Handeltreibenden erfreuten sich Paul Schriek aus Nürnberg, Gysbert Opdyck aus Wesel, Hieronimus Ebbing aus Hamburg und vor allem der Hamburger Nikolaus de Meyer großen Ansehens. Meyer besaß eine Brauerei, eine Windmühle und eine ganze Anzahl Bauerngüter. Nachdem er mehrere städtische Ämter bekleidet hatte, wurde er 1676 Bürgermeister.

Über umfassende Bildung verfügte auch der Landvermesser Augustin Herrman. Von protestantischen Eltern in Prag geboren, hatte er an der dortigen Hochschule studiert und später an den Kriegszügen Gustav Adolfs teilgenommen. Um das Jahr 1630 kam er nach Virginien, von wo er später nach Neu-Amsterdam übersiedelte, um dort seine reichen Kenntnisse in den verschiedensten Richtungen zu verwerten. Gouverneur Stuyvesant ernante ihn im Jahre 1647 zu einem der neun mit der Verwaltung der Kolonie betrauten Räte. Wichtige Dienste leistete Herrman ferner als Landvermesser. Wahrscheinlich entstammen die in Van der Donks „Beschreyvings van Niew Nederland" (gedruckt 1655 in Amsterdam) enthaltene Karte von Neu-Niederland sowie die in demselben Buch enthaltene älteste Ansicht von Neu-Amsterdam seiner Hand.

Schon im Jahre 1659 befürwortete Herrman die kartographische Aufnahme Neu-Niederlands und der englischen Grenzgebiete.

Stuyvesant bestimmte ihn neben Waldron zum Spezialkommissar, um in dem Grenzstreit zwischen Neu-Niederland und der südlich davon entstandenen englischen Kolonie Maryland die Ansprüche der Niederländer zu verteidigen. Herrman stellte sich dabei auf den Standpunkt, daß das Patent des Lord Baltimore denselben nur zum Besetzen solcher Landstriche berechtige, die nie zuvor von Europäern bewohnt worden seien. Diese Auslegung sagte aber den Behörden Marylands so wenig zu, daß sie vorschlugen, die Entscheidung den Regierungen der beiden Mutterländer zu überlassen.

Vor seiner Rückkehr nach Neu-Amsterdam besuchte Herrman verschiedene Teile der englischen Kolonien Maryland und Virginien. Die Schönheit Marylands entzückte ihn so, daß er im Jahre 1660 dem Lord Baltimore anbot, eine genaue Karte der Kolonie anfertigen zu wollen, wenn man ihm als Entschädigung hierfür ein gewisses, in Maryland gelegenes Stück Land abtrete. Da zwischen Maryland und Virginien gleichfalls Grenzstreitigkeiten bestanden, die nur auf Grund guter Karten entschieden werden konnten, so kam das Angebot Herrmans sehr gelegen. Herrman siedelte nach Maryland über und erlangte im Jahre 1666 durch einen Beschluß der dortigen Legislatur samt seinen Kindern das Bürgerrecht.

Die von ihm angefertigte Karte wurde in England von dem berühmten Kupferstecher William Frithorne gestochen. Sie war so vorzüglich, daß der König sie als die beste bezeichnete, die er je gesehen habe. Sie trägt auch das Porträt ihres Urhebers mit der Unterschrift: „Augustine Herrman, Bohemian". Ferner eine mit den Figuren eines Indianers und einer Indianerin geschmückte Vignette mit der lateinischen Inschrift: „Virginien und Maryland, wie sie angepflanzt und bewohnt waren im Jahre 1670. Vermessen und gezeichnet von Augustin Herrman aus Böhmen."

Das Land, welches Herrman als Entschädigung für seine Arbeit erhielt, maß 5000 Acres und lag am Elk River in der heutigen Grafschaft Cecil. Durch Ankauf anderer Grundstücke vergrößerte Herrman dieses Besitztum später um weitere 15000 Acker und teilte das Ganze in die Güter: „Bohemia Manor", „St. Augustine Manor", „Little Bohemia Manor" und „The three Bohemian Sisters".

Wichtige Dienste leistete Herrman später bei der Festlegung der Grenze zwischen Maryland und Pennsylvanien. Er starb nach dem Jahre 1684 und wurde im Garten seiner Besitzung Bohemia Manor begraben.

Namenszug Augustin Herrmans.

Um dieselbe Zeit, wo Herrman in Maryland tätig war, beschäftigte sich ein anderer junger deutscher Gelehrter, Johann Lederer, mit der Erforschung Virginiens. Er war im Jahre 1668 nach Jamestown gekommen und dort mit dem Gouverneur Berkly bekannt geworden. Dieser betraute ihn mit der Aufgabe, die im Westen von Virginien aufragenden unbekannten Gebirge zu erforschen und zu sehen, ob sie einen Paß besäßen, durch den man nach dem Indischen Ozean gelangen könne.

Columbus war bekanntlich in dem Glauben gestorben, daß die von ihm entdeckten Länder Teile Asiens und der ostindischen Inselwelt seien. Erst allmählich drängte sich seinen Nachfolgern die Überzeugung auf, daß man einen neuen Erdteil vor sich habe, der den ganzen, zwischen der arktischen und der antarktischen Zone gelegenen ungeheuren Raum ausfülle und gleich einem Wall den Weg nach Indien versperre.

War das Staunen über diese „Neue Welt" begreiflicherweise groß, so hoffte man aber, daß der gewaltige Erdteil irgendwo einen Durchlaß besitze, durch den man nach Indien kommen könne. Das Auffinden einer solchen Wasserstraße war der Traum eines Balboa und Cortes, der beiden Cabots, eines Verrazano, Cartier, Hudson und zahlreicher anderer Entdecker. Aber keinem hatte sich dieser Traum erfüllt. Nichtsdestoweniger blieb der Glaube an die Existenz einer Durchfahrt bis ins 17. Jahrhundert lebendig. Gouverneur Berkley nahm an, daß der Indische Ozean sich bis an die Westseite der Virginien durchziehenden Gebirge erstrecke. Bestätigte sich diese Annahme, so mußte Virginien die Durchgangsstation für den Handel zwischen Europa und Asien werden.

Von dem heißen Wunsch beseelt, über diesen Punkt Klarheit zu schaffen, drang Lederer während der Jahre 1669 und 1670 dreimal bis in die Appalachengebirge vor. Seine in lateinischer Sprache niedergeschriebenen, von dem Gouverneur Talbot von Maryland im Jahre 1671 ins Englische übertragenen Reiseschilderungen kamen im Jahre 1672 in London zum Druck. Sie enthalten höchst anschauliche Beschreibungen der durchquerten Wildnis und gewaltigen Gebirge. Zugleich wertvolle Beobachtungen über die unterwegs angetroffenen Indianer und Tiere.

Trotz aller Anstrengungen war es Lederer aber nicht beschieden, die vielen parallel laufenden Gebirgsketten der Appalachen zu überschreiten. Hatte er eine glücklich erklommen, so sah er dahinter andere, noch höhere aufragen, die er nicht zu übersteigen vermochte, da ihm Proviant und Ausrüstung fehlten.

Nach Beendigung seiner überaus mühevollen Wanderungen zog Lederer folgenden Schluß: „Diejenigen befinden sich in großem Irrtum, welche annehmen, daß der Erdteil Nordamerika zwischen dem Atlantischen und dem Indischen Ozean nur acht bis zehn Tagereisen breit sei."

Aus mancherlei Andeutungen der Indianer glaubte er aber schließen zu dürfen, daß sich nordwestlich von den Appalachen große Wasser befänden: „Vielleicht ein Arm des Indischen Ozeans oder die Bai von Kalifornien." — Es waren unbestimmte Nachrichten über die fünf großen Binnenseen, die um dieselbe Zeit von französischen Pelzhändlern zuerst erforscht wurden.

Durch Lederers Entdeckungen angeregt, sandte Gouverneur Berkley später noch den deutschen Kapitän Henry Batte auf eine Forschungsreise in die westlichen Gebirge. Aber auch diesem glückte es nicht, die wilden Ketten zu übersteigen, zumal die indianischen Führer aus Furcht vor den westlich wohnenden Stämmen sich weigerten, weiter zu gehen. Die Expedition kehrte zurück, ohne den Berichten Lederers etwas Neues hinzufügen zu können.

Lederer erwuchs aus seinen mühevollen Wagnissen kein Dank. Seine Begleiter, die ihn auf seiner zweiten Expedition schmählich im Stich gelassen hatten, verbreiteten, um ihre eigene Feigheit zu bemänteln, allerlei ungünstige Nachrichten über ihn. Obendrein hetzten sie die Bewohner Virginiens durch die erlogene Behauptung auf, die Kosten der zwecklosen Reisen müßten von

Indianer aus Virginien.
Nach einem Kupferstich des 17. Jahrhunderts.

den Kolonisten bestritten werden. Infolgedessen nahmen die letzteren eine so drohende Haltung gegen Lederer an, daß er nach Maryland floh, wo er in dem Gouverneur Talbot einen neuen Beschützer fand.

Aus in den Archiven von Maryland entdeckten Aufzeichnungen wissen wir, daß Lederer in der alten Hansastadt Hamburg geboren war. Im Jahre 1671 lebte er im Calvert County der Kolonie Maryland. Er hatte dort das Bürgerrecht und von den Behörden die auf 14 Jahre ausgedehnte Erlaubnis erworben, mit den im Südwesten der Kolonie hausenden, von ihm entdeckten Indianerstämmen Pelzhandel treiben zu dürfen.

Über die weiteren Schicksale dieses ersten deutschen Forschungsreisenden in Nordamerika ist leider nichts bekannt.

Aus Stake „Deutsche Geschichte".

Die deutschen Sektenniederlassungen des 17. und 18. Jahrhunderts.

Die Ursachen der Sektenauswanderung.

Kein Land der Erde erlitt jemals schrecklichere Heimsuchungen, als Deutschland während des 17. Jahrhunderts. Gleich einem verheerenden Sturmwind brauste zunächst der durch religiösen Zwiespalt heraufbeschworene Dreißigjährige Krieg durch alle Gauen, und ließ sie in einem solchen Zustande gänzlicher Zerrüttung zurück, daß Deutschland im wahren Sinne des Wortes einer großen Wüste mit einigen Kulturoasen darinnen glich. In Württemberg gingen in den Jahren 1634 bis 1641 über 345 000 Menschen zugrunde. In Sachsen wurden innerhalb der beiden Jahre 1631 und 1632 943 000 Personen erschlagen oder durch Seuchen weggerafft. Die blühende Pfalz, welche vor dem Krieg 500 000 Bewohner besaß, zählte zur Zeit des Friedensschlusses nur noch 43 000, darunter bloß 200 Bauern. Im preußischen Henneberg vernichtete der furchtbare Glaubenskrieg 68, im Eisenacher Oberland 90 % aller Bewohner. In Meiningen waren in 19 Dörfern von 1773 Familien nur noch 316 übrig. Im Nassauischen gab es Orte, die bis auf eine oder zwei Familien ausgestorben waren. Man nimmt an, daß Deutschlands Bevölkerung in jener Zeit sich von 17 auf nur 4 Millionen verminderte.

Dieser entsetzlichen Einbuße an Menschenleben entsprach der Verlust an Eigentum. Nach Hunderten zählten die zerstörten Ortschaften. In Württemberg lagen 8 Städte, 45 Dörfer, 158 Schulhäuser und Pfarrhäuser, 65 Kirchen

---

Kopfleiste: Plünderung eines Dorfs im dreißigjährigen Krieg. Nach einer gleichzeitigen Radierung.

und 36 000 Wohnhäuser in Asche. 80 % aller Pferde, Rinder, Schafe und Ziegen waren zugrunde gegangen. Bedeutende Teile des Reiches, die sich früher des blühendsten Wohlstandes erfreuten, blieben unbebaut, weil es an Saaten, Zugtieren und Werkzeugen fehlte, um die Felder zu bestellen. Die ganze Landwirtschaft war so zugrunde gerichtet, daß die Bevölkerung, trotzdem sie so schrecklich zusammengeschmolzen war, sich kaum zu ernähren vermochte.

Als Schleppenträgerinnen der Kriegsfurie folgten Hungersnot und Pestilenz. Von wahnsinniger Verzweiflung ergriffen mordeten Eltern ihre eigenen Kinder, um deren Fleisch zur Sättigung zu benutzen. In Hessen und Sachsen, im Elsaß und an andern Orten hörte man von Menschenfressern, die Jagd auf Lebende machten, um sie zu verzehren.

In der Schrift „Excidium Germaniae" heißt es: „Man wandert bei zehn Meilen und sieht nicht einen Menschen, nicht ein Vieh. In allen Dörfern sind die Häuser voll toter Leichname und Äser gelegen; Mann, Weib, Kinder und Gesinde, Pferde, Schweine, Ochsen und Kühe neben- und untereinander, von Pest und Hunger erwürget, von Wölfen, Hunden, Krähen und Raben gefressen, weil niemand gewesen, der sie begraben."

Manche der Überlebenden, obdachlos und ohne Existenzmittel, scharten sich zu Räuberbanden zusammen, zogen sengend und plündernd von Hof zu Hof, nahmen den Bewohnern das letzte und boten den ohnmächtigen Regierungen Trotz.

Noch waren diese furchtbaren Leiden, welche der große Krieg den deutschen Landen geschlagen hatte, nicht verwunden, so kamen die Kriege gegen die Polen, Schweden, Türken und Franzosen. Nebenher gab es endlose Streitigkeiten der Reichsstände untereinander. Um das Elend voll zu machen, begingen die an verschwenderische Hofhaltung, glänzende Gelage und große Jagden gewöhnten großen und kleinen Landesherren an dem gewöhnlichen Volke die ärgsten Bedrückungen. Auf ihr Gottesgnadentum pochend und ihre Länder als persönliches Eigentum betrachtend, zwangen sie ihre Untertanen in ein entwürdigendes, von völliger Leibeigenschaft kaum noch zu unterscheidendes Knechtschaftsverhältnis.

In dieser langen Zeit des Leidens und des materiellen Elends schwand einem großen Teil des deutschen Volkes eine seiner edelsten Eigenschaften: der unternehmende kühne Mannesmut, der es seit den Tagen, wo es zum ersten Male in den Bereich der Geschichte trat, in so hoher Weise ausgezeichnet hatte. Aus dem freien deutschen Manne wurde ein ängstlicher, in sein Schicksal ergebener Spießbürger, der kaum noch Verständnis für das Entwürdigende seiner Lage besaß, sondern Trost für seine Leiden tatenlos in der Religion suchte. Aber auch das war ihm häufig erschwert. Nach dem Dreißigjährigen Kriege waren in Deutschland drei Bekenntnisse, das katholische, lutherische und reformierte, anerkannt worden. Aber ihre Anhänger und Priester befehdeten auch nach dem Kriege einander fort und fort. Besonders die an den zahlreichen

Fürstenhöfen angestellten Hofgeistlichen und Beichtväter suchten auf die Landesherren Einfluß zu gewinnen und sie zu veranlassen, das von ihnen vertretene Bekenntnis zur Staatsreligion zu machen. Dies gelang in manchen Ländern, und so kam es, daß in Gegenden, deren Herrscher katholisch geblieben waren, die Lutheraner und Reformierten in der Ausübung ihrer Andachten behindert wurden; in Ländern hingegen, wo die Lutheraner oder Reformierten Oberwasser besaßen, waren die Katholiken und Reformierten oder die Katholiken und Lutheraner allerlei Bedrängnissen ausgesetzt.

In verschiedenen Teilen Deutschlands hatten sich aber auch Sekten gebildet, die sich sowohl von den Katholiken wie von den Reformierten und Lutheranern absonderten und darum sowohl von den Geistlichen wie von der Regierung verfolgt wurden, da man der immer größer werdenden religiösen Zersplitterung vorbeugen wollte.

Diese Sekten waren die Mennoniten, Labadisten, Pietisten, Herrnhuter, Schwenkfeldianer, Tunker und andere mehr. Sie strebten meist eine Wiederherstellung des schlichten, innigen Gemeindelebens an, wie es die ersten Christen geführt hatten. Da sie von berufsmäßigen Predigern nicht viel hielten und auch die Beständigkeit der Kirche als Organisation nicht anerkannten, so zogen sie sich natürlich den Zorn der Geistlichkeit zu. Den Regierungen erschienen sie verdächtig, weil sie Neigungen bekundeten, die man als gefährlich für die bestehenden Staatsformen betrachtete. Namentlich war es der von einigen Sekten vertretene kommunistische Gedanke der gemeinsam füreinander arbeitenden Brüder und Schwestern, den man nicht dulden zu dürfen glaubte. Da die Sektierer sich obendrein weigerten, Kriegsdienste und Kriegssteuern zu leisten, weil Christus das Führen des Schwertes und das Töten von Menschen verboten habe, so wandte sich der Groll der ausschließlich auf militärischer Gewalt beruhenden Regierungen gegen sie.

Die Verfolgungen, denen die Sektierer sich infolgedessen ausgesetzt sahen, nahmen in manchen Ländern so grausame Formen an, daß viele, um der Einkerkerung oder den drohenden Leibes- und Lebensstrafen zu entgehen, sich zur Auswanderung entschlossen.

Die Anregung dazu kam durch englische und holländische Puritaner und Quäker, von denen viele gleicher Bedrängnisse wegen nach der Neuen Welt gezogen waren. Von ihnen, mit denen man Fühlung hielt, erfuhr man, daß Amerika, insbesondere Pennsylvanien, ein duldsames Land sei, wo jedermann seinen religiösen Anschauungen ungehindert leben könne und auch der Bauer darauf rechnen dürfe, des Lohnes für seine Arbeit teilhaftig zu werden.

Die Mennoniten und die Gründung Germantowns.

William Penn.

Die ersten deutschen Sektierer, welche sich von der Scholle lösten, um in der Fremde ungehindert ihren religiösen Anschauungen leben zu können, waren Mennoniten, Anhänger des um das Jahr 1492 in dem friesländischen Dorfe Witmarsum geborenen Menno Simon. Derselbe war ursprünglich Priester der katholischen Kirche, hatte sich aber von derselben losgesagt und predigte in reformatorischem Sinne. Seinen Anhängern empfahl er Sittlichkeit, Herzensmilde und Reinheit; sich der Verfolgung Andersgläubiger, des Tragens und Gebrauchens von Waffen, ja, jeder Gegenwehr zu enthalten; auch das Klagen vor weltlichen Gerichten, das Schwören von Eiden, die Teilnahme an weltlicher Regierung und unnötigen Aufwand in Kleidung und Lebensweise zu unterlassen. Hinsichtlich der Auffassung der Gottheit Christi stimmte er mit den Wiedertäufern überein, beobachtete die Fußwaschung als religiöse Zeremonie und erteilte die Taufe nur als bloßes Symbol innerer Sinnesänderung.

Seine Anhänger, die Mennoniten, bildeten diese Grundsätze noch weiter aus. Das irdische Leben lediglich als eine Vorbereitung für das Jenseits betrachtend, sonderten sie sich, um den Versuchungen dieser Welt zu entgehen, soviel als möglich von den Gemeinwesen ab. In ihren Ehebündnissen beschränkten sie sich ausschließlich auf Mitglieder der eignen Kreise.

Da von allen Sektierern die Mennoniten den unchristlichen Charakter der Kirchen, wie des nur auf militärischer Gewalt beruhenden Staatswesens am schärfsten kritisierten und obendrein sich weigerten, Kriegsdienste und Kriegssteuern zu leisten, so wurden sie auch mit der größten Erbitterung verfolgt.

Schon der Gründer der Sekte, Menno Simon, wurde für vogelfrei erklärt. Wer seinen Kopf einliefre, sollte als Belohnung einen Karlsgulden und außerdem, welche Verbrechen er immer begangen habe, völlige Straflosigkeit erhalten. Unter diesem Bann floh Menno Simon von Ort zu Ort, vom Rhein bis zu den Ostseeländern, bis endlich im Jahre 1561 der Tod ihn seinen Verfolgern entrückte. Seine Anhänger aber mußten den furchtbaren Haß derselben vollauf verspüren. In den Niederlanden marterten die fanatischen Spanier ihrer 6000 zu Tode; in Süddeutschland und in der Schweiz hauchten über 3000 unter den Richtschwertern oder auf den Scheiterhaufen ihre letzten Seufzer aus. Die entsetzlichen Leiden dieser Märtyrer wurden von Tieleman Jans van Braght in einem dickleibigen Folianten „Het Bloedig Toneel of Martelaars Spiegel", „Der blutige Schauplatz oder Märtyrer-Spiegel" beschrieben.

Namenszug von William Penn.

Erst nach 1579 ließen die wütenden Verfolgungen in Holland und Norddeutschland nach; in andern Ländern hingegen wurde den Mennoniten bis ins 18. Jahrhundert hinein zugesetzt. Die Anzeige eines Mennoniten wurde mit fünf Gulden belohnt; die Sektierer selber bedrohte man mit Einziehung ihres Vermögens, körperlicher Züchtigung und Gefängnisstrafe. Trotzdem bildeten sich in Lübeck, Emden, Frankfurt a. M., Krefeld und Krisheim bei Worms Mennonitengemeinden, die mit den nach ähnlichen Glaubenssatzungen lebenden Quäkern in Holland und England nicht nur geheimen Verkehr unterhielten, sondern bisweilen auch den Besuch von Predigern derselben empfingen. Einer jener englischen Quäkermissionare, welche Deutschland bereisten, war W i l l i a m P e n n. Auf seinen in den Jahren 1671 und 1677 unternommenen Missionsreisen kam er auch nach Krefeld, Frankfurt a. M. und Krisheim, wo er vor den dortigen Mennonitengemeinden predigte und bei all seinen Hörern einen tiefen, nachhaltigen Eindruck hinterließ.

Penns Vater, ein Admiral in englischen Diensten, hatte seinem Sohne eine auf 16 000 Pfund Sterling lautende Forderung an die Regierung hinterlassen. William entschloß sich, an Stelle baren Geldes eine bedeutende Strecke Landes anzunehmen, die in Nordamerika, westlich vom Delaware, lag. Zum Gedächtnis an seinen Vater und im Hinblick auf den ungeheuren Waldreichtum des Landes nannte William Penn sein Besitztum Pennsylvanien.

Der Verfolgungen seiner Glaubensgenossen gedenkend, beschloß er, dieses Besitztum zu einem Zufluchtsort für alle zu machen, die in Europa wegen ihres Glaubens bedrängt wurden. Nachdem er durch seinen berühmten Vertrag mit den Indianern bei Schackamoxon Pennsylvanien zu einer wirklichen Stätte des Friedens gemacht hatte, veröffentlichte er eine in englischer, deutscher und holländischer Sprache gedruckte Beschreibung von Pennsylvanien. Die deutschen Ausgaben erschienen in Amsterdam und Frankfurt unter dem Titel: „Eine nachricht wegen der Landschaft Pennsylvania in America: welche jüngstens unter dem Großen Siegel in Engelland an William Penn Sambt den Freiheiten und der Macht so zu behörigen guten Regierung derselben nötig, übergeben worden."

Diese Schrift enthielt zugleich die Einladung an alle wegen ihrer religiösen Anschauungen Verfolgten, nach der jenseits des Ozeans errichteten Freistätte zu kommen. Die Einladung wurde von den Mennoniten in Frankfurt, Krefeld und Krisheim freudig aufgenommen, zumal die Bedingungen, unter welchen Penn Grundstücke zum Kauf anbot, äußerst günstig waren. Er verkaufte je 5000 Acker für 100 Pfund Sterling und 100 Acker für 40 Schilling neben Zahlung einer Erbpacht von 1 Schilling für 100 Acker. Wer nicht kaufen wollte, konnte bis zu 200 Acker Land für einen jährlichen Zins von 1 Penny den Acker pachten.

Namenszug von Pastorius.

Mehrere Mitglieder der Frankfurter Gemeinde traten zu der sogenannten „Frankfurter Gesellschaft" zusammen und erwarben 25 000 Acker. Die Krefelder Gemeinde sicherte sich 18 000 Acker. Beim Abschluß des Kaufvertrages bedienten die Frankfurter sich eines jungen Rechtsgelehrten, namens Franz Daniel Pastorius. Derselbe war am 26. September 1651 zu Sommerhausen in Franken geboren. Nach Beendigung seiner Studien auf den Universitäten Straßburg, Basel und Jena hatte er eine längere Reise durch Deutschland, Holland, England, Frankreich und die Schweiz gemacht und war im November 1682 nach Frankfurt gekommen, wo er in Beziehungen mit der dortigen Pietistengemeinde trat.

„Weilen ich nun," so erzählt Pastorius in seinen Aufzeichnungen, „alldar von meinen Bekannten Pennsylvanien zum öfteren sehr rühmen hörte und verschiedene Relationsschreiben davon zu lesen bekam, auch einige Gott fürchtende Menschen sich bereits dorthin zu transportieren entschlossen und allschon zusammengepackt hatten, entstund eine nicht geringe Begierde bey mir, in ihrer Gesellschaft mit über zu segeln und daselbst nach überdrüssig gesehenen und gekosteten europäischen Eitelkeiten nebenst ihnen ein still und christlich Leben zu führen. Verehrte und schickte derowegen meine Bücher u. s. w. an meinen

Bruder Joh. Samuel und erlangte endlich nach mehrmaliger Briefwechselung meines verehrten Vatters Verwilligung sammt 250 Reichsthalern, worauf ich dann nach Krisheim reisete und mich sofort ganz reisefertig machte."

Am 2. April fuhr Pastorius von Frankfurt den Rhein hinab, verweilte kurze Zeit in Köln und begab sich dann nach Krefeld, wo er mit mehreren Mitgliedern der dortigen Mennonitengemeinde Unterredungen hatte und von denselben erfuhr, daß sie gleichfalls bereit seien, nach Pennsylvanien überzusiedeln. Pastorius versprach, für ihre Ankunft alles vorzubereiten und begab sich über Rotterdam und London nach Gravesend, von wo er am 6. Juni mit dem Schiff „America" nach Philadelphia segelte. Als er dort am 20. August landete, bestand dieser „Ort der Bruderliebe" erst aus wenigen notdürftig hergerichteten Blockhütten.

„Das Übrige war Wald und Gestrüpp, worin ich mich mehrere Male verlor. Was für einen Eindruck solch eine Stadt auf mich machte, der ich eben London, Paris, Amsterdam und Gent besucht hatte, brauche ich nicht zu beschreiben."

Dem Beispiel der Bewohner dieser Ansiedlung folgend, erbaute Pastorius sich ein bescheidenes, für die erste Unterkunft genügendes Häuschen, dessen Fensteröffnungen er, da Glas nicht zu haben war, mit ölgetränktem Papier verklebte. Altem deutschem Brauch folgend, setzte er über die Haustür den von ihm ersonnenen Spruch:

> „Parva domus sed amica bonis, procul este profani."
> „Klein ist mein Haus, doch Gute sieht es gern,
> Wer gottlos ist, der bleibe fern." —

Mit William Penn häufig verkehrend und von diesem hochgeschätzt, erwartete Pastorius in seinem kleinen Nothause die Ankunft der Krefelder Einwanderer.

Von der Krefelder Gemeinde hatten sich zunächst 13 Familien zur Übersiedlung nach Pennsylvanien entschlossen. Es waren die Familien von **Hermann, Abraham und Dirk (Dietrich) op den Graeff, Lenert (Leonhard) Arets, Tünes (Anton) Kunders, Reinert (Reinhard) Tisen oder Theißen, Wilhelm Strepers, Jan (Johann) Lensen, Peter Keurlis oder Kuirlis, Jan Simens, Johann Bleickers, Abraham Tünes oder Tünies und Jan Lüken oder Luyken**. Zusammen bildeten diese Personen eine Schar von 33 Köpfen.

Am 18. Juni befanden sich die Auswanderer in Rotterdam, gingen von dort nach England und schifften sich am 24. Juli 1683 auf der „Concord" in Gravesend zur Überfahrt nach Amerika ein. Entlang der Küste Englands ging die Fahrt äußerst langsam von statten, denn man behielt dieselbe drei Wochen lang in Sicht. Nach weiteren 49 Tagen erblickten die Reisenden die Gestade der Neuen Welt und betraten am 6. Oktober (dem 16. Oktober gegenwärtiger Zeitrechnung) den Boden derselben.

Von Pastorius und Penn freudig begrüßt, schritten die deutschen Pilger nach kurzem Verweilen zur Auswahl eines geeigneten Platzes für die zu gründende Niederlassung. Man entschied sich für einen zwei Stunden von Philadelphia in der Nähe des Schuylkillflusses gelegenen Landstreifen, auf dem William Penn „am 24. Octobris durch Thomas Fairman 14 Lose oder Erbe abmessen ließ, umb welche oberwähnte 13 Familien am 25. dito durch Zettel das Los zogen und sofort anfingen, Keller und Hütten zu machen, worinnen sie den Winter nicht sonder große Beschwerlichkeiten zubrachten. Den Ort nannten wir Germantown, welches der Teutschen-Statt bedeutete. Etliche gaben ihm den Beynamen Armentown, sindemahl viel der vorgedachten Beginner sich nicht auf etliche Wochen, zu geschweigen Monaten, provisioniren kunnten. Und mag weder genug beschrieben noch von denen vermöglicheren Nachkömmlingen geglaubt werden, in was Mangel und Armuth, anbey mit welch einer Christlichen Vergnüglichkeit und unermüdetem Fleiß diese Germantownship begunnen sey."

Zunächst hatten die deutschen Ansiedler einen schweren Kampf gegen die schier unbezwingliche Wildnis zu führen, die sich dicht an ihre Hütten drängte, und deren Ende gen Westen hin noch kein Weißer erreicht hatte. „Man wende sich," so schrieb Pastorius an seine in Deutschland zurückgebliebenen Angehörigen, „hin, wo man wolle, da heißet es: ,Itur in antiquam sylvam', und ist alles mit Holtz überwachsen, also daß ich mir offt ein paar Dutzet starke Tyroler gewünschet, welche die dicke Aychen-Bäume darnieder geworffen hätten." In diesem Kampf mit der Wildnis bedurfte es, wie Pastorius an einer anderen Stelle gesteht, „gedachten William Penns offtmaliger dringender Assistenz, zumal wir wegen ermangelnder sattsamer Experienz in solcherlei sachen vieles gethan haben, was wir hernach theils selbst ändern, theils der klügeren Nachfahren Verbesserung anbefehlen müssen."

Mit der Zeit wurde das Aussehen der Ortschaft doch ein wohnliches. Sie war durch eine breite, von mehreren Querstraßen durchschnittene und auf beiden Seiten mit Pfirsichbäumen besetzte Straße in zwei Hälften geteilt. Ein kleines hölzernes Kirchlein erstand 1686. Die Wohnhäuser lagen inmitten großer Blumen- und Gemüsegärten, deren fruchtbarer Boden die auf ihn gewendete Mühe so reich lohnte, daß man mit den gewonnenen Erzeugnissen sowohl den Bedarf der Bewohner decken wie auch den Markt von Philadelphia versorgen konnte. Ja, nach mehreren Jahren konnte man den Überfluß an Getreide und Vieh nach Barbados verhandeln „umb Brandwein, Syrup, Zucker und Salz".

Mit den Eingeborenen, die Pastorius als „starke, hurtige und gelenke Leute" schildert, die „sich einer aufrichtigen Redlichkeit befleißigen, genau über ihren Versprechen hielten und Niemanden betrogen oder beleidigten", kam man gut aus. Man unterhielt sogar mit ihnen einen einträglichen Handel. „Der wilden Leute ihre Kaufmannschaften," so erzählt Pastorius weiter, „ist von Fischen, Vögeln, Hirschhäuten und allerlei Pelzwerk von Bibern, Ottern, Füchsen, u. s. w. Bißweilen vertauschen sie's gegen Getränk, bißweilen verkauffen sie's umb ihr Landgeld, welches nur langlichte an Faden angeschnürte Corallen aus Meer-Muscheln geschliffen (Wampumperlen) theils weis, theils braunlecht." Das im Handel mit den Indianern erworbene Pelzwerk verschiffte man nach England.

Fleiß, Sparsamkeit und Genügsamkeit bildeten die Tugenden, durch welche die Ansiedler von Germantown sich auszeichneten und die Achtung aller Umwohner erwarben. Besondere Sorgfalt wendeten sie auf den Anbau von Flachs und Wein, die hoch in Ehren gehalten wurden. Der Flachs hatte Bedeutung, weil die Krefelder Leineweberei betrieben. Dies Gewerbe setzten sie in der Neuen Welt fort und stellten allerlei Zeuge her, die wegen ihrer Güte und Haltbarkeit überall willige Abnehmer fanden. Als Rheinländer waren sie Freunde des Frohsinns und wußten den Wein als Quelle desselben zu schätzen. So währte es nicht lange, daß sich um die Fenster und Türen ihrer Hütten schwertragende Reben rankten, andere sich zu schattigen Lauben verbanden. Gewiß war es ein sinniger Gedanke, daß Pastorius beim Entwurf eines Ortssiegels in dasselbe ein Kleeblatt zeichnete, dessen drei Blätter den Weinstock, den Flachs und die Weberei darstellen sollten, was durch die Umschrift: „Vinum, Linum et Textrinum" („Wein, Lein und Webeschrein") Ausdruck fand. Dadurch wurde zugleich die Mission der Deutschen in Amerika, die Förderung des Ackerbaues, des Gewerbes und des heiteren Lebensgenusses in der glücklichsten Weise angedeutet.

Welch glückliche Stunden mögen die Väter der deutschen Auswanderung in Germantown verlebt haben, wenn sie abends nach vollbrachter Arbeit auf den nach heimischer Art zu beiden Seiten der Haustür angebrachten Bänken saßen, von Bienen umsummt, von Tauben umflattert und vom Wohlgeruch der Blumen umwallt, die den aus Deutschland mitgebrachten Sämereien entsprossen! Wie oft mögen sie da der fernen Heimat gedacht haben, in der sie nur Kümmernisse und Verfolgung erlebt hatten, die ihnen aber trotzdem heilig und teuer blieb! Die Anhänglichkeit an dieselbe bekundeten sie, indem sie drei neue Ortschaften, die der Zuwachs später notwendig machte, Krefeld, Krisheim und Sommerhausen tauften.

Unter den alltäglichen Arbeiten vergaßen die Bewohner der deutschen Stadt nicht die Pflege des Geisteslebens. Den Mittelpunkt desselben bildete Pastorius, der die Errichtung einer Schule durchsetzte und persönlich eine Abendklasse leitete, in der er den reichen Born seines Wissens allen erschloß, die auf Vertiefung ihrer Kenntnisse bedacht waren. Der in jeder Beziehung merkwürdige Mann fand neben der Erledigung seiner Berufspflichten auch noch Zeit, schriftstellerisch tätig zu sein. Von seiner Vielseitigkeit und Gemütstiefe zeugt gewiß die Tatsache, daß er nicht weniger als 43 Bände mit Aufsätzen über Rechtskunde, Naturwissenschaft, Geschichte, Landwirtschaft, Theologie, Gedichten, Sinnsprüchen und philosophischen Betrachtungen fülte. Wie warm in seinem Herzen echte Liebe für das Vaterland und für seine Landsleute glühte, geht aus seinem berühmten, in lateinischer Sprache geschriebenen „Gruß an die

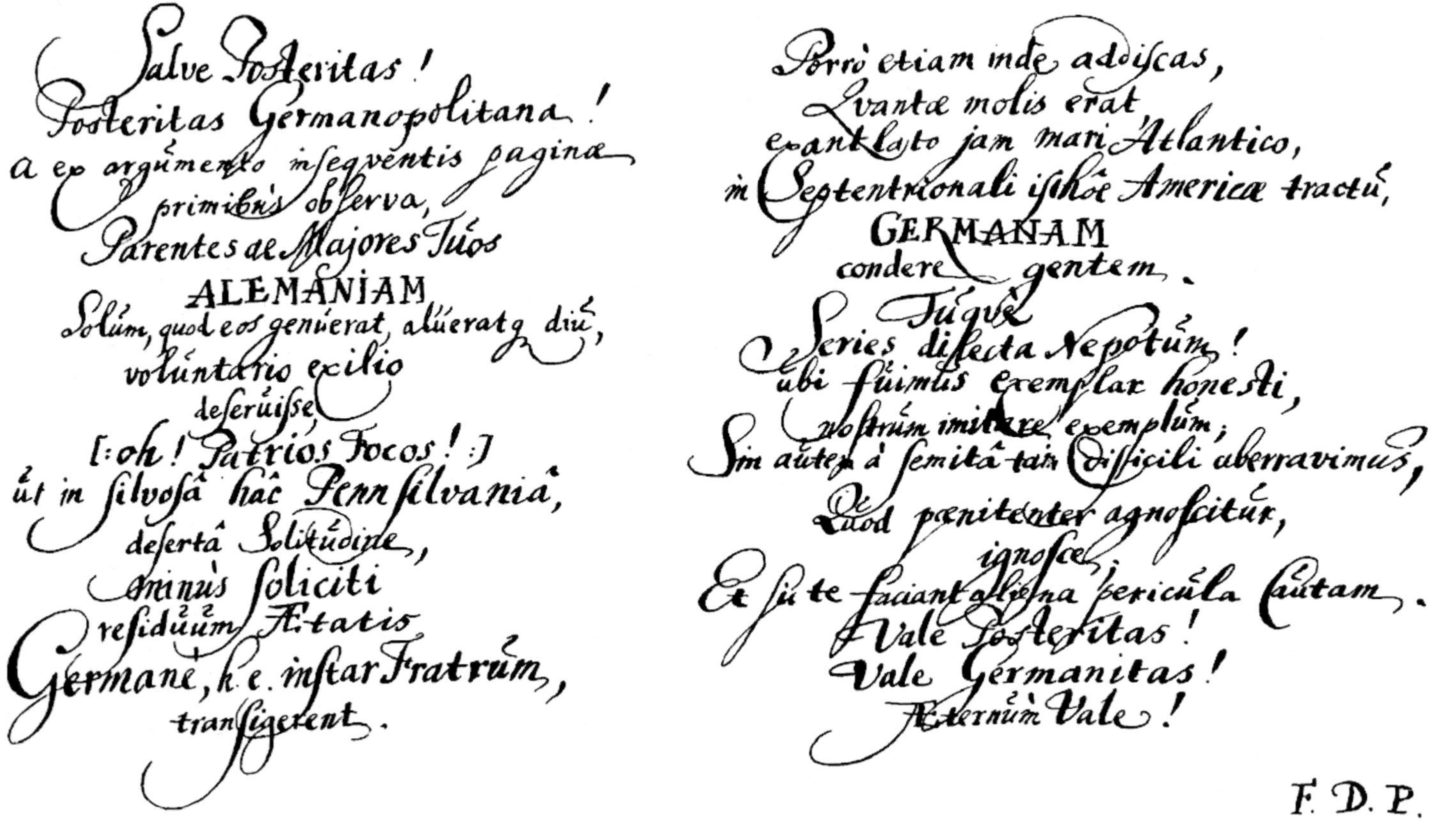

Salve Posteritas!
Posteritas Germanopolitana!
à eo argumento sequentis paginâ
primībus observa,
Parentes de Majores suos
ALEMANNIAM
Solum, quod eos genuerat alueratq. diu,
voluntario exilio
deseruisse
[: oh! Patrios focos! :]
ut in silvosâ hac Pennsilvaniâ,
desertâ Solitudine,
animus soliciti
residuum Ætatis
Germane, h. e. instar fratrum,
transigerent.

Porrò etiam inde adojicas,
Erante molis erat
exantlato jam mari Atlantico,
in Septentrionali jubar Americæ tractu,
GERMANAM
condere gentem.

Itaque
Series difecta negotium?
ubi fuimus exemplar honesti,
nostrum imitare exemplum!
Sin autem à semitâ tali difficili aberravimus,
Quod pœnitenter agnoscimus,
ignosce;
Et sic te fauiant Magna pericula Civitam.
Vale Posteritas!
Vale Germanitas!
Æternum Vale!

F. D. P.

Pastorius Gruß an die Nachkommenschaft.
Kopie der im Grundbuch von Germantown befindlichen Originalniederschrift.

Nachkommen" hervor, mit dem er das Grundbuch von Germantown eröffnete. Der um die deutsch-pennsylvanische Geschichte hochverdiente Oswald Seidensticker, dessen Hauptwerk „Die Gründung von Germantown", eine Perle echter, gemütstiefer Geschichtsschreibung ist, um die jedes Volk das Deutschamerikanertum beneiden dürfte, übersetzte denselben folgendermaßen: „Sei gegrüßt, Nachkommenschaft! Nachkommenschaft in Germanopolis! Und erfahre zuvörderst aus dem Inhalt der folgenden Seite, daß deine Eltern und Vorfahren Deutschland, das holde Land, das sie geboren und genährt, in freiwilliger Verbannung verlassen haben — oh, ihr heimischen Herde! — um in diesem waldreichen Pennsylvanien, in der öden Einsamkeit minder sorgenvoll den Rest ihres Lebens in deutscher Weise, d. h. wie Brüder, zu verbringen. Erfahre auch ferner, wie mühselig es war, nach Überschiffung des Atlantischen Meeres in diesem Striche Nordamerikas den deutschen Stamm zu gründen. Und du, geliebte Reihe der Enkel, wo wir ein Muster des Rechten waren, ahme unser Beispiel nach; wo wir aber von dem so schwierigen Pfade abwichen, was reumütig anerkannt wird, vergib uns; mögen die Gefahren, die andere liefen, dich vorsichtig machen. Heil dir, Nachkommenschaft! Heil dir, deutsches Brudervolk! Heil dir auf immer!"[1])

Bereits im Jahre 1691 erhielt Germantown städtische Gerechtsame. Daß die Bewohner Pastorius zum Bürgermeister erwählten, war der Ausdruck der von allen gegen ihn empfundenen Dankbarkeit. Zugleich bekleidete er das Amt eines Friedensrichters. Als er am 2. Juni ein Ratsbuch beschaffte, eröffnete er dasselbe mit einigen seinen Gerechtigkeitssinn kennzeichnenden Sprüchen.

„Lasset die Forcht des Herrn bey Euch seyn und nehmet nicht Geschenke. Beleidigt keine Wittib noch Waisen. Schaffet dem Armen Recht und helffet dem Elenden und Dörftigen. Richtet recht zwischen Jedermann; sehet keine Person an, sondern höret den Kleinen wie den Großen. In euren Wahltägen setzet zu Häuptern übers Volk redliche, weise, erfahrene und verständige Leute, die wahrhafftig und dem Geitze feind sind."

Wie wohl würde es um die amerikanische Nation stehen, wenn alle Richter sich bestrebten, gleich einem Pastorius solchen Grundsätzen gerecht zu werden.

---

[1]) Der lateinische Originaltext lautet:
Salve Posteritas!
Posteritas Germanopolitana!
A ex argumento in sequentis paginae primibus observa, Parentes ae Majores Tuos Alemaniam Solum quod eos genuerat, alueratque diu, voluntario exilio deseruisse, (oh! Patrios Focos!) ut in Silvosa hac Pennsylvania, deserta Solitudine, minus soliciti residuum Aetatis Germane, h. e. instar Fratrum, transigerent. Porro etiam inde addiscas, quantae molis erat, exant lato jam mari Atlantico, in Septentrionali isthoc Americae tractu, Germanam condere gentem. Tuque Series dilecta Nepotum! ubi fuimus exemplar honesti, nostrum imitare exemplum; Sin autem a semita tam difficili aberravimus, quod poenitenter agnoscitur, ignosce; Et sic te faciant aliena pericula cautam. Vale Posteritas! Vale Germanitas! Aeternum Vale!

Als Richter hatte Pastorius kaum etwas zu tun. Mitunter vergingen Monate, ehe er Anlaß fand, einen Bewohner von Germantown in eine gelinde Geldstrafe zu nehmen. Seidensticker, welcher die Gerichtsakten von Germantown einer Durchsicht unterzog, nennt dieselben trocken und langweilig, fügt aber hinzu: „Glücklich die Gemeinde, deren Gerichts-Annalen langweilig sind!"

Unzweifelhaft ist auch eine Großtat der ersten deutschen Ansiedler in Amerika auf den hochherzigen Pastorius zurückzuführen: der **erste in der zivilisierten Welt erhobene Protest wider die Sklaverei, die unfreiwillige Knechtschaft**. Die Einfuhr von Negersklaven in die an der Ostküste von Nordamerika gelegenen holländischen und englischen Kolonien wurde bereits seit Anfang des 17. Jahrhunderts betrieben, ohne daß die für allgemeine Menschenrechte eintretenden Puritaner und Quäker den Menschenhandel als eine Ungerechtigkeit empfanden. Erst als William Penn für seine Provinz den „Frame of Government" entwarf, und das Dokument seinem Freunde Benjamin Furley, einem in Rotterdam geborenen Quäker, der zugleich Agent der Frankfurter Gesellschaft war, zur Begutachtung vorlegte, hatte dieser ihm den Vorschlag unterbreitet: „Laßt keine Schwarze direkt eingeführt werden. Und wenn solche aus Virginien, Maryland oder sonst woher mit Familien kommen, welche dieselben früher irgendwo kauften, so laßt dieselben (wie nach der Verfassung von West Jersey) nach acht Jahren frei erklären."

Aber die Handelsgesellschaft, welcher Penn angehörte, und die gleich allen anderen Kolonisten englischer und holländischer Abkunft Sklaven hielt, wollte diesem Vorschlag Furleys nur so weit entgegenkommen, daß sie in eine Freilassung ihrer Sklaven nach 14jähriger Dienstzeit derselben willige, wenn dieselben sich verpflichteten, nach erfolgter Freilassung zwei Drittel aller Erzeugnisse des ihnen zugewiesenen Landes an das Warenhaus der Gesellschaft abzuliefern, anderenfalls sie in dienendem Verhältnis bleiben müßten.

Den Deutschen, welche in ihrer eigenen Heimat den Druck der Obrigkeit schwer empfunden hatten, schien die Sklaverei höchst ungerecht, indem sie gegen die Lehren der christlichen Religion verstoße. Deshalb beschäftigten sie sich sehr lebhaft mit dieser Frage und ließen ihren von Pastorius in englischer Sprache niedergeschriebenen Protest im Februar 1688 der Monatsversammlung der Quäker verlesen. Das denkwürdige Schriftstück hat verdeutscht folgenden Wortlaut:

„An die Versammlung bei Richard Worrells.

Hier folgen die Gründe, warum wir gegen den Handel in Menschenleibern sind. Ist irgend jemand, der in gleicher Weise behandelt, das heißt verkauft und zeitlebens als Sklave gehalten werden möchte? — Wie zaghaft und schwachherzig gebärden sich viele auf See, wenn ihnen ein fremdes Schiff begegnet, — fürchtend, es möge ein türkisches sein, und sie möchten gefangengenommen und in der Türkei als Sklaven verkauft werden. Wohlan, ist Euer

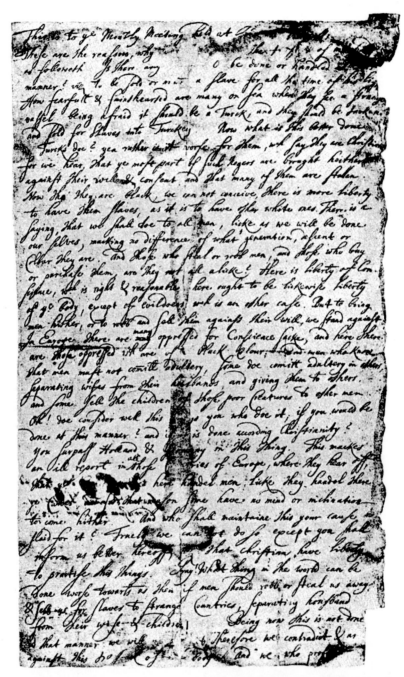

Der Protest der Deutschen von
Nach der in der Gesellschaft der „Freunde"

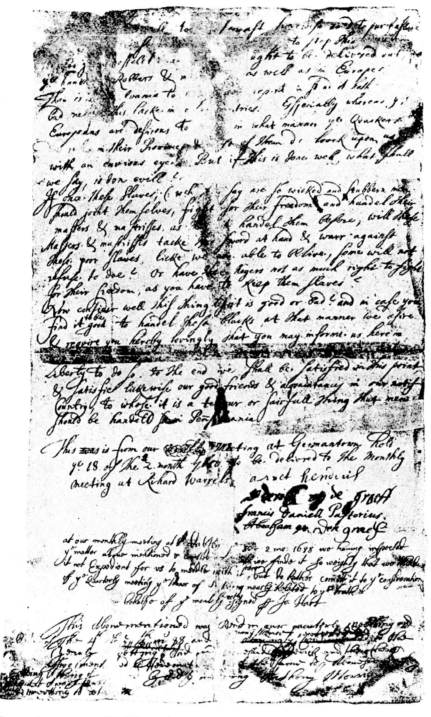

Germantown gegen die Sklaverei.
zu Philadelphia aufbewahrten Originalhandschrift.

Verfahren besser als das der Türken? Im Gegenteil, es steht denen weit übler an, welche vorgeben, Christen zu sein. Denn wir hören, daß die meisten Neger gegen ihren Willen und gegen ihre Zustimmung hierhergebracht werden, und daß viele von ihnen gestohlen wurden. Nun, obgleich sie schwarz sind, können wir doch nicht einsehen, daß dieser Umstand irgendwelche größere Berechtigung verleiht, sie als Sklaven zu halten, als wenn man es mit weißen Menschen zu tun hätte. Man sagt, wir sollten allen Menschen ohne Unterschied des Geschlechts, der Rasse oder Hautfarbe, so begegnen, wie man selbst behandelt zu werden wünscht. Doch sind die, welche Menschen rauben und jene, welche sie kaufen und verkaufen, nicht alle gleich? — Hier herrscht Freiheit des Glaubens, was recht und vernünftig ist. Aber hier sollte auch Freiheit des Körpers herrschen, ausgenommen für Übeltäter, was ein andrer Fall ist. Aber wir protestieren dagegen, Leute wider ihren Willen herzubringen. In Europa sind viele ihres Glaubens wegen unterdrückt. Hier dagegen sind die, welche wegen ihrer schwarzen Farbe unterdrückt werden.

Wir wissen, daß die Menschen keinen Ehebruch begehen sollen. Aber manche machen sich dieser schweren Sünde in andrer Form schuldig, indem sie Frauen von ihren Männern trennen und anderen überliefern. Manche verhandeln obendrein die Kinder dieser armen Geschöpfe an andere Leute. Oh, die Ihr solche Dinge tut, überlegt, ob Ihr in der gleichen Weise behandelt werden möchtet, und ob es sich mit wahrem Christentum verträgt. Ihr überbietet Holland und Deutschland in solchen Dingen. Es bringt Euch in allen europäischen Ländern in Verruf, wenn sie dort hören, daß die Quäker hier Menschen in der gleichen Weise wie das Vieh verkaufen. Aus diesem Grunde zeigen manche keine Neigung, hierherzukommen. Denn wer könnte solches Tun verteidigen oder befürworten? Wir können es nicht; es sei denn, daß Ihr uns überzeugt, daß Christen ein Recht haben, so zu handeln. Sagt, was könnte uns Schlimmeres widerfahren, als wenn Menschen uns rauben oder stehlen wollten, um uns von unseren Angehörigen zu trennen und als Sklaven in fremde Länder zu verkaufen? Einsehend, daß dies nicht die Art ist, in der wir mit uns verfahren sehen möchten, protestieren wir gegen diesen Menschenschacher. Und wir, die wir bekennen, daß es ungesetzlich ist, zu stehlen, müssen es gleichfalls unterlassen, Dinge zu kaufen, von denen wir wissen, daß sie gestohlen wurden. Wir sollten dagegen helfen, daß dieser Raub und Diebstahl unterdrückt werden. Die Sklaven aber sollten aus den Händen ihrer Räuber erlöst und in gleicher Weise freigegeben werden, wie in Europa. Dann wird Pennsylvanien einen guten Ruf erlangen, wohingegen es jetzt dieser Ursache wegen in anderen Ländern berüchtigt ist. Wir sollten dies um so mehr tun, als die Europäer begierig sind, zu erfahren, in welcher Weise die Quäker ihre Provinz regieren. Viele dieser Europäer beneiden uns. Wenn dies aber wohlgetan ist, was wäre dann vom Übel?

Falls es diesen als dumm und hinterlistig verschrienen Sklaven einmal in den Sinn käme, sich zu vereinigen und für ihre Freiheit zu kämpfen und dann ihre Herren und Herrinnen in der gleichen Weise zu behandeln, wie diese sie behandelten, werden dann diese Herren und Herrinnen zum Schwert greifen und diese armen Sklaven bekämpfen? Manche würden, wie wir glauben, nicht zögern, dies zu tun. Aber hätten diese Neger nicht ebensogut das Recht, für ihre Freiheit zu kämpfen, als wie Ihr das Recht zu haben glaubt, sie als Sklaven zu halten?

Nun erwägt diese Angelegenheit wohl, ob sie gut oder böse ist. Falls Ihr es für recht befindet, die Schwarzen in solcher Weise zu behandeln, so bitten und ersuchen wir Euch hiermit liebevoll, uns darin zu belehren, was bis heute nie zuvor getan wurde, nämlich, daß es Christen ziemt, so zu verfahren. Einstweilen werden wir uns über diese Angelegenheit zufriedengeben, und gleichfalls unsere guten Freunde und Bekannte in der Heimat beruhigen, für welche es ein Schrecken und Abscheu ist, daß Menschen derart in Pennsylvanien behandelt werden.

Dies ist von unsrer Versammlung in Germantown, abgehalten am 18. des 2. Monats 1688. Zu übergeben an die Monatsversammlung bei Richard Worrells.

Garret Hendericks. Derick up de Graeff. Francis Daniell Pastorius.

Abraham up den Graeff."

Die Monatsversammlung der Quäker fand das Dokument zu wichtig, als daß sie sich für zuständig hielt, einen Beschluß zu fassen. Sie überwies das Schriftstück der „Vierteljahrsversammlung", die dasselbe aus den gleichen Gründen am 4. April an die „Jahresversammlung" weitergab. Diese drückte sich am 5. Juli mit der Erklärung um die heikle Frage herum: „Es wurde hier eine von mehreren deutschen Freunden verfaßte Schrift eingereicht, welche die Frage der Gesetzlichkeit oder Ungesetzlichkeit des Kaufs und Haltens von Negern betrifft. Man kam dahin überein, daß es dieser Versammlung nicht zustehe, ein positives Urteil über diese so viele andere Dinge berührende Frage abzugeben. Aus diesem Grunde unterließ man es, auf die Angelegenheit einzugehen."

Damit wurde das denkwürdige Schriftstück zu den Akten gelegt. Erst volle 155 Jahre später wurde es von dem Geschichtsforscher Nathan Kite wieder aufgefunden und am 13. Januar 1844 in der Quäkerwochenschrift „Friend" zum Abdruck gebracht. Das Original, ein stark verwitterter Bogen in Folioformat, befindet sich noch heute im Besitz der Quäkergesellschaft der Friends in Philadelphia.

Wenngleich der menschenfreundliche Pastorius die Abschaffung der Sklaverei nicht erlebte, so durfte er sich doch versichert halten, daß seine Anregung einst Früchte tragen werde. Bereits im Jahre 1711 kam in Pennsylvanien ein Gesetz zur Annahme: „An act to prevent the Importation of Negroes and Indians into the province." Es wurde zwar von der englischen Regierung sofort für ungültig erklärt, aber schon 1715 begannen die Quäker ernstlich sich gegen den überseeischen Sklavenhandel auszusprechen. 1730 gingen sie schon so weit, das Kaufen importierter Sklaven zu mißbilligen.

Unterdessen war, was an dem edlen Pastorius sterblich, längst zu Staub zerfallen. Er schied gegen Ende des Jahres 1719 aus dem Leben und wurde auf dem alten Quäkerfriedhof von Germantown begraben. Kein Nachweis ist vorhanden, an welcher Stelle die Gebeine des edlen Mannes ruhen, von dem sein berühmter, ihm im Tode vorausgegangener Zeitgenosse und Freund William Penn einst sagte: „Vir sobrius, probus, prudens et pius, spectatae inter in-

Altes Haus in Germantown, in dem der Protest gegen die Sklaverei verfaßt und geschrieben wurde.
Nach einer alten Zeichnung.

culpataeque famae"; „Nüchtern, rechtschaffen, weise und fromm, ein Mann von allgemein geachtetem und unbescholtenem Namen".

Auch nach Pastorius' Tode flossen die Jahre in Frieden über die deutsche Stadt hinweg. Keine Indianerkämpfe, Religionsstreitigkeiten oder Parteifehden wurden hier ausgefochten. Mit den benachbarten Quäkern, denen sich viele Mennoniten von Germantown förmlich anschlossen, unterhielt man die beste Fühlung. Zuwanderung aus Deutschland und den benachbarten Kolonien ließ das Städtchen Germantown rasch emporblühen. Von diesem Zuwachs erwies sich keiner so wertvoll wie die Einwanderung eines aus Laasphe in Westfalen stammenden Mannes, C h r i s t o p h S a u r, der im Jahre 1727 in Germantown anlangte.

Nicht an Gelehrsamkeit, sicher aber an Vielseitigkeit war er dem edlen Pastorius über. Sagt doch eine handschriftliche Notiz von ihm: „Er ist ein sehr ingenieuser Mann, ein Separist, der auf die 30 Handwerke ohne Lehrmeister erlernet. Denn als ein Schneider ist er dahin nach Amerika gereiset und nun ein Buchdrucker, Apotheker, Chirurgus, Botanicus, groß und klein Uhrmacher, Schreiner, Buchbinder, Concipient der Zeitungen, der sich alle seine Buchdruckerwerkzeuge selbst verfertigt; ziehet auch Bley und Drat, ist ein Papiermüller, u. s. w."

In keiner seiner vielen Beschäftigungen erzielte Christoph Saur so große und nachhaltige Erfolge wie in der Druckerei.

Die nach Pennsylvanien gekommenen deutschen Sektierer verfaßten zahlreiche religiöse Erbauungsschriften, die sie in Philadelphia bei Andreas Bradford, Samuel Keimer und Benjamin Franklin drucken ließen. Sie mußten es sich allerdings gefallen lassen, daß ihre Andachtsbücher mit lateinischen Lettern gedruckt wurden, da gotische Typen bisher nicht nach Amerika gebracht waren. Seidensticker zählt in seiner Monographie: „German printing in America" eine ganze Reihe solcher mit römischen Typen gedruckten Bücher auf. Welchen Wert die amerikanischen Drucker auf die Kundschaft der Deutschen legten, geht daraus hervor, daß Bradford im Jahre 1730 einen deutschen Kalender erscheinen ließ unter dem Titel: „Der Teutsche Pilgrim, mitbringend seinen sitten Calender. Auf das Jahr nach der gnadenreichen Geburt unseres Herrn und Heylands Jesu Christ MDCXXXI."

Benjamin Franklin wagte sich sogar an die Herausgabe einer deutschen Ausgabe seiner „Pennsylvania Gazette". Er kündigte dieselbe am 11. Juli 1732 mit folgenden Worten an: „Am nächsten Samstag wird die Philadelphische Zeitung, ein Blatt in Hochdeutsch, herausgegeben werden. Dieselbe wird alle vierzehn Tage Samstags erscheinen. Auf dem Lande wohnende Subskribenten können sie um zehn Uhr in Empfang nehmen. Anzeigen werden vom Drucker der Zeitung wie auch von Herrn Louis Timothee, Sprachlehrer angenommen, welcher dieselben übersetzt.

Diese Zeitung war mit römischen Lettern gedruckt. Eine Kopie der zweiten Nummer vom 24. Juni 1732 befindet sich in den Sammlungen der Historical Society of Pennsylvania. Gleich an der Spitze dieser Zeitung läßt Franklin sich folgendermaßen vernehmen: „Wiewohl ich geglaubt hätte, daß sich unter denen teutschen Einwohnern dieses Landes mehr Liebhaber sollten gefunden haben, die dieses zumahl vor junge Personen so nützliche Werk, die Ausgabe der Zeitungen nehmlich, befördern, und dazu mit anstehen würden; so erstreckte sich doch die Anzahl derer, die sich dazu unterschrieben haben, vor jetzt nicht über 50. Nichtsdestoweniger habe ich auf meiner seiten nicht ermangeln wollen, damit einen Anfang zu machen, der Hoffnung lebend, daß sich noch mehrere einfinden werden, selbiges zu befördern, sonsten ich mich genöthigt sehen würde, bald wieder damit aufzuhören."

Da diese Ermunterung ohne Wirkung blieb, so stellte Franklin den Druck der „Philadelphischen Zeitung" wieder ein. Die geringe Teilnahme der deutschen Bevölkerung an diesem Unternehmen erklärt sich dadurch, daß Franklin wiederholt Äußerungen getan hatte, aus denen starke Abneigung gegen alles Deutsche hervorleuchtete.

Dem scharfen Blick Christoph Saurs entging es nicht, daß er sich eine lohnende Existenz gründen könne, wenn er in Germantown eine Druckerei eröffne und bei der Vervielfältigung der von seinen Landsleuten verfaßten Schriften gotische Lettern verwende, die aus alter Gewohnheit von den Deutschen bevorzugt wurden. Wie richtig er rechnete, beweist die Tatsache, daß fortan fast alle Werke der deutschen Sektierer in und um Germantown bei ihm verlegt wurden.

Die Frage, ob Saur auch die ersten deutschen Lettern nach Amerika brachte, ist noch offen. Die Ansicht Seidenstickers, dies sei der Fall gewesen, wurde neuerdings durch den Fund eines im Besitz des Herrn Julius Sachse in Philadelphia befindlichen, mit gotischen Lettern gedruckten Büchleins hinfällig, das die Jahreszahl 1728 trägt.

Seidensticker erwähnt in einem für den „Deutschen Pionier" geschriebenen Aufsatz über „Deutsch-amerikanische Inkunabeln" mehrere Überlieferungen, wie es in Germantown zur Einrichtung einer deutschen Druckerei gekommen sei. Nach einer derselben hätten die aus Westfalen stammenden Tunker eine Druckerpresse nebst Lettern von ihren in der Heimat zurückgebliebenen Glaubensgenossen zugeschickt erhalten. Einer anderen Überlieferung zufolge habe der Tunker Jacob Gaus Presse und Lettern mitgebracht, um für die deutschen Sekten in Pennsylvanien religiöse Schriften zu drucken. Da er dazu nicht geschickt genug gewesen sei, habe er den Apparat müßig stehen lassen, der später von Christoph Saur erworben worden wäre.

Unzweifelhaft nahm die deutsche Druckerei in Nordamerika erst mit Saur ihren Aufschwung. Er ergriff den neuen Beruf mit förmlicher Begeisterung, überzeugt, durch die Gründung einer deutschen Druckerei ein gottgefälliges Werk zu verrichten. So schrieb er in einem vom 17. November 1738 datierten Brief: „Womit finde ich Worte, den guten Gott zu loben? Ich bin ihm hoch verpflichtet! Mein Alles sey zu seinem Dienst und Verherrlichung seines Namens! Dieses war in Schwachheit meine Begierde und Verlangen vor das viele Gute, so mir die Zeit meines Hierseyns und meines gantzen Lebens wiederfahren. Darum habe ich auch gewünschet, eine deutsche Druckerei im Lande mir anzulegen, die mir . . . gekauft und hierher befördert. Nun könnte man kein bequemer Vehiculum finden, solches durchs ganze Land bekannt zu machen, als zuerst einen Calender zu drucken."

Dieser Kalender erschien unter dem Titel:

> Der Hoch-Deutsch
> Amerikanische Calender
> auf das Jahr
> nach der gnadenreichen Geburt unseres
> Herrn und
> Heylands Jesu Christi
> 1739.

Er enthielt neben den üblichen Mitteilungen allerhand nützliche Belehrungen über Pflanzenkunde, Gesundheits- und Krankheitspflege, Geschichte, Länder- und Völkerkunde und dergleichen mehr. Dem Kalender folgte noch im selben Jahre ein von den Klosterbrüdern zu Ephrata zusammengestelltes, 792 Seiten umfassendes Gesangbuch. Dasselbe war „allen in der Wüsten girrenden und einsamen Turteltäublein" gewidmet und trug den wunderlichen Titil: „Zionitischer Weyrauchs-Hügel oder Myrrhen-berg, worinnen allerley liebliches und wohlriechendes, nach Apotheker-Kunst zubereitetes Rauch-Werk zu finden."

Es bezeugt gewiß den Wagemut Saurs, daß er, nachdem dieses Werk kaum fertig war, schon zur Herausgabe einer deutschen Zeitung schritt. Dieselbe erschien am 20. August 1739, hatte vier doppelspaltige Seiten von 13 Zoll Höhe und 9 Zoll Breite und trug den Titel: „Der Hoch-Deutsch Pennsylvanische Geschichtsschreiber oder Sammlung wichtiger Nachrichten aus dem Natur- und Kirchenreich."

Dieser Erstling der deutsch-amerikanischen Zeitungspresse sollte dem ursprünglichen Plan des Herausgebers zufolge viermal im Jahre erscheinen. Die Zeitung schlug aber gleich mit ihrer ersten Nummer so gut ein, daß Saur sich entschloß, sie jeden Monat erscheinen zu lassen. Im Jahre 1748 konnte sie bereits halbmonatlich erscheinen. Drei Jahre später belief sich die Auflage bereits auf 4000 Exemplare, die über das ganze östliche Pennsylvanien Verbreitung fanden.

Es bedarf kaum der Erwähnung, daß Saur seine Zeitung nicht nur druckte, sondern auch selbst zusammenstellte. Er befleißigte sich dabei der größten Gewissenhaftigkeit. Nichts war ihm so peinlich, als wenn in seine Zeitung Nachrichten hineingerieten, die sich später als falsch erwiesen.

Für die Uneigennützigkeit Saurs im Verkehr mit seinen Abnehmern zeugt die Tatsache, daß er, obwohl dieselben statt der ursprünglich angekündigten vier Nummern jährlich zwölf erhielten, den Subskriptionspreis von 3 Schillingen (40 Cents) unverändert beibehielt. Daran wurde auch nicht gerüttelt, als später das Blatt halbmonatlich und endlich als „Germantowner Zeitung" wöchentlich herauskam. Als Grund hierfür gab Saur die Erklärung, daß den größeren Auslagen für Zusammenstellen, Druck und Papier auch größere Einnahmen aus den Anzeigen gegenüberständen und daß ein ehrlicher Mann sich nicht doppelt bezahlt machen dürfe.

Im Jahre 1742 schritt Saur zu dem in Anbetracht damaliger Verhältnisse erstaunlichen Unternehmen, eine deutsche Bibel zu drucken, wozu er neue Typen aus Frankfurt a. M. bestellte. Bereits im Sommer 1743 konnte der 1272 Seiten

> Der
> Hoch-Deutsch
> **Pensylvanische**
> **Geschicht-Schreiber,**
> Oder:
> **Sammlung**
> Wichtiger Nachrichten, aus dem Natur- und Kirchen-Reich.
> Erstes Stück August 20 / 1739.
>
> **Geneigter Leser**
> Unter andern Abgöttern, denen die grobe und subtille Welt der sogenanten Christen dienet, ist nicht der Geringste der Vorwitz. Curiosität und Begierde gerne offt was neues zu Schauen, zu Hören und zu Wissen, auch zu Sagen. Diesem Atheniensischen Geist nun ein Opffer zu bringen mit Ausgebung dieser Sammlung, ist man gantz nicht willens, nochweniger, sich selbst damit auszubreiten, oder Ruhm und Nutzen zu suchen, sondern weil man ehmahlen versprochen, die nützlichste und wichtigste Geschichte u. Begebenheiten bekant zumachen, und auch, weil denckwürdige Geschichte, wann sie den Menschen zu Ohren und Gesichte kommen, offters tieffern Eindruck und Nachdencken erregen, als Dinge die da täglich vorkommen; so wolle man dann hiermit einem Unfang machen, mit solchen Zeichen dieser Zeit so in diesem und andern Welttheilen kürzlich und zuverläsig geschehen, in Hoffnung es werde nicht ohne einigen Nutzen, wenigst der Aufweckung und des Aufschauens bey einigen, die es lesen schaffen. Auch möchten wohl künfftig etliche Anmerckungen und der Zeit dienstliche Fragen ernstlichen Gemüthern zum Nachsinnen, oder auch wohl einige aufrichtige Antwort darauf zu geben, in dergleichen Samlung herausgegeben werden. Der Leser lebe wohl, und brauch es wie er soll.
>
> Vor wenig Jahren hörte man, daß der Persianer und der Türcke grossen Krieg hatten; kaum hatte der Persianer mit dem Türcken Friede, so hatte er mit dem groß Mogol wie gegenwärtig Krieg; und der Römische Kayser hatte kaum Stillstand mit dem König von Franckreich, so ging er samt Moscau gegen die Türcken. Anfangs victorisirten die Moscowiter an den Türcken; bald wendete sich das Blatt um, und siegten die Türcken, jedoch stehen sie noch beyderseits miteinander zu Felde Also auch der Kayser mit dem Türcken
> was

Titelblatt der ersten mit deutschen Lettern in Amerika gedruckten Zeitung.

starke Quartband den Subskribenten ausgeliefert werden, wobei Saur das Exemplar um zwei Schillinge billiger als den ursprünglich auf 14 Schillinge festgesetzten Preis abgab. „Für Arme und Bedürfftige", so kündigte er in seiner Zeitung an, „ist kein Preis".

Für die Geschichte der Buchdruckerkunst in Amerika ist die Saursche Bibel insofern von besonderer Wichtigkeit, als sie die erste in europäischer Sprache

BIBLIA,

Das ist:

Die

Heilige Schrift

Altes und Neues

Testaments,

Nach der Deutschen Uebersetzung

D. Martin Luthers,

Mit jedes Capitels kurtzen Summarien, auch beygefügten vielen und richtigen Parsielen;

Nebst einem Anhang
Des dritten und vierten Buchs Esrä und des dritten Buchs der Maccabäer.

Germantown:
Gedruckt bey Christoph Saur, 1743.

Titelblatt der ersten in Amerika gedruckten deutschen Bibel

auf der westlichen Erdhälfte hervorgebrachte Bibel ist. Ihr ging nur eine im Jahre 1663 in der Sprache der Massachusettsindianer gedruckte Bibel voraus, welche von dem Missionär Eliot hergestellt war. Eine englische Bibelausgabe erschien in Amerika erst 40 Jahre nach der deutschen.

In den Jahren 1763 und 1776 veranstalteten die Söhne Saurs noch zwei Neuauflagen der Bibel. Der Gesamtverlag umfaßte, bevor im Revolutionskrieg schweres Unglück über die Saursche Familie hereinbrach, 150 Werke des verschiedensten Inhalts. Saurs Druckerei befand sich in einem höchst bescheidenen Hintergebäude seines in Germantown gelegenen Wohnhauses. Leider

Christoph Saurs Wohnhaus und Druckerei.

mußten beide Gebäude in der Mitte des vorigen Jahrhunderts einem Neubau weichen. Dem eifrigen Betreiben des wackern Druckers Christoph Saur ist die Errichtung der Germantown Academy zu danken, die im Jahre 1761 eröffnet wurde und noch heute besteht. Ihr Lehrpersonal bestand zunächst aus einem deutschen und einem englischen Lehrer, sowie einem Hilfslehrer.

Daß im Jahre 1690 in Germantown auch die erste Papierfabrik in Amerika errichtet wurde, möge nebenbei bemerkt sein.

So knüpfen sich an den Namen Germantown mancherlei Vorgänge, die nicht bloß für die Geschichte des Deutschtums in Amerika, sondern überhaupt für die Kulturgeschichte der Neuen Welt von hervorragender Bedeutung sind. Kein Historiker, der es unternehmen wollte, die kulturelle Entwicklung

Amerikas, insbesondere der großen transatlantischen Republik, zu schildern, dürfte versäumen, Germantowns und seiner Gründer zu gedenken.

Germantown blieb nicht die einzige Mennonitenniederlassung der Neuen Welt. Durch den Erfolg ihrer Glaubensgenossen angeregt, kamen bald andere Mennoniten aus Deutschland, England und der Schweiz. Besonders stark war ihr Zuzug während der Jahre 1709, 1717 und 1726. Ihr Hauptsitz wurde der pennsylvanische Kreis Lancaster, von wo die Mennoniten sich später über andere Teile Pennsylvaniens sowie über West-Virginien, Virginien, Ohio, Tennessee, Indiana und Illinois ausbreiteten.

Nach 1730 erhielt die Sekte wenig Zufluß aus Europa. Erst in den Jahren 1873 bis 1878 schnellte ihre bereits 60 000 betragende Kopfzahl um nahezu 100 000 empor. Dieser gewaltige Zuwachs bestand aus Mennoniten, die im 18. Jahrhundert nach Westpreußen und später, um der Militärpflicht zu entgehen, nach Rußland ausgewandert waren, wo man ihnen nicht nur volle Glaubensfreiheit, sondern auch Befreiung vom Militärdienst und Kriegssteuern zugesichert hatte. Als die russische Regierung im Jahre 1871 diese Freiheiten aufhob, verkauften die Sektierer ihre blühenden Wohnsitze, um nicht genötigt zu sein, durch das Tragen von Mordwaffen gegen ihr Gewissen handeln zu müssen. Sie wandten sich nach den noch wenig besiedelten, in ihrem landwirtschaftlichen Charakter den südrussischen Steppen ähnlichen Staaten Kansas, Nebraska, Minnesota, Dakota und Kanada, wo sie, deutsches Wesen und deutsche Sprache treu bewahrend, durch Fleiß, rechtschaffenes Leben sowie durch ihre Erfolge die Achtung aller Amerikaner erwarben.

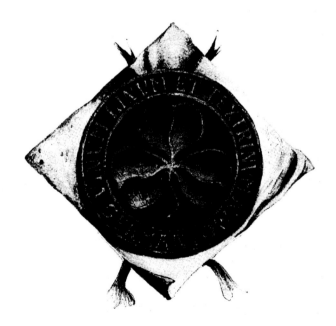

Schlußvignette: Das Siegel von Germantown.

Die Labadisten und Rosenkreuzer.

Johannes Kelpius.
Nach einer alten Malerei im Besitz der Historical Society of Pennsylvania.

Das von den Krefelder Mennoniten gegebene Beispiel veranlaßte viele der in Deutschland schweren Bedrängnissen ausgesetzten Sekten zur Nachfolge. Noch war kein Jahr seit der Landung der Krefelder in Philadelphia verstrichen, als in Friesland die Labadisten sich zur Übersiedlung nach Amerika anschickten. Sie waren Anhänger des im Jahre 1610 geborenen französischen Jesuiten de la Badie, der nach seinem Übertritt zum Protestantismus in Frankreich, der Schweiz, den Niederlanden, in Norddeutschland und Holstein mehrere Gemeinden gegründet hatte. Eine in dem friesischen Städtchen Wieward bestehende Labadistengemeinde sandte bereits im Jahre 1679 zwei erprobte Männer, Petrus Schlüter oder Sluyter, und Jaspar Dankers, nach Amerika, um dort einen Landstreifen anzukaufen, der sich für eine Niederlassung eigne. Die beiden entschieden sich für ein 3750 Acker großes Grundstück an dem in Maryland gelegenen Bohemiafluß, welches zum Besitz des in einem früheren Abschnitt erwähnten Landvermessers Augustin Herrman gehörte.

Der Kaufakt wurde am 11. August 1684 vollzogen. Als bald darauf die 100 Köpfe starke Hauptschar der Labadisten eintraf, begann dieselbe sofort mit dem Bau eines Klosters. Seine Insassen entschlossen sich, in Gütergemeinschaft zu leben. Niemand durfte — auch im Fall seines Austritts — etwas vom Gesamtvermögen beanspruchen.

Da Trennung der Geschlechter und strenge Enthaltsamkeit zu den Grundsätzen der Labadisten gehörte, so wurden der Sektierer im Lauf der Jahre immer weniger. Bereits um das Jahr 1724 war die ganze Kolonie ausgestorben, ohne irgendwelchen Einfluß auf die Kultur Amerikas ausgeübt zu haben.

Ebenso unfruchtbar blieb der Zuzug einer anderen Schar von Sektierern, die am 23. Juni 1694, 40 Personen stark in Philadelphia anlangte und großes Aufsehen erregte. Ein Teil der Ankömmlinge war in grobe Pilgergewänder gekleidet; andere trugen die Talare der deutschen Gelehrten und Studenten oder die bunte Tracht mitteldeutscher Landbewohner. Nicht minder erregte es Befremden, als bei Anbruch der Dunkelheit die seltsamen Gäste hinauszogen und auf einem Hügel unter geheimnisvollen Zeremonien ein St. Johannis- oder Sonnewendfeuer entzündeten, wohl das erste, welches auf der westlichen Erdhälfte emporflammte.

Die seltsamen Gäste waren sogenannte „Rosenkreuzer", die in den Wildnissen Amerikas eine theosophische Gemeinde gründen wollten. Ihr Führer war J o h a n n K e l p i u s, „Dokter der Freien Künste und Weltweisheit".

In der Stadt der Bruderliebe bewies man den Fremdlingen großes Entgegenkommen. Ein Bürger, Thomas Fairman, schenkte ihnen sogar ein 175 Acker großes Grundstück, das in der wildromantischen Einöde am Wissahickonbach lag. Dorthin siedelten die Mystiker über und bauten auf dem höchsten Punkt des Landes ein großes Blockhaus, dessen Seiten genau nach den vier Hauptpunkten des Kompasses gerichtet waren.

Es umschloß einen für die gemeinschaftlichen religiösen Übungen bestimmten Saal sowie eine Anzahl zellenartiger Kammern, die den Theosophen als Wohnung dienten. Auf dem Dach erhob sich ein Observatorium, wo die frommen Brüder mit einem Fernrohr beständig Ausschau hielten, ob am Firmament gewisse Zeichen das Nahen des sehnsüchtig erwarteten himmlischen Bräutigams und den Anbruch des tausendjährigen Reiches verkünden möchten. Da diese Ereignisse ihrer Meinung nach jederzeit eintreten konnten, so sollte der himmlische Bräutigam sie nicht unvorbereitet finden. Außer dem Observatorium besaß das Tabernakel — so nannten die Einsiedler ihr Blockhaus — noch eine Besonderheit: das hoch an einer Stange aufgerichtete Zeichen der Rosenkreuzer, ein in einem Kreise stehendes Kreuz, das uralte Symbol des Sonnenjahres.

Nachdem die Theosophen für ihr Haus gesorgt, begannen sie das umliegende Land zu bestellen. Außer Getreide und Gemüse zogen sie allerhand Heilkräuter, deren Samen sie aus Deutschland mitgebracht hatten.

Den größten Teil ihrer Zeit verbrachten die Rosenkreuzer mit frommen Betrachtungen. Zu stiller Einkehr, zum Grübeln über die Rätsel des Lebens und die Geheimnisse des Jenseits waren die Wälder am rauschenden Wissahickon allerdings wie geschaffen. Zwischen ragendem Geklipp und unter tausendjährigen Eichen, Buchen und Fichten gab es überall Plätze, die durch ihre Weltentrücktheit und Stille zu philosophischen Betrachtungen einluden. Höchst selten wurden die frommen Einsiedler durch Besucher gestört, denn die Bewohner der Umgegend hielten sich in scheuer Ehrfurcht fern, zumal sie glaubten, daß die Einsiedler im Besitz geheimnisvoller Kräfte seien, die „weiße Magie" verstünden, Umgang mit unsichtbaren Geistern hielten und ihre Seele nach Wunsch vom Körper loszulösen vermöchten.

In der Tat gab es bei den Rosenkreuzern manches, was befremden konnte. Schon der Name, den die Theosophengemeinde sich zugelegt hatte, war seltsam genug. Er war den Versen 1 und 6 des 12. Kapitels der Offenbarung Johannis entlehnt, wo es heißt: „Es erschien ein großes Zeichen am Himmel: ein Weib mit der Sonne bekleidet, und der Mond unter ihren Füßen. Auf ihrem Haupt trug es eine Krone von zwölf Sternen." Und weiter: „Dies Weib entfloh in die Wüste, wo es eine von Gott hergerichtete Stätte hatte, daß sie daselbst ernähret würde tausend zweihundert und sechzig Tage." Nach diesen Versen nannten die Theosophen sich „Das Weib in der Wüste". Sie verstanden unter diesem Namen eine Gemeinschaft von Auserwählten inmitten der Wüste der vom wahren Glauben abgewichenen Christen.

In dieser Wüste warteten sie der Wiederkunft Christi. Mit welch heißer Inbrunst Kelpius diesem Ereignis entgegensah, bekundet folgende seiner noch erhaltenen Dichtungen:

„O quälende Liebe! O süßeste Plag!
Verlege, verschiebe nicht länger den Tag!
Verkürze die Zeiten, laß kommen die Stund!
Denk an den getreuen, gnädigen Bund!
Und mache denselben für alle Welt kund!" ...

Aber Jahr auf Jahr rollte dahin, ohne daß der Seelenbräutigam erschien. Verzagend ließen manche Brüder in ihrem frommen Eifer nach und zogen nach Germantown, um wieder am bürgerlichen Leben teilzunehmen.

Auch die Zurückgebliebenen wurden lässiger in ihren religiösen Übungen. Ja, sogar das Observatorium, auf dem man so lange Wacht gehalten, vereinsamte. Nur Kelpius harrte mit wenigen Gestählten aus, obwohl ihre Ungeduld sich häufig zu förmlicher Seelenqual steigerte. Einzelne seiner Gesänge legen davon Zeugnis ab. Tief niedergeschlagen brach er in die Worte aus:

„So manches kummervolle Jahr
Hab ich nun dein geharret,
Doch ach! umsonst, ich fürcht' fürwahr,
Ich werd' doch eingescharret,
Eh ich dich seh',
Eh denn ich steh'
Geschmückt zu deiner Rechten
Gekrönt mit den Gerechten."

In dem Wahn, in seiner Selbstkasteiung noch nicht genug getan zu haben, ließ Kelpius in der Nähe einer noch heute seinen Namen tragenden Quelle eine künstliche Höhle herrichten, in die er sich mit seinen Büchern und wissenschaftlichen Apparaten zurückzog, um völlig ungestört seinen Gedanken nachhängen zu können. Aber infolge des langen Verweilens in diesem halbunterirdischen feuchten Raum zog der dürftig gebaute, durch frugales Leben geschwächte Gelehrte sich eine starke Erkältung zu, die in Schwindsucht überging.

Kelpius hatte gehofft, daß er nicht dem Tode verfallen, sondern von Gott „überschattet" und gleich Elias zum Himmel emporgetragen werde. Die drei letzten Tage vor seinem Tode verbrachte er mit inbrünstigen Gebeten und unter Anrufung des Herrn. Als aber kein Zeichen ankündigte, daß sein Sehnen erfüllt werde, brach er in tiefe Klagen aus, daß ihm nicht beschieden sei, was er so inbrünstig erstrebt habe. „Nichts bin ich als irdischer Staub; und zum Staube werde ich zurückkehren. Es ist bestimmt, daß ich sterben soll gleich allen andern Adamskindern!"

Kurz vor seiner Auflösung berief er, wie in den an allen religiösen Vorgängen Amerikas Anteil nehmenden „Hallischen Nachrichten" (p. 1265) ausführlich erzählt ist, seinen Diener und Freund Daniel an sein Lager und übergab ihm eine versiegelte Schachtel mit dem Befehl, dieselbe unverzüglich in den Schuylkillfluß zu werfen. Daniel aber dachte, daß die Schachtel einen Schatz enthalte, der ihm von Nutzen sein könne. Deshalb habe er den Befehl nicht erfüllt, sondern die Schachtel am Ufer versteckt. Als er zu dem Sterbenden zurückkam, habe dieser ihm scharf in die Augen geschaut und ihm die Nichterfüllung des Befehls vorgehalten, worauf Daniel tief erschrocken über die Allwissenheit seines Herrn schleunigst an den Fluß zurückkehrte und die Schachtel ins Wasser warf. Kaum kam sie mit demselben in Berührung, als sie unter Blitz und Donner zersprang. Als Daniel an das Bett des Sterbenden zurückkehrte, rief dieser „Es ist vollbracht!" Gleich darauf, im April 1708, hauchte Kelpius, kaum 35 Jahre alt, seine Seele aus. Die wenigen Überlebenden seiner Gemeinde begruben ihn unter geheimnisvollen Zeremonien bei Sonnenuntergang. Als die letzten Strahlen über das Gelände glitten, ließen sie den einfachen Sarg unter den feierlichen Klängen des „De Profundis" in die Gruft hernieder, aus der im selben Augenblick eine bereitgehaltene weiße Taube sich himmelwärts in die Lüfte schwang. Mit gefalteten Händen sahen die Trauernden ihr nach, dreimal die Worte rufend: „Gott gebe ihm eine selige Auferstehung!"

Nach Kelpius Tode ließ die Auflösung der Theosophengemeinde sich nicht länger verhüten. Ein Glied nach dem andern fiel ab. Manche gerieten, wie die Chronik des benachbarten Klosters Ephrata berichtete, „ans Weib", andere schlossen sich den um jene Zeit ins Land einwandernden Mährischen Brüdern oder Herrnhutern an oder zogen mit Conrad Beissel, dem merkwürdigen Begründer der Sekte der „Erweckten" nach den Wildnissen am Conestoga.

Der letzte Rosenkreuzer hieß Conrad Matthäi. Man sah ihn nur selten;

dann aber verfehlte seine Erscheinung nicht, auf alle tiefen Eindruck zu machen. Er trug stets ein aus grobem ungefärbtem Zeug hergestelltes Pilgergewand, das bis auf die mit Sandalen bekleideten Füße reichte. In den Händen trug er einen langen Pilgerstab, auf den von weißen Locken und einem wallenden Bart umgebenen Haupt einen breitkrämpigen Hut, an dessen Vorderseite eine Pilgermuschel befestigt war. Die Augen des ehrwürdigen Eremiten leuchteten stets in eigentümlichem überirdischem Feuer; über der ganzen Erscheinung ruhte der Hauch des Weltentrückten.

Im August des Jahres 1748 erlag auch dieser letzte Theosoph dem Allbezwinger Tod. Sein Wunsch, zu Füßen seines Meisters Kelpius begraben zu werden, wurde von der zionitischen Brüderschaft Ephratas erfüllt.

So ruhten nun alle im Schatten ihres zerfallenen Tabernakels, die Brüder einer Gemeinde, in deren Herzen das heilige Feuer mittelalterlicher Schwärmerei noch einmal in hellen Flammen emporgeflackert war. Durchdrungen von der Überzeugung, daß die Verheißung der Bibel in Erfüllung gehen und eines Tages das tausendjährige Reich anbrechen werde, hatten sie in den Wildnissen Amerikas ein an Mühseligkeiten und Entbehrungen reiches Leben geführt. Sich als Fremdlinge auf dieser Erde betrachtend, schlummerten sie, an ihrem Glauben unverrückt festhaltend, in die Ewigkeit hinüber.

Schlußvignette: Kelpius' Höhle.

Die Tunker und das Kloster Ephrata.

Konrad Beissel.
Nach einer gleichzeitigen Silhouette.

Fast gleichzeitig mit den Mennoniten erschienen in Pennsylvanien die Tunker oder Dunker, die ihren Namen davon erhielten, daß sie die Taufe durch dreimaliges Untertauchen oder Tunken des ganzen Körpers vollziehen und diese Handlung als die allein richtige Taufe betrachten. In ihren sonstigen Ansichten sind sie den Mennoniten eng verwandt. Die Sekte nahm im Jahre 1708 in Schwarzenau bei Berleburg ihren Ursprung. Es fanden sich daselbst acht Personen im Hause des Alexander Mack zusammen, um in sorgfältigem Studium der Bibel den wahren Glauben zu suchen, den ihrer Meinung nach die Kirchen nicht zu erfassen vermocht hatten. Eine Zweiggemeinde entstand in Marienborn; beide Gemeinden aber zogen, als die Regierung die in den Flüssen vorgenommenen Taufakte nicht länger gestatten wollte, in den Jahren 1719 und 1729 nach Pennsylvanien, in die Nähe von Germantown. Zweigniederlassungen entstanden später in Maryland, Virginien, Ohio, Indiana, Kansas, Missouri und Texas. Im Jahre 1896 zogen 2500 Tunker nach Norddakota, um neue Kolonien zu gründen. Die Gesamtzahl der Tunker, die in Deutschland völlig ausgestorben sind, beläuft sich in den Vereinigen Staaten auf über 100 000. Sie unterhalten 1100 Kirchen, 10 Colleges und über 2500 Pfarrer.

In Tracht und Lebensweise nahmen sie seit ihrem Verweilen in Amerika mancherlei Eigentümlichkeiten an. Stoff, Farbe und Schnitt der Kleidung, die Tracht des Haares und Bartes werden auf den Jahresversammlungen genau bestimmt. Diese Vorschriften erstrecken sich auf die geringfügigsten Kleinigkeiten, ob z. B. die Kleider durch Knöpfe oder Haken zu schließen und wie die Haare zu scheiteln sind. Die Erörterung solcher Fragen führte bisweilen zu Disputen, ja zur Absonderung einzelner Gemeinden, die dann für sich neue Sekten bildeten. So zweigte sich die nach ihrem Führer Jacob Amman genannte Amisch Sekte ab, welche wiederum in mehrere Gruppen zerfällt.

— 76 —

Schon bald nach der Ankunft der Tunker in Pennsylvanien trennte sich von ihnen eine kleine Schar von Mystikern, die gleich den Labadisten und Rosenkreuzern streng religiöses Leben auf die Spitze trieben. Ihr Oberhaupt war der Pfälzer Konrad Beissel aus Ebersbach (geb. im März 1696). Sie zogen sich in die Einsamkeit am Cocalicofluß zurück und bauten dort im Jahre 1735 ein Kloster, das unter dem Namen Ephrata weithin bekannt wurde. Es bestand aus einem großen Versammlungshause, dem Brüderhaus Bethanien und dem Schwesternhaus Saron. Die Gebäude standen im Dreieck zueinander. Das Zölibat war den Insassen des Klosters, deren Zahl sich auf etwa 300 belief, nicht streng vorgeschrieben, aber sehr bevorzugt. Sämtliche Angehörigen, auch

Ein Liebesmahl der Tunker.

die verheirateten Familien, die sich in eigenen Hütten in der Nähe des Klosters ansässig machten, verpflichteten sich zur Gemeinsamkeit alles Eigentums, trugen im Sommer weißleinene, im Winter weißwollene Ordensgewänder, lebten von Pflanzenkost und Quellwasser und schliefen in engen Zellen auf Bretterbänken mit einem Holzklotz als Kopfkissen. Ein Schrank und ein Stundenglas vollendeten das Mobilar. Nächtliche Gebetversammlungen, Liebesmähler und Fußwaschungen waren für ihren Gottesdienst bezeichnend. Der Samstag wurde als Sabath streng gefeiert, wohingegen man am Sonntag gewöhnliche Arbeiten verrichtete. Vom Volk wurden sie daher die „Siebentäger" genannt. Unter den Brüdern gab es verschiedene Männer und Frauen, die große Kenntnisse sowie Fertigkeit in Musik und Dichtkunst besaßen. Mit ihnen gründete Beissel einen

Chor, dessen Leistungen von allen Zeitgenossen, die das Kloster besuchten, sehr gerühmt wurde. Man bemühte sich in dem Gesang das Wehen und Klingen der damals sehr beliebten Äolsharfen nachzuahmen. Ein Engländer, der das Kloster besuchte, schreibt: „Die Schwestern saßen da mit zurückgelegten Häuptern. Die Mienen der infolge des strengen Lebenswandels bleichen und abgezehrten Gesichter waren feierlich und klagend. Die Kleidung war schneeweiß und sehr malerisch. Der Gesang der Schwestern schien von Instrumenten zu kommen; die Lippen wurden kaum geöffnet, aber die süßen sanften Töne klangen so, daß sie bis in die tiefste Seele drangen. Dabei war der Gesang von einem bewundernswerten Ausdruck, einer seltenen Bestimmtheit in Zeitmaß und Betonung. Ich war nahe daran, mich in einer Geisterwelt zu glauben." Alle von diesem Chor gesungenen Lieder waren von Beissel oder anderen Mitgliedern des Ordens gedichtet und in Musik gesetzt.

Um das Jahr 1740 schaffte das Kloster auch eine Druckerpresse an, auf welcher zahlreiche religiöse Bücher in deutscher

Eine Klosterschwester von Ephrata.
Aus einer im Kloster angefertigten Handschrift.

und englischer Sprache hergestellt wurden. Man hatte diese Erbauungsbücher früher bei William Bradford und Benjamin Franklin in Philadelphia, später bei Christoph Saur in Germantown drucken lassen. Als Beissel aber mit letzterem wegen religiöser Fragen in Meinungsverschiedenheiten geriet, erbauten die Ephratenser nicht nur eine eigne Papiermühle, sondern schafften auch eine Presse an, die noch jetzt im Museum der Historischen Gesellschaft zu Philadelphia aufbewahrt wird.

Aus dieser Presse gingen viele mit absonderlichen Titeln versehene Bücher hervor, wie z. B. die Liedersammlungen: „Das Gesäng der einsamen und verlassenen Turteltaube, nämlich der Christlichen Kirche. Von einem friedsamen und nach der stillen Ewigkeit wallenden Pilger"; „Ein angenehmer Geruch der Rosen und Lilien, die im Thale der Demuth unter den Dornen hervorwachsen — geistliche Lieder der Schwestern"; ferner „Das Paradisische Wunderspiel" u. a. m.

Das bedeutendste Erzeugnis der Presse zu Ephrata war ein mächtiger Großfolioband von 1514 Seiten, eine Übersetzung des im Jahre 1660 von Tilemann Jans vom Braght in Holland geschriebenen „Märtyrerspiegels". Dieses Buch galt den Mennoniten als besonders wertvoll, weil es die Leidensgeschichte vieler Glaubensgenossen enthielt, die in den Niederlanden, der Schweiz und in Süddeutschland den Märtyrertod auf flammenden Scheiterhaufen oder durch das Richtschwert erlitten hatten.

Die Handpresse des Klosters Ephrata.
Jetzt im Besitz der Historischen Gesellschaft zu Pennsylvanien.

Das Werk wurde in Ephrata zunächst von dem Bruder Peter Miller aus dem Holländischen ins Deutsche übersetzt. Über seine technische Herstellung berichtet die „Chronik von Ephrata" folgendermaßen:

„Nach geendetem Mühlenbau wurde der Druck des Marterbuchs vor die Hand genommen, zu welcher wichtigen Arbeit fünfzehn Brüder ausgesetzt wurden, davon neun ihre Arbeit in der Druckerei hatten, nämlich ein Corrector, welcher auch Übersetzer war, vier Setzer und vier Preßleute; die übrigen fanden ihre Arbeit in der Papiermühle. Mit diesem Buche hat man drey Jahre zugebracht, doch nicht anhaltend, weilen es oft an Papier gebrach. Und weilen während der Zeit sonst wenig Geschäfte im Lager (im Kloster) war, so ist darüber der Brüder Haushaltung tief in Schulden geraten, welche aber durch den starken Abgang des Buches bald getilgt wurden. Das Buch wurde in groß Folio gedruckt, enthielt sechzehn Buch Papier und war die Auflag 1300 Stück. In einem mit den Mennoniten gehaltenen Rat war der Preiß auf 20 Schilling auf ein Exemplar gesetzt, welches sie kann überzeugen, daß man zu desselben Druck gantz andere Ursachen als Gewinnsucht gehabt." —

Ein Teil der Auflage dieses Märtyrerspiegels verfiel übrigens während des

Unabhängigkeitskrieges einem seltsamen Schicksal. Er wurde von den amerikanischen Soldaten beschlagnahmt und zu Papierpfropfen für die Gewehre verarbeitet.

Auch die mittelalterliche Miniaturmalerei lebte in Ephrata wieder auf. Vornehmlich unter den Ordensschwestern gab es manche vorzügliche Kalligraphen, die prachtvoll ausgeführte Manuskripte für das Kloster anfertigten und die Wände des Versammlungssaales mit großen Frakturschriften und allegorischen Bildern verzierten.

Nach dem am 6. Juli 1768 erfolgten Tode Beissels fiel die Leitung des Klosters an Peter Miller, ehemaligen Doktor der Theologie an der Universität zu Heidelberg. Er stand bis zu seinem 1796 eintretenden Tode dem Kloster vor, daß dann aber verfiel und im Jahre 1814 ganz einging. Ein bei Waynesboro gegründetes Zweigkloster erhielt sich bis in die neueste Zeit, besaß aber im

Titelblatt des in Ephrata gedruckten Märtyrerspiegels.

Jahre 1890 nur noch drei hochbetagte Insassen. Von der Sekte der Siebentäger sind in Pennsylvanien noch geringe Reste in den Grafschaften Franklin und Lancaster vorhanden.

Gleich den bisher beschriebenen Sekten fanden auch die nach dem schlesischen Edelmann Kaspar Schwenkfeld von Ossing (geb. 1490, gest. 1561) benannten Schwenkfelder in Pennsylvanien eine Zuflucht. Schwenkfeld hatte in

Köln den Titel eines Doktors der Rechtswissenschaften und Philosophie erworben. Seine Ansichten über die Lehre vom Abendmahl wichen von denjenigen Luthers ab; so lehrte er, daß der Körper Christi ebenfalls göttlicher Natur sei. Dieser und einiger andern Besonderheiten wegen wurden er und seine Anhänger sowohl von den Lutheranern wie von den Katholiken verfolgt; ja, Kaiser Karl VI. forderte im Jahre 1725 die Schwenkfelder unter harten Strafandrohungen auf, in den Schoß der katholischen Kirche zurückzukehren. Die Sektierer aber zogen vor, nach der Neuen Welt überzusiedeln, wo sie, 184 Köpfe stark, am 22. September 1734 eintrafen. Ihre Niederlassungen befinden sich noch jetzt in den pennsylvanischen Grafschaften Berks, Montgomery und Lehigh.

Wegen ihres Fleißes und ihrer Sparsamkeit sind die Schwenkfelder bekannt. Schönere Farmen als die ihrigen gibt es im ganzen Lande nicht. Ihr Eigentum vererbt sich von Generation auf Generation. Niemals wird es zugelassen, daß ein Schwenkfelder bettelt oder gar in ein Armenhaus geht. Um dies zu verhüten, legten sie einen Armenfonds an, der aber selten in Anspruch genommen wird. Schon lange, ehe im Staate Pennsylvania das Volksschulsystem eingeführt wurde, besaßen sie auch einen Schulfonds, aus welchem sie die Kosten der Erziehung ihrer Kinder bestritten.

Die Salzburger in Georgia.

Pastor Johann Martin Bolzius.

Zu den religiösen Flüchtlingen zählten auch die protestantischen Salzburger, welche im Jahre 1734 nach Georgia kamen. Sie waren Nachkommen der im 13. Jahrhundert in Südfrankreich entstandenen Sekte der Waldenser, welche dort bekanntlich äußerst harten Verfolgungen ausgesetzt gewesen und endlich zur Aufgabe ihrer schönen Heimat Savoyen gezwungen worden war. Ein Teil dieser Flüchtlinge wandte sich nach den Tiroler und Salzburger Alpen, wo sie deutsche Sprache und Sitten annahmen, tüchtige lutherische Prediger erhielten und Luthers Bibel und Schriften lasen. Durch Fleiß und Genügsamkeit brachten sie es zu großem Wohlstand.

Ein dauerndes Asyl war ihnen aber auch dort nicht beschieden. Die religiösen Verfolgungen begannen aufs neue. Ihre Prediger wurden vertrieben oder ins Gefängnis geworfen, einer sogar enthauptet. Im Jahre 1684 erließ der Erzbischof von Salzburg den Befehl, sämtliche Protestanten, die sich weigerten, in den Schoß der alleinseligmachenden Kirche zurückzukehren, des

Landes zu verweisen. Es bedurfte der Vorstellungen aller protestantischen Fürsten Deutschlands, daß jene Verfügung den Beschlüssen des Westfälischen Friedens zuwiderlaufe, um den Widerruf jener Maßregel zu veranlassen.

Dieselbe lebte aber in voller Härte wieder auf, als im Jahre 1727 Graf Leopold von Firmian Erzbischof von Salzburg wurde. Die Wiederherstellung der früheren Glaubenseinheit seines Erzbistums betrachtete er als sein höchstes Ziel. Wer nicht freiwillig dem Protestantismus entsagte und keine feste Wohnstätte besaß, mußte innerhalb einer Woche das Land verlassen. Den Hausbesitzern und Landwirten gewährte man eine Frist von einem bis drei Monaten. Hatten sie innerhalb dieser Zeit nicht ihre Rückkehr zur römischen Kirche angekündigt, so sollten sie aller Bürgerrechte verlustig sein und der Acht verfallen.

Die Proteste und Drohungen der reformierten Fürsten Deutschlands blieben diesmal ohne Wirkung und so begann im Dezember 1731 der Auszug der Protestanten aus Salzburg. Ihrer 30 000 verließen die ihnen so liebgewordenen Gebirge, ohne zu wissen, wo sie neue Heimstätten finden würden.

Aber es öffneten sich an anderen Orten Deutschlands, in Schwaben, Franken und Preußen, wohin die Kunde von dem Schicksal und guten Ruf der Auswanderer gedrungen war, tausend Arme, um sie gastlich aufzunehmen.

Ihre Wanderung nahm den Charakter eines Triumphzuges an. Näherten sie sich einer protestantischen Stadt, so zogen die Prediger und Behörden an der Spitze der Einwohnerschaft den Fremdlingen entgegen und geleiteten sie unter dem feierlichen Geläute der Glocken in den Ort. Hier bewirtete man die Wandrer und erbaute sie durch zu ihren Ehren veranstaltete Kirchenfeierlichkeiten. Man stritt sich darum, wer sie beherbergen dürfe. Zum Andenken an ihren Durchzug prägte man silberne Denkmünzen. Mehrere protestantische Fürsten, vor allen der edle König Friedrich Wilhelm I. von Preußen, boten ihnen Ländereien an.

Eine in warmen Worten gehaltene Einladung zur Übersiedelung nach Amerika kam auch aus der südlich von Virginien und Karolina gegründeten englischen Kolonie Georgia. Die Leiter derselben hatten im Juni des Jahres 1732 von der englischen Regierung die Genehmigung zur Organisierung der Kolonie unter der Bedingung empfangen, daß man daselbst „den armen Bewohnern Englands wie auch den bekümmerten Salzburgern und andern Protestanten eine Zuflucht eröffne".

Man hatte in England von dem traurigen Schicksal der Salzburger durch den Augsburger Pfarrer Samuel Urlsperger Kunde erhalten, und an demselben herzlichen Anteil genomen. Als man den Salzburgern sogar Schiffe zur freien Überfahrt zur Verfügung stellte und die „Society for the Propagation of Christianity" in London die Reisekosten der Auswanderer bis Rotterdam zu tragen übernahm, entschlossen sich zunächst 50, insgesamt 91 Köpfe zählende Familien, der Einladung zu folgen. Sie versammelten sich in Berchtesgaden, und begaben sich dann unter der Führung des Freiherrn von Reck zunächst nach Rotterdam, wo sie am 27. November 1733 eintrafen. Hier gesellten sich die vom Waisenhaus in Halle entsandten Pastoren Johann Martin Bolzius und Israel Christian Gronau zu ihnen, um der kleinen Gemeinde fortan als geistliche Berater zu dienen.

Die Ankunft der Salzburger in Georgia am 12. März 1734 gestaltete sich zu einen förmlichen Festtag. Die Neulinge wurden mit Kanonensalven begrüßt und aufs herzlichste bewillkommt. Sie fanden unter den Bewohnern der ein Jahr zuvor angelegten Stadt Savannah auch bereits einige Deutsche. Der menschenfreundliche Leiter der Kolonie, General Oglethorpe, stellte den Salzburgern anheim, ein ihnen zusagendes Stück Land zur Anlage einer Ortschaft auszuwählen. Sie entschieden sich für einen 24 englische Meilen von Savannah entfernten Platz, der an einem Nebenfluß des Savannah inmitten ungeheurer Fichtenwälder lag.

Dort schlug man Zelte und Blockhütten auf und nannte diese Ansiedlung Ebenezer, „bis hierher hat der Herr geholfen".

Leider machte der ungesunde Charakter der Gegend bald eine Verlegung der Ansiedlung an eine günstigere Stelle nötig. Diese fand sich direkt am Ufer des Savannah, wo nun die Niederlassung Neu-Ebenezer entstand. Die Entwicklung dieser Ortschaft hat mit derjenigen von Germantown viel Gemeinsames. Auch hier gab es manches Ungemach, aber die an harte Arbeit Gewöhnten ertrugen dasselbe mit christlicher Geduld und in der Zuversicht, daß ihrem Fleiß, ihrer Ausdauer der Lohn nicht fehlen könne.

Bald stellte sich Verstärkung ein; 75 andere Salzburger langten im Jahre 1735 an, denen sich später noch mehrere kleine Nachschübe zugesellten. Im Jahre 1741 betrug die Bevölkerung von Ebenezer bereits 1200 Köpfe.

Das Leben in Ebenezer war von arkadischer Einfachheit. Neben dem Ackerbau trieb man Viehzucht; als besondere Spezialität auch Seidengewinnung. Letztere war durch den Piemontesen Nicolas Amatis im Jahre 1739 nach Georgia übertragen worden. Pastor Bolzius bewog die Salzburger, die Seidenkultur aufzunehmen. Er sorgte für die Anpflanzung von Maulbeerbäumen und begründete dadurch in Ebenezer eine gewinnbringende Industrie, die um so lohnender wurde, als die englischen Kolonisten nach mehreren Mißerfolgen die Seidenkultur aufgaben. Bereits im Jahre 1751 sandten die Bewohner von Ebenezer 1000 Pfund Kokons und 74 Pfund Rohseide nach England, wofür sie 110 Pfund Sterling erzielten. Um diese Industrie zu fördern, schenkten die Behörden jeder derselben sich zuwendenden Frau eine Haspelmaschine. Ferner bewilligten sie zwei Pfund Sterling zum Ankauf von Seidenwürmern und Anpflanzen von Maulbeerbäumen. Auch der Anbau von Indigo wurde von den Salzburgern betrieben.

Die beiden Pastoren Bolzius und Gronau erwiesen sich als echte Väter ihrer Gemeinde. Sich nicht bloß auf die geistliche Fürsorge beschränkend, nahmen sie an allen weltlichen Angelegenheiten lebhaften Anteil. Sie sorgten für den Bau einer Kirche, einer Schule und eines Waisenhauses. Das letzte richteten sie so vorzüglich ein, daß es den berühmten englischen Methodisten

George Whitfield geradezu begeisterte und ihm als Vorbild für seine Waisenanstalt Bethesda diente.

Der wackere Bolzius diente seiner Gemeinde 32 Jahre. Mit der Heimat, insbesondere mit dem in Augsburg wohnenden Prediger Samuel Urlsperger unterhielt er regelmäßigen schriftlichen Verkehr. Urlsperger redigierte seine Berichte über das tägliche Leben in Ebenezer mit großer Sorgfalt und gab sie unter dem Titel „Ausführliche Nachrichten von der königlich Großbritannischen Kolonie der Saltzburgischen Emigranten in America" in Buchform heraus. Sie bildeten die wichtigste Quelle zur Geschichte der Salzburger in Georgia.

Aus ihr ist zu ersehen, daß auch die Salzburger Anstoß an der Einfuhr von Negersklaven in die englischen Kolonien nahmen. Wenn sie auch nicht, wie die Bewohner von Germantown gegen die Sklaverei öffentlichen Protest erhoben, so gaben sie ihre Abneigung doch so deutlich zu erkennen, daß sie die Opposition ihrer anglo-amerikanischen Nachbarn erregten. Um ihr Gewissen zu beruhigen, riefen sie die Meinung ihres Beraters Urlsperger in Augsburg an. Dieser erwiderte folgendes: „Wenn ihr Sklaven nehmt als Christen und in der Absicht, sie als Christen zu erziehen, so wird diese Handlung keine Sünde sein, sondern mag euch Segen bringen."

Die Kolonie der Salzburger erhielt sich bis ins 19. Jahrhundert. Ihre Bewohner kennzeichneten sich durch Fleiß, Eintracht, Redlichkeit und freundliches Wesen. Man sah unter ihnen weder Trunkenbolde noch Müßiggänger. Bis zum Jahre 1824 wurde in Ebenezer deutsch gepredigt. Als kein Zuzug mehr aus Deutschland erfolgte, ging die Kolonie allmählich im Amerikanertum auf. Aber noch heute verraten die Namen und Gesichtszüge zahlreicher in Ebenezer, Savannah und benachbarten Orten lebender Familien ihren echt deutschen Ursprung.

Die Mährischen Brüder oder Herrnhuter.

Im Gegensatz zu den bisher genannten Sekten, die als Verfolgte nach Nordamerika kamen, erschienen im Jahre 1735 Angehörige der großen Missionssekte der Mährischen Brüder oder Herrnhuter als freiwillige Sendboten. Die aus den hussitischen Bewegungen in Böhmen und Mähren hervorgegangenen Mährischen Brüder strebten gleich ihrem am 6. Juli 1415 zu Konstanz dem Flammentod verfallenen Stifter Johann Hus die Wiederherstellung der ursprünglichen Einfachheit und Reinheit der Apostolischen Kirche an.

Während der ganzen Dauer des 17. Jahrhunderts aufs fürchterlichste verfolgt, fanden sie zusammen mit Angehörigen der Böhmischen Brüder und der Sekte der Schwenkfelder endlich im Jahre 1723 eine Zufluchtsstätte auf den Besitzungen des berühmten Pietisten Graf N i k o l a u s L u d w i g v o n Z i n z e n d o r f. Derselbe gründete im Jahre 1727 in Sachsen das Dorf Herrnhut, welches als Stammgemeinde der Herrnhuter weltbekannt wurde.

Kopfleiste: Graf Nikolaus Ludwig von Zinzendorf.

Die Herrnhuter verbanden gewisse klösterliche Einrichtungen mit christlichem Familienleben. Daneben faßten sie den Entschuß, durch eifrige Missionstätigkeit unter heidnischen Völkern für die Ausbreitung des Reiches Gottes zu wirken.

In dieser Absicht begaben sich bereits im Jahre 1732 zwei Brüder nach Westindien, um auf der Insel St. Thomas die dorthin verkauften Negersklaven zum Christentum zu bekehren. Im Frühling 1735 kamen zehn andere Herrnhuter unter der Führung des Professors A. G. Spangenberg nach Georgia, um ihr Leben der Bekehrung der dortigen Schwarzen und Indianer zu weihen. Sie ließen sich in der Nähe der von den Salzburgern gegründeten Ortschaft Ebenezer nieder, bauten am Ogeghenfluß eine Schule und begannen sofort mit ihrer Missionstätigkeit. In dieser wurden sie bereits im folgenden Jahre durch 25 andere Brüder unterstützt, die unter Leitung des Bischofs David Nitschmann aus Herrnhut kamen.

Aber ihre christliche Aufopferung fand keineswegs den Beifall der nichtdeutschen weißen Ansiedler. Diesen war an der Bekehrung und Aufklärung der Neger und Rothäute, die man kaum als Menschen betrachtete, aus sozialen und wirtschaftlichen Gründen nichts gelegen. Ebensowenig hatte für sie das Gelübde der Sektierer, niemals Waffen zu tragen, eine Bedeutung.

Als nun zwischen den Kolonisten von Georgia und den in Florida ansässigen Spaniern ein Krieg ausbrach und die Herrnhuter sich weigerten, an demselben teilzunehmen, sahen sie sich solchen Mißhelligkeiten ausgesetzt, daß sie die Kolonie verließen und nach Pennsylvanien zogen. Hier bauten sie am Ufer des Lehighflusses eine bescheidene Blockhütte, in der die Brüder im Jahre 1741 gemeinsam die Feier des Weihnachtsfestes begingen. Bei ihnen befand sich Graf Zinzendorf selbst, der aus Deutschland herübergekommen war, um an der Gründung neuer Missionen mitzuwirken. Er war es auch, der an jenem durch fromme Gesänge verschönten Abend den Ort, wo die neue Niederlassung entstehen sollte, Bethlehem taufte.

In der Folgezeit wurde Bethlehem nicht bloß der Hauptsitz der Herrnhuter, sondern auch der Ausgangspunkt ihrer ganzen Missionstätigkeit in Amerika. Schon innerhalb der nächsten 20 Jahre kamen über 700 Herrnhuter hierher, um an den frommen Werken mitzuhelfen. Die erste Verstärkung langte im Juni 1742 unter Bischof Spangenberg an. In den Annalen der Gemeinde wird von ihr als der „First Sea Congregation" gesprochen. Ihr folgte im November 1743 die zweite Kongregation, darunter 30 junge Ehepaare, welche kurz vor ihrer Abreise in Herrnhut den Bund fürs Leben geschlossen hatten. Ein Teil dieser Neulinge wurde in der benachbarten Niederlassung Nazareth untergebracht, die man von dem Engländer Whitefield kaufte. Ein dichter Urwald trennte die beiden Ortschaften. Aber die Männer schlugen mit der Axt einen Pfad durch die Wildnis und begannen dann an beiden Orten mit dem Aufbau fester Wohnstätten und Bethäuser. In ihrer Tätigkeit strebten die Herrnhuter, sich von der Außenwelt möglichst unabhängig zu machen. Sie strichen eigenhändig die zum Hausbau benötigten Ziegel, brannten Kalk und bereiteten den Mörtel. Außer Getreide und Obst zogen sie Hanf und Flachs, züchteten Vieh und fertigten aus der gewonnenen Wolle ihre eigenen Kleider. Sie gerbten die Häute der geschlachteten Tiere und verarbeiteten dieselben zu Schuhen und Stiefeln. Sie brauten ihr eigenes Bier, machten Stärke und Mehl, richteten Färbereien, Bleichereien, Baumwollspinnereien ein, desgleichen Werkstätten, in denen sie sämtliche beim Landbau und zum Ausüben der verschiedenen Industrien nötigen Werkzeuge und Maschinen herstellten. Die gröberen Arbeiten und das Bestellen der Felder lagen den Brüdern ob. Die Schwestern besorgten den Haushalt und das Anfertigen der Kleider. Unermüdlich regten sich die fleißigen

Ansicht von Bethlehem im Jahre 1830.

Hände. Das Surren der Spinnräder verstummte nur an solchen Tagen, wo die Glocke zur Andacht oder zu einem gemeinschaftlichen Liebesmahl rief.

Innerhalb weniger Jahre entwickelte sich Bethlehem zu einer Musterniederlassung. An Stelle der ursprünglichen Blockhütten traten bequeme Steinhäuser von einfacher aber malerischer Bauart. Die breiten Straßen wurden peinlich sauber gehalten. Rings um die Ortschaft dehnten sich lachende Felder, deren Saaten reiche Ernten ergaben. Das ganze Leben der Herrnhuter entsprach der biblischen Mahnung: „Betet und arbeitet, damit ihr nicht in Anfechtung fallet!"

Um der letzteren vorzubeugen, unterlag der Verkehr der Geschlechter strengen Regeln. Sowohl die Knaben und Mädchen wie auch die unverheirateten Jünglinge und Jungfrauen wohnten in abgesonderten Häusern, wo sie den von den Ältesten der Gemeinde erlassenen Vorschriften unterstanden. Die Jungfrauen durften nicht an der Behausung der Junggesellen, diese wieder nicht an der Wohnung der „Schwestern" vorübergehen. Begegneten sie einander auf der Straße, so war es nicht erlaubt, einander anzusehen. Die Schwestern durften den Namen keines Bruders erwähnen, und so wuchsen beide Geschlechter auf in völliger Unkenntnis voneinander. Erreichten Jünglinge und Mädchen das heiratsfähige Alter, so sorgten die Gemeindevorsteher dafür, daß geeignete Paare sich ehelich verbanden. Die solchen Bündnissen entspringenden Kinder blieben bis zum vollendeten zweiten Jahre unter der Obhut der Eltern, mußten dann aber der Gemeinde übergeben werden, welche die weitere Erziehung übernahm.

Das Schwesternhaus der Herrnhuter in Bethlehem, Pennsylvanien.

Durch Bezug der besten Erzeugnisse der deutschen Literatur hielt man mit dem Vaterlande Fühlung. Mit besonderer Vorliebe pflegte man Musik, beschränkte sich aber nicht auf die Wiedergabe der herrlichen Reformationslieder, sondern bemühte sich, auch die schwierigen Werke hervorragender Tonkünstler in mustergültiger Weise aufzuführen. Die Liebe zu Musik und Gesang lebte so kräftig in aller Brust, daß Bischof Spangenberg eines Tages schrieb: „Niemals, seitdem die Welt geschaffen, wurden so liebliche und fromme Lieder für Hirten, Ackerleute, Schnitter, Drescher, Spinnerinnen, Näherinnen, Wäscherinnen und andere Arbeiter erfunden und gesungen als hier. Man könnte aus solchen Gesängen ein ganzes Buch zusammenstellen."

Während so ein Teil der Brüder und Schwestern der Gemeinde dauernde Heimstätten schufen, zogen andere hinaus in die völlig unbekannte Wildnis, um unter den Ureinwohnern das schwierige Missionswerk zu beginnen. Es erheischte seitens derjenigen, die sich ihm unterziehen wollten, hervorragende Eigenschaften: Mut, Ausdauer, Geduld, Vorsicht und beispiellose Hingabe. Schon die Reise und der lange Aufenthalt in der Wildnis stellten an die Körperkraft die größten Anforderungen. Daneben mußten Entbehrungen aller Art und zahllose unbekannte Gefahren ertragen werden. Ferner galt es, die Feindschaft und Abneigung der den Bleichgesichtern voll Argwohn gegenüberstehenden Indianer zu überwinden und ihr Vertrauen zu gewinnen, was nur in engem Verkehr mit ihnen geschehen konnte, indem man in ihren Dörfern lebte, ihre Gewohnheiten annahm und ihre Sprache erlernte. War das gelungen, so galt es die noch schwierigere Aufgabe zu lösen, die Jahrtausende alten religiösen Anschauungen der Indianer durch die ihnen kaum verständlichen Lehren des Christentums zu ersetzen.

Zu diesen Schwierigkeiten gesellten sich andere, die niemand vorausgesehen hatte: der geheime oder offne Widerstand gewissenloser weißer Händler, welche die Indianer mit Branntwein versorgten und dieses gewinnbringende Geschäft durch die zur Nüchternheit mahnenden Missionare gefährdet glaubten. Zu alledem kam endlich noch die Eifersucht der englischen Landeskirche, welcher die Missionsarbeit der Herrnhuter ein Dorn im Auge war.

Will man ein treues Bild all dieser von den Herrnhutern zu überwindenden Widerwärtigkeiten gewinnen, so braucht man nur Loskiels „Geschichte der Mission der Evangelischen Brüder unter den Indianern in Nordamerika" (Barby 1789), zu lesen. Sie enthält unter anderem die Erlebnisse jener Herrnhuter, welche die in dem Dorf Schekomeko lebenden Mohikaner bekehrten.

Schekomeko lag in der Kolonie New York, östlich vom Hudson. Der Herrnhuter Christian Heinrich Rauch war der erste, welcher sich unter den hier wohnenden Wilden niederließ. Als er ihnen das Wesen Gottes zu erklären suchte, lachten sie ihm ins Gesicht und verspotteten ihn. Erst nach wochenlangen Bemühungen gelang es, zwei Mohikaner, die mit den Weißen bereits häufiger in Berührung gekommen waren, für die christlichen Lehren empfänglich zu machen. Das erbitterte die anderen so, daß sie drohten, den Missionar zu ermorden. Aber dieser blieb nicht nur standhaft, sondern suchte durch die beiden Bekehrten auf deren Stammesgenossen noch kräftiger einzuwirken.

Vornehmlich Tschup, der ältere Mohikaner, zeigte sich darin sehr geschickt. Wollte er seinen Stammesgenossen etwas recht deutlich machen, so bediente er sich der Bilderschrift. So zeichnete er beispielsweise auf ein Stück Baumrinde ein Herz, aus welchem auf allen Seiten Zacken und Stacheln hervorgingen und sagte: „Seht, so ist ein Herz, in dem der böse Geist wohnt; alles Böse kommt von innen heraus." Mit solchen Darstellungen machte Tschup einen stärkeren Eindruck, als der Missionar mit seinen Reden.

Allmählich gelang es, unter den Mohikanern Anhänger für den christlichen Glauben zu gewinnen. Es entstand der Keim zu einer kleinen Gemeinde, die im August 1742 den Besuch des Grafen Zinzendorf empfing sowie den Beistand zweier andrer Brüder, der Missionare B ü t t n e r und M a c k erhielt.

Je mehr die Zahl der Bekehrten wuchs, desto häufiger wurden aber auch die Zeichen der Mißgunst, womit die in den benachbarten Ansiedlungen wohnenden Weißen die Bemühungen der Herrnhuter beobachteten. Die Brüder erfuhren durch die Indianer, daß man ihnen eine Menge Rum versprochen habe, wenn sie die Missionare totschlagen wollten. Gleichzeitig hörten sie von allerhand in den Ansiedlungen umlaufenden Verdächtigungen. Die Herrnhuter seien verkappte Papisten und französische Spione, welche das Land auskundschaften und mit Hilfe der Indianer bei der ersten passenden Gelegenheit den Franzosen in die Hände spielen wollten.

Diese absurden Behauptungen wurden mit solcher Bestimmtheit verbreitet, daß die Behörden der Kolonie sich beunruhigt fühlten. Sie luden die Missionare unzählige Male zum Verhör vor, schleppten sie von einem Richter zum andern, endlich sogar vor den Gouverneur. Der Umstand, daß die Herrnhuter, den Satzungen ihrer Gemeinschaft entsprechend, sich weigerten, den ihnen abgeforderten Treueid gegen das englische Königshaus zu schwören, wurde von ihren Widersachern in der schlimmsten Weise ausgebeutet. Sie erwirkten bei der gesetzgebenden Körperschaft der Kolonie eine Verordnung, wonach alle Personen, die aus irgendeinem Grunde sich weigerten, den Eid der Treue zu leisten, des Landes verwiesen werden sollten. Durch eine zweite Verordnung wurde den Herrnhutern als verdächtigen Personen verboten, ihr Bekehrungswerk fortzusetzen.

Müde dieser Belästigungen,[1] während welcher einer der Brüder sieben

---

[1] Welch engherziger Geist die Behörden erfüllte, ergibt sich aus folgender Rechtfertigung, welche der damalige Gouverneur der Kolonie New York als Antwort auf eine vom Grafen Zinzendorf bei der Regierung in London eingereichten Beschwerde im Mai 1746 einsandte. Dieselbe lautet: „Seit einiger Zeit wird die Kolonie von verdächtigen Subjekten und strolchenden Predigern heimgesucht, welche das Volk verführen und sich für besser als andere halten. Sie stehen sogar im Verdacht, päpstliche Emissäre zu sein und Aufstände unter Seiner Majestät getreuen Untertanen zu beabsichtigen. Sie wollen die Indianer und Neger bekehren; als ob man Menschen trauen könnte, die sich mit Schwarzen abgeben. Diese Mährischen Brüder haben sich vor allem in Pennsylvanien festgesetzt, wo das Übergewicht der Deutschen bereits so groß ist, daß sie bald die englische Bevölkerung verdrängen werden. Sie machen jetzt auch in unserem Staat Proselyten, sind dabei ehrgeizige, eitle Menschen, welche, statt bei dem erlernten Handwerk zu bleiben, den Pfarrer spielen und mit ihren unverständlichen Lehren die Massen bethören. Vor ihnen muß man sich ganz besonders hüten. In Schekomeko ließen sich einzelne Herrnhuter dauernd nieder, heirateten Indianerinnen und erregten dadurch den Argwohn sowie die Eifersucht der benachbarten Weißen. Wir fürchten um so mehr, daß sie die Indianer verführen möchten, als sie ohne Erlaubniß der Behörde ins Land kamen und dem König den Treueid nicht leisten wollen. Daraus geht hervor, daß sie Böses im Schilde führen, daß sie verkappte Papisten sind und daß ihnen recht geschehen ist auf Grund des königlichen Befehls, wonach kein Weißer unter dem Vorwand der Bekehrung der Indianer unter diesen wohnen darf." (Documentary History of the State of New York, 1022—1027.)

Der Herrnhuter Missionar David Zeisberger predigt den Indianern im Quellgebiet des Ohio.
Nach einem Gemälde von Christian Schüssele.

Wochen lang in Haft gehalten wurde, entschlossen sich die Herrnhuter endlich, mit den bekehrten Indianern nach Pennsylvanien überzusiedeln. In der Nähe von Bethlehem legten sie im Jahre 1746 das Indianerdorf Gnadenhütten an, wo die Rothäute unter der Leitung der Herrnhuter sich dem Ackerbau widmeten. Für religiöse Zwecke diente ein aus Baumrinde gezimmertes Kirchlein. Auch baute man zwei Schulen, in denen die indianische Jugend je nach ihrem Geschlecht von herrnhutischen Brüdern und Schwestern Unterricht empfing. Im Jahre 1749 zählte Gnadenhütten bereits 500 Bewohner.

Ähnliche Mißhelligkeiten wie die Brüder in Schekomeko erlebte der Missionar David Zeisberger unter den Delawaren und Irokesen. Er hatte bei denselben freundliche Aufnahme gefunden, wurde aber im Jahre 1756 von einem weißen Schnapshändler bei den Onandagas schrecklich mißhandelt.

Im Jahre 1772 drang Zeisberger als einer der ersten Weißen in das heutige Ohio vor, und gründete am Tuscarawasfluß das große Indianerdorf Schönbrunn.

Von hohem Interesse sind die Verordnungen, welche dieser ersten christlichen Niederlassung in Ohio gegeben wurden. Sie lauten:

1. Wir erkennen und verehren keinen anderen Gott als ihn, der uns erschaffen und mit seinem kostbaren Blut erlöset hat.

2. Der Sonntag ist der Ruhe nach der Arbeit und dem Gottesdienst geweiht.

3. Wir wollen Vater und Mutter ehren und in Alter und Not unterstützen.

4. Ohne Erlaubnis unsrer Lehrer ist niemandem die Niederlassung unter uns gestattet.

5. Diebe, Mörder, Trunkenbolde, Ehebrecher und Wüstlinge werden nicht unter uns geduldet.

6. Wer an Tänzen, heidnischen Opfern und Festen teilnimmt, ist von unsrer Gemeinde ausgeschlossen.

7. Ebenso, wer bei der Jagd heidnische Zaubersprüche anwendet.

8. Alle Gaukelkünste, Lügen und Tücken Satans seien verbannt.

9. Unseren Lehrern wollen wir Gehorsam erzeigen, ebenso den Nationalhelfern (so wurden solche Indianer geheißen, die sich durch gesitteten Lebenswandel besonders auszeichneten), die ernannt sind, Ordnung in- und außerhalb der Stadt aufrecht zu halten.

10. Trägheit, Verleumdung und Gewalttätigkeiten seien aus unserer Mitte verbannt. — Wir wollen in Frieden und Eintracht wohnen.

11. Wer eines anderen Herde, Güter oder Effekten schädigt, soll Schadenersatz leisten.

12. Ein Mann soll nur ein Weib haben, es lieben und für es und ihre Kinder sorgen. Zugleichen soll ein Weib nur einen Mann haben und ihm gehorchen. Es soll für die Kinder Sorge tragen und reinlich sein in allen Dingen.

13. Rum oder geistige Getränke dürfen nicht nach unserer Stadt gebracht werden. Kommen Fremde oder Händler mit solchen an, so sollen die Helfer

diese Dinge in Besitz nehmen, sorgfältig aufbewahren und sie ihnen erst bei der Abreise wieder zustellen.

14. Kein Einwohner soll bei Händlern Schulden machen oder Güter in Kommission nehmen für Händler ohne Zustimmung der Nationalhelfer.

15. Ohne Erlaubnis des Kirchenvorstandes oder der städtischen Verwalter darf niemand sich auf Reisen oder einen langen Jagdzug begeben.

16. Ohne Erlaubnis und den guten Rat ihrer Eltern dürfen junge Leute sich nicht verheiraten.

17. Wenn die städtischen Helfer oder Verwalter die Hilfe der Einwohner zu öffentlichen Bauten und Arbeiten, wie Versammlungsorte und Schulen, für Klären und Einzäunen von Land und dergleichen fordern, so sollen sie Gehorsam finden.

18. Alle für das Gesamtwohl notwendigen Beiträge sollen freudig geleistet werden.

Diesen Verordnungen wurden später noch die folgenden hinzugefügt:

19. Wer in den Krieg gehen, das heißt Menschenblut vergießen will, kann fürder nicht unter uns wohnen.

20. Wer von Kriegern Kriegsartikel kauft mit dem Vorwissen, daß dieselben gestohlen oder erplündert, muß uns verlassen. Denn es ist dieses nicht anders, als eine Ermutigung zu Mord und Diebstahl.

Diese Verordnungen, die alljährlich in öffentlicher Versammlung verlesen wurden, weckten in den Bewohnern jenes Gefühl der Solidarität, das später auch für die Ansiedlungen der Weißen in jenen Gegenden bezeichnend und für die kulturelle Entwicklung der Vereinigten Staaten von so außerordentlicher Bedeutung werden sollte.

Das tägliche Leben in den christlichen Indianerdörfern glich, wie nicht anders zu erwarten, dem der Herrnhuter in Bethlehem. Die im Ackerbau und in Handwerken unterrichteten Indianer erwiesen sich meist als sehr gelehrige Schüler. Auch für Musik und Künste zeigten sie sich empfänglich.

In Gemeinschaft mit Zeisberger wirkten die Missionare Johann Georg Jungmann, Johann Ettwein, Johann Heckewelder, Johannes Roth u. a. Sie gründeten später in dem fruchtbaren Tal des Muskingum die christlichen Indianerdörfer Gnadenhütten, Salem und Lichtenau. In diesen von Mohikanern und Delawaren bewohnten Stätten wurden die ersten weißen Kinder in Ohio geboren, in Gnadenhütten am 4. Juli 1773 dem Missionar Roth ein Sohn, am 16. April 1781 in Schönbrunn dem Missionar Heckewelder eine Tochter.

Später entstanden noch die Missionen Friedenshütten, Gnadental und Schamokin-Gnadenhütten.

Gnadenhütten erlangte während des Unabhängigkeitskrieges eine traurige Berühmtheit. Es wurde Schauplatz wahrhaft barbarischer Greueltaten, die von weißen Grenzbewohnern hier verübt wurden. Böswillige Menschen hatten ausgesprengt, die christlichen Indianer seien an einigen von den Wyandots verübten Mordtaten beteiligt gewesen. Ohne diesen Verleumdungen auf den Grund zu gehen, überfiel eine unter der Führung des Obersten David Williamson stehende Bande von Mordbrennern den Ort Gnadenhütten, und schlachtete daselbst am 5. März 1782 93 indianische Bewohner ab, darunter zahlreiche Frauen und Kinder. Mit den Skalpen der Getöteten zogen die Mörder triumphierend in Pittsburg ein, ohne daß einer der Barbaren wegen der verübten Greuel von den Behörden zur Rechenschaft gezogen worden wäre.

Zeisberger flüchtete mit einer kleinen, dem Blutbad entronnenen Schar von Indianern nach Michigan. Hier gründete er am St. Clairsee das Dorf Neu-Gnadenhütten. Später, nachdem die Zeiten ruhiger geworden und der Bundeskongreß den christlichen Indianern als Sühne für die an ihnen begangenen Schandtaten 10 000 Acker Landes geschenkt hatte, kehrte Zeisberger an den Muskingum zurück und gründete auf den den Indianern angewiesenen Ländereien das Dorf Goschen. Zeisberger starb hier am 7. November 1908 im Alter von 87 Jahren, von denen er 60 unter den Urbewohnern Amerikas zugebracht hatte.

Johann Heckewelder.

Er sowohl wie Heckewelder hinterließen zahlreiche literarische Werke, darunter Lehr- und Wörterbücher der Sprache der Onondagas, Delawaren und Mohikaner. Desgleichen höchst anschauliche Schilderungen ihrer eigenen Erlebnisse, die wegen der in ihnen niedergelegten Beobachtungen wahre Fundgruben für den Freund der Völkerkunde bilden.

* *
*

Die Einwanderung der deutschen Sektierer hatte für die amerikanischen Kolonien, insbesondere für Pennsylvanien, zur Folge, daß sie sich weit kräftiger als alle anderen entwickelten. Pennsylvanien verlor dadurch auch am raschesten den streng puritanischen Charakter, der den Neu-Englandkolonien solange anhaftete. An Stelle der dort herrschenden Unduldsamkeit und Strenge waltete bei den deutschen Sektierern weitgehende, freundlich geübte Toleranz. Für ihre freiere, freudigere Lebensauffassung zeugte namentlich die Pflege, welche sie der Musik, dem Gesang und der Geselligkeit zuteil werden ließen.

Im großen Ganzen kann man die schönen Worte, welche der berühmte Historiker Bancroft auf die nach Georgia eingewanderten Salzburger anwendete, mit vollem Recht auf alle während des 17. und 18. Jahrhunderts nach Amerika gekommenen deutschen Sektierer ausdehnen:

„Sie waren ein edles Heer von Märtyrern, die in der Kraft Gottes auszogen und im Glauben an das Evangelium unter den größten Schwierigkeiten und heftigsten Verfolgungen triumphierten. Sie scharten sich um kein anderes Panier als um das des Kreuzes, und keine anderen Führer schritten ihnen voran, als ihre geistlichen Lehrer und der Herzog ihrer Seligkeit."

Schlußvignette: Der Friedhof der Herrnhuter zu Bethlehem.

Die Masseneinwanderung der Pfälzer im 18. Jahrhundert.

Der anfangs dünne Strom Deutscher, die nicht aus religiösen Gründen, sondern in dem Verlangen, ihre Lage zu verbessern, nach Nordamerika auswanderten, gewann in dem gleichen Grade an Stärke, in welchem die politischen und wirtschaftlichen Zustände ihrer Heimat sich verschlechterten.

Wie entsetzlich Deutschland durch den Dreißigjährigen Krieg gelitten hatte, schilderten wir in einem früheren Abschnitt. Alle Schrecken jener grauenhaften Zeit wiederholten sich während der Kriege, die Deutschland zu Ende des 17. und zu Anfang des 18. Jahrhunderts mit Ludwig XIV. von Frankreich führen mußte. Der Streit über die Erbfolge in der Pfalz bildete die Hauptveranlassung zu diesen Kriegen. Außerdem war der Gallier darüber ergrimmt, daß die aus Frankreich vertriebenen Hugenotten bei den Pfälzern Aufnahme gefunden hatten.

Der Durst nach Rache wie das Verlangen, den Deutschen einen Angriff auf Frankreich von der Pfalz aus zu erschweren, veranlaßte Ludwig, seinen Generälen den Befehl zu geben, die Pfalz in eine Wüste zu verwandeln.

Diesem unerhörten Auftrag folgend, brachen die französischen Heere im Jahre 1688 ohne vorhergegangene Kriegserklärung in das Land ein. Unzählige blühende Dörfer gingen in Flammen auf. Heidelberg, Mannheim, Speier, Worms, Alzey, Oppenheim, Kreuznach, Gernsheim, Ladenburg und viele andere Orte sanken in Asche. Die Kaisergräber im Dom zu Speier wurden aufgerissen und geplündert. Mit Blut und Flammen schrieben die französischen Mordbrenner Melac, Turenne und de Lorges in das Buch der Geschichte ihre Namen ein, Namen, an die der Fluch von Tausenden sich heftete.

Der Überfall erfolgte mitten im Winter. Tiefer Schnee erschwerte die Flucht der unglücklichen Pfälzer, von denen viele, die den Mordbrennern entkamen, erfroren oder infolge der furchtbaren Entbehrungen zugrunde gingen.

Zu den Schrecken, welche die Pfälzer in jener Zeit erlebten, gesellten sich obendrein Bedrückungen und religiöse Verfolgungen durch die eigenen Landes-

---

Kopfleiste: Der Brand der Stadt Worms. Nach einem gleichzeitigen Stich.

herren. Bereits viermal hatten sie während der letzten hundert Jahre mit dem viermal eintretenden Fürstenwechsel ihren Glauben wechseln müssen. Denn „cujus regio, ejus religio" erklärten die Fürsten und zwangen ihre Untertanen zur Annahme jener Glaubensform, der sie selber anhingen. Diesem Zwang nachgebend, waren die Pfälzer zuerst vom Katholizismus zum Luthertum übergetreten, dann wurden sie reformiert, wieder lutherisch und zuletzt noch einmal reformiert. Im Jahre 1690 kam Kurfürst Johann Wilhelm ans Regiment, der, selbst Katholik, nunmehr die Pfälzer gewaltsam wieder katholisch machen wollte. Genußsucht, Veschwendung, Ausbeutung des Bürger- und Bauernstandes waren

Aus Stake, Deutsche Geschichte.
Greueltaten französischer Soldaten im 17. Jahrhundert.
Nach einem gleichzeitigen Stich.

für diesen in Düsseldorf hofhaltenden Schwachkopf bezeichnend. Er äffte in seiner Lebensweise und Prachtentfaltung nicht nur Deutschlands größten Feind, Louis XIV., nach, sondern setzte sich gleich diesem bei Lebzeiten sein eignes Denkmal, das noch jetzt auf dem Marktplatz zu Düsseldorf zu sehen ist.

Die Inschrift sagt, die „grata civitas" habe dem Fürsten dies Denkmal gesetzt. Wie wenig Ursache aber seine Untertanen zur Dankbarkeit hatten, geht daraus hervor, daß um das Jahr 1708 Tausende von armen Pfälzern, die nicht vermochten, die ewig leeren Kassen des Verschwenders zu füllen, den Entschluß faßten, nach Amerika überzusiedeln. In diesem Vorsatz wurden sie nicht nur durch die beständig drohende Franzosengefahr bestärkt, sondern auch durch ihre bereits jenseits des Weltmeeres wohnenden Landsleute ermutigt. Zudem machte ein massenhaft unter den Pfälzern verteiltes Werkchen, das sogenannte „Goldene Buch", dessen mit dem Bilde der Königin Anna von England geschmücktes Titelblatt in Gold gedruckt war, durch seine verlockenden Schilderungen der englischen Kolonien Nordamerikas tiefen Eindruck auf die armen Menschen.

Die erste Pfälzerschar, die zum Wanderstabe griff, stand unter der Führung des lutherischen Pfarrers J o s u a v o n K o c h e r t h a l. Zehn Familien mit 21 Kindern umfassend, zog sie im Jahre 1708 über Holland nach London. Die englische Regierung, auf die Besiedelung ihrer überseeischen Besitzungen bedacht, beschloß die um Unterstützung bittenden Pfälzer an den Ufern des Hudson anzusiedeln, wo sie, wie es in den offiziellen Dokumenten heißt, „beim Erzeugen der Bedarfsgegenstände für die Flotte und als Grenzwächter gegen die Franzosen und Indianer verwendet werden können".

Da Kocherthal sich bereit erklärte, als Seelsorger bei seiner kleinen Herde zu bleiben, so bewilligte die Regierung ihm eine Unterstützung sowie 500 Acker Landes.

Die Überführung der durch verschiedene Nachzügler auf 55 Köpfe angewachsenen Schar geschah auf einem Kriegsschiff, das gleichzeitig den neuernannten Gouverneur der Kolonie, Lord Lovelac, nach New York brachte. Dieser wies den Pfälzern einen an der Mündung des Quassaickbaches am Westufer des Hudson gelegenen Landstrich an, der durch seine wunderschöne, an die herrlichsten Strecken des Rheines erinnernde Umgebung das besondere Wohlwollen der Pfälzer erregte. Hier gründeten sie eine Niederlassung, die sie in Erinnerung an den Stammsitz des damals über die Pfalz regierenden Fürstengeschlechts Neuburg hießen.

Wenngleich diese Ansiedlung infolge der bitteren Armut der Pfälzer nicht recht gedieh, so rief die Kunde von der freundlichen Aufnahme und Unterstützung, die den Pfälzern von der englischen Regierung gewährt worden war, in der Pfalz große Erregung hervor. Diese wurde von englischen Spekulanten benutzt, die Auswanderungslust noch mehr anzufachen, wozu obendrein der furchtbar kalte Winter von 1708 bis 1709, währenddessen alle Feldfrüchte und Reben der Vernichtung anheimfielen, und der Wein in den Fässern gefror, nicht wenig beitrug.

Es war im Frühling 1709, als der Rheinstrom Schauplatz einer außerordentlichen Begebenheit wurde. Ganze Flotten von Flößen, Kähnen und Booten glitten den schönen Strom hinab, alle beladen mit unglücklichen Menschen, die das Geringe, was ihnen geblieben, in Bündeln, Kisten und Kasten mit sich führten. Vom Oberrhein schifften die Auswandrer nach Holland, setzten von da nach England über und zogen nach London, um von der englischen Regierung die Weiterbeförderung nach Nordamerika zu erflehen.

In London erschrak man über die Menge der Ankömmlinge, auf die man in keiner Weise vorbereitet war, und die man bald nicht mehr unterzubringen vermochte. Nachdem sämtliche leerstehende Wohnungen mit solchen Hilfesuchenden gefüllt waren, mußte man 1400 in einem Warenlager einquartieren. Mehreren Tausend anderen verschaffte man in einem auf der schwarzen Heide (Black heath) aus 1000 Armeezelten errichteten Notlager Unterkunft.

Ein damals in London gedrucktes Flugblatt gibt über das Leben der hier Versammelten folgende Mitteilungen: „Ihre Zeit verbringen sie mit Arbeit und Gottesdienst. Sie haben morgens und abends Gebete mit Psalmengesang, und jeden Sonntag eine Predigt, wobei alt und jung sehr ernst und ergeben zu sein scheinen. Einige beschäftigen sich mit dem Anfertigen billiger Spielsachen, welche sie der täglich sie besuchenden Menge für ein Geringes ablassen. Sie geben sich mit sehr gewöhnlicher Nahrung zufrieden. Ihr Brot ist braun, und das von ihnen genossene Fleisch von der minderwertigsten Sorte. Aber sie verzehren dasselbe unter Zugabe einiger Wurzeln und Kräuter in Frohsinn und Dankbarkeit. Viele von ihnen wandern Sonntags zu ihrer Kirche in Savoy, um dort durch ihre eignen Priester die Sakramente zu empfangen. Manche der jüngeren treten in den Bund der Ehe ein, wobei die Frauen Rosmarin, die Männer Lorbeer in den Haaren tragen. Ehebruch und Unzucht werden sehr verabscheut. Bei einem Begräbnis schreiten alle singend hinter dem Sarge, und wenn sie am Grabe stehen, wird der Sarg nochmals geöffnet, damit jeder noch einen letzten Blick auf den Toten werfen kann. Nachdem man diesen beigesetzt, gehen alle unter Seufzen davon. Die Leichen erwachsener Personen werden auf einer Bahre, diejenigen von Kindern auf dem Kopf getragen. Im ganzen erweisen sie sich unschuldig, arbeitsam, friedfertig, gesund und klug, so daß sie eher ein Segen als eine Bürde für jenes Land sein dürften, in dem sie angesiedelt werden sollen."

Insgesamt waren im Oktober 1709 gegen 14 000 Pfälzer in London versammelt. Unter den Männern befanden sich 1838 Landwirte und Winzer, 78 Bäcker, 477 Maurer, 124 Zimmerleute, 68 Schuhmacher, 99 Schneider, 29 Metzger, 45 Müller, 14 Gerber, 7 Strumpfwirker, 13 Sattler, 2 Glasbläser, 3 Hutmacher, 8 Kalkbrenner, 18 Schullehrer, 2 Graveure, 3 Ziegeldecker, 2 Silberschmiede, 35 Schmiede, 3 Hirten, 48 Grobschmiede, 3 Töpfer, 6 Türmer, 1 Barbier und 2 Ärzte.

Die Anwesenheit so vieler, meist mittelloser Menschen gestaltete sich für das damalige London zu einer ernsten Sache. Man besaß nicht Schiffe genug, um eine so große Menge zu befördern. Die anfangs glänzend eintretende Wohltätigkeit erlahmte allgemach, so daß bei Einbruch des Winters die Not immer größer wurde und infolge derselben gegen tausend Personen starben. Da dem Zustande ein Ende bereitet werden mußte, so schaffte die Regierung mehrere Tausend der Unglücklichen nach Holland und Deutschland zurück; 3800 brachte man nach Irland, um die dortigen Webereien zu heben; 600 sandte man nach Karolina und Virginien, und mehr als 3000 zu Anfang des Jahres 1710 mit dem an Stelle des verstorbenen Lord Lovelac neu ernannten Gouverneur Hunter nach New York.

Der besseren Übersicht wegen wollen wir die Schicksale der nach Amerika beförderten Pfälzer in besonderen Abschnitten schildern.

Die Pfälzer in Karolina und Virginien.

Zur selben Zeit, wo die Pfälzer ihre verwüstete Heimat verließen, sandte eine im Kanton Bern in der Schweiz bestehende kleine Mennonitengemeinde zwei Bevollmächtigte nach London, den Freiherrn Christoph von Graffenried und Franz Ludwig Michel. Sie hatten den Auftrag, von einer dort bestehenden Kolonialgesellschaft ein Stück Land in Amerika zu erwerben, wohin die Mennoniten übersiedeln könnten. Die beiden Männer kauften von der „Karolina-Gesellschaft" einen 10 000 Acker großen Landstrich zwischen Kap Fear und dem Neusefluß, überdies sicherten sie sich das Anrecht auf weitere 100 000 Acker.

Um für diese ausgedehnten Besitzungen Ansiedler zu gewinnen, machte Graffenried der englischen Regierung den Vorschlag, mehrere Hundert der in London weilenden Pfälzer dorthin überzuschiffen. Die Regierung ergriff in ihrer Notlage freudig das Angebot und stellte, nachdem die künftigen Beziehungen der Pfälzer zu Graffenried genau geregelt waren, zwei Schiffe zur Verfügung, auf denen im Oktober 1709 650 Pfälzer nach Nordkarolina segelten. Dort gründeten sie am Zusammenfluß der Neuse mit der Trent die Ansiedlung Neu-Bern.

Graffenried hielt aber nicht die gemachten Versprechungen. Als seine Erwartungen in bezug auf die zu gewinnenden Reichtümer sich nicht rasch genug erfüllten, wandte er der Niederlassung den Rücken und kehrte nach Europa zurück. Sein Besitztum verpfändete er an den Engländer Thomas Pollock. So kam es, daß die Pfälzer die Besitztitel für die ihnen versprochenen Ländereien erst mehrere Jahre später erhielten.

Während der im Jahre 1711 zwischen der Kolonie Karolina und den Tuscarora Indianern entbrannten Streitigkeiten litten die Pfälzer schwer durch einen indianischen Überfall, währenddessen 112 der Ihrigen niedergemacht wurden. Dieses Ereignis bewog manche der Überlebenden, Karolina zu verlassen und einer vom Gouverneur Alexander Spotswood erlassenen Einladung folgend, nach Virginien zu ziehen.

Mit diesen Deutschen gründete Gouverneur Spotswood auf einer vom Rapidanfluß gebildeten Halbinsel die Niederlassung Germanna. Es scheint aber nicht, daß der Gouverneur die Förderung derselben sich sehr angelegen sein ließ, denn sie befand sich noch mehrere Jahre nach ihrer Gründung in ziemlich verwahrlostem Zustande. Das erhellt aus einer drastischen Beschreibung, die von John Fontaine und John Clayton, zwei Bürgern der Ortschaft Williamsburg, im Jahre 1714 geliefert wurde. Auf einer Reise begriffen, stiegen sie in Germanna bei dem deutschen Pastor Johann Heinrich Häger ab. Derselbe war kurz zuvor mit vierzig deutschen Bergleuten angekommen, die

Freiherr von Graffenried für den Gouverneur Spotswood angeworben hatte, damit sie für denselben in Virginien Bergwerke und Eisenschmelzhütten anlegen sollten. Die beiden Reisenden schrieben über ihren Besuch folgendermaßen: „Wir begaben uns zunächst zur Wohnung des deutschen Pastors, fanden dort aber nichts zu essen und lebten deshalb von unseren eignen Vorräten. Da unser Lager nur aus einer Schütte Stroh bestand, und keineswegs bequem war, so erhoben wir uns bereits bei Tagesanbruch und wanderten trotz starken Regens durch den Ort, welcher ringsum mit dicken, für eine Flintenkugel undurchdringlichen, eng aneinander in die Erde eingerammten Pfählen verpalisadiert ist. Es halten sich hier nur neun Familien auf. Ihre neun Hütten bilden eine Reihe. Vor jedem Hause, 20 Fuß entfernt, liegen die Ställe für die Hühner und Schweine, so daß der Raum zwischen diesen Ställen und den Häusern eine Straße bildet. In der Mitte des von den Palisaden umschlossenen fünfseitigen Raums steht ein fünfeckiges Blockhaus, dessen fünf Seiten mit jenen der Palisadenumfassung korrespondieren. Die Wände des Blockhauses enthalten Schießscharten, von denen aus man die ganze Gegend überschauen kann. Diese Hütte dient als Zufluchtsort für den Fall, daß die Palisaden nicht länger gegen die Indianer verteidigt werden könnten. Sie dient zugleich auch kirchlichen Zwecken. Einmal täglich gehen die Bewohner zum Gebet, zweimal Sonntags zur Predigt. Wir wohnten dem in deutscher Sprache abgehaltenen Gottesdienst bei. Obwohl wir die Predigt nicht verstanden, bemerkten wir doch, daß alle sehr ergeben waren und ihre Psalmen vortrefflich sangen. Die Ansiedlung liegt 30 Meilen von jeder andern menschlichen Wohnstätte entfernt. Ihre Bewohner leben in recht kümmerlichen Verhältnissen. Infolge mangelnder Lebensmittel waren wir genötigt weiterzuziehen."

Aus dieser Schilderung ergibt sich, daß die Ansiedler von Germanna wenig Ursache hatten, dem Gouverneur Spotswood für zuteil gewordene Förderung dankbar zu sein.

Aus anderen Quellen wissen wir, daß er ihnen für die in seinen Plantagen und Bergwerken geleisteten Dienste große Summen schuldig blieb und ihnen als Entschädigung Landstücke am Robertson, einem Nebenfluß des Rapidan, übertrug.

Die meisten Deutschen verließen im Jahre 1718 nebst ihrem Pastor und dem Lehrer Johann Holtzklau Germanna und gründeten im Fauquier County die Niederlassung Germantown. Hier erbauten sie eine Kirche, welcher Häger bis zu seinem im Jahre 1737 erfolgten Tode vorstand.

Germanna existierte noch um die Mitte des 18. Jahrhunderts, aber es bestand damals nur noch aus dem Wohnhaus des Gouverneurs und anderthalb Dutzend halbverfallenen Hütten, in denen vormals Deutsche gelebt hatten.

Die von deutschen Bergleuten angelegten Eisenminen und Schmelzhütten lagen einige Meilen von Germanna entfernt, in der sogenannten „Wildnis". Sie waren die ersten ihrer Art in Nordamerika und werden noch heute von der „Wilderniß Mining Co." ausgebeutet.

Die Pfälzer in der Kolonie New York.

Schon bald nach seiner Ankunft in New York, im Mai des Jahres 1709, war Gouverneur Lovelac, der Protektor der unter Leitung des Pfarrers Josua von Kocherthal am Hudson gegründeten Pfälzerkolonie Neuburg, gestorben. Zu seinem Nachfolger wurde der Oberst Robert Hunter erwählt. Dieser erhielt den Auftrag, 3000 der noch in London weilenden Pfälzer nach New York mitzunehmen und gleichfalls am Hudson anzusiedeln.

Die Einschiffung erfolgte im April 1710. Man brachte die Pfälzer auf zehn Schiffen unter, um deren Einrichtung und Verproviantierung es aber so jämmerlich bestellt war, daß während der Überfahrt 470 Personen starben. Da man in New York die Einschleppung einer ansteckenden Seuche befürchtete, so hielt man die Einwanderer wochenlang in einem auf Gouverneurs Island errichteten Notlager zurück. Hier starben noch 250 Personen, so daß der Gesamtverlust sich auf 720 belief.

Als endlich die entsetzliche Quarantäne aufgehoben wurde, glaubten die Pfälzer das Schlimmste überstanden zu haben. Aber der ihnen beschiedene Leidenskelch war noch lange nicht leer, denn nachdem Gouverneur Hunter sie endlich südöstlich von den Catskillgebirgen in zwei zu beiden Seiten des Hudson gelegenen Lagern, dem East- und West Camp untergebracht hatte, begann für die Ärmsten eine mehrere Jahre währende Zeit schwerer Bedrückung. Anstatt daß man sie die Rechte heutiger Einwandrer hätte genießen lassen, behandelte man sie als eine Art von Kronbauern, die verpflichtet seien, die ihnen gewährten Unterstützungen sowie die Kosten der Überfahrt und Verpflegung durch ihre Arbeit auf Heller und Pfennig abzutragen. Sie wurden angehalten, Teer zu bereiten und Hanf zu bauen, damit die englische Regierung nicht länger genötigt sei, diese für die Marine unentbehrlichen Gegenstände aus dem Ausland zu beziehen.

Das East Camp lag im Besitztum des Schotten Robert Livingston, eines Abenteurers schlimmster Sorte, wie es deren in den Kolonien nicht wenige gab. Als Indianeragent, Steuerbeamter und Armeelieferant hatte Livingston durch zahllose Betrügereien sich ein großes Vermögen erworben und dieses zum Ankauf eines 16 englische Meilen langen und 24 Meilen breiten, am Hudson liegenden Besitztums verwendet. Es war mit allen Rechten einer jener von den Holländern geschaffenen Baronien ausgestattet. Dieses „Manor" besiedelte Livingston mit Leuten, die zu arm waren, um mit eigenen Mitteln ein Heim zu schaffen. Durch rücksichtsloses Ausbeuten ihrer Arbeitskraft suchte er sein Besitztum zu verbessern und dessen Wert zu erhöhen.

Livingston gehörte auch zu jenen Schurken, die im Jahre 1691 den wackeren Jakob Leisler an den Galgen gebracht hatten. Nach der Beseitigung dieses Volksmannes war es ihm gelungen, Mitglied des Kolonialrats zu werden. Aber seine Unternehmungen waren meist so schmutziger Art, daß der Vizegouverneur Naufan ihn im Jahre 1702 seines Postens enthob und sogar die

Beschlagnahme seines Vermögens anordnete. Aber der schlaue Fuchs verstand es, sich bei der Londoner Regierung weißzuwaschen und bei den Nachfolgern des ihm unbequemen Beamten in Gunst zu setzen.

Obwohl dieser Mann bei allen bessergesinnten Bewohnern der Kolonie New York im schlechtesten Ruf stand, übertrug man ihm die Verpflegung der am Hudson angesiedelten Pfälzer. Dieselben hätten in keine schlimmeren Hände geraten können. Denn Livingston hatte sich um die für jene Kolonisten bestimmten Lieferungen nur beworben, um daraus neue Reichtümer zu gewinnen. Daß es sich dabei um keine geringen Summen handelte, ergibt sich aus verschiedenen noch vorhandenen Rechnungen, welche Livingston bei der Kolonialregierung einreichte. Aus denselben veranschlagte Samuel Cobb in seiner „Story of the Palatines", daß Livingston während des vom 10. November 1710 bis zum September 1712 reichenden Zeitraumes für die Verpflegung der Pfälzer über 26 000 Pfund Sterling erhielt! Daß der größte Teil dieser Summe als reiner Gewinn in die Taschen des Gauners floß, ist selbstverständlich.

Liest man die in der dokumentarischen Geschichte des Staates New York abgedruckten Beschwerden, die sowohl von den Pfälzern wie von den ihnen vorgesetzten Aufsehern gegen Livingston vorgebracht wurden, so erfaßt einen noch heute tiefer Grimm über die von ihm begangenen Schuftereien.

Nicht bloß waren sämtliche durch ihn gelieferten Nahrungsmittel von der allerschlechtesten Beschaffenheit, sondern auch hinsichtlich der zu liefernden Menge wurden die gemeinsten Betrügereien verübt. Die Fässer, welche das Mehl enthielten, wogen an Holz stets vier bis fünf Pfund mehr als auf den Rechnungen angegeben stand. Selbstverständlich enthielten sie ebenso viele Pfund Mehl weniger. Dem Pökelfleisch war so viel Salz beigemengt, daß dasselbe ein Achtel des ganzen Inhalts der Fässer betrug und das Fleisch ungenießbar machte.

In dem „Verzeichnis der Beschwerden", welches von den Pfälzern der Regierung eingereicht wurde (abgedruckt in der Documentary History of New York, III. 423) heißt es über den Winter des Jahres 1712: „Der Winter war äußerst streng. Wir besaßen weder Lebensmittel noch Kleider. Infolgedessen herrschte überall die größte Bestürzung. Von allen Seiten, besonders von den Lippen der Frauen und Kinder ertönten die jämmerlichsten und herzbrechendsten Klagen, die jemals von unter den kümmerlichsten Verhältnissen und den unglücklichsten Zuständen lebenden Personen vernommen wurden. Zuletzt, gegen ihren Willen, sahen sich diese Leute der bitteren Notwendigkeit ausgesetzt, die Hilfe der Indianer anzurufen."

So war die Lage der Unglücklichen, denen man vor ihrer Überführung nach den Gestaden der Neuen Welt versprochen hatte, daß sie daselbst auf eigene Füße gestellt und mit allem Nötigen zur Begründung blühender Ansiedlung versorgt werden sollten.

Es konnte natürlich nicht ausbleiben, daß die Ärmsten der Bedrückungen müde wurden und sich weigerten, weiterzuarbeiten.

Als darauf Gouverneur Hunter sie durch Soldaten zur Wiederaufnahme der Arbeit zwingen wollte, faßten sie den Entschluß zu fliehen. Im Tal des Schoharie lebten mehrere Indianerhäuptlinge, die während eines Besuchs in London die Pfälzer in ihrem Notlager gesehen und ihnen, als sie vernahmen, daß dieselben keine Heimstätten besaßen, Land zum Geschenk angeboten hatten. Jetzt erinnerte man sich dieses Geschenkes und bat durch Abgesandte die

Ein Häuptling der Mohawk-Indianer.

Indianerhäuptlinge um die Erlaubnis, sich auf deren Gebiet ansiedeln zu dürfen. Als die Häuptlinge die Schenkung nochmals ausdrücklich wiederholten, machten die Pfälzer sich trotz aller Einsprüche des englischen Gouverneurs, der die Ärmsten weiter auszubeuten dachte, im März 1713 auf den Weg nach dem Schoharietal. Vierzehn Tage nahm die Wanderung in Anspruch. Sie wurde dadurch erschwert, daß man kein einziges Zugtier, keinen Wagen besaß, um das Gepäck, die Frauen, Kinder und Kranken fortzuschaffen. Alle Gegenstände mußten auf dem Rücken getragen werden. Dazu lag weit und breit tiefer Schnee, der das Vorwärtskommen fast unmöglich machte. Als endlich die armen Wanderer in dem schönen Tale ankamen, besaßen sie nichts, wovon sie hätten leben können. Zweifellos wären sie verhungert, wenn die Indianer sich ihrer nicht erbarmt und sie zum Frühjahr mit Wildbret versorgt hätten.

Kaum wurden jemals Niederlassungen unter schwierigeren Verhältnissen begonnen, als diese pfälzischen im Schoharietal. Da man keine Pflüge besaß, so riß man die Erde mit Sicheln auf und säte in diese rohen Furchen den Scheffel Weizen, den man mit dem letzten Gelde in dem 20 Meilen entfernten Örtchen Schenectady kaufte. Die Häuser baute man aus rohen Baumstämmen. Die Kleider und Mützen fertigte man aus den Fellen erlegter Tiere. So schleppten sich die Ärmsten hin bis zum Herbst, wo die erste Ernte 83 Scheffel ergab. Dies gewonnene Getreide zerstampfte man in Ermanglung einer Mühle auf Steinen. Bereits im nächsten Sommer begannen aber die Ansiedlungen einen wohnlicheren Ausdruck zu gewinnen. Sieben kleine, nach den Führern der Pfälzer benannte Dörfchen entstanden: Weisersdorf, Hartmannsdorf, Brunnendorf, Schmidtsdorf, Fuchsdorf, Gerlachsdorf und Kneiskerndorf. Von diesen bestehen das letztgenannte, sowie Hartmannsdorf noch heute.

Die Erbauer dieser Dörfer begannen eben voll neuer Hoffnung der Zukunft entgegenzusehen, als plötzlich die Nachricht eintraf, daß Gouverneur Hunter das Land am Schoharie mehreren Spekulanten übertragen habe, mit denen die Pfälzer sich auf die eine oder andere Weise abfinden müßten. Unter diesen Spekulanten befand sich der berüchtigte Livingston. Die Kunde traf die Pfälzer gleich einem Donnerschlag; bedeutete sie doch eine Kriegserklärung des über das Fehlschlagen seiner Pläne ergrimmten Gouverneurs, der an den Pfälzeransiedlungen am Hudson finanziell stark beteiligt gewesen war und nun fürchtete, durch den Wegzug der Deutschen den größten Teil seines Vermögens einzubüßen. Daß die Pfälzer das Land am Schoharie von den Indianern geschenkt erhalten und nach dem Kolonialrecht, daß dem ersten Ansiedler den Besitz sicherte, Anspruch auf dasselbe hatten, darum kümmerte sich Hunter nicht. Er fuhr fort, die Pfälzer durch allerlei Nichtswürdigkeiten so zu peinigen, daß dieselben in ihrer Not beschlossen, drei zuverlässige Männer nach London zu senden, um ihre Beschwerden direkt dem König zu unterbreiten. Die Wahl fiel auf **Johann Konrad Weiser**, **Wilhelm Scheff** und **Wilhelm Wallrat**. Da Hunter ihre Abreise zweifellos verhindert haben würde, so begaben die drei sich heimlich nach Philadelphia und schifften sich dort ein. Erst nach mancherlei Abenteuern trafen sie in London ein, ohne jegliche Mittel, da ihr Fahrzeug unterwegs von Seeräubern überfallen worden war, die sämtliche Insassen ausplünderten.

In London machten die Abgesandten die übelsten Erfahrungen. Man gebot ihnen, ihre Klagen auf dem üblichen Wege durch Vermittlung des Kolonialministeriums vorzubringen. Darüber verstrichen Monate, während welcher die ohne Geld und Freunde dastehenden Männer nicht bloß die bittersten Qualen der Ungewißheit, sondern Not und Entbehrungen erlitten.

Wallrat starb an Heimweh. Die beiden andern wurden sogar, da sie Schulden gemacht hatten, ins Gefängnis geworfen. Sie wurden aus demselben erst nach einjähriger Haft erlöst, nachdem die im Schoharietal zurückgebliebenen Landsleute 70 Pfund Sterling zur Deckung ihrer Schulden aufgebracht hatten.

Während Scheff nach Amerika zurückkehrte, blieb Weiser noch zwei Jahre lang in London, in der Hoffnung, bei der Regierung Gehör zu finden. Aber diese Hoffnung scheiterte, als Gouverneur Hunter nach England zurückkehrte und die Pfälzer als Aufwiegler bezeichnete, welche sich widerrechtlich auf dem Eigentum anderer niedergelassen hätten.

Die Kolonialminister nahmen sich nicht die Mühe, die wirkliche Sachlage zu untersuchen. Sie schenkten den Darstellungen des Beamten größeren Glauben und wiesen den Pfälzer mit seinen Beschwerden ab.

Als derselbe nach fünfjähriger Abwesenheit im Jahre 1723 nach dem Schoharietal zurückkehrte, hatte sich die Lage seiner Landsleute keineswegs gebessert. Ja, manche waren in Albany ins Gefängnis geworfen worden, weil sie einen Bevollmächtigten der Spekulanten mit Prügeln heimgeschickt hatten, als derselbe kam, um für die von den Pfälzern bewohnten Ländereien Pacht zu erheben.

Diese Vorkommnisse, sowie Weisers Heimkehr von seiner fruchtlosen Reise stellten die Pfälzer vor die Notwendigkeit, neue Entschlüsse zu fassen. 300 Personen entschieden sich, im Schoharietal zu bleiben. Sie wollten, anstatt ihre Familien nochmals den Gefahren einer langen Wanderung durch die Wildnis auszusetzen, lieber den Spekulanten die verlangte Pacht oder das Kaufgeld für die Ländereien bezahlen. Die anderen hingegen, welche sich dazu nicht verstehen konnten, bildeten zwei Abteilungen, von denen eine nach Pennsylvanien zog, während die andere sich dem Mohawk zuwandte, in dessen Tal die Mohawk Indianer einen 24 englische Meilen langen Landstrich ohne jede Gegenleistung zur Verfügung stellten, damit sie sich dort neue Wohnsitze gründen könnten.

Das Tal des Mohawk zählt zu den lieblichsten Landschaften des mit Naturschönheiten reich gesegneten Staates New York. Es verdankt seinen Ursprung den überschüssigen Wassern der fünf großen Binnenseen, die vor Millionen von Jahren durch diese Rinne ihren Hauptabfluß zum Meere hatten. Infolge irgendwelcher geologischer Ereignisse wandten sich diese Fluten später dem St. Lorenzstrom zu. Das von ihnen ausgewaschene weite Tal ist aber geblieben und wird heute von dem in weiten Schlangenwindungen dahinziehenden Mohawk durcheilt. Nur an einer Stelle stemmen sich dem Fluß trotzige Felswände, Überreste eines Gebirgszugs entgegen, als wollten sie ihm den Durchgang wehren. Aber der Fluß bricht, zahlreiche Wasserfälle bildend, durch die dunklen Gassen, um in dem bald darauf sich wieder erweiternden Tal die Reise zum Hudson fortzusetzen.

Als die Deutschen am Mohawk erschienen, bildete seine Umgebung eine noch unberührte Wildnis. Sie gehörte zu den gewaltigen Jagdgründen des mächtigen Irokesenbundes, dem die Mohawkindianer anhingen. Der Jagd und dem Fischfang nachgehend, bewohnten sie zahlreiche, auf den Ufern des Flusses liegende Dörfer.

In diesem Tal, das damals durchaus nicht den lieblichen Anblick darbot, den es heute mit seinen saftigen Wiesen, reichen Feldern, blühenden Obstgärten und den behäbigen Wohlstand verkündenden Ortschaften gewährt, ließ sich ein Teil der vom Schoharie fortziehenden Pfälzer nieder.

Ein Pfälzer des Mohawktals im 18. Jahrhundert.

Der an Stelle des abberufenen Gouverneurs Hunter tretende Gouverneur Burnet begünstigte ihre Übersiedlung, weil dadurch nicht nur die Grenze der Kolonie New York um 40 Meilen weiter gen Westen vorgeschoben wurde, sondern die deutschen Ansiedlungen auch als Vorposten und Stützpunkte bei etwaigen feindlichen Einfällen der in Canada sitzenden Franzosen gute Dienste leisten konnten.

Diejenigen Familien, welche sich entschlossen, nach Pennsylvanien zu ziehen, bahnten sich unter Führung einiger befreundeter Indianer einen Weg durch den ungeheuren Urwald, der ohne jede Lichtung sich vom Schoharie bis zum oberen Susquehanna erstreckte. Dort fällten sie hohe Tannen und fügten sie zu Flößen zusammen. Diese beluden sie mit ihrer Habe, den Frauen und Kindern und schwammen nun, von der Strömung getragen, den Fluß hinab. Die Pferde und das Vieh wurden von einigen Männern am Ufer entlang getrieben. Unbelästigt von Indianern kamen die Auswanderer nach mehreren Wochen an die Mündung des Swatara. Diesen Fluß fuhren sie aufwärts bis sie in das liebliche Tal eines Baches gelangten, den die hier wohnenden Delaware-Indianer Tulpe wihaki „Der Ort der Schildkröten" nannten. Hier ließen die der langen Reise müden Pfälzer sich nieder und gründeten mehrere neue Gemeinwesen. Dieselben blühten durch den unermüdlichen Fleiß ihrer Bewohner überraschend schnell auf und übten, nachdem durch Verträge mit den Indianern und den Behörden der Kolonie Pennsylvanien die Rechte der Pfälzer auf das von ihnen bewohnte Land bestätigt waren, eine wahrhaft magnetische Anziehungskraft auf die in anderen Teilen Amerikas lebenden Pfälzer, sowie spätere Ankömmlinge aus. Kaum zwanzig Jahre nach Gründung der Kolonien am Tulpehocken[1]) betrug die Zahl ihrer Bewohner bereits 50 000! Die Namen von über 30 000 sind in einer noch heute im Staatsarchiv zu Harrisburg aufbewahrten Liste enthalten.

Da die Kunde von den üblen Erfahrungen, welche die Pfälzer in New York erlitten hatten, nach Deutschland gelangte, so mieden die von dort kommenden Einwanderer jene Kolonie so viel wie möglich. Die Werke des schwedischen Naturforschers Peter Kalm, welcher um jene Zeit Amerika bereiste, enthalten darüber folgende interessante Stelle: „Die Deutschen schrieben an ihre Anverwandte und Freunde in Deutschland und gaben ihnen den Rat: daß, wenn sie nach Amerika hinüber gedächten, sie sich durchaus nicht in New York niederlassen sollten, wo die Regierung sich so gehässig gegen sie gezeigt hätte. Diese Vorstellungen hatten den Nachdruck, daß die Deutschen, welche nachher in erstaunlicher Menge nach Amerika sich begaben, New York beständig flohen, und Pennsylvanien zum Aufenthalt wählten. Bisweilen trug es sich zu, daß sie genötigt waren, auf Schiffen herüberzureisen, die nach New York fuhren. Sie traten aber kaum ans Land, da sie schon vor den Augen der Einwohner von New York weiter nach Pennsylvanien eilten."

Wie sehr die Deutschen Pennsylvanien bevorzugten, ergibt sich auch aus andern Angaben. Im Jahre 1749 landeten in Philadelphia allein 25 Schiffe mit 7049 Deutschen. Während der Zeit von 1750 bis 1752 sollen über 18 000 angekommen sein. Besonders stark war der Zufluß im Jahre 1759, wo angeblich gegen 22 000 Pfälzer, Badenser und Württemberger in Philadelphia den Boden der Neuen Welt betraten.

Wir können von den Pfälzern am Schoharie und Tulpehocken nicht scheiden, ohne eines Mannes zu gedenken, dem das Schicksal einen außergewöhnlichen Wirkungskreis zuwies: Konrad Weiser.

Derselbe war ein Sohn des bereits erwähnten Johann Konrad Weiser, welcher in seinem schwäbischen Heimatsort Astädt das Amt eines Dorfvorstehers innegehabt hatte. Auch während der Reise nach der Neuen Welt wie in den Hungerlagern am Hudson und Schoharie, diente Weiser seinen Landsleuten stets als Wortführer und treuer Berater. Sein noch in Deutschland geborener Sohn Konrad hatte am Schoharie in häufigem Verkehr mit den Indianern so große Vorliebe für das Leben in der Wildnis und die Söhne des Urwalds gefaßt, daß er der Einladung eines Mohawkhäuptlings, sein Wigwam zu teilen, folgte und mit Zustimmung seines Vaters in das Lager der Rothäute übersiedelte. Im engen Verkehr mit denselben erwarb sich der junge Weiser eine vorzügliche Kenntnis der Mohawksprache, so daß er imstande war, bei

---

[1]) So wurde die indianische Bezeichnung umgebildet.

allen Verhandlungen seiner Landsleute mit den Rothäuten als Dolmetscher zu dienen. Später erlernte Weiser noch die Sprachen verschiedener anderer Indianerstämme und wurde wegen dieser Kenntnisse von den Behörden der Kolonien New Yorks und Pennsylvanien bei ihren Beratungen und Vertragsschlüssen mit den Indianern häufig als amtlicher Dolmetscher zugezogen. Infolge seiner strengen Unparteilichkeit setzten die Indianer so unbegrenztes Vertrauen in ihn, daß sie wiederholt seine Vermittlung in Streitfragen mit den Kolonialregierungen anriefen und es ablehnten, an Beratungen teilzunehmen, wo Weiser nicht als Dolmetscher fungiere.

Die ersten größeren Erfolge errang Weiser nach seiner im Jahre 1729 erfolgten Übersiedlung nach Tulpehocken. Von dort aus trat er im Jahre 1737 auf Wunsch der Gouverneure von Pennsylvanien und Virginien eine höchst gefahrvolle Reise zum Onondaga See im Westen des heutigen Staates New York an, um die dort versammelten Häuptlinge des mächtigen Irokesenbundes zu einem Friedensschluß mit ihren alten Erbfeinden, den in Westpennsylvanien und Westvirginien hausenden Cherokesen und Catawbas zu bewegen. Das glückliche Gelingen dieses Auftrages hatte zur Folge, daß die bisher als Kriegsschauplatz zwischen den feindlichen Nationen dienenden Gebiete sich nunmehr in Ruhe und Frieden entwickeln konnten.

Im Jahre 1742 nahm Weiser an höchst wichtigen Verhandlungen teil, die vom Gouverneur von Pennsylvanien mit 70 großen Häuptlingen anberaumt waren, um den Irokesenbund wegen der widerrechtlichen Besitznahme einiger ihm gehörenden Ländereien zu beschwichtigen und obendrein seinen Beistand in dem drohenden Krieg gegen die Franzosen zu gewinnen. Der glückliche Ausgang dieser Zusammenkunft wird von allen gleichzeitigen Berichten ausschließlich dem geschickten Vorgehen Weisers zugeschrieben.

Die wichtigsten Dienste leistete Weiser aber in den Jahren 1745, 1748 und 1754, wo die Franzosen alle erdenklichen Mittel aufboten, den Irokesenbund zu sich hinüberzuziehen. Obwohl die indianischen Lager von französischen Emissären schwärmten, machten Weisers Reden doch so tiefen Eindruck, daß ein Schutz- und Trutzbündnis zwischen dem Irokesenbund und den englischen Kolonien gegen die Franzosen zustande kam. Weiser war damals viele Monate unterwegs. Bald reiste er zu Fuß oder zu Pferde auf einsamen Indianerpfaden durch die majestätische Wildnis; bald glitt er auf schwankendem Kanu die rauschenden Ströme hinab, zahllosen Entbehrungen und Gefahren mutig Trotz bietend. Dies alles tat er lediglich in der Hoffnung, zwischen den Weißen und Eingeborenen friedliche Beziehungen herzustellen, damit die Ansiedler unbehelligt ihren Arbeiten nachgehen könnten. Beim Ausbruch des Franzosenkriegs wurde Weiser zum Hauptmann ernannt. Als solcher leitete er die Herstellung der Befestigungen, die auf den Höhen der „Blauen Berge" in Pennsylvanien angelegt wurden, um verfolgten Ansiedlern in Stunden der Gefahr als Zufluchtsort zu dienen. Tätigen Anteil an dem Franzosenkrieg zu nehmen war ihm nicht beschieden. Die jahrelangen Reisen, die damit verknüpften unsäglichen Strapazen hatten seine Kräfte vor der Zeit erschöpft. Aber er erlebte noch die Schlacht bei Quebec, die den Untergang der französischen Herrschaft in Nordamerika bedeutete. Der Jubel über dieses Ereignis vergoldete den Abend seines Lebens, das am 13. Juli 1760 seinen Abschluß fand.

Konrad Weiser war unstreitig einer der interessantesten Männer seiner Zeit. Obwohl er nie regelmäßig Schulunterricht genossen hatte, gebot er doch über reiche Kenntnisse. Zugleich besaß er einen scharfen Blick, der ihn die jeweilige Lage und die einzuschlagenden Schritte rasch erkennen ließ. Die Urbewohner des Landes hatten an ihm einen ebenso warmen Freund, wie die gewissenlosen Schnapshändler einen erbitterten Feind. Er war zu oft Zeuge der schrecklichen Verheerungen gewesen, welche diese Leute anrichteten, indem sie den Eingeborenen gegen schweres Geld gemeinen Fusel zuführten und damit ihr Dasein vergifteten. Weiser war auch der erste, welcher sich in energischer Weise dafür aussprach, daß diese Übeltäter, wo man sie bei ihrem nichtswürdigen Gewerbe erwische, auf dem Fleck gehängt werden sollten.

Die Niederlassungen der Pfälzer und Elsaß-Lothringer in Luisiana.

So schwere Drangsale die Pfälzer am Hudson und Schoharie erdulden mußten, so waren sie doch noch glücklich zu preisen im Vergleich mit jenen, die zusammen mit Elsässern und Lothringern von dem berüchtigten französischen Finanzminister John Law verlockt wurden, nach seinen Besitzungen in Louisiana zu ziehen.

John Law, von Geburt Schotte, war ein kühner Abenteurer, der nach dem im Jahre 1715 erfolgten Tod des Königs Ludwigs XIV. von Frankreich dem mit der Regentschaft betrauten Herzog von Orleans seine Dienste anbot. Seine Vorschläge zur Deckung der von dem verstorbenen König dem Lande aufgebürdeten Schuldenlast von drei Milliarden Francs fanden Gehör. Ein Teil dieser Vorschläge bestand in der Ausbeutung des von dem Entdecker La Salle am Mississippi gegründeten Kolonialreichs Lousiana.

Zu diesem Zweck rief Law die mit außerordentlichen Privilegien ausgestattete „Westliche" oder „Indianische Compagnie" ins Leben, deren Teilhabern man bedeutende Strecken Landes unter der Bedingung bewilligte, daß sie dieselben mit Ackerbauern und Bergleuten besiedeln müßten.

Law, der Direktor der Gesellschaft, behielt sich selbst ein am unteren Arkansas gelegenes Gebiet von zwölf Meilen im Geviert vor. Da man mit französischen Ansiedlern schlechte Erfahrungen machte, so beschloß er, sein Besitztum mit Deutschen aus Elsaß-Lothringen und der Pfalz zu besetzen. Um solche anzulocken, ließ er die Reklametrommel mächtig rühren und in den betreffenden Landschaften allerhand überschwengliche Flugschriften verbreiten.

Eine derselben erschien im Jahre 1720 in Leipzig unter dem Titel: „Beschreibung des an dem großen Flusse Mississippi in Nordamerika gelegenen herrlichen Landes Louisiana." Sie schildert Boden und Klima als „ungemein angenehm". Man könne sich den Überfluß des vier Ernten im Jahre ermöglichenden Landes nicht groß genug einbilden. Wild sei in erstaunlichen Massen vorhanden und der Pelzhandel äußerst gewinnbringend. Die Hauptsache wären aber die Gold-, Silber-, Kupfer- und Bleibergwerke. Ferner fände man dort „Heilmittel für die allergefährlichsten Blessuren, auch untrügliche vor die Früchte der Liebe". (!)

Da die Rentabilität von Kapitalanlagen in der verlockendsten Weise geschildert wurde, so erwachte ein ähnliches Spekulationsfieber, wie man es im 19. Jahrhundert bei der Entdeckung der Goldfelder Kaliforniens und Alaskas erlebte. Tausende rüsteten sich zur Reise nach dem gelobten Lande. Da aber die wenigen in den französischen Häfen vorhandenen Schiffe nicht ausreichten, so blieben viele der Auswanderer in jenen Hafenorten zurück. Viele Hundert gingen während der langwierigen und an Entbehrungen reichen Reise zugrunde. Sicher ist aber, daß wenigstens 3000 Deutsche nach Louisiana gelangten, wo sie mit allerhand zweifelhaftem, aus Bettlern, Sträflingen und Prostituierten bestehenden Gesindel zusammentrafen, mit dem die Konzessionäre ihre Ländereien zu bevölkern gedachten.

Sämtliche hierher Geschleppten erlebten in dem „herrlichen Lande Louisiana" schreckliche Enttäuschungen. Denn als im Jahre 1720 der hohe Bau der „Indischen Gesellschaft" zusammenbrach und die wilde Spekulation mit einem der schlimmsten Krache endigte, derer die Weltgeschichte gedenkt, kamen über die Ausgewanderten Zeiten geradezu entsetzlichen Elends. Kein Mensch kümmerte sich um sie. Viele verhungerten. Die auf Laws Ländereien versammelten Deutschen schifften auf Kähnen nach der noch im Anfangsstadium befindlichen Niederlassung New Orleans, wo sie von dem damaligen Gouverneur Bienville verlangten, daß er sie nach Europa zurückschaffe. Dieser, um die Kolonie vor gänzlichem Untergang zu retten, bot alles auf, um die Enttäuschten zum Bleiben zu bewegen. Er wies ihnen 20 Meilen oberhalb von New Orleans ein 30 Meilen auf beiden Seiten des Mississippi sich hinziehendes Alluvialland an, unterstützte sie mit Ackergeräten, Vieh und Vorschüssen und ernannte einen früher als Offizier in schwedischen Diensten gewesenen Deutschen, Karl Friedrich von Arensburg, zum Amtsrichter und Milizoberhaupt der neuen deutschen Ansiedlung. Diese erscheint fortan in den offiziellen Berichten unter dem Namen „La Côte des Allemands", kurzweg „aux Allemands".

„Was es heißt," so schreibt Hanno Deiler in seiner kleinen Monographie „Die ersten Deutschen am unteren Mississippi", „dort eine Wildnis zu lichten, das kann nur der ahnen, der den südlichen Urwald kennt; den Urwald auf mannstiefem, schwarzem Alluvialgrund, den jede Überschwemmung des Mississippi mit neuem reichen Schlamm bedeckt. Millionenfaches Keimen weckt da die südliche Sonne in jedem Fußbreit Boden. Riesige Lebenseichen mit langen Moosbärten stehen wie seit Ewigkeiten und spotten der Axt. Dazwischen dichtes Gehölz, Gebüsch und Gesträuch und ein wahrer Filz von kriechenden, sich windenden, schlingenden und emporkletternden Pflanzen, unter deren Schutz eine Welt von menschenfeindlichem Getier und Gewürme haust. Sengende Hitze, Leoparden, Bären, Panther, wilde Katzen, Schlangen, Alligatoren und die Miasmen der mit dem Pflug geöffneten jungfräulichen Erde verbanden sich mit den das Menschenwerk hassenden Fluten des Mississippi zum Kampf gegen die deutschen Kolonisten."

Auch die Indianer waren eine Quelle beständiger Sorge. Besonders in den Jahren 1729 und 1748, als die Natchez und Choctaws mit den Franzosen in Fehde gerieten. Aber der unermüdliche Fleiß und die beispiellose Ausdauer der deutschen Bauern triumphierten mit der Zeit auch hier über alle Schwierigkeiten und ließen auf beiden Ufern des gewaltigen Stromes zahlreiche schmucke Hütten und Häuser erstehen, die sich gleich endlosen Perlenschnüren aneinanderreihten. Da und dort erhoben sich zwischen diesen Wohnstätten freundliche Kirchlein, weithin sichtbare Landmarken, zu denen Sonntags sämtliche Bewohner pilgerten. Für ihre aus Korn, Reis, Gemüse, Tabak und Indigo bestehenden Erzeugnisse fanden die Deutschen in dem durch Ruderboote leicht erreichbaren New Orleans Absatz.

Die steten Berührungen mit der vorwiegend französischen Bevölkerung jener rasch wachsenden Stadt führten im Laufe der Jahrhunderte zur Vermischung mit dem französischen Element. Und so bildete sich, zumal die Deutschen ohne Zuzug aus der Heimat blieben und weder deutsche Lehrer noch Seelsorger empfingen, allmählich ein eigenartiges, deutsch-französisches Kreolentum, das, wie Deiler hervorhebt, sich eines ganz wunderbaren Kindersegens erfreute. Besonders in den beiden am Mississippiufer gelegenen Kirchspielen St. Charles aux Allemands und St. Jean Baptiste aux Allemands sitzen diese deutsch-französischen Kreolen zahlreich beisammen. Sie haben zwar ihre deutsche Sprache verloren, aber man findet unter ihnen noch urgermanische Gestalten mit kräftigem Körperbau, blauen Augen und blonden Haaren. Auch gedenken sie ihrer deutschen Abstammung noch gern und sagen dabei voll Stolz: „Wir sind die Nachkommen jener Deutschen, die aus der Wildnis hier ein Paradies geschaffen, wie Louisiana kein zweites besaß."

Die Pfälzerniederlassungen in Neu-England.

Außer den bisher geschilderten Pfälzerkolonien entstand noch eine solche in Neu-England, an der Küste des heutigen Staates Maine. Dorthin kamen im Jahre 1740 auf Einladung des einem schwedisch-germanischen Adelsgeschlecht entsprossenen Kaufmanns **Samuel Waldo** 40 deutsche Familien, um am Ufer des Medomackflusses die Ansiedlung Waldoburg, das heutige Waldoboro, anzulegen. Durch die Bemühungen des als Agenten Waldos fungierenden Schweizers **Sebastian Zuberbühler** erhielten sie im folgenden Jahr Zuzug aus der Pfalz und Württemberg. Aber die Hoffnungen, welche man auf die neue Heimat setzte, erfüllten sich nicht, da Waldo die Einwanderer wahrhaft sträflich vernachlässigte und die Behörden der Kolonie ihre Klagen nicht beachteten.

Für die Betrogenen, denen es vielfach am Nötigsten fehlte, kamen harte Tage. Strenge Winter setzten ein, mit Leiden aller Art im Gefolge. Dazu lebte man in beständiger Furcht vor einem Überfall der Franzosen und kanadischen Indianer. Es herrschte nämlich zwischen den Bewohnern der englischen Kolonien und den Franzosen einer jener in der Kolonialgeschichte Amerikas so häufigen Grenzkriege, die um so grausamer verliefen, als die Indianer in diese Kämpfe mit hineingezogen wurden.

In der allgemeinen Not erinnerte man sich der so schändlich vernachlässigten Pfälzer und zwang die Männer, an der Belagerung der bei Kap Breton angelegten französischen Festung Louisburg teilzunehmen. Nachdem diese erobert worden, ließen sich manche Deutsche mit ihren Familien dort nieder. Sie entgingen dadurch einem von mehreren Banden canadischer Indianer nach Massachusetts unternommenen Rachezug, dem die in Waldoburg Zurückgebliebenen zum Opfer fielen. Diese wurden am Morgen des 21. Mai 1746 überrascht, teils niedergemacht und skalpiert, teils in die Gefangenschaft geschleppt. Nur wenigen gelang es, nach Louisburg zu fliehen, wo sie bis zum Ende des Feldzugs blieben.

Nach hergestellter Ruhe kehrten einzelne Deutsche nach Waldoburg zurück. Neuen Zuwachs erhielt der Ort durch 20 bis 30 Familien, die mit vielen andern durch einen von der Provinzialverwaltung von Massachusetts nach Deutschland entsandten Agenten namens Crell zur Auswanderung nach Neu-England bewogen wurden. Manche dieser Neulinge gründeten in Maine die Ansiedlung Frankfurt, welche später in dem Ort Dresden aufging. Andere zogen im Frühling 1753 in die westlichen Gebiete der Provinz und gründeten dort eine Niederlassung, die sie in Erinnerung an die auf langer Seereise und in Massachusetts erlittenen Trübsale Leydensdorf tauften. Manche ließen sich auch in der Nähe des Forts Massachusetts und bei Braintree nieder, einer unweit von Boston entstandenen Ortschaft, die später den Namen Neu-Germantown annahm. Am Saco River, angesichts der schönen White Mountains, entstand ferner unter Leitung des Schweizers Joseph Frey die noch heute bestehende Stadt Freyburg.

Die meisten dieser Ansiedlungen fristeten für lange Zeit ein kümmerliches Dasein. Nicht weil es den Bewohnern an Fleiß und Intelligenz gebrach, sondern weil sie von gewissenlosen Spekulanten vielfach mißbraucht und ausgebeutet, und von den Behörden in Stunden der Not schmählich im Stich gelassen wurden. Besonders war die Art, wie man die Ansprüche der Deutschen auf die von ihnen bewohnten Ländereien handhabte, geradezu empörend. Kaum hatten sie die angeblichen Eigentümer abgefunden, so tauchten andere mit neuen Ansprüchen auf, die befriedigt werden mußten, um Ruhe zu finden. Manche Bewohner von Waldoburg mußten denselben Grund und Boden zwei- bis dreimal bezahlen, bevor sie denselben wirklich ihr eigen nennen konnten. Müde solcher Widerwärtigkeiten zogen viele in den Neu-Englandkolonien lebenden Deutschen nach Nord-Karolina, wo am Buffalo Creek im heutigen Cabarros County, sowie in der Herrnhuter Kolonie Salem ein friedlicheres Dasein winkte. Manche wandten sich nach Pennsylvanien, dessen Behörden im Verkehr mit den Einwanderern stets Ehrlichkeit bewiesen hatten, wodurch diese Kolonie zum Hauptziel der deutschen Einwanderung wurde.

Obwohl seit der Einwandrung der Pfälzer nahezu zwei Jahrhunderte verstrichen sind, lassen ihre Spuren sich noch heute an vielen Orten feststellen. Besonders durch die Namen der von ihnen gegründeten Niederlassungen.

Im heutigen Staat New York erinnern die Namen folgender Orte an die Pfälzer: Newburgh = Neuburg; New Paltz Landing = Neu-Pfälzer Landung; Rhinebeck = Rheinbach; Rhinecliff = Rheinfels; West Camp = West Lager; Palatine Camp = Pfälzer Lager; Germantown; Palatine Bridge = Pfälzer Brücke; Neu-Durlach; Palatine Church = Pfälzerkirche; Mannheim; Oppenheim; German Flats; Frankfort; Herkimer = Herchheimer u. a.

In Pennsylvanien finden wir die Ortsnamen Heidelberg, Womelsdorf, Wernersville, Meyerstown, Stougsburg, Straustown, Rehrersbury, Millersbury und andere. Sie bildeten einen weiten, gen Westen vorgeschobenen Halbkreis, der die von Penn gegründeten Quäkerniederlassungen gegen die Einfälle der Indianer schützte.

Zur selben Zeit, wo die Pfälzer so an den verschiedenen Punkten des nordamerikanischen Kontinents blühende Gemeinwesen schufen, waren aus anderen Teilen Deutschlands gekommene Ansiedler nicht weniger eifrig im Aufbau neuer Orte.

In den beiden Carolinas besiedelten sie hauptsächlich die den Gebirgen vorgelagerten Hochländer. Namentlich die Orte Orangeburg, Amalia, Sachsen-Gotha und Fredericksburg besaßen eine starke, vorwiegend protestantische deutsche Bevölkerung. In Sachsen-Gotha betrieb dieselbe hauptsächlich Weinbau und die Zucht von Seidenraupen. Die Stadt Purrysburg am Savannah wurde 1732 von dem aus Neuenburg in der Schweiz stammenden Johann Peter Purry angelegt.

In Virginien gründeten die Deutschen Staufferstadt, das spätere Strasburg; Schäferstadt, das spätere Sheperdstown; Müllerstown, das spätere Woodstock; Martensburg; Amsterdam; Salem; Frankfurt; Peterstown; Kieselstadt, das spätere Keisletown und manche andere, deren deutsche Namen von nachfolgenden Geschlechtern bis zur Unkenntlichkeit entstellt wurden.

Das erste Haus der zu Maryland gehörigen Stadt Fredericksburg erbaute ein deutscher Schullehrer, Thomas Schley, der Ahnherr eines Geschlechts, dessen Name durch zahlreiche tüchtige Leute, vor allen den Admiral Winfield Scott Schley, den Helden der Seeschlacht bei Santiago de Cuba, berühmt wurde.

Die Käuflinge oder Redemptionisten und das Entstehen der „Deutschen Gesellschaften".

Es konnte nicht ausbleiben, daß die schnell anwachsende Auswandrung nach Amerika Mißstände aller Art erzeugte. Die damaligen Verkehrsverhältnisse entsprachen durchaus nicht den an sie gestellten Anforderungen. Die Zahl der für den Massentransport von Menschen eingerichteten Schiffe war sehr gering und ihre innere Einrichtung ließ nahezu alles zu wünschen übrig. Auswanderungsbehörden, die sich um die sichere Beförderung und geeignete Verpflegung der Auswandrer bekümmert hätten, kannte man nicht. Die ganze Sorge um die letztern lag ausschließlich in den Händen der holländischen und englischen Schiffsreeder, die niemand Verantwortung schuldeten.

Wer waren diese Reeder? Viele derselben hatten ihre Reichtümer aus dem Handel mit Negersklaven gewonnen, die sie durch Raub oder Tausch an den Küsten Afrikas erwarben, und nach den in Amerika angelegten europäischen Kolonien brachten. Wo die Gelegenheit sich bot, scheuten diese Reeder und ihre Kapitäne durchaus nicht, Seeräuberei zu treiben. Um die moralischen Grundsätze dieser Herren stand es demnach entschieden schlecht. Es kann deshalb nicht sonderlich überraschen, wenn wir diese Händler mit schwarzem Menschenfleisch allmählich dazu übergehen sehen, auch einen Handel mit weißem Menschenfleisch einzurichten. Dazu bot die zunehmende Auswandrungssucht die herrlichste Gelegenheit. Verstand man, dieselbe auszunutzen, so brauchte man nicht die lange Reise nach Guinea zu machen, um dort unter Einsatz des eignen Lebens die Sklaven gewaltsam zu rauben. Denn die weißen Sklaven liefen den Menschenhändlern freiwillig ins Garn. Als Lockspeise diente ein Mittel, das nicht bloß unverfänglich schien, sondern obendrein den Stempel gütigen Entgegenkommens, edelgesinnter Beihilfe an der Stirn trug. Unter dem Vorwand, solchen auswandrungslustigen Personen, deren Mittel zum sofortigen Bezahlen der Überfahrt nicht ausreichten, behilflich zu sein, erboten sich die Reeder, anstatt der Barzahlung Schuldscheine anzunehmen, die durch in Amerika zu leistende Arbeit abgetragen werden könnten.

Diese Art, Personen zur Auswandrung zu verlocken, kam bereits in der ersten Hälfte des 18. Jahrhunderts in Anwendung, wie aus einem im Jahre 1728 geschriebenen Brief hervorgeht, in dem es heißt: „Nun hat uns aber Peter Siegfried zum zweiten Mal aus Amsterdam geschrieben, daß er einen Kaufmann in Amsterdam habe, der die Leit nach Benselfania (Pennsylvania) führen wil, wenn sie schon die Fracht nicht haben; wenn sie nur durcheinander die halbe Fracht ausmachen können. Wenn auch Leit seien, die nichts haben, wenn sie nur im stant seien, daß sie arbeiten können, werden auch mitgenommen; missen darvor arbeiten, bis sie 7½ Bischtolen abverdient haben."

Solche mit den Auswandrern geschlossene Verträge brachten den Reedern so reichen Gewinn, daß sie alles aufboten, die Auswandrung noch mehr in Fluß zu bringen. Nicht nur verbreiteten sie die übertriebensten Schilderungen der Vorzüge Amerikas, sondern sandten auch Werber in diejenigen Länder, die vorzugsweise Auswandrer lieferten. Hierzu wählte man Leute, die bereits in Amerika gewesen und imstande waren, denjenigen, die ihr Glück dort versuchen wollten, Auskunft zu geben. Sie stellten natürlich alle in der Neuen Welt herrschenden Zustände im rosigsten Licht dar: jeder Knecht sei daselbst ein Herr, jede Magd eine gnädige Frau, der Bauer ein Edelmann, der Bürger ein Graf. Das Geld werde haufenweise verdient; die Gesetze, sowie die Obrigkeit mache man sich nach Gutdünken. Durch dergleichen Reden gelang es den vornehm gekleideten, mit goldenen Ketten, Uhren und Ringen prahlenden und in stolzen Karossen von Flecken zu Flecken, von Stadt zu Stadt fahrenden Schleppern, die bei den armen Bewohnern vorhandene Neigung, die obwaltenden elenden Verhältnisse mit besseren, ja glänzenden zu vertauschen, noch mehr anzufachen. Die einfachen Leute glaubten den feinen Herren, die so wohl zu sprechen verstanden, einfach alles; sie glaubten, daß jedermann in Amerika sein eigner Herr sei, Land in Fülle erhalte und es in kurzer Zeit bei nur geringem Fleiß zu einem Dasein bringen müsse, wie es in Deutschland nur dem Edelmann zu führen vergönnt sei. Vermochten sie nicht sofort die Überfahrt zu bezahlen, so sollte das, so versicherten die Schlepper, kein Hindernis sein. Der Schiffsherr werde alles bezahlen, ja er sei obendrein bereit, die Kosten der Verpflegung sowie andere notwendig werdende Vorschüsse zu leisten. Durch solche Vorspiegelungen ließen sich Tausende und aber Tausende armer, betörter Menschen zum Unterzeichnen der von den Werbern vorgelegten Verträge verleiten, um später zu entdecken, daß sie gewissenlosen Schurken zum Opfer gefallen waren und das Empfangene mit einem unsinnig hohen Gegenwert, mit den besten Jahren ihres Lebens bezahlen mußten.

Die ersten Enttäuschungen harrten ihrer schon in den Hafenplätzen, wo der Aufenthalt unter allerhand Vorwänden in die Länge gezogen wurde, bis diejenigen Auswandrer, die Mittel besaßen, den größten Teil derselben in den mit den Reedern im Bunde stehenden Absteigeherbergen verzehrt hatten. Dann gab es für die Unglücklichen keinen Ausweg als die den Reedern gegebene Verpflichtung, alle Kosten, die während der Überfahrt durch die Verpflegung entstehen möchten, durch Arbeit abzutragen. War der Vertrag geschlossen, so ging es endlich aufs Schiff, in das mit Menschen vollgepfropfte Zwischendeck, von dessen grauenhafter Beschaffenheit die heute nach Amerika fahrenden Auswandrer sich kaum eine Vorstellung machen können. Aus allen auf uns gekommenen Schilderungen jener Zeit ertönt die Klage, daß die Auswandrer

„so grausam dicht gepackt wurden, daß ein Kranker des andern Atem hat holen müssen, und von dem Gestank, Unreinigkeit und Mangel an Lebensmitteln Scharbock, Gelbfieber, Ruhr und andere ansteckende Krankheiten entstanden seien."

In welch entsetzlicher Weise die holländischen Kapitäne ihre Schiffe mit Menschen vollpfropften, zeigt ein Beispiel, das unter dem Kapitän de Groot stehende Schiff „April", welches im Jahre 1818 mit Auswandrern nach Amerika segelte. Obwohl es nur Raum für 400 Personen besaß, hatte es 1200 aufgenommen. Von diesen starben 115 bereits im Hafen von Amsterdam, während 300 ins Hospital geschafft werden mußten.

Stets war die Seefahrt nach unsern heutigen Begriffen außerordentlich lang. Sie dauerte ebenso viele Wochen wie heute Tage. Mitunter benötigten Schiffe mehrere Monate zur Überfahrt. So befand sich im Jahre 1752 ein Schiff 17, ein anderes 24 Wochen auf See. Die Verpflegung war so schlecht wie möglich. Manchmal ließen die Kapitäne unter dem Vorwand, einer Hungersnot vorbeugen zu müssen, vom Tag der Abfahrt an nur halbe Rationen austeilen, die dazu von der grauenhaftesten Beschaffenheit waren. Es gab meist nur Brot und Salzfleisch. Der Lehrer Gottlieb Mittelberger, der im Jahre 1750 nach Pennsylvanien fuhr und über seine Reise eine im Jahre 1756 zu Frankfurt a. M. gedruckte Reisebeschreibung verfaßte, sagt darin: „Man kann solches Essen fast nicht genießen. Das Wasser so man verteilet, ist vielmals sehr schwarz, dick und voller Würmer, daß man es ohne Grauen auch bei größtem Durst fast nicht trinken kann. Den Zwieback oder das Schiffsbrod hat man essen müssen, obgleich an einem ganzen Stück kaum eines Thalers groß gut gewesen, das nicht voller roter Würmlein und Spinnennester gesteckt hätte."

Infolge der Überfüllung der Schiffe und der schlechten Beköstigung war die Sterblichkeit stets erschreckend groß. Kinder unter sieben Jahren überstanden die Reise fast nie. Im Jahre 1775 kam ein Schiff in Philadelphia an, von dessen 400 Passagieren nur 50 am Leben geblieben waren. Heinrich Keppeles, nachmals der erste Präsident der Deutschen Gesellschaft von Pennsylvanien, erzählt in seinem Tagebuch, daß von 312 Reisegefährten 250 umkamen. Der Menschenverlust, der im Jahre 1758 mehrere nach Philadelphia kommende Schiffe betroffen hatte, wurde auf 2000 Personen veranschlagt.

Und welchen Roheiten seitens der Schiffsbemannung und des Kapitäns waren die Reisenden mitunter ausgesetzt! Ein holländischer Kapitän lief England an und verkaufte 40 kräftige Burschen als Rekruten an englische Werbeoffiziere. Ein anderer brachte seine Passagiere anstatt nach Philadelphia nach dem Sklavenstaate Delaware und verkaufte sie dort als Sklaven. Starben Reisende während der Fahrt, so eigneten die Kapitäne und Matrosen sich ihre Hinterlassenschaft an. Alle von den Reisenden beanspruchten ärztlichen und anderen Dienstleistungen berechnete man zu unerhörten Preisen, so daß am Ende der Fahrt fast alle Reisenden tief in Schulden steckten. Für die Überfahrt verlangte man anfangs 6 bis 10, später 14 bis 17 Louisdor. Je nach der Höhe der Schulden und nach der körperlichen Beschaffenheit des Reisenden richtete sich die Dauer der Dienstzeit, zu der er sich verpflichten mußte. Wie gering dabei der Wert seiner Arbeit veranschlagt wurde, geht daraus hervor, daß die Dienstzeit mindestens drei Jahre, häufig auch fünf bis acht Jahre brtrug. Für Verluste, die den Reedern durch den Abgang verstorbener Passagiere erwuchsen, mußten deren Angehörige, oder wenn solche nicht vorhanden, die ganze Reisegesellschaft derart aufkommen, daß die Arbeitszeit, die von den Verstorbenen hätte erfüllt werden müssen, von den Überlebenden mit übernommen wurde. Kinder mußten so für ihre Eltern, Eltern für ihre Kinder, Reisende für ihre Mitreisenden eintreten. Welche Verlängerung der Arbeitsjahre solche Abmachungen bedeuteten, mag man daraus schließen, daß im Jahre 1752 50 Personen, die in einem holländischen Schiff nach Philadelphia kamen, so lange ins Gefängnis gesperrt wurden, bis sie sich bereit erklärten, die Dienstzeit von mehr als hundert Mitreisenden, die unterwegs an Hunger und Schiffskolik starben, mitzuerfüllen.

Es bereitete den Kapitänen keine Schwierigkeiten, die mit solchen „Redemptionisten" oder Käuflingen geschlossenen Verträge und Schuldscheine in Amerika in bares Geld umzusetzen. Denn die Käuflinge waren so außerordentlich billige Arbeitskräfte, daß die Kolonisten sich nach ihrem Besitz drängten.

War ein mit Einwandrern befrachtetes Schiff in den Hafen eingelaufen, so erließ der Kapitän in den Zeitungen eine Anzeige in folgender Form:

„Deutsche Redemptionisten!

Das holländische Schiff Jungfrau Johanna, Kapitän H. H. Bleeker, ist von Amsterdam angekommen, mit einer Anzahl von Ackerbauern, Tagelöhnern und Handwerkern, deren bedungene Zeit verkauft werden soll. Es sind sowohl Manns- wie Weibspersonen, auch einige hübsche Knaben und Mädchen. Diejenigen, welche sich mit guten Dienstleuten versehen wollen, werden ersucht, sich bei dem Schiffsmeister oder Kapitän zu melden."

Unter den Käuflingen befanden sich nicht bloß Ackerbauer, Handwerker und Dienstmägde, sondern häufig auch Studenten, Apotheker, Schullehrer und Prediger. Der Lehrer Friedrich Schock, der 1793 nach Pennsylvanien kam, mußte drei Jahre vier Monate lang die Jugend der lutherischen und reformierten Gemeinden zu Hamburg in Pennsylvanien, die ihn ausgelöst hatten, unterrichten, bevor er Lohn und die vom Gesetz vorgeschriebene „Freiheitskleidung" erhielt.

Kamen die Käufer an Bord, so war es den Einwandrern nicht etwa gestattet, sich ihre Herren auszusuchen oder Wünsche betreffs der zu verrichtenden Arbeit geltend zu machen. Auch durften die Angehörigen einer Familie nichts gegen eine Trennung voneinander einwenden, wobei es sich sehr oft ereignete, daß der Mann von der Frau, die Kinder von den Eltern für Jahre, manchmal für immer geschieden wurden. Hatte der Ersteher eines Käuflings dessen Schulden beim Kapitän bezahlt, so mußte der Gekaufte seinem neuen Herrn folgen und ihm bis zum Ablauf der Dienstzeit gleich einem Leibeigenen gehorchen. Wurde der Herr seiner überdrüssig oder benötigte ihn aus irgendeinem Grunde nicht länger, so konnte er den Käufling anderweitig vermieten oder verkaufen. Dies geschah entweder durch Anzeigen in den Zeitungen oder auf der „Vendu", der Stelle, wo Sklaven, Vieh und andere Gegenstände feilgeboten wurden. Der „Pennsylvanische Staatsbote" vom 10. Februar 1754 enthält eine Anzeige, worin Rosina Kost, geborene Kaufmann, aus Waldenburg im Hohenlohischen, ihren Schwager davon unterrichtet, daß sie „auf der Vendu verkauft worden sei, wie daselbst dies Jahr andere mehr pflegten verkauft zu werden." Dieselbe Zeitung vom 4. August 1766 hat eine andere Anzeige: „Zu verkaufen einer deutschen verbundenen (zum Dienst verpflichteten) Magd Dienstzeit. Sie ist ein starkes, frisch und gesundes Mensch. Hat noch fünf Jahre zu stehen." Unterm 14. Dezember 1773 steht: „Zu verkaufen ein Junge, der noch 5 Jahre 3 Monate zu dienen hat. Er hat das Schneiderhandwerk gelernt und arbeitet gut." Bei solchen Weiterverkäufen empfingen die Verkauften keine Abschriften ihrer früheren Verträge. Da keine gerichtlichen Eintragungen erfolgten, so befanden die Betroffenen sich vollkommen in den Händen ihrer neuen Besitzer, die es in der Gewalt hatten, die Dienstzeit des Käuflings über den eigentlichen Termin hinaus auszudehnen. Wenn im Fall Meinungsverschiedenheiten über jenen Zeitpunkt entstanden, stand der Käufling mit dem Negersklaven an Rechtlosigkeit auf gleicher Stufe. Ohne Einwilligung seines Herrn durfte er weder etwas kaufen noch verkaufen. Wurde er ohne schriftliche Erlaubnis von der Wohnung seines Besitzers entfernt angetroffen, so galt dies als Fluchtversuch und er verfiel schwerer körperlicher Züchtigung. Personen, welche flüchtige Käuflinge verbargen oder ihnen zur Flucht behilflich waren, mußten für je 24 Stunden des gewährten Obdachs eine Strafe von 500 Pfund Tabak entrichten; waren sie dazu nicht imstande, so drohte Prügelstrafe. Wer einen flüchtigen Käufling einfing, empfing eine Belohnung von 200 Pfund Tabak, später Geldsummen bis zu 50 Dollar. Eine solche Belohnung ist im „Baltimore American" des 11. April 1817 auf die Ergreifung des 30 Jahre alten Moritz Schumacher ausgesetzt, von dem es in der Personenbeschreibung heißt: „Er ist ein guter Lehrer, versteht Französich und Latein; ein ausgezeichneter Arbeiter; spricht Englisch unvollkommen." Wiedereingefangenen Käuflingen wurden nicht nur für jeden Tag ihrer Abwesenheit zehn volle Tage zu ihrer Dienstzeit zugezählt, sondern sie wurden nicht selten auch furchtbar mißhandelt. Hatten ihre Besitzer doch das Recht, jedes Versehen mit Peitschenhieben zu bestrafen. Von diesem Recht machten manche Sklavenhalter so ausgiebigen Gebrauch, daß ein Gesetz erlassen werden mußte, wonach für jedes Vergehen nicht mehr als zehn Peitschenhiebe verabfolgt werden sollten.

Je nach der Verschiedenheit der Menschennaturen gestaltete sich auch das Dasein der Käuflinge während ihrer Dienstzeit. Manche trafen es gut, manche außerordentlich schlecht. Besonders wenn sie in die Hände von Leuten fielen, die aus niedrigster Selbstsucht die Kräfte des Käuflings so sehr als möglich auszunutzen trachteten. Dann wurde er bis zur äußersten Erschöpfung mit Arbeiten belastet, während man die im gleichen Dienst stehenden Neger schonte, da sie ja ihr ganzes Leben dienstpflichtig waren und arbeitsfähig erhalten werden mußten.

Weiblichen Käuflingen gegenüber ließen die Sklavenhalter sich nicht selten scheußliche Gewalttaten zuschulden kommen. Dazu forderten die Gesetze mancher Kolonien förmlich heraus. In Maryland hatte man beispielsweise im Jahre 1663 ein Gesetz angenommen, wonach weiße Mädchen und Frauen, die mit Negern oder Mischlingen Ehebündnisse schlossen, samt den aus solchen Ehen hervorgehenden Kindern den Besitzern der betreffenden Neger und Mischlinge als Eigentum zufielen. Das Gesetz wollte weiße Frauen davon abschrecken, mit farbigen Personen Ehen einzugehen. Dieses Gesetz machten sich nichtswürdige Sklavenbesitzer zunutze; indem sie weiße weibliche Käuflinge, deren Dienstzeit sie erworben hatten, durch Drohungen, List oder Gewalt zwangen, sich Negern hinzugeben; denn wenn solchen Vereinigungen Kinder entsprangen, so erlangte der Sklavenhalter volles Besitzrecht über das weiße Opfer sowohl wie über die Kinder. Die Aufhebung dieses Gesetzes wurde erst durch ein außergewöhnliches Vorkommnis herbeigeführt. Lord Baltimore, der Gründer von Maryland, hatte, als er im Jahre 1681 diese Kolonie besuchte, unter seiner Dienerschaft ein Mädchen, Nellie, das sich verpflichtete, die Kosten ihrer Seefahrt durch Dienstleistungen abzutragen. Bevor die vereinbarte Zeit abgelaufen war, kehrte Lord Baltimore nach England zurück, verkaufte aber vorher den Rest der Dienstzeit Nellies an einen in der Kolonie ansässigen Landsmann. Dieser tat nach zwei Monaten Nellie mit einem seiner Negersklaven zusammen und erlangte dadurch auch über das Mädchen dauerndes Besitzrecht. Als Lord Baltimore die Begebenheit erfuhr, erwirkte er zwar die Aufhebung des Gesetzes vom Jahre 1663, aber er vermochte nicht seiner ehemaligen Dienerin, sowie den beiden von ihr geborenen Kindern die Freiheit zu verschaffen. Lange Zeit bemühten sich die Gerichte mit diesem Fall, entschieden aber im Jahre 1721, daß Nellie und ihre Kinder Sklaven bleiben müßten, da die Verheiratung Nellies und die Geburt der Kinder vor der Aufhebung des Gesetzes vom Jahre 1663 erfolgten.

Ein noch empörenderer Fall spielte sich in Louisiana ab. Schon während Louisiana französisch war, hatte das Käuflingssystem auch dort Eingang gefunden. Aber die Dienstzeit war durch eine am 16. November 1716 vom Königlichen Rat erlassene Verfügung auf drei Jahre beschränkt. Erst als im Jahre 1803 Louisiana durch die Amerikaner käuflich erworben wurde, verpflanzten sich die Mißbräuche des Käuflingssystems auch nach diesem Gebiet.

Dorthin wanderte im Jahre 1818 eine aus Mann, Frau, zwei Mädchen und zwei Knaben bestehende Familie, namens Müller aus Langensulzbach aus. Unglücklicherweise starb die Frau während der Seereise. Um die noch ungedeckten Kosten der Reise abzuarbeiten, wurde der Mann in New Orleans an den Pflanzer Fitz John Miller in Attakapas verkauft. Da er sich nicht von seinen vier Kindern trennen wollte, nahm er diese mit sich. Wenige Wochen nach seiner Ankunft in Attakapas erlag der wackere Deutsche dem Fieber. Von da ab blieben alle Nachforschungen, welche von den in New Orleans wohnenden Verwandten der Familie nach dem Verbleib der Kinder angestellt wurden, erfolglos. Selbst mehrere zu diesem Zweck unternommene Reisen führten zu keinem Ergebnis. Erst 24 Jahre später wurde eines der Mädchen, Salome oder Sally, zufällig in New Orleans aufgefunden, wohin sie von Fitz John Miller im Jahre 1838 an den Kaffeehausbesitzer Louis Belmont verkauft worden war.

Die von den Verwandten des Mädchens eingeleiteten Schritte zur Befreiung des Mädchens hatten zunächst zur Folge, daß Fitz John Miller mehrere gefälschte Dokumente vorbrachte, durch welche er beweisen wollte, daß er das Mädchen im Jahre 1822 als die Mulattensklavin Mary (Bridget) von einem gewissen Anthony Williams in Mobile zum Verkauf erhalten und dem Williams eine Abschlagszahlung von 100 Dollar gegeben habe; daß er im Februar 1823 die Mulattin für 53 Dollar an seine Mutter verkaufte, sie im Jahre 1835 aber um denselben Preis zurückerstand, und zwar nebst drei Kindern, die inzwischen von ihr mit einem Neger erzeugt worden waren.

Die Bemühungen zur Befreiung der weißen Sklavin, deren Identität mit Salome Müller über jeden Zweifel festgestellt wurde, führten zu einem langwierigen, großes Aufsehen erregenden Prozeß. Derselbe wurde am 21. Juni 1845 vom Obersten Gerichtshof von Louisiana dahin entschieden, daß die Sklavin Sally Müller von europäischen Eltern geboren und darum zur Freiheit berechtigt sei.

Wie viele ähnliche Fälle, die nicht vor den Richterstuhl gelangten, sich ereignet haben mögen, entzieht sich jeder Berechnung. Sie entflammten aber schließlich den Unmut der in den englischen Kolonien ansässigen Deutschen derart, daß sie, empört über die Behandlung, die ihren Landsleuten zuteil wurde, sich zu Gesellschaften verbanden, deren Ziel in der Abschaffung des furchtbaren Menschenhandels bestand. Die erste dieser „Deutschen Gesellschaften" bildete sich am zweiten Weihnachtstag des Jahres 1764 in Philadelphia.

Nachdem L u d w i g W e i ß, ein deutscher Rechtsgelehrter, eine eindringliche Ansprache gehalten, schritt man zum Entwurf einer Verfassungsurkunde, deren Anfang folgendermaßen lautete: „In nomine Domini nostri Jesu Christi. Amen. Wir, Seiner Königlichen Majestät von Großbritannien Teutsche Unterthanen in Pennsylvanien, sind bei Gelegenheit der mitleidswürdigen Umstände vieler unserer Landsleute, die in den letzten Schiffen von Europa in dem Hafen von Philadelphia angekommen sind, bewogen worden, auf Mittel zu denken, um diesen Fremdlingen einige Erleichterung zu verschaffen, und haben mit unserem Versprechen und einem geringen Beitrage in Geld manchen Neukommern ihre Noth etwas erträglich gemacht. Dies hat uns zum Schluß gebracht, so, wie wir zusammen gekommen sind, eine Gesellschaft zur Hülfe und Beistand der armen Fremdlinge Teutscher Nation in Pennsylvanien zu errichten, und einige Regeln festzusetzen, wie dieselbe Gesellschaft von Zeit zu Zeit sich vermehren und ihre Gutthätigkeit weiter und weiter ausbreiten möge."

Die erste Errungenschaft dieser „Deutschen Gesellschaft" bestand in einem am 18. Mai 1765 in Kraft tretenden Gesetz, wonach den Einwanderern auf den Schiffen mehr Raum gesichert und den schamlosen Betrügereien der Proviantmeister vorgebeugt wurde. Ferner wurde bestimmt, daß jedes Schiff einen Arzt und die nötigen Arzneien mit sich führen, sowie zu bestimmten Zeiten gesäubert und geräuchert werden müsse. Auch wurde verfügt, daß den Beamten, welche die Schiffe bei ihrer Ankunft zu besichtigen hatten, vereidigte Dolmetscher zur Seite gestellt wurden.

Die zweite „Deutsche Gesellschaft" trat im Jahre 1765 in Charleston ins Leben; dann folgten New York im Jahre 1784 und endlich Baltimore im Jahre 1817. Man kann diese heute noch bestehenden Gesellschaften sehr wohl die Urheber der heutigen Einwandrergesetzgebung nennen, denn sie waren es, die nicht nur die Abschaffung des Käuflingswesens, sondern auch die menschenwürdige Behandlung der Auswandrer auf den Schiffen und in den Hafenorten herbeiführten. Ihnen, wie ihren später entstandenen Tochteranstalten in Cincinnati, Allentown, Chicago, Milwaukee, Boston, Pittsburgh, Rochester, St. Louis, New Orleans, Kansas City, San Francisco, Portland und Seattle gebührt darum der volle Dank jener vielen Millionen von Menschen, denen die Früchte ihrer mühseligen Bestrebungen zugute gekommen sind.

Die kulturellen Zustände der Deutschamerikaner während der Kolonialzeit.

Wie aus allen früheren Abschnitten unserer Geschichte hervorleuchtet, bestand das große Heer der während des 17. und 18. Jahrhunderts in die englischen Kolonien einwandernden Deutschen aus Ackerbauern und Handwerkern. Unter ihnen bildeten die Landwirte die Mehrheit. Das Leben, welches ihrer in dem neuen Weltteil wartete, war keineswegs leicht und behaglich, sondern voller Mühseligkeiten und Entbehrungen. Galt es doch zunächst, einen förmlichen Kampf gegen die das ganze Land bedeckenden Urwälder zu führen, ehe man Raum für Hütten und Felder gewann. Denn meist drängten sich die dichten Wälder bis hart an die, die bequemsten Verkehrswege darstellenden Ströme und Seen, deren Ufer aus mancherlei Gründen zur Anlage von Niederlassungen bevorzugt wurden. Die Klagen der Ansiedler von Germantown über die „grausam dicken Wälder" ertönten auch von den Lippen aller späteren Nachkömmlinge, welche in dem östlich vom Mississippi gelegenen Gebiet neue Heimsitze schufen.

Nebenher gab es Gefahren der verschiedensten Art zu bestehen. Außer Angriffen seitens wilder Tiere drohten solche seitens der Urbewohner des Landes, die das Vordringen der Bleichgesichter keineswegs mit freundlichen Blicken beobachteten.

Diese Indianer erwiesen sich ebenso kühn und verschlagen in der Art ihrer Kriegsführung, als grausam in der Behandlung ihrer Gefangenen. Das waren für die Ansiedler Gründe genug, um auf ihre Sicherheit bedacht zu sein. Deshalb bildeten ihre Hütten stets kleine, mit großem Scharfsinn für die Verteidigung hergerichtete Festungen.

Wenn möglich, erbaute man sie auf den Rücken abgeholzter Hügel, von wo Feinde schnell bemerkt und ihre Annäherung verhindert werden konnte. Fanden sich keine zum Bau verwendbaren Steine in der Nähe, so glätteten die Ansiedler die Stämme einiger gefällter Bäume und fügten dieselben, einen Stamm

---

Kopfleiste: Beim Bau der Heimstätte.

über den anderen legend, in sinnreicher Weise zu äußerst festen Hütten zusammen. Die Tür- und Fensteröffnungen wurden später ausgehauen, der festgestampfte Fußboden bisweilen mit Dielen bedeckt und die Feuerstelle ausgemauert oder mit Lehm verschmiert, um das Übergreifen der Flammen auf die Holzwände zu verhüten. Besaß das Blockhaus ein oberes Stockwerk, so hatte das Erdgeschoß außer dem durch eine schwere Tür verschlossenen Eingang keine Fenster, sondern nur schmale Schießscharten. Im Innern des Hauses führte eine emporziehbare Leiter durch eine Falltür in das obere Stockwerk, welches auf allen Seiten mehrere Fuß über das Erdgeschoß vorragte. Im Boden dieses vorspringenden Teils befanden sich kleine Luken, durch welche man die Feinde von

Eine befestigte Niederlassung des 18. Jahrhunderts.

oben herab beschießen oder mit kochendem Wasser übergießen konnte, wenn sie versuchten, die Türe einzustoßen oder das Haus anzuzünden.

Um zu verhüten, daß das Dach durch feurige Pfeile in Brand gesetzt werde, bedeckte man es häufig mit einer dicken Lehmschicht, durch welche das Feuer sich nicht durchfressen konnte. Obendrein standen im Innern des Gebäudes überall Behälter mit Wasser zum Löschen bereit. Ein Brunnen befand sich entweder in einer Ecke des Hauses oder in direkter Nähe desselben, damit während einer Belagerung den Eingeschlossenen niemals das unentbehrliche Wasser fehle. Bisweilen lagen unter dem Boden des Blockhauses geheime Keller, welche in Augenblicken größter Not als letzte Zuflucht dienten.

Da die um jene Zeit benutzten Kugeln die Wände eines solchen Blockhauses nicht zu durchschlagen vermochten, so entsprachen diese einfachen Befestigungen ihrem Zweck vollkommen, besonders wenn sie von heldenmütigen

Angriff auf eine befestigte Ansiedlung.

Männern verteidigt wurden. Wohl das glänzendste Beispiel einer solchen Verteidigung ist die in einem anderen Abschnitt erzählte des Pfälzers Christian Scheil, dessen im Mohawktal gelegene Hütte im Jahre 1780 von 48 Indianern und 16 Engländern belagert wurde.

Wo man häufig von solchen feindlichen Überfällen bedroht war, rückten die Ansiedler ihre Behausungen so zusammen, daß sie ein Parallelogramm, ein Vier- oder Fünfeck bildeten, wie beispielsweise die Ansiedlung Germanna in Virginien oder das von dem Trapper Daniel Boone in Kentucky angelegte Boonesborough. Dann stießen die einzelnen Hütten mit ihren Schmalseiten derart aneinander, daß die mit Türen und Fenstern versehenen Vorderseiten gemeinschaftlich einen Hof bildeten, während die zehn bis zwölf Fuß hohen, nur mit Schießscharten versehenen Rückwände die Außenseite der Befestigungen darstellten. Häufig waren solche Bollwerke obendrein mit Palisaden und Wassergräben umzogen. An den Ecken der Palisadeneinfassung erhoben sich turmartige Blockhäuser, von denen aus das vor der Niederlassung liegende Land sowie die Palisaden bestrichen werden konnten. Bisweilen stand ein besonders starker Holzturm im Mittelpunkt der Ansiedlung, um, wenn alle anderen Gebäude den Feinden in die Hände gefallen waren, als letzte Zuflucht zu dienen.

Die beständige Unsicherheit an der sogenannten Indianergrenze nötigte die Ansiedler zu unablässigem Kundschafter- und Wachtdienst. Zur Teilnahme an demselben war jeder waffenfähige Mann verpflichtet. Obwohl betreffs solcher militärischen Leistungen keine bestimmten Gesetze bestanden, so erwartete man doch von jedem, daß er der Allgemeinheit gegenüber seine volle Schuldigkeit tue.

Da die Sicherheit aller auf der Schlagfertigkeit jedes einzelnen beruhte, so galten Mängel in der Ausrüstung, das Fehlen eines Ladestocks oder Feuersteins, Knappheit an Munition als äußerst schimpflich. Wer sich gar ohne triftige Entschuldigung um den Wacht- oder Kundschafterdienst herumdrückte, erfuhr nicht nur die scharfe Verurteilung aller anderen, sondern fand sich auch in sämtlichen Gefahren und Arbeitsverrichtungen allein und wurde aus der Gegend förmlich herausgeekelt.

Bemerkten die Kundschafter oder Wachtposten das Nahen einer Gefahr, so gaben sie sofort Warnungssignale. Ihre Art wurde stets genau verabredet. So bedeutete im Schoharietal ein vom Fort aus abgefeuerter Kanonenschuß, daß die Ansiedler dorthin zu flüchten hätten. Zwei aufeinanderfolgende Schüsse verständigten die Ansiedler, daß sie auf dem Weg zum Fort auf Feinde stoßen könnten; drei Schüsse hingegen verkündigten, daß das Fort belagert sei, weshalb die Ansiedler sich in den Wäldern verbergen müßten.

Während einer Belagerung fiel der Befehl über die im Fort versammelten Männer demjenigen zu, welcher im Kampf mit Indianern die meisten Erfahrungen besaß. Er wies auch jedem seine Stellung an einer bestimmten Schießscharte an.

So einfach wie die ersten Behausungen, so einfach war auch ihre innere Ausstattung. Ein Tisch, eine Bank, mehrere Binsenstühle und die Betten bildeten das ganze Mobiliar. Einige eiserne Töpfe, Gabeln und Messer brachte man aus dem Osten mit. Getrocknete Schalen von Kürbissen dienten als Schüsseln, Teller, Becken und Wasserbehälter. Oder man schnitzte sie aus Holz, um sie später bei Gelegenheit durch solche aus Zinn oder Steingut zu ersetzen. In den Ecken lehnten die Äxte und Ackerbaugeräte; an den Wänden hingen an Holzpflöcken die Kleider, Hüte, Flinten und Pulverhörner; auf dem Bordbrett lagen Bibel und Gesangbuch; neben dem Feuerherd stand das Spinnrad, an welchem die Frauen in den Abendstunden sich zu beschäftigen pflegten.

Die Kleider fertigte man aus selbstgesponnenen derben Zeugen, dem sogenannten „home spun"; für die Beinkleider und Jagdröcke der Männer und Knaben verwendete man mit Vorliebe gegerbtes Wildleder, da solche Gewänder für das Leben in Busch und Wald große Vorzüge besaßen.

Die allgemein getragenen losen Jagdröcke reichten bis zur Mitte der Oberschenkel und wurden um die Lenden durch einen Gürtel zusammengehalten. Der häufige Verkehr mit den Indianern führte dazu, solche Gewänder nach indianischer Weise mit bunten Stickereien zu schmücken. Desgleichen versah man die Säume der Ärmel und Beinkleider mit langen Lederfransen, welche nicht bloß als Verzierung, sondern im Notfall als Ersatz für Bindfaden dienten.

Da die Männer sich auch der äußerst bequemen, leicht herzustellenden Mokassins bedienten und anstatt der Hüte Mützen aus Fuchsfell trugen, so entbehrten diese mit Büchsen, Kugeltaschen, Pulverhörnern, Jagdmessern und Handbeilen ausgerüsteten Gestalten sicher nicht eines malerischen Anstrichs. Manche Hinterwäldler fanden so große Vorliebe für die bequeme indianische Tracht, daß sie alle Eigenheiten derselben nachahmten und anstatt der Hosen die den Oberschenkel teilweise freilassenden Leggins, ferner das Breechcloth, ein zwischen den Beinen durchgezogenes, vorn und hinten über den Gürtel fallendes Schamtuch trugen.

Geschicklichkeit im Gebrauch der Waffen stand, wie an so bedrohten Orten nicht anders zu erwarten, bei den deutschen Ansiedlern in höchstem Ansehen. Bereits zwölfjährige Knaben führten Büchse, Kugeltasche und Jagdmesser. Auch erhielten sie im Fort bestimmte Schießscharten zugewiesen, die sie während einer Belagerung verteidigen mußten. Mit Bogen und Pfeilen wußten sie vortrefflich umzugehen. Gleich den Männern betrieben sie auch allerhand Leibesübungen, die ihnen in dem steten Kampf ums Dasein von Nutzen sein konnten: Wettlaufen, Weit- und Hochspringen, Schwimmen, Klettern und Ringen.

Von den Indianern adoptierte man die Kunst, mit Messern zu werfen und die Handbeile zu schleudern. Man beobachtete im Walde aufs sorgfältigste die Tierstimmen und übte sich im Unterscheiden und Nachahmen derselben, um solche Fertigkeiten während der Jagd zum Anlocken der Tiere, im Krieg zu Signalzwecken zu verwenden.

Aus der Geschichte der Deutschen im Mohawktal wissen wir, daß sie an die Bewohner des Schoharietals häufig Herausforderungen zu öffentlichen Wettrennen und Ringkampfspielen ergehen ließen, um während derselben ihre persönliche Kraft und Geschicklichkeit zu erproben. Aus allen benachbarten Ansiedlungen stellten sich dann Zuschauer ein, um solchen Wettkämpfen beizuwohnen.

Eine der beliebtesten Unterhaltungen bildeten Preisschießen. Sie wurden veranstaltet, so oft die Vorräte an Munition dies gestatteten. In bezug auf Treffsicherheit waren die meisten Deutschen ihren Nachbarn irischer, schottischer und englischer Abkunft weit überlegen, da sie fast ausschließlich Flinten mit ge-

Die Verteidigung einer verpalisadierten Ansiedlung im 18. Jahrhundert.
Nach einem gleichzeitigen Stich.

Cronau, Deutsches Leben in Amerika.

zogenen Läufen, die sogenannten Rifles, führten, während ihre Nachbarn nur solche mit glatten Läufen besaßen. Manche genossen als Meisterschützen großen Ruf. Aus ihnen rekrutierten sich im Befreiungskriege jene „minute men", deren Hauptaufgabe es war, die feindlichen Offiziere wegzuschießen.

Als diese aus Pennsylvanien und Maryland zusammengezogenen deutschen Scharfschützen sich in Fredericktown und Lancaster versammelten, setzten sie die dortigen Bewohner durch Proben ihrer Meisterschaft in Staunen. Auf der Brust, den Seiten und dem Rücken liegend fehlten sie ebensowenig ihr Ziel, als im Freihandschießen und während des Laufens. Einer der Männer klemmte ein fünf Zoll breites, mit einem weißen Stückchen Papier in Größe eines Silberdollars beklebtes Brettchen zwischen seine Beine, worauf ein anderer Schütze aus einer Entfernung von 150 Fuß aus freier Hand acht Kugeln durch das Papier jagte. Ein anderer Mann hielt zwischen seinen Fingern einen hölzernen Ladestock, der darauf von einem Schützen aus der gleichen Entfernung Zoll für Zoll weggeschossen wurde. Mehrere Männer waren bereit, sich Äpfel vom Kopf schießen zu lassen. Die anwesenden ehrsamen Bürger weigerten sich aber, Zeuge so gefährlicher Kunststücke zu sein.

Eine befestigte Ansiedlung zur Winterzeit.

Wie die Frauen beim Aufschlagen und Herrichten der Heimstätten, bei den Feldarbeiten und der Sorge für das Vieh den Männern als treue Helferinnen zur Seite standen, so erwiesen sie sich auch in den Stunden der Gefahr meist als mutige Bundesgenossinnen. Bestürmten Feinde das Haus, so luden die Frauen die Flinten und reichten sie den Männern dar, um es ihnen zu ermöglichen, rascher zu feuern. Ging der Vorrat an Kugeln zur Neige, so gossen sie neue; in den Augenblicken, wo das Gefecht ruhte, labten sie die Verteidiger mit Wasser und Nahrung, pflegten die Verwundeten und beruhigten die angsterfüllten Kinder. Ja, wenn es nottat, griffen sie gleichfalls zu den Büchsen und halfen die Angreifer durch wohlgezielte Schüsse zurücktreiben.

Den Frauen lag auch die Verteidigung der Hütten ob, wenn die Männer der Feldarbeit nachgingen. Dann stiegen sie oft mit ihren Büchsen zu den zwischen den Kronen freistehender hoher Bäume angelegten Beobachtungsposten empor, um Ausschau nach Feinden zu halten und beim Ansichtigwerden derselben die Männer durch Alarmschüsse zu warnen. Die aus der Pionierzeit stammenden vergilbten Chroniken der Staaten New York, Pennsylvanien, Virginien, Ohio und Kentucky erzählten Dutzende von Beispielen, wo wackere Frauen beim Ausüben ihres schweren Amtes wahre Heldentaten verrichteten.

In ihrer Lebensweise waren die deutschen Grenzwächter höchst genügsam. Kartoffeln, Mais, Bohnen, Erbsen, Kürbisse und Kohl bildeten die Hauptnahrung. Dazu aß man Speck und Wildbret. Als Getränke dienten Wasser, Milch, selbstbereitetes Bier oder Apfelwein.

Kinderzuwachs wurde freudig begrüßt, bedeutete doch jeder neugeborene Knabe eine künftige Hilfe für den Vater bei der Feldarbeit und Jagd; jedes Mädchen eine Stütze der Mutter im Haushalt.

Eine entstehende Ansiedlung.

Große Fürsorge ließen die deutschen Ansiedler ihren Pferden und dem Vieh angedeihen. Beide hielt man nur in beschränkter Zahl, bemühte sich aber, ihre Leistungs- und Ertragsfähigkeit durch gute Pflege, ausreichendes Futter und saubere Stallungen zu erhalten. Gleiche Sorgfalt beobachtete man beim Anlegen und Instandhalten der Felder. Schon durch die Art, wie die Deutschen den Boden klärten, unterschieden sie sich von ihren englischen, schottischen und irischen Nachbarn. Während jene die abgehackten Stämme und das Unterholz an Ort und Stelle vermodern ließen, verbrannten die Deutschen alles überflüssige Holz, wodurch das gerodete Land schon im zweiten Jahre zur Bepflanzung geeignet wurde.

Von der Heimat her an eine sorgfältige Ausnutzung des Bodens gewöhnt, blieben die Deutschen auch stets darauf bedacht, seine Ertragsfähigkeit durch regelmäßiges Düngen zu erhalten. Sie betrieben nie jenen unseligen Raubbau, der die Ländereien der anglo-amerikanischen Farmer so schnell erschöpfte, daß diese sich nach wenigen Jahren genötigt sahen, neue Gebiete aufzusuchen. Während dadurch die Yankeefarmer zu einem unsteten Element wurden, kannten die seßhaften, die sie nährende Scholle liebenden Deutschen keinen größeren Wunsch, als ihre unter so schweren Mühen der Wildnis abgerungenen Heimstätten auf die Nachkommen zu vererben, damit diesen der volle Ertrag der von den Vätern geleisteten Arbeit zugute komme. Infolge dieser Pflege liefern die von den Deutschen bewirtschafteten Güter in Pennsylvanien und im Mohawktal noch heute, nach nahezu 200 Jahren, ebenso große Erträgnisse, wie zu der Zeit, wo ihr Boden zuerst gebrochen wurde.[1]

Stets achteten die Deutschen darauf, daß sich neben dem Waldland auch ein beträchtliches Stück Wiesengrund befand, wo das Vieh weiden und Obstbäume gepflanzt werden könnten. Die Felder waren immer durch hohe Zäune gegen den Einbruch größerer Tiere geschützt. Diese Maßregel erstreckte sich oft auch auf die Wälder, um jungen Bäumen Gelegenheit zum Wachstum zu geben und dadurch den Abgang des zu verschiedenen Zwecken benötigten Holzes zu ersetzen.

Waren die Bewohner der Wildnis in den Stunden der Gefahr aufeinander angewiesen, so unterstützten sie einander auch bei allen schweren Verrichtungen. Von jedem Manne erwartete man, daß er seinen Nachbarn beim Hausbau, bei der Ernte und dem Einfahren des Holzes hilfreiche Hand biete. Die Frauen und Mädchen kamen zusammen, um die Vorräte für den Winter herzurichten.

Im Herbst, wenn die Ernte vorüber, rüsteten die benachbarten Familien gemeinschaftlich eine aus mehreren bewaffneten Männern und einer entsprechenden Anzahl von Packtieren bestehende Karawane aus, welche das im Laufe des Jahres gesammelte Pelzwerk nach den größeren Handelsplätzen, wie Albany, Lancaster, Hagerstown, Frederick und anderen Orten brachten, wo man es gegen Salz, Pulver und Blei, Eisen, Vieh, Mehl, Lebensmittel oder andere notwendige Dinge vertauschte.

---

[1] Ein sehr günstiges Urteil über die deutschen Bauern Pennsylvaniens lieferte der berühmte französische Botaniker Michaud. Er schreibt in seinem Reisewerk beim Besuch des Ligonier Tales:

„Die höhere Kultur des Ackerlandes und der bessere Zustand der Zäune, die das Land abtrennen, beweisen zur Genüge, daß hier eine Ansiedlung Deutscher ist; denn bei ihnen kündigt alles jenen Wohlstand an, der ein Lohn des Fleißes und der Arbeit ist. Sie helfen einander bei der Ernte aus, heiraten untereinander, sprechen stets Deutsch und bewahren soviel wie möglich die Sitten ihrer europäischen Vorfahren. Sie leben viel besser als die amerikanischen Nachkommen der Engländer, Schotten und Irländer, sind geistigen Getränken nicht so sehr ergeben und besitzen nicht einen so unsteten Geist wie diese, der oftmals der nichtigsten Beweggründe halber sie bestimmt, mehrere hundert Meilen weiter zu wandern, in der Hoffnung, auf fruchtbareres Land zu stoßen."

Trotz der Abgeschiedenheit, in welcher diese Kulturpioniere lebten, war ihr Dasein keineswegs eintönig. Waren die Felder bestellt oder die Ernten eingeheimst, so schlug man die gewaltigen Urwaldstämme nieder, oder man begab sich auf die Jagd, um den Tisch mit Fleisch zu versorgen und Pelzwerk zu gewinnen. Herbst und Winter brachten mancherlei Unterhaltungen, bei denen die deutsche Frohnatur zum Durchbruch kam. Besonders beim Gewinnen des Ciders oder Apfelmosts.

> „Un wann die Geig noch gange isch,
> War'n ganse Nacht ken Ruh;
> D'r Seider hot uns ufgewacht,
> Die Geig die hot uns danze g'macht,
> In Schtiffel oder Schuh;
> Wann Schuh und Schtiffel war'n v'rranzt
> Dann hen m'r in die Schtrümp gedanzt" — —

Und daß es auch beim Einholen der Ernten, beim Enthülsen der Maiskolben, dem „Welschkorn-Baschte" heiter zuging, ergibt sich aus folgendem Verslein:

> „Am Welschkorn-Baschte war's die Rule (Regel)
> So bei die junge Leut:
> Hot ein'r 'n roten Kolwe (Kolben) g'funne,
> Dann hot'r a'h'n Schmuzer (Kuß) g'wunne
> Vom Mädel bei d'r Seit;
> Die rote Kolwe hen m'r g'schpaart
> Vor Soome (Samen) — S'war so'n gute Art." —

Hinsichtlich ihrer Gastlichkeit standen die deutschen Grenzbewohner unübertroffen. „In Pennsylvanien könnte man," so schreibt Mittelberger, „ein ganzes Jahr herumreisen, ohne einen Kreuzer zu verzehren, denn es ist in diesem Lande gebräuchlich, daß, wo man samt dem Pferd an ein Haus kommt, man den Reisenden fragt, ob er was zu essen haben wolle? Worauf man allzeit ein Stück kalt Fleisch, welches gemeiniglich nach Tisch übrig geblieben, dem Fremden vorlegt; dazu giebt man noch schön Brod, Butter oder Käß, nebst Trinken genug. Will einer über Nacht bleiben, so wird er wieder sammt dem Pferd frey gehalten. Kommt Jemand zu Essenszeit in ein Haus, so muß man gleich zum Tisch sitzen und mitessen, wie man's trifft." Bot man so dem Fremden alles zu seinem Behagen Nötige, so geschah dies in der Zuversicht auf gleiches Entgegenkommen, wenn man selbst weite Reisen unternehmen müsse.

Saßen deutsche Ansiedler in genügender Zahl beisammen, um eine Gemeinde bilden und einen Seelsorger unterhalten zu können, so schritten sie zunächst zum Bau eines Gotteshauses. Das Äußere wie seine innere Ausstattung entsprachen fürs erste natürlich durchaus dem rauhen Charrakter der Umgebung. Da die Kirchen zur Aufnahme einer größeren Zahl von Menschen von vornherein geeignet waren, so dienten sie bei feindlichen Überfällen oft auch als Zufluchtsstätten. Deshalb waren sie stets aus starken Baumstämmen oder Steinen erbaut und die Wände mit Schießscharten versehen. Der Fußboden bestand aus festgestampftem Lehm oder war mit Planken belegt. An Stelle des teuren Glases verklebte man die Fensteröffnungen mit Ölpapier oder sie blieben, wie in der Kirche zu Waldoburg in New England, offen und wurden nur im Winter durch vorgespannte Schafhäute geschlossen. Abschnitte hohler Baumstämme vertraten bisweilen Kanzel und Taufstein. Drei bis vier schräg gegeneinandergestellte Bäume ersetzten den Turm, von dem die Glocke zur Andacht rief.

Ein solcher Urwaldtempel war die berühmte, von Pastor S t ö v e r in der jetzigen Grafschaft Libanon in Pennsylvanien erbaute Bergkirche. Sie war in der

Eine Waldkirche.

ersten Hälfte des 18. Jahrhunderts das einzige Gotteshaus auf hundert Meilen in der Runde. Pastor L o c h m a n n schrieb über sie im Jahre 1732: „Der Hunger nach dem Wort Gottes und der Eifer für den Gottesdienst war in jener Zeit groß, denn die Zuhörer kamen von weit und breit zusammen und ließen sich durch keine Gefahren abschrecken. Man nahm die Flinte mit zur Kirche, um sich unterwegs nicht nur gegen die wilden Tiere, sondern auch gegen die noch weit wilderen Indianer zu verteidigen. So lange man Gottesdienst hielt, standen mehrere Männer mit geladenen Gewehren vor der Kirche Schildwache, denn man war gewarnt durch den Überfall, den eine deutsche Gemeinde durch die Indianer erfahren und wobei, außer einem Knaben, alle die in der Kirche waren, schrecklich gemordet wurden."

Solche urwüchsigen, dem Chrarakter der Wildnis entsprechende Kirchenbauten wurden mit der Zeit durch bessere ersetzt, wenn die Gegend sich bevölkerte und Sitten und Lebensweise der Ansiedler kultivierter wurden.

Natürlich schleppten sich manche in der einsamen Lage der Ansiedlungen begründete Unbequemlichkeiten lange hin, wie wir beispielsweise aus der folgenden Schilderung Mittelbergers ersehen: „Manche Leute haben zwei, drei, vier, fünf bis zehn Stund Weges zur Kirche zu kommen; jedermann aber, männlich und weiblich, reitet zur Kirche, wann man auch nur etwa eine halbe Stunde weit dahin hätte, welches auch bey denen Hochzeiten und Begräbnissen gebräuchlich ist. Man kann zu Zeiten auf dem Land bey ermeldten Hochzeiten oder Leichenbegängnissen bis 500 reitende Personen zählen. Man kann sich leicht vorstellen, daß hiebey so wie auch bey Communionen kein Mensch in schwarzen Kleidern, Flören oder Mänteln erscheint. Wann jemand, sonderheitlich auf dem Lande gestorben, wo man wegen den darzwischen liegenden Plantagen und Waldungen weitläufig von einander wohnt, so wird die bestimmte Zeit der Begräbniß allzeit nur bey denen nechsten vier Nachbarn angezeigt; darnach sagt solches jeder wieder seinen nechsten Nachbar an. Auf solche Art wird die Leichbestellung in 24 Stunden mehr denn 50 Englische Meilen im Umkreiß bekannt. Es findet sich dann womöglich von jedem Hause eine, wo nicht mehr Personen zur Leiche auf die bestimmte Zeit reitend ein. So lang sich nun die Leute versammeln, so reicht man denen Anwesenden auf einem großen Zinn einen in Stücke zerschnittenen guten Kuchen; nebst diesem giebt man jeder Person in einem Kelch einen wohlgewärmten West-Indischen Rum, worunter man Citronen, Zucker und Wachholderbeeren thut, welche darinnen kostbar gehalten werden. Nach diesem präsentirt man auch einen warmen und süß gemachten Most zum trinken. Wann nun die Leute beynahe versammelt, und die Zeit der Begräbniß heran rücket, so trägt man den Todten auf den gewöhnlichen allgemeinen Begräbnißplatz oder, wo man zu weit davon abwohnet, begräbt man solchen etwa nur auf seinem eigenen Felde. Die zuvor versammelte Leute reiten alle in der Stille hinter dem Sarge nach, da man manchmal ein-, zwei-, drei-, vier- bis fünfhundert reitende Personen zehlen kann. Die Todten-Särge werden alle von schönem Wallnusholz und mit einem Glanz-Fürniss ganz braun gemacht. Vermögende Leute lassen an demselben vier mit Messing schön gearbeitete Handgefäße schlagen, woran man die Särge hält und zur Gruft träget. Wenn die verstorbene Person ein Jüngling gewesen, wird solcher von vier Jungfern, hingegen eine verstorbene Jungfer von vier ledigen Gesellen zu Grabe getragen."

So war das Leben der Deutschen an den Grenzen der Wildnis während des 18. Jahrhunderts ein seltsames Gemisch alter, aus der Heimat mitgebrachter Sitten und neuer, dem Charakter der Wildnis angepaßter, vielfach direkt den Indianern und Trappern entlehnter Gewohnheiten. Die gleiche seltsame Mischung zeigte sich auch in den Lebensanschauungen. Von dem mittelalterlichen Glauben an Hexen und Bezauberung, an das Besprechen der Krankheiten, an die Möglichkeit, durch allerlei Mittel und Sprüchlein sich „kugelfest", d. h. unverwundbar machen zu können, hatte man sich noch nicht losgemacht.

Die Abgeschiedenheit ihrer Wohnstätten, die Unkenntnis der englischen Sprache nötigte die Deutschen zum Zusammenhalt, so daß sie gewissermaßen eine einzige große Familie, ihre Kolonien förmliche Eilande bildeten, die, als sie später von der Flut anglo-amerikanischer Ansiedler umbrandet wurden, die deutschen Eigentümlichkeiten lange Zeit bewahrten. Am konservativsten erwiesen sich die deutschen Bauern der pennsylvanischen Grafschaften Berks, Bucks, Lancaster, Libanon, York, Adams, Schuylkill, Lehigh, Union, Munroe u. a. Diese sogenannten „Deutsch-Pennsylvanier" bedienen sich noch heute eines Dialekts, der ein Gemisch pfälzischer, schwäbischer und schweizerischer Mundarten mit einem Einschlag englischer Worte und Wendungen ist und als „Pennsylvanisch-Dutch" eine gewisse Berühmtheit erlangte.

Im übrigen ergibt sich aus allen geschriebenen und mündlichen Quellen, daß die an den Grenzen der Zivilisation lebenden Deutschen ehrliche, offne, tatkräftige Menschen waren, die sich bestrebten, den von ihren Vätern empfangenen reinen sittlichen Lehren nach allen Richtungen hin gerecht zu werden. Für die zu ertragenden Mühseligkeiten und Gefahren entschädigte das Gefühl völliger Unabhängigkeit. Weder war man von Standesinteressen und Kastengeist beengt, noch von despotischen Behörden bevormundet. Da gab's keine Steuereintreiber, die, falls man außerstande war, zu zahlen, den Angehörigen mitleidslos die Betten unter den Leibern wegrissen, damit aus dem Erlös der Landesherr die Kosten seiner Hoffeste, Jagden und Maitressen bestreiten könne. Da gab es auch keine geistlichen Zeloten, die Andersgläubigen mit den Schreckbildern einer ewigen Verdammnis und Strafe in einem flammenerfüllten Höllenpfuhl zusetzten.

Man kannte „neither law nor gospel", sondern richtete sich nach den ungeschriebenen, allgemein gültigen Menschheitsgesetzen. In vollen Zügen atmete man die in breiten Wellen aus den jungfräulichen Wäldern und von den Gebirgen herniederflutende Freiheit, die um so berauschender und köstlicher schien, weil man sich ihrer in der alten Heimat niemals erfreut hatte.

War man dort bedrückt und auf engen Raum beschränkt gewesen, so stand hier die weite Welt offen. Man brauchte nur zuzugreifen, um das schönste Stück sein eigen zu nennen. Majestätische Ströme, silberne Bäche, murmelnde Quellen traf man überall. Zwischen dichten Wäldern dehnten sich samtgrüne, mit tausenden von Blumen durchwirkte Matten. Die Gewässer wimmelten von Fischen aller Art, die Forste von Wild jeder Gattung. Die Lüfte wurden bisweilen verfinstert durch unabsehbare Züge von Wandertauben; wilde Truthühner und andere wohlschmeckende Waldvögel gab es in Menge.

Diese Reichtümer auszunutzen, die Freiheit auszukosten, war freilich nur solchen kühnen Männern vorbehalten, die in dem Verzicht auf die Bequemlichkeiten des zivilisierten Lebens kein Opfer erblickten, Widerwärtigkeiten gelassen ertrugen und den Gefahren kühn ins Auge blickten. Die deutschen Hinterwäldler erwiesen sich als solche starke Herzen. Sie, die im alten Vaterland an das Regiertwerden gewöhnt gewesen und vor Fürsten und Beamten in alleruntertänigster Demut erstorben waren, verwandelten sich auf dem Boden der Neuen Welt in kraftvolle, stolze, ihren Wert erkennende Persönlichkeiten, die nichts Knechtisches mehr besaßen, sondern sich durch Entschlossenheit, Wagemut und Tatkraft auszeichneten, die Daseins- und Gleichberechtigung ihrer Mitmenschen anerkannten und dadurch zur Gründung solcher neuer Gemeinwesen fähig wurden, deren Losung lautete: „Einer für alle, alle für einen!"

*   *

*

Die Handwerker ließen sich natürlich vorzugsweise in den Städten und Ortschaften nieder, wo sie infolge ihrer Geschicklichkeit und Zuverlässigkeit überall lohnende Beschäftigung fanden.

Dr. Benjamin Rush, einer der hervorragendsten Männer in Pennsylvanien, der im Jahre 1789 ein überaus wertvolles Werkchen über die Deutschen jenes Staates schrieb, rühmt ihnen nach, daß sie sparsam, fleißig und pünktlich seien und es darum überraschend schnell zu gutem Auskommen und Wohlstand brächten. Ein eigenes, schuldenfreies Haus zu besitzen, sei ihr höchster Stolz und erstes Ziel. Er lobt ferner an ihnen, daß sie darauf bedacht wären, neben ihren von Deutschland mitgebrachten Gewerben sich mancherlei mechanische Kenntnisse anzueignen, die in einem neuen Lande nützlich und nötig seien.

Die in den Kolonien obwaltenden Zustände, die den einsamen Ansiedler häufig auf seine eigene Findigkeit verwiesen, zwangen auch den Handwerker zur Vielseitigkeit. Er mußte imstande sein, in mancherlei Verrichtungen auszuhelfen. So wurde er ein „Jack of all Trades", der sich überall nützlich zu machen verstand und dem guter Lohn nicht fehlte.

Zur Verwertung der erworbenen Kenntnisse boten sich tausend Gelegenheiten, zumal die Ausübung der Handwerke nicht wie in Europa strengen, von Innungen oder Zünften erlassenen Vorschriften und Beschränkungen unterworfen war. Solche Verbindungen von Berufsgenossen kannte man in Amerika nicht. „Keine Profession" so schreibt der im Jahre 1750 nach Pennsylvanien gekommene Lehrer Gottlieb Mittelberger „oder Handtirung ist zünftig. Jedermann kann handeln oder treiben was er will. So Jemand wollte oder könnte, kann er zehnerlei Profession anlegen und darf demselben es niemand wehren." Diese Freiheit des Gewerbes hatte große Vorzüge. Sie gestattete jedermann, seine Neigungen und Fähigkeiten in solchen Berufen zu betätigen, die ihm am meisten zusagten und den besten Lohn verhießen.

Die Bewohner mancher Ortschaften bevorzugten bestimmte Gewerbe. In Germantown und Bethlehem beispielsweise die Leineweberei, die Strumpfwirkerei, die Herstellung von Kleiderstoffen und Töpferwaren. In Virginien und Pennsylvanien waren Deutsche als Berg- und Hüttenleute tätig. An anderen

Orten widmeten sie sich der Seidengewinnung oder dem Herstellen von Hanf, Terpentin und Teer. Bereits im Jahre 1684 berichtete William Penn von den in Germantown wohnenden Handwerkern: „These Germans have already fallen upon flax and hemp."

Deutsche Handwerker waren es, welche den Grund zu manchen, heute hochentwickelten Industrien legten. Sie bauten die ersten Schmelzhütten, Hochöfen, Papiermühlen, Ofengießereien und Gewehrfabriken.

Der im Jahre 1717 aus Hilspach bei Heidelberg eingewanderte Kaspar Wistar gründete bei Salem in New Jersey die erste Glasfabrik. Eine zweite, die sich ausschließlich mit der Herstellung von Glasflaschen beschäftigte, entstand in Germantown, (Braintree) Massachusetts. Daß die Glasfabrikation fast ausschließlich von Deutschen betrieben wurde, ergibt sich aus einem Brief des Lord Sheffield, in dem er über die Glaswerke in Pennsylvanien und New Jersey schreibt: „Hitherto these manufactures have been carried on there by German workmen." —

Der deutsche Grobschmied Thomas Rutter oder Rütter aus Germantown errichtete im Jahre 1716 am Matawny-Bach in der Grafschaft Berks die erste Eisenhütte in Pennsylvanien. Zehn Jahre später begann der Mennonite Kurtz am Octorora-Bach in der Grafschaft Lancaster Eisen herzustellen. Diesen Beispielen folgten im Jahre 1745 mehrere Pfälzer zu Tulpehocken. Sie legten die Eisenhämmer am Oley- und Tulpehocken-Bach an. Johann Huber erbaute im Jahre 1750 bei Brinkersville in der Grafschaft Lancaster einen Hochofen, den er zu Ehren seiner schönen Tochter „Elisabeth-Hochofen" taufte. Derselbe trug die stolze Aufschrift:

„Johann Huber ist der erste Mann,
Der das Eisenwerk vollführen kann."

Das traf zu, wenn damit die Herstellung von Gußwaren gemeint war.

Der Hochofen war erst kurze Zeit im Betrieb, als eine der interessantesten Persönlichkeiten der damaligen Zeit auf der Bildfläche erschien: der deutsche Baron Friedrich Wilhelm von Stiegel. Derselbe stammte aus Mannheim. Über ein Vermögen von mehreren hunderttausend Talern verfügend, hatte er sich aufgemacht, die Welt zu sehen. In Pennsylvanien verliebte er sich in die schöne Tochter Hubers, heiratete diese und kaufte gleichzeitig von seinem Schwiegervater den „Elisabeth-Hochofen". Der Baron wurde nun zum Industriellen. In der Nähe des Hochofens gründete er den Ort Mannheim, wo auf seine Einladung zahlreiche deutsche Schmiede und Handwerker sich niederließen, mit deren Hilfe er großartige Gießereien und Glaswerke anlegte. Die hier hergestellten Ofenplatten waren mit allerhand biblischen Bildern wie „Adam und Eva", „Kain und Abel", „David und Goliat" geschmückt. Dabei trugen sie die Inschrift:

„Baron Stigel ist der Mann,
Der die Oefen machen kann." —

Anfangs warfen die Unternehmungen glänzenden Gewinn ab. Stiegels eigner Angabe zufolge belief sich sein jährliches Einkommen auf 5000 Pfund Sterling. Aber er führte auch eine sehr verschwenderische Lebensweise, die im Verein mit den dem Unabhängigkeitskrieg vorausgehenden schlechten Geschäftsjahren seinen Zusammenbruch herbeiführten.

Unter den pennsylvanischen Eisenhüttenbesitzern der Kolonialzeit finden wir ferner die Deutschen Stedmann, Georg Rock, Georg Ege, Peter Grubb, Peter Dicks u. a.

Den im Jahre 1765 in der Kolonie New York auftretenden Eisenfabrikanten Peter Hasenclever kann man kühn den ersten Großindustriellen Amerikas nennen.

Hasenclever — ein Andrew Carnegie der Kolonialzeit — war im Jahre 1716 in Remscheid geboren, einem Hauptsitz der Eisenindustrie des Herzogtums Berg. Es war ihm nicht unbekannt geblieben, daß England jährlich über 40000 Tonnen Stangeneisen aus fremden Ländern bezog, daß aber auch die englischen Kolonien in Nordamerika sehr reich an Eisenerzen seien und unermeßliche Waldungen besäßen, welche die zum Schmelzen der Erze nötigen Holzkohlen liefern könnten. Sein der englischen Regierung vorgelegter Plan, jene Eisenlager auszubeuten, so daß England statt des fremden Eisens solches aus den Kolonien beziehen könne, fand Anklang. Es bildete sich eine Gesellschaft, mit deren Unterstützung Hasenclever im Jahre 1765 nach Amerika übersiedelte, um seine Pläne auszuführen. Nach sorgfältigen Untersuchungen entschied er sich für den Ankauf eines bedeutende Eisenlager enthaltenden Landstrichs in der Kolonie New York. Derselbe lag auf dem Nordufer des Mohawkflusses unweit der Pfälzeransiedlung German Flats.

Mit erstaunlicher Tatkraft schritt Hasenclever dann zur Verwirklichung seiner Ideen. Aus Deutschland ließ er 550 Bergleute und Schmiede kommen, mit deren Hilfe er Holzkohlenbrennereien, Stampfwerke, Schmelzöfen, Schmieden und Potaschsiedereien errichtete. Um seinen Arbeitern gute Unterkunft zu bieten, ließ er ferner 200 Häuser erbauen. Desgleichen sorgte er durch Aufstauen mehrerer Bäche für billige und gleichmäßige Wasserkraft; endlich auch durch Anlage mehrerer Brücken für gute Verkehrswege.

Bereits nach sechs Monaten war das Unternehmen imstande, das erste Stangeneisen nach England zu liefern. An Güte übertraf dasselbe alles ausländische Eisen.

Innerhalb weniger Jahre entwickelte sich die junge Anlage zu einer vielversprechenden Industriestätte, deren Zukunft in glänzendem Licht erschien. Leider wurde das Unternehmen gerade in diesem Augenblick von einer Katastrophe betroffen, die ihm den Todesstoß versetzte. Die englischen Teilhaber Hasenclevers entpuppten sich als unehrliche Leute. Durch die günstigen Ergebnisse der ersten Jahre ließen sie sich zu luxuriösem Leben verleiten und belasteten zur Bestreitung desselben, als die Einkünfte aus dem amerikanischen Unternehmen nicht mehr ausreichten, das letztere mit so kolossalen Schulden, daß

Hasenclever trotz größter Anstrengungen nicht imstande war, den Zusammenbruch aufzuhalten. Um seinen guten Namen zu retten, sah er sich genötigt nach England zu eilen, wo er der Regierung eine Rechtfertigungsschrift überreichte und zugleich einen Prozeß gegen seine Teilhaber anstrengte. Derselbe zog sich zwanzig Jahre lang hin. Erst nach Hasenclevers Tode (er starb am 13. Juni 1793 in Schlesien, wo er andere industrielle Anlagen gegründet hatte) fällten die Gerichte die Entscheidung, daß die früheren Teilhaber Hasenclevers verurteilt seien, an seine Erben eine Million Taler als Entschädigung auszuzahlen.

Was aus den von Hasenclever nach Amerika gezogenen Bergleuten und Schmieden geworden, ist unbekannt. Vermutlich wandten sie sich anderen Industriestätten zu und trugen dadurch zur Fortentwicklung derselben bei.

Ein ähnlicher Großindustrieller der Kolonialzeit war **Johann Jakob Faesch** aus Basel. Er baute im Jahre 1772 in New Jersey die Mount Hope Hochöfen. Außerdem kaufte er zahlreiche Eisenhütten, darunter die bedeutenden Hibernia-Werke. Als der Krieg mit England ausbrach, lieferten diese einen großen Teil der von den Freiheitskämpfern benötigten Kanonen und Geschosse. General Washington besuchte einst mit seinem Stab den Meister Faesch auf dessen Mount Hope-Werken. Als Faesch im Jahre 1799 starb, galt er als der größte Hüttenbesitzer und zugleich als einer der reichsten und loyalsten Bürger der Vereinigten Staaten.

Ein besonderer Industriezweig der in Pennsylvanien lebenden Deutschen war die Herstellung von Flinten mit gezogenen Läufen. Solche Gewehre waren gegen Ende des 15. Jahrhunderts in Wien von Kaspar Zöllner erfunden worden. Um der Kugel beim Abfeuern der Büchse eine gradere Richtung und dadurch größere Treffsicherheit zu geben, versah Zöllner die Innenwände der Rohre mit mehreren von der Mündung bis zum Ansatz führenden Kanälen. Diese „gezogenen" Flinten wurden in der Folge erheblich verbessert, indem man statt der geraden Kanäle spiralförmige anwandte, wodurch die Kugeln eine rotierende Bewegung erhielten und die Stetigkeit ihrer Richtung erhöht wurde. Obendrein war es ein wesentlicher Vorzug, daß die Pulvergase nicht wie bei glattläufigen Flinten zum Teil verloren gingen, sondern voll ausgenutzt wurden, wodurch auch die Tragweite der gezogenen Flinten eine erhebliche Steigerung erhielt. Während gezogene Büchsen in den Neu-England-Kolonien beim Ausbruch der Revolution tatsächlich noch unbekannt waren, hatten die Deutschen Pennsylvaniens längst mit deren Herstellung begonnen. Der erste Büchsenmacher, von dem wir mit Bestimmtheit wissen, daß er gezogene Büchsen lieferte, war der Deutsch-Schweizer **Martin Meylin**. Er eröffnete in der Grafschaft Lancaster eine Bohrmühle. Andere waren **Heinrich Albrecht**, **Deckhardt**, **Matthäus Roeser**, **Johan Vonderschmitt** und **Philipp La Fevre**.

Ein Hauptsitz deutscher Büchsenmacher war der Ort Lancaster. Der berühmte französische Botaniker Michaux, welcher im Jahre 1801 diesen Ort besuchte, schreibt in seiner „Voyage a l'ouest des monts Alleghany, dans les Etats de l'Ohio, du Kentucky et du Tennessee" über Lancaster: „Die Bevölkerung besteht aus 4—5000 Einwohnern, die fast sämtlich deutscher Abstammung sind, jedoch verschiedenen religiösen Bekenntnissen angehören. Die meisten Einwohner sind Büchsenschmiede, Hutmacher, Sattler und Küfer. Die Büchsenmacher von Lancaster sind bereits seit langem berühmt, und die von ihnen angefertigten Büchsen sind die einzigen, deren sich sowohl die Bewohner des Innern des Landes als auch die Indianerstämme an den Grenzen des Landes bedienen."

Und ein späterer Reisender, Herzog Bernhard zu Sachsen-Weimar-Eisenach fügte diesem Urteil hinzu: „Lancaster steht in dem Ruf, daß hier die besten Rifles — Kugelbüchsen — in den Vereinigten Staaten gemacht werden. Ich kaufte eine für 11 Dollars, um sie als Kuriosität mit nach Hause zu nehmen."

Deutsche waren es auch, die sich zuerst mit dem Bau musikalischer Instrumente beschäftigten. Die erste Kirchenorgel Amerikas wurde im Jahre 1703 von dem Orgelbauer Heinrich Neering in New York für die dortige St. Trinity-gemeinde erbaut. Um das Jahr 1737 lebte der Orgelbauer Mathias Zimmermann in Philadelphia. Dorthin brachte auch der deutsche Lehrer Gottlieb Mittelberger im Jahre 1748 die erste größere, in Heilbronn gebaute und nach Amerika ausgeführte Kirchenorgel. Sie wurde in der lutherischen St. Michaels-Kirche zu Philadelphia aufgestellt und unter großen Feierlichkeiten eingesegnet.

„Zu diesem Fest", so schreibt Mittelberger, „erschienen fünfzehn Lutherische Prediger nebst dem gesammten Kirchen-Rath von allen Evangelischen Kirchen. Die Menge der Zuhörer war unbeschreiblich groß, viele Leute kamen von ferne aus dem Lande, solches Orgelwerk zu sehen und zu hören."

Harttafel und Klein schufen eine Orgel für die Kirche der Herrnhuter in Bethlehem. In diesem betriebsamen Städtchen lebte auch die Familie Tanneberger, deren Mitglieder während der Jahre 1740 bis 1760 als Orgelbauer florierten. Adam Geib, welcher im Jahre 1760 in New York seinen Wohnsitz aufgeschlagen hatte, schuf die Orgel der dortigen Gnadenkirche. Seine Söhne befanden sich unter den ersten Pianofabrikanten Amerikas.

In den Städten fand man schon lange vor dem Unabhängigkeitskriege zahlreiche deutsche Kaufleute, welche Gegenstände der verschiedensten Art, Spezereien, Schnitt- und Eisenwaren, landwirtschaftliche Geräte, musikalische Instrumente, Bücher, Kleider usw. feilhielten.

In Philadelphia, wo die Deutschen etwa ein Drittel der ganzen Bewohnerschaft ausmachten und ein besonderes, im nordöstlichen Teil der Stadt gelegenes Quartier innehatten, bestanden auch mehrere deutsche Apotheken und Gasthäuser. Unter den letzteren genossen „Der schwarze Adler", „Das weiße Lamm" und „Der König von Persien" großen Ruf.

Obwohl die Deutschen sich in ihrer Tracht der allgemeinen Bevölkerung rasch anpaßten, hielten sie doch zäh an ihrer geliebten Sprache und den aus der Heimat mitgebrachten Gewohnheiten fest. Für die Erhaltung der ersten sorgten sowohl die Kirchengemeinden und Schulen, wie die an verschiedenen Orten gegründeten deutschen Zeitungen.

Daß deutsche Drucker sich schon früh in den englischen Kolonien niederließen, daß Benjamin Franklin im Jahre 1732 in Philadelphia die erste deutsche Zeitung in Amerika herausgab und daß Christoph Saur im Jahre 1739 mit seinem „Hochdeutsch-Pennsylvanischen Geschichtsschreiber" folgte, wurde bereits in einem früheren Abschnitt erwähnt. Über die weiteren Erzeugnisse der deutsch-amerikanischen Presse während der Kolonialzeit möge bemerkt werden, daß im Jahre 1743 auch der Drucker Joseph Crellius in Philadelphia eine deutsche Zeitung gründete. Ebendaselbst ließ Johann Böhm im Jahre 1751 die „Fama" erscheinen. In Gemeinschaft mit Anton Armbrüster veröffentlichte Franklin im Jahre 1755 die „Deutsche Zeitung", welcher sich im Jahre 1762 noch der von dem Herrnhuter Heinrich Miller hergestellte „Staatsbote" zugesellte. In Lancaster erschien seit 1751 bei Miller und Holland die „Lancastersche Zeitung". Christoph Saur der Jüngere veröffentlichte im Jahre 1764 in Germantown die erste periodische Zeitschrift in Amerika, das „Geistliche Magazin".

Aus Franklins Aufzeichnungen wissen wir, daß die Deutschen außerdem viele Bücher aus dem alten Vaterlande einführten und an dem dortigen geistigen Leben regen Anteil nahmen.

Außer Kalendern und Zeitungen verlegten die deutschen Drucker auch zahlreiche Bücher. Man kennt die Titel von etwa 2000 deutschen Werken, die während des 18. Jahrhunderts in den englischen Kolonien gedruckt wurden. Die Mehrheit besteht aus religiösen Erbauungs- und Gesangbüchern. Lehrbücher aller Art sind ebenfalls zahlreich.

Wissenschaftliche Bildung stand besonders bei den in den Städten lebenden Deutschen in hohem Ansehen. Die deutschen Prediger, deren sich in dem von 1745 bis 1770 reichenden Zeitraum über fünfzig nachweisen lassen, galten allgemein als die gelehrtesten Männer Amerikas. Die Studenten der Havard-Hochschule wunderten sich nicht wenig, daß jeder dieser Prediger Latein ebensogut wie seine Muttersprache reden konnte, was diejenigen nicht überrascht, welche wissen, daß die Prediger ihre Bildung auf deutschen Universitäten empfingen, wohin sie auch ihre Söhne mit Vorliebe schickten.

Unter diesen Theologen finden wir auch die ersten Gelehrten Amerikas, z. B. den hochgebildeten Peter Miller, den letzten Vorsteher des Klosters Ephrata, welcher auf Ersuchen Jeffersons die amerikanische Unabhängigkeitserklärung in sieben fremde Sprachen übersetzte und das großartigste in Amerika hergestellte Buchdruckerwerk des 18. Jahrhunderts, den berühmten „Märtyrerspiegel" herstellte.

Ihm reihte sich der berühmte David Rittenhausen aus Germantown an, der sich sowohl als Philosoph wie als Mathematiker, Astronom und Landvermesser auszeichnete und während des Unabhängigkeitskrieges seine mannigfachen Fähigkeiten in der patriotischsten Weise in den Dienst der großen Sache stellte. Man schreibt ihm das Verdienst zu, als erster die annähernde Entfernung der Erde von der Sonne festgestellt, sowie als erster in Amerika den Durchgang der Venus beobachtet zu haben. Nach Franklins Tode wurde er Vorsitzer der Philosophischen Gesellschaft von Philadelphia; auch war er der erste Münzdirektor der Vereinigten Staaten. Die Sage erzählt, Rittenhausen habe zusammen mit einem andern Deutsch-Pennsylvanier namens Henri lange vor Fulton ein kleines Dampfboot verfertigt, das auf dem Conestogafluß bis Lancaster gefahren sei. Fulton habe damals als Lehrling in Lancaster gelebt und aus jenen Versuchen der beiden Deutsch-Pennsylvanier die Anregung zu seinem späteren Dampfschiff „Clermont" empfangen. Rittenhausen verbesserte auch den von Thomas Gottfried (Godfrey) bereits vervollkommneten Schiffsquadranten, so daß man die Längen- und Breitengrade mit Sicherheit bestimmen konnte.

David Rittenhausen.

Ein Zeitgenosse Rittenhausens war der gleichfalls in Germantown lebende Dr. Christoph Witt. Er beschäftigte sich mit Uhren- und Orgelbau, ferner legte er in Germantown den ersten, in Amerika existierenden botanischen Garten an.

Von anderen deutschen Gelehrten jener Zeit sind Wilhelm Craemer, Johann Christoph Kuntze und Helmuth hervorzuheben. Der erstgenannte erteilte während der Jahre 1753 bis 1775 am College der Stadt Philadelphia außer lateinischem und französischem auch deutschen Unterricht. Kuntze und Helmuth waren von Beruf Theologen, wirkten später aber gleichfalls an dem genannten College mit großem Erfolg als Sprachlehrer.

Bis auf die Lichtgestalt des edlen Pastorius zurück, reichen auch die ersten Anfänger einer deutsch-amerikanischen Dichtkunst. Der Patriarch von Germantown liebte es, seine Lebensanschauungen und Erfahrungen in kurzen Epigrammen und Sprüchen niederzulegen. Den lärmenden Nichtigkeiten des weltlichen Lebens gegenüber pries er die Schönheit seines blumengeschmückten Gartens, er zeigte sich als Philosoph, über dessen Seele beschaulicher Friede ausgegossen lag.

„Ich finde in der weiten Welt
Nichts denn nur Aufruhr, Krieg und Streit;
In meinem engen Gartenfeld,
Lieb, Friede, Ruh und Einigkeit.
Mein' Blümlein fechten nimmermehr,
Was alles ihnen auch geschieht;
Sie wissen nichts von Gegenwehr
Kein Waffen man dar jemals sieht.
Drumb' acht ich ihr Gesellschaft hoch
Und bin bei ihnen gern allein,
Gedenke oft, daß Christi Joch
Will ohne Rach' getragen sein."

Johann Kelpius und Konrad Beissel, die beiden Halbmönche vom Wissahickon und dem Kloster Ephrata ließen dagegen in den Urwäldern Pennsylvaniens glaubensbrünstige Lobes- und Liebesgesänge auf den himmlischen Bräutigam und die Himmelsbraut erschallen. So bekennt Beissel:

„Ich bin verliebt, ich kann's nicht hehlen,
O reine, keusche Himmelsbraut!
Ich will von deiner Lieb' erzählen,
Die sich mit mir im Geist vertraut.
Denn deine Treu hat mich bewogen,
Daß ich dir gebe alles hin:
Du hast mich ganz in dich gezogen
Und hingenommen meinen Sinn."

Und weiter:

„Ruft, ihr Sterne, überlaut, daß ich liebe!
Und ihr Wasser, rufet nach, daß ich liebe!
Alles, was nur Stimmen hat, sag dem Lamme,
Viel von meiner Flamme." —

Aus fast allen Poesien dieses Mystikers klingt ungeduldige Sehnsucht nach Zion und dem Gotteslamm.

„Wann werd' ich doch dies ein anschauen und empfinden?
Wann werd' ich ganz zerfließen und entschwinden?
Wann fällt mein Fünklein Gas in sein Lichtfeuer ein?
Wann wird mein Geist mit ihm nur eine Flamme sein?" —

Überschriften einzelner Hymnen, wie z. B. „Das paradoxe und seltsame Vergnügen der göttlich Verliebten", „Ein verliebtes Girren der trostlosen

Seele in der Morgendämmerung" und „Bittersüße Nachts-Ode der sterbenden jedoch sich vergnügenden Liebe" lassen erkennen, daß die religiöse Schwärmerei dieses Einsiedlers einen bedenklich hohen Grad erreicht hatte.

Weitaus gesunder muten die Kirchenlieder an, welche von den beiden Professoren Johann Christian Kunze und Helmuth gedichtet und in Philadelphia von den Druckern Saur verlegt wurden. Auch die Liederbücher der Schwenkfelder und Herrnhuter enthalten gute Dichtungen, wenngleich auch diese von dem mystisch-pietistischen Geist jener Zeit durchtränkt sind.

Neben solchen kirchlichen Liedern finden wir bei den Herrnhutern auch bereits lyrische Poesien, die das rauhe Leben dieser Kulturpioniere und den wilden Charakter ihrer Umgebung reflektieren. Die Majestät des Urwalds, der Hinterhalt der Indianer, das Warnungssignal der Klapperschlange, die Beschwerlichkeit der ungebahnten Wege sind in diesen Poesien treffend gezeichnet.

Abgesehen von diesen vereinzelten lyrischen Dichtungen und manchen zur Würze der häuslichen oder ländlichen Arbeit dienenden Liedchen atmen alle während der Kolonialzeit entstandenen deutschen Dichtungen den streng religiösen Geist, der das ganze Leben der damals in Amerika wohnenden Deutschen kennzeichnete.

Für Gesang und Instrumentalmusik bekundeten die Deutschen gleichfalls große Neigung. Wieder waren es die in Germantown, Ephrata, Bethlehem und an anderen Orten lebenden Sektierer, welche im meisterhaften Vortrag geistlicher Lieder alle andern religiösen Gesellschaften übertrafen. Sowohl unter den Insassen des von Kelpius gestifteten Klosters wie des von Beissel gegründeten „Ephrata" gab es verschiedene Männer und Frauen, die Fertigkeit in Dichtkunst und Musik besaßen und nicht bloß zahlreiche geistliche Lieder dichteten, sondern auch Melodien zu denselben schufen.

Die „Chronik von Ephrata" bezeichnet selbst voller Stolz den Klostergesang als ein „Vorspiel der Neuen Welt und ein Wunder der Nachbarn"; ferner erwähnt sie, „daß die gantze Gegend durch den Schatz himmlischen Lustspiels gerührt" worden sei. In der Tat wurden die in der Nachbarschaft des Klosters gelegenen Ansiedlungen von der Sangeslust angesteckt, und ihre Bewohner ruhten nicht, bis die Klostergemeinde ihnen zwei Brüder als Gesanglehrer stellte.

Die in Philadelphia und Germantown ansässigen Jünger Gutenbergs sorgten für den Druck geistlicher Lieder, von denen die im Jahre 1730 von Benjamin Franklin gedruckte Sammlung „Göttliches Liebes- und Lobes Gethöne" sowie die von Christoph Saur veranstalteten Sammlungen „Das Paradisische Wunderspiel", „Das Gesäng der einsamen Turteltaube" und „Der Zionitische Weyrauchshügel oder Myrrhen-Berg" bei fast allen damals in Nordamerika bestehenden deutschen Gemeinden Eingang fanden.

Auch die Mährischen Brüder oder Herrnhuter pflegten geistliche Musik und Gesang und suchten ihren Gottesdienst durch Violinen, Oboen und

Trompeten musikalisch auszuschmücken. Ein Posaunenquartett begründeten sie bereits im Jahre 1752.

Die wichtigsten Mittelpunkte der Deutschen bildeten die Kirchengemeinden, deren Gründung zu den ersten Betätigungen ihres von tiefer Religiösität durchwehten Lebens gehörte.

Sehen wir von den rasch prosperierenden Genossenschaften der Mennoniten und Herrnhuter ab, so war es um die deutschen Gemeinden in der ersten Zeit allerdings herzlich schlecht bestellt, da sie sich um ihre geistliche Wohlfahrt selber kümmern mußten. Weder die deutschen Landesregierungen noch die dortigen Kirchenbehörden nahmen sich ihrer an oder versorgten sie mit Predigern. Die ersteren bekundeten für die in die Fremde Auswandernden nicht das geringste Interesse, da sie ja mit ihrem Ausscheiden aus dem Untertanenverband aufhörten, dem Staat Abgaben zu entrichten und nützlich zu sein. Die deutschen Kirchenbehörden waren durch die zwischen den einzelnen Bekenntnissen nie zur Ruhe kommenden Zwiste zu sehr in Anspruch genommen, als daß sie Zeit gefunden hätten, den fernen Glaubensgenossen Aufmerksamkeit zuzuwenden und sie mit Predigern zu versorgen. Aus diesem Grunde mußten sowohl die in den Kolonien New York, New Jersey und Pennsylvanien lebenden deutschen Lutheraner wie die Reformierten häufig die Dienste dort ansässiger holländischer und schwedischer Pfarrer in Anspruch nehmen, von denen manche der deutschen Sprache mächtig waren.

Aber auch dieser Notbehelf hörte allmählich auf, als nach der Annexion Neu-Niederlands und Neu-Schwedens die holländischen und schwedischen Regierungen nicht länger imstande waren, für die Aufrechterhaltung ihrer Beziehungen zu den in den annektierten Provinzen lebenden Stammesgenossen so kräftig zu sorgen, wie dies früher geschehen war.

Zum Glück fanden sich, als das kirchliche Leben der deutschen Auswanderer in Amerika in Verwahrlosung zu verfallen drohte, einige wackere Männer, welche sich die Not ihrer deutschen, in der Fremde weilenden Landsleute zu Herzen nahmen. Obenan unter denselben standen die als Stifter des Waisenhauses in Halle berühmt gewordenen Brüder August Hermann und Gotthilf August Franke, sowie der Londoner Hofprediger Ziegenhagen. Sie sandten mehrere tüchtige Prediger aus, die sich die Bedienung und straffere Zusammenfassung der deutschen Gemeinden in Amerika zur Aufgabe stellten.

Das war allerdings recht schwierig, indem diese Pastoren mehrere, weit voneinander entfernte Gemeinden bedienen mußten. Obwohl bereits Tausende von Lutheranern in den Tälern des Hudson und Mohawk und in dem benachbarten New Jersey wohnten, so gab es im Jahre 1725 doch nur einen berufsmäßigen lutherischen Prediger im ganzen Distrikt, den in New York lebenden Pastor Wilhelm Christoph Berkenmeyer. Pennsylvanien mit einer lutherischen Bevölkerung von 60 000 Köpfen besaß gleichfalls bloß einen solchen Pfarrer, so daß manche ferngelegene Gemeinden nur ein- bis zweimal im Jahre den Besuch desselben empfangen konnten.

Von den Mühseligkeiten, unter welchen solche Seelsorger ihrem Beruf oblagen, kann man sich heute nur schwer eine Vorstellung machen. Häufig mußten sie 50 oder 100 Meilen weit über grundlose Pfade und steil abfallende Hügel, durch dicke Urwälder, gefährliche Sümpfe und angeschwollene Bäche reiten, den schlimmsten Launen des Wetters ausgesetzt. Oft fiel der Regen in Strömen nieder; im Sommer erschlafften Roß und Reiter infolge der sengenden Hitze, während zur Winterszeit bittere Kälte das Blut in den Adern erstarren machte.

Welche Anforderungen an die Körperkraft gestellt wurden, ergibt sich aus den Aufzeichnungen des im Jahre 1742 von Halle nach Pennsylvanien entsandten Predigers **Heinrich Melchior Mühlenberg**. Das Arbeitsfeld dieses hochbegabten, unermüdlich tätigen, mit großer Herzensgüte ausgestatteten Mannes erstreckte sich über die Kolonien Pennsylvanien, New Jersey und New York. Außerdem besuchte er gelegentlich die Gemeinden in Virginien, Karolina und Georgia. Während seiner weiten Reisen mußte er oft stundenlang in stockdunkler Nacht zu Pferde zubringen, bei Sturm und Schnee, beständig von Gefahren durch wilde Tiere und feindliche Indianer umdroht. Keine irdische Vergütung konnte ihn für solche Beschwerden und Mühen lohnen. Aber er fand vollkommene Befriedigung in dem Vorrecht, das Evangelium einer Menge aufmerksamer Zuhörer predigen zu dürfen, von denen viele weither kamen, um seinen Worten zu lauschen.

Mühlenberg gründete zunächst in Philadelphia eine große lutherische Gemeinde. Von dort sandte er auch regelmäßige Berichte an die vom Waisenhaus zu Halle herausgegebenen „Halleschen Nachrichten". Diese als Quelle unserer Kenntnisse für die Zustände des damaligen Deutschtums in Amerika unschätzbaren Mitteilungen bewirkten, daß sich das Interesse der kirchlich Gesinnten in Deutschland in höherem Maß den Bedürfnissen ihrer jenseits des Meeres lebenden Glaubensgenossen zuwandte. Dann auch, daß sich mehrere andere Prediger zur Teilnahme an dem Wirken Mühlenbergs entschlossen und nach Amerika übersiedelten. In Gemeinschaft mit diesen sowie einigen schwedischen Pastoren gründete Mühlenberg im August 1748 die **erste lutherische Synode** in Amerika, eine die nachdrücklichere Förderung der Wohlfahrt der Lutheraner in der Neuen Welt anstrebende Verbindung.

Was Mühlenberg für die lutherische Kirche leistete, das verrichtete um dieselbe Zeit der Deutsch-Schweizer **Michael Schlatter** für die reformierte. In seiner Vaterstadt St. Gallen hatten ihm angesehene Stellen offengestanden. Er schlug dieselben aber aus, um sich der geistlichen Pflege der nach Pennsylvanien übersiedelten reformierten Pfälzer zu widmen. In Gemeinschaft mit einigen anderen Geistlichen stiftete er die **erste deutsche reformierte Synode** in Amerika, einen der wichtigsten Kirchenkörper, dessen Mitglieder ihn noch heute als ihren Vater verehren.

Auf Schlatters Anregung kam auch der reformierte Geistliche Philipp Wilhelm Otterbein (geboren 4. Juni 1726 in Dillenburg, Nassau) nach Pennsylvanien. Nachdem er dort in den Orten Lancaster und Tulpehocken ge-

Heinrich Melchior Mühlenberg.

wirkt hatte, siedelte er nach Maryland über und gründete in Baltimore die neue Kirchengemeinschaft der „Vereinigten Brüder in Christo", welche später große Ausdehnung gewann.

Die meisten dieser edlen Gottesstreiter, denen wir auch den im Jahre 1769 bei Pottstown in Pennsylvanien geborenen Jacob Albrecht, den

Stifter der „Evangelischen Gemeinschaft" zuzählen müssen, verfügten über gründliche, auf deutschen Hochschulen erworbene Kenntnisse, die sie in den in Verbindung mit den Kirchen gestifteten Schulen aufs trefflichste zum Nutzen ihrer Landsleute verwerteten.

Berufsmäßige deutsche Lehrer waren zu Anfang des 18. Jahrhunderts in Amerika äußerst selten. Kein Wunder, wurden doch diese Erzieher des Volkes damals in Deutschland zu schlecht bezahlt, als daß sie von ihrem kärglichen Lohn die beträchtlichen Kosten der Reise nach Amerika hätten erübrigen können. Auch die Stellung der wenigen, welchen es gelang, diese Mittel aufzutreiben, war eine höchst unsichere. Gleich den Pastoren besaßen sie weder feste Besoldung noch freie Amtswohnungen. Sie waren auf freiwillige Beiträge der Gemeindemitglieder angewiesen.

Um so höhere Anerkennung schuldet das Deutschtum jenen Wackeren, die freudigen Herzens ihr reiches Wissen den Landsleuten mitteilten und sie dadurch für den Kampf ums Dasein befähigten. Es gab unter diesen Männern wahrhaft leuchtende Beispiele. Daß der edle Pastorius in Germantown eine Schule einrichtete und an derselben zwanzig Jahre lang eine Abendklasse leitete, wurde bereits in einem früheren Abschnitt erwähnt. Er verfaßte auch das erste, in Pennsylvanien gedruckte Schulbuch. In ähnlicher Weise machten sich die frommen Schwärmer Kelpius und Miller verdient. J o h a n n   T h o m a s   S c h l e y, derselbe, welcher in Frederick, Maryland, im Jahre 1745 das erste Haus erbaute, wird von Schlatter, dem Gründer der Reformierten Kirche in Amerika, als der beste Lehrer bezeichnet, den er in der Neuen Welt gefunden habe. Er scheue weder Mühe noch Arbeit, um die Jugend zu belehren und die Älteren in ihrem Wissen zu bereichern.

Auch die beiden Pastoren Mühlenberg und Schlatter, welche das Pädagogische Institut der Brüder Franke in Halle durchlaufen hatten, wirkten durch ihre gründlichen Bestrebungen auf dem Gebiet der Jugenderziehung äußerst anregend. Weiter verdienen die Lehrer W e i ß, B r e h m und S t i e f e l rühmlich erwähnt zu werden. Keiner aber mehr als C h r i s t o p h   D o c k, „der fromme Schulmeister vom Skippack", dessen Andenken man noch heute in Pennsylvanien feiert.

Derselbe eröffnete im Jahre 1718 an dem genannten Bach eine Schule, die er lange Jahre leitete, ohne regelmäßige Bezahlung zu empfangen. Im Jahre 1738 gründete er eine zweite Schule in Salford und teilte nun seine Tätigkeit so ein, daß er in jeder Schule wöchentlich drei Tage lang unterrichtete. 53 Jahre lang blieb Dock in seinem erzieherischen Beruf tätig. Seine Lehrmethode war so vorzüglich, daß beide Schulen weithin berühmt wurden. Er veranlaßte auch die Zöglinge der einen Schule, denjenigen der andern regelmäßige Berichte über ihre Tätigkeit und die gemachten Fortschritte zu senden, die er dann persönlich beförderte. Der ganze Unterricht war systematisch geregelt und darauf berechnet, den Ehrgeiz der Schüler zu wecken. Auf ihr Betragen wirkte er durch den Erlaß von „hundert nützlichen Regeln". Sie wurden im Jahre 1764 gedruckt und enthalten Anweisungen für das Verhalten der Kinder beim Aufstehen, bei den Mahlzeiten, in der Schule, auf der Straße, in der Kirche, beim Zubettegehen und vielen anderen Gelegenheiten. Sie sind so mustergültig, daß sie noch heute einen Platz in jedem Schulzimmer verdienen.

Wiederholt wurde Dock, dieser deutsch-amerikanische Pestalozzi, aufgefordert, seine mit so großem Erfolg angewendeten Erziehungs- und Lehrmethoden in Buchform herauszugeben. Aber er entschloß sich nur schwer dazu, weil seine Bescheidenheit ihm verbot, ein Werk zu seinem eigenen Lob zu schreiben. Erst nach langem Zureden seiner Vorgesetzten schritt er im Jahre 1754 an die Abfassung seiner „Schulordnung", welche im Jahre 1770 in dem von Christoph Saur herausgegebenen „Geistlichen Magazin" abgedruckt wurde und das erste in Amerika verfaßte Werk über Pädagogik darstellt.

Für die Schul- und Kirchenverhältnisse der Deutschen in Pennsylvanien ist auch folgende Erklärung bezeichnend, die in einem 1755 dort veröffentlichten Pamphlet enthalten ist:

„The Germans have schools and meeting-houses in almost every township thro' the province, and have more churches and other places of worship in the city of Philadelphia itself than those of all other persuasions added together."

Zieht man auf Grund obiger Darstellungen einen Schluß über den Kulturstand der in den englischen Kolonien lebenden Deutschen, so wird man denselben die Anerkennung nicht versagen können, daß sie fleißig, unermüdlich vorwärtsstrebten und auf ihre geistige Fortbildung bedacht waren. Sie bildeten ein Bevölkerungselement, welches das von allen Gutmeinenden rückhaltlos gespendete Lob vollauf verdiente.

Schlußvignette: Die letzte Zuflucht.

Der Franzosenkrieg.

Eine seltsame Laune des Geschicks fügte es, daß viele Deutsche, welche in der Heimat unter der Brutalität der Franzosen gelitten hatten und infolgedessen ausgewandert waren, sich in der Neuen Welt den gleichen Feinden abermals gegenübersahen.

Bei der Aufteilung Amerikas hatten die Franzosen sich am St. Lorenzstrom festgesetzt und von dort aus nicht bloß Canada, sondern auch die südlich von den fünf großen Seen gelegenen Länder am Ohio und Mississippi erforscht. Diese bis zum Golf von Mexiko reichende Ländermasse erhielt zu Ehren des Königs Louis XIV. den Namen Louisiana. Eine vom St. Lorenzstrom bis zur Mündung des Mississippi reichende Kette von 60 Forts sollte dieses gewaltige Kolonialreich gegen die Engländer sichern.

Die Kolonien der letzteren beschränkten sich auf den schmalen, vom französischen Arkadien bis zum spanischen Florida reichenden Küstenstreifen. Nach dem Innern hin verliefen die Grenzen unbestimmt und waren durch kein Übereinkommen mit den Franzosen festgelegt. Da die Engländer langsam gen Westen, die Franzosen hingegen durch das Ohiotal gen Osten vorrückten, so war ein Zusammenstoß der beiden um die Vorherrschaft in Amerika rivalisierenden Mächte auf die Dauer unvermeidlich.

Schon ehe dieser Grenzkrieg ausgefochten wurde, kam es infolge der in Europa zwischen den Engländern und Franzosen geführten Feldzüge auch in

---

Kopfleiste: Indianische Kundschafter beschleichen unter Wolfsmasken ein Lager von Ansiedlern. Nach einer Originalzeichnung von Rudolf Cronau.

der Neuen Welt zu blutigen Kriegen. Dieselben nahmen einen wahrhaft grausamen Charakter an, als beide Gegner die ihrem Einfluß zugängigen Indianerstämme zur Teilnahme an dem Kampf aufreizten. Auf Seite der Franzosen fochten die Huronen, Ottowas, Miamis, Illinois und Schaunies. Die Engländer bemühten sich, den aus den Mohawks, Oneidas, Onondagas, Cayugas, Senecas und Tuscaroras bestehenden Irokesenbund, ferner die Delawaren, Cherokesen und Chikasaws auf ihre Seite zu bringen.

Alle diese Wilden feierten nicht bloß in dem Blut ihrer rothäutigen Gegner, sondern auch der weißen Ansiedler wahre Orgien und schleppten tausende von Kopfhäuten als schauerliche Trophäen hinweg, um damit ihre Waffen, Gewänder und Wigwams zu schmücken.

Insgesamt wurden vier Kriege zwischen den Franzosen und Engländern auf dem Boden der Neuen Welt ausgefochten. Der erste erstreckte sich über die Jahre 1689 bis 1697. Durch die von Jakob Leisler vorgeschlagenen gemeinsamen Angriffe der englischen Kolonien auf Canada war er bemerkenswert.

Der zweite Krieg währte von 1702 bis 1713. Deutsche Ansiedler wurden durch denselben nicht betroffen.

Der dritte Krieg erstreckte sich über die Jahre 1744 bis 1748. Das wichtigste Ereignis bildete die Eroberung der bei Kap Breton angelegten französischen Festung Louisburg. Bewohner der deutschen Ansiedlung Waldoburg nahmen daran Anteil. Im weiteren Verlauf des Feldzugs wurden die zurückgebliebenen Bewohner Waldoburgs am 21. Mai 1746 von canadischen Indianern überfallen und teils niedergemacht, teils in die Gefangenschaft geschleppt.

Kaum sechs Jahre nach dem Friedensschluß entbrannte der große Entscheidungskampf um die Herrschaft in Nordamerika. Von 1754 bis 1763 während, brachte er sowohl über die am Mohawk und Schoharie wohnenden Pfälzer wie auch über die am Fuß der Alleghanygebirge lebenden Ansiedler schreckliche Heimsuchungen.

Die erbittertsten Kämpfe spielten sich in dem das Hauptstreitobjekt bildenden Quellgebiet des Ohio ab. Die Franzosen basierten ihre Ansprüche auf dasselbe darauf, daß sie den Ohio entdeckt hätten, demgemäß das ganze Gebiet bis zu den die Wasserscheide bildenden Alleghanys zu ihrer Interessensphäre gehöre. Die Engländer weigerten sich, diese Ansprüche anzuerkennen, weil manche aus den englischen Kolonien stammende Bewohner jene Gebiete zuerst besiedelt hätten, und weil diese außerdem Besitztum des den Engländern verbündeten Irokesenbundes seien.

In der Tat waren verschiedene verwegene Pelzhändler vom Mohawk und von Pennsylvanien aus in das Ohiogebiet vorgedrungen und hatten dort Handelsstationen errichtet. Unter diesen Pionieren, die als erste verwegen über die Alleghanys hinwegstiegen und den Blick über jene ungeheure Wildnis hinwegschweifen ließen, durch welche die Flüsse in westwärts gerichtetem Lauf dem sagenhaften Mississippi zueilten, befanden sich zahlreiche Deutsche.

Bereits vor dem Jahre 1728 errichtete der Deutsch-Pole Anton Sodowsky am Südwestende des Eriesees einen Handelsposten, an dessen Stelle heute die Stadt Sandusky steht. Thomas Mehrlin und Johann Salling waren die ersten, die im Jahre 1740 in einem aus Büffelhäuten angefertigten Kanu den Ohio hinabfuhren. Sie wurden in der unbekannten Wildnis von Cherokesen überfallen. Mehrlin entkam; Salling aber ward als Gefangener in die Dörfer des Stammes am oberen Tennessee gebracht und in den Stamm aufgenommen. Drei Jahre lebte er, gleich einem Indianer bemalt und mit Ringen durch Nase und Ohren, mit den Söhnen der Wildnis. Später geriet er während eines Gefechtes mit den Illinoisindianern in die Gewalt der letzteren und kam so nach dem Dorf Kaskaskia, wo eine alte Indianerin ihn als Sohn adoptierte. Mit seinen neuen Stammesgenossen vollführte Salling Streifzüge durch die westlichen Prärien bis zum Meerbusen von Mexiko, wo seine Adoptivmutter ihn an eine spanische Handelskarawane verkaufte. Als Dolmetscher kam er mit dieser nach Canada, von wo er später nach seinem frühern Wohnort Williamsburg in Virginien zurückkehrte.

Ein anderer deutscher Pionier war der aus Pennsylvanien stammende Peter Diete. Zusammen mit Jakob Dimmew trieb er an den Ufern des oberen Ohio Pelzhandel. Beide wurden aber von dem französischen Dolmetscher Chartier mit 400 Schaunies überfallen und ihrer Boote wie der darin befindlichen Ladung beraubt. Man verbot darauf den beiden Abenteurern unter Androhung sofortigen Todes, je wieder den Fluß zu befahren.

Dort, wo heute die Stadt Toledo steht, baute im Jahre 1739 Martin Hertel ein Blockhaus. Andere Deutsch-Pennsylvanier errichteten unter den Piankeschaws, einem Zweig der Miamis, im heutigen Shelby County in Ohio den befestigten Handelsposten Pickawilleny.

Um die Besiedelung des Ohiogebietes zu fördern und den dortigen Pelzhandel an sich zu ziehen, rief die englische Regierung die aus virginischen und Londoner Kaufleuten gebildete „Ohio Gesellschaft" ins Leben. Dieselbe erhielt im Jahre 1748 nicht nur das Anrecht auf ein 500 000 Acker großes Gebiet am Monongahela, dem südlichen Quellarm des Ohio, sondern auch das Monopol des Tauschhandels mit den am Ohio seßhaften Indianerstämmen. Die Gesellschaft übernahm dagegen die Verpflichtung, auf dem ihr zugewiesenen Landgebiet binnen sieben Jahren mindestens hundert Familien anzusiedeln und zu deren Schutz auf eigene Kosten ein Fort zu bauen.

Bevor damit begonnen werden konnte, galt es, das nur wenigen verwegenen Pelzhändlern bekannte Quellgebiet des Ohio genauer zu erforschen. Mit dieser gefährlichen Aufgabe betraute man einen kühnen Hinterwäldler deutscher Abstammung, den am Yadkin wohnenden Trapper Christoph Gist oder Geist. Er erhielt die Weisung, zunächst einen über die Alleghanygebirge führenden Paß zu ermitteln, dann die Stärke der am Ohio wohnenden Indianerstämme auszukundschaften, und drittens eine Karte der von ihm durchwanderten Länder anzufertigen.

Gist trat seine beschwerliche Wanderung im Oktober 1750 an, überstieg zunächst die Blue Ridge, durchquerte dann das Tal des Shenandoah, durchwatete die Schneewehen der Alleghanygebirge und drang endlich bis zum Ohio vor. Die franzosenfreundlichen Ottawaindianer respektierten ihn zwar als Abgesandten des Königs von England, ließen ihm sonst aber eine kühle Aufnahme zuteil werden.

Gist wandte sich darauf zu den am Muskingum wohnenden Wyandots. Hier traf er zu seiner Überraschung einen Pennsylvanier, George Groghan, der mit der Absicht gekommen war, die Rothäute für eine von den Pennsylvaniern geplante Niederlassung freundlich zu stimmen. Gemeinschaftlich besuchten die beiden Abenteurer ferner die am Scioto hausenden Delawaren, die auf beiden Ufern des Ohio sitzenden Schawnes oder Schaunies sowie die nördlich davon wohnenden Miamis. Es gelang Gist, die meisten dieser Indianerstämme zu bewegen, Abgesandte zu einer großen Beratung zu schicken, die mit Vertretern der Kolonie Virginien und der Ohio-Gesellschaft in Logstown, einer heute nicht mehr nachweisbaren Pelzhandelsstation, statthaben solle. Der Hauptzweck dieser Zusammenkunft sollte in der Anerkennung der Besitztitel der Ohio-Gesellschaft seitens der Indianer bestehen.

Ein Indianer mit den Zeichen seiner Kriegstaten geschmückt.

Die Beratung fand im Juni des Jahres 1752 an der vereinbarten Stelle statt. Gist vertrat dabei die Ohio-Gesellschaft; Oberst Frey sowie zwei andere Bevollmächtigte vertraten die Kolonie Virginien. Aber die um ihre Zukunft besorgten Rothäute wollten sich zur Anerkennung irgendwelcher Ansprüche oder Besitztitel, gleichviel ob englische oder französische, nicht verstehen.

„Die Engländer beanspruchen alles Land auf dieser, die Franzosen alles Land auf jener Seite des Ohio. Wo bleiben wir Indianer?" Mit dieser Frage lehnten sie jede weitere Erörterung der Angelegenheit ab und setzten allen von den Weißen vorgebrachten Überzeugungsgründen hartnäckiges Schweigen entgegen.

Die ablehnende Haltung der Rothäute schreckte die Leiter der Ohio-Gesellschaft aber nicht von weiteren Bemühungen zur Befestigung ihrer Ansprüche ab. Sie sandte sogar Feldmesser aus, welche die geplante Niederlassung am Ohio vorbereiten und mit dem Bau eines Forts beginnen sollten. Als geeignetste Stelle erkor man eine durch den Zusammenfluß des Alleghany und Monongahela gebildete Landzunge. Dorthin schaffte man Kriegsmaterial und Waren für den Tauschhandel mit den Indianern.

Aber die Franzosen erhielten durch ihre indianischen Verbündeten von diesen Vorbereitungen Wind und erschienen am 11. April 1754 1000 Mann stark mit zahlreichen Geschützen auf einer aus 60 Schiffen und 300 Kanus bestehenden Flotte. Dieser bedeutenden Macht räumte der mit der Verteidigung des Platzes betraute Fähnrich Ward das Feld, worauf die Franzosen sofort mit dem Bau des starken Forts Duquesne begannen.

Noch war kein Blut geflossen, aber die Entscheidung ließ nicht lange auf sich warten. Als Befehlshaber einer Anzahl virginischer Provinzialtruppen befand sich der junge Offizier George Washington in der Nähe des heutigen Cumberland. Als er erfuhr, daß ein französisches Streifkorps in der Gegend sei, rückte er demselben mit seinen Leuten entgegen und ließ beim Ansichtigwerden der Feinde sofort das Feuer eröffnen. Damit war der Anlaß zum offenen Krieg gegeben, zu einem Krieg, der die ganze Welt in Flammen setzte und Europa eine Million Menschen kostete.

Der rasch entworfene Feldzugsplan der Engländer sah, soweit er den Krieg in Nordamerika betraf, die Entsendung von vier getrennt marschierenden Expeditionen vor, von denen die erste unter General Edward Braddock das Fort Duquesne nehmen sollte. Die zweite Expedition unter General Shirley erhielt Befehl, das am Ausfluß des Niagara in den Ontariosee gelegene Fort Niagara zu erobern und in Canada einzufallen. Die dritte unter William Johnson sollte sich der französischen Befestigung Crown Point am Champlainsee bemächtigen; während die vierte die Aufgabe hatte, die Franzosen aus Neu-Schottland zu vertreiben.

Von diesen Unternehmungen beansprucht der Zug des Generals Braddock insofern unser Interesse, als sein Fehlschlagen für die deutschen Grenzbewohner in West-Virginien und Pennsylvanien äußerst verhängnisvoll wurde. Braddock brach mit 2000 Mann im Frühling 1755 nach den Alleghanys auf, geriet aber am 9. Juli am Monongahela in einen Hinterhalt und erlitt eine furchtbare Niederlage. Die Hälfte seiner Truppen nebst 63 Offizieren wurden getötet oder verwundet. Nur der umsichtigen Leitung George Washingtons, welcher sich mit seinen Milizsoldaten der Expedition als Freiwilliger angeschlossen hatte und den Rückzug deckte, war es zu danken, daß Braddocks Armee nicht gänzlich aufgerieben wurde.

Infolge dieser Katastrophe waren die zerstreut wohnenden Ansiedler in West-Virginien und Pennsylvanien den Angriffen der Franzosen und ihrer indianischen Verbündeten schutzlos preisgegeben.

Eine wahrheitsgetreue Schilderung der nun hereinbrechenden Schreckenszeit ist nie geschrieben worden, da die einzelnen Episoden derselben sich fern von Augenzeugen inmitten der Wildnis zutrugen. Deshalb widmen ihr auch die meisten Geschichtswerke nur wenige Zeilen, welche sagen, daß jene Regionen mehrere Jahre hindurch von Rothäuten und Weißen aufs furchtbarste verwüstet wurden. Wie viele tausend Hütten dabei in Flammen aufgingen, wie viele Ansiedler abgeschlachtet, skalpiert oder am Marterpfahl verbrannt, wie viele Frauen geschändet, erwürgt oder in eine an scheußlichen Entehrungen reiche Gefangenschaft geschleppt wurden, wird verschwiegen. Nur da und dort stoßen wir in halbvergessenen Lokalchroniken auf die Schilderungen einzelner Begebnisse, welche die Greuel jener Schreckenszeit mit unheimlicher Schärfe vor Augen rücken. Wir greifen einige heraus, welche deutsche Ansiedler betrafen.

Eine halbe Meile von dem durch Herrnhuter gegründeten christlichen Indianerdorf Gnadenhütten entfernt lag der aus mehreren Häusern bestehende Weiler Mahoming. Die hier wohnenden herrnhutischen Familien wurden an einem schaurigen Novemberabend von Indianern überfallen. Drei Personen gelang es, zu entkommen. Alle anderen, neun Männer, drei Frauen und ein Kind, fielen unter den Beilen der Rothäute, oder kamen in den Flammen der in Brand gesetzten Häuser um.

Im Lehigh County wurden sämtliche Angehörigen des Ansiedlers Jakob Gerhardt abgeschlachtet. Zwei Kinder, die angsterfüllt unter ein Bett gekrochen waren, verbrannten, als die Indianer das Haus anzündeten.

Im Berks County bewohnte der Ansiedler F r i e d r i c h   R e i c h e l s d o r f e r ein einsam gelegenes Gut. Im Bewußtsein der bedrohten Lage desselben brachte er seine Angehörigen nach der Ortschaft Neu-Hannover, kehrte aber von Zeit zu Zeit zu seinem Gehöft zurück, um nach dem zurückgelassenen Vieh und der Ernte zu sehen. Bei einem dieser Gänge war Reichelsdorfer von seinen beiden erwachsenen Töchtern begleitet, welche helfen wollten, den Weizen zu dreschen. Nach getaner Arbeit wurden in später Abendstunde die beiden Mädchen von bangen Ahnungen befallen und vereinigten sich mit ihrem Vater zu einem gemeinsamen Gebet, wobei sie den Choral sangen: „Wer weiß, wie nahe mir mein Ende." Als am folgenden Morgen Reichelsdorfer mit dem Einfangen der Pferde beschäftigt war, brachen plötzlich unter gellendem Geheul einige scheußlich bemalte Indianer auf ihn herein. Von jähem Schrecken befallen, ergriff er die Flucht und rannte den nächsten Wohnplätzen zu, um bei zwei dort wohnenden deutschen Familien Schutz zu suchen. Als er aber in die Nähe der Hütten kam, hörte er das entsetzliche Angstgeschrei ihrer Bewohner und sah, wie zahlreiche Indianer eben dabei waren, die Familien abzuschlachten. Erst jetzt fielen ihm die eigenen Töchter ein, und er lief in Eile zu seiner Wohnung zurück. Schon vom Walde aus sah er, daß Haus, Scheunen und Ställe licherloh in Flammen standen, die über die höchsten Bäume emporzüngelten. Durch das Knattern der Glut hörte er das erbärmliche Gebrüll des verbrennenden Viehs, das scheußliche Geheul der Wilden und das Wehgeschrei

Die Abschlachtung einer Ansiedlerfamilie durch Indianer.

seiner Töchter. Von Entsetzen erfüllt, floh Reichelsdorfer nach Neu-Hannover. Von dort brach sofort eine Anzahl beherzter Männer zu dem Schauplatz der Tragödie auf. Aber als sie dort anlangten, waren die Indianer verschwunden. Das ganze Besitztum lag in Asche. Von der ältesten Tochter fand man nur wenige halbverkohlte Überreste; die jüngere, obwohl schrecklich verstümmelt und skalpiert, lebte noch. Mit ersterbender Stimme bat sie ihren Vater, sich zu ihr zu neigen, damit sie ihm den letzten Abschiedskuß geben könne. Wenige Minuten später verschied sie in seinen Armen.

Ähnliche Greuelszenen, von denen jede Kunde fehlt, ereigneten sich auf zahlreichen anderen Gehöften. Nachgewiesenermaßen wurden am Ostabhang der Blauen Berge über 300 Pfälzer von den Indianern ermordet. Sogar an größere Ortschaften wagten sich die Rothäute.[1]) So fielen sie im November 1755 die Ansiedlungen der Pfälzer am Tulpehocken an, töteten 15 Personen und brannten mehrere Häuser nieder.

In Tulpehocken sah es damals, wie noch erhaltene Briefe melden, entsetzlich aus. Der Ort war mit Flüchtlingen überfüllt. In manchen Häusern drängten sich 50 bis 70 Menschen zusammen. Frauen beweinten den Tod ihrer Männer, Männer ihre Weiber, Eltern die Kinder und den Verlust ihrer ganzen Habe. Ringsum im Lande stiegen Rauchsäulen auf, welche den Untergang blühender Heimstätten verkündeten.

Noch schwerer als die Deutschen in Pennsylvanien und Virginien litten die Pfälzerkolonien im New Yorker Mohawktale. Während der ersten beiden Kriegsjahre waren sie von den Greueln derselben verschont geblieben, da das am Südufer des Ontariosees liegende Fort Oswego gegen den Einbruch der Franzosen Schutz gewährte. Nichtsdestoweniger hatten die Pfälzer einen Zufluchtsort für den Fall der Not angelegt, indem sie das aus Steinen erbaute Wohnhaus des Johann Jost Herchheimer mit hohen, an den Ecken durch Bastionen verstärkten Palisaden umgaben. Außerhalb dieser Befestigung befand sich ein tiefer Wassergraben. Hinter den Palisaden erhob sich ein Erdwall, der es den Verteidigern ermöglichte, über die Umzäunung hinwegzublicken und auf die Angreifer zu feuern. Wie nötig diese Vorsichtsmaßregeln waren, zeigte sich, nachdem Fort Oswego den Franzosen in die Hände gefallen war.

Am 11. November 1757 gelang es dem französischen Kapitän Belletre, mit 300 Soldaten und Indianern durch die dicken Urwälder unbemerkt in die Nähe der auf dem Nordufer des Mohawk gelegenen Pfälzerniederlassungen zu schleichen. In der folgenden Nacht, drei Uhr morgens, brach er mit seiner Horde über die im tiefsten Schlaf liegenden Ansiedler herein und metzelte alle nieder, die nicht schnell genug die Flucht ergreifen konnten. Vom Feuerschein

---

[1]) An diese Tatsache knüpft Rev. F. J. E. Schantz im 10. Band der Proceedings der Pennsylv. German Society folgende Bemerkung: „Es war die traditionelle Politik der Regierung, die Deutschen an die Grenzen zu schicken, — an die Stellen der Gefahr. Laßt der Wahrheit ihr Recht, so wie die Geschichtschreibung von heute sie berichtet. Die früheren Geschichtschreiber rühmten, das Verfahren der Quäker den Indianern gegenüber sei so mild und edel gewesen, daß infolgedessen nie ein Tropfen Quäkerbluts von Indianern vergossen worden sei. Soll ich sagen warum? Weil der Gürtel der Quäkerniederlassungen in einem Halbkreis von 50 Meilen von Philadelphia lag. Jenseits dieses Halbkreises lagen die Niederlassungen der wackeren Deutschen, der Reformierten, Lutheraner, Tucker, Mennoniten und Herrnhuter, welche es nachdrücklich verhinderten, daß die Wilden Quäkerblut vergießen konnten. Anstatt dessen färbten sich die indianischen Kriegsbeile und Skalpiermesser mit dem Blut der Pfälzer. Laß die geopferten Leben von mehr als 300 Männern, Frauen und Kindern aus dem Rheinland, welche während der Jahre 1754 und 1763 in den blauen Bergen abgeschlachtet wurden, die wahre Antwort auf die Prahlerei der Quäker geben. Vor 1750 gab es in Ost-Pennsylvanien viele Niederlassungen, in denen keine andere als die deutsche Sprache gehört wurde."

der brennenden Hütten und Ställe färbte sich der Himmel blutigrot. Von den flackernden Flammen grell beleuchtet, sah man allerorten kämpfende Männer, verzweifelte Frauen und Kinder, die von unbarmherzigen Feinden niedergeschlagen und skalpiert wurden. Viele wurden von dem in panischem Schrecken flüchtenden Vieh umgerannt und zertreten. Andere ertranken im Fluß, als sie sich auf das jenseitige Ufer retten wollten. 40 Personen wurden ermordet, 120 als Gefangene nach Canada geschleppt. Nur diejenigen entrannen dem Verderben, denen es gelang, das Fort Herchheimer zu erreichen. Dieses anzugreifen, wagten die Feinde nicht, da sie glaubten, es habe eine starke Besatzung.

Dem noch erhaltenen von Prahlsucht strotzenden Bericht des französischen Kapitäns zufolge hätte seine Truppe 1500 Pferde, 3000 Rinder und ebensoviele Schafe, an barem Geld und Wertgegenständen außerdem anderthalb Millionen Pfund Sterling erbeutet! Einer englischen Berechnung zufolge bewertete sich der Verlust immerhin auf über 50 000 Dollar.

Am 30. April des folgenden Jahres wiederholte Belletre seinen Raubzug, überfiel diesmal aber die auf der Südseite des Mohawk gelegenen Wohnstätten, wobei wiederum 33 deutsche Ansiedler ihren Tod fanden. Als jetzt die Feinde auch das Fort angriffen, wurden sie von der Besatzung desselben mit einem Verlust von zahlreichen Verwundeten und 15 Toten zurückgeschlagen. In diesem Kampf leitete der älteste Sohn Herchheimers, Nikolas, der spätere Held von Oriskany, die Verteidigung.

Während dieser furchtbaren Kriegsstürme waren die Ansiedler fast durchweg auf Selbsthilfe angewiesen. Die Kolonialbehörden, besonders in dem ganz von Quäkern beherrschten Pennsylvanien, zeigten sich in ihren Bemühungen, den Bedrängten Beistand zu leisten, so saumselig, daß es energischer Beschwerden, ja förmlicher Demonstrationen bedurfte, um sie an die Erfüllung ihrer Pflicht zu erinnern. Über eine solche Demonstration berichtet die „Philadelphische Zeitung" vom November 1755: „Am Dienstag, den 25., sind ungefähr 600 meistenteils Deutsche aus dem Lande in die Stadt friedlich und in geziemender Ordnung gekommen, zu vernehmen, ob sie, ihre Weiber, Kinder, Plantagen und Religion länger in Gefahr der unbarmherzigen und blutdürstigen Wilden bleiben sollen oder Schutz vom Gouverneur erwarten können."

Um ihre Beschwerde so eindrucksvoll als möglich zu machen, brachten die Ansiedler mehrere schrecklich verstümmelte und skalpierte Leichen mit, und stellten dieselben als Opfer der langsamen, kriegerischen Maßnahmen abgeneigten Quäkerpolitik vor den Türen des Assemblyhauses zur Schau. Der Gouverneur erklärte sich darauf zwar bereit, alles in seiner Macht Stehende zum Schutz der Ansiedler zu tun, aber es verstrichen doch wieder Monate voller Schrecken, ehe energische Maßregeln zur Abwehr der Feinde getroffen wurden. Erst im Frühling des Jahres 1756 bot man bewaffnete Mannschaften zum Schutz der bedrohten Ansiedler auf. Daß sich unter diesen Milizen viele Deutsche befanden, ergibt sich aus folgender Notiz der „Philadelphischen Zeitung" vom 6. März 1756: „Wir haben das Vergnügen gehabt, zu sehen, daß unsere teutschen Leute einen ansehnlichen Teil dieser Mannschaft ausgemacht haben."

Die militärische Tüchtigkeit der deutschen Grenzbewohner war auch der Regierung in England nicht entgangen. Denn sobald ihr die Niederlage Braddocks bekannt geworden, erließ sie einen Befehl, aus deutschen und schweizerischen Ansiedlern in Pennsylvanien und Maryland ein besonderes Regiment zu bilden, „da diese kräftigen, ausdauernden und an das Klima gewöhnten Leute für den Kampf gegen die Franzosen besonders geeignet seien".

Beim Zusammenstellen des Regiments ergab sich eine Schwierigkeit: die eingemusterten Leute verstanden kein Englisch! Man sah sich deshalb genötigt, dem Regiment, welches den stolzen Namen „The Royal Americans" erhielt, Deutsch sprechende Offiziere zu geben. Mit dem Oberbefehl betraute man den in Bern geborenen Heinrich Bouquet, der in verschiedenen europäischen Heeren gedient und sich große Erfahrungen angeeignet hatte.

Die „Royal Americans" beteiligten sich zunächst an der Expedition des Generals Joseph Forbes zur Eroberung des Forts Duquesne. Beim Zug über die unwegsamen Gebirge bildeten sie die Vorhut und errangen den ersten Erfolg, indem sie bei Loyal Hanna die Franzosen nach vierstündigem Gefecht mit schweren Verlusten zurückwarfen.

Mehr noch als diese Schlappe trug ein anderes Ereignis zur Entmutigung der Franzosen bei. Dem Herrnhuter Missionar Christian Friedrich Post, der seit Jahren unter den Indianern am oberen Ohio wirkte, gelang es in kritischer Stunde, durch seine glühende Beredsamkeit die in der Umgebung des Forts Duquesne lagernden Rothäute der französischen Sache abwendig zu machen und zur Neutralität zu bestimmen. Das war für die nun ihrer Bundesgenossen beraubten Franzosen ein so schwerer Schlag, daß sie den Anmarsch der feindlichen Hauptarmee nicht abwarteten. Sie sprengten am 24. November sämtliche Befestigungen des Forts Duquesne in die Luft und flüchteten auf ihren Booten den Ohio hinab. Bereits am folgenden Morgen zogen die Amerikaner in die zerstörte Festung ein. Nachdem sie wieder aufgebaut war, wurde sie zu Ehren des damaligen englischen Staatsmannes Pitt mit dessen Namen belegt.

Von den späteren Episoden des Franzosenkrieges blieben die deutschen Niederlassungen in Nordamerika glücklicherweise verschont. Dagegen erwarben sich die „Royal Americans" noch manche Lorbeeren. Ihre Bataillone beteiligten sich an den Expeditionen gegen die am Champlainsee gelegene Festung Crown Point und die bei Kap Breton gelegene Festung Louisburg. Sie waren ferner bei der Einnahme des Forts Niagara; desgleichen in der ruhmreichen Schlacht bei Quebec, wo das Regiment sich sein stolzes Motto „celer et audax" erwarb.

Noch hatten die Kämpfe mit den Franzosen auf dem Boden der Neuen Welt nicht ihren Abschluß gefunden, als jenseits der Alleghanygebirge neue

Gewitter heraufzogen. Die an den Grenzen von Karolina und Virginien lebenden Cherokesen erhoben mitsamt den ihnen verbündeten Stämmen von Tennessee, Alabama und Georgia im Frühjahr 1760 die Waffen und verheerten diejenigen Gebiete, welche von den Gräueln des Franzosenkrieges bisher verschont geblieben waren. Da gab's auch für die „Royal Americans" frische Arbeit. Im Verein mit 700 Karolina-Rangers brachen sie in die Jagdgründe der Cherokesen ein und bekämpften die Rothäute trotz hartnäckigster Gegenwehr so erfolgreich, daß sie bereits im Juni 1761 um Frieden baten.

Kaum hatte sich dieser Sturm gelegt, als im Nordwesten ein noch gefährlicheres Unwetter losbrach, ein Indianerkrieg, der unter dem Namen „Die Verschwörung Pontiacs" in die Geschichte übergegangen ist.

Noch ehe Frankreich im Frieden zu Paris (10. Februar 1763) seine gesamten, östlich vom Mississippi gelegenen Besitzungen an England abtrat, waren Scharen deutscher, englischer, schottischer und irischer Ansiedler in das Quellgebiet des Ohio eingeströmt. Gleichzeitig besetzten englische Truppen die von den Franzosen geräumten Befestigungen.

Wie dies bei der Eröffnung jedes neuen Landes zu geschehen pflegt, so brachte der plötzliche Wechsel aller Verhältnisse auch hier Mißstände der verschiedensten Art mit sich. Sie wurden von den Urbewohnern am schlimmsten empfunden.

Die Franzosen hatten es vortrefflich verstanden, die Indianer anzuziehen. Beim Tauschhandel ließen sie ihnen, um ihr Vertrauen zu erhalten, volle Gerechtigkeit widerfahren. Im persönlichen Verkehr behandelten sie dieselben als ebenbürtig und trugen keinerlei Bedenken, sich mit ihnen zu vermischen.

Die nun ins Land einrückenden Engländer brachten hingegen die ganze Rücksichtslosigkeit und Selbstsucht der anglikanischen Rasse mit. Ohne die Rechte der Urbewohner zu beachten, bemächtigten sie sich der schönsten und wertvollsten Grundstücke, schossen das Wild zusammen und brannten die Wälder nieder, wo diese hindernd im Wege standen. Im Tauschhandel wurden die Rothäute von gewissenlosen, nur auf schnellen Gewinn bedachten englischen Händlern aufs fürchterlichste betrogen. Die britischen Offiziere begegneten den Häuptlingen mit hochfahrender Geringschätzung und spielten sich ihnen gegenüber als die Herren auf.

Dadurch steigerte sich die den Indianern durch die Franzosen eingeimpfte Abneigung gegen die Engländer zu grimmigen Haß. Sämtliche südlich von den großen Seen wohnenden, ihre Existenz bedroht sehenden Stämme schlossen Schutz- und Trutzbündnisse miteinander. An die Spitze der Bewegung trat Pontiac, der oberste Häuptling der Ottawas, ein Mann von hohem Mut, scharfem Verstand, glänzender Beredsamkeit und großer Entschlossenheit. Er plante, noch ehe die Engländer sich überall festgesetzt hätten, ihre Macht mit einem gewaltigen Schlag zu zertrümmern. Zu diesem Zweck forderte er durch Sendboten sämtliche der Verschwörung beigetretenen Stämme zu einem gemeinsamen Schlage auf. Alle westlich von den Alleghanygebirgen liegenden Forts und Ansiedlungen sollten an einem bestimmten Tage überrumpelt, zerstört, und ihre Besatzungen und Bewohner ermordet werden. Infolge der schlauen Vorbereitungen fielen den Rothäuten die Forts Sandusky, Le Boeuf, Venango, St. Joseph, Quatonon, Miami, Presqu'Isle und Michillimackinac in die Hände. Diejenigen Weißen, welche nicht während der Überrumplung umkamen, wurden ausnahmslos abgeschlachtet.

Ein gleiches Schicksal erlitten 36 Deutsch-Pennsylvanier, welche unter dem Befehl des Hauptmanns Schlosser den mit Palisaden umgebenen Posten St. Joseph hielten. Am Morgen des verhängnisvollen Tages erschien eine mit Pelzen schwerbeladene Bande Pottawatomi-Indianer vor dem Fort. Sie erhielten Einlaß, da sie vorgaben, Handel treiben zu wollen. Als derselbe in vollem Gange war, zogen die Indianer plötzlich auf ein verabredetes Zeichen ihre in den Pelzbündeln verborgenen Flinten und Tomahawks hervor und metzelten die ganze Besatzung nieder, ehe die Überraschten sich zu ernstem Widerstand sammeln konnte. Hauptmann Schlosser wurde als Gefangener in das am Südufer des Michigansees gelegene Dorf der Pottawatomis geschleppt. Durch eine ähnliche List bemächtigten sich die Indianer des von dem Leutnant Pauly befehligten Forts Sandusky. Pauly war der einzige, welchem man das Leben ließ. Aber man stellte ihm in Aussicht, daß er im Lager Pontiacs zum Ergötzen der roten Krieger am Marterpfahl sterben solle. Tatsächlich wurden die Vorbereitungen für seine Hinrichtung bereits getroffen, als ein altes Weib, dessen Mann kurz zuvor gestorben, den Gefangenen nach indianischer Sitte zum Gatten begehrte. In seiner Notlage fügte Pauly sich dieser Wahl, worauf die jungen Mädchen des Dorfs ihn zunächst in einen Indianer verwandelten, indem sie sein Haar bis auf ein Büschel in der Mitte des Schädels ausrauften und diese Skalplocke mit Perlen und Federn schmückten. Dann warfen sie den Weißen mehrmals in einen Fluß, „um das weiße Blut aus seinen Adern wegzuschwemmen". Zum Schluß bemalten sie sein Gesicht und die Glieder mit bunten Farben und führten ihn nun unter dem Jubel aller Stammesgenossen seiner mit Altersrunzeln bedeckten Gattin zu. Pauly ertrug geduldig diese Behandlung in der Hoffnung, es möge sich eines Tages eine Gelegenheit zur Flucht bieten. Tatsächlich glückte es ihm wenige Wochen später, den Rothäuten zu entrinnen und das Fort Detroit zu erreichen, an dessen Verteidigung er später lebhaften Anteil nahm.

Die Forts Detroit, Pitt und Niagara waren die einzigen, die dem Verderben entgingen, da ihre Besatzungen glücklicherweise früh genug gewarnt worden waren. Aber sie mußten monatelange Belagerungen ertragen, während welcher die Eingeschlossenen schreckliche Entbehrungen litten. Gleichzeitig mit den eingenommenen Befestigungen gingen Tausende von Ansiedlungen in Flammen auf. Sämtliche Niederlassungen in Westvirginien und Westpennsylvanien wurden zerstört und über 20 000 Personen zur Flucht nach dem

Osten getrieben. Wie viele Ansiedler in jenen Schreckenstagen umkamen, ist nie ermittelt worden.

Sowohl bei der Verteidigung der Forts wie bei der Rückeroberung der verwüsteten Stätten hatten die Deutschen wiederum reichlichen Anteil. Manche verrichteten dabei wahre Wunder an Tapferkeit. So leistete die nur aus zwölf „Royal Americans" bestehende Besatzung der Station Bedford wochenlang den weit überlegenen Feinden erfolgreichen Widerstand. Die ebenso kleine

Heinrich Bouquet.

Besatzung des Forts Le Boeuf schlug sich, als die Blockhütten durch hereingeschleuderte Feuerbrände in Flammen aufgingen, mannhaft durch und gelangte glücklich nach Fort Pitt.

Dieses wurde durch den wackeren Schweizer Heinrich Bouquet entsetzt. An der Spitze von 500 eben aus Havanna zurückgekehrten „Royal Americans" befreite er zunächst die in Station Bedford Eingeschlossenen und rückte dann behutsam gegen das hart belagerte Fort Pitt vor. 25 Meilen von demselben entfernt, am Bushy Run, kamen die Deutschen am 5. August in Fühlung mit den Feinden. Dieselben glaubten Bouquet ein ähnliches Schicksal wie seiner Zeit dem englischen General Braddock bereiten zu können. Aber sie hatten es diesmal mit Männern zu tun, welchen der Kampf in der Wildnis wohl vertraut war. In guter Ordnung zogen die Deutschen sich auf einen Hügel zurück und bildeten auf dem Gipfel desselben aus Proviantwagen und Mehlsäcken eine ringförmige Verschanzung, die zu erobern den Wilden trotz aller Anstrengungen nicht gelingen wollte. Die erbitterten Kämpfe erstreckten sich über zwei Tage. Am ersten währte das Gefecht sieben Stunden und nahm erst bei Einbruch der Nacht ein Ende. Obwohl die Weißen sich der größten Vorsicht befleißigten, zählten sie am Abend bereits 60 Tote und Verwundete. Alle litten entsetzlich unter brennendem Durst, da die geringen Wasservorräte bald erschöpft, Quellen auf dem Hügel aber nicht vorhanden waren. Kaum graute der Morgen, so begann das Gefecht aufs neue. Da der Wassermangel unerträglich wurde, so entschloß Bouquet sich zu einer verzweifelten Tat. Um die in den Wäldern verborgenen Indianer aus ihren Verstecken zu locken und zu einer Masse zusammenzubringen, in der das Gewehrfeuer der Amerikaner größere Wirkung habe, ließ er zwei Kompagnien seiner Leute einen Ausfall unternehmen und bald darauf, als ob sie entmutigt seien, eiligst den Rückzug nach der Wagenburg antreten. Was Bouquet erhofft hatte, trat ein. Die Indianer stürmten den Fliehenden in gewaltigen Massen nach, wurden aber von zwei im Wald versteckten Abteilungen im Verein mit den rasch eine Flankenbewegung ausführenden Truppen in ein so vernichtendes Kreuzfeuer genommen, daß der Boden sich im Nu mit Hunderten von Leichen bedeckte und die Überlebenden von Schrecken erfüllt die Flucht ergriffen.

Nachdem die Amerikaner ihre Verwundeten gesammelt hatten, setzten sie weiter unangefochten ihren Marsch nach Fort Pitt fort und wurden von der fast dem Hungertod nahen Besatzung mit lautem Jubel empfangen.

Dem wackeren Bouquet war später noch die glückliche Ausführung einer andern wichtigen Mission beschieden.

Die englische Regierung hatte die Torheit ihrer bisherigen Indianerpolitik eingesehen und ließ es nun an Bemühungen nicht fehlen, die Rothäute zu versöhnen. Man versprach, daß fortan alle Landkäufe durch die Regierung geschehen sollten, damit fernere Betrügereien seitens der Landsspekulanten verhütet würden. Desgleichen hob man das der Ohio-Gesellschaft bewilligte Monopol des Pelzhandels auf, damit die bisher schrecklich geprellten Wilden wieder angemessene Preise erzielen könnten. Bouquet erhielt gleichzeitig Auftrag, an der Spitze einer starken Truppenabteilung gen Westen vorzurücken, um Friedensverträge mit den Indianern abzuschließen und die Auslieferung der in ihren Händen befindlichen weißen Gefangenen zu verlangen.

Die über das Mißlingen ihrer Erhebung enttäuschten Indianer waren zum Entgegenkommen weit mehr geneigt, als Bouquet erwartet hatte. Bereits am 12. November 1764 kam mit den Delawaren, Senecas und Schawnes ein

Friede zustande, wobei 206 weiße Gefangene, 81 Männer und 125 Frauen und Kinder, ausgeliefert wurden.

Bei der späteren Identifizierung der nach der Ansiedlung Carlisle überführten Befreiten ereigneten sich wahrhaft erschütternde Szenen. Aus viele hundert Meilen weiten Entfernungen, aus Pennsylvanien, Virginien und Maryland kamen Leute herbei, um zu sehen, ob sich unter den Geretteten Angehörige oder Verwandte befänden, die man seit dem Ausbruch der Franzosen- und Indianerkriege vermißte. Männer und Frauen, Eltern und Kinder, die einander längst als Tote beklagt hatten, fanden sich nach jahrelanger Trennung wieder.

Nicht immer war die Identifizierung leicht. Manche Kinder hatten während der langen Gefangenschaft sowohl ihre Namen wie ihre Muttersprache vollkommen vergessen. Da war z. B. ein deutsches Mädchen, Regina Hartmann, die im Alter von neun Jahren von den Wilden geraubt worden war und nun als 18 jährige Jungfrau wieder in die Zivilisation zurückkehrte. Ihre aus Ostpennsylvania gekommene Mutter erkannte die Vermißte und rief sie bei Namen. Aber diese gab durch kein Zeichen Kunde, daß sie sich ihrer Mutter erinnere. Erst als die letztere mit zitternder Stimme die Strophe einer alten deutschen Kirchenhymne sang:

> „Allein und doch nicht ganz alleine
> Bin ich in meiner Einsamkeit,
> Denn wenn ich ganz verlassen scheine,
> Vertreibt mir Jesus selbst die Zeit.
> Ich bin bei ihm und er bei mir,
> So kommt mir's gar nicht einsam für" . . .

da fielen der Tochter, die so oft gemeinsam gesungenen Strophen dieses Liedes wieder ein und sie warf sich ihrer alten Mutter weinend an den Hals.

Nicht alle Gefangenen kehrten freiwillig zu ihren Stammesgenossen zurück. Manche hatten sich so an das Leben der Rothäute gewöhnt, daß sie vorzogen, auch fernerhin bei denselben zu bleiben. Mehrere Mädchen, darunter eine Deutsche namens Elisabeth Studebecker, waren Frauen indianischer Krieger geworden und benutzten die erste Gelegenheit, um heimlich zu entfliehen und in die Wigwams ihrer roten Ehegenossen zurückzukehren.

Der wackere Oberst Bouquet wurde wegen seines tapferen Verhaltens zum Brigadegeneral ernannt, eine Anerkennung, die in ganz Pennsylvanien freudigsten Widerhall fand. „Sie können sich kaum vorstellen," so schrieb ein Offizier an Bouquet von Lancaster aus, „wie dieser Ort durch die Nachricht Ihrer Beförderung freudig erregt ist. Die Bewohner sowohl wie die deutschen Farmer halten uns in den Straßen auf, um zu fragen, ob es wahr sei, daß der König den Hauptmann Bouquet zum General gemacht habe. Und wenn wir dies bestätigen, marschieren sie hocherfreut weiter. So sehen Sie, daß das alte Sprichwort: ‚Der Erfolgreiche werde beneidet' für diesmal nicht zutrifft. Denn ich bin sicher, daß alle Welt durch die Nachricht Ihrer Beförderung mehr erfreut ist, als wenn die Regierung die Stempelsteuer aufgehoben hätte."

Die Heimkehr aus indianischer Gefangenschaft.

Gleich nach Beendigung des Indianerkriegs in Ohio wurde Bouquet nach Pensacola in Florida beordert, um den Befehl über die im Süden stehenden Truppen zu übernehmen. Leider wurde der tapfere Mann bereits wenige Tage nach seiner Ankunft in Pensacola vom Gelben Fieber befallen und von demselben am 2. September 1765 hinweggerafft. Bouqets Name ist aber für immer mit der ruhmvollen Geschichte des aus Deutschen gebildeten Regiments der „Royal Americans" verbunden.

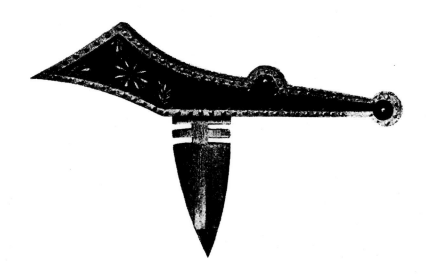

Schlußvignette: Indianischer Tomahawk.

Gegner und Freunde der deutschen Ansiedler.

Benjamin Rush

Man sollte annehmen, daß sämtlichen in den Kolonien wohnenden Ansiedlern englischer, schottischer und irischer Abkunft so tatkräftige, fleißige und intelligente Nachbarn und Mitarbeiter wie die Deutschen herzlich willkommen gewesen sein müßten. In der Tat fehlte es diesen nicht an aufrichtigen Freunden, welche die tüchtigen Eigenschaften der Deutschen lobend anerkannten und den eigenen Stammesgenossen zur Nacheiferung anempfahlen.

Aber es gab unter der anglo-amerikanischen Bevölkerung auch viele, welche die unverkennbaren Fortschritte, den wachsenden Wohlstand der deutschen Ansiedler mit neidischen Augen betrachteten und keine Gelegenheit, wo sie die Deutschen verkleinern konnten, vorübergehen ließen. Sie glaubten, dieselben als Eindringlinge betrachten zu dürfen, die in den englischen Kolonien nichts zu suchen hätten.

Derartige engherzige nativistische Regungen traten zuerst zur Zeit der Masseneinwanderung der Pfälzer zutage. Hatte deren Menge seinerzeit die

Behörden Londons in Bestürzung versetzt, so erregte sie nicht minder das Staunen der Kolonialbehörden. Manche der in den Kolonien lebenden Engländer fühlten sich durch den stetig wachsenden Strom förmlich beunruhigt. Sie glaubten die Zeit nicht mehr fern, wo die Deutschen das Übergewicht über die englische Bevölkerung erlangen könnten und dasselbe benützen würden, um die Kolonien der englischen Krone abwendig zu machen.

„Die Deutschen kommen", so heißt es in dem Brief eines Engländers an die Regierung, „in solcher Stärke, daß sie bald imstande sein werden, uns Gesetze zu geben und die Sprache obendrein."

Um dem vorzubeugen, drangen die Beunruhigten zunächst darauf, daß sämtliche in Philadelphia landenden Pfälzern folgender Eid abgenommen wurde: „Wir Unterzeichnete, geboren und zuletzt wohnhaft gewesen in der Rheinpfalz, wollen Seiner Majestät dem König Georg II. sowie seinen Nachfolgern, den Königen von Großbritannien wahre und treue Untertanen sein. Auch wollen wir den Eigentümern dieser Provinz Treue halten, uns friedlich betragen und die Gesetze Englands und dieser Provinz streng beachten und halten."

Manchen Angstmeiern genügte diese Maßregel nicht. Sie unterbreiteten der pennsylvanischen Kolonialbehörde Gesetze zur Beschränkung der deutschen Einwanderung, angeblich, um zu verhindern, daß aus einer englischen Anpflanzung eine Kolonie von Fremdlingen werde. Darüber kam es aber mit den klarblickenden Leitern der Kolonie, welche den Wert der pfälzischen Einwanderung wohl erkannten, zu scharfen Auseinandersetzungen.

Bereits am 2. Januar 1738 protestierte der damalige Leutnantgouverneur George Thomas gegen die dem Kolonialrat eingereichten Vorschläge zur Beschränkung der Einwanderung mit folgenden Worten: „Diese Provinz ist seit vielen Jahren das Asyl für unglückliche Protestanten aus der Pfalz und anderen Teilen Deutschlands. Und ich glaube mit vollem Recht sagen zu können, daß der gegenwärtige blühende Zustand der Provinz zum großen Teil dem Fleiß dieser Leute zu verdanken ist. Sollten sie durch irgend etwas entmutigt werden, ferner hierherzukommen, so darf sicher angenommen werden, daß der Wert Eurer Länder sinken und Euer Weg zum Wohlstand viel langsamer sein wird. Denn es ist nicht bloß die Güte des Bodens, sondern die Zahl und der Fleiß des Volkes, welche die Blüte eines Landes hervorbringen."

Denselben erleuchteten Standpunkt nahm im Jahre 1755 ein anderer Gouverneur ein, indem er einer im Kolonialrat angenommenen Vorlage zur Beschränkung der pfälzischen Einwanderung seine Unterschrift verweigerte, da ein solcher Schritt mit den Interessen der Kolonie, deren blühender Zustand in hohem Grade dieser deutschen Einwanderung zu danken sei, in schroffem Widerspruch stehe.

Durch solche Zurechtweisungen ließen sich aber die Nativisten von weiteren Angriffen auf die Deutschen nicht abhalten. Weil die letzteren nicht von vornherein der englischen Sprache mächtig waren, nicht sofort englische

Sitten annahmen, sondern an ihren heimatlichen Bräuchen hingen, wurden sie als Halbwilde bezeichnet, die durch förmliche Missionsarbeit zu gesittetem Leben bekehrt werden müßten.

Als im Jahre 1751 Pastor Schlatter, der Gründer der deutschen reformierten Kirche in Amerika, nach Holland reiste, um dort für Deutsche, in den englischen Kolonien zu gründende Kirchen und Schulen Geld zu sammeln, beutete der schottische Prediger William Smith diese Gelegenheit aus, um in London eine „Gesellschaft zur Verbreitung der Gotteserkenntnis unter den Deutschen" zu gründen, welche zugleich ihr Augenmerk darauf richten solle, unter den „deutschen Heiden in Amerika" englische Freischulen zu errichten, damit dieselben rascher anglisiert würden.

In seiner 1755 in London gedruckten Schrift „A brief state of the province of Pennsylvania" erging er sich in den frechsten Schmähungen der Deutschen. Sie seien auf dem besten Wege, zu „wood-born savages" (waldgeborenen Wilden) herabzusinken. Sie seien schrecklich unwissend; eine große Farm zu besitzen, betrachteten sie als den größten Segen in der Welt. Wenn die Franzosen vom Ohio her näher herankämen, würden die Deutschen wahrscheinlich mit denselben gemeinschaftliche Sache machen und die Engländer aus dem Lande treiben.

Besonders waren dem englischen Hetzpfaffen die freundschaftlichen Beziehungen der Deutschen zu den, berufsmäßige Prediger bekanntlich nicht kennenden Quäkern ein Dorn im Auge. „Diese Quäker" so schreibt er, „fürchten nichts so sehr, als daß die Deutschen den ordentlichen Geistlichen Achtung erweisen. Erfahren sie, daß ein solcher Geistlicher beim Volk wohlgelitten ist, so bedienen sie sich eines deutschen Druckers (hier ist Christoph Saur in Germantown gemeint), der ehemals einer der französischen Propheten in Deutschland war und bei scharfblickenden Leuten im Verdacht steht, ein päpstlicher Emissär zu sein. Dieser greift nun, auf Anweisung der Quäker, in seiner ganz in deutscher Sprache gedruckten, von allen Deutschen gelesenen Zeitung den Charakter der Prediger an und ärgert dieselben. Dadurch bringen die Quäker Zwiespalt in die Gemeinden und ermutigen sie, von Zeit zu Zeit Vagabunden und vorgebliche Prediger anzustellen."

Um die Deutschen von ihrer angeblichen Zuneigung zu den Franzosen und Quäkern zu heilen und zu zivilisierten Menschen zu machen, erhob Smith den Vorschlag, englisch-deutsche Freischulen unter ihnen zu errichten, damit sie durch den kostenlos erteilten Unterricht bewogen würden, ihre eignen, mit großen Opfern aufrechterhaltenen Gemeindeschulen aufzugeben. Auf diese Weise sollten die Deutschen nicht bloß dem englischen Einfluß unterworfen, sondern auch für die englische Hochkirche gewonnen werden.

Smith ging noch weiter. Er drang darauf, den Deutschen das Stimmrecht zu entziehen, bis sie hinlängliche Kenntnis der englischen Sprache und Verfassung besäßen. „Was kann," so schrieb er, „unverständiger und unpolitischer sein, als einem Haufen aufgeblasener und halsstarriger Lümmel, denen unsere Sprache, Sitten, Gesetze und Interessen fremd sind, das Recht anzuvertrauen, fast jedes Mitglied der gesetzgebenden Körperschaft zu wählen?"

Ferner wollte der hochwürdige Herr den Druck und die Verbreitung fremdsprachiger Zeitungen, Kalender und sonstiger periodischer Schriften verboten wissen. Desgleichen sollten alle nicht in englischer Sprache geschriebenen Verträge und Urkunden ungültig sein.

Als Smith einen ähnlichen Schmähartikel über die Quäker veröffentlichte, ließen diese den Hetzpastor verhaften. Trotz aller Proteste mußte Smith wegen Beleidigung elf Wochen im Gefängnis zubringen.

Wie sehr solche Hetzereien selbst die Köpfe klardenkender Leute verwirrten, ergibt sich aus der peinlich berührenden Tatsache, daß sogar Benjamin Franklin in die Angriffe auf die Deutschen einstimmte. Er schrieb am 9. Mai 1753 an seinen Freund Peter Collinson einen Brief folgenden Inhalts:

„Ich teile vollkommen Ihre Ansicht, daß in bezug auf die Deutschen bestimmte Maßnahmen nötig sind. Denn ich fürchte, daß durch ihre oder unsere oder unser beider Unvorsichtigkeit eines Tages große Störungen unter uns entstehen könnten. Die, welche hierher kommen, sind im allgemeinen die dümmsten ihrer Nation. Dummheit ist oft mit großer Leichtgläubigkeit verbunden, wenn Schelmerei sie mißbrauchen will; dagegen mit Argwohn, wenn Ehrenhaftigkeit sie auf den rechten Pfad leiten möchte. Nur wenige Engländer verstehen die deutsche Sprache und können darum weder durch die Zeitungen noch von der Kanzel herab Einfluß auf sie ausüben und solche Vorurteile beseitigen, welche sie besitzen mögen. Ihre Pfarrer haben sehr geringen Einfluß auf dieses Volk, welches wie es scheint, sich ein Vergnügen daraus macht, diese Pfarrer zu mißbrauchen und sehr geringfügiger Ursachen wegen zu entlassen. An Freiheit nicht gewöhnt, verstehen sie von derselben keinen angemessenen Gebrauch zu machen. Sie befinden sich unter keiner kirchlichen Kontrolle; betragen sich aber, wie zugestanden werden muß, gegenüber der bürgerlichen Regierung ergeben genug, was hoffentlich auch ferner so bleiben möge. Ich erinnere mich noch, wie sie es bescheiden ablehnten, sich in unsere Wahlen einzumischen. Jetzt hingegen kommen sie in Haufen, um überall, außer in einer oder zwei Grafschaften, den Sieg davonzutragen. Nur wenige ihrer auf dem Lande lebenden Kinder verstehen Englisch. Sie beziehen viele Bücher aus Deutschland, und von den sechs in der Provinz befindlichen Druckereien sind zwei ganz deutsch, zwei halb deutsch und halb englisch und nur zwei ganz englisch. Sie unterhalten eine deutsche Zeitung. Die Hälfte aller deutschen Anzeigen werden, obwohl für die Allgemeinheit bestimmt, in Deutsch und Englisch gedruckt. Die Anzeigetafeln in den Straßen tragen Aufschriften in beiden Sprachen, an manchen Plätzen nur in Deutsch. In letzter Zeit beginnen sie, alle ihre Bürgschaften und anderen gesetzlichen Dokumente in ihrer eigenen Sprache abzufassen. Dies wird, obwohl es meiner Meinung nach nicht sein sollte, von den Gerichten zugelassen, wo die deutschen Geschäfte so zunehmen, daß es nötig ist, beständig Dolmetscher zu halten. Ich glaube, daß es in ein paar Jahren nötig sein wird, solche Dolmetscher auch in der behördlichen Versammlung anzustellen, um der einen Hälfte der Gesetzgeber klarzumachen, was die andere sagt. Kurz, falls nicht, wie Sie weise vorschlagen, der Strom der Einwanderung nach anderen Kolonien abgelenkt werden kann, so fürchte ich, daß die Deutschen uns an Zahl bald so überlegen sein werden, daß wir trotz aller Vorzüge nicht imstande sein werden, unsere Sprache zu erhalten. Ja, unsere Regierung mag fraglich werden."

Es ist kaum nötig, auf die in diesem Brief enthaltenen Widersprüche hinzuweisen. Im ersten Teil nennt der Verfasser die Deutschen unwissend, erklärt aber bald danach, daß sie viele Bücher importieren und daß von den sechs in Pennsylvanien bestehenden Druckereien zwei ganz und zwei zur Hälfte deutsch seien, während es nur zwei englische gäbe. Professor Julius Göbel, dem dieser Widerspruch gleichfalls nicht entging, mag mit seiner Vermutung nicht unrecht haben, daß den Worten Franklins Brotneid des Buchdruckers Franklin zugrunde liegen möge.

Professor M. D. Learned in Philadelphia führte in seiner vor der „Deutschen Gesellschaft" gehaltenen Festrede gelegentlich der am 17. Januar 1906 begangenen „Franklin-Gedächtnisfeier" aus, die Auslassungen Franklins seien deshalb so bitter gewesen, weil er just zuvor von den Deutschen in der Wahl geschlagen worden war.

Daß die Angriffe auf die Deutschen nicht immer den besten Beweggründen entsprangen, ergibt sich auch aus folgender, in Watsons Annalen II. 275 abgedruckten Stelle: „Dieselbe Sorte von Politikern schlug im Jahre 1754, weil sie sich nicht die Stimmen der Deutschen zu verschaffen wußten, allen Ernstes vor, daß die Regierung den Deutschen das Recht, die Mitglieder der gesetzgebenden Körperschaft wählen zu helfen, so lange entziehen möge, bis sie eine vollständige Kenntnis der englischen Sprache erlangt hätten."

Natürlich empfanden die Deutschen die ihnen zugefügten Verunglimpfungen nicht bloß als schwere Beleidigungen, sondern auch als Eingriffe in ihre Rechte. Sie wollten sich weder das Recht auf den Gebrauch ihrer Sprache, noch das der Erziehung ihrer Kinder in dieser Sprache von einer Clique engherziger Fanatiker streitigmachen lassen und setzten darum den „Zivilisierungsversuchen" derselben zähen Widerstand entgegen. Insbesondere bot der so übel verleumdete Christoph Saur den ganzen Einfluß seiner Zeitung gegen die englischen Freischulen auf, deren Hauptzweck ein politischer sei. Die tückische Insinuation, daß die Deutschen es heimlich mit den Franzosen hielten, wies er als eine böswillige Verleumdung zurück.

Infolgedessen führten die im Jahre 1755 in Neu-Providence, (Trappe) Ober-Salford, Reading, Tulpehocken, Heidelberg, Vincent, Easton und Lancaster errichteten Freischulen nur eine kurze Existenz. Sie verkümmerten elend, da die angestellten englischen Lehrer kaum Zöglinge erhielten.

Übrigens zeigt die in einem andern Kapitel erzählte Geschichte des Franzosenkriegs klar genug, auf welcher Seite die Deutschen standen. Hatten doch viele ihre Heimat verlassen, weil sie durch die Franzosen in scheußlicher Weise verwüstet worden war.

Aus den Reihen des wahrhaft gebildeten Amerikanertums erstand späterhin den verunglimpften Deutschen ein warmer Fürsprecher, Dr. Benjamin Rush in Philadelphia.

Dieser zu den bedeutendsten Persönlichkeiten Pennsylvaniens und zu den Unterzeichnern der Unabhängigkeitserklärung zählende Mann war während des Freiheitskrieges Generalstabsarzt der Kontinental-Armee. Als solcher hatte er Gelegenheit, das Deutschtum fast aller Kolonien gründlich kennen zu lernen. Empört über die vielen ungerechten Angriffe auf dasselbe, schrieb er ein in englischer Sprache gedrucktes Werkchen, das man kühn der von Tacitus verfaßten „Germania" zur Seite stellen darf. Es enthält überaus wertvolle Aufschlüsse über die Kulturzustände der deutschen Einwanderer in Pennsylvanien. Trotzdem die meisten bei ihrer Ankunft kaum ein paar Stücke Silber- oder Goldgeld mitbrächten, seien viele durch ihren Fleiß und ihre Intelligenz zu Wohlstand gekommen. Die Einrichtung einer Schule und Kirche wären ihre erste Sorge. Höchst friedlicher Natur, seien sie im Zahlen der Steuern pünktlich. Seit ihrer Teilnahme an der Regierung hätten viele von ihnen sich als einsichtsvoll und aufgeklärt in der Wissenschaft des Gesetzes erwiesen. Deutsche führten den Vorsitz in der gesetzgebenden Körperschaft und säßen als Vizepräsidenten im pennsylvanischen Staatsrat. Dieselben Herren wären zu Mitgliedern des Repräsentantenhauses der Vereinigten Staaten auserkoren worden. Zum Schluß seines überaus anziehenden Werkchens sagt Rush folgendes: „Wäre es möglich, das von den deutschen Einwandrern mitgebrachte Besitztum mit ihrem jetzigen zu vergleichen, so würde der Gegensatz ein so riesiges Denkmal menschlichen Fleißes und menschlicher Sparsamkeit darstellen, wie es kaum in irgendeiner Zeit oder in irgendeinem Lande zu finden ist.

„Bürger der Vereinigten Staaten! Lernt aus diesen Mitteilungen über die deutschen Bewohner von Pennsylvanien die Wissenschaft in Ackerbau und Industrie wertschätzen als die Grundlage häuslicher Glückseligkeit und nationalen Wohlstandes.

„Gesetzgeber der Vereinigten Staaten! Lernt aus dem Wohlstand und der Unabhängigkeit der deutschen Einwohner von Pennsylvanien, wie republikanische Tugenden, Industrie und Sparsamkeit gefördert werden können. Diese sind die Hauptpfeiler, auf welchen die gegenwärtige Verfassung der Vereinigten Staaten beruht.

„Gesetzgeber von Pennsylvanien! Erkennt aus der Geschichte unserer deutschen Mitbürger, daß ihr an ihren Sitten, an ihrer Geschicklichkeit einen unerschöpflichen Schatz im Herzen des Staates besitzt. Fahrt fort, ihr neugegründetes Lehrerseminar (das Franklin College zu Lancaster) zu fördern. Scheut keine Auslagen in der Unterstützung ihrer Freischulen. Hadert nicht mit ihnen wegen ihres Festhaltens an ihrer Sprache. Sie ist der Kanal, durch den das Wissen und die Erfindungen einer der weisesten Nationen Europas in unser Land einströmen. Im Verhältnis wie sie in ihrer eignen Sprache unterrichtet und aufgeklärt werden, werden sie auch mit der Sprache der Vereinigten Staaten vertraut. Ladet sie ein, an der Regierung teilzunehmen. Vor allem schützt diejenigen ihrer Sekten, welche Krieg für ungesetzlich halten. Befreit sie von dem Druck der abgeschmackten und unnötigen Milizgesetze.

„Die Ansichten bezüglich der Negersklaven wurden von einer dieser christlichen Sekten entwickelt. Möglicherweise sind diejenigen deutschen Sekten unter uns, welche sich weigern, Waffen zu tragen und Menschenblut zu vergießen, von der Vorsehung als Werkzeuge ausersehen, die Nationen der Erde zu einem ewigen Freundschafts- und Friedensvertrag zu vereinigen."

Wie aus allem hervorgeht, war Rush ein erleuchteter, seiner Zeit weit vorausblickender Mann, der nicht nur die wahre Mission des amerikanischen Volkes klar erkannte, sondern sich auch der durch die spätere Geschichte bestätigten Tatsache bewußt war, daß den in Amerika eingewanderten Deutschen ein Hauptanteil an dem Aufbau und der Entwicklung der neuweltlichen Kultur beschieden sein werde.

Der Anteil der Deutschen am amerikanischen Unabhängigkeitskriege.

Der Freiheit Morgengrauen.

Bei einem Rückblick auf die ältere Geschichte der deutschen Einwandrung in Amerika wird sofort klar, daß es zwei Hauptbeweggründe waren, welche die Deutschen bestimmten, ihr Vaterland zu verlassen und jenseits des Ozeans neue Heimstätten zu suchen. In erster Linie wollten sie der durch endlose Kriegsläufte und die maßlose Verschwendung der deutschen Fürsten verursachten materiellen Not entrinnen. Dann auch hofften sie, die Neue Welt werde sich in der Tat als jene Hochburg religiöser und politischer Freiheit erweisen, als welche man sie in mündlichen wie schriftlichen Berichten hatte rühmen hören.

Aber die in Amerika bestehenden Verhältnisse entsprachen durchaus nicht immer den Erwartungen. Manche erregten sogar den bitteren Unmut der Einwandrer. Namentlich der tief religiös gesinnten Deutschen.

Wie sehr die in allen englischen Kolonien bestehende Sklaverei ihren Empfindungen widerstrebte, wie energisch sie gegen diese allen Lehren des Christentums hohnsprechende Einrichtung eiferten, ist in einem früheren Abschnitt gezeigt worden. Der im Jahre 1688 erlassene Protest der Bewohner von Germantown leuchtet als eine der glänzendsten Ruhmestaten der Deutschen in Amerika durch die Jahrhunderte.

Außer der Sklaverei fand man aber noch andere Mißstände, die Anlaß zum Grollen gaben. Die Kolonien waren überlaufen von Günstlingen der englischen Regierung und bankerotten Höflingen, denen die Krone nicht nur die fettesten Ämter, sondern auch ungeheure Strecken wertvollen Landes verschrieb, damit sie Gelegenheit hätten, in den Kolonien ihre zerrütteten Finanzen wieder aufzubessern. Unter diesen hochfahrenden Aristokraten befanden sich viele, die auf alle Landwirte, Handwerker und Gewerbetreibende als eine tief unter ihnen stehende Kaste herabblickten. Gehörten solche vom Ertrag harter Arbeit Lebenden obendrein fremden Nationen an und waren der englischen Sprache wenig oder gar nicht mächtig, so behandelten sie solche mit verletzender Geringschätzung, als Halbbarbaren. Denn nicht wenige dieser hochgeborenen Drohnen huldigten der Ansicht, daß Unkenntnis der englischen Sprache gleichbedeutend mit Unwissenheit sei, und daß der wahre Mensch erst mit dem Engländer anhebe.

Das von den Holländern und Engländern nach den Kolonien übertragene Feudalsystem hatte die Kastenbildung gleichfalls mächtig gefördert, und so standen sich, wie wir aus der Geschichte Jakob Leislers erkannten, bereits zu Ende des 17. Jahrhunderts zwei Parteien gegenüber, die des Volks und jene der mit den Beamten Hand in Hand gehenden, dieselben an Selbstsucht und Überhebung noch übertreffenden Geld- und Landaristokraten.

Daß die Bürger und Ansiedler diese Zustände nicht widerstandslos auf die Dauer ertragen würden, daß es über kurz oder lang zu ernsten Kämpfen kommen müsse, war unschwer vorauszusehen. In einem früheren Abschnitt betonten wir bereits, daß die stürmischen Auftritte zwischen dem Volksmann Leisler und den Aristokraten der Kolonie New York recht eigentlich die ersten Zusammenstöße in dem bevorstehenden Kampf des amerikanischen Volks für seine Unabhängigkeit bedeuteten.

Einen noch ausgesprocheneren Sieg errang die Volkspartei in dem Prozeß der Regierung gegen den New Yorker Drucker Peter Zenger. Dieser war im Jahre 1710 als 13jähriger Knabe mit den von Gouverneur Hunter nach Amerika überführten Pfälzern nach New York gekommen. Bald nach seiner Landung trat er bei dem Drucker William Bradford in die Lehre. Der Beruf eines Druckers war damals mancherlei Einschränkungen unterworfen. Solange die Drucker sich auf das Herstellen religiöser Erbauungsschriften beschränkten, legten die Kolonialregierungen ihnen keine Hindernisse in den Weg. Kaum wurden aber Versuche zur Herausgabe von Zeitungen unternommen, so trafen die Behörden schleunigst Maßnahmen, um diese Mittel zur Verbreitung politischer Nachrichten und der Volksaufklärung im Keim zu ersticken. So kam die am 25. September 1690 zu Boston von Benjamin Harris geplante Zeitung „Public Occurences", das erste neuweltliche Unternehmen dieser Art, nicht über die erste Nummer hinaus. In Virginien und Maryland wurde das Aufstellen einer Druckerpresse rundweg verboten. In Philadelphia mußte William Bradford im Jahre 1692 seine Offizin auf höheren Befehl schließen. Er siedelte deshalb nach New York über, wo er nach langem Petitionieren im Jahre 1725 die Erlaubnis zur Herausgabe der „New York Gazette" erwirkte. Allerdings nur unter der Bedingung, daß diese Zeitung ausschließlich die Interessen der Regierung vertrete. Bei diesem Bradford bestand Zenger eine vierjährige Lehrzeit, nach deren Ablauf er seines Meisters Gehilfe, später sogar sein Geschäftsteilhaber wurde. Im Jahre 1733 trennte Zenger sich von seinem Partner, vermutlich infolge bestehender Gegensätze in den politischen Anschauungen. Denn er gründete eine neue Druckerei und begann gleichzeitig mit der Heraus-

Namenszug von Peter Zenger.

gabe des „Weekly Journal", welches das erklärte Organ der Volkspartei wurde und an der korrupten Regierung scharfe Kritik übte.

Dieses Vorgehen verwickelte Zenger bald in einen Preßprozeß, den ersten in Amerika. Die Ursache war folgende: Als im Jahre 1730 der Gouverneur Montgomerie plötzlich starb, übernahm bis zum Eintreffen eines Nachfolgers der Älteste des Kolonialrates, Rip van Dam, die interimistische Regierung, wofür er sich das volle Gehalt des Gouverneurs auszahlen ließ. Als nach dreizehn Monaten der neue Gouverneur Crosby aus England eintraf, verlangte dieser, obwohl er bisher nicht die geringsten Dienstleistungen getan, daß van Dam ihm die Hälfte des bezogenen Gehaltes ausbezahle. Da van Dam sich weigerte, diesem Ansinnen zu entsprechen, strengte der Gouverneur eine Klage an. Als der Oberrichter Morris gegen ihn entschied, setzte er denselben ab und ernannte neue, willfährige Richter, welche van Dam zur Herausgabe der Hälfte der streitigen Gelder verurteilten.

Nun stellte Zenger sowohl dem abgesetzten Oberrichter wie auch den Anhängern van Dams die Spalten seines Journals zur Verfügung und veröffentlichte mehrere, die Handlungsweise des Gouverneurs aufs schärfste mißbilligende Aufsätze. Der darüber ergrimmte Gouverneur ließ die betreffenden

Nummern der Zengerschen Zeitung öffentlich durch den Henker verbrennen und Zenger wegen Verbreitung falscher, aufrührerischer Schmähschriften vor Gericht fordern.

In dem nun anhebenden berühmtesten aller amerikanischen Preßprozesse wäre Zenger zweifellos gleichfalls von den willfährigen Richtern verurteilt worden, hätten nicht seine Anhänger ihm in dem ausgezeichneten Juristen Andrew Hamilton von Philadelphia einen vorzüglichen Verteidiger zur Seite gestellt. Derselbe gab die Veröffentlichung der Aufsätze durch Zenger ohne weiteres zu, behauptete aber zugleich, daß die in denselben enthaltenen Ausführungen wahr seien und daß die unumwundene und unbeschränkte Meinungsäußerung, sofern sie als wahr bewiesen werden könne, zu den Rechten jedes freien englischen Bürgers gehöre. Der Erklärung des Kronanwaltes, daß der Gouverneur als direkter Vertreter des Königs unantastbar sei und nicht in abfälliger Weise kritisiert werden dürfe, setzte Hamilton entgegen, daß bei der Untersuchung gegen eine angebliche Schmähschrift das Gericht den Beweis der Wahrheit der tatsächlichen Behauptungen zuzulassen habe, und daß die Aufgabe der Geschworenen nicht bloß im Feststellen des Tatbestandes, sondern auch des Rechtes bestehe. Bei der Ausführung dieser Gesichtspunkte bewies Hamilton so glänzend, daß die in den fraglichen Aufsätzen der Regierung vorgeworfenen Fehler auf Tatsachen beruhten, daß die Geschworenen den Angeklagten unter dem tosenden Beifall der ganzen Bevölkerung, soweit sie nicht blind für den Gouverneur Partei ergriffen hatte, als nichtschuldig erklärten. Durch den Zengerschen Prozeß war dem amerikanischen Zeitungswesen sein höchstes Vorrecht, die Preßfreiheit, erkämpft worden.

Das durch diesen Sieg in seinem Selbstbewußtsein mächtig gestärkte Volk strebte nun auch nach Befreiung von dem auf ihm lastenden materiellen Druck, der um so tiefer empfunden und um so unwilliger getragen wurde, als er von der eignen Regierung, von den in England lebenden Kaufleuten und Fabrikherren über die Kolonien verhängt wurde.

Kaum war nämlich die Herrschaft der mit den Engländern in scharfem Wettbewerb stehenden Franzosen in Nordamerika niedergeworfen worden, so erzwangen die in England wohnenden Kaufleute im Parlament Gesetze, welche nicht etwa die Bedürfnisse und berechtigten Ansprüche der in Amerika lebenden Ansiedler, sondern ausschließlich die Interessen der im Mutterlande verbliebenen Kaufherren berücksichtigten. Um diesen möglichst große Einkünfte zu sichern, wurde den Ansiedlern das Anfertigen sämtlicher industriellen Erzeugnisse sowie der Handel mit dem Auslande verboten. Sie sollten genötigt sein, alle Gebrauchsgegenstände vom Mutterland zu beziehen, dorthin auch ihre eignen Erzeugnisse abzuführen. Keine Pflugschar, kein Wagenrad, kein Hufeisen, kein Werkzeug, kein Hut, keine Kleiderstoffe, kein Papier sollten in Amerika hergestellt werden dürfen. Es wurde verlangt, daß die Kolonisten die von den englischen Krämern für solche Dinge geforderten Wucherpreise bezahlen, für die eignen Produkte aber sich mit jenen Angeboten bescheiden sollten, die von den englischen Kaufleuten festgesetzt würden. Daß diese Angebote stets weit unter jenen Preisen blieben, die von den Kolonisten im freien Handel mit anderen Völkern hätten erzielt werden können, ist selbstverständlich.

Aber damit nicht genug. Man verlangte von den Kolonisten obendrein schwere Steuern, ohne ihnen im Parlament zu London, der gesetzgebenden Körperschaft, eine eigne Vertretung zuzugestehen.

Nur ein jeder Manneswürde beraubtes Volk hätte sich solchen von Selbstsucht diktierten Verordnungen auf die Dauer gefügt. Von den die freie Luft der Wälder und Meere atmenden Amerikanern war dies nicht zu erwarten. Am wenigsten von den Abkömmlingen fremder Völker, die keinen besondern Anlaß hatten, den ihnen nicht durch nationale Verwandtschaft näherstehenden englischen Königen treu zu bleiben. So sehen wir denn auch solche fremdgebornen Kolonisten in den vordersten Reihen jener Unzufriedenen, die gegen die ungerechten Bedrückungen Widerspruch erhoben. Bereits im Jahre 1765 unterzeichneten zahlreiche Deutsche eine Beschwerdeschrift, in der Kaufleute und Gewerbtreibende der Stadt Philadelphia mit dem Boykott englischer Waren drohten, wenn die Regierung nicht die von ihr eingeführte Stempelsteuer aufhebe. Und bald darauf vereinigten sich solche Deutsche zu der „**Patriotischen Gesellschaft der Stadt und Grafschaft Philadelphia**," um die Rechte und Freiheiten zu wahren, welche der Provinz in früheren Zeiten durch bestimmte Gesetze und Freibriefe verliehen worden seien. Sie beteiligten sich auch an jener, von 8000 Personen besuchten Versammlung, die am 18. Juni 1774 einen „Korrespondenz-Ausschuß" erwählte, der mit den Bewohnern der andern an der Ostküste gelegenen Kolonien gemeinschaftliche Maßnahmen zur energischen Abwehr der englischen Übergriffe beraten sollte. Unter den Mitgliedern dieses Ausschusses finden wir die Deutschen **Peter Hillegas, Christoph Ludwig, Paul Engel** und **Georg Schlosser**.

Aber auch die deutschen Bewohner der anderen Kolonien zeigten die gleiche entschlossene Gesinnung. Unter dem Vorsitz des wackern Pastors **Peter Mühlenberg** faßte der aus lauter Deutschen bestehende Sicherheitsausschuß der virginischen Ortschaft Woodstock folgende, in englischer Sprache geschriebene Erklärung: „Es sei beschlossen, daß wir uns bereitwillig solchen Verordnungen der Regierung unterwerfen, wie Seine Majestät nach den Bestimmungen des Gesetzes für die Untertanen zu erlassen das Recht hat. Aber nur solchen allein. Es sei ferner beschlossen, daß es das ererbte Recht aller britischen Untertanen ist, nur von solchen Vertretern, die sie selbst erwählten, regiert und besteuert zu werden. Ferner, daß wir jede vom britischen Parlament in bezug auf die innere Verwaltung Amerikas abzielende Handlung als einen gefährlichen und verfassungswidrigen Eingriff in unsre Rechte und Privilegien betrachten. Daß die gewaltsame Ausführung solcher Parlamentsakte durch militärische Gewalt notwendigerweise einen Bürgerkrieg verursachen muß, durch welchen jene Verbindung gelöst würde, die so lange zwischen dem Mutterland und den Kolonien bestanden hat. Es sei endlich beschlossen, daß wir mit unseren notleidenden Brüdern in Boston sowohl wie in irgendwelchen anderen Teilen Nordamerikas, welche die direkten Opfer solcher Tyrannei sind, herzlich sympathisieren und alle geeigneten Maßnahmen befürworten, durch welche so schreckliches Unheil abgewendet, unsere Beschwerden beachtet und unsere gemeinschaftlichen Freiheiten gesichert werden können."

Ob diese nicht mißzuverstehenden Erklärungen, die am 4. August in der „Virginia Gazette" zum Abdruck kamen und großes Aufsehen erregten, den einen Monat später in Philadelphia zusammentretenden „Ersten Kontinental-Kongreß" beeinflußten, ist nicht mehr nachzuweisen. Aber auch diese Körperschaft faßte ähnlich lautende Beschlüsse. Obendrein ermahnte sie das Volk, für den Notfall sich im Gebrauch der Waffen zu üben.[1])

Der Geist der Erhebung ging natürlich auch unter den wackern Pfälzern um, die am Mohawk und Schoharia saßen. Sie waren von allen Kolonisten der englischen Regierung am wenigsten zu Dank verpflichtet. Denn hatte diese Regierung sie nicht stets in selbstsüchtiger Weise ausgebeutet und obendrein auf die gefährlichsten Posten an die äußersten Grenzen der Zivilisation gestellt, wo sie beständig den Anfällen der Indianer und Franzosen preisgegeben waren? Und hatte die Kolonialverwaltung sich etwa beeilt, in den Stunden der Bedrängnis ihnen Hilfe zu senden?

Seit wann es unter jenen, in steten Kämpfen und Gefahren großgewordenen Bauern gärte, wissen wir nicht. Aber auch sie fanden sich bereits am 27. August 1774 an den Ufern des Mohawk zu einer großen Protestversammlung zusammen, die, als die englische Regierung ihre schroffen Maßregeln verschärfte, den Bostoner Hafen sperrte und den bedrängten Bewohnern jener Stadt tätigen und moralischen Beistand versprach. Auch den in New York und Albany tagenden Ausschüssen der Freiheitsfreunde ließen sie ihre Bereitwilligkeit verkünden, sämtliche vom Kontinental-Kongreß verordneten Maßregeln ausführen zu wollen. Diesen Vorsatz bekräftigten sie durch die Erklärung: „Wir, die wir durch die Bande der Religion, Ehre, Gerechtigkeit und Vaterlandsliebe aufeinander angewiesen sind, vereinen uns in dem festen Entschluß, nie Sklaven werden zu wollen, sondern unsre Freiheit mit Gut und Blut zu verteidigen."

Der leitende Geist dieser Pfälzer war Nikolas Herchheimer, der nämliche, welcher sich in den Kämpfen gegen die Franzosen bei der Verteidigung des in den German Flats errichteten Forts rühmlich hervorgetan hatte. Er leitete auch die erste, auf den 2. Juni 1775 einberufene Ver-

---

[1]) Die vielbesprochene Unabhängigkeitserklärung der Bürger von Charlotte im Bezirk Mecklenburg, Nord-Karolina, bleibt an dieser Stelle unberücksichtigt, da weder der genaue Wortlaut ihrer am 31. Mai 1775 gefaßten Beschlüsse feststeht, noch die Namen der unter den Unterzeichnern befindlichen Angehörigen der Familie Alexander mit Sicherheit als diejenigen deutscher Ansiedler betrachtet werden können.

sammlung von Abgeordneten aus allen Bezirken des Mohawktals, deren wichtigste Maßnahme im Einsetzen eines Sicherheitsausschusses bestand, welcher die im Tal wohnenden zahlreichen Anhänger des Königtums, die sogenannten Tories, überwachen sollte. Die Organisierung dieser aus fünf Bataillonen Milizen, einem Bataillon Scharfschützen, drei Kompagnien Jäger und einer Kompagnie Hilfstruppen bestehenden Macht wurde von Herchheimer so geschickt durchgeführt, daß die Abgeordneten der Kolonie New York Herchheimer in Anerkennung seiner Verdienste mit dem Befehl über alle westlich von Schenectady stehenden Milizen betrauten und ihn zum Brigadegeneral ernannten. Die strengen Anordnungen, welche Herchheimer nun zur Beaufsichtigung der Tories traf, flößten diesen solchen Schrecken ein, daß sie ihre Habseligkeiten packten und Hals über Kopf nach Canada flohen.

In Pennsylvanien, wo die Behörden schon längst Klage führten, daß die früher so friedliebenden Deutschen jetzt widerspenstig würden, sorgte die im Jahre 1764 gegründete „Deutsche Gesellschaft" dafür, daß der Freiheitsgedanke auch in die von zahlreichen Deutschen bewohnten westlichen Teile der Kolonie getragen wurde. Sie tat dies durch Verbreitung einer gemeinschaftlich mit den Vorständen und Predigern der lutherischen und reformierten Kirchen Philadelphias verfaßten Flugschrift, welche die Gründe darlegte, die den Kontinental-Kongreß bestimmten, die Bevölkerung zum bewaffneten Widerstand gegen die widerrechtlichen Handlungen der Regierung aufzurufen. Die bedeutungsvolle Flugschrift hebt mit folgenden Worten an:

„Wir haben von Zeit zu Zeit täglich mit unseren Augen gelesen, daß das Volk in Pennsylvanien, Reiche und Arme, den Entschluß des Congresses approbiren. Sonderlich haben sich die Teutschen in Pennsylvanien nahe und ferne von uns sehr hervorgethan und nicht allein ihre Milizen errichtet, sondern auch auserlesene Corps Jäger formirt, die in Bereitschaft sind zu marschiren, wohin es gefordert wird. Diejenigen unter den Teutschen, welche selbst nicht Dienste thun können, sind durchgehends willig nach Vermögen zum gemeinen Besten zu contribuiren."

Der von dem Drucker H e i n r i c h M i l l e r veröffentlichte „Staatsbote" befürwortete die Empfehlungen der „Deutschen Gesellschaft" mit folgendem feurigen, an alle Deutsche gerichteten Aufruf: „Gedenkt daran, wie bitter die Knechtschaft war, die ihr in Deutschland erfahren mußtet. Gedenkt und erinnert die Eurigen daran, daß ihr nach America gegangen seid, um der Dienstbarkeit zu entrinnen und die Freiheit zu genießen. Gedenkt, daß die englischen Staatsdiener und ihr Parlament America auf eben den Fuß wie Deutschland und vielleicht ärger haben möchten."

Angeregt durch diese flammenden Worte, begannen manche deutsche Pastoren auch von den Kanzeln herab die Sache der Freiheit zu verfechten. Daß sie dadurch die Rache der Regierung über sich heraufbeschworen, ist selbstverständlich. Und so mußten manche dieser Streiter als heimatlose Flüchtlinge im Lande umherirren. Unter ihnen befanden sich die Pastoren H e l f e n -

stein von Lancaster, Johann Wilhelm Schmidt von Germantown, Nevelling von New Jersey sowie die beiden Söhne des Pastors Peter Mühlenberg. Nevelling hatte auf seinen Grundbesitz hohe Anleihen aufgenommen und das Geld dem Kontinentalkongreß überwiesen. Wo die Regierung solcher Prediger habhaft wurde, strafte sie dieselben mit monatelanger Kerkerhaft. Solchem Geschick verfielen beispielsweise die Prediger Weyberg und Schlatter, deren Häuser obendrein durch britische Soldaten geplündert wurden. Das Haus des in der Salzburger Niederlassung Ebenezer angestellten Pfarrers Rabenhorst wurde sogar bis auf den Grund niedergebrannt.

Aber alle diese Maßregeln konnten das Weitergreifen des entfachten Freiheitsgedankens nicht aufhalten. Die prophetischen Worte, welche Andreas Hamilton, der Verteidiger des Druckers Zenger, bereits im Jahre 1734 gesprochen: „Die unterdrückte Freiheit wird sich endlich doch erheben!" gingen in Erfüllung. Und als der virginische Advokat Patrik Henry mit dem zündenden Ausruf „Give me liberty or give me death!" die stolze Losung gab, da flogen die Freunde der Freiheit allerorten zu den Waffen. Unter den ersten befanden sich die Deutschen.

Deutsches Heldentum und deutsche Opferwilligkeit im Freiheitskrieg.

Eine ungeheure Bewegung durchbrauste sämtliche an der Ostküste von Nordamerika gelegenen Kolonien. Man sprach nicht länger über Handel, Saaten, Ernten, Jagd und Fischfang. Die Arbeitsräume der Handwerker, die Geschäftsräume der Kaufleute verödeten. Nur in den rußigen Werkstätten der Waffenschmiede und Büchsenmacher erklangen unablässig die Hämmer, knirschten die Feilen und drehten sich die Schleifsteine. Denn, wie der Pfarrer Helmuth in einem an die in Deutschland erscheinenden „Hallischen Nachrichten" schrieb: „Durch das ganze Land rüstet man sich zum Krieg. Beinahe jeder Mann ist unter den Waffen. Der Eifer, welcher bei diesen traurigen Umständen gezeigt wird, läßt sich nicht beschreiben. Wenn hundert Mann verlangt werden, stellen sich sofort viel mehr und sind ärgerlich, wenn sie nicht alle genommen werden. Quäker und Mennoniten entsagen ihren religiösen Grundsätzen und

---

Kopfleiste: Der Ruf zu den Waffen. Nach einem Gemälde von Chapella.

nehmen teil an den kriegerischen Übungen. Das ganze Land von Neu-England bis Georgia ist eine Seele und in vollkommener Begeisterung für die Freiheit."

Beweise dafür, daß die Deutschen an Begeisterung hinter ihren anglo-amerikanischen Mitbürgern nicht zurückstanden, finden sich in Hülle und Fülle. Als in der hauptsächlich von Deutschen bewohnten pennsylvanischen Ortschaft Reading die jungen, waffenfähigen Männer drei Kompagnien einer Bürgergarde bildeten, ließ es den Deutschen Graubärten keine Ruhe. Sie wollten nicht zurückstehen, sondern vereinigten sich zu einer „Kompagnie der alten Männer". Einem Bericht des „Pennsylvanischen Staatsboten" zufolge bestand dieselbe aus 80 Hochdeutschen von mehr als 40 Jahren. Viele waren bereits in Deutschland Soldaten gewesen. So hatte z. B. der 97 Jahre alte Hauptmann dieser Veteranen in 40jährigem Kriegsdienst 17 große Schlachten mitgemacht. Und der 84 Jahre zählende Trommler konnte auf eine fast ebenso bewegte Vergangenheit zurückblicken.

Wo die Begeisterung so hohe Wogen schlug, ist es selbtverständlich, daß die Deutschen auch außerordentlich starke Prozentsätze zu den aus Freiwilligen oder „Associators" gebildeten Truppenkörpern stellten, die einem vom Kongresse erlassenen Aufruf zufolge überall zusammentraten. Nach einem Beschluß vom 14. Juni 1775 sollten Pennsylvanien sechs, die Kolonien Maryland und Virginien je zwei Kompagnien Scharfschützen stellen. Anstatt dessen rüstete Pennsylvanien neun Kompagnien aus, von welchen vier ausschließlich deutsche Offiziere besaßen. Mehrere Abteilungen derselben befanden sich bereits drei Wochen später auf dem Hunderte von Meilen weiten Marsche nach Boston, um zu der von George Washington befehligten amerikanischen Hauptarmee zu stoßen. Die ersten, welche dort eintrafen, waren die von den Hauptleuten Nagel und Daudel befehligten deutschen Scharfschützen der pennsylvanischen Grafschaft Berks, herrlich gewachsene, wettergebräunte Männer, von denen jeder dem preußischen König Friedrich dem Großen für seine Riesengarde willkommen gewesen wäre. In ihren aus Hirschleder oder derbem „home spun" gefertigten Jagdröcken, den fransenbesetzten Leggins, den indianischen Mokassins und der aus einem Fuchs- oder Otterfell gefertigten Pelzmütze boten diese mit Riflebüchse, Tomahawk und Jagdmesser bewaffneten Gestalten unstreitig einen imponierenden Eindruck dar. Und die in großen Lettern über jeder Brust zu lesende Losung „Liberty or Death!" zeugte für die Entschlossenheit, welche diese ernsten Männer beseelte.

Ihnen rückten bald darauf die aus anderen Teilen Pennsylvaniens sowie die aus Maryland und Virginien kommenden Scharfschützen nach. Die Virginier hatten den später zu großem Ruhm gelangenden **Daniel Morgan** als Hauptmann. Bevor sie sich am 17. Juni bei Schäferstown (Shepherdstown) zum Abmarsch rüsteten, kamen sie dahin überein, daß diejenigen, welche nach 50 Jahren noch am Leben seien, sich am gleichen Datum an der gleichen Quelle, an welcher sie sich versammelt hatten, wieder einfinden sollten. Es waren nur vier Männer: **Heinrich und Georg Michel Bedinger** (der erste aus

Virginien, der zweite aus Kentucky), Peter Lauck (aus Winchester) und Gotthold Hulse (aus Wheeling), welche dieser Verabredung am 17. Juni 1825 entsprachen. Aus den echt deutschen Namen dieser Veteranen läßt sich mit Sicherheit schließen, daß die Deutschen Virginiens einen großen Prozentsatz zu den berühmten Scharfschützen Morgans gestellt haben müssen.

Es war am 10. August, als Morgans Truppe nach einem 600 Meilen weiten Marsch bei der Belagerungsarmee vor Boston eintraf. Der gerade auf einem Rekognoszierungsritt befindliche Oberbefehlshaber George Washington erspähte die Ankömmlinge in der Ferne. Im Galopp ritt er auf sie zu und sprang, als Morgan meldete: „Scharfschützen vom rechten Ufer des Potomac!" vom Pferde, um mit Freudentränen im Antlitz jeden einzelnen der wackern Virginier, von denen manche in der Nähe seines eignen Landgutes wohnten, mit kräftigem Händedruck zu begrüßen.[1])

Daniel Morgan, der Führer der virginischen Scharfschützen.

---

[1]) Die von Kapitän Morgan geführten virginischen Scharfschützen erhielten noch vor der Einnahme von Boston Befehl, sich der Expedition Arnolds nach Canada anzuschließen. Unter furchtbaren Mühseligkeiten drangen sie mit den anderen Truppen jenes Zuges den Kennebec hinauf, und unternahmen mit ihnen am Abend des 30. Dezember 1775 den Versuch, die Zitadelle von Quebec zu erstürmen. Bekanntlich mißglückte dieser verwegene Anschlag, während dessen Morgans Truppen so schwere Verluste erlitten, daß ihr Führer, um seine Schar vor gänzlichem Untergang zu bewahren, es für geraten hielt, sich zu ergeben. Morgan wurde später ausgelöst und nahm mit einer anderen Abteilung Scharfschützen an den Schlachten bei Monmouth und bei Saratoga und anderen Treffen teil.

Während der Belagerung der Stadt Boston leisteten diese Scharfschützen insofern sehr wichtige Dienste, als sie hauptsächlich die feindlichen Offiziere aufs Korn nahmen und dadurch die englischen Regimenter der Führung beraubten. Die Zahl solcher Gefallenen oder kampfunfähig Gewordenen war so überraschend groß, daß der englische Abgeordnete Burke im Parlament bestürzt ausrief: „Diese Amerikaner wissen von unsrer Armee weit mehr, als wir uns träumen lassen. Sie schließen dieselbe ein, belagern, vernichten und zermalmen sie. Wo unsere Offiziere ihre Nasen zeigen, da werden sie von den amerikanischen Riflebüchsen weggefegt."

Da nur die deutschen Grenzbewohner gezogene Riflebüchsen führten, so müssen die schlimmen Verluste, welche die Offizierslisten der in Boston belagerten Engländer erlitten, wohl in erster Linie den deutschen Scharfschützen gutgeschrieben werden. Deren Leistungsfähigkeit scheint auch dem Kontinentalkongreß nicht entgangen zu sein. Denn er erließ am 25. Mai 1776 den Aufruf zur Formierung eines rein deutschen Bataillons, dessen acht Kompagnien zur Hälfte aus Pennsylvaniern, zur Hälfte aus Deutschen der Kolonie Maryland bestehen sollten. Die Pennsylvanier begnügten sich aber nicht mit den ihnen vorbehaltenen vier Kompagnien, sondern hatten bereits im Juli eine fünfte vollzählig.

Unter seinen einander folgenden Obersten **Nikolas Hausegger**, **Baron Arendt** und **Ludwig Weltner** vollbrachte dieses deutsche Bataillon manche kühne Waffentat. Zunächst beteiligte es sich bei dem Überfall der Engländer in Trenton. Später erntete es in den Schlachten bei Princeton, am Brandywine und bei Germantown Lorbeeren. Der Brigade des Generals Peter Mühlenberg zugeteilt, durchlebte es die schrecklichen Monate im Winterlager zu Valley Forge. Dann fand es als Bestandteil des Expeditionskorps des Generals Sullivan in den Quellgebieten des Susquehanna und Mohawk Verwendung, wo seine Aufgabe darin bestand, die Grenzniederlassungen gegen die Überfälle der von Canada hereinbrechenden Engländer und Irokesen zu schützen.

Überaus zahlreich waren die Deutschen auch in den von Pennsylvanien gestellten regulären Regimentern, vornehmlich im zweiten, dritten, fünften, sechsten und achten. Das ergibt sich schon aus der Tatsache, daß ein Drittel jener von 53 Bataillonen kommenden Abgesandten, die am 4. Juli 1776 in Lancaster, Pa. zusammenkamen, um über gemeinsame Angelegenheiten zu beraten, Deutsche waren.

Zur selben Stunde, wo diese Wackeren schworen, Leib und Leben für die Unabhängigkeit des Landes zu opfern, nahm der im Staatshause zu Philadelphia versammelte, aus Vertretern sämtlicher Kolonien bestehende Kongreß die Unabhängigkeitserklärung an.[1])

---

[1]) Es war einer deutschen Zeitung, dem von Heinrich Miller in Philadelphia herausgegebenen „Staatsboten", vorbehalten, die erste gedruckte Mitteilung über diesen hoch-

Auch in den südlichen Kolonien bildeten sich rein deutsche Truppenkörper. So brachte beispielsweise der Württemberger Michael Kalteisen in Charleston, Süd-Karolina, eine Kompagnie Füsiliere zusammen, die durchweg aus Deutschen bestand und im Jahre 1779 beim Sturm auf Savannah sich auszeichnete.

Leider fehlen über die Beteiligung der Deutschen in den Kolonien Georgia, Karolina, Virginien, Delaware, Maryland, New York, Massachusetts und Maine sichere Angaben, da fast alle Musterrollen und sonstigen Urkunden bei einem im Jahre 1800 im Kriegsministerium zu Washington ausgebrochenen Brande untergingen. Sicher ist aber, daß die Deutschen auch in den von jenen Kolonien gestellten regulären Regimentern mit stattlichen Zahlen vertreten waren.

Wollte man die Namen aller Deutschen, die sich durch tapfere Taten vor dem Feinde auszeichneten, in einer Liste vereinen, so würde dieselbe manche Seiten füllen. Da wären beispielsweise die zahlreichen Mitglieder der aus Westfalen nach Pennsylvanien eingewanderten Familie Heister. Mehrere dienten als Offiziere in pennsylvanischen Regimentern. Von allen mußte Joseph Heister die schlimmsten Erlebnisse bestehen. Während der unglücklichen Schlacht auf Long Island wurde er gefangen und später auf der berüchtigten Fregatte „Jersey" und in den Kerkern der Stadt New York furchtbaren Leiden ausgesetzt. Nach seiner Auslösung schloß er sich den Freiheitskämpfern aufs neue an, schwang sich durch seine Tapferkeit zum Obersten empor und füllte nach erfolgtem Friedensschluß noch verschiedene angesehene Stellen aus.

Von gleichem Schlage war der Pennsylvanier Kichlein, der als Hauptmann einer 100 Mann starken Kompagnie jenen Helden angehörte, die nach der Schlacht auf Long Island den Rückzug Washingtons deckten, und von welcher ein amerikanischer Geschichtsschreiber sagte: „Long Island war das Thermopylae des Unabhängigkeitskrieges, und die Deutschpennsylvanier waren seine Spartaner!" Von Kichleins Kompagnie fielen 70 Mann.

Auch der in manchen europäischen Kriegen grau gewordene Hannoveraner Georg Gerhard von der Wieden zählt zu den Helden jener großen Zeit. Er hatte bereits als Leutnant mit den von Heinrich Bouquet geführten „Royal Americans" den Feldzug gegen die Franzosen im Quellgebiet des Ohio mitgemacht. Als Oberst trat er später in das 1. virginische Regiment und brachte es dank seiner ausgezeichneten Fähigkeiten bis zum Brigadegeneral. In den Kämpfen am Brandywine, bei Germantown und vor Yorktown spielte

---

wichtigen Akt zu bringen. Die Unabhängigkeitserklärung erfolgte bekanntlich am 4. Juli 1776, einem Donnerstag. Da der „Staatsbote" die einzige am Freitag erscheinende Zeitung Philadelphias war, so kam sie mit ihrer Mitteilung allen in englischer Sprache gedruckten Zeitungen voraus. Die in fetten Lettern gegebene Nachricht lautet folgendermaßen:

„Philadelphia, den 5. July. Gestern hat der achtbare Congreß dieses vesten Landes die vereinigten Colonien freye und unabhängige Staaten erkläret. Die Declaration in Englisch ist gesetzt in der Presse: sie ist datirt den 4ten July, 1776, und wird heut oder morgen in Druck erscheinen."

dieser in amerikanischen Geschichtswerken unter dem Namen „Weedon" erscheinende Mann eine wichtige Rolle.

Eine echte Soldatennatur bekundete ferner der deutsche Hauptmann **Leonhardt Helm**, der mit nur zwei Gemeinen die Besatzung des westlichen Grenzforts St. Vinciennes bildete. Diese Veste zu nehmen, zogen die Engländer in beträchtlicher Zahl heran. Daß er sich gegen die gewaltige Übermacht nicht behaupten könne, wußte Hauptmann Helm wohl. Aber er pflanzte sich mit brennender Zündschnur an einer der von den Wällen herabdrohenden Kanonen auf, gebot den anrückenden Feinden Halt und fragte, ob man der Besatzung des Forts freien Abzug mit allen Waffen und unter Beobachtung der üblichen Kriegsehren bewillige, falls sie das Fort freiwillig übergebe. Dessen waren die Engländer nur zu froh. Sie machten aber doch lange Gesichter, als Helm mit seinen beiden Leuten erschien. Aber das Soldatenwort war verpfändet, und so mußten die Briten zu ihrem großen Ärger die drei Amerikaner ungehindert ziehen lassen.

Auch die südlichen Kolonien hatten ihren deutschen Helden. **Alexander Gillon**, ein von kurhessischen Eltern stammender Kaufmann in Charleston, stach im Mai 1777 mit einem wohlausgerüsteten Schiff in See, nahm drei englische Kreuzer weg, mietete dann eine französische Fregatte und kaperte mit derselben zahlreiche englische Handelsfahrzeuge. Im Frühling des Jahres 1782 brachte er ein größeres Geschwader zusammen und annektierte die Bahamainseln.

Von besonderem Interesse ist es, daß auch die 150 Mann starke Leibwache George Washingtons ausschließlich aus Deutschen der pennsylvanischen Grafschaften Berks und Lancaster bestand. Der ehemalige preußische Major **Bartholomäus von Heer** befehligte die kleine, aber auserlesene Schar. Ihr Hauptmann war **Jakob Meytinger**; als Leutnants dienten **Philipp Strübing** und **Johann Nutter**. Die Gründe, welche maßgebend dafür waren, diese Leibwache ausschließlich aus Deutschen zusammenzustellen, sind nicht bekannt. Die Tatsache hingegen, daß es unter den englisch sprechenden Truppen des amerikanischen Heers von im englischen Sold stehenden Spionen wimmelte, und daß die königstreuen Tories die verschlagensten Mittel anwendeten, um amerikanische Offiziere und Soldaten zum Verrat militärischer Geheimnisse, ja zur Gefangennahme und Auslieferung des obersten Befehlshabers zu verleiten, hat zu der Vermutung Anlaß gegeben, daß man die Person Washingtons weit mehr gesichert glaubte, wenn man ihn mit einer Leibwache umgebe, deren Soldaten der englischen Sprache wenig oder gar nicht mächtig und darum den Verlockungen der Tories auch weniger ausgesetzt wären.

Wie immer dem sein mag, gewiß ist, daß die Deutschpennsylvanier von jeher als zuverlässige Leute galten. Diesen guten Ruf behaupteten sie auch in diesem Falle, denn die deutsche Leibwache schützte den Heerführer während aller Fährnisse des sieben Jahre dauernden Krieges. Als nach dem glücklichen Ausgang desselben das Heer sich auflöste, wurde auch die Leibwache überflüssig. Nur der wackere Major von Heer, der Hauptmann Meytinger, ein Sergeant, ein Trompeter und acht Gemeine blieben bis zum 31. Dezember 1783 im Dienst. Ihnen fiel die Ehre zu, den obersten Kriegsherrn auf sein in Virginien gelegenes Landgut Mount Vernon zurückzugeleiten. Dort angekommen, stellten sie sich vor der Front des stattlichen Herrensitzes vor dem Sieger in so vielen Schlachten zur letzten Parade auf. Noch einmal erscholl der Kommandoruf, zum letztenmal senkten sich die funkelnden Degen. Dann, nachdem diese militärische Ehrung erwiesen war, ritten die wackeren Soldaten schweigend von dannen. Denn ihre Herzen waren schwer, daß sie von dem geliebten Feld-

Marie Heis (Molly Pitcher) in der Schlacht bei Monmouth.
Nach einem Gemälde von D. M. Carter.

herrn, den sie so viele Jahre beschirmt, dessen Leiden und Lasten sie so lange geteilt, für immer scheiden mußten.

Außer diesen Patrioten berichtet die Geschichte von drei deutschamerikanischen Heldinnen. Die erste war M a r i e H e i s, die Gattin eines als Kanonier mit Washington ins Feld gezogenen Freiwilligen. Entschlossen, alle Leiden und Freuden ihres Mannes zu teilen, hatte die Frau sich dem gleichen Regiment angeschlossen und um das Wohl der Soldaten sich verdient gemacht, indem sie den im Kampf Befindlichen Wasser zutrug und die Verwundeten pflegte. Da man sie selten ohne ihren mächtigen Wasserkrug (englisch pitcher) sah, so legten die Soldaten ihr den Spitznamen „M o l l y P i t c h e r" bei.

Es war in der Schlacht bei Monmouth, wo Molly Pitcher zu bleibendem Ruhm gelangen sollte. Infolge der zweideutigen Haltung des Generals Lee drohte die Schlacht einen für die Amerikaner ungünstigen Ausgang zu nehmen. Allerwärts zeigten die Reihen der Amerikaner klaffende Lücken. Das Bedienungspersonal der Batterien war bereits so zusammengeschmolzen, daß infolge mangelnden Ersatzes die Mannschaften ihre Tätigkeit fast einstellen mußten. Eine Katastrophe schien unvermeidlich, zumal die Briten sich gerade jetzt zu einem mächtigen Vorstoß anschickten. In diesem Augenblick erschien „Molly Pitcher" auf dem Schauplatz. Die Gefahr erkennend, stellte sie schleunigst ihren Krug zur Erde, griff einen Kanonenwischer und bediente an Stelle ihres verwundet am Boden liegenden Mannes das Geschütz. Brausende Beifallrufe erschollen für Molly Pitcher. Von allen Seiten eilten tapfere Männer herbei, um die freigewordenen Plätze in den Batterien einzunehmen. Und als die Feinde anrückten, wurden sie mit so lebhaftem Kanonenfeuer begrüßt, daß es den Amerikanern gelang, den Angriff abzuschlagen.

In Süd-Karolina unterzog sich die 18jährige Pflanzerstochter Emilie Geiger der gefährlichen Aufgabe, wichtige Mitteilungen des Generals Greene an die Generale Marion und Sumter zu überbringen, wobei sie ein weites, durch feindliche Patrouillen höchst unsicher gemachtes Gebiet durchreiten mußte. Obendrein mußte das Mädchen mit dem Pferde den angeschwollenen Watereefluß durchschwimmen. Nachdem dies gelungen, fiel die junge Heldin am zweiten Tage ihrer Reise feindlichen Kundschaftern in die Hände. Da diese aber keine verdächtigen Dokumente fanden, ließ man das Mädchen frei, welches nun seinen Ritt fortsetzte und wenige Stunden später die ihm anvertraute Botschaft ausrichten konnte.

In West-Virginien erzählt man sich noch heute von Elisabeth Zane, die mit ihren Brüdern eine an Stelle der heutigen Stadt Wheeling erbaute Blockhütte bewohnte. Als Zufluchtsort bei feindlichen Anfällen hatten die wenigen dort lebenden Ansiedler aus starken Baumstämmen einen festen Turm errichtet, in welchen sie flüchteten, als im September 1777 eine von dem englischen Befehlshaber des Forts Detroit ausgeschickte Bande von Indianern die kleine Niederlassung überfiel. Die Belagerung zog sich bedenklich in die Länge. Die Zahl der waffenfähigen Männer sank von 42 auf nur 12 herab. Dazu kam, daß das Pulver ausging. Zwar lag noch ein Fäßchen in der Hütte der beiden Brüder Zane versteckt. Um desselben habhaft zu werden, mußte man aber eine 180 Schritt weite Strecke zurücklegen, die von den Büchsen der in den Wäldern versteckten Wilden bestrichen wurde. Trotzdem mußte man suchen, das Pulver zu erlangen. Als Freiwillige, die es wagen wolle, das Fäßchen zu holen, trat die siebzehnjährige Elisabeth Zane vor. Sie begründete ihren Entschluß damit, daß das Leben der so sehr zusammengeschmolzenen männlichen Verteidiger der Befestigung zu wertvoll sei, um ein solches aufs Spiel zu setzen. Einwände wollte sie nicht gelten lassen, und so öffnete man der jungen Heldin das Tor, das sie so ruhig durchschritt, als ob es in der weiten Welt keine Indianer gebe.

Da die letzteren nicht wußten, um was es sich handle, so ließen sie es ruhig geschehen, daß die Jungfrau die zwischen Turm und Blockhütte gelegene Strecke zurücklegte und die Hütte betrat. Erst als sie, das Fäßchen in den Armen tragend, wieder erschien, errieten die Rothäute die Bedeutung des Vorgangs und eröffneten von allen Seiten ein lebhaftes Feuer auf die raschen Laufs Davoneilende. Aber keine Kugel traf. Wohlbehalten schlüpfte die junge Heldin wieder ins Fort, worauf die Indianer, nicht länger auf den Fall der so wacker verteidigten kleinen Feste rechnend, wutschnaubend abzogen.

Außer diesen Beispielen finden sich noch zahlreiche andere, welche die opferfreudige Begeisterung bekunden, die in den Herzen der deutschen Kolonisten Amerikas lohte.

Wir müssen zunächst der hochherzigen Frau Margarete Greider geb. Arkularius gedenken, die nicht nur dem Oberbefehlshaber George Washington die bedeutende Summe von 1500 Guineen zu beliebiger Verwendung für das Heer übergab, sondern obendrein mit ihrem Manne, einem Bäcker, die Soldaten vier Monate lang mit Brot versorgte, ohne für ihre Dienste irgendwelche Entschädigung anzunehmen.

Jenem wackern Ehepaar stand der in Philadelphia wohnende Bäcker Christoph Ludwig nicht nach, ein Mann, der an allen das Wohl und Wehe des Landes angehenden Fragen stets lebhaften Anteil nahm. Bereits im ersten Stadium der Freiheitsbewegung, als man in einer öffentlichen Versammlung um freiwillige Gaben bat, um für die Bürgerwehren Flinten beschaffen zu können, sprang er, als niemand mit einer Beisteuer den Anfang machen wollte, auf und rief: „Herr Vorsitzender, ich bin nur ein einfacher Pfefferkuchenbäcker, aber schreiben Sie meinen Namen in die Liste mit 200 Pfund."

Während des Krieges bewies Ludwig immer wieder und wieder seine Opferwilligkeit. Seine eignen Interessen hintenan setzend, opferte er sein ganzes Vermögen für die große Sache. Für seine Uneigennützigkeit spricht auch ein anderes Vorkommnis. Im Jahre 1777 übertrug man ihm die Stelle des Oberbäckers der Armee. Seine Vorgänger im Amt hatten sich die Unerfahrenheit der mit der Heeresverwaltung betrauten Personen zunutze gemacht und für jeden ihnen überwiesenen Zentner Mehl auch nur 100 Pfund Brot geliefert und den Profit eingesteckt. Ludwig klärte die Verwaltung über den unbemerkt gebliebenen Betrug auf, indem er darauf hinwies, daß man mit 100 Pfund Mehl und dem zum Kneten benötigten Wasser 135 Pfund Brot herstellen müsse. Soviel werde er für jeden Zentner Mehl liefern, da er nicht das Verlangen trage, sich durch den Krieg zu bereichern.

Als Ludwig nach Beendigung des Krieges sein Geschäft wieder aufnahm und abermals ein stattliches Vermögen erwarb, gab er bei seinem Ableben einen letzten Beweis seines Gemeinsinnes, indem er sein ganzes Hab und Gut wohltätigen Anstalten vermachte und in erster Linie die Mittel zur Gründung einer Freischule für arme Kinder stiftete.

Cronau, Deutsches Leben in Amerika.

Um die Verpflegung der im Felde stehenden Truppen sowie der Verwundeten und Kranken machten sich auch die in Pennsylvanien wohnenden deutschen Sektierer, vor allen die Mennoniten, Herrnhuter und Tunker hochverdient. Bekanntlich hielten diese es mit ihren religiösen Anschauungen als unvereinbar, Waffen zu tragen, Kriegsdienste zu leisten und Beisteuern für kriegerische Zwecke zu entrichten. Auf diese Satzungen ihres Glaubens sich berufend, reichten sie am 5. November 1775 dem Kongreß ein Bittgesuch ein, daß sie von allen derartigen Leistungen entbunden werden möchten, sie würden sich dagegen verpflichten, in anderer Weise, durch Lieferung von Lebensmitteln, Kleidern, Verbandstoffen und ähnlichen Dingen zum Gelingen der großen Sache beizutragen. Nachdem der Kongreß ihnen diese Ausnahmsrechte zuge-

Versorgung der Soldaten im Winterlager von Valley Forge durch die Herrnhuter.

standen, kamen die Sektierer ihrem Versprechen in großartiger Weise nach und führten von den Erträgnissen ihrer Felder und Hausindustrien dem Heere während der ganzen Dauer des Feldzugs gewaltige Mengen zu. Ohne die Beihilfe dieser Sektierer wären die im Hungerlager zu Valley Forge verweilenden Soldaten wahrscheinlich der Not erlegen.

Aber mehr noch. Die Sektierer erwiesen sich auch als echte barmherzige Samariter, indem sie in ihren Wohnungen und Versammlungsplätzen zahlreiche Verwundete und Kranke aufnahmen und denselben die sorgsamste Pflege zuteil werden ließen. Die Gemeindehäuser zu Bethlehem, Lititz und Ephrata waren die bedeutendsten Lazarette in den Mittelkolonien und zeitweise mit Verwundeten überfüllt. Nach der Schlacht am Brandywine nahm das Kloster Ephrata über 500 Schwerverwundete auf, von welchen 200 starben und auf dem bescheidenen Friedhof des Klosters neben den bereits abgeschiedenen Klosterbrüdern und Schwestern eine Ruhestätte fanden. In der Herrnhuterstation Lititz fanden Hunderte von Typhuskranken Unterkunft. Während der Verpflegung derselben wurden fünf herrnhutische Brüder, der Prediger S c h m i c k und zwei herrnhutische Ärzte von der tückischen Krankheit weggerafft.

Noch eines deutschen Mannes müssen wir gedenken, der zwar nicht im heißen Kampfe stand oder sich in Werken der Nächstenliebe betätigte, aber auf einem der schwierigsten Posten stand, den der junge Bund der Vereinigten Staaten zu besetzen hatte. Dieser Mann war der Kaufmann M i c h a e l H i l l e g a s. Ihn erkor man im Jahre 1776 zum Schatzmeister der Bundesregierung. Als solcher diente er treu und redlich bis zum Jahre 1789, wo er endlich auf seinen Wunsch dieses Amtes entbunden wurde, das um so sorgenvoller gewesen, als die Regierung während des ganzen Krieges beständig von den schwersten finanziellen Verlegenheiten bedrängt war.

Schlußvignette: Michael Hillegas, erster Schatzmeister der Vereinigten Staaten.

Nikolas Herchheimer und die Helden von Oriskany.

Während der Stürme des Jahres 1775 waren die in den Tälern des Schoharie und Mohawk wohnenden Pfälzer nicht müßig geblieben. Beständig übten sie sich im Gebrauch der Waffen. Waren sie sich doch der Tatsache wohl bewußt, daß sie einen der gefährlichsten Posten innehielten und über kurz oder lang einen Angriff der nach Canada geflohenen königstreuen Engländer, der Tories, erwarten mußten. Sie waren sich ferner darüber klar, daß die Tories in ihrem Rachedurst nicht davor zurückschrecken würden, die in den Grenzgebieten und in Canada umherstreifenden Indianer durch reiche Geschenke und Versprechungen auf ihre Seite zu ziehen und als Verbündete in den Kämpfen gegen die Amerikaner zu benutzen. Gerüchte, daß englische Abgesandte sich in den Lagern der Rothäute, vornehmlich des mächtigen Irokesenbundes, gezeigt hätten, traten immer bestimmter auf. Daraus ergab sich für die Amerikaner die zwingende Notwendigkeit, alle Mittel aufzubieten, diese blutdürstigen Horden zu bewegen, sich neutral zu verhalten.

Nikolas Herchheimer, der bewährte Befehlshaber der Milizen im Mohawktal, erhielt deshalb den Befehl, mit 400 Milizsoldaten das am oberen Susquehannah gelegene Irokesendorf Unadilla aufzusuchen, wo Thayendanegea, der den Weißen unter dem Namen Joseph Brant bekannte Kriegshäuptling der

---

Kopfleiste: Herchheimers Wohn- und Sterbehaus im Mohawktal.

Irokesen, seinen Wohnsitz aufgeschlagen hatte. Es war im Juni 1777, als Herchheimer dort anlangte. Aber alle Bemühungen, den gefürchteten Häuptling freundlich zu stimmen, schlugen fehl. Denn die Engländer hatten ihn durch Zuwendung glänzender Geschenke längst gewonnen und die Sache der Amerikaner als gänzlich aussichtslos geschildert. Daß dem so sein werde, hatte der kriegskundige Wilde nach einem Einblick in die Pläne der Engländer, in denen ihm selbst eine wichtige Rolle zugedacht war, erkannt. Die Engländer hatten nämlich beschlossen, eine mächtige Flotte von New York aus den Hudson hinaufzusenden und dadurch wie durch einen gleichzeitigen Vorstoß des Generals Burgoyne mit 8000 Mann vom Georgsee aus die Neu-Englandkolonien von den südlichen Kolonien zu trennen, um sie dann einzeln um so leichter unterwerfen zu können. Zur selben Zeit sollte der Oberst St. Leger mit 750 Soldaten und 1000 unter der Führung Thayendanegeas stehenden Indianern von Westen her in das Mohawktal eindringen, den Amerikanern in die Flanke fallen und dadurch deren Untergang besiegeln. Da ein Mißlingen des meisterhaften Plans fast ausgeschlossen schien, so blieben natürlich alle Bemühungen Herchheimers, den Irokesenhäuptling für die Sache der Amerikaner zu gewinnen, vergeblich.

Kaum war Herchheimer mit seinen Truppen ins Mohawktal zurückgekehrt, so brachten befreundete Oneida-Indianer die Botschaft, daß St. Leger

Nicolas herchheimer

Namenszug von Nikolas Herchheimer.

sowohl wie General Burgoyne ihren Marsch bereits angetreten hätten. Gleichzeitig habe der Gouverneur Hamilton fünfzehn starke Indianerbanden auf die amerikanischen Ansiedlungen losgelassen.

Ohne Zögern forderte General Herchheimer in einem am 17. Juli erlassenen Aufruf sämtliche Jünglinge, Männer und Greise, die imstande seien Waffen zu tragen, auf, sich in dem an Stelle der heutigen Stadt Herkimer gelegenen Fort Dayton zu versammeln. Ihrer 800 strömten herbei, entschlossen, entweder zu siegen oder zu sterben. Denn jedermann wußte, daß es sich hier um einen Kampf bis aufs Messer handle und daß, wenn man unterliege, allen ein grauenhaftes Ende unter den Beilen und Skalpiermessern der Wilden, unter den Bajonetten der englischen Soldaten beschieden sei.

Der erste Angriff der unter dem Obersten St. Leger vereinigten Engländer und Indianer mußte auf das im Quellgebiet des Mohawk gelegene, von einer kleinen Besatzung unter dem Obersten Gansevoort verteidigte Grenzfort Stanwix geschehen. Bereits am 4. August empfingen die Pfälzer die Meldung, daß die Feinde vor der Befestigung angekommen seien und mit ihrer Belagerung begonnen hätten. Es galt nun, nicht nur das Fort zu entsetzen, sondern den Feinden womöglich auch eine Niederlage zuzufügen. Zu diesem Zweck sandte Herchheimer an den Obersten Gansevoort einen Boten, um ihn von dem Anmarsch der Pfälzer zu unterrichten und zu einer gemeinsamen Aktion aufzufordern. Am gleichen Morgen, wo Herchheimer den Belagerern in den Rücken fallen wolle, sollten die Eingeschlossenen einen Ausfall unternehmen und die Gegner von vorne fassen. Drei vom Fort abzugebende rasch aufeinanderfolgende Kanonenschüsse sollten den Pfälzern anzeigen, wenn man zu dem verabredeten Ausfall bereit sei.

Unglücklicherweise gelang es dem Boten erst am Mittag des verabredeten Tages, durch die Linien der Belagerer in das Fort zu schleichen. Inzwischen waren auch die Engländer durch ihre indianischen Kundschafter von dem Anmarsch der Pfälzer unterrichtet worden. Eiligst legten sie in einer engen, von den Pfälzern zu durchschneidenden Waldschlucht mehrere hunderte In-

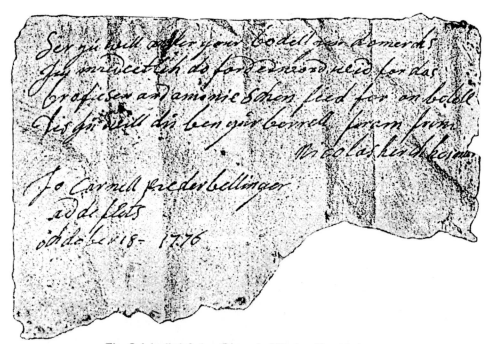

Ein Originalbrief des Generals Nikolas Herchheimer.

dianer und eine Abteilung Scharfschützen in den Hinterhalt, um die Anrückenden abzufangen.

Es war neun Uhr morgens, als die Deutschen in der Nähe der Schlucht eintrafen. Kein Laut verriet die im Dunkel der unabsehbaren Urwälder lauernde Gefahr. Doch kaum befanden die Deutschen sich in der Mitte der Schlucht, als plötzlich von allen Seiten das grauenhafte Kriegsgeheul der Wilden und krachende Salven ertönten. Und gleich darauf tauchten hinter allen Büschen, Bäumen und Felsen scheußlich bemalte Rothäute auf, um gleich blutgierigen Bestien die Überrumpelten zu überfallen.

Aber die im Kampf mit solchen Gegnern Geübten bewahrten die nötige Kaltblütigkeit. Wußten sie doch, daß von ihrem Sieg oder Fall Wohl oder Wehe ihrer daheimgebliebenen Frauen und Kinder abhingen. In fester Ent-

Bronzetafel am Schlachtendenkmal bei Oriskany.

schlossenheit die Zähne zusammenbeißend und mit der Wut der Verzweiflung
fechtend, bemühten sie sich, den furchtbaren Anprall der Gegner abzuwehren.
Es entspann sich ein entsetzliches Handgemenge, in dem indianische Gewandtheit und Schläue mit deutscher, durch harte Hinterwäldlerarbeit gestählter
Kraft um die Oberhand rangen. Wer könnte die mit blitzartiger Schnelle
wechselnden Szenen eines solchen Kampfes beschreiben, die ineinanderverschlungenen Knäuel keuchender, blutüberströmter Menschenleiber; die
schlangenartig sich windenden, in ihrer bunten Bemalung wahrhaft teuflisch
aussehenden Gestalten der Rothäute, die grimmigen Gesichter und kraftvollen
Körper der Hinterwäldler, die sich keinen Fuß breit Bodens abstreiten lassen
wollten. Jeder hieb, stach oder schoß. Weiße und Rote sanken, von schneller
Kugel oder blitzendem Stahl ereilt, übereinander. Hier klaffte ein durch einen
Beilhieb zerspalteter Schädel, dort troffen Ströme Blutes aus einer zerschlitzten
Kehle oder durchbohrten Brust.

Gleich beim Beginn des Gefechtes wurde Herchheimers Roß durch eine
Kugel getötet. Dasselbe Geschoß zerschlug dem General das linke Bein
unterhalb des Knies. Aber der auf den Boden Gestürzte verlor nicht die Geistesgegenwart. Er ließ sich während des fürchterlichen Gemetzels auf eine kleine,
die Schlachtstätte überschauende Höhe tragen, von wo er auf einem Sattel
sitzend und gegen den Stamm einer mächtigen Buche gelehnt, mit weitschallender Stimme seine Milizen anfeuerte, bis sie den ersten wütenden Ansturm der
Feinde zurückgewiesen hatten.

Kaltblütig seine Pfeife in Brand setzend, die in der Nähe einschlagenden
Kugeln und das Zischen der Pfeile nicht achtend, bemühte der alte Graubart
sich dann, seine Leute zu einer systematischen Bekämpfung der Gegner anzuhalten. Das war um so notwendiger, als die Indianer, sobald einer der
Deutschen gefeuert hatte, zu mehreren auf denselben losstürzten und ihn
niederschlugen, ehe er Zeit fand, seine Büchse wieder zu laden. Um solchen
Überrumpelungen vorzubeugen, ließ Herchheimer je zwei seiner Leute hinter
jeden der mächtigen Bäume treten. Während der eine seine Flinte lud, stand
der andere schußbereit. Feuerte dieser, so legte sein Genosse sofort an, um
die in Erwartung leichten Sieges anstürmenden Feinde niederzuknallen und
inzwischen seinem Genossen Gelegenheit zu geben, die Büchse wieder zu laden.
Diese Anordnung bewährte sich so vorzüglich, daß nach kurzer Zeit kein
Indianer mehr wagte, die bisherige Kampfart anzuwenden.

Während so indianische List und hinterwälderische Erfahrung einander
die Wage zu halten suchten, während bald da, bald dort die Büchsen krachten
und der Todesschrei der Getroffenen die Wälder durchhalte, verstrichen Stunden.
Noch erbitterter gestalteten sich die Kämpfe, als eine vom Oberst St. Leger
schleunigst entsandte Abteilung von Königsjägern auf dem Kampfplatz erschien
und die englisch-indianische Streitmacht erheblich verstärkte. Die Mehrheit
dieser frischen Truppen bestand aus früheren königstreuen Bewohnern des
Mohawktals, die durch die scharfen Maßnahmen des von Herchheimer be-

fehligten Sicherheitsausschusses nach Canada getrieben worden waren, wo sie sich den englischen Regimentern anschlossen. Der bittere politische Zwiespalt, der die einstigen Freunde und Nachbarn entfremdet hatte, lohte nun zu rasendem Brand empor. Die Tories lechzten danach, für den Verlust ihrer Güter an den Pfälzern blutige Rache zu nehmen. Diese hingegen waren entschlossen, den verhaßten Königsknechten das Wiederkommen für allezeit zu verleiden.

Es schien, als wollten auch die Elemente an dem tobenden Aufruhr, an dem gegenseitigen Morden und Vernichten Anteil nehmen. Die unter den Wäldern herrschende Dämmerung verwandelte sich plötzlich in tiefe Dunkelheit. Ein schweres Gewitter war heraufgezogen und entlud sich über den im Sturme rauschenden Wipfeln der Urwaldriesen in blendenden Blitzen und betäubenden Donnerschlägen. Die gleich einer Sintflut herabströmenden Regenmassen, die niederbrechenden Äste zwangen die Kämpfenden zum einstweiligen Einstellen des Gemetzels. Aber kaum war das Unwetter vorübergebraust, so hob das Schlachtgetöse aufs neue an und forderte seine Opfer.

Mittag war bereits vorüber. Da endlich dröhnte vom Fort Stanwix her der dumpfe Schall drei schnell einander folgender Kanonenschüsse herüber, das von den Pfälzern längst ersehnte Zeichen, daß die Besatzung des Forts den verabredeten Ausfall unternommen habe. Frischer Kampfesmut durchzuckte die Deutschen und als nun rasselnder Trommelwirbel und schmetternder Hörnerschall den Befehl zum Vorrücken gaben, da gestaltete sich ihr Angriff zu einem so unwiderstehlichen, daß die bereits mächtig dezimierten Rothäute Fersengeld gaben und dadurch auch die englischen Truppen zu eiligem Rückzug zwangen. Als sie im Lager wieder eintrafen, erblickten sie dieses in wildester Unordnung. Der Besatzung des Fortes Stanwix war es nämlich gelungen, bei ihrem Ausfall zahlreiche Zelte zu verbrennen, einen großen Teil des Gepäckes und fünf Fahnen zu erbeuten.

Leider waren die Pfälzer durch den stundenlangen Kampf zu sehr erschöpft und an Zahl aufgerieben worden, als daß sie es hätten wagen dürfen, die Verfolgung der Feinde aufzunehmen. Über 240 Deutsche waren gefallen. Die noch Lebenden hatten fast alle Wunden davongetragen. Da obendrein der Abend nahte, so galt es, zunächst für die rascher Hilfe Bedürftigen zu sorgen und sie unter Dach zu bringen. Als die wenigen Unverwundeten am 8. August mit ihrer schweren Last in den heimischen Dörfern eintrafen, erhob sich überall jammervolles Klagen. Denn es gab im weiten Mohawktal kaum eine Hütte, in der man nicht Tote betrauerte oder Verwundete langer Pflege bedurften. Wie furchtbar manche Familien gelitten, ergibt sich aus der Tatsache, daß die Wohlhöfers und Müllers je vier, die Walrats drei, die Fuchs fünf, die Schells sogar neun ihrer männlichen Mitglieder verloren.

Auch der wackere General Herchheimer starb an den Folgen seiner Verwundung. Man hatte ihn auf einer Tragbahre in sein unterhalb der heutigen Stadt Little Falls gelegenes Haus gebracht. Dort verfuhr aber der ihn behandelnde Wundarzt bei der notwendig gewordenen Amputation des zerschossenen Beines so ungeschickt, daß der tapfere Soldat am 17. August 1777 verblutete.

Trotz alledem heischte die Lage von den Pfälzern weitere schwere Opfer. Denn die Belagerung des Forts Stanwix war noch nicht aufgehoben, der Feind noch nicht nach Canada zurückgeworfen worden.

So scharten sich die übriggebliebenen Männer aufs neue zusammen und zogen, durch eine stattliche Zahl inzwischen eingetroffener regulärer Truppen unter dem Befehl des Generals Benedikt Arnold verstärkt, zum zweitenmal aus, um Fort Stanwix zu entsetzen. Es kam aber nicht zu neuen Kämpfen. Denn als die Belagerer durch ihre Kundschafter vom Anmarsch der Pfälzer unterrichtet wurden, räumten sie schleunigst das Feld und zogen sich mit Hinterlassung sämtlicher Zelte und Kanonen zurück.

Dieser Rückzug hatte das gänzliche Scheitern des vortrefflich ersonnenen englischen Feldzugsplans zur Folge. Denn die beabsichtigte Vereinigung des Obersten St. Leger mit General Burgoyne unterblieb. Ja, es gelang den Amerikanern, auch dem Heer des letzteren den Weg zu verlegen und es nach blutigen Kämpfen bei Saratoga so einzuschließen, daß es 5000 Mann stark am 17. Oktober die Waffen strecken mußte.

Seit ihrem Eindringen in die Kolonie New York hatten die Briten mit Einschluß der bei Oriskany und Fort Stanwix kampfunfähig Gewordenen oder in Gefangenschaft geratenen Truppen einen Gesamtverlust von nahezu 10 000 Mann erlitten. Außerdem fielen den Amerikanern 42 Geschütze, mehrere tausend Gewehre und bedeutende Vorräte an Munition in die Hände.

Da obendrein die Anschläge der Engländer gegen die im Hochland des Hudson gelegenen Stellungen der Amerikaner mißlangen, so war eine der drohendsten Gefahren des jahrelangen Feldzugs zerronnen.

Daß die wackeren Pfälzer unter Herchheimer zu dieser glücklichen Wendung ihr redlich Teil beitrugen, erkannte der hochaufatmende Oberbefehlshaber George Washington mit den Worten an, daß Herchheimer und seine Leute die verhängnisvollen Aussichten des Jahres 1777 zuerst ins Gegenteil verwandelt hätten.

In Würdigung dieser Tatsache bewilligte der Kongreß bereits im Oktober des Jahres 1777 500 Dollar für ein zu Herchheimers Ehren bestimmtes Denkmal. Wenngleich die furchtbaren Kriegsstürme der folgenden Jahre die Ausführung dieses Vorsatzes in den Hintergrund drängten, so erinnerten spätere Geschlechter sich aber dieser Dankesschuld und errichteten zunächst auf dem Schlachtfeld bei Oriskany einen mächtigen Obelisken, dessen Bronzetafeln Szenen aus den dort stattgefundenen Kämpfen sowie die Namen der in der Schlacht gefallenen Bewohner des Mohawktals verewigen. Herchheimer ist dargestellt, wie er, verwundet auf seinem Sattel sitzend, die brennende Pfeife in der Hand, Befehle erteilt.

Auch das unweit seines Hauses auf einem niedrigen Hügel gelegene Grab Herchheimers wurde im Jahre 1896 mit einem hochragenden Obelisken aus weißem Marmor geschmückt. Und der Staat New York, der dieses weithin sichtbare Denkmal setzen ließ, ehrte den Namen des darunter Ruhenden ferner dadurch, daß er sowohl den Ort, wo Herchheimer geboren wurde, wie auch die Grafschaft, in der er lebte und sein Leben beschloß, mit Herchheimers Namen taufte.

Schlußvignette: Herchheimers Grabstätte im Mohawktal.

Generalmajor Peter Mühlenberg.

Gedenkt das amerikanische Volk der Helden des Unabhängigkeitskrieges, so darf es den Namen des Pastors Peter Mühlenberg nicht vergessen, des gleichen Mannes, der im Jahre 1775 mit einer Anzahl gleichgesinnter Bewohner der virginischen Ortschaft Woodstock jene aufsehenerregenden Beschlüsse verfaßte, über die bereits ein früherer Abschnitt berichtete und welche als der erste öffentliche Widerspruch gegen die widerrechtliche Bedrückung der Kolonien seitens der englischen Regierung angesehen werden können.

Aber der Anteil, den Mühlenberg an diesem papiernen Protest hatte, genügte dem freiheitsliebenden Manne nicht. Er beschloß sein Amt niederzulegen und als Soldat in das Heer der Freiheitsstreiter einzutreten. Als er im Januar 1776 dieses Vorhaben seiner Gemeinde verkündigte und die Mitglieder für den folgenden Sonntag zu seiner letzten Predigt einlud, fanden sich in der Kirche zu Woodstock Hunderte aus weitem Umkreis gekommene Menschen zusammen, um von dem geliebten Gottesstreiter, der ihnen in Sturm und Not so oft beratend und helfend zur Seite gestanden, Abschied zu nehmen. Das kleine Kirchlein war bis zur äußersten Fassungskraft gefüllt. Desgleichen drängten sich auf dem es umgebenden Friedhof viele, die ihren Seelsorger noch einmal von Angesicht zu Angesicht sehen und von ihm Abschied nehmen wollten. Mühlenberg sprach in seiner Predigt über

---

Kopfleiste: Generalmajor Peter Mühlenberg.

die Pflichten guter Bürger gegenüber dem Vaterlande und schloß mit den Worten: „Alles hat seine Zeit, das Predigen und Beten, aber auch das Kämpfen. Die Zeit des Kampfes ist jetzt gekommen!" Und damit entledigte er sich auf der Kanzel seines Priesterornates und stand da in voller Soldatenuniform. Die durch diesen unerwarteten Vorgang überraschten Gemeindemitglieder brachen in tosenden Jubel aus. Und als nun draußen die Werbetrommel gerührt wurden, da strömten Männer und Jünglinge scharenweise herbei, um sich zum Kampf für die Freiheit zu verpflichten. Von Begeisterung fortgerissen, bestimmten Frauen ihre Gatten, betagte Eltern ihre Söhne, sich dem Dienst für das Vaterland zu weihen. Und ehe der Abend kam, hatten über 300 Mann sich bereit erklärt, den Fahnen der jungen Union zu folgen.

Mühlenberg hatte in seinen jungen Jahren einem englischen Regiment angehört. Da er infolgedessen mit militärischen Dingen vertraut war, so übertrug man ihm den Befehl über ein aus Deutschen bestehendes Regiment. Mit diesem focht er ein Jahr lang in den südlichen Kolonien Georgia, den beiden Karolinas und Virginien so erfolgreich, daß er im Jahre 1777 zum Brigadegeneral befördert wurde.

Seine vier Regimenter zählende Brigade wurde der Hauptarmee Washingtons zugeteilt und deckte nach deren Niederlage am Brandywine den Rückzug. Wie sie hier ihren guten Ruf bewährte, so focht sie auch in den Schlachten bei Germantown und Monmouth mit Auszeichnung.

Nach mancherlei Streifzügen im Süden bot sich Mühlenberg zuletzt noch Gelegenheit, der in Yorktown zusammengezogenen englischen Hauptarmee den Rückzug nach dem Süden zu verlegen und an ihrer Einschließung in Yorktown teilzunehmen. Mühlenbergs Brigade glückte es während der Belagerung durch einen kühnen Bajonettangriff eine der wichtigsten Redouten der Festung zu nehmen und dadurch die Kapitulation zu beschleunigen. Die glänzende Waffentat trug Mühlenberg den Rang eines Generalmajors ein.

Nach erfolgtem Friedensschluß bemühte die Gemeinde zu Woodstock sich, ihren ehemaligen Pfarrer wieder zu gewinnen. Aber Mühlenberg hielt es für unziemlich, dem im blutigen Kriegshandwerk rauh gewordenen Soldaten nochmals den Pfarrer aufzupfropfen. Er wandte sich dem öffentlichen Leben zu und war zunächst als zweiter Vorsitzender im Staatsrat von Pennsylvanien, später als Abgeordneter im ersten, zweiten und sechsten Bundeskongreß, und endlich als Vertreter des Staates Pennsylvanien im Bundessenat mit ausgesprochenem Erfolg tätig.

Während der Jahre 1788, 1802 bis 1807 stand Mühlenberg an der Spitze der zu Philadelphia im Jahre 1764 gestifteten „Deutschen Gesellschaft von Pennsylvanien", die sein Andenken noch heute als das eines um das Deutschtum hochverdienten Mannes in Ehren hält.

Der pennsylvanische Geschichtsschreiber Seidensticker zeichnete Mühlenbergs Charakterbild mit folgenden warmen Worten:

„Er war von der Natur gewissermaßen zum Soldaten geschaffen und glitt in diese Bestimmung, sobald die Gelegenheit sich bot. Sein Mut und seine Entschlossenheit paarten sich mit der ruhigen Überlegung, welche die Lage richtig zu erfassen weiß; und so fand Washington, mit dessen Charakter der seinige viele Ähnlichkeit hatte, in ihm nicht allein einen vortrefflichen Offizier, sondern auch einen zuverlässigen Ratgeber. In seinem Auftreten war er offen, liebenswürdig und anspruchslos. Soll aber ein Zug genannt werden, der sein Leben, seine politischen Grundsätze und sein innerstes Wesen kennzeichnet, so war es die Liebe zur Freiheit."

Schlußvignette: Namenszug Peter Mühlenbergs.

Der Soldatenhandel deutscher Fürsten und die deutschen Söldlinge im englischen Heer.

Als die englischen Kolonien der vom Mutterland über sie verhängten Bedrückungen müde wurden und sich entschlossen zeigten, das englische Joch abzuschütteln, fehlte es den Engländern an Truppen, um den Aufstand niederzuwerfen. Ihre über die Kolonien verteilten Streitkräfte beliefen sich auf nur 15000 Mann. Diese Zahl mußte um mindestens 40000 vermehrt werden, sollten die zum Unterdrücken des Aufstandes gemachten Anstrengungen irgendwelche Aussicht auf Erfolg haben. Woher diese Truppen nehmen? Die Engländer liebten es damals so wenig wie heute, die eigne Haut zu Markt zu tragen. Man beschloß darum in einer Kabinettssitzung, fremde Hilfstruppen anzuwerben und nach Amerika zu senden. Mit Geld, das wußten die Engländer, war alles zu haben. Folglich auch Soldaten. Zuerst wandte König Georg III. sich an die Kaiserin Katharina von Rußland mit der Bitte, ihm gegen gute Bezahlung 20000 Mann für den Dienst in Amerika abzulassen. Aber er erhielt von der Herrscherin die verdiente Antwort, sie halte es mit ihrer kaiserlichen Würde unvereinbar, einen solchen Handel abzuschließen. In Holland hatten die Engländer ebensowenig Erfolg, worauf der König beschloß, in Deutsch-

---

Kopfleiste: Vom Herde weg in ferne Lande. Nach einer Zeichnung von F. Darley in Lossings History of the United States.

land, bei den allezeit geldbedürftigen kleinen Fürsten, von denen mehrere mit ihm durch das Haus Hannover verwandt waren, sein Glück zu versuchen.

Deutschland war von jeher die Vorratskammer, aus der fremde Herrscher mit Vorliebe das Menschenmaterial für ihre Heere bezogen. Schon während des Siebenjährigen Krieges fochten deutsche Söldlinge unter Englands Fahnen. In Stade hielt sich noch der englische Oberst William Faucitt auf, der jene Söldlinge in den englischen Dienst eingemustert hatte. Da er die geeignete Person schien, um Verhandlungen mit den deutschen Fürsten anzubahnen, so erhielt er am 24. November 1775 dazu förmlichen Auftrag. Nach den damals in Deutschland obwaltenden Staatsbegriffen betrachteten die Regenten ihre Soldaten als unbeschränktes Eigentum, mit dem sie nach Gutdünken schalten und walten dürften. Besonders die Landgrafen von Hessen machten seit längerer Zeit ein förmliches Gewerbe daraus, ihre Untertanen als Soldaten für alle möglichen und unmöglichen Zwecke zu vermieten. Faucitt richtete deshalb sein Hauptaugenmerk zunächst auf Hessen. Der Weg dahin führte von Stade über Braunschweig, dessen Herrscher Herzog Karl I. durch seine verschwenderische Hofhaltung dem kaum 150 000 Bewohner zählenden Ländchen eine Schuldenlast von 12 Millionen Taler aufgebürdet hatte. Alljährlich mußte es an Steuern 1½ Millionen Taler aufbringen, die meist zum Unterhalt des Hofes, der italienischen Oper, des französischen Balletts und für andere Zwecke vergeudet wurden. Der Theaterdirektor strich jährlich 30 000 Taler ein, weniger seiner Leistungen als seiner Kupplerdienste halber. Denn daß Karl I. geistige Leistungen nicht zu würdigen verstand, geht aus der Tatsache hervor, daß der unsterbliche Lessing, der die Stelle eines herzoglichen Bibliothekars bekleidete, sich mit einem Jahresgehalt von 300 Talern begnügen mußte. Neben dem verschwenderischen Herzog fungierte der Erbprinz Ferdinand als Mitregent. Ohne seine Einwilligung konnte nichts geschehen, weshalb Faucitt, der unter dem Erbprinzen schon während des Siebenjährigen Krieges gedient hatte, zuerst bei ihm anklopfte. Obwohl der Erbprinz mit einer Schwester des englischen Königs vermählt war, war er doch Kaufmann genug, um die Gelegenheit auszunutzen. Unter dem Vorwand, daß die Soldaten das einzige Vergnügen seines Vaters seien, und daß dieser sich nur schwer von ihnen zu trennen vermöge, ließ er den Obersten eine Weile zappeln. Erst als er gewiß war, sehr vorteilhafte Bedingungen herausschlagen zu können, versprach er, sich bei dem Herzog zu verwenden. Dieser, längst vorbereitet, ging nach scheinbarem Zögern auf den Handel ein und beauftragte seinen Minister Féranco mit dem Abschluß des Vertrags. Dies geschah am 9. Januar 1776. Demzufolge übernahm der Herzog die Verpflichtung, den Engländern 3964 Fußsoldaten und 336 Reiter ohne die Pferde zu liefern, wogegen England dem Herzog für jeden Soldaten ein Handgeld von 30 Kronen oder 51½ Talern zahlte. Außerdem wurde vereinbart, daß für jeden Soldaten, der im Kriege falle, nochmals derselbe Betrag entrichtet werden müsse, und daß drei Verwundete gleich einem Toten angerechnet werden sollten. Als Miete für die Truppen mußte England dem Herzog jährlich die Summe von 11 517 Pfund Sterling bezahlen, außerdem das Doppelte desselben Betrags für die Dauer von zwei Jahren nach der Rückkehr der Soldaten in ihre Heimat. Die englische Löhnung der Truppen begann zwei Monate vor ihrem Abmarsch.

Nachdem dieser Schacher in Menschenfleisch abgeschlossen war, begab Faucitt sich nach Kassel. Dort regierte Friedrich II., ein sehr reicher Fürst, der den Grund zu dem bei seinem Tod auf 60 Millionen Taler geschätzten Vermögen hauptsächlich durch den bereits von seinen Vorfahren schwungvoll betriebenen Soldatenhandel legte. Obwohl sein Ländchen kaum 300 000 Bewohner zählte, unterhielt er doch ein stehendes Heer von 16 bis 20 000 Mann, führte in Kassel und Wilhelmshöhe zahlreiche Prachtbauten auf und suchte es in bezug auf glänzende Hofhaltung allen andern Fürsten Deutschlands zuvorzutun. Nachäfferei des Franzosentums und Maitressenwirtschaft waren für seine Regierung bezeichnend. Es kostete Faucitt keine Schwierigkeiten, für seine Vorschläge das Ohr des Landgrafen zu gewinnen. Nur mußte er sich, da derselbe nicht wie der Braunschweiger von Geldnot bedrückt war, zu erheblich höheren Verpflichtungen verstehen. Zunächst stellte der Landgraf die Grundbedingung, daß eine ältere Forderung für Soldatenlieferungen, die während des Siebenjährigen Krieges gemacht worden, im Betrag von 41 820 Pfund Sterling sofort beglichen werde. Dann verlangte er, daß außer dem Handgeld für die zu liefernden 12 000 Soldaten die Löhnungen nicht an die Soldaten, sondern an ihn zu entrichten seien, da ein großer Teil dieser Gelder dann von ihm eingestrichen werden konnte. Ferner mußte sich England verpflichten, für das Darleihen der Truppen eine Summe von 108 281 Pfund Sterling jährlich zu zahlen, und diesen Betrag auch für das nach der Rückkehr der Hessen in ihr Vaterland folgende Jahr zu leisten. Bezüglich der Toten und Verwundeten traf der Landgraf keine Abmachungen, was den Vorteil hatte, daß er jahrelang die Löhnung von Soldaten fordern konnte, die längst gestorben oder davongelaufen waren. Endlich behielt sich der Fürst die Bekleidung und Ausrüstung seiner Leute vor, wobei, da er den Betrag in Rechnung stellen durfte, abermals ein schöner Gewinn in seine Taschen floß.

Von Kassel begab sich der englische Bevollmächtigte nach Hanau, wo Wilhelm von Hessen-Hanau, ein seinen Nachbarn geistesverwandter Fürst residierte. Mit diesem schloß Faucitt einen Vertrag auf eine Lieferung von 668 Mann ab. Darauf besuchte Faucitt den Hof des Fürsten von Waldeck, der, tief in Schulden steckend, die Prediger seines Landes veranlaßte, von der Kanzel aus alle waffenfähigen Männer aufzufordern, sich an dem „heiligen Krieg der Engländer" zu beteiligen. Er selbst ging seinem Lande mit Opfermut voran, indem er seine beiden Schloßkompagnien dem Engländer verschacherte.

Nach dem Waldecker kamen die Markgrafen Karl Alexander von Anspach-Bayreuth und Friedrich August von Anhalt-Zerbst an die Reihe. Der erste lieferte 1225, der letzte 1152 Mann. Im ganzen stellten die vorhin genannten Fürsten den Engländern ein Heer von 29 867 Mann, für welche England insgesamt die

Ein Anhalt-Zerbstsches Werbeplakat aus dem 18. Jahrhundert.

Summe von 1 770 000 Pfund Sterling = 35 400 000 Mark an die deutschen Fürsten bezahlte. Von diesen Truppen lieferte Hessen 16 992, Braunschweig 5723, Hanau 2422, Anspach-Bayreuth 2353, Waldeck 1225 und Anhalt-Zerbst 1152.

Wo man nicht die eignen Soldaten zur Verfügung stellen konnte, suchten die Landesherren die nötigen Leute durch Werber herbeizuziehen. Desgleichen ließen sie alle wandernden Handwerksburschen, Studenten und Handlungsdiener aufgreifen, steckten sie in die Soldatenjacke und beförderten sie mit den übrigen auf die Schiffe. Diesem Schicksal verfiel auch der später berühmt gewordene Dichter Johann Gottfried Seume, dem es erst nach langen Irrfahrten glückte, wieder die deutsche Heimat zu erreichen.

Zur Ehre des deutschen Namens, der durch deutsche Fürsten in so schmählicher Weise besudelt wurde, kann festgestellt werden, daß jener Soldatenhandel in Deutschland nicht ohne Widerspruch blieb. Vor allen war es Friedrich der Große, der sich in harten Worten darüber ausließ, indem er schrieb: „Wäre der hessische Landgraf aus meiner Schule hervorgegangen, so würde er seine Untertanen nicht wie Vieh, das an die Schlachtbank geführt wird, an die Engländer verkauft haben. Das ist ein unwürdiger Zug in dem Charakter eines Fürsten. Solches Betragen ist durch nichts als schmutzige Selbstsucht hervorgerufen."

Um seine Mißbilligung auch öffentlich auszudrücken, verbot er im Oktober 1777 den für die Engländer bestimmten Truppen den Durchzug durch preußisches Gebiet.[1]) Dadurch verzögerte sich der Transport der Söldlinge so sehr, daß alle Berechnungen der dringend Nachschub benötigenden englischen Generäle in Nordamerika zuschanden wurden. Sie wagten infolgedessen nicht, das im Winterlager bei Valley Forge liegende, nur 5000 Mann starke amerikanische Heer anzugreifen und ließen so den günstigsten Augenblick zum Unterdrücken des Aufstandes verstreichen.

Der Abscheu gegen die mit dem Blut und Leben ihrer eignen Untertanen handeltreibenden dunklen Ehrenmänner auf Deutschlands Thronen machte sich auch in allen anderen Teilen des Reiches geltend. Kant, Herder, Klopstock, Arndt und Lessing eiferten gegen den Menschenschacher. Desgleichen sprach sich Friedrich Schiller bitter gegen denselben in seinem Drama „Kabale und Liebe" (zweiter Akt, zweiter Aufzug) aus. Er läßt Lady Milford, die Maitresse des in dem Drama auftretenden Fürsten, dessen Diamanten voll Verachtung und Entsetzen zurückweisen, als sie erfährt, daß die Juwelen mit dem für die verkauften Soldaten gewonnenen Geld beschafft sind. Auch in anderen Teilen Europas wurde der Soldatenhandel lebhaft besprochen. Mirabeau schrieb einen

---

[1]) Friedrich der Große gab seiner aufrichtigen Sympathie für die Sache der amerikanischen Kolonien auch noch in anderer Weise Ausdruck. Er war der erste, welcher deren Selbständigkeit anerkannte. Und um gar keinen Zweifel über seine Stellung aufkommen zu lassen, schickte er dem Oberbefehlshaber der amerikanischen Armee, George Washington, als besonderes Zeichen seiner Bewunderung einen Degen.

aufreizenden „Aufruf an die Hessen und andere von ihren Fürsten an England verkaufte deutsche Stämme", durch den der Landgraf von Hessen sich so unangenehm getroffen fühlte, daß er alle Exemplare der Schrift, deren er habhaft werden konnte, aufkaufen und verbrennen ließ. Zugleich ordnete er die Herausgabe eines Schriftchens „Vernünftigerer Rat an die Hessen" an, in dem er Mirabeaus Aufruf beantwortete und seine Handlungsweise mit einer Berufung auf seine feudalen Rechte zu verteidigen suchte.

Selbst in England wurde der zwischen der Regierung und den deutschen Fürsten betriebene Soldatenhandel scharfer Kritik unterworfen. Besonders diejenigen, welche die Klagen der Kolonisten über die ungerechte Bedrückung seitens des Mutterlandes für begründet hielten, verurteilten das Verfahren, die Kolonisten durch fremde Truppen zum Gehorsam zurückzuführen, aufs strengste. „Wäre ich," so rief der Abgeordnete Chatam im Parlament, „ein Amerikaner, wie ich ein Engländer bin, und müßte zusehen, wie ein fremdes Heer in meinem eignen Lande erschiene, so würde ich meine Waffen niemals niederlegen — niemals — niemals!"

Diese Worte entsprachen in der Tat der tiefen Empörung, welche alle in Amerika lebenden Ansiedler erfaßte, als sie die Kunde erhielten, daß England zu ihrer Unterwerfung deutsche Söldlinge aufgeboten habe. Die beklagenswerten Opfer fürstlicher Niedertracht und Habgier hielt man für die Hindernisse, die sie durch ihre unfreiwilligen Dienste der Sache der Freiheit in den Weg legten, keineswegs verantwortlich. Man empfand für sie mehr Mitleid als Haß und bemühte sich, sie von der Unwürdigkeit ihrer Stellung zu überzeugen und auf die amerikanische Seite herüberzuziehen.

Als in der Schlacht bei Trenton 1000 Hessen gefangen wurden, ließ Washington dieselben in Philadelphia einquartieren. Zugleich ersuchte er den dort bestehenden Sicherheitsausschuß, an die Bürger folgendes Rundschreiben zu richten: „Der General hat uns empfohlen, geeignetes Quartier für diese Gefangenen zu finden. Es ist sein ernster Wunsch, daß sie gut behandelt werden und während ihrer Gefangenschaft Erfahrungen machen, welche ihren noch im Dienst des Königs von Großbritannien stehenden Landsleuten die Augen öffnen. Diese armen Geschöpfe erregen unser gerechtes Mitleid. Sie hegen keine Feindschaft gegen uns. Nach den willkürlichen Gebräuchen despotischer deutscher Fürsten wurden sie ihrem Vaterland entrissen und an einen fremden Monarchen verkauft, ohne daß ihre Neigungen berücksichtigt oder sie selbst in Kenntnis gesetzt worden wären."

Auch die in den Kolonien lebenden Deutschen, denen die schmachvolle Stellung ihrer Landsleute besonders zu Herzen ging, ließen es an Bemühungen nicht fehlen, die Söldlinge über die Bedeutung des amerikanischen Unabhängigkeitskrieges aufzuklären. Sie schmuggelten allerhand in deutscher Sprache gedruckte und auf Tabakspakete geklebte Zettel bei den deutschen Söldnern ein. „Ihr braucht euch," so heißt es auf einem dieser Zettel, „keine Sorge zu machen, daß das Verlassen des hessischen Sklavendienstes Sünde sei. Nein, es ist vielmehr eine Tugend, die eine der edelsten ist. Denn der, welcher sich gegen sein Gewissen und seine Vernunft zu diesem henkermäßigen Mordhandwerk gebrauchen läßt, verdient wahrlich nicht, ein Mensch zu sein."

Ein im amerikanischen Heer fechtender deutscher Füsilier erließ sogar an seine bei den Engländern dienenden Landsleute folgendes Gedicht:

> „Ihr kämpfet nur für niedern Lohn,
> Für Freiheit kämpft ihr nicht,
> In unserm Heer ist Washington,
> Der nur für Freiheit ficht.
> Kommt zu uns frei von Groll und Trug,
> Und eßt das Freundschaftsmahl,
> Wir haben hier der Hütten g'nug
> Und Länder ohne Zahl." —

Von dem patriotischen deutschen Bäcker Christoph Ludwig wird erzählt, daß er sich als vorgeblicher Überläufer in das auf Staten Island gelegene Lager der Hessen begeben und durch seine Schilderung des deutschpennsylvanischen Lebens so großen Eindruck bei den Söldlingen gemacht habe, daß ihrer mehrere Hundert bei erster Gelegenheit desertierten. Ludwig war es auch, der dem Kongreß vorschlug, die deutschen Kriegsgefangenen bei ihren in Philadelphia und in anderen deutschen Ansiedlungen lebenden Landsleuten unterzubringen. „Zeigt ihnen," so schrieb er, „unsre schönen deutschen Kirchen, laßt sie unsern Rindsbraten kosten und unsern Hausrat sehen. Dann schickt sie wieder fort zu den Ihrigen und ihr sollt sehen, wie viele uns zulaufen werden!"

Dieser Vorschlag leuchtete dem Kongreß ein, und als derselbe obendrein in einer vom 29. April 1778 datierten Proklamation jedem zu den Amerikanern übergehenden Soldaten 50 Acker Land, jedem Hauptmann, der 40 Mann mit sich bringe, 800 Acker, 4 Ochsen, 1 Bullen, 2 Kühe und 4 Schweine verhieß, ohne daß solche Leute genötigt sein sollten, gegen die Engländer die Waffen zu erheben, da nahm, wie die „Philadelphische Zeitung" alsbald berichten konnte, „das Ausreißen unter den britischen Truppen außerordentlich überhand. Die meisten, die zu uns kommen, sind Deutsche, welche bezeugen, daß die ganze deutsche Hilfsarmee herüberkommen würde, wenn sie nur Gelegenheit dazu hätte".

Es stand solchen Überläufern vollkommen frei, entweder sofort mit dem Bestellen der ihnen überwiesenen Güter zu beginnen, oder, falls sie sich zum Waffendienst in der amerikanischen Armee entschlossen, irgendeinem Truppenteil beizutreten. Offiziere, die sich einreihen ließen, wurden stets um einen Rang befördert.

Aus sprachlichen Gründen lag der Gedanke nahe, aus solchen Überläufern besondere, von deutschsprechenden Offizieren befehligte Abteilungen zu bilden. Ein solches Korps war die vom preußischen Hauptmann N i k o l a u s D i e t r i c h v o n O t t e n d o r f befehligte leichte Infanterie. Sie wurde später durch die Freischärler des im Kampf gefallenen Polen Pulaski sowie des in Gefangenschaft geratenen preußischen Hauptmanns Paul Schott verstärkt, aber in eine Reiterabteilung verwandelt. Später dem Befehl des französischen Marquis Armand de la Rouerie unterstellt, nahm die Abteilung an den Kämpfen im Süden, unter andern auch an der unglücklichen Schlacht bei Camden teil.

Den im britischen Heer dienenden deutschen Söldlingen darf man die Anerkennung nicht versagen, daß sie sich tapfer schlugen. Ihre Generäle Riedesel, Knyphausen, Heister, Frazer und Philipps, sowie die Obersten Donop, Specht, Rhal u. a. erwarben sich durch kühne Waffentaten sogar die Anerkennung der amerikanischen Geschichtsschreiber. Frazer, Philipps und Donop büßten an der Spitze ihrer Truppen das Leben ein.

Von den 29 867 deutschen Hilfstruppen sahen nur 17 313 ihr Vaterland wieder. Von den 12 554 nicht zurückkehrenden Soldaten fielen 1200 in Schlachten; 6354 starben an Wunden und an Krankheiten; 5000 desertierten oder wurden gefangen genommen. Diese letzteren wurden hauptsächlich in solchen pennsylvanischen und virginischen Ortschaften untergebracht, wo sie mit dort wohnenden Landsleuten in stete Berührung kamen: in Lancaster, Reading, Lebanon, Winchester und Charlottesville. Dort stellten sich in ihren Lagern gar bald die wohlhabenden deutschen Bauern ein, um mit folgenden Worten auf sie einzuwirken: „Eure Fürsten haben euch an die Engländer verkauft und machen sich lustig mit dem empfangenen Sündengeld. Bleibt hier! Wir nehmen euch als Ackerknechte. Und wenn ihr ein paar Jahre fleißig seid, habt ihr Land, Vieh und Häuser wie wir. Und dann schaut euch unsere Mädels an! Sind es nicht wackere deutsche Dirnen? Heiratet sie und gründet mit ihnen den eignen Herd!"

Solche Überzeugungsgründe leuchteten den Gefangenen ein. Ganze Scharen entsagten dem rauhen Kriegshandwerk, um, der werktätigen Beihilfe ihrer Landsleute gewiß, sich als wohlbestallte Farmer unter denselben niederzulassen. Mit ihren Nachkommen nahmen viele später auch an der Besiedlung von Ohio, Kentucky und Tennessee teil, und halfen dort Ortschaften und Städte gründen.

Von den in die Heimat zurückgekehrten deutschen Offizieren, Feldärzten und Feldpredigern schilderten manche ihre Erlebnisse und Beobachtungen in Büchern, von denen einige, wie z. B. jenes des beim Ansbach Bayreuthischen Regiment angestellten Feldschers Dr. Johann David Schöpf weite Verbreitung fanden. Durch ihre Mitteilungen über Amerika, seine Bewohner, die deutschen Niederlassungen und die gewaltigen Hilfsquellen des Landes trugen sie erheblich dazu bei, die während des Krieges ins Stocken geratene deutsche Auswandrung nach Amerika aufs neue anzuregen.

Und so erblühte den Vereinigten Staaten aus den zu ihrer Vernichtung über das Weltmeer geschleppten deutschen Söldlingen nach den verschiedensten Seiten hin reicher Gewinn.

Die deutschen Ansiedler im Kampf gegen die indianischen Verbündeten der Briten.

Beging die englische Regierung eine verächtliche Handlungsweise, indem sie die nur auf ihren Rechten bestehenden Kolonien mit fremden Hilfstruppen bekriegte, so machte sie sich obendrein eines geradezu empörenden Frevels schuldig, als sie die ihrem Einfluß zugängigen Indianerstämme zu Verbündeten machte und gegen die eignen Untertanen in den Kampf hetzte. Diesen Rothäuten fiel die doppelte Aufgabe zu, die westlichen Ansiedlungen zu zerstören und gleichzeitig den Amerikanern, während sie die von den Küsten aus erfolgenden britischen Angriffe abwehrten, in den Rücken zu fallen und dadurch zum Zersplittern ihrer Streitkräfte zu nötigen. Man stachelte die angeborene Mordgier der Wilden an, indem man für jede amerikanische Kopfhaut, gleichgültig, ob von einem Mann, Weib oder Kind stammend, eine Belohnung von 8 Dollar aussetzte. Es bedurfte nicht mehr, um die Indianer zu den kühnsten

---

Kopfleiste: Thayendanegea.

Anfällen auf die Kolonisten zu verführen. In kleineren und größeren Scharen durchstreiften sie alle Grenzgebiete, überfielen sämtliche Niederlassungen und richteten grauenhafte Blutbäder an.

Zum Ausführen ihres teuflischen Werks versicherten die Engländer sich in erster Linie der Beihilfe des bereits erwähnten Thayendanega oder Joseph Brant. Derselbe beunruhigte mit seinen Banden jahrelang die in den westlichen Teilen von New York und Pennsylvanien gelegenen Niederlassungen und fügte ihnen außerordentlich schweren Schaden zu. Niedergebrannte Hütten, Scheunen, Ställe und Felder, die Leichen skalpierter Ansiedler, geschändeter Frauen und ermordeter Kinder bezeichneten ihren Weg. Beim Verüben solcher Verbrechen leisteten englische Soldaten und Offiziere, ehemalige königstreu gebliebene Bewohner der durchzogenen Landstriche hilfreiche Hand.

Im August des Jahres 1777 begleitete der Häuptling mit 1000 indianischen Kriegern den englischen Oberst St. Leger auf dessen Zug ins obere Mohawktal. Die geplante Verwüstung desselben scheiterte bekanntlich infolge des Kampfes bei Oriskany.

Das Wyomingtal.

Um die gleiche Zeit, wo Thayendanegea gegen die von Herchheimer befehligten Pfälzer focht, brachen andere indianische Banden in Gemeinschaft mit dem schottischen Kapitän Mc Donald und mehreren hundert Tories in das Tal des Schoharie, wurden aber ebenfalls zurückgeworfen.

Am 1. Juni des folgenden Jahres überfielen 700 Indianer und 400 unter dem Befehl des Majors John Butler stehende Engländer die Ansiedlung Cobelsville, wobei die dortige Bürgerwehr in einen Hinterhalt geriet und niedergemacht wurde. Von Cobelsville wandten die Rotten sich dem oberen Susquehannah zu. Derselbe eilt durch das wunderschöne Wyomingtal. Hier lagen mehrere Ortschaften, deren Bewohner glücklich und in Frieden lebten.

Der größte Teil der männlichen Bevölkerung befand sich in Washingtons Armee, so daß die Ansiedlungen fast wehrlos lagen.

Als die Zurückgebliebenen die erste Kunde von dem Nahen der feindlichen Horden erhielten, flohen die Frauen und Kinder in die im Tal angelegten Befestigungen. 300 Männer hingegen, unter ihnen viele Greise und Knaben, zogen am 3. Juli mutig den Feinden entgegen, um dieselben zurückzutreiben.

Aber die wackeren Wyominger hatten deren Zahl arg unterschätzt. Nach mehrstündigem heldenmütigem Kampf erlagen sie der gewaltigen Übermacht und wurden rücksichtslos niedergemacht. Nur 140 entkamen ins Fort.

Am nächsten Morgen erschienen die grausamen Sieger vor der kleinen Befestigung und forderten deren Übergabe. Die Nachrichten über den Verlauf der Verhandlungen widersprechen einander. Mehreren Überlieferungen zufolge hätten die Insassen sich ergeben, wären aber von den Wilden samt und sonders erbarmungslos ermordet worden. Andere Nachrichten sagen, sie seien durch das rechtzeitige Eintreffen von Hilfstruppen vor dem Untergang bewahrt geblieben.

Bei der Verteidigung des Wyomingtales spielte der im Tal ansässige deutsche Friedensrichter H o l l e n b a c h eine hervorragende Rolle. Leider sind die Nachrichten über das sogenannte „Blutbad im Wyomingtal" zu verworren, als daß sich der Anteil des Friedensrichters mit Sicherheits feststellen ließe. Einer in Rupps „Geschichte von Berks- und Lebanon County" enthaltenen Angabe zufolge wäre Hollenbach der Hauptheld der Verteidigung gewesen.

Nach den am Susquehannah verübten Schandtaten wandten die Rothäute und Briten sich wieder dem Mohawktal zu, brannten dort am 1. September 63 Häuser, 57 Scheunen und 5 Mühlen der Pfälzeransiedlung German Flats nieder, und schleppten zugleich 235 Pferde, 239 Rinder, 93 Ochsen und 269 Schafe fort. Sie wagten nicht, die durch Späher zeitig genug gewarnten und in die Forts Herchheimer und Dayton geflohenen Pfälzer anzugreifen. Und so kamen jene für diesmal mit einem Verlust von nur zwei Menschenleben davon.

Um die Grenzbewohner vor weiteren Überfällen zu schützen, sandte Washington im Jahre 1779 den General Sullivan mit 5000 Mann, darunter zahlreiche deutsche Scharfschützen aus Pennsylvanien und Virginien, gegen die Irokesen. Im Verlauf dieses überaus schwierigen Feldzugs gelang es den Amerikanern, die Rothäute und Briten am 29. August bei Newton, in der Nähe der heutigen Stadt Elmira, zu schlagen, 40 indianische Dörfer zu vernichten und die Feinde über die canadische Grenze zu treiben.

Aber bereits im folgenden Jahr begannen die Raubzüge in das New Yorker Gebiet aufs neue. Da war kaum eine Ortschaft, die nicht unter feindlichen Angriffen zu leiden gehabt hätte. In Canajoharie brannte eine aus 500 Indianern und Tories bestehende Bande am 2. August 63 Häuser samt Scheunen und Ställen nieder, tötete 300 Pferde und Rinder, ermordete 16 Männer und schleppte 60 Frauen und Kinder fort. Wenige Tage später überfielen 73 Indianer und 5 Tories die vereinzelt stehenden Häuser im Schoharietal. Am 16. Oktober brachen dort unter der Führung des früher im Mohawktal ansässig gewesenen Sir John Johnson 1000 Indianer und Tories herein, um die von den Talbewohnern eingebrachten Ernten zu rauben und alles andere zu zerstören.

Glücklicherweise waren die Talbewohner auch diesmal durch ausgestellte Wachtposten zeitig genug gewarnt worden, und hatten sich in die Forts flüchten können. Hier lagen 150 Mann Kontinentaltruppen und 100 Freiwillige, welche den Angriffen der Feinde so kräftigen Widerstand entgegensetzten, daß diese noch am gleichen Tage abzogen. Aber der Feuerschein von 300 brennenden Häusern und Scheunen beleuchtete ihren Weg.

Vom Schoharie zog Johnson ins Mohawktal, ließ am 18. Oktober Caughnawaga niederbrennen und sämtliche am Nordufer des Flusses liegende Ansiedlungen bis Stone Arabia verwüsten. Mehrere kleinere Truppenabteilungen, die sich ihm in den Weg stellten, wurden überwältigt und niedergemacht.

Lagen die Wohnstätten der Ansiedler vereinzelt, so entgingen diese selten dem Untergang. Denn nicht jeder war imstande, die Feinde so heldenhaft abzuwehren, wie dies der wackre deutsche Bauer Johann Christian Schell vermochte. Derselbe wohnte eine Stunde nordöstlich von German Flats inmitten einer einsamen Wildnis. Am 6. August 1781 wurde sein Blockhaus von 48 Indianern und 16 Engländern überfallen. Mit Mühe gelang es dem gerade mit Feldarbeiten beschäftigten Ansiedler, sich mit seiner Frau und vier Söhnen in das Haus zu flüchten. Zwei Söhne, welche nicht rasch genug folgen konnten, fielen den Feinden in die Hände. Schells Blockhaus war aus starken Baumstämmen gezimmert und besaß im untern Stockwerk keine Fenster, sondern nur schmale Schießscharten. Den einzigen Eingang schloß eine schwere Tür. Das obere Stockwerk ragte über das untere einen Meter weit vor und hatte in seinem Boden Luken, durch die man Angreifer, falls sie versuchten die Tür zu erbrechen oder das Haus anzuzünden, beschießen konnte. Die Feinde versuchten mehrere Male das Haus zu stürmen, mußten sich aber stets vor dem heftigen Feuer der Insassen zurückziehen. Während Schell und seine vier Söhne schossen, lud die Frau die Gewehre. In den Abendstunden suchte der Führer der Engländer das Haus mit Gewalt zu erstürmen und ergriff einen Hebebaum, um die Tür zu sprengen. Dabei erhielt er aber einen Schuß ins Bein und wurde überdies von Schell, der rasch die Tür öffnete, in das Haus hineingezogen und gefesselt. Diese kühne Tat verblüffte die Belagerer so, daß sie für eine Weile ihre Angriffe einstellten. Bald aber begannen sie den Sturm aufs neue, um an den Ansiedlern Rache zu nehmen und ihren Führer zu befreien. Als sie von allen Seiten gegen das Haus anrückten, stimmte Frau Schell das Schlachtlied der Reformierten an: „Ein' feste Burg ist unser Gott." Noch waren die ersten Verse nicht verklungen, als die Angreifer mit mächtigen Sätzen ankamen, ihre Flinten durch die Schießscharten des untern Stockwerkes stießen und in den Innenraum zu feuern begannen. Frau Schell war aber mit einer Axt bei der Hand und führte auf die Flinten so wuchtige Schläge, daß die Läufe unbrauchbar wurden. Mehrere gutgezielte Schüsse aus den Büchsen Schells und seiner Söhne nötigten die Belagerer zum endgültigen Abzug. Sie hatten elf Tote verloren und zählten zwölf schwer Verwundete, von denen neun bald darauf starben. Die Feinde schleppten die beiden gefangenen Söhne mit nach Canada, von wo sie erst nach Beendigung des Krieges zurückkehrten. Sie fanden ihren Vater aber nicht mehr unter den Lebenden; er war ein Jahr nach der ersten Heimsuchung zum zweitenmal von Indianern überfallen und so schwer verwundet worden, daß er bald nach der glücklichen Abweisung der Rothäute seinen Wunden erlag.

Ein anderes Beispiel echten Heldenmutes lieferten die wackeren Verteidiger des virginischen Grenzforts Rice. Dasselbe bestand nur aus mehreren Blockhütten. Es wurde im September 1782 von hundert Indianern angegriffen, aber von seinen sechs deutschen Insassen G e o r g und J a k o b L e f f l e r, P e t e r F u l l e n w e i - d e r, J a k o b M ü l l e r, D a n i e l R e i s und G e o r g F e l l b a u m mit solcher Entschlossenheit verteidigt, daß die Feinde schließlich abzogen. Fellbaum starb an den im Kampf erhaltenen Wunden.

Als echte Heldin erwies sich auch die in Pennsylvanien wohnende C h r i s t i a n a Z e l l e r. Während sie sich eines Tages mit ihren Kindern allein in der Behausung befand, sah sie mehrere Indianer vorsichtig heranschleichen. Rasch verrammelte die Frau die schwere Holztür, stellte sich mit einer Axt an die Kelleröffnung und beförderte drei Rothäute, die ihre Köpfe durch die Öffnung zwängten, um einen Zugang ins Innere auszuspähen, mit wuchtigen Streichen in die glücklichen Jagdgründe.

Ein grelles Licht auf die Kriegführung jener schrecklichen Zeit wirft das folgende Ereignis. Im Februar 1782 fielen bei einem Kampf zwischen Amerikanern und einer englisch-indianischen Streiftruppe den ersten neben anderer Kriegsbeute acht große Bündel in die Hände. Als man diese Bündel öffnete, zeigte es sich, daß sie nicht weniger als 1062 getrocknete Kopfhäute enthielten, welche die Indianer während ihrer Streifzüge durch New York, Pennsylvanien und Neu-England erbeutet hatten. Bei den Skalpen be-

Ein indianischer Skalp.

fand sich ein von dem Engländer James Crawfurd an den canadischen Gouverneur Haldimand gerichteter Brief, in dem der Gouverneur ersucht wurde, die Kopfhäute im Namen der Seneca-Indianer an den König von England zu schicken. Auf einem besonderen Zettel war eine Rede des Häuptlings Conciogotchie niedergeschrieben, worin er an den canadischen Gouverneur folgende Worte richtete: „Vater, wir wünschen, daß Du diese Skalps an den großen König sendest, damit er durch ihren Anblick erfrischt werde und die Überzeugung gewinne, daß seine Geschenke einem dankbaren Volk gemacht wurden, welches seine Treue durch die Vernichtung der Feinde des Königs beweist." Unter diesen schauerlichen, von nur einer einzigen Streiftruppe eroberten Siegeszeichen befanden sich zweifellos die Kopfhäute mancher deutschen Ansiedler, die bei der Verteidigung ihrer Hütten und Angehörigen der Blutgier der Rothäute sowie der Barbarei der Engländer, die sich jener Wilden zur Kriegführung bedienten, zum Opfer fielen.

Als endlich der Friede kam, waren weite Länderstrecken, die früher mit ihren blühenden Obstgärten, wohlbestellten Feldern und schmucken Wohnstätten eine wahre Augenweide gewesen, in menschenleere Wüsten verwandelt. In den deutschen Dörfern am Mohawk und Schoharie stieß man überall auf die traurigen Ruinen niedergebrannter Häuser und Scheunen. 500 Witwen und 3000 Waisen beweinten den Tod ihrer Ernährer.

Während jener Zeit schwerster Gefahren und Bedrängnisse bildeten viele der wackern, von Rachedurst erfüllten deutschen Ansiedler sich zu kühnen Indianerjägern aus, von denen manche geeignet gewesen wären, einem Fenimore Cooper als Modell für seine Lederstrumpffigur zu dienen.

Im Mohawktal machte sich J o h a n n A d a m H a r t m a n n aus Edenkoben in der Pfalz, ein Hüne an Kraft und Gestalt, den Rothäuten gefürchtet. In Pennsylvanien, Ohio und Indiana lebt das Andenken der Gebrüder W e i t z e l, des G e o r g R u f n e r, des D a n i e l B o l a u s, des F r i e d r i c h B e h r l e, des P e t e r N i e s v a n g e r, des K a s p a r M a n s k e r, des M i c h e l S t e i n e r und W i l h e l m W e l l s als berühmter Indianertöter fort.

Über mehrere dieser kühnen Männer müssen wir in einem späteren Abschnitt ausführlicher berichten.

Schlußvignette: Eine zerstörte Heimstätte.

Generalmajor Johann von Kalb.

Es gab unter den Völkern Europas keines, welches die in den fünfziger und sechziger Jahren des 18. Jahrhunderts immer deutlicher werdenden Anzeichen der Unzufriedenheit in den englischen Kolonien mit so fieberhafter Erregung und Genugtuung beobachtete, wie die Franzosen. Sie hatten gute Gründe. Denn war ihnen nicht ihre, von der Mündung des St. Lorenzstroms bis zum Mississipi reichende vielverheißende Kolonie Neu-Frankreich, die man in mühseligen Entdeckungsreisen, unter blutigen Kämpfen und ungeheuren Geldopfern erschlossen hatte, von ihren alten Erbfeinden, den Briten, entrissen worden? Den Verlust dieser gewaltigen Ländermassen und die Schmach der dabei erlittenen Niederlagen vermochten die stolzen Franzosen nicht zu überwinden. Die noch frischen Wunden brannten wie Feuer und man dürstete nach einer Gelegenheit, wo man für die erlittene Schmach furchtbare Vergeltung üben könne.

Die Zeit der Rache schien zu kommen, als die Gegensätze zwischen den englischen Kolonien und dem britischen Mutterlande sich immer mehr zu-

---

Kopfleiste: Johann von Kalb.

spitzten und in offenen Aufruhr auszuarten drohten. Um über die Lage Gewißheit zu erlangen, schickte die französische Regierung bereits im Jahre 1767 einen Vertrauten nach Amerika, der zugleich den Auftrag hatte, die dortige Bevölkerung im Kriegsfall der Unterstützung Frankreichs zu versichern.

Mit dieser keineswegs ungefährlichen Mission beauftragte man den am 20. Juni 1721 in Hüttendorf bei Erlangen geborenen Deutschen Johann von Kalb, einen Mann, der bereits in jungen Jahren in das aus Elsässern und Lothringern zusammengesetzte französische Regiment Löwendal eingetreten war und sich in mancherlei Kriegszügen zum Obersten emporgeschwungen hatte. Eine reiche Heirat erlaubte es ihm später, sich in Paris den besten Gesellschaftskreisen anzuschließen.

Von Kalb entledigte sich seiner Aufgabe mit vollendetem Geschick. Und als nach Ausbruch des amerikanischen Unabhängigkeitskrieges der feurige Marquis de Lafayette eine Expedition ausrüstete, um in Amerika an dem Kampf gegen die Briten teilzunehmen, da schloß der von der französischen Regierung zum Brigadegeneral erhobene von Kalb sich Lafayette an und trat, in Amerika herzlichst willkommen geheißen, in die Armee der Freiheitsreiter ein.

Dem zum Generalmajor ernannten tatendurstigen Mann bot sich schon bald Gelegenheit, in zahlreichen Gefechten seine Fähigkeiten zu beweisen. Aber eine recht eintönige Periode folgte, als er in den Sommermonaten der Jahre 1778 und 1779 mit seinen Regimentern zum Beobachten der in der Stadt New York sitzenden Engländer abkommandiert wurde. Es gab dabei zwar manche Scharmützel von untergeordneter Bedeutung zu bestehen; aber es kam nicht zu einer entscheidenden Schlacht. So wenig die Amerikaner stark genug waren, die Engländer aus ihren festen Stellungen zu werfen, so wenig glückte es diesen, die Gegner zu vertreiben.

Der Untätigkeit längst müde, begrüßte es von Kalb mit Freuden, als er im Jahre 1780 den Befehl erhielt, mit 2000 Mann nach der im Süden gelegenen Stadt Charleston zu marschieren, wo der von den Engländern eingeschlossene General Lincoln der Hülfe dringend bedurfte. Aber schon vor dem Eintreffen des Kalbschen Ersatzheeres mußte die Stadt kapitulieren. Da der Zweck der Expedition hinfällig geworden, so zog von Kalb nach Südkarolina, um die Bürgerwehren dieser Kolonie zu einer neuen Südarmee zu vereinigen, die dem dort stehenden 12 000 Mann starken englischen Heer das Gegengewicht bilde.

Das Zusammenschweißen dieser Milizen erwies sich aber als eine fast unlösbare Aufgabe. Die Befehlshaber der über die ganze Kolonie verstreuten Truppen zogen vor, auf eigne Faust Krieg zu führen, anstatt sich einem fremden Offizier unterzuordnen. Forderte von Kalb von den Behörden Transportmittel, so kamen diese nie zur Stelle. Versprechungen wurden selten erfüllt. Obendrein verursachte die Verpflegung der Truppen in dem verarmten Lande fast unüberwindliche Schwierigkeiten. Kurz, alle Zustände waren so widerwärtig, daß von Kalb hoch aufatmete, als der Bundeskongreß dem

General Gates den Oberbefehl über sämtliche im Süden befindlichen Truppenkörper übertrug.

Aber auch Gates vermochte nicht der trostlosen Zustände Meister zu werden. Um die Lage durch einen verwegenen Handstreich zum Abschluß zu bringen, faßte Gates den törichten Plan, geradeswegs auf die in Südkarolina gelegene Stadt Camden zu marschieren und die dort stehenden englischen Truppen zu überfallen.

Dieser Vorsatz war um so gewagter, als der gerade Weg nach Camden den ödesten Teil Südkarolinas durchquerte, wo die Verpflegung eines größeren Heerkörpers schon in guten Jahren ungeheure Schwierigkeiten verursachen mußte. Von Kalb machte auf diesen Umstand aufmerksam und empfahl, falls der Plan beibehalten werden solle, auf Umwegen durch fruchtbarere Gebiete nach Camden zu marschieren. Aber General Gates ließ sich nicht zur Änderung seines verhängnisvollen Entschlusses bewegen, sondern brach mit dem von vornherein schlecht verproviantierten Heer auf.

Der wahnwitzige Marsch beanspruchte drei Wochen, während welcher die Sonne glühendheiß herniederbrannte und den hungernden und durstenden Soldaten fürchterlich mitspielte. Zu Dutzenden, zu Hunderten sanken sie nieder, oder suchten ihr Heil in der Flucht. Nicht mehr fern vom Ziel war die Armee auf nur 2000 todmüde, abgezehrte Leute zusammengeschmolzen. Damit wollte Gates in der Nacht des 15. August die Engländer überfallen.

Aber diese waren durch ihre Spione vom Nahen der Gegner längst unterrichtet worden und hatten aus weitem Umkreis ihre gesamten Streitkräfte zusammengerafft. Den Amerikanern weit überlegen, beschlossen sie, diese unversehens in deren eignem Lager zu überrumpeln. Zu diesem Zweck hatten sie sich gleichfalls am Abend des 15. August auf den Weg gemacht. So traf es sich, daß beide, gleiche Absichten verfolgenden Armeen während der Nacht zusammenprallten. Sofort begann das Kleingewehrfeuer der auf beiden Seiten die Vorhut bildenden Schützen. Kaum dämmerte der Morgen, so begann der eigentliche Kampf. Aber sein Ausgang konnte keinem Zweifel unterliegen. Standen doch den halbverhungerten, todmüden, an keine Disziplin gewöhnten amerikanischen Milizen eine weit überlegene Zahl vorzüglich einexerzierter, seit Monaten gut verpflegter regulärer Soldaten gegenüber.

Als die ersten englischen Salven krachten, ergriffen viele der nie zuvor an einem Gefecht beteiligt gewesenen amerikanischen Milizen das Hasenpanier. Mit ihnen General Gates. Wie eilig er seine Flucht bewerkstelligte, beweist die Tatsache, daß er am Abend des unglücklichen Tages in der 80 Meilen vom Kampfplatz entfernten Stadt Charlotte zu Bette gehen konnte.

Der schnöde im Stich gelassene von Kalb, dessen Truppen das Zentrum des amerikanischen Heeres bildete, versuchte, die Ehre des Tages zu retten. Wiederholt gelang es ihm, die heftigen Vorstöße der Feinde abzuschlagen und eine Anzahl Gefangener zu machen. Aber seine linke Flanke, an der die Milizen gestanden hatten, war ungedeckt und wurde umgangen. Als die Feinde nun gleichzeitig energische Front- und Rückenangriffe unternahmen, war das Schicksal des Tages entschieden.

In dem sich entspinnenden Handgemenge erhielt von Kalb einen Säbelhieb über den Kopf. Das Pferd brach tot unter ihm zusammen. Nichtsdestoweniger raffte der Tapfere, nachdem seine Wunde notdürftig verbunden worden, seine mit wilder Verzweiflung kämpfenden Leute abermals zusammen und trieb die Feinde dreimal zurück. Aber als er an der Spitze seiner schnell schrumpfenden Macht vordrang, streckten ihn mehrere Kugeln zu Boden. Er würde in dem über ihn hinwegbrausenden Schlachtgetöse zertreten worden sein, hätte sein treuer Adjutant sich nicht über den Verwundeten geworfen, um womöglich sein Leben zu retten.

Nachdem der Kampf, in dem die Amerikaner außer 1000 Gefangenen 900 Tote und Verwundete einbüßten, beendet war, fand man den aus elf Wunden blutenden Generalmajor inmitten eines Haufens von Leichen. Man brachte ihn nach Camden und ließ ihm die sorgfältigste Pflege zuteil werden. Aber alle Kunst der Wundärzte versagte. Der Tapfere verschied am dritten Tage nach der Schlacht. Sein Tod beraubte die amerikanische Armee um einen Führer, der es verstanden hatte, sich durch sein zuvorkommendes, offnes Wesen in hohem Grade beliebt zu machen. Im Kriegsrat wurden seine praktischen Ratschläge stets hochgeschätzt und beachtet. Die Untergebenen hingen mit Verehrung an ihm. Deshalb wurde auch der Beschluß des Kongresses, dem so ehrenvoll Gefallenen ein Denkmal zu errichten, überall mit Zustimmung begrüßt. Dieses Monument erhebt sich in den schönen Anlagen der Militär-Akademie zu Annapolis und trägt folgende Aufschrift:

„Dem Andenken des Freiherrn von Kalb, Ritters des königlichen Kriegsverdienstordens, Brigadiers der französischen Armee, Generalmajor im Dienste der Vereinigten Staaten. Nachdem er mit Ehre und Ruhm drei Jahre lang gedient hatte, gab er einen letzten und glorreichen Beweis seiner Hingabe für die Freiheit der Menschheit und für die Sache Amerikas in der Schlacht bei Camden in Süd Carolina. An der Spitze der regulären Truppen von Maryland und Delaware begeisterte er sie durch sein Beispiel zu Taten der Tapferkeit, wurde mehrfach schwer verwundet und starb am 19. August 1780 im 59. Jahre seines Lebens. Der Kongreß der Vereinigten Staaten von Amerika hat ihm in dankbarer Anerkennung seines Eifers, seiner Dienste und seines Ruhmes dieses Denkmal errichtet."

Generalmajor Friedrich Wilhelm von Steuben, der Schöpfer des amerikanischen Heeres.

Unter allen europäischen Offizieren, die beim Ausbruch des amerikanischen Unabhängigkeitskriegs ihre Degen dem jungen Staatenbund anboten, war der preußische Freiherr Friedrich Wilhelm von Steuben zweifellos der bedeutendste. Leistete er doch dem um seine Freiheit ringenden amerikanischen Volk Dienste, die jene aller anderen im amerikanischen Heer kämpfenden Generale überragen und ihn fast auf die gleiche Stufe mit dem obersten Feldherrn, dem edlen George Washington stellen.

Steuben war der Sprößling eines alten, im früheren Herzogtum Magde-

---

Kopfleiste: Friedrich Wilhelm von Steuben.

burg seßhaften Geschlechts, das bereits manche tüchtige Soldaten hervorgebracht hatte. Aber keinem war so großer Ruhm beschieden, wie Friedrich Wilhelm von Steuben, dem am 15. November 1730 in Magdeburg geborenen Sohn des preußischen Ingenieurhauptmanns von Steuben.

Den Traditionen seines Geschlechtes treu, hatte auch er die militärische Laufbahn erkoren und nach Durchlaufen der Kriegsschule in der Armee Friedrichs des Großen die wechselvollen Stürme des Siebenjährigen Kriegs mitgemacht. Bald gegen die Franzosen, bald gegen die Russen oder Österreicher kämpfend, zeichnete er sich dabei so aus, daß der König ihn zum Stabshauptmann und Flügeladjutanten ernannte. Der mit dem aktiven Felddienst bereits völlig Vertraute erhielt dadurch Gelegenheit, sich auch mit den überaus wichtigen Fragen zu befassen, die mit dem Herbeischaffen und Instandhalten der Kriegsvorräte sowie der Verpflegung großer Truppenkörper in Zusammenhang stehen. So erwarb von Steuben in allen Kriegswissenschaften eine derart umfassende Kenntnis, daß er allen mit kriegerischen Fragen beschäftigten als eine Autorität ersten Ranges erscheinen mußte.

Als eine höchst begehrenswerte Kraft erkannten ihn auch der französische Kriegsminister St. Germain und der als Vertreter des jungen amerikanischen Staatenbundes in Paris weilende Benjamin Franklin, als sie im Jahre 1777 mit dem auf einer Reise durch Frankreich befindlichen Freiherrn zusammentrafen. Franklin hatte den besonderen Auftrag, nach tüchtigen europäischen Offizieren Umschau zu halten, die der amerikanischen Sache nützen könnten. Denn das amerikanische Heer, wenn man diese Bezeichnung auf die aus allen Teilen des weiten Landes gekommenen Scharen ungeschulter Freiwilliger und an Disziplin kaum gewöhnten Bürgerwehren anwenden will, bedurfte einer sachkundigen Organisation und Schulung aufs dringendste. Während die an den Kampf mit Indianern gewöhnten Hinterwäldler in allen Plänkeleien, wo sie die ihnen vertraute Fechtart anwenden konnten, sich glänzend bewährten, hatten sie in offnen Feldschlachten gegen die kriegsgeübten Briten und deren deutsche Hilfstruppen fast stets versagt. Da entscheidende Erfolge aber nur durch größere Schlachten herbeigeführt werden konnten, so war es unbedingt nötig, die amerikanischen Soldaten in eine solche Verfassung zu bringen, daß man mit ihnen Feldschlachten wagen durfte. Woher sollte man solche Offiziere, die der schwierigen Aufgabe gewachsen waren, nehmen? In Amerika gab es keine. Naturgemäß wandten sich die Blicke nach Europa, wo es erprobte Männer in Menge gab. Vornehmlich in der Armee des großen Preußenkönigs, die als bestgeschulte der ganzen Welt galt und fast allen anderen europäischen Heeren Lehrmeister geliefert hatte.

Daß Baron von Steuben alles Zeug habe, die amerikanische Armee auf eine höhere Stufe zu bringen, wurde sowohl Franklin wie dem französischen Kriegsminister nach kurzer Zeit klar, und beide bemühten sich eifrig, ihn für die amerikanische Sache zu gewinnen. Zu ihrer großen Freude fanden sie, daß es keiner besonderen Überredungskünste bedürfe. Denn Steuben zählte zu jenen Offizieren, die den Krieg der amerikanischen Kolonien gegen England nicht bloß mit größter Aufmerksamkeit verfolgten, sondern auch den für ihre Unabhängigkeit Streitenden die herzlichste Teilnahme entgegenbrachten.

Wie tief diese Sympathien waren, zeigt am deutlichsten ein Brief, den Steuben, nachdem er mit Franklin alle Vorbedingungen für seinen Eintritt ins amerikanische Heer geordnet hatte und am 1. Dezember 1777 im Hafen von Portsmouth, New Hampshiere, gelandet war, an den Kongreß der Vereinigten Staaten richtete.

Der Brief hat folgenden Wortlaut:

„Der einzige Beweggrund, der mich diesem Weltteil zuführt, ist der Wunsch, einem Volk zu dienen, welches einen so edlen Kampf für seine Rechte und Freiheit kämpft. Ich verlange weder Titel noch Geld. Mein einziger Ehrgeiz besteht darin, bei Ihnen als Freiwilliger einzutreten, mir das Vertrauen Ihres Oberbefehlshabers zu erwerben und denselben in allen Feldzügen ebenso zu begleiten, wie ich während des Siebenjährigen Krieges dem Könige von Preußen folgte. Ich möchte gern mit meinem Blute die Ehre erkaufen, daß mein Name eines Tages unter den Verteidigern Ihrer Freiheit genannt wird."

Im Kongreß erregte dieser Brief förmliche Begeisterung. Und der damalige Kriegsminister schrieb: „Wir alle beglückwünschen uns zu der Ankunft eines in militärischen Dingen so erfahrenen Mannes. Seine Dienste sind uns gerade jetzt um so wertvoller, als der Mangel an Disziplin und innerer Ordnung in unserem Heer so schwer empfunden und tief beklagt wird."

Um die damalige Beschaffenheit des Heeres war es in der Tat äußerst schlecht bestellt. Kaum noch 5000 Mann zählend, aller Hilfmittel entblößt, nicht imstande, irgendeine größere Waffentat zu wagen, hatte es in Valley Forge ein Winterlager bezogen. Ohne Uniformen, fast nur auf die Gaben angewiesen, die ihnen von den Bewohnern der Umgegend zugeführt wurden, verbrachten die Freiheitskämpfer in einer Anzahl armseliger Blockhütten die strenge Jahreszeit.

Wie es um die Organisation und Disziplin dieses Heeres bestellt war, erfahren wir aus den Angaben, welche Baron von Steuben im elften und zwölften Band seiner handschriftlichen Aufzeichnungen niederlegte, die sich in den Archiven der „New York Historical Society" befinden. Er schreibt:

„Die Armee war in Divisionen, Brigaden und Regimenter eingeteilt, die von General-Majoren, Brigade-Generälen und Obersten kommandiert wurden. Der Kongreß hatte die Zahl der Soldaten für jedes Regiment und jede Kompagnie festgesetzt; allein die ewige Ebbe und Flut der nur auf sechs oder neun Monate angeworbenen Leute, die täglich kamen und gingen, machten den Bestand eines Regimentes oder einer Kompagnie stets so schwankend, daß die Worte: ‚Kompagnie', ‚Regiment', ‚Brigade', oder ‚Division' gar nichts bedeuteten, am allerwenigsten einen Maßstab für die Berechnung der Stärke eines Korps oder der Armee abgaben. Die Zahl ihrer Mannschaften war so ungleich und verschieden, daß es unmöglich war, irgendein Manöver auszuführen. Oft war ein Regiment stärker als eine Brigade. Ich sah ein Regiment von 30 Mann und eine Kompagnie, welche nur aus einem einzigen Korporal bestand! Ein genaues Verzeichnis der Mannschaften eines Regimentes zu erhalten, war sehr schwierig, oft geradezu unmöglich.

Die Stärke der Armee sollte monatlich festgestellt werden. Diese Operation geschah folgendermaßen: jeder Hauptman fertigte eine Liste seiner Kompagnie an, ohne Rücksicht auf die Anwesenden oder Beurlaubten. Er beschwor dann vor seinem Vorgesetzten, daß sein Bericht nach bestem Wissen und Glauben in Ordnung wäre. Der Musterungsinspektor zählte die Anwesenden und schrieb den Beurlaubten ihren Sold auf den Eid des Hauptmanns hin gut. Ich bin weit entfernt von der Voraussetzung, daß irgendein Offizier absichtlich Betrug verüben wollte; allein ich will den Zustand einer Kompagnie etwas genauer prüfen, woraus man dann einen Schluß auf die sogenannte Richtigkeit eines derartigen Rapports selber ziehen kann. Die betreffende Kompagnie hatte nur zwölf Mann zur Stelle. Ein Mann, der einem 200 Meilen entfernt postierten Offizier als Bursche diente, war seit 18 Monaten abwesend. Ferner fehlte ein Mann, der seit zwölf Monaten bei einem Quartiermeister als Knecht arbeitete. Vier Mann dienten seit ebenso langer Zeit als Gehilfen in den Hospitälern. Zwei waren als Fuhrleute, mehrere andere als Bäcker, Schmiede, Zimmerleute und Kohlenträger beschäftigt, obwohl alle ursprünglich nur auf neun Monate Dienste genommen hatten.

Stand ein Mann einmal auf der Kompagnieliste, so wurde er bis in alle Ewigkeit als Glied derselben geführt, er mußte denn vor den Augen des Hauptmanns desertiert oder gestorben sein. Auf Grund dieser Listen wurden aber die Stärke der Armee berechnet und Löhnung und Proviant ausgeteilt. Die Soldaten waren nach allen Richtungen hin verstreut. Man hätte die Armee als eine Erziehungsanstalt für Bediente betrachten können, denn jeder hielt es für sein Recht, wenigstens einen Bedienten zu haben. Wir hatten mehr Kommissare und Quartiermeister, als alle Armeen Europas zusammengenommen. Der bescheidenste derselben besaß nur einen Burschen, andere verfügten über zwei, viele sogar über drei.

Ein Ding wie militärische Disziplin existierte nicht. Kein Regiment war regelmäßig formiert. Das eine hatte drei, andere fünf, acht oder neun Glieder; das canadische Regiment besaß deren sogar einundzwanzig.

Jeder Oberst hatte sein eignes Exerziersystem bei sich eingeführt; der eine bediente sich des englischen, der andere des französischen, der dritte des preußischen. Nur in einem Punkt herrschte Einheit, und das war die Art des Marschierens bei Manövern und auf dem Marsch: sie bedienten sich alle des Reihenmarsches der Indianer.

Urlaub und Abschied wurden ohne jede Anfrage bei den höheren Vorgesetzten bewilligt. Befanden sich die Truppen im Lager, so blieben die Offiziere nicht bei ihnen, sondern wohnten in oft mehreren Meilen weit entfernten Quartieren. Während des Winters gingen die Offiziere meist nach Hause. Oft waren ihrer nicht mehr als vier beim Regiment. Sie glaubten, daß ihre einzige Pflicht darin bestehe, auf Wache zu ziehen und sich im Kampf an die Spitze der Soldaten zu stellen.

Der amerikanische Soldat kannte seine Waffe gar nicht, hatte deshalb kein Vertrauen zu ihr und benutzte das Bajonett höchstens dazu, um sein Beefsteak daran zu braten. Den Anzug der Truppen kann ich am leichtesten beschreiben, denn sie waren im eigentlichen Sinne des Wortes fast nackend. Die wenigen Offiziere, welche überhaupt Röcke besaßen, hatten solche von beliebiger Farbe und jedem Schnitt. Bei einer großen Parade sah ich Offiziere in Schlafröcken, die aus alten wollenen Decken oder Bettüberzügen gemacht waren.

Daß es etwas wie die innere Verwaltung eines Regiments gebe, war allen unbekannt. Infolgedessen herrschte überall die denkbar größte Unordnung, ohne daß für die aufgewendeten großen Mittel irgendwo entsprechende Ergebnisse zu sehen gewesen wären.

So wenig die Offiziere über die Zahl ihrer Leute Rechenschaft ablegen konnten, ebensowenig vermochten sie dies über deren Waffen, Munition und Ausrüstung. Niemand führte Buch oder Rechnung, außer den die verschiedenen Artikel herbeischaffenden Lieferanten."

Durch das Dulden solcher Zustände waren der Korruption alle Tore geöffnet worden. Zumal da die Kommissare und Quartiermeister von sämtlichen durch sie verausgabten Geldern Prozente empfingen. Um ihre Einnahmen zu erhöhen, ordneten sie tausenderlei verschiedene Anschaffungen an, die man gar nicht benötigte. Ferner sah man beim Erteilen der Aufträge nicht etwa darauf, die besten und zweckmäßigsten Dinge zu erlangen, sondern man bestellte die teuersten. Obendrein war es jedem Soldaten erlaubt, nach Ablauf seiner neun Monate dauernden Dienstzeit sowohl die Uniform wie auch die Waffen und anderen von ihm gebrauchten Gegenstände mit nach Hause zu nehmen. Da die an ihre Stelle tretenden frischen Truppen neu ausgerüstet werden mußten, so erwuchsen dadurch unnütze Kosten, die alljährlich viele Millionen Dollar betrugen.

So erklären sich die fürchterlichen Geldnöte, mit denen der Kongreß immerfort kämpfen mußte, und welchen er durch Verausgabung von Papiergeld zu steuern suchte. Die hinterlistigen Briten benutzten aber auch diesen Umstand, um den Amerikanern Schwierigkeiten zu verursachen. Sie ließen die vom Kongreß verausgabten Noten nachahmen, setzten ungeheure Mengen dieser Fälschungen in Umlauf und brachten dadurch das Papiergeld in solchen Mißkredit, daß jedermann sich scheute, es anzunehmen. Die so bewirkte Entwertung des Papiergeldes nahm so großen Umfang an, daß 40 Papierdollar nötig waren, um einen Silberdollar zu kaufen. Man verlangte 400 bis 600 Dollar für ein Paar Stiefel, und der Monatssold eines Soldaten reichte gerade hin, um die Kosten eines Mittagsmahls zu decken.

Wenn wir dieser Tatsachen gedenken, so geschieht es, um zu zeigen, daß

Friedrich Wilhelm von Steuben, der Generalinspektor der amerikanischen Armee.

Freiherr von Steuben, als er sich in den Dienst der Vereinigten Staaten stellte, keineswegs ein nach Gold und Orden lüsterner Landsknecht war. Beides war in Amerika nicht zu holen. Im Gegenteil mußten die dort obwaltenden trübseligen Zustände jeden kalt berechnenden Glücksritter unbedingt abschrecken.

Vom Kongreß zum Generalinspektor der Armee ernannt und nach seiner Ankunft im Lager von George Washington mit aufrichtiger Freude begrüßt, begann Steuben sofort eine vielseitige Tätigkeit. Es galt nicht nur, die ganze Armeeverwaltung zu ordnen, sondern auch die Mannschaften an regelmäßige Übungen, an das Fechten und Manövrieren in größeren geschlossenen Abteilungen zu gewöhnen, da man sonst weder an das Eingehen von Feldschlachten denken, noch auf entscheidende Siege hoffen durfte.

Es war keine geringe Aufgabe, die in völliger Freiheit großgewordenen, bestimmten Regeln oder gar Befehlen nie unterworfen gewesenen Hinterwäldler an Disziplin und Subordination zu gewöhnen. Solche ohne weiteres im ganzen Heer einzuführen, war rein unmöglich. Deshalb beschränkte Steuben sich in kluger Weise zunächst darauf, aus 120 der besten Soldaten eine Lehrabteilung zusammenzustellen, die gleichzeitig eine Stabswache für Washington abgeben sollte. Nachdem er dafür gesorgt, daß diese Leute gleichmäßige Uniformen und Waffen erhalten und dadurch ein wirklich militärisches Aussehen erlangt hatten, exerzierte Steuben sie persönlich zweimal täglich in Gegenwart sämtlicher Offiziere ein. Von leichten Übungen schritt er allmählich zu schwierigen, bis sie endlich mit allen jenen Bewegungen vertraut waren, die der damaligen preußischen Armee zu so überraschenden Siegen verholfen hatten.

Für die zuschauenden Offiziere und Mannschaften bildeten diese Übungen eine Quelle des Staunens. Sie begriffen ihre Wichtigkeit, als sie nunmehr den Verlust mancher verlorenen Schlacht auf die Unkenntnis dieser oder jener notwendigen Bewegung zurückführen konnten. Und das sich ihnen darbietende Schauspiel fesselte um so mehr, als es auch an gelegentlichen humoristischen Begebenheiten nicht fehlte. Besonders wenn der nur gebrochen Englisch sprechende Steuben über den schlechten Gang einer Übung in Zorn geriet und in einem Gemisch von Englisch, Deutsch und Französisch zu fluchen begann. Bemerkte er dann, daß die Soldaten dieses Kauderwelsch nicht verstanden, so rief er die Hilfe seines Adjutanten Walker an: „Viens, mon ami Walker, come and swear for me in English — je ne puis plus — I can curse them no more — dese fellows will not do what I bid them!"

Obwohl bei solchen drolligen Szenen manche das Lachen kaum verbeißen konnten, so bestrebten sich doch alle, die erteilten Befehle gewissenhaft zu erfüllen. Und so wurde die Armee allgemach von einem anderen, nie zuvor gekannten Geist belebt.

Wie die Offiziere Steubens Bemühungen auffaßten und beurteilten, ergibt sich aus folgendem Brief des Generals Scammel an Sullivan: „Baron Steuben geht uns mit einem wahrhaft edlen Beispiel voran. Er bewährt sich in allem, von den großen Manövern an bis in die kleinsten Einzelheiten des Dienstes als vollendeter Meister. Offiziere und Soldaten bewundern gleichmäßig einen so ausgezeichneten Mann, der unter dem großen preußischen Monarchen eine hervorragende Stellung einnahm, und sich jetzt trotzdem mit einer nur ihm eignen Würde herabläßt, selbst einen Haufen von zehn bis zwölf Mann als Exerziermeister einzuüben. Unter seiner Leitung machen Disziplin und Ordnung in der Armee ganz außerordentliche Fortschritte."

Diese Fortschritte nahmen ein um so lebhafteres Tempo an, als Steuben die Soldaten seiner Lehrabteilung anderen Truppenkörpern als Exerziermeister zuteilte. Infolge dieser Anordnung war es bald möglich, zu schwierigen Übungen zu schreiten. Ja, man war imstande, als im Mai 1778 die Freudenbotschaft des zwischen Frankreich und den Vereinigten Staaten geschlossenen Bündnisses im Lager eintraf, das wichtige Ereignis durch ein großes Manöver zu feiern. Es verlief so erfolgreich, daß Washington gelegentlich des am Abend veranstalteten Festmahls darüber seine höchste Freude ausdrückte und Steuben ein Handschreiben übergab, das dessen Ernennung zum Generalmajor enthielt.

War das Einüben der Truppen mit vielen Schwierigkeiten verknüpft, so verlangte das Durchführen einer tüchtigen Verwaltung der Armee noch weit größere Hingabe. Ganze Augiasställe der Korruption mußten gesäubert werden, wobei man sich nicht scheuen durfte, die durch Unkenntnis oder Selbstsucht verursachten Mißstände rücksichtslos aufzudecken. Aber auch hier zeigte Steuben sich als der rechte Mann, indem er für alle Zweige der Verwaltung Vorschriften erließ, wie nur eine damit völlig vertraute Person solche zu geben vermochte.

Um sicher zu sein, daß diese Vorschriften auch befolgt würden, inspizierte Steuben von Zeit zu Zeit jede Abteilung der Verwaltung und jedes einzelne Regiment. Wie sorgfältig er dabei verfuhr, ersehen wir aus einer Mitteilung seines Adjutanten William North, welcher nach Steubens Tode schrieb: „Ich war eines Tages Zeuge, wie Steuben und seine Assistenten eine drei Regimenter umfassende Brigade sieben volle Stunden lang inspizierten. Über jeden abwesenden Mann wurde Auskunft verlangt. Jede Muskete wurde nachgesehen, jede Patronentasche geöffnet und sogar die Patronen und Feuersteine gezählt. Dann mußten die Tornister abgelegt und ihr Inhalt auf einer Decke ausgebreitet und mit dem Verzeichnis des Notizbuches verglichen werden, um zu sehen, ob das von den Vereinigten Staaten Gelieferte noch vorhanden sei, und wenn nicht, wohin es gekommen. Hospitalvorräte, Laboratorien, kurz alles, mußte der Inspektion offenstehen. Da wurde manchem Offizier bange, wenn er über Verluste oder Ausgaben nicht genaue Rechenschaft ablegen konnte. Diese monatlich wiederkehrenden Inspektionen hatten eine wunderbare Wirkung, nicht allein auf die Ökonomie, sondern auch auf den Wetteifer, den sie unter den verschiedenen Korps anfachten."

Trotz dieser im amerikanischen Heer bislang unbekannten Strenge und Genauigkeit errang Steuben sich bald die Liebe und Zuneigung sämtlicher Offiziere und Soldaten. Denn tagtäglich sahen sie, daß der General selbst sich in allen Dingen der größten Gewissenhaftigkeit und Pünktlichkeit befleißigte und besonders darüber wachte, daß sowohl die diensttauglichen Soldaten wie die in den Krankenhäusern befindlichen gute Pflege erhielten.

Der gewaltige Umschwung, der überall ersichtlich wurde, veranlaßte Washington, an den Kongreß zu berichten: „Ich würde unrecht handeln, wollte ich über die hohen Verdienste des Freiherrn von Steuben länger schweigen. Seine Tüchtigkeit und Kenntnisse, der unermüdliche Eifer, den er seit seinem Antritt entwickelte, lassen ihn als einen bedeutenden Gewinn für das Heer erscheinen."

Und als im Frühling das Heer zu neuen Kämpfen ausrückte, da traten bald auch die günstigen Wirkungen der von Steuben angeordneten Übungen hervor. Zunächst in den beiden Treffen bei Barren Hill und Stony Point. Noch mehr in der Schlacht bei Monmouth, die ohne Steubens Dazutun zweifellos mit einer schweren Niederlage der Amerikaner geendet haben würde.

Der Verlauf dieser Schlacht war folgender: Die Nachricht, daß Frankreich eine starke Flotte abgeschickt habe, um den Vereinigten Staaten zu Hilfe zu kommen, hatte die Briten veranlaßt, die bisher besetzt gehaltene Stadt Philadelphia zu räumen, um sich nach New York zurückzuziehen. 17 000 Mann stark, überschritten sie am 18. Juni den Delaware. Um den Abziehenden möglichst große Verluste zuzufügen, befahl Washington dem die Vorhut des amerikanischen Heeres befehligenden General Lee, den Feinden bei Monmouth in den Rücken zu fallen und sie zu einer Schlacht zu nötigen. Lee aber, welcher schon damals jene hochverräterischen Umtriebe im Sinne trug, wegen welcher er später vor ein Kriegsgericht gestellt wurde, erfüllte seinen Auftrag so unbefriedigend und langsam, daß den Briten Zeit blieb, sich nicht nur für den Kampf vorzubereiten, sondern sogar zum Angriff auf die Verfolger überzugehen. Da Lee obendrein seine Offiziere durch allerhand Befehle und Gegenbefehle in Verwirrung setzte und den linken Flügel durch völlig verkehrte Maßnahmen schwächte, so errangen die mächtig vordringenden Briten bald solche Vorteile, daß die Amerikaner sich zum Rückzug genötigt sahen. Derselbe drohte in Flucht auszuarten, als Washington, durch von Lees Offizieren abgesandte Stafettenreiter herbeigerufen, persönlich auf dem Kampfplatz erschien. Mit ihm kam von Steuben. Washington befahl ihm, bevor er sich mit seinen eignen Leuten ins Kampfgewühl stürzte, die zurückweichenden Scharen Lees hinter der Schlachtlinie zu sammeln und ihm dann wieder zuzuführen. Gelang dies, so konnte der Tag noch günstig für die Amerikaner enden.

Steuben löste die Aufgabe mit so vollendetem Geschick, daß er bald darauf drei Brigaden ins Feuer senden konnte, wodurch Washington imstande war, das Schlachtfeld zu behaupten. Als die Nacht dem Kampf ein Ende machte, biwakierten die Amerikaner auf dem Schlachtfelde unter den Waffen. Die Briten hingegen verließen in der Dunkelheit ihre Positionen, um den Rückzug nach New York fortzusetzen.

Ein Augenzeuge, Oberst Alexander Hamilton, welcher Steuben beobachtete, als dieser die versprengten Scharen Lees sammelte, erklärte, erst bei dieser Gelegenheit habe er die alles überwiegende Bedeutung militärischer Disziplin und Mannszucht erkennen lernen. Hatten diese Eigenschaften den

Tag für die Amerikaner zweifellos gerettet, so bestand der Haupterfolg aber darin, daß die amerikanische Armee nunmehr von dem Bewußtsein erfüllt war, den Briten auch in der Feldschlacht gleichwertig zu sein.

Als der Winter von 1778 auf 1779 die gewohnte Ruhe in den Kämpfen brachte, benutzte von Steuben diese Zeit zum Ausarbeiten von Vorschriften, durch welche die Verwaltung und Disziplin des amerikanischen Heeres zum erstenmal gleichmäßig festgestellt wurde. Selbstverständlich lagen diesem Reglement, dem ersten, welches für eine amerikanische Armee festgestellt wurde, jene Vorschriften zugrunde, die im preußischen Heer eingeführt waren und sich dort bewährt hatten. Dabei war aber auf die gänzlich anders gearteten Verhältnisse Amerikas überall Rücksicht genommen.

Die 25 Abschnitte dieses im Felde unter außerordentlichen Schwierigkeiten entstandenen Buches bildeten die Richtschnur für die Zusammensetzung der verschiedenen Truppengattungen, ihre Bewaffnung, Exerzitien und Marschweisen. Ferner gaben sie Anleitungen über das Aufschlagen der Lager, das Behandeln und Instandhalten der Ausrüstung, das Aufstellen und Bedienen der Kanonen. Desgleichen fanden der Wachtdienst, das Signalwesen, die Verwaltung und Inspektion, die Veranstaltung von Revuen und Manövern, sowie die Behandlung der Verwundeten und Kranken eingehende Berücksichtigung.

Für manche Jahrzehnte blieben die Vorschriften in Kraft. Erst als die

REGULATIONS
FOR THE
ORDER AND DISCIPLINE
OF THE
TROOPS OF THE UNITED STATES.
BY BARON DE STUBEN,
TO WHICH ARE PREFIXED THE
LAWS AND REGULATIONS
FOR
GOVERNING AND DISCIPLINING
THE MILITIA OF THE UNITED STATES.
AND THE
LAWS FOR FORMING AND REGULATING
THE
MILITIA OF THE STATE OF NEW HAMPSHIRE.

PUBLISHED BY ORDER OF THE HON. GENERAL-COURT
OF THE STATE OF NEW-HAMPSHIRE.

PORTSMOUTH:
PRINTED BY J. MELCHER, PRINTER TO THE STATE OF
NEW-HAMPSHIRE, 1794.

Titelblatt von Steubens „Regulations".

Verbesserung der Waffen auch gründliche Änderungen in der Kampfart herbeiführte, setzte man an Stelle der von Steuben verfaßten Vorschriften neue, die den veränderten Verhältnissen entsprachen.

Daß Steuben beim Verfassen seines Werkes nicht am Alten klebte oder die Reglements der preußischen Armee kopierte, geht daraus hervor, daß er eine in Europa bisher ganz unbekannte Truppengattung, die leichte Infanterie, ins Leben rief. Sie war in Amerika um so mehr am Platz, als die Ansiedler in ihren Scharmützeln mit den Indianern sich an die zerstreute Kampfweise, wo jeder einzelne unabhängig von den andern focht, gewöhnt hatten. Sie entsprach auch durchaus der Beschaffenheit des mit ungeheuren Wäldern erfüllten

Landes, in dem freie Ebenen, auf denen, wie in Europa, große geschlossene Truppenmassen sich bewegen konnten, zu den Seltenheiten gehörten.

Die von Steuben geschaffene leichte Infanterie, die sich allen vorkommenden Terrainschwierigkeiten sofort anpaßte, bewährte sich im amerikanischen Freiheitskrieg so vorzüglich, daß sie später auch in allen europäischen Heeren Eingang fand. Vornehmlich war es der alle Einzelheiten des Unabhängigkeitskampfes sorgfältig studierende Friedrich der Große, der den unbestreitbaren Wert der leichten Infanterie erkannte, sie für sein Heer adoptierte und mit ihr große Erfolge erzielte.

Im Kriegsrat Washingtons war Freiherr von Steuben wohl die maßgebendste Person. Aus seinen im Besitz der Historischen Gesellschaft zu New York befindlichen Handschriften ist ersichtlich, daß Washington ihn vor Beginn der einzelnen Feldzüge um Vorschläge ersuchte, wie nach seinem Ermessen die Aktionen zu gestalten seien. Diese Pläne brachte Steuben sorgfältig zu Papier und sie dienten Washington fast stets als Richtschnur.

Obwohl Steubens Tätigkeit der Hauptsache nach geistiger Art war, so ist es verständlich, daß er den Wunsch hegte, sich auch aktiv am Feldzug zu beteiligen und dadurch größeren Ruhm zu erwerben. Er wollte nicht bloß der Exerziermeister der Truppen sein, sondern sie auch persönlich im Feuer erproben. Diesem durchaus berechtigten Wunsch entsprach Washington, indem er Steuben mehrmals den Befehl über größere Heerkörper übertrug. Diese standen meist in den südlichen Kolonien. Aber es wollte dem wackeren General nicht gelingen, den weit überlegenen und besser verpflegten feindlichen Heeren größere Siege abzugewinnen. Manche seiner Maßnahmen wurden auch durch die Eifersucht einzelner, von krankhaftem Ehrgeiz beseelten Generale vereitelt, die den führende Stellen einnehmenden fremdgeborenen Offizieren gar oft die größten Schwierigkeiten bereiteten und sie dadurch um die möglichen Erfolge betrogen.

Im Jahre 1781 sollte Steuben aber noch einen besonderen Triumph erleben. Das von General Cornwallis befehligte englische Hauptheer hatte sich, von allen Seiten bedrängt, in die Festung Yorktown in Virginien zurückziehen müssen. Hier wurde es von den schnell herbeieilenden amerikanischen und französischen Armeen eingeschlossen. In der Überzeugung, daß der seit Jahren ersehnte Entscheidungskampf des ganzen Feldzugs hier endlich ausgefochten werden müsse, und von dem Wunsch getrieben, diese Entscheidung mit herbeizuführen, suchte Steuben um ein regelrechtes Kommando nach. Ohne Zögern übertrug Washington ihm ein solches, zumal außer Steuben kein General des amerikanischen Heeres jemals an der Belagerung einer Festung teilgenommen hatte. Steuben hingegen hatte unter Friedrich dem Großen während der Belagerung der Festung Schweidnitz wertvolle Erfahrungen gesammelt. Den von Pennsylvanien, Maryland und Virginien gestellten Truppen vorgesetzt, bildete von Steuben nun mit diesem Heerkörper das Zentrum der Belagerungsarmee.

Man behauptet, daß Steuben auch die Pläne zu den Belagerungsarbeiten entworfen habe. Wenngleich alle Gründe für diese Behauptung sprechen, so läßt sich ihre Richtigkeit aber nicht mit voller Sicherheit nachweisen, da im Jahre 1800 ein im Kriegsministerium zu Washington ausgebrochener Brand alle den Freiheitskrieg betreffenden Urkunden verzehrte.

Geschichtliche Tatsache ist es aber, daß am 17. Oktober, dem Tage, wo über den Wällen der Festung die weiße Flagge als Zeichen der Unterwerfung emporstieg, Steuben den Oberbefehl über die Belagerungsarmee führte und mit seinen Streitkräften in den am weitesten vorgeschobenen Gräben stand.

Die Verhandlungen über die Bedingungen der Übergabe waren noch nicht geschlossen, als der ebenfalls in der amerikanischen Armee dienende Marquis de Lafayette mit seinen Mannschaften kam, um von Steuben im Kommando abzulösen. Er hoffte, daß dann ihm die Ehre zuteil werde, die Verhandlungen betreffs der Übergabe der Festung abzuschließen. Aber zur großen Enttäuschung der Franzosen lehnte Steuben die Ablösung ab, indem er sich darauf berief, daß es in allen europäischen Heeren Brauch sei, denjenigen Offizier, der vom Feinde die Anzeige seiner Unterwerfung entgegengenommen habe, auch bis zum Schluß der Verhandlungen auf seinem Posten zu belassen.

Lafayette legte dagegen zwar bei Washington Verwahrung ein, dieser aber stimmte Steuben bei. Und so fügte es sich, daß der Oberbefehlshaber des letzten großen englischen Heeres im amerikanischen Freiheitskriege seine Kapitulation einem Deutschen einhändigte.

Steubens Truppen zogen auch am 19. Oktober als erste in die gefallene Festung ein. Mit ihnen kamen die das französische Hilfsheer repräsentierenden Pfälzer des Regiments Zweibrücken. Während diese das französische Banner hißten, entfalteten Steubens Truppen das stolze Banner der siegegekrönten Vereinigten Staaten von Amerika.

In seinem am folgenden Morgen verlesenen Armeebefahl hob Washington hervor, daß dem wackren Steuben ein großer Anteil an dem errungenen Siege gebühre. Ebenso gedachte er, als nach geschlossenem Frieden die Verabschiedung des Heeres erfolgte, in einem besonderen Handschreiben der außerordentlichen Verdienste, die der General sowohl der amerikanischen Armee wie dem Land geleistet habe.

Auch die Bürger des Landes wollten mit Beweisen ihrer Dankbarkeit nicht zurückstehen. Die Staaten New York, New Jersey, Pennsylvanien und Virginien verliehen ihm das Ehrenbürgerrecht und verbanden mit dieser Auszeichnung sehr beträchtliche Landschenkungen. Jene des Staates New York umfaßte 16 000 Acker, die man zu einem besonderen, mit Steubens Namen getauften Bezirk erhob.

Zu solchen Anerkennungen war von Steuben um so mehr berechtigt, als er durch seine Intelligenz und rastlose Tätigkeit die amerikanische Armee erst in den Stand gesetzt hatte, wirkliche Schlachten zu schlagen und Siege zu gewinnen. War der edle George Washington der treibende Geist, die Seele der großen Freiheitsbewegung, so war Steuben zweifellos die Kraft, die diesem Geist die geeigneten Mittel zum Dreinschlagen und Siegen lieferte. Deshalb zögern klarblickende Geschichtsschreiber auch nicht, Steuben als die wertvollste Hilfe zu bezeichnen, die den um ihre Freiheit ringenden Amerikanern aus Europa zuteil wurde.

Der Kongreß der Vereinigten Staaten hielt Steubens Dienste für zu wichtig, um bei der Auflösung der Armee auch ihn zu verabschieden. Man ahnte voraus, daß die Zukunft dem Lande noch schwere Reibungen mit England oder anderen europäischen Reichen bringen müsse, weshalb die Errichtung eines stehenden Heeres sowie die Gründung einer Militärakademie, wo die künftigen Heerführer eine sorgfältige Schulung erhalten könnten, unerläßliche Notwendigkeiten seien. Im Auftrag der Regierung arbeitete Steuben sorgfältige Vorschläge für beide Einrichtungen aus. Im Gegensatz zu zahlreichen hochgestellten Personen, die von einem stehenden Heer nichts wissen wollten, weil diese Einrichtung den demokratischen Grundsätzen einer Republik gefährlich werden könne, betonte Steuben mit allem Nachdruck, daß jeder Bürger einer Republik im Gebrauch der Waffen geübt und für die Verteidigung des Landes bereit sein müsse. Deshalb schlug er die Bildung eines 25 000 Mann starken stehenden Heeres vor, das aus 21 000 Milizsoldaten, 3000 Bundestruppen und 1000 Kanonieren und Pionieren zusammengesetzt werden solle.

Dieser Vorschlag fand nicht nur den Beifall Washingtons, sondern auch die Genehmigung des Kongresses. Desgleichen stimmte man Steubens Plänen für eine Militärschule zu. Es ist die berühmte Akademie zu Westpoint am Hudson, die den Vereinigten Staaten bereits viele bewährte Kriegsmänner lieferte.

Zum lebhaften Bedauern aller patriotisch gesinnten Amerikaner ließ Steuben sich bald darauf durch ein Vorkommnis bestimmen, um seine Entlassung einzukommen. Der Beweggrund war folgender: Als im Jahre 1784 der damalige Kriegsminister Lincoln abdankte, bewarb Steuben sich um dessen Stelle, in der Hoffnung, hier dem Lande weiter nützlich sein zu können. Eine den viel jüngeren General Knox begünstigende Gruppe von politischen Drahtziehern, die ihren Mann ins Amt bringen wollte, erhob aber gegen Steuben den Einwand, derselbe sei ein „Ausländer", und es wäre gefährlich, einem solchen einen so wichtigen Posten anzuvertrauen.

Als auf diesen fadenscheinigen Grund hin Knox das Amt tatsächlich erhielt, faßte Steuben diese Bevorzugung eines im Inland Geborenen gegenüber einem aus vollster Überzeugung zum Amerikaner Gewordenen als eine Beleidigung, als eine Anzweiflung seiner so oft bewiesenen Hingabe für die Interessen der Republik auf. Er unterbreitete deshalb am 24. März des genannten Jahres dem Kongreß sein Entlassungsgesuch, das am 15. April unter Verleihung eines goldenen Ehrendegens genehmigt wurde.

Leider erlebte der wackre Soldat auch an seinem Lebensabend noch mancherlei Verdrießlichkeiten. Während der Feldzüge hatte er, da der stets von Geldverlegenheiten bedrängte Kongreß seinen Verpflichtungen betreffs des Steuben zugesicherten Gehaltes nur ungenügend nachkommen konnte, einen bedeutenden Teil sowohl des eignen Unterhalts wie der Kosten seines Stabs aus eigenen Mitteln bestritten. Steubens Guthaben an den Kongreß belief sich zu Ende des Krieges auf 70 000 Dollar.

Ehe der Kongreß an die Erfüllung dieser Verpflichtungen schritt, verstrichen sieben lange Jahre. Inzwischen waren andere, mit den tatsächlichen Verhältnissen wenig vertraute Männer ans Ruder gekommen, welche die Forderungen der von ihnen begünstigten Generale vorschoben und, um Steubens Ansprüche nicht bewilligen zu müssen, die Rechtskraft des zwischen dem früheren Kongreß und Steuben geschlossenen Vertrags anzweifeln wollten. In heller Entrüstung über diesen unwürdigen Versuch sprang der Abgeordnete Page aber auf und rief: „Dieser berühmte Veteran bot uns sein Schwert unter so großmütigen Bedingungen an und leistete uns so wesentliche Dienste, daß ich für den Kongreß erröten würde, falls die Ansichten einzelner Mitglieder zu Beschlüssen erhoben werden sollten. Es ist des Kongresses unwürdig, daß, nachdem er solange die Vorteile dieser Dienste genossen hat, er jetzt ängstlich die Bedingungen untersuchen will, unter denen sie angetragen wurden. Ich wäge sie nicht mit den vorgeschlagenen Dollars ab; ich halte sie für bedeutender als die höchste Summe, die wir dafür geben können. Wenn es von mir abhinge, eine Belohnung für die Opfer vorzuschlagen, die er brachte, um nach Amerika zu kommen und unsere Schlachten zu schlagen, so würde ich, darauf können Sie sich verlassen, eine viel größere Summe bestimmen, als irgendeiner von Ihnen vermutet."

Erst im Juni 1790 fand die wenig erquickliche Angelegenheit ihre Erledigung, indem der Kongreß Steuben eine lebenslängliche Pension von 2500 Dollar aussetzte.

Der wackre Veteran bezog dieselbe nur vier Jahre lang. Er hatte seinen Wohnsitz in der Stadt New York aufgeschlagen, von wo er sich, begleitet von wenigen vertrauten Dienern, zur Sommerszeit auf sein im Herzen des Staates gelegenes Besitztum begab, um dort landwirtschaftlichen Arbeiten und wissenschaftlichen Studien zu leben und in rauschender Waldwildnis die heiße Jahreszeit zu verbringen. Eine einfache Blockhütte diente ihm als Obdach. Hier wurde der wackre Kämpe im Jahre 1794 von einem Schlaganfall betroffen, infolgedessen er am 25. November verschied.

Seiner letztwilligen Verfügung gemäß schmückte man seine Brust mit dem unter Friedrich dem Großen erworbenen hohen Orden. Dann hüllte man die Leiche in den Soldatenmantel, der während des Feldzugs den Körper so oft umgeben hatte. Nachdem man den Toten dann in einen einfachen Sarg gebettet, setzte man diesen unter den uralten Riesenbäumen eines auf dem höchsten Gipfel der Grafschaft Oneida gelegenen Haines bei. Über dem Grab errichtete man aus grauen Quadern ein Denkmal, auf dem der von einem Eichenkranz umgebene Name „Steuben" dem Wandrer verkündigt, wer hier ruht.

Seit jenen, von der ganzen Nation tiefempfundenen Trauertagen ist mehr als ein Jahrhundert dahingeflossen, ein Zeitraum, währenddessen die einst von Steuben bewohnte Waldwildnis sich in eine mit fruchtbaren Feldern erfüllte blühende Landschaft verwandelte. Aber der alte Hain, in welchem Steuben seine ewige Ruhe hält, ist geblieben. Aus der Ferne gesehen, mahnt er in seiner

Steubens Ruhestätte in der Grafschaft Oneida, N. Y.

Wölbung an einen jener gewaltigen Hügel, wie sie in grauer Vorzeit in Skandinavien über den Ruhestätten berühmter Helden aufgehäuft wurden. Beim Eintritt in den Hain umfängt uns grüne Dämmerung. Die morschen Stämme und Äste längst vom Sturm gefällter Riesenbäume liegen umher, von Moos und Farren überwuchert. Wir befinden uns in einem Rest jenes ungeheuren Urwaldes, der vor Ankunft der Bleichgesichter den ganzen Osten bis zum Mississippi bedeckte. Inmitten dieses grünen Waldesdunkels ruht Steuben, der in seinem Testament bestimmte, daß man keinen der sein Grab umgebenden Bäume, wenn sie einst fallen sollten, hinwegräume. Sie wie die vom Sturm gebrochenen Zweige sollten als Symbol der die ganze Natur beherrschenden Vergänglichkeit gelten.

— 241 —

Vergänglichkeit! Wie allem Menschenwerk, so ist auch dem heute so mächtigen Bund der Vereinigten Staaten von Amerika keine ewige Dauer beschieden. Andere Staatswesen mögen im Lauf der Jahrtausende an ihre Stelle treten. Aber solange das amerikanische Volk bestehen wird, solange wird es auch den Namen Steubens als das eines edlen Vorkämpfers der Freiheit in dankbarer Erinnerung halten.

Schlußvignette: Steubens Blockhütte in der Grafschaft Oneida, N Y.

Die deutschen Truppenabteilungen im französischen Hilfsheer.

Deutsche Hilfstruppen befanden sich auch in der Armee, welche dem am 6. Februar 1778 zwischen den Vereinigten Staaten und Frankreich geschlossenen Vertrag zufolge von dem letztgenannten Lande gestellt und auf einer französischen Flotte nach Amerika gesendet wurde, um an dem Krieg gegen die Engländer teilzunehmen. Das von dem Marquis Rochambeau befehligte 6000 Mann starke Heer landete am 11. Juli 1780 bei New Port in Rhode Island. Seine deutschen Teile umfaßten erstens das aus Pfälzern bestehende Regiment „Zweibrücken", das bei den Franzosen den Namen: „Régiment Royal Allemand de deux Ponts" führte. Zweitens ein Bataillon Kur-Trierscher Grenadiere des „Saar-Regiments" („Detachement du régiment La Sarre"). Drittens mehrere Kompagnien elsaß-lothringischer Jäger, die den Regimentern „Bourbonnais" und „Soissonnais" zugeteilt waren. Viertens einen Teil der Reiterlegion des Herzogs von Lauzun. Befehlshaber des Zweibrückschen Regiments waren die beiden Prinzen Christian und Wilhelm von Zweibrücken-Birkenfeld. Außer ihnen befanden sich bei den deutschen und französischen Truppenabteilungen noch folgende höhere Offiziere mit deutschen Namen: Major Freiherr Eberhard von Esebeck, Oberst Adam Philipp Graf von Custine, Graf Axel von Fersen, der Stabs-

---

Kopfleiste: Die Kapitulation der englischen Armee bei Yorktown. Nach dem Gemälde Trumbulls im Kapitol zu Washington, D. C.

chef des Oberstkommandierenden Marquis du Rochambeau, und Freiherr Ludwig von Closen-Haydenburg, der Adjutant Rochambeaus.

Die deutschen Hilfstruppen kamen mit anderen Abteilungen des französischen Heeres hauptsächlich im Süden zur Verwendung, wo die Generale Steuben und Mühlenberg bemüht waren, den in Virginien eingefallenen Verräter Benedict Arnold unschädlich zu machen und an seiner Vereinigung mit dem in Nordkarolina stehenden Lord Cornwallis zu hindern.

Dieses Ziel wurde leider nicht erreicht; dagegen gewannen die im französischen Hilfsheer stehenden deutschen Abteilungen bei der Belagerung von Yorktown hohen Ruhm.

Dorthin hatte der englische General Cornwallis sich mit seinem aus 12 000 Engländern und Hessen bestehenden Heer im Jahre 1781 zurückgezogen, um für seine Operationen in Virginien einen festen Stützpunkt zu haben. Dabei geriet er aber in eine bedenkliche, von seinen Gegnern sofort erkannte Falle. Auf verschiedenen Wegen kamen sie in Eilmärschen herbei und schlossen, 16 000 Mann stark, Yorktown auf der Landseite ein, während eine französische Flotte gleichzeitig den Yorkfluß blockierte und die Einkreisung vollendete.

Am 6. Oktober begannen die Belagerer mit dem Auswerfen der ersten, 600 Schritt von der Festung entfernten Parallele. Die Amerikaner standen dabei auf dem rechten, die Franzosen auf dem linken Flügel. Schon am 10. Oktober eröffneten sie das Bombardement und zwar mit gutem Erfolg, denn mehrere bei Yorktown ankernde englische Schiffe gerieten durch glühende Kugeln in Brand und gingen in Flammen auf.

Am 11. Oktober nahm man die auf 300 Schritt gegen die feindlichen Wälle vorgeschobene zweite Parallele in Angriff. Dabei galt es zwei feindliche Redouten zu erstürmen. Das geschah am 14. Oktober, und zwar wurde die eine von 400 Grenadieren und Jägern der beiden Regimenter „Zweibrücken" und „Gatenois" unter Führung des Prinzen Wilhelm von Zweibrücken genommen, während die andere den Amerikanern in die Hände fiel.

Die durch den Prinzen angegriffene Redoute war von 100 Hessen und 30 Engländern besetzt. Die britischen Rotröcke gaben schon beim ersten Angriff Fersengeld. Die Hessen hingegen hielten tapfer stand und fügten den Angreifern einen Verlust von 97 Toten und Verwundeten zu. Unter den Blessierten befand sich der Prinz, welcher eine Verletzung am Kopf davontrug.

Während dieser Kämpfe erfolgten auf beiden Seiten die Befehle in deutscher Sprache.[1])

---

[1]) Man hat wegen der großen Zahl der auf beiden Seiten kämpfenden Deutschen die Belagerung von Yorktown „die deutsche Schlacht" genannt. Und in der Tat war die Beteiligung der Deutschen an jenen Kämpfen ungewöhnlich stark. Fast der vierte Teil der englischen Armee — etwa 2500 Mann — bestand aus Hessischen und Anspachischen Hilfstruppen. Ebenso groß war die Zahl der im französischen Heer dienenden Deutschen. In der amerikanischen Armee bestand die von General Steuben und den Untergenerälen

Mit der Eroberung der Redouten und der Vollendung der Laufgräben war das Schicksal der Festung besiegelt. Ein am Morgen des 16. Oktober von den Belagerten unternommener Ausfall führte keine Änderung zu ihren Gunsten herbei.

Am Morgen des 17. Oktober befanden sich auf französischer Seite die beiden Regimenter „Zweibrücken" und „Bourbonnais", auf amerikanischer Seite die Truppen des Baron von Steuben in den Laufgräben. Ihr gegen die Festung gerichtetes Geschützfeuer brachte die feindlichen Kanonen nach kurzer Zeit zum Schweigen.

Die Fruchtlosigkeit ferneren Widerstands erkennend, entschloß sich Lord Cornwallis nach einem mißglückten Versuch, über den Yorkfluß zu entweichen, zur Kapitulation. Nachdem die Bedingungen vereinbart waren, fiel einer Abteilung von Grenadieren des Regiments „Zweibrücken" die Ehre zu, über den Wällen der Festung das weiße, mit goldenen Lilien bestickte Banner Frankreichs aufzuziehen.

Die Stärke der kapitulierenden Armee belief sich auf 7000 Soldaten, 2000 Matrosen, 1500 Tories und 1800 Neger, im ganzen über 12000 Mann. Außerdem fielen 8000 Musketen, 225 Geschütze und bedeutende Vorräte an Munition und Proviant den Amerikanern in die Hände.

Bancroft erzählt, daß die im britischen Dienst stehenden hessischen und anspachischen Regimenter beim Strecken der Waffen an dem Regiment „Zweibrücken" vorüberkamen. Da hätten die gefangenen Deutschen vergessen, daß sie den Siegern in Waffen gegenübergestanden. Sie wären auf ihre Landsleute zugelaufen und hätten dieselben mit Tränen in den Augen umarmt.

Dem tapfern Prinzen Wilhelm von Zweibrücken erteilte der Befehlshaber des französischen Heeres den ehrenvollen Auftrag, zusammen mit dem Herzog von Lauzun die Nachricht von dem glorreichen Sieg der verbündeten französisch-amerikanischen Heere nach Frankreich zu bringen.

Die Übergabe von Yorktown bildete das letzte größere Ereignis des amerikanischen Unabhängigkeitskriegs. In England erkannte man, daß die Amerikaner nicht mit Gewalt unterjocht werden konnten. Da auch im englischen Volk eine energische Abneigung gegen die Fortführung des ungemein kostspieligen Kriegs bemerkbar wurde, so entschloß die Regierung sich endlich dazu, ihre Truppen zurückzuziehen und die Unabhängigkeit der Vereinigten Staaten anzuerkennen.

An der glorreichen Gewinnung derselben haben die vielen tausend Deutsche, welche unter den amerikanischen Fahnen fochten, unstreitig einen

---

Mühlenburg, Gist und Wayne befehligte 3200 Mann starke Division fast ausschließlich aus deutschen Farmersöhnen aus Pennsylvanien und Virginien. Daß sich auch unter den übrigen amerikanischen Regimentern viele Deutsche befanden, ist sicher. So finden wir, daß von den 28000 Mann, welche auf beiden Seiten vor und in Yorktown fochten, fast ein Drittel Deutsche waren, welche unter englischen, französischen und amerikanischen Fahnen kämpften.

ruhmvollen Anteil. Die unparteiische Geschichtsschreibung wird dieses Anteils stets gedenken. Und solange das Andenken an den Unabhängigkeitskampf der Vereinigten Staaten lebendig bleibt, solange wird man sich auch der mit diesem größten und folgenreichsten Ereignis der neueren Geschichte unlösbar verbundenen Namen der Helden Nikolaus Herchheimer, Peter Mühlenberg, Johann Kalb und Friedrich Wilhelm von Steuben erinnern.

II. Teil.

Die Deutschamerikaner seit Aufrichtung der Union.

Der Anteil der Deutschen an der Erschließung und Besiedlung der westlich von den Alleghany's gelegenen Gebiete.

Die deutschen Ansiedler im Stromgebiet des Ohio.

Von allen Dokumenten und großen Ereignissen der menschlichen Geschichte haben keine die freiheitlichen Bestrebungen und die Zustände der Völker so mächtig beeinflußt, wie die Unabhängigkeitserklärung und die Aufrichtung des Bundes der Vereinigten Staaten von Amerika. Die erste bedeutete nicht bloß eine entschlossene Lossagung von einem mächtigen Monarchen, dem man unverblümt sein Sündenregister vorhielt, sondern zugleich einen geharnischten Protest gegen die uralte, bisher unangefochtene Lehre vom Gottesgnadentum der Herrscher.

Gleich die zu Anfang des Schriftstückes niedergelegten Erklärungen waren von einer weltumwälzenden, alle früheren Anschauungen umstoßenden Bedeutung. Sie lauteten: „Wir halten die folgenden Wahrheiten als erwiesen: Daß alle Menschen gleich geschaffen und von ihrem Schöpfer mit gewissen unveräußerlichen Rechten ausgestattet sind. Daß zu diesen Rechten Leben, Freiheit und das Streben nach Glück gehören; daß zur Sicherung dieser Rechte

---

Kopfleiste: Die Unterzeichnung der Unabhängigkeitserklärung der Vereinigten Staaten von Amerika am 4. Juli 1776. Nach dem im Kapitol zu Washington befindlichen Gemälde von J. Trumbull.

Regierungen unter den Menschen eingesetzt wurden, welche ihre Befugnisse durch die Zustimmung der Regierten empfangen; daß, wenn jemals eine Regierung gegen ihren Zweck verstößt und zerstörend wirkt, das Volk das Recht hat, die Regierung zu ändern oder abzuschaffen, eine neue Regierung einzusetzen, deren Grundlage auf solche Prinzipien zu legen und ihre Gewalt in solche Formen zu kleiden, wie sie dem Volk zur Förderung seiner Sicherheit und Wohlfahrt am zweckdienlichsten scheinen."

Gleich einem Feuerbrand wälzte sich dieser durch Thomas Jefferson in Worte gefaßte, durch George Washington so glänzend in die Tat umgesetzte Freiheitsgedanke über die ganze Erde. Er flackerte zuerst in Frankreich auf, dem Land, welches den Amerikanern gegen England zur Seite gestanden hatte. Dann trieb er die spanischen Kolonien Mittel- und Südamerikas zu ihren erfolgreichen Unabhängigkeitskämpfen. Er fand ferner in den Freiheitsbestrebungen der westindischen Neger, der südafrikanischen Buren, in den Verfassungskämpfen fast sämtlicher europäischen Länder ein lebhaftes Echo.

In Deutschland hatte man den Verlauf der amerikanischen Unabhängigkeitskämpfe mit äußerster Aufmerksamkeit verfolgt. Nicht bloß darum, weil viele hunderttausend Deutsche Amerika zu ihrer neuen Heimat erkoren hatten und zahllose Deutsche in den kämpfenden Heeren standen. Sondern weil auch in den Herzen der in Deutschland Zurückgebliebenen eine ungestüme Sehnsucht nach Freiheit brannte.

Deutschlands Dichter und Philosophen feierten George Washington als einen Helden, der den größten aller Zeiten gleichzustellen sei. Das allgemeine Staunen wuchs, als Washington nach dem siegreich zu Ende geführten Krieg die Regierung der jungen Republik übernahm und dieselbe unter der Beihilfe von Männern bewährten Verstandes, unantastbaren Charakters und erprobter Vaterlandsliebe zu einem vollendeten Erfolg machte.

Dieser Erfolg bewirkte natürlich eine starke Zunahme der Einwanderung. Verbürgten doch die Vereinigten Staaten den Ankömmlingen volle Gleichstellung in sozialer, und volle Freiheit in religiöser und politischer Beziehung. Obendrein waren durch den Krieg dem Gebiet der Union neue gewaltige Ländermassen hinzugefügt worden, die sich bis zum Mississippi erstreckten und wo sich den Einwandrern tausend Möglichkeiten zur Verbesserung ihrer materiellen Lage darboten.

Über die Stärke der deutschen Einwanderung während des vom Ende des Kriegs bis zum Jahre 1820 reichenden Zeitraums sind wir nur ungenügend unterrichtet. Weder in Europa noch in Amerika stellte man über den Abgang und Zuzug von Personen statistische Erhebungen an. Aber aus manchen anderen Quellen können wir schließen, daß die deutsche Einwanderung in die Vereinigten Staaten während der genannten Periode beträchtlich gewesen ist.

Die Neuankömmlinge ließen sich entweder in den an der Ostküste bereits bestehenden Ortschaften nieder oder rückten den Kolonisten nach, welche sich zum Einmarsch in die jenseits der Alleghany Gebirge liegende Gebiete entschlossen.

Die furchtbaren Greueltaten, welche von den verbündeten Briten und Indianern während des Krieges sowohl in jenen Gebieten, wie in den anstoßenden Teilen von New York, Pennsylvanien, Maryland und Virginien verübt worden waren, hatten den Zug der Ansiedler dorthin gänzlich zum Stocken gebracht. Die Ländereien der „Ohio Compagnie", der „Mississippi Compagnie" und anderer Kolonisationsgesellschaften lagen brach. Desgleichen die großen Besitzungen, welche George Washington als Anerkennung für seine während des Franzosenkriegs geleisteten Dienste zugesprochen worden waren. Wie sich aus noch erhaltenen Briefen ergibt, hatte Washington bei der Frage der Besiedlung seiner Besitzungen in erster Linie an deutsche Ackerbauer gedacht. Im Februar 1774 schrieb er von Mount Vernon an James Tilghman in Philadelphia: „Gewichtige Gründe fordern eine rasche, erfolgreiche und zugleich billige Kolonisierung dieser Ländereien. Von allen Vorschlägen, die mir unterbreitet wurden, versprechen keine bessere Erfolge, als die Besiedlung der Ländereien mit Deutschen aus der Pfalz."

Aus anderen Quellen wissen wir, daß Washington sich eifrig erkundigte, wie dieser Plan ausgeführt werden könne und ob es ratsam sei, einen intelligenten Deutschen nach der Pfalz zu senden, um dort Auswandrer anzuwerben und ihre sichere Überführung nach Amerika zu bewirken. In derselben Angelegenheit wandte er sich an den Reeder Henry Riddle und versprach den deutschen Bauern, die für ihn angeworben würden, nicht bloß die Reisekosten bis zum Ohio zu bezahlen, sondern sie auch bis zur ersten Ernte mit allem Nötigen zu unterstützen und ihnen für vier Jahre den Pachtzins zu erlassen. — Allen diesen Plänen machte der Ausbruch des Unabhängigkeitskrieges ein Ende.

Auch nach dem Kriege geschah die Besiedlung des Ohiogebietes nur langsam. Die unwirtlichen, mit ihren höchsten Gipfeln 2000 m emporsteigenden Ketten der Appalachen- oder Alleghanygebirge bildeten einen Wall, der dem Vordringen der Ansiedler gen Westen außerordentliche Hindernisse bereitete. Denn das ungeheure, vom 32. bis zum 49. Grad n. Br. reichende Gebirgssystem bestand nicht etwa aus einem einzigen Rücken, sondern aus zahlreichen parallelen Ketten, die sämtlich mit dichten, an Unterholz reichen Urwäldern bewachsen waren. Diese zu durchdringen und die Ketten zu überschreiten, hatten bereits die ersten Erforscher dieses Gebirgssystems, die beiden Deutschen Johann Lederer und Henry Batte, während der zweiten Hälfte des 17. Jahrhunderts sich vergeblich bemüht. Überall waren sie auf ein Chaos von Steinblöcken und gefallenen Baumriesen gestoßen, über und zwischen welchen üppig wuchernde Moose, Schlingpflanzen, Rhododendronsträuche und Balsamtannen dem menschlichen Fuß das Vordringen wehrten, dagegen Bären, Panthern, Wölfen, Füchsen und anderen Raubtieren sichere Schlupfwinkel darboten.

Erst nachdem die Gefahr blutiger Zusammenstöße mit Franzosen und Briten geschwunden und es gelungen war, in der Gebirgsmauer einige Pässe zu entdecken, kam die Westwärtsbewegung der Ansiedler wieder in Fluß.

Es standen für dieselben mehrere Wege offen: im Süden das berühmte

Cumberland Gap, ein von Nordkarolina und Virginien nach Tennessee und Kentucky leitender Engpaß; ferner der vom Potomac zum Monongahela führende Saumpfad, den der englische General Braddock im Jahre 1754 zu

Cumberland Gap.
Nach einem Gemälde von W. L. Sonntag.

seinem unglücklichen Vorstoß gegen das französische Fort Duquesne benutzt hatte. Drittens der Weg, der von Henry Bouquet im Jahre 1758 bei seiner gegen dasselbe Fort gerichteten Expedition gebahnt worden war. Weiter im

Norden gesellte sich dazu das Mohawktal, welches in späteren Zeiten auch den Eisenbahnen als wichtigste, zum Westen führende Pforte diente.

Die Entdeckung des Cumberlandpasses schreibt man dem Virginier Walker zu, einem jener kühnen Männer, die sich von dem Gemeinwesen absonderten, um in das sie mächtig anziehende geheimnisvolle Innere des nordamerikanischen Kontinents vorzudringen und dort der Jagd auf Pelztiere obzuliegen.

Der Pelzhandel bildete bekanntlich während des 17. und 18. Jahrhunderts die wichtigste Einnahmequelle der europäischen Kolonien in Nordamerika. Mit ihm beschäftigen sich tausende und abertausende Personen. Ihm verdankten zahllose Handelsplätze und Ortschaften Ursprung und Dasein. Er rief auch neue, in Europa ganz unbekannte Menschengattungen hervor: die Trapper, Voyageurs und Pelzhändler.

Schwerlich gab es jemals verwegenere Männer als diese. Zu Fuß, zu Roß oder auf schwanken Rindenbooten, meist allein, manchmal zu zweit, seltener zu mehreren vereint folgten sie den natürlichen Wegweisern, den Strömen, oder schmalen,

Ein Trapper des 18. Jahrhunderts.

nur geübten Augen erkennbaren Wild- und Indianerpfaden. Ihr ganzes Dasein bildete eine ununterbrochene Kette furchbarer Entbehrungen und Gefahren. Bald mußten sie mit dem Beil mühsam Wege durch das Dickicht bahnen, bald Moräste und Ströme überschwimmen, daneben Hunger und Durst, im Sommer glühenden Sonnenbrand, im Winter bittere Kälte ertragen. Befanden sie sich in Feindesland, so durften sie nicht wagen, die Zeit mit einem lustigen Lied zu kürzen oder ein wärmendes Feuer anzuzünden, um nicht die Aufmerksamkeit ihrer gefährlichsten Feinde, der Indianer, zu erregen. Denn die letzteren erkannten in den weißen Jägern nicht bloß Konkurrenten, die ihnen im Ausbeuten des Jagdreviers Schaden zufügten, sondern sie trugen ihnen auch einen unversöhnlichen Rassenhaß entgegen. Wehe dem Trapper, den das Mißgeschick in die Gewalt eines feindlichen Stammes geraten ließ. Er entging nur dann einem grauenhaften Tode, wenn, was bisweilen geschah, eine noch unverheiratete oder verwitwete Indianerin ihn zum Gatten begehrte, oder wenn eine Frau, die ihre Söhne verloren, ihn adoptierte. Wo keine solche Lösung erfolgte, da endete das Leben des Gefangenen am Marterpfahl, unter Qualen, die an Entsetzlichkeit hinter den von den Ketzerrichtern des mittelalterlichen Europa ausgeklügelten Torturen nicht zurückblieben. Bestanden sie doch in der stückweisen Zerstörung des Körpers unter Schonung der die Lebensdauer verbürgenden edlen Teile. Sie begannen mit dem Ausreißen der Nägel an den Zehen und Fingern, dem Ausbrechen der Zähne, dem Zermalmen der einzelnen Glieder, dem Bloßlegen und Zerstören der einzelnen Nerven, um sich zu immer raffinierteren Quälereien zu steigern, die manchmal tagelang dauerten, bis der Unglückliche ihnen endlich erlag.

Unter den Verwegenen, welche solchen Mühseligkeiten und Gefahren mutig Trotz boten und als Vorläufer der Kultur in die Wildnis am Ohio eindrangen, befanden sich auch viele Deutsche. Sie kamen vom Fuß der den Staat Pennsylvanien durchziehenden Blauen Berge; sie kamen aus Maryland, Virginien und Karolina.

Die Taten mancher dieser Wackern sind bis heute nicht vergessen. So erzählt man noch heute von Georg Jäger, der, lange bevor der von den Anglo-Amerikanern als „Pionier Kentuckys" gefeierte Daniel Boone dort auftauchte, in der „großen Wildnis" jagte. Im Jahre 1771 traf er am Kanawha mit Simon Kenton, dem späteren Helden des Ohiotals, zusammen und entflammte durch die Beschreibung der gesehenen Landschaften und ihrem Wildreichtum die Phantasie des jungen Mannes so, daß derselbe sich entschloß, mit Jäger dorthin zu ziehen.

Michael Steiner oder Stoner durchstreifte bereits im Jahre 1767 Tennessee. Im Jahre 1774 ward er in Gemeinschaft mit Daniel Boone ausgesandt, eine Gesellschaft von Landvermessern aufzusuchen und heimzugeleiten, die sich in der Gegend, wo heute die Stadt Louisville steht, verirrt hatte.

Kaspar Mansker war einer der berühmten „long-hunters" oder „langen Jäger", die im Jahre 1769 von Nordkarolina zu einem Jagdzug in die westlichen Regionen aufbrachen und durch deren Schönheit und Wildreichtum so gefesselt wurden, daß sie der Heimkehr fast vergaßen. Sie traten erst nach einem vollen Jahre den Rückmarsch an und erhielten wegen ihres langen Ausbleibens den obigen Spitznamen. Mansker kreuzte die westlichste Kette der Appalachen, die Cumberlandgebirge, unzählige Male. Er war auch der erste Weiße, welcher den Cumberlandfluß befuhr.

Ein ähnlicher Waldsohn war Michael Schuck. Seine aus Deutschland eingewanderten Eltern waren samt seinen Geschwistern in Nordkarolina von Indianern ermordet worden, worauf der allein im Wald zurückgebliebene Knabe auf die abenteuerlichste Weise sein Leben fristete. Mit dem Instinkt eines Panthers und dem Scharfblick eines Adlers begabt, wuchs er zum echten Trapper heran. Außer seinem mächtigen Bau war dieser deutsche Indianer in seinen späteren Tagen durch schneeweiße Haare gekennzeichnet, die weit über die breiten Schultern herunterfielen. Beständig mit den Rothäuten kämpfend, drang Schuck in jahrzehntelangen Streifzügen bis nach Missouri vor, in dessen unbekannten Wäldern er seinen Geist aushauchte.

Einen ähnlichen Lebenslauf hatte der berühmte Indianerjäger Ludwig Wetzel, ein Sohn des Pfälzers Johann Wetzel, der zu den ersten Ansiedlern von Wheeling gehörte, aber im Jahre 1787 von Indianern erschlagen und skalpiert wurde. Seine fünf Söhne schwuren, den Tod ihres Vaters zu rächen. Keiner erfüllte diesen Schwur in so furchtbarer Weise, wie Ludwig, der jüngste der Brüder. Mit der Kampfweise der Indianer genau vertraut, stellte er sich die Aufgabe, ihrer so viele als möglich umzubringen, unbekümmert darum, daß die Regierung sich große Mühe gab, mit den Indianern Friedensverträge abzuschließen.

Als Wetzel fortfuhr, einen Indianer nach dem andern wegzuschießen und infolgedessen die Unruhen kein Ende nehmen wollten, setzte der Befehlshaber des an der Stelle der heutigen Stadt Cincinnati erbauten Forts Washington einen Preis auf die Festnahme Wetzels. Er wurde tatsächlich gefangen und eingesperrt. Es gelang ihm aber zu entkommen, worauf er die Indianerjagd mit neuem Eifer aufnahm. Abermals gefangen, sollte er erschossen werden. Aber nun brachen die Pioniere von beiden Seiten des Ohio in Massen auf, um Wetzel mit Gewalt zu befreien. Sie drohten, die ganze Besatzung des Forts zu massakrieren, wenn man Wetzel ein einziges Haar krümme. Um Blutvergießen zu vermeiden, gab der Befehlshaber des Forts den Gefangenen frei, nachdem derselbe sich feierlich zum Einhalten des Friedens verpflichtet hatte. Nach mancherlei anderen Abenteuern starb Wetzel später in Texas.

Solcher Art waren die deutschen Männer, die an der Erschließung des Ohiogebietes teilnahmen. Ihnen folgten einzelne Truppenabteilungen, welche die von den Franzosen und Engländern erbauten Forts besetzten, an anderen geeigneten Stellen neue Befestigungen anlegten und so überall Stützpunkte schufen, von wo aus die Besiedlung des Ohiogebiets in gesicherter Weise erfolgen konnte.

Solche Stützpunkte waren die Forts Pitt, Campus Martius, Steuben, Washington, Defiance, Recovery, Sandusky, Detroit, St. Joseph, Adams, Wayne und andere. Im Jahre 1803 legte der Artillerieleutnant J. Swearingen, der Sohn eines zu Schäferstown in Virginien lebenden Deutschen, an der Mündung des Chicagoflusses in den Michigansee das Fort Dearborn an, welches mehrere Jahre später infolge der Abschlachtung seiner Bewohner durch feindliche Indianer eine traurige Berühmtheit erlangte.

Diese aus rohen Baumstämmen aufgeführten, mit Holztürmen und Palisaden versehenen Forts dienten zugleich als Stationen für den Pelzhandel wie als Niederlagen, wo die Trapper und Ansiedler Waffen, Munition, Fallen, Kochgeschirre, Kleider, Ackergeräte und alle anderen Notwendigkeiten gegen die erbeuteten Pelze oder den Überschuß ihrer landwirtschaftlichen Erzeugnisse eintauschen konnten.

Nachdem auf diese Weise den dringendsten Forderungen der Sicherheit Rechnung getragen war, schritt die Besiedlung des Ohiogebiets rasch vorwärts. Trotz der unbeschreiblichen Mühseligkeiten, die das Überschreiten der rauhen Gebirgsketten mit sich brachte.

Eine im Jahr 1784 entworfene Karte Kentuckys zeigt bereits fünfzig Forts, acht Niederlassungen und zahlreiche, aus mehreren Blockhütten bestehende „Stationen". Vornehmlich an den Ufern der Ströme entfaltete sich reges Leben. Denn die meisten Einwandrer zimmerten, sobald sie die Gebirge hinter sich hatten und an schiffbare Gewässer kamen, Flöße oder sogenannte „Flachboote" und „Archen", geräumige Fahrzeuge mit hüttenartigen Aufbauten, die den Reisenden nachts und bei unfreundlichem Wetter als Unterkunft dienten.¹) Die Habseligkeiten und das mitgeführte Vieh waren im Hinterteil

Ein Fort des 18. Jahrhunderts.

des Fahrzeugs untergebracht. Zwei mächtige, auf dem Dach der Hütte befestigte Ruder, die „broad horns", dienten dazu, das schwimmende Farmhaus im Fahrwasser des Stroms zu halten. So ließ man sich oft wochenlang die Flüsse abwärtstragen, bis man an Plätze kam, die dem Geschmack der Reisenden zusagten und durch ihre Lage und Umgebung gute Aussichten für die Zukunft boten. Dann wurde das Fahrzeug ans Ufer gesteuert, zerlegt und zum Bau der Hütten verwendet. Auf solche Weise entstanden am Ohio und seinen Nebenflüssen zahlreiche Orte, deren Bevölkerung aus englischen, deutschen, schottischen, irischen, französischen, holländischen und indianischen Elementen bestand. An vielen Orten zählten Deutsche zu den Gründern. Major Benjamin Steitz und Mathias Denman besaßen z. B. im Jahre 1788 den größten Teil des Bodens, auf dem Cincinnati erbaut wurde. Einem deutschen

---

¹) Der erste Flachbootschiffer auf dem Ohio war der Deutsche Jakob Joder. Er fuhr im Jahre 1757 den Strom hinab.

Helden des Unabhängigkeitskrieges, Major David Ziegler, fiel die Ehre zu, im Jahre 1802 als erster Bürgermeister des Dorfs gewählt zu werden.

Israel Ludlow gründete in Gemeinschaft mit einigen Amerikanern im Jahre 1795 Dayton; Ebenezer Zane (Zahne) 1796 Zanesville und Neu-Lancaster.

Die Namen der in den Staaten Ohio, Indiana, Kentucky und Tennessee gelegenen Orte Frankfort, Potsdam, Hannover, Germantown, Berlin, Minster, Freiburg, Glandorf, Wirtemberg, Osnaburg, Speier (Spires), Bern, Geneva, Saxon, Oldenburg, Hermann, Ferdinand, Betzville, Baumann, Neu-Elsaß,

Ein Flachboot auf dem oberen Ohio.

Bremen, Wartburg und viele andere verraten schon durch ihren Klang die deutsche Herkunft ihrer ersten Besiedler. Deutsche gründeten auch die Stadt Steubenville, deren Namen an den berühmten Organisator des amerikanischen Heeres erinnert.

In der Folge wurden die Täler des Ohio und seiner Nebenflüsse, insbesondere auch die vom Mohawktal nach Buffalo, Cleveland, Pittsburg und Detroit führenden Straßen zu einem Hauptsiedlungsgebiet der Deutschen in Nordamerika.

Es war hauptsächlich das junge unternehmungslustige Volk der östlich von den Alleghanys bestehenden älteren Niederlassungen, das sich hier ansiedelte, um, wie die Väter es getan, im Urbarmachen neuer schöner Landschaften die eigne Kraft zu proben.

Gestärkt wurde es später durch stetig wachsende Scharen aus Deutschland kommender Einwandrer. Gemeinschaftlich verliehen diese Deutschen zahlreichen Plätzen jenes eigenartige Gepräge, das die ältere deutsche Einwandrung manchen Teilen der Oststaaten aufgedrückt hatte. In friedlichem Wettbewerb mit ihren Mitbürgern anglo-amerikanischer Abkunft halfen sie im Lauf der Jahrzehnte die ungeheure, vom Stromsystem des Ohio bewässerte Wildnis in jene Gefilde verwandeln, die heute zu den ertragreichsten der ganzen Union gehören.

Wie die Deutschen im Osten sich vielfach als Pioniere der Industrie und des Handels zeigten, so trugen sie auch zur industriellen Entwicklung des Ohiogebiets in reichstem Maße bei. Kaum war Louisiana in den Besitz der Amerikaner übergegangen, so wendeten sie ihre Aufmerksamkeit der wichtigen Frage zu,

Cincinnati im Jahre 1802.

wie die weite Entfernung nach der zum Hauptstapelplatz für alle Ein- und Ausfuhrgüter werdenden Stadt New Orleans am raschesten zurückgelegt werden könne.

Der Verkehr mittels der Flöße und Flachboote war äußerst langwierig. Obendrein konnte man diese Transportmittel nur für eine einzige Reise flußabwärts benutzen, da mit solchen Fahrzeugen unmöglich gegen die starke Strömung des Mississippi angekämpft werden konnte. Zur Rückfahrt mußten die Mannschaften stets leichte Kanus verwenden.

Auch die Rundreisen der später an Stelle jener Flachboote tretenden Kielboote gestalteten sich überaus langwierig. Zwischen den beiden äußersten Punkten, Pittsburg und New Orleans, dauerten sie gewöhnlich ein volles Jahr. Diese lange Zeit wurde auf die Hälfte verkürzt, als der ehemalige Rheinschiffer Heinrich Bechtle im Auftrag des in Cincinnati lebenden Kaufmanns Martin Baum mehrere Segelbarken baute, die zur Rundreise nicht mehr als sechs Monate benötigten.

Deutsche gaben auch die erste Anregung zur Anlage des die Ohiofälle

umgehenden Kanals bei Louisville. Ein Deutscher namens B e r n h a r d
R o s e f e l d t baute ferner das erste Dampfschiff der westlichen Ströme. Es
erhielt den Namen der Stadt New Orleans und legte seine erste Reise dorthin
im Jahre 1811 zurück.

Die Entdeckung der unerschöpflich reichen Kohlen- und Eisenerzlager
im Ohiogebiet hatte die Übertragung der Eisenindustrie dorthin zur Folge.
Wie auf der Ostseite der Alleghanygebirge, so halfen die Deutschen auch hier
diese Industrie mächtig entwickeln. Der bei Strasburg geborene G e o r g
A n s c h ü t z wurde durch Anlage einer Schmelze im Jahre 1792 der Pionier
der Eisenindustrie Pittsburgs. Der kluge deutsche Geschäftsmann J a k o b
M e y e r s aus Baltimore errichtete um dieselbe Zeit am Slate Creek in Kentucky
ein Schmelzwerk, wo außerdem allerlei Bedarfsgegenstände, Werkzeuge, Öfen,
Kochtöpfe, Geschützläufe und andere Dinge hergestellt wurden. Anfangs litten
die Arbeiter freilich so sehr unter den Nachstellungen der Indianer, daß die
Hälfte der Leute stets Waffendienst verrichten mußte. Deutsche namens
S c h r e e v e gründeten auch im Greenup County einen Hochofen mit Dampf-
gebläse, der von 1824 bis 1860 in Betrieb war.

Mit dem immer mächtiger anschwellenden Strom der Einwanderung verbreiteten die Deutschen sich über das ganze südlich von den großen Seen
liegende Gebiet. Sie befanden sich unter den ersten Bewohnern der Städte
Indianapolis, Louisville, Knoxville, Nashville, Chicago, Peoria und Milwaukee
und erwarben überall durch Fleiß, Ausdauer und Ordnungsliebe die Achtung
ihrer Mitbürger. Daß sie durch ihre Erfolge sogar den Neid minder glücklicher Mitbewerber herausforderten, erhellt aus manchen, von Nativismus durch-
tränkten Klagen, denen man in verschiedenen anglo-amerikanischen Zeitungen
jener Periode begegnet, und wo es heißt, daß die Deutschen im Erobern des
Handels und Gewerbes unwiderstehlich seien.

Schlußvignette: Fort Washington am Ohio. Nach einer Zeichnung vom Ende
des 18. Jahrhunderts.

Die deutschen Ansiedler im Mississippital.

Der erfolgreiche Unabhängigkeitskrieg hatte den Amerikanern zwar den Zutritt zu der großen Stromseele des nordamerikanischen Kontinents, zum Mississippi gebracht, aber sie besaßen nicht die volle Kontrolle über diesen wichtigen Wasserweg. Sein Westufer sowie sein Mündungsgebiet, das ehemalige Louisiana, waren nach der Verdrängung der Franzosen vom nordamerikanischen Kontinent in den Besitz der Spanier übergegangen, die von freier Schiffahrt auf dem „Vater der Ströme" nichts wissen wollten.

Ungehinderter Verkehr bedeutete aber für sämtliche am Ohio und auf dem Ostufer des Mississippi gegründeten amerikanischen Niederlassungen und Staaten eine Lebensfrage, da sie sonst ihre Erzeugnisse nicht ausführen konnten. Die Lage war unerträglich. Denn der überaus schwierige Transport über die Alleghanygebirge verbot sich der ungeheuren Kosten wegen.

Da, mit Anbruch des 19. Jahrhunderts, änderten diese Zustände sich plötzlich in einer für die Amerikaner überaus günstigen Weise. Spanien mußte am 1. Oktober 1800 sein ganzes Besitztum am Mississippi an Frankreich zurückgeben. Napoleon Bonaparte aber, der seinen bereits in der Luft liegenden unvermeidlichen Krieg mit England voraussah, empfand den überseeischen Besitz als eine schwere Last, da er außerstande war, Louisiana gegen einen englischen Flottenangriff zu schützen. Er beschloß deshalb, sich jenes Riesenreichs in einer Weise zu entäußern, die Frankreich nicht nur materiellen Nutzen

---

Kopfleiste: Amerikanische Flußdampfer aus der ersten Hälfte des 19. Jahrhunderts.

bringen, sondern zugleich seinen Gegnern einen argen Strich durch die Rechnung machen sollte.

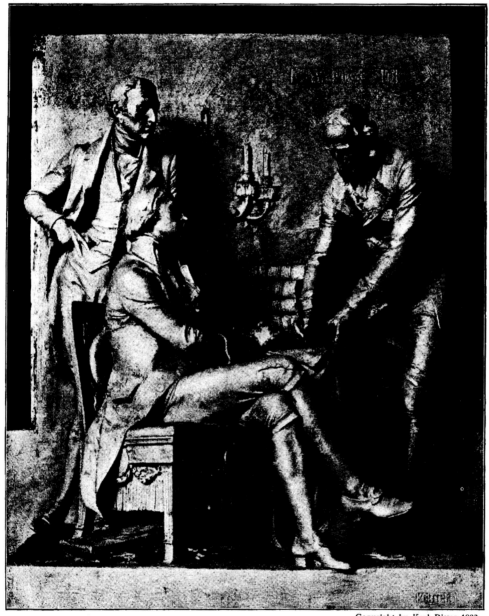

Copyright by Karl Bitter 1903.
Die Unterzeichnung des Louisiana-Vertrags. Bildhauerarbeit von Karl Bitter in New York.

„Die Engländer", so erklärte er seinen Ministern, „streben, die Reichtümer und den Handel der ganzen Welt an sich zu reißen. Um die Völker von ihrer unerträglichen kommerziellen Tyrannei zu befreien, ist es nötig, ihren

Einfluß durch eine Seemacht zu balancieren, die ihnen eines Tages die Handelssuprematie streitig machen kann. Diese Macht sind die Vereinigten Staaten. Stärke ich deren Stellung durch Abtreten des Mississippigebiets, so erhält England im Welthandel einen Mitbewerber, der seinen Übermut früher oder später dämpfen wird."

Die mit den Vereinigten Staaten angeknüpften Verhandlungen kamen am 30. April 1803 zum Abschluß, wodurch Louisiana gegen eine Summe von 15 Millionen Dollar an die Vereinigten Staaten überging. Durch dieses großartigste Landkaufgeschäft aller Zeiten wurden die Vereinigten Staaten um ein Gebiet bereichert, das demjenigen von Großbritannien, Deutschland, Frankreich, Spanien, Portugal, Italien und der Schweiz gleichkommt und den bisherigen Flächeninhalt der Union verdoppelte.

Von welch unermeßlicher Bedeutung die Erwerbung Louisianas für die Kulturentwicklung der Vereinigten Staaten werden sollte, konnte damals allerdings niemand voraussehen, da man weder die fabelhafte Ausdehnung des Mississippisystems, noch die Beschaffenheit der westlich vom Hauptstrom liegenden Ländermassen kannte.

Vorderhand war für die Amerikaner kein Punkt so wichtig, als der durch den Ankauf Louisianas ermöglichte freie Verkehr auf dem Mississippi. Das war ein Gewinn, der alles andere überschattete. Denn nun war den westlich von den Alleghanygebirgen entstandenen Staaten die heiß ersehnte Möglichkeit geboten, mit ihren Erzeugnissen auf dem Weltmarkt zu erscheinen.

Ihr dadurch bewirkter Aufschwung wurde durch die gleichzeitige Erfindung der Dampfboote mächtig gefördert. Kaum hatte Fulton durch seine im Jahre 1807 mit dem Dampfer „Clermont" zurückgelegte Fahrt auf dem Hudson die Verwendbarkeit der Dampfkraft für die Schiffahrt bewiesen, so begannen die Flüsse Amerikas sich mit diesen neuen Verkehrsmitteln zu bedecken. Das erste Dampfschiff der westlichen Ströme wurde bereits im Jahre 1811 von dem Deutschen B e r n h a r d t R o s e f e l d t in Pittsburgh erbaut und auf den Namen „New Orleans" getauft. Sein Führer war gleichfalls ein Deutscher, Kapitän H e i n r i c h S c h r e e v e, derselbe, welcher eine Dampfmaschine zum Zersägen und Entfernen der die Schiffahrt auf den westlichen Strömen so sehr gefährdenden „snags" (losgewaschene, mit ihren Wurzeln und Ästen in den Flußbetten verankerte Baumstämme) erfand. Sein Name ist in demjenigen der Stadt Shreevesport in Louisiana erhalten.

Der Dampfer machte noch im Jahr seiner Erbauung die erste Reise den Ohio und Mississippi hinab. Es war eine ereignisreiche Fahrt, während der man unter anderem ein heftiges Erdbeben erlebte, das damals das untere Mississippital heimsuchte.

Mit dem Aufkommen der Dampfboote und der gleichzeitigen Anlage von Schiffskanälen öffneten sich den Einwanderern mehrere neue, bequemere Wege zum Westen. Der eine führte von New York den Hudson hinauf bis Albany. Dort bestiegen die Reisenden Kanalboote zur Fahrt nach Buffalo, von wo aus

Dampfer den Weitertransport über die großen Seen nach den im Westen entstandenen Ansiedlungen vermittelten.

Den von England kommenden Einwandrern bot sich ein ähnlicher Weg, wenn sie den St. Lorenzstrom hinauf bis Toronto reisten und von dort die Schiffe benutzten, welche die großen Binnenseen befuhren.

Eine dritte Verbindung boten jene Dampferlinien, welche von europäischen und amerikanischen Häfen aus einen direkten Verkehr mit New Orleans aufnahmen, wo bequem eingerichtete Flußdampfer die Weiterreise den Mississippi und seine Nebenflüsse hinauf ermöglichten. Infolge dieser bequemeren

Eine Eisenbahn im Mohawktal im Jahre 1835.
Nach einem gleichzeitigen Stahlstich.

und billigeren Verbindungen steigerte sich die Einwandrung in die Täler des Ohio und Mississippi von Jahr zu Jahr.

Die Erfindung der Eisenbahnen fügte den bisher bekannten Mitteln zur Überwindung räumlicher Entfernungen neue von größter Bedeutung hinzu.

Mit der gleichen Energie, welche die Amerikaner bisher beim Dienstbarmachen der Natur, im Ausbeuten ihrer reichen Gaben bekundeten, schritten sie nun dazu, ihr Land mit einem förmlichen Netz von Schienengleisen zu überziehen. Bei der Anlage solcher Eisenbahnen rechneten sie nicht wie die Europäer auf sofortigen Gewinn, sondern bauten die Bahnen oft in ganz unbewohnte Wildnisse hinein, um den Ansiedlern die Möglichkeit zu bieten, nachzurücken und ihre Erzeugnisse zu befördern.

Mit dieser Ära der Dampfer und Eisenbahnen hebt recht eigentlich die große amerikanische Völkerwanderung an, eine Völkerwanderung, die sich von derjenigen des Altertums dadurch unterscheidet, daß sich nicht wie damals ganze, im Rücken bedrängte Völkerstämme auf schwächere warfen und sie mit Langschwertern und Streithämmern aus ihren Wohnsitzen vertrieben. Es waren vielmehr unzählige einzelne Personen, Familien und kleine Haufen, die sich von den in Europa und im Osten der Vereinigten Staaten bestehenden Gemeinwesen ablösten, um mit Axt und Spaten an der friedlichen Eroberung der noch unkultivierten Gebiete der Neuen Welt teilzunehmen.

Die große Masse der aus Deutschland kommenden Einwandrung jener Zeit bestand nach wie vor aus Landleuten und Handwerkern. Neben ihnen erschienen von jetzt ab auch Angehörige der gebildeten Klassen in größerer Zahl: Männer, die, durch die trostlosen politischen Zustände ihres Vaterlandes bitter enttäuscht, in der Fremde günstigere Verhältnisse zu finden hofften.

Bekanntlich hatte das deutsche Volk zu Anfang des 19. Jahrhunderts überaus schwere Kämpfe gegen Napoleon führen müssen, jenen genialen Abenteurer, der sich vom Konsul der französischen Republik zunächst zum Diktator, dann zum Kaiser aufwarf und unter Strömen Blutes ein Weltreich aufzurichten suchte. Während der durch ihn heraufbeschworenen furchtbaren Zeit erlitt Deutschland seinen tiefsten Fall, indem es unter die Zwangsherrschaft des Korsen geriet.

Aber dieser Fall war notwendig, um dem deutschen Volk den Weg zu seiner Wiedergeburt zu zeigen. In allen Schichten rang sich die Erkenntnis durch, daß ein Zusammenfassen sämtlicher Kräfte, ein geeintes Deutschland nötig seien, um die Fremdherrschaft abzuschütteln. Unter dem gewaltigen Druck eiserner Notwendigkeit entwickelte sich ein früher nie gekanntes nationales Gefühl, das die Herzen der deutschen Dichter und Denker wunderbar bewegte und ihnen Töne verlieh, wie sie erhabener nie zuvor erklungen waren.

> „Oh lerne fühlen, welchen Stamms du bist!
> Die angebor'nen Bande knüpfe fest.
> Ans Vaterland, ans teure schließ dich an,
> Das halte fest mit deinem ganzen Herzen,
> Hier sind die starken Wurzeln deiner Kraft!"

So mahnte Schiller in seinem „Wilhelm Tell", diesem geharnischten Protest gegen jede Unterdrückung echter Manneswürde.

Zur selben Zeit sangen Kleist, Schenkendorf, Körner und Arndt ihre begeisternden Freiheitslieder; Fichte hielt seine berühmten „Reden an die deutsche Nation"; Ludwig Jahn, der Vater der deutschen Turnerei, Freiherr Karl von Stein, Hardenberg und viele andere sorgten für die Kräftigung und Nationalisierung der Jugend. Und als endlich die entscheidende Stunde schlug, da war dank der unermüdlichen Arbeit dieser patriotischen Männer das deutsche Volk geistig und körperlich so erstarkt, daß es vermochte, in dem großen Jahre 1813 das entehrende Joch der Fremdherrschaft abzuschütteln.

Wohl hätte es für die dabei bewiesene Aufopferung und heldenmütige Tapferkeit den tiefsten Dank seiner Fürsten verdient. Aber diese vermochten nicht, sich zu gleich hohem Fluge zu erheben. Sie ließen nicht nur ihre vor dem Krieg gemachten feierlichen Versprechungen, dem Volk eine Vertretung bei der Regierung zu geben, unerfüllt, sondern versuchten alle freiheitlichen Regungen des Volkes zu ersticken, während sie selbst in das widerwärtige, dem Geist des 19. Jahrhunderts hohnsprechende Treiben ihrer Väter zurückverfielen.

Zum Unglück standen die deutschen Fürsten damals unter dem Bann des österreichischen Staatskanzlers Clemens Lothar von Metternich, eines jedem Fortschritt abgeneigten Finsterlings, dem, wie seinem vom starren Bewußtsein absoluter Herrscherrechte erfüllten Kaiser Franz I. alle Kundgebungen verhaßt waren, die auf den nationalen Zusammenschluß des deutschen Volkes abzielten. Beide ahnten, daß eine solche Einigung das Ende der österreichischen Vorherrschaft in Deutschland zur Folge haben müsse.

Auf das Betreiben dieser beiden Männer wurden sämtliche Turnvereine und Studentenverbindungen aufgelöst, alle deutsch-national gesinnten Professoren der Universitäten entlassen, alle Zeitungen und Bücher einer scharfen Zensur unterworfen. Um Personen ausfindig zu machen, die durch ihre Ansichten und Lehren dem Absolutismus der Herrscher gefährlich werden könnten, setzte man eine „Zentral-Untersuchungskommission" ein, die sich in ihrer Demagogenriecherei der unglaublichsten Überschreitungen schuldig machte, Hunderte von Studenten verhaften und von Festung zu Festung schleppen ließ, bloß weil sie vaterländische Lieder gesungen oder die verpönten schwarz-rot-goldenen Farben getragen hatten. Es ist bezeichnend für den Fanatismus jenes Ausschusses, daß derselbe sogar Männer wie Blücher, Gneisenau, York, von Stein, Fichte und Schleiermacher als revolutionärer Bestrebungen verdächtig erklären durfte.

In dieser hoffnungslosen Zeit, die jeden patriotisch fühlenden und fortschrittlich veranlagten Mann mit Ekel erfüllen mußte, erschien in Deutschland ein Buch, das ungeheures Aufsehen erregte. Sein Verfasser war der Arzt Gottfried Duden, welcher im Jahre 1824 eine Reise nach Nordamerika unternommen hatte und durch Maryland, Virginien und die am Ohio entstandenen Staaten nach Missouri gekommen war. Sechzig Meilen westlich von St. Louis erwarb er ein Gut, das er, da er ausreichende Mittel besaß, klären und bestellen ließ. Die Mußestunden verbrachte Duden mit der Schilderung seiner Reisen, der amerikanischen Verhältnisse und der Jagdromantik der westlichen Wildnis, in der es von Hirschen, Büffeln, Hasen, Präriehühnern usw. wimmle. Er beschrieb den neapolitanisch blauen Himmel, die reizvolle Färbung der herbstlichen Wälder und tausend andere Dinge, die jeden Freund der Länderkunde aufs höchste interessieren mußten. In der Hauptsache getreu, zeichneten Dudens Darstellungen sich vor allen früher erschienenen Berichten über Amerika durch glänzende Frische und romantische Färbung aus. Insbesondere ließen sie die in Missouri herrschenden Zustände und Aussichten im Gegensatz zu den trostlosen Deutschlands geradezu verlockend erscheinen.

Dieser, zuerst im Jahre 1829 in Bonn veröffentlichte „Bericht über eine Reise nach den westlichen Staaten Nordamerikas" erfreute sich bei allen Gebildeten einer überraschend günstigen Aufnahme. Ihnen, die in dumpfer Resignation unter der Willkür der Fürsten und der rückschrittlich gesinnten Beamtenheere dahinlebten, eröffnete sich urplötzlich der Ausblick auf ein Land, dessen jungfräuliche Erde nicht bloß tausendfältigen Lohn für die auf ihn verwendete Mühe verhieß, sondern wo man sich schrankenloser Freiheit erfreuen

Einwandrer auf ihrem Zug gen Westen.
Nach einer Zeichnung von F. O. Darley.

und die eigenen Ideen über Regierung und Staatsform verwirklichen konnte.

Vielen Familien wurde Dudens Buch zur täglichen Lektüre. Um auch wenig Bemittelten die Anschaffung zu erleichtern, ließen Freunde und Begünstiger der Auswandrung zahlreiche billige Ausgaben herstellen und verbreiten. Infolgedessen kam ein förmliches Auswandrungsfieber zum Ausbruch. Tausende von Leuten, denen „der Duden den Kopf verrückt hatte", schickten sich zur weiten Reise nach Missouri an.

Es waren nicht bloß Bauern, sondern Männer, die gebildeten, ja gelehrten Ständen angehörten, nun aber den Schulstaub von sich abwuschen, um im frischen Tau der Urwälder neues Leben zu trinken. Mit ihnen zogen Jünglinge, welche die Feder, nie aber die Holzaxt geführt, Frauen, welche daheim den Teetisch serviert, aber nie harte Handarbeiten kennen gelernt hatten.

Viele dieser Auswandrer blieben, müde der langen Reise, in den Oststaaten oder am Ohio. Manche, bitter enttäuscht, verdarben in Elend. Viele aber gelangten wirklich ans Ziel und ließen sich im Tal des Mississippi nieder. Hier schufen sie, umgeben von anderen Ansiedlern, die berühmten „lateinischen Settlements", die ihren Namen daher erhielten, weil ihre Besitzer hochgebildete Leute waren, die Universitätsbildung genossen hatten,

Ansiedler beim Errichten ihrer Heimstätte.

Latein verstanden und das Studium der alten Klassiker dem müßigen Disputieren in den Wirtshäusern vorzogen.

Zu diesen „lateinischen Farmern",[1]) von denen viele tüchtige Landwirte wurden, zählten der bayrische Appellationsrat Theodor Hilgard, der Forstmeister Friedrich Engelmann, die Rechtsgelehrten Wilhelm Weber und Gustav Körner, die Ärzte Gustav Bunsen, Adolf

---

[1]) Da unter den „lateinischen Farmern" natürlich auch viele Personen waren, die von der Landwirtschaft nichts verstanden und nur aus Liebe zur Unabhängigkeit diesen mühseligen Beruf gewählt hatten, so erhielt die Bezeichnung später einen etwas spöttischen Beigeschmack. Man fand solche „lateinischen Settlements" sowohl in i Illinois, Missouri und Wisconsin.

Reuß und Adolf Berchelmann, der Geschichtsprofessor Anton Schott, der Prediger Michael Ruppelius, der Schuldirektor Georg Bunsen und viele andere Gleichgesinnte. Die hier Genannten ließen sich sämtlich in dem südöstlich von St. Louis gelegenen Örtchen Belleville nieder, das sie zu einer überaus fruchtbaren deutsch-amerikanischen Bildungsstätte umwandelten, von wo viele berühmte Männer ausgingen.

Die Einwandrung ins Mississippital nahm von Jahr zu Jahr zu. Aus Europa, vom Osten und Süden zogen Menschen herbei. Welche Massen sich in Bewegung setzten, erhellt am klarsten aus der Tatsache, daß innerhalb der Monate Januar, Februar und März 1842 in St. Louis 529 Dampfboote anlegten, die insgesamt 30 384 Personen brachten.

Allerorten wuchsen die Ansiedlungen wie Pilze aus der Erde. St. Louis entwickelte sich zu einem Haupthandelsplatz und Zentralpunkt für die Dampfschiffahrt des gewaltigen Mississippisystems. Bereits in der Mitte der vierziger Jahre zählte die Stadt 40 000 Bewohner. Daß daselbst zwei tägliche deutsche Zeitungen bestehen konnten, zeugt für die Stärke der damaligen deutschen Bevölkerung.

Im unteren Stromgebiet ließen sich die Deutschen hauptsächlich in Memphis, Vicksburg, Natchez und New Orleans nieder. In der letztgenannten Stadt lebten im Jahre 1841 bereits 10 000 Deutsche.

Am oberen Stromlauf wurden die Städte Altona, Quincy, Keokuk, Burlington, Davenport, Dubuque, Winona, St. Paul und Minneapolis, an den großen Binnenseen Chicago, Milwaukee und Detroit Sitze regen deutschen Lebens. Und zugleich Ausgangspunkte neuer Niederlassungen, die an den Nebenflüssen des Mississippi und den zahllosen Seen entstanden, die gleich tausend blauen Augen aus den Wäldern und Grassteppen von Wisconsin, Minnesota, Dakota, Nebraska und Iowa emporglänzen. Manche jener Niederlassungen kennzeichnen sich durch ihre Namen[1]) und die Mundart ihrer Bewohner noch heute als schwäbische, fränkische, thüringische, niederdeutsche oder schweizerische Gründungen.

Fast allen war eine ruhige, stete Entwicklung beschieden; denn mit dem einzigen Bevölkerungselement, welches Störungen hätte verursachen können, den Indianern, wußten die Deutschen im allgemeinen stets in Frieden auszukommen.

In der Tat ereignete sich nur ein größerer Indianerüberfall auf eine deutsche Ansiedlung: derjenige der Sioux auf Neu-Ulm in Minnesota. Dieser Ort ist eine Gründung unternehmungslustiger Turner aus Chicago, die im Jahre 1856 das schöne Tal des Minnesotaflusses als neue Heimat auserkoren.

---

[1]) Solche Orte sind im Staate Missouri: Westphalia, Germantown, Hermann, Neu-Hamburg, Dammüller, Diehlstadt, Altenburg, Biehla, Frohne, Wittenberg, Carola u. a. In Iowa finden wir Neu-Wien (New Vienna), Guttenberg, Minden usw. In Illinois Arenzville; in Wisconsin Germantown, New Köln, New Holstein, Town Schleswig u. a.

Das hier erbaute Städtchen zählte im Sommer 1862 bereits 1500 Bewohner, die friedfertig ihren Beschäftigungen nachgingen, ohne zu ahnen, daß sie von schwerem Unheil bedroht seien.

Die mächtigen Sioux oder Dakotas beschritten nämlich, erbittert über die von betrügerischen Regierungsagenten an ihnen verübten Gaunereien, den Kriegspfad und fielen plötzlich über die im Tal des Minnesota liegenden Ansiedlungen her. Sie schlachteten zunächst eine Anzahl vereinzelt wohnender Ansiedler ab und wandten sich dann in dichten Scharen gegen das Städtchen Neu-Ulm.

Sioux-Indianer.

Am 19. August unternahmen sie einen wütenden Angriff auf den Ort, dessen verstreut liegende Häuser für Verteidigungszwecke wenig geeignet waren. Zahlreiche Wohnungen gingen in Flammen auf. Ihre Bewohner zogen sich, beständig fechtend, in die Mitte des Ortes zurück, wo sie sich hinter eiligst errichteten Barrikaden aus Fässern, Betten, Kisten und Ackergeräten verschanzten. Der Kampf dauerte ohne Unterbrechung bis in die Nacht hinein. Mancher brave Deutsche fiel dabei in der Verteidigung seiner Familie. Als der nächste Morgen anbrach, waren die Rothäute verschwunden. Aber bereits am 23. August erschienen sie bedeutend verstärkt aufs neue, entschlossen, Neu-Ulm und seine Verteidiger gänzlich zu vertilgen.

Gegen 9 Uhr morgens sah man in der Ferne den Rauch brennender Hütten emporwirbeln. Bald darauf tauchten ganze Scharen berittener Indianer hinter den Hügeln auf. 250 Deutsche unter der Führung des Richters Flandreau stellten sich ihnen außerhalb des Ortes entgegen.

Mit fliegender Eile brausten die Sioux auf ihren flinken Ponies heran, in ihrem farbigen Aufputz, der bunten Kriegsmalerei, den flatternden Federn und hochgeschwungenen Waffen im hellen Sonnenschein ein überaus phantastisches Bild darbietend. Ehe sie in Schußweite gelangten, entfalteten die indianischen Massen sich gleich einem gewaltigen Fächer und stürmten unter wahrhaft teuflischem Geheul auf die Weißen herein.

Es zeigte sich bald, daß die von dem Richter Flandreau angeordnete

Überfall einer Auswandrerkarawane.

Aufstellung der Weißen durchaus verkehrt war, denn die Indianer breiteten sich immer weiter aus, um die Deutschen zu umzingeln und auch im Rücken anzugreifen. In scharfem Gefecht zogen die letzteren sich deshalb auf den Ort zurück, um diesen zu verteidigen. Daß man es mit verschlagenen Gegnern zu tun hatte, ergab der weitere Verlauf des Kampfes. Da der Wind vom unteren Ende des Ortes kam, so setzten die Sioux die dort stehenden Häuser in Brand und rückten unter dem Schutz des aufsteigenden Qualmes Schritt für Schritt vor. Die sonst so friedliche Hochebene verwandelte sich in ein einziges Flammenmeer, dessen Ausbreitung die Belagerten auf ein immer kleiner werdendes Terrain beschränkte. Zuletzt hatten sie nur noch einen mit Barrikaden umgebenen offenen Platz inne. Von diesem aus verteidigten sie sich während des

Restes des Tages und am folgenden Morgen mit solcher Hartnäckigkeit, daß die Feinde an einem Erfolg verzweifelten und endlich abzogen.

178 Gebäude waren verbrannt, viele Familien ganz oder teilweise untergegangen. Da eine nochmalige Rückkehr der Feinde zu befürchten stand, so verließen die Überlebenden am 26. August den verwüsteten Platz, um sich in eine der nächsten Ortschaften zurückzuziehen. Der traurige Zug, auf dem man die Frauen und Kinder sowie die 56 Verwundeten beförderte, zählte 150 Wagen.

Insgesamt kamen während der von den Sioux angerichteten Metzelei

Abgeschlachtet!
Eine Szene aus den Indianerkriegen des fernen Westens.

644 Ansiedler und 93 Soldaten ums Leben. Zudem war in weitem Umkreis das ganze Land verwüstet.

Erst nachdem die herbeigezogenen Truppen die Rothäute vertrieben hatten, kehrten die Bewohner von Neu-Ulm zurück, um mit dem Wiederaufbau ihres Städtchens zu beginnen. Neue Ansiedler traten an die Stelle der Gefallenen; da die Regierung auch den erlittenen Schaden vergütete, so erholte sich die Kolonie rasch wieder und erlangte nach einigen Jahren ihr früheres blühendes Aussehen.

An der ferneren Entwicklung der im Stromgebiet des Mississippi und an den großen Seen gelegenen ungeheuren Ländermassen gebührt den Deutschen ein Hauptanteil. Die Chroniken fast aller hier entstandenen Staaten und Städte enthalten tausende und abertausende von Namen wackrer deutscher Männer, die sich durch fleißige Arbeit und ernstes Streben, durch die Gründung von Schulen und Kirchen, Turn-, Musik- und Gesangvereinen, wissenschaftlichen und wohltätigen Gesellschaften um den Aufbau und die Entwicklung des kulturellen Lebens in jenen Staaten und Gemeinwesen hochverdient machten.

Deutsche Pioniere des fernen Westens.

Von welcher Beschaffenheit die westlich vom Mississippi gelegenen Gebiete seien, wußte zur Zeit des Ankaufs von Louisiana niemand zu sagen. Noch hatte kein Boot die mächtigen Ströme jenes geheimnisvollen Westlandes befahren, noch kein Weißer die endlosen Steppen gekreuzt oder die himmelanragenden Felsengebirge erstiegen. So zeigten denn auch die Landkarten jener Zeit zwischen dem Mississippi und Großen Ozean einen gewaltigen weißen Fleck, wo die lakonischen Worte standen: „Die große amerikanische Wüste. Noch unerforscht."

Die den Bürgern des jungen amerikanischen Staatenbundes innewohnende Energie und Regsamkeit duldeten aber nicht lange diesen Zustand. Bereits im Jahre 1803 erhielten die Kapitäne Meriwether Lewis und William Clarke den gefahrvollen Auftrag, als Erste in jene Wildnis vorzudringen. Ihre über mehrere Jahre sich erstreckende Reise von der Mündung des Missouri bis zu den Gestaden des Großen Ozeans, sowie die bald darauf folgende Forschungsreise des Leutnants Zebulon M. Pike nach den Felsengebirgen bezeichneten den Anbruch einer glorreichen Epoche geographischer Entdeckungen, wie glänzender und segensreicher Amerika sie bisher nicht erlebt hatte. Erfolgte doch in diesem bis etwa zum Jahre 1870 reichenden Zeitabschnitt die Erschließung des fernen Westens, jenes Gebietes, das mit seinen Prärieen und Gebirgen, seinen unermeß-

---

Kopfleiste: Astoria im Jahre 1812.

lichen Reichtümern an Gold, Silber und anderen wertvollen Metallen, seinen einzig dastehenden Landschaften und Naturmerkwürdigkeiten das „Wunderland der Neuen Welt" genannt zu werden verdient.

Die Schilderungen der genannten drei Reisenden, die in warmer Begeisterung von den reichen Schätzen und Schönheiten Oregons — so wurden die Gebiete am Columbia genannt — und der noch unter spanischer Herrschaft stehenden Felsengebirge Colorados und Neu-Mexikos sprachen, blieben auf die leicht entzündbare Abenteuerlust der Amerikaner nicht ohne Wirkung. Pelzhändler und Trapper begannen ihren Weg dorthin zu nehmen. Sie entflammten auch den in New York lebenden Deutsch-Amerikaner Johann Jakob Astor zur Gründung der „Amerikanischen Pelzhandels-Gesellschaft" und zur Entsendung zweier großartiger Expeditionen nach Oregon.

Astor, im Jahre 1763 in dem badischen Dörfchen Waldorf geboren, war 1784 nach Amerika gekommen. Während der Überfahrt hatte sein guter Stern ihm mit einem Landsmann zusammengeführt, der im Pelzhandel ein ansehnliches Vermögen erworben hatte. Durch ihn ließ Astor sich bestimmen, dasselbe Geschäft zu ergreifen. Er tat dies mit solchem Erfolg, daß er nach einigen Jahren bereits eigne Handelsexpeditionen ausrüsten konnte. Mit seltenem Scharfblick für das Erkennen günstiger Gelegenheiten und das Beurteilen auswärtiger Verhältnisse begabt, wandte Astor sich hauptsächlich dem Handel mit England und China zu. Er war der erste amerikanische Kaufmann, dessen Fahrzeuge auf beständigen Handelsreisen den Erdball umschifften. Von New York aus segelten dieselben mit amerikanischen Pelzwaren nach England. Hatten sie dort ihre Ladung gelöscht, so traten sie, mit englischen Waren befrachtet, die lange Reise um das Vorgebirge der Guten Hoffnung nach Indien und China an. Nachdem sie dort ihre Güter abgeliefert, nahmen sie Seide, Tee, Gewürze und andere orientalische Kostbarkeiten an Bord, um endlich um die Südspitze Südamerikas herum nach New York zurückzukehren. Für solche, fabelhafte Gewinste bringende Rundreisen benötigten die Schiffe in der Regel zwei Jahre.

Bereits zu Anfang des 19. Jahrhunderts galt Astor als einer der reichsten Männer der Stadt New York. Ohne Frage war er auch einer der kühnsten und unternehmungslustigsten. Daß ihm zuerst die große kommerzielle Bedeutung der Westküste Amerikas vor die Seele trat, beweist sein wohldurchdachter Plan, in Oregon eine Pelzhandelsstation zu errichten.

Der Pelzhandel bildete bekanntlich die wichtigste Einnahmequelle Nordamerikas. Mit dem Übergang Canadas an England war er aber nahezu ein Monopol der Hudsons Bai Compagnie geworden, die über ungeheure Mittel verfügte und ihre tyrannische Macht bis in die südlich von den großen Seen und am oberen Mississippi und Missouri gelegenen amerikanischen Gebiete fühlbar machte. Auch im Mündungsgebiet des von den Amerikanern entdeckten und zuerst befahrenen Columbia machte die Hudsons Bai Compagnie den Amerikanern den Platz an der Sonne streitig.

Um diese Tyrannei zu brechen, beschloß Astor eine Kette befestigter Handelsstationen zu gründen, die von der Mündung des Missouri bis zu den Quellen desselben und von da über die Felsengebirge und den Columbia entlang bis zur Küste des Großen Ozeans reichen solle. Am Ausfluß des Columbia plante Astor eine mit einem Hafen verbundene Hauptniederlage, von wo seine Schiffe regelmäßige Reisen nach China und Alaska ausführen könnten. Diese Station sollte den Anfang zu ähnlichen Kolonien fleißiger und energischer Amerikaner bilden, wie sie im Osten, an den Gestaden des Atlantischen Ozeans, bereits in so großer Zahl emporgeblüht waren.

Die Bundesregierung brachte den Plänen des Deutschamerikaners lebhaftes Interesse entgegen. Präsident Thomas Jefferson schrieb persönlich an Astor: „Ich betrachte die Anlage von Niederlassungen an der Nordwestküste als einen großen öffentlichen Gewinn und sehe mit freudiger Genugtuung die Zeit kommen, wo die Nachkommen der ersten Ansiedler sich über die ganze Länge jener Küste ausgedehnt und sie mit freien amerikanischen Gemeinwesen bedeckt haben werden, welche mit uns durch die Bande des Blutes und des gemeinschaftlichen Interesses sowohl als durch den Genuß derselben Rechte der Selbstregierung verbunden sind."

Wohl nur um seinen Plänen größeres Gewicht zu verleihen, gründete Astor zunächst die „Amerikanische Pelz-Handelsgesellschaft", deren hundert Anteile zur Hälfte ihm gehörten, während die andere Hälfte unter verschiedene mit dem Pelzhandel vertraute Personen verteilt wurden, jedoch so, daß keiner derselben mehr als drei Anteile erhielt. Der auf die Dauer von zwanzig Jahren geschlossene Vertrag bestimmte, daß, falls die Gesellschaft innerhalb der ersten fünf Jahre sich auflöse, sämtliche Kosten und Verluste des Unternehmens von Astor getragen werden sollten. Erst nach Ablauf dieser Zeit partizipierten die übrigen Gesellschafter nach Maßgabe ihrer Anteile an Gewinn und Verlust.

Bald nach der Gründung dieser Gesellschaft rüstete Astor zwei Expeditionen aus, von denen eine auf dem Seewege um Kap Horn, die andere über Land den Missouri und Columbia entlang bis zur Mündung des letztgenannten Flusses vordringen sollte. Für die Seeexpedition wählte er das zehn Kanonen führende Schiff „Tonquin". Mit Waren für den indianischen Tauschhandel, mit Waffen, Lebensmitteln, Baumaterial und anderen Notwendigkeiten beladen, nahm es zugleich eine Anzahl tüchtiger Handwerker und im Verkehr mit Indianern erfahrener Händler an Bord. Das Fahrzeug erreichte im März des Jahres 1811 seinen Bestimmungsort, wo mit der Anlage einer befestigten Niederlassung sofort begonnen wurde.

Die aus sechzig erprobten Leuten bestehende Landexpedition traf nach Überwindung unsäglicher Schwierigkeiten und Entbehrungen einige Monate später ein. Immerhin früh genug, um an dem Ausbau des zu Ehren des Urhebers des ganzen Unternehmens „Astoria" getauften Handelspostens teilnehmen zu können.

Leider war diesem keine lange Dauer beschieden. Ein Schicksalsschlag folgte dem anderen.

Zuerst kam der tragische Untergang des Schiffes „Tonquin", welches während einer Handelsreise an der Insel Vancouver von Eingeborenen überfallen und, nachdem fast alle Weiße niedergemacht waren, von dem letzten Überlebenden samt mehreren hundert siegestrunkenen Wilden in die Luft gesprengt wurde.

Ein zweites nach Astoria gesandtes Schiff scheiterte an einer der Hawaischen Inseln. Um das Unglück vollzumachen, brach im Jahre 1812 ein Krieg zwischen England und den Vereinigten Staaten aus, währenddessen die letzteren den weit entlegenen Handelsposten Astoria nicht zu schützen vermochten.

Das Schicksal der jungen Niederlassung war besiegelt, zumal unter ihren Beamten sich mehrere Verräter befanden. Ihr Rädelsführer war ein gewisser Mc Dougall, ein früherer Beamter der Hudsons Bai Compagnie. Astor hatte ihn durch Bewilligung eines großen Gehaltes an sich gezogen; aber Mc Dougall blieb geheim im Dienst der feindlichen Gesellschaft, die ihn in kritischer Zeit zum Verderben Astorias benutzte. Er war es nämlich, der, als im Jahre 1813 ein Angriff der Engländer zu befürchten stand, die Beamten Astorias bewog, in die Dienste der Hudsons Bai Compagnie überzutreten. Als im Dezember eine englische Kriegsschaluppe erschien, ergriff die Hudsons Bai Compagnie gewaltsam Besitz von Astoria, und behauptete sich im Besitz der Station bis zum Jahre 1846, wo England seinen Ansprüchen auf das Land am Columbia zugunsten der Vereinigten Staaten entsagen mußte.

Verlief demnach das für Astor mit schweren Verlusten verknüpfte Unternehmen ohne den gewünschten Erfolg, so wird es nichtsdestoweniger in der Geschichte der großartigen kaufmännischen Unternehmungen als ein glänzendes Denkmal deutschamerikanischer Tatkraft für alle Zeiten bestehen bleiben, zumal es in Astors berühmtem Freund Washington Irving einen Chronisten fand, dessen klassisch geschriebenes Werk „Astoria, or anecdotes of an enterprise beyond the Rocky Mountains" in aller Welt bekannt geworden ist.

Johann August Sutter.

Wurden so die Anfänge zur Zivilisation und zum Handel der fernen Nordwestküste durch einen Deutschen eingeleitet, so ist auch unter den Pionieren des Goldlandes Kalifornien ein Deutscher, Johann August Sutter, der berühmteste.

Sutter wurde gleichfalls in Baden, und zwar am 28. Februar 1803 in der Ortschaft Kandern geboren. Auf der Kadettenschule zu Thun in der Schweiz empfing er eine militärische Erziehung; im Kanton Bern brachte er es zum Hauptmann eines Infanteriebataillons. Der Trieb ins Weite führte ihn im Jahre 1834 nach Amerika, nach St. Louis, dem damaligen Emporium des westlichen Pelzhandels, von wo in jedem Frühling zahlreiche Karawanen gen Westen zogen, um von Indianern und Trappern Pelze einzutauschen. Andere Karawanen wandten sich nach Santa Fé, der im Jahre 1605 von den Spaniern gegründeten „Stadt des heiligen Glaubens". Dieser Ort war seit langer Zeit ein Hauptstapelplatz des amerikanischen Handels mit Mexiko, Arizona, Texas und Kalifornien. Von den Ufern des Missouri aus führte dorthin jener 800 Meilen lange, von blutiger Romantik umwobene Santa Fé Trail, der in der Geschichte des fernen Westens hohe Bedeutung erlangte. Die Handelsexpeditionen, welche diese berühmte Straße zogen, bestanden aus Hunderten von hochbeladenen Frachtwagen, sogenannten „Prairieschuners". Ihr Eintreffen nach monatelanger Fahrt bedeutete für die ganze Bewohnerschaft von Santa Fé ein freudiges Ereignis. Die an dem Warenzug beteiligten Händler hingegen atmeten hoch auf, hatten sie doch unterwegs nicht selten blutige Kämpfe mit Indianern zu bestehen.

„Ich zweifle," so schrieb der Amerikaner Gregg in seinem Buch „The Commerce of the Prairies", „ob die Kreuzfahrer beim ersten Anblick der Mauern der heiligen Stadt in lauteres, rasenderes Jauchzen ausbrachen als diese Händler, wenn sie in der Ferne die Türme von Santa Fé sahen. Das Schauspiel war des Pinsels eines Malers würdig. Selbst die Pferde schienen die Jubelstimmung ihrer Reiter zu teilen und wurden lustiger und wilder. Und welche Erregung befiel die Eingeborenen! „Los Americanos! Los carros! La entrada de la caravana!" Diese Rufe hörte man aus allen Richtungen. Frauen und Kinder drängten sich massenweise um die Ankömmlinge, die auf ihr Äußeres besondere Sorgfalt verwandten, da sie wußten, daß sie ein Kreuzfeuer schöner, schwarzer Glutaugen passieren mußten."

Und nun wurden die Baumwollfabrikate, die samtnen und seidenen Gewänder, die glitzernden Perlen, die schimmernden Goldgeschmeide, die Stahl- und Eisenwaren verhandelt. Manches Millionenvermögen dankt den glänzenden Gewinsten aus jenem Handel seinen Ursprung. Der Verkehr litt häufig unter dem launenhaften und despotischen Vorgehen der spanischen und mexikanischen Behörden, welche diese Handelsgelegenheit den verhaßten Amerikanern mißgönnten; ja, er wurde bisweilen verboten. Doch die unerschrockenen „Gringos" kehrten allen Drohungen zum Trotz immer wieder reichbeladen zurück, um stets gute Aufnahme und reißenden Absatz für ihre Waren zu finden, deren strotzende Pracht und grelle Farbenbuntheit die Augen und Herzen der feurigen Señoras bestach.

Einer der erfolgreichsten Karawanenführer war der in St. Louis lebende Deutsche A. Speier, desen Handelszüge sich über Santa Fé hinaus bis Chihuahua erstreckten.

Auch auf Sutter übte das mit diesen Handelszügen verbundene abenteuerliche Leben solchen Reiz, daß er drei Jahre lang sich an solchen Karawanen beteiligte. Im Jahre 1838 wanderte er mit mehreren Trappern nach Oregon, besuchte Vancouver und die Hawaiinseln, kaufte dort ein Fahrzeug und unternahm eine Handelsexpedition nach dem russischen Alaska. Im Jahre 1840 segelte er nach Kalifornien, erwarb dort von der mexikanischen Regierung einen am Sacramentofluß gelegenen Streifen Landes und gründete an derselben Stelle, wo heute die Stadt Sacramento steht, die Niederlassung Neu-Helvetia. Zu ihrem Schutz baute er eine von hohen Mauern umgebene Befestigung, Fort Sutter, für dessen Verteidigung er vierzig Geschütze beschaffte, sowie eine aus kalifornischen Indianern gebildete Besatzung anwarb. Im Hinblick auf die soldatische Erziehung Sutters kann es nicht überraschen, daß die Verwaltung von Neu-Helvetia ganz nach militärischen Regeln geschah. Sämtliche Indianer waren uniformiert und wurden jeden Abend von einem ehemaligen deutschen Offizier unter den Klängen einer Musikkapelle einexerziert.

Außer den Indianern und deren Familien standen dreißig Deutsche, Engländer und Franzosen in Sutters Diensten. Je nach der Jahreszeit schwankte

Fort Sutter.
Nach einer gleichzeitigen Zeichnung.

die Bewohnerschaft von Fort Sutter zwischen 200 bis 500 Personen. Innerhalb des Forts lagen verschiedene Werkstätten, Schmieden, Webereien, Gerbereien, Mühlen und Brauereien. Auf dem Fluß schaukelten ein Zweimaster und ein kleineres Fahrzeug.

Infolge des durch das Fort gewährten Schutzes wurde Neu-Helvetia Mittelpunkt eines lebhaften Verkehrs. Der Hauptbesitz Sutters bestand in ungeheuren Viehherden; daneben lieferten seine ausgedehnten Weizenfelder reiche Erträgnisse.

Eine wichtige Rolle war Sutter in der politischen Geschichte Kaliforniens beschieden. Kalifornien gehörte zwar zu Mexiko, aber seine Bevölkerung bekundete lebhaftes Unabhängigkeitsgefühl, das nicht bloß durch den Zuzug zahlreicher amerikanischer Ansiedler, sondern im geheimen auch durch die

Regierung der Vereinigten Staaten beständig genährt wurde. Denn die letztere wollte verhüten, daß Kalifornien in die Hände der Engländer falle, die das Land bereits gierigen Blickes betrachteten. Auch bedurften die Vereinigten Staaten für ihren wachsenden Verkehr mit Ostasien, Alaska und den australischen Inseln eines guten Hafens, der zugleich den 20 000 amerikanischen Seeleuten, die in den arktischen Gewässern dem Walfischfang und der Robbenjagd nachgingen, als Zufluchtsort dienen könne.

Sutter brachte der Lage volles Verständnis entgegen. Denn als General Fremont im Juni 1846 in Kalifornien erschien, holte er die über seinem Fort flatternde mexikanische Flagge nieder und hißte an ihrer Stelle das Sternenbanner empor.

Der nun ausbrechende Krieg zwischen Mexiko und der Union verlief bekanntlich zugunsten der letzten, worauf Kalifornien als neues Glied dem Bund einverleibt wurde.

Um jene Zeit galt Sutter als der angesehenste und wohlhabendste Bewohner Kaliforniens. Da plötzlich führte eine seltsame Laune der Glücksgöttin einen völligen Umsturz seiner Verhältnisse herbei.

Beim Bau einer Sägemühle, die Sutter an einem Gebirgsbach anlegen ließ, entdeckte der in Sutters Diensten stehende Zimmermann James W. Marschall am 19. Januar 1848 zahlreiche Körnchen gelben Metalls. Gleich einem Blitz fuhr ihm der Gedanke durch den Kopf, daß dieselben Gold sein könnten. Er sammelte eine Handvoll und ritt im Galopp zum Fort, um seine Vermutung Sutter mitzuteilen. Sorgfältige Untersuchungen ergaben, daß die glitzernden Körnchen in der Tat gediegenes Gold waren.

Man beschloß, den Fund geheim zu halten, aber vergebens. Der Ruf „Gold! Gold!" erscholl und verbreitete sich gleich einem Wildfeuer über das ganze Territorium. Die Wirkung des Zauberworts war geradezu erstaunlich. Ein förmliches Goldfieber ergriff die ganze Bevölkerung. Wenige Wochen, nachdem die Kunde San Franzisko und Monterey erreichte, hatten beide Städte drei Viertel ihrer Bevölkerung eingebüßt. Sämtliche öffentliche Gebäude verödeten. Die Schiffe verloren ihre Besatzungen; die Zeitungen stellten ihr Erscheinen ein, da sowohl Beamte wie Redakteure sich der allgemeinen Wandrung nach den Goldfeldern anschlossen. Die in den Häfen liegenden Schiffe konnten nicht auslaufen, da sämtliche Matrosen desertierten. Und auch die Kirchen mußten geschlossen werden, da die Herren Prediger gleichfalls den Verlockungen des Goldteufels erlagen. Goldhungrige Personen strömten zu Tausenden herbei und überschwärmten das ganze Land. Sutters Arbeiter ließen ihn im Stich, um sich gleichfalls auf die Suche nach dem gleißenden Metall zu begeben. Seine Besitztitel auf das goldführende Land wurden nicht geachtet. Alle Prozesse, die er gegen die Eindringlinge anstrengte, welche seine Äcker durchwühlten und ihre Pferde in seine Weizenfelder trieben, blieben vergeblich. Sie machten nur die Advokaten reich, ihn selbst hingegen von Tag zu Tag ärmer. Obendrein erklärte das Obergericht seine Ansprüche auf das Land für ungültig, weil dieselben nicht in der Hauptstadt Mexiko unterzeichnet seien. Sutter mußte zusehen, wie die Bundesregierung sein eignes Land, das er unter ungeheuren Mühen kulturfähig gemacht hatte, für 1¼ Dollar pro Acker an Goldgräber verkaufte, welche die fruchtbaren Gefilde in trostlose Wüsteneien verwandelten.

Sutters Bemühungen, von der Bundesregierung Gerechtigkeit und für die erlittenen Verluste eine Entschädigung zu erlangen, blieben ohne Erfolg, obwohl er, um seine Ansprüche persönlich zu betreiben, nach dem Osten übersiedelte und während siebenzehn langer Jahre regelmäßig wie ein Uhrwerk im Kapitol erschien. Endlich, nach langem vergeblichen Harren schien Hoffnung zu winken. Ein mit dem Prüfen seiner Ansprüche beauftragter Ausschuß erkannte deren Rechtmäßigkeit an und berichtete die Entschädigungsvorlage günstig ein. Bereits hatte dieselbe glücklich das Repräsentantenhaus passiert und lag dem Senat zur Schlußabstimmung vor. Fast alle Senatoren waren zu ihren Gunsten. Da hielt unglücklicherweise ein nicht mehr ganz zurechnungsfähiger Senator es für angezeigt, die Verdienste Sutters um die Entwicklung Kaliforniens nochmals in einer längeren Rede zu beleuchten. Dabei schwatzte der Mann so lange, daß der Senat schließlich der Sache überdrüssig wurde und sich vertagte, ohne daß die Angelegenheit zur Erledigung kam. Sutter wäre zweifellos in Not und Elend gestorben, hätte nicht der Staat Kalifornien ihm im Jahre 1865 eine Pension von 3000 Dollar jährlich auf die Dauer von sieben Jahren zugesprochen, und zwar als Entschädigung für Steuern, die Sutter für solche Ländereien bezahlt hatte, die ihm von der Bundesregierung genommen worden waren. An äußeren Ehrenbezeigungen Sutters ließen kalifornische Mitbürger es nicht fehlen. Man stellte ihn als Gouverneurskandidaten auf, verlieh ihm den Titel eines Generalmajors der Milizen und ließ sein lebensgroßes Bildnis anfertigen, um damit den Saal des Staatskapitols zu Sacramento zu schmücken. Und als am 9. September 1854 die Mitglieder der Kalifornischen Pionier-Gesellschaft sich versammelten, da zollte ein Amerikaner, E. J. C. Kewen, Sutter folgenden mit ungeheurem Beifall aufgenommenen Tribut:

„Wenn im Kreislauf kommender Jahre die Federn der Geschichtsschreiber die Gründung und Besiedlung dieses westlichen Gemeinwesens darstellen, wenn sie die Tugenden, die Beschwerden, die Entbehrungen, den Mut, die Unerschrockenheit, die alles dies zustande gebracht, schildern, wenn sie den mächtigen Anstoß beschreiben, den es auf die Weiterentwicklung freier Regierungsformen und freier Grundsätze ausgeübt, und wenn sie die Annalen mit den Namen der heroischen Gründer seines Ruhmes zieren werden, dann wird kein Name mit hellerem und dauerndem Glanze leuchten, als der des unsterblichen Sutter, des erhabenen Vorbilds kalifornischer Pioniere."

Sutter starb am 18. Juni 1888 in der Bundeshauptstadt Washington. In ihm verlor Amerika zweifellos einen seiner merkwürdigsten Männer, dessen Andenken in der Geschichte des Goldstaates Kalifornien für immer fortleben wird.

Glücklicher als Sutter war ein anderer deutscher Pionier, der Hamburger

Karl Maria Weber. Er kam 1836 nach New Orleans und wanderte im Frühjahr 1841 nach Kalifornien, wo er in Sutters Dienste trat. Später erwarb er im Tal des San Joaquinflusses eignen Landbesitz, auf dem er große Viehherden züchtete. Nachdem Kalifornien den Vereinigten Staaten einverleibt war, gründete Weber die Ortschaft Stockton, die beim Ausbruch des Goldfiebers Mittelpunkt des südlichen Minendistrikts wurde und rasch emporblühte. Weber sorgte für den Bau von Kanälen und Straßen. Später schenkte er der Stadt alle von ihm geschaffenen Anlagen, außerdem sämtliche auf dem Stadtplan zu öffentlichen Plätzen vorgemerkten Grundstücke.

Mit Sutter kam auch der Westfale August Laufkötter nach dem fernen Westen. Derselbe ließ sich zuerst als Apotheker in St. Louis nieder. Als Mitglied einer von Sutter geführten Handelskarawane zog er später gleichfalls nach Santa Fé. Dann unternahm er an der Spitze einer 26 Mann starken Bande von Delawareindianern auf eigne Faust Handelszüge, die ihn durch das Gebiet der Apachen bis an die Mündung des Gila in den Colorado führten. Die Abenteuer, welche er auf diesen kühnen Reisen erlebte, die Strapazen, die er ertragen mußte, grenzen ans Unglaubliche. Von den Apachen wurde Laufkötter mehrere Wochen lang gefangen gehalten. Er entging einem grauenhaften Martertod nur durch den Nachweis, daß er kein Amerikaner, sondern ein Deutscher sei. Als das kalifornische Goldfieber ausbrach, befand Laufkötter sich unter denjenigen, die nach dem Goldlande zogen. Als hochbetagter Greis beschloß er sein Leben in der Stadt Sacramento.

Ein ebenso merkwürdiger Pionier des fernen Westens war der im Jahre 1810 zu Marienwerder geborene Hermann von Ehrenberg. Infolge seiner Beteiligung an den revolutionären Bewegungen in Deutschland nach New Orleans verschlagen, wurde er beim Ausbruch des texanischen Unabhängigkeitskriegs mit vielen anderen Deutschen Mitglied der „New Orleans Greys", einer Kompagnie Freiwilliger, die an jenen Kämpfen lebhaften Anteil nahm.

Ehrenberg zählte auch zu jenen 600 Texanern, die im Jahre 1835 unter General Houston nach sechstägigem Gefecht 2000 Mexikaner aus San Antonio vertrieben und im Fort Alamo zur Übergabe nötigten. Während der Kämpfe des folgenden Jahres waren die in kleine Abteilungen aufgelösten Texaner weniger vom Glück begünstigt. Denn eine ihrer Abteilungen wurde am 2. März 1836 bei San Patrizio, eine andere am 20. März bei Gilead niedergemetzelt. Ehrenberg befand sich unter den wenigen, die jenem Blutbade entkamen. Er schloß sich darauf einer neuen, 700 Mann starken Abteilung an, die am 21. April bei San Jazinto der mexikanischen Übermacht eine so furchtbare Niederlage zufügten, daß die Unabhängigkeit von Texas nunmehr gesichert war.

Ehrenberg beteiligte sich später als topographischer Ingenieur an der Festlegung der Grenze zwischen Arizona und Mexiko. In Arizona gründete er die „Sonora Exploring and Mining Company" und erwarb ausgedehnte Ländereien. Um die nähere Erforschung und kartographische Aufnahme

Arizonas hat Ehrenberg große Verdienste, die von der Nachwelt anerkannt wurden, indem eine am Colorado gegründete Ortschaft seinen Namen erhielt.

In die Reihe der Pioniere Kaliforniens ist auch der Deutsche Heinrich Taschemacher zu stellen, welcher als Zwanzigjähriger bereits im Jahre 1842 nach San Franzisko kam und daselbst eine sehr angesehene Stellung errang. In den Jahren 1859 bis 1861 war er Präsident des Stadtrats, und als solcher der erste Beamte der städtischen Verwaltung. Als im Jahre 1862 das Amt eines Bürgermeisters geschaffen wurde, versah Taschemacher diesen Posten noch zwei Jahre lang.

Die Reihe solcher deutscher Kulturpioniere im fernen Westen ließe sich leicht durch zahlreiche Namen vergrößern. Denn als die Kunde, daß weite Strecken Kaliforniens im wahren Sinne des Wortes als Goldfelder zu betrachten seien, die ganze Welt durchflog, da gesellten sich Tausende und aber Tausende von Deutschen und Deutschamerikanern jenen Strömen von Auswandrern zu, die entweder zu Schiffe um das sturmumtoste Kap Horn, oder von den Ufern des Mississippi und Missouri aus durch die unermeßlichen Prärieen nach dem von einer Wunderglorie umleuchteten Kalifornien zogen.

Wer sich mit der Geschichte des fernen Westens, der dort entstandenen Staats- und Gemeinwesen näher befaßt, stößt auf unzählige deutsche Namen, deren Träger sich auf allen Gebieten menschlichen Könnens und Wissens betätigten und dazu beitrugen, der neuweltlichen Kultur auch in jenen entlegenen Landen Heimstätten zu bereiten. Reicht von jenen deutschen Kulturpionieren auch keiner an die Bedeutung eines Johann Jakob Astor und Johann August Sutter heran, so verdienten aber die merkwürdigen Schicksale mancher dieser Deutschen aufgezeichnet und der Vergessenheit entrissen zu werden.

Deutsche Kommunistengemeinden.

Seitdem Plato den Gedanken eines Freistaates entwickelte, in welchem nur die Gesamtheit Eigentum besitzen dürfe, und jedermann an den aus der gemeinsamen Arbeit gewonnenen Ergebnissen gleichen Anteil haben solle, hat es nicht an Versuchen gefehlt, diese Idee zu verwirklichen. Sie war der Traum zahlreicher Männer, welche beim Studium der sozialen Verhältnisse zu der Überzeugung gelangten, daß die Ansammlung des Besitzes, Grundeigentums und Kapitals in den Händen weniger, die damit in der Regel verbundene Ausbeutung der Unbemittelten widernatürliche Zustände seien; daß dagegen allgemeines Glück und Zufriedenheit nur dann möglich wären, wenn sämtliche Menschen außer gleichen Rechten auch gleiche Pflichten besäßen, alle Klassenunterschiede aufgehoben und der Besitz gemeinschaftlich seien.

In der Alten Welt führte keiner diese Versuche, solche kommunistische Gemeinschaften zu gründen, zu einem befriedigenden Ergebnis. Die Gründe dafür lagen teils in dem offenen oder versteckten Widerstand der Regierungen, die in solchen Neuerungen Gefahren für die bestehenden Verhältnisse witterten, teils in dem Umstand, daß die Verlockungen, welche von benachbarten Städten ausgingen, auf die Mitglieder der kommunistischen Niederlassungen zu groß waren.

Deshalb richteten die Gründer solcher Gemeinschaften ihre Blicke nach Amerika. Hier waren die Aussichten für ein gedeihliches Entwickeln günstiger, da die Ansiedlungen weit genug von den Städten entfernt angelegt werden konnten und die Einmischung der Regierung nicht befürchtet zu werden brauchte.

Diese von Europäern auf dem jungfräulichen Boden Amerikas gegründeten Kommunistenkolonien gehören zu den interessantesten Erscheinungen des neuweltlichen Kulturlebens. Sie erheischen um so mehr Interesse, als die wichtigsten Kolonien von deutschen Auswandrern ins Leben gerufen wurden.

Die Harmoniten.

Die berühmteste von allen deutschen Kommunistengemeinden war die Gesellschaft der Rappisten oder Harmoniten. Ihr Gründer, Johann Georg Rapp, am 1. November 1757 zu Iptingen in Württemberg geboren und von Beruf Leineweber, hatte sich den damals weitverbreiteten

Pietisten angeschlossen. Als er aber unter diesen nicht die gesuchte Befriedigung fand, hielt er in Gemeinschaft mit einigen Gesinnungsgenossen in seinem Hause Versammlungen ab. Die Teilnehmer gründeten eine zum Urchristentum zurückstrebende Sekte, welche durch ihr rasches Wachstum sowie durch die Weigerung, die Pfarrer als Diener Gottes anzuerkennen, das Ärgernis der Ortsgeistlichen erregte.

Bald gerieten die Rappisten in Konflikt mit den kirchlichen und weltlichen Behörden. Den Verwarnungen folgten Strafen. Dieselben wurden schärfer, je mehr die Regierung durch übertriebene Berichte in dem Verdacht bestärkt wurde, daß die neue Sekte revolutionäre Ideen hege und bei ihrer raschen Vermehrung gefährlich werden könne.

Müde des steten Drangsaliertwerdens wanderte Rapp im Jahre 1803 mit seinem Sohne Johannes und zwei Anhängern nach der religiösen Freistätte Pennsylvanien aus. Von dort bestehenden separatistischen Gemeinden unterstützt, kaufte er bei Pittsburg 6000 Acker Land. Dorthin folgten ihm bald 700 Anhänger und gründeten eine Niederlassung, die sie nach einer in der Apostelgeschichte Kap. 4 Vers 32 zu findenden Stelle „H a r m o n i e" tauften.

Um dem Urchristentum näherzukommen, schossen sie am 15. Februar 1805 ihr Vermögen zusammen und vereinten sich zu einer kommunistischen Gemeinschaft. Zur selben Zeit faßten sie einen Beschluß, der für den späteren Bestand der Gemeinde verhängnisvoll werden sollte. Ihren Anschauungen nach war die Ehe zwar nicht verboten, aber ein unheiliger, vom wahren Lebenszweck ablenkender Zustand. Deshalb entschlossen sich alle, im Zölibat zu leben. Auch die Verheirateten lösten freiwillig die ehelichen Bande, um fortan einander nur noch als Brüder und Schwestern zu betrachten. Rapp wurde zum geistlichen Vorstand erwählt. Ihm waren ein weltlicher Vorsteher sowie sieben Älteste beigeordnet.

Die zur höheren Ehre Gottes und zum Besten der Gesamtheit verrichtete Arbeit wurde von Obmännern vorgeschrieben. Dieselben lieferten sämtliche Erträgnisse dem Vorstand ab, welcher dagegen die einzelnen Mitglieder mit allen Bedürfnissen versorgte. Nachdem die Harmoniten den Urwald gerodet, Wohnungen, Werkstätten und Scheunen gebaut hatten, schritten sie zur Bestellung der Felder. Auf ihrer von Sonnenaufgang bis Sonnenuntergang währenden Arbeit ruhte sichtlicher Segen. Denn wenn auch der Anfang hart und mühselig gewesen war, so begannen die auf jungfräulichem Boden angelegten Felder doch bald reiche Ernten hervorzubringen. Nachdem dadurch für die erste Zeit gesorgt war, wandten sich die Handwerker wieder ihren früheren Beschäftigungen zu. Für die Weber beschaffte man Webstühle; für die Schmiede, Schreiner und Färber geeignete Werkzeuge; für die Viehzüchter Vieh; für die Obstbauer und Winzer Fruchtbäume und Reben. Beim Ankauf dieser Dinge scheute man weder Kosten noch Mühe, um von allem das Beste und Vollkommenste zu erhalten. Aus Frankreich bezog man Mühlsteine und Jacquard-Webstühle; aus dem bergischen Lande die stählernen Werkzeuge; aus dem

Rheingau und vom Kap Weinreben; aus Spanien Schafe; aus England Rinder. Alle diese Dinge bemühte man sich nun zu verbessern. Das gelang auch im Lauf der Zeit in so hohem Grade, daß die Werkstätten und Maschinen der Harmoniten das Staunen aller erregten, welche die Niederlassungen besuchten. Das Ganze war eine Musterwirtschaft, wert, als Vorbild bis ins kleinste Detail nachgeahmt zu werden. Der vorzüglichen Einrichtung der Musterwirtschaft entsprachen ihre Erzeugnisse. Nirgendwo sah man besser gehaltene, fettere Herden, nirgendwo fand man wohlschmeckenderes Obst und Feldfrüchte. Die

Neu-Harmonie im Jahre 1832.

gewebten Tuche, Leinen- und Seidenstoffe wurden wegen ihrer vorzüglichen Beschaffenheit und Haltbarkeit weitberühmt. Die Kolonie litt nur an einem Übelstand: sie lag zu entfernt von den Hauptverkehrswegen.

Als im Jahre 1815 sich eine Gelegenheit bot, die ganze Besitzung günstig zu verkaufen, griff man mit beiden Händen zu und erstand für die gelösten 100 000 Dollar einen im Staat Indiana am Wabash gelegenen 3000 Acker großen Streifen Land, wo man den Ort Neu-Harmonie baute. Hier blieb man zehn Jahre. Da das Klima aber ungesund war, beschlossen die Rappisten nach Pennsylvanien zurückzukehren. Für ihre Ortschaft fanden sie im Jahre 1824 in dem schottischen Kommunisten R. Owen einen Käufer. Mit den erlösten 200 000 Dollar schufen die Harmoniten ihre dritte und letzte Niederlassung „Ökonomie" (englisch „Economy") in Pennsylvanien. Dieselbe lag 25 Meilen westlich von Pittsburg auf dem Nordufer des Ohio, inmitten einer Landschaft, welche mit ihren grünen Hügeln an den Rheingau erinnert.

Es währte gar nicht lange, so hatten die Kommunisten auch diese Gegend in ein kleines Paradies verwandelt. Durch Schilderungen der Prinzen Bernhard von Sachsen-Weimar und Maximilian von Wied, welche auf ihren Amerikafahrten Ökonomie in den Jahren 1826 und 1832 besuchten, ferner durch Berichte der Reisenden Franz Löher und Karl von Scherzer aus den Jahren 1847 und 1852 sind wir über die Zustände der Gemeinde während ihrer Blütezeit gut unterrichtet. Die genannten Beobachter stellen Rapp das beste Zeugnis

Ansicht von Ökonomie (Economy) am Ohio im Jahre 1900.

aus und rühmen seine Schöpfung als einen der bemerkenswertesten Kolonisationserfolge.

Prinz Bernhard von Weimar beschreibt Rapp als einen großen 70jährigen Mann, dessen Kräfte durch die Last der Jahre nicht vermindert waren. Seine von starken Brauen beschatteten Augen sprühten von Feuer und Leben; die machtvolle Stimme klang ausdrucksvoll. Alles was er sagte, war durchdacht. Löher, welcher Rapp zwanzig Jahre später sah, war überrascht, den 90jährigen Mann einem Sechziger gleich mit starkem Geist, blitzenden Augen und raschen Gebärden zu finden. Seine Stimme hallte wie Metall und sein Antlitz, vom reichsten Silberglanz des Haares und Bartes umgeben, zeigte Ernst, Hoheit und Milde. Wenn er sich aufrichtete, war er wie ein Löwe und seine Rede floß wie ein tosender Waldstrom.

Über seine Gemeinde besaß Rapp wunderbaren Einfluß; alle verehrten ihn innig und sprachen von ihm stets als ihrem „lieben Vater". Seine Anordnungen galten gleich Gesetzen und wurden ohne Widerrede befolgt.

Bei Wahl und Einteilung der Arbeit trug man den Neigungen der einzelnen Mitglieder nach Möglichkeit Rechnung. Die Frauen beschäftigten sich mit Hausarbeiten und in den Spinnereien. Die Männer trieben Landwirtschaft, überwachten die Maschinen und verrichteten die groben Arbeiten. Zu den Ernten wurden alle herangezogen.

Alle Besucher des Orts staunten, wieviel vereinte, verständig geleitete Arbeit in kurzer Zeit auszurichten vermochte. Jeder war des Lobes voll über den wohldurchdachten Plan, nach welchem nicht nur die ganze Stadt, sondern jedes Haus und Geschäft angelegt waren. „Alles griff", so schreibt Löher, „wie ein kunstvolles Räderwerk ineinander. Die ganze Einrichtung verdiente zum Muster für künftige Anlagen bis ins kleinste gezeichnet und beschrieben zu werden."

Bei sämtlichen Arbeiten bediente man sich der sinnreichsten, durch die Gemeindemitglieder in langen Jahren vervollkommneten Maschinen und Werkzeuge. Löher sah eine Dampfdreschmaschine, wie er sie nie zuvor gesehen hatte. Dieselbe reinigte nicht nur das Korn und füllte es in unter die Maschine aufgehängte Säcke, sondern sonderte auch Kurzstroh und Langstroh. Ein an der Maschine angebrachter Ventilator schützte die Arbeiter vor dem Staub. Löher beschreibt auch eine Dampfmaschine, welche Wasser vom Ohio heraufhob, welches in Dampf verwandelt, sowohl zum Heizen wie zum Betrieb der Mühlen, Webereien, Farbenreiben und manchen anderen Verrichtungen diente. Der Dampf wurde darauf wieder in Wasser verwandelt. Dieses lief mit einem kleinen Zusatz frischen Wassers in die Kessel zurück und kam, wieder in Dampf verwandelt, aufs neue zur Verwendung.

Durch stetes Nachdenken und Probieren fanden diese schwäbischen Bauern überall das Beste und Praktischste heraus. Die im Jahre 1829 aufgenommene Seidenspinnerei wurde mit solchem Geschick betrieben, daß man blumendurchwirkte Seidenstoffe in sieben Farben herzustellen vermochte. Wollweberei, Branntweinbrennerei und andere Gewerbe bildete man in gleicher Weise aus. Der Vertrieb aller überschüssigen Erzeugnisse sowie die Abwicklung der Handelsgeschäfte lagen der von Rapp eingerichteten kaufmännischen Abteilung ob.

Infolge dieser stillen emsigen Arbeit stieg der Wohlstand der Gemeinde von Jahr zu Jahr. Ihre Ansiedlung entwickelte sich zu einer wahren Musterwirtschaft.

Der Ort war nach einem wohldurchdachten Plan angelegt. Alle nach schwäbischem Stil erbauten Häuser besaßen einen mit Blumen und Obstbäumen bepflanzten Vorgarten. Neben der Haustür befand sich eine schattige Ruhebank. An der Sonnenseite der Häuser reiften an Spalieren köstliche Trauben und Früchte; hinter den Häusern befanden sich die Stallungen für das Vieh.

Desgleichen die Hühnerhöfe und Taubenschläge. Alle Straßen waren breit angelegt, gepflastert und sauber. Häufig boten sie reizende Fernblicke auf den Ohio sowie die den Ort umkränzenden Berge. Und ringsum hörte man nur schwäbische Laute. Man konnte wähnen, sich in einem Städtchen am Fuß der Schwäbischen Alb zu befinden.

Die Tracht der Männer bestand in kurzen Jacken aus blauem grobem Tuch, und Zwillichhosen von derselben Farbe. Dazu kamen im Winter Filzhüte, im Sommer breitrandige Strohhüte. Die Frauen trugen die in dunklen Farben gehaltene schwäbische Bäuerinnentracht und dunkle Strohhauben.

Im Verkehr untereinander befleißigten sich alle brüderlichen Entgegenkommens. An weltlichen Dingen geringen Anteil nehmend, trugen sie stets heiteres, zufriedenes Aussehen zur Schau. Doch klärten sich ihre Gesichter auf, wenn das Gespräch auf das Jenseits und die dort zu erwartenden Seligkeiten kam. Rapp verehrten sie keineswegs als Propheten oder als ein

Die Kirche der Harmoniten in Ökonomie.

Wesen mit übernatürlichen Gaben, sondern als schlichten Christen, der durch seinen Glauben und seine Frömmigkeit sich Gott wohlgefällig mache.

Jeden Sonntag fanden in der Kirche zwei Predigten statt, viermal wöchentlich abends erbauliche Unterhaltungen. Auch veranstaltete man gelegentlich Konzerte, wobei ein Frauenchor allerhand weltliche Lieder, meist die aus der schwäbischen Heimat mitgebrachten Volksweisen zu Gehör brachte.

Der geistigen Fortbildung dienten ein Museum und eine gut zusammengestellte Bibliothek. Eine eigene Buchdruckerei besorgte die Vervielfältigung der von Rapp und anderen gedichteten Lieder.

In ihrem freudigen Hoffen auf das himmlische Jenseits vergaßen aber die Harmoniten das Diesseits, die Forderungen des Lebens. Infolge der freiwilligen Ehelosigkeit gab es im Orte keine Kinder. Da man sich nach manchen schlimmen Erfahrungen auch gegen fremden Zuzug ablehnend verhielt, so begann es an jungem Nachwuchs zu fehlen, der die älter werdenden Mitglieder bei ihren Arbeiten hätte ablösen können. Man beachtete dies anscheinend nicht und ging neugierigen Fragen, was später mit dem Besitz werden solle, mit den Worten aus dem Wege, daß Gott zur rechten Zeit Rat schaffen werde.

Rapps Wohnhaus in Ökonomie.

In dieser Zuversicht schied am 7. August 1847 Georg Rapp, der Gründer der Kolonie aus dem Leben. Dieselbe Zuversicht beseelte auch seine Nachfolger, den milden **Romelius Langenbecher** († 1871) und den gelehrten **Jakob Henrici** († 1890). Unter diesen beiden begann die einst so blühende Gemeinde, deren weise verwaltetes Vermögen auf Millionen angewachsen war, langsam abzusterben. Nicht daß sie an Zucht und Ordnung eingebüßt hätte, sondern weil leise und unbemerkt über die Mitglieder das Alter kam. Mancher einst kräftige Arm wurde untauglich zur Arbeit; manches Auge verlor die Sehkraft. Der Tod begann die einst 800 Köpfe starke Gemeinde allmählich zu lichten und die Mitglieder abzuberufen. Infolgedessen mußte ein Gewerbe nach dem anderen aufgegeben werden. Je rascher die Mitglieder mit zunehmendem Alter vom Tod abberufen wurden, desto mehr vereinsamten die Werkstätten, Felder und Weinberge.

Wer Ökonomie während der letzten Zeit seines Bestehens besuchte, empfing den Eindruck, als wandle er durch die Straßen einer ausgestorbenen Stadt. Die Türen und Fenster der meisten Häuser waren verschlossen, weil ihre Bewohner längst zur ewigen Ruhe getragen worden waren.

Als Friedhof diente ein mit Tannen und Zypressen bepflanzter Wiesengrund, wo unter einfachen grasüberwachsenen Hügeln über achthundert Harmoniten ruhen. Georg Rapp schläft unter ihnen. Weder seine noch die Grabstätte eines anderen Gemeindemitgliedes ist mit einem Denkstein geschmückt.

Wie die Lebenden keine Standesunterschiede kannten, so wollten sie auch im Tode einander gleich sein.

Das Ende der berühmten Kommunistengemeinde kam im Jahre 1903, wo dieselbe auf nur fünf Mitglieder zusammengeschmolzen war. Diese, meist hochbetagt, faßten den Beschluß, die bis dahin fortgeführte Gesellschaft aufzulösen und das nach Millionen zählende Vermögen an die Mitglieder zu verteilen. Natürlich mußten dabei der große Landbesitz sowie die in Ökonomie errichteten Gebäude veräußert werden. Die Mitglieder behielten sich nur das Eigentumsrecht an die Kirche, das Gemeindehaus und den Friedhof vor. Alles übrige wurde von Landspekulanten aufgekauft und zum Tummelplatz der rücksichtslos vorwärtsstürmenden, von Gewinnsucht, Ehrgeiz, Not und Sorge getriebenen Menschen des 20. Jahrhunderts.

Wo bisher friedliche, herzerquickende Eintracht herrschte, da prallen jetzt die beiden großen Gegensätze der Neuzeit, Kapital und Arbeit, aufeinander und regen manchen zu der Frage an, ob der frühere Zustand, der so viele mit ihrem Los zufriedene, glückliche Menschen schuf und sie der Sorge und Entbehrung entrückte, nicht auch seine Lichtseiten und Vorzüge besaß.

Die Separatistenkolonie Zoar.

Gemeinsamkeit des Besitzes bildete auch das Band der Separatistengemeinde Zoar in Ohio.

Dieselbe nahm ihren Ursprung gleichfalls in Schwaben, wo ihre Mitglieder gleich den Rappisten wegen mancher, von den damaligen allgemeinen Anschauungen abweichenden Glaubenssätze beständigen Anfeindungen seitens der Behörden ausgesetzt waren. Die wichtigsten dieser Sätze waren folgende: „Wir glauben an den dreieinigen Gott. Unsere Richtschnur ist einzig und allein die Heilige Schrift. Alle kirchlichen Zeremonien sind unnötig, weshalb wir sie unterlassen. Wir beugen uns vor Gott, erweisen aber keinem Sterblichen außergewöhnliche Ehren. Wir trennen uns von allen kirchlichen Sekten — daher der Name Separatisten — da wahres Christentum überall gleich sein sollte und die verschiedenen Sekten nur eine Folge leerer Formen sind. Unsere Ehen werden durch gegenseitige Zustimmung im Beisein von Zeugen abgeschlossen, ohne daß eine kirchliche Sanktion oder Handlung nötig ist. Doch muß die Zivilbehörde von dem Vertrag in Kenntnis gesetzt werden. Da ein Christ selbst nicht seinen Feind ermorden soll, viel weniger seine Freunde, so können wir dem Staat nicht als Soldaten dienen. Wir erachten jedoch die weltliche Regierung als durchaus notwendig, um Ordnung aufrechtzuerhalten, die guten Bürger zu beschützen und die schlechten zu strafen. Weil wir keinen Eid ablegen, bestätigen wir die Wahrheit durch ein einfaches ‚Ja'!"

Obwohl die Separatisten so dem Kaiser gaben, was des Kaisers, und Gott, was Gottes ist, wurden sie doch derart drangsaliert, daß sie sich im

Jahre 1817 unter Führung des Lehrers Joseph Michael Bäumler zur Auswanderung nach den Vereinigten Staaten entschlossen. Im Tuscarawas County des Staates Ohio gründeten sie ein Dörfchen, das sie Zoar nannten, weil es ein Zufluchtsort gegen die Sünden der Welt sein sollte, wie es der gleichnamige Ort für Lot und seine Familie nach dem Untergang Sodoms gewesen war.

Ursprünglich war die Gemeinde keine kommunistische. Die Anregung zu gemeinschaftlichem Wirken kam erst, als es manchen armen Mitgliedern nicht möglich war, die Kaufsumme für ihre Grundstücke zur festgesetzten Zeit zu bezahlen.

Es war am 15. April 1819, als 53 Männer und 104 Frauen den ersten, später in manchen Punkten abgeänderten Gesellschaftsvertrag unterzeichneten. In seinen Grundzügen wich derselbe von dem der Rappisten nicht wesentlich ab. Wie dort Georg Rapp, so nahm hier Bäumler die verantwortliche Stelle als Vorsteher der Gemeinde ein. Dieselbe erhielt in den Jahren 1831 bis 1841 Zuzug aus der Heimat, wodurch die Kopfzahl sich auf 500 steigerte. Der Gemeinde konnte beitreten, wer sich verpflichtete, ein Prüfungsjahr in ihr zuzubringen, während dessen er für das Allgemeinwohl arbeiten mußte, dagegen aber auch mit allem Nötigen versehen wurde. War er nach Ablauf des Probejahres gesonnen, zu bleiben, so mußte er sein Privateigentum aufgeben.

Gleich den Rappisten brachten es auch die Mitglieder dieser Gemeinde durch unermüdlichen Fleiß zu großem Wohlstand. Zur Zeit ihres Glanzes besaß sie 7500 Acker fruchtbaren Landes, vortreffliche Viehherden, ansehnliches Barvermögen und unbegrenzten Kredit. Man unterhielt Mühlen, Schmelzhütten, eine Gerberei, Ziegelbäckerei, Sägemühle und dergleichen mehr.

Solange Bäumler lebte, herrschte schönste Ordnung. Er war der leitende Geist, der für alle dachte und die ganze Masse mit sich zog. Als aber nach vierzigjähriger Arbeit seine Kraft erlahmte und er am 27. August 1853 aus dem Leben schied, fand sich kein gleichwertiger Nachfolger. Die Gemeinde war hilflos wie eine Herde, die ihren Hirten verloren.

Auf die Blütezeit folgte eine Periode des Stillstandes. Dann kam eine Zeit, wo durch den Bau einer Eisenbahn Zoar Verbindung mit benachbarten, weltlich gesinnten Ortschaften erhielt. Zahlreiche Fremde erschienen, um das Wunderdorf zu besichtigen. Das ehemalige Wohnhaus Bäumlers wurde in ein Hotel verwandelt. Dadurch traten die bisher in Abgeschiedenheit lebenden Separatisten in Berührung mit andersdenkenden Menschen und stellten Vergleiche an. Es lockerten sich die Bande. Besonders das junge Volk bekundete Neigung, sich auf eigene Füße zu stellen und beantragte Auflösung der Gemeinde und Verteilung des Vermögens. Ein solcher Beschluß wurde unter Beihilfe schlauer Advokaten am 10. März 1898 wirklich gefaßt und von 136 Mitgliedern unterzeichnet. Bei der Verteilung empfing jedes Mitglied Eigentum im Wert von 12 000 Dollar.

Die Amaniten.

Eine gleichfalls auf religiöser Grundlage beruhende deutsche Kommunistenkolonie ist Amana im Staate Iowa. Ihre Mitglieder nennen sich die „Wahren Inspirierten". Im wesentlichen stimmt ihre Lehre mit derjenigen der evangelischen Kirche überein. Nur bestreiten sie die Notwendigkeit der Kirche selbst, des berufsmäßigen Priestertums, des Abendmahls und der Taufe. Sie betrachten sich als Streiter Christi, welche durch ein Leben voller Entsagungen und Verleugnungen das Jenseits gewinnen wollen. Als Stifter verehrt die Sekte die beiden Männer J. F. Rock und E. L. Gruber, welche im Jahre 1714 in Hessen auftraten. Sie lehrten, daß Gott, wie vor alters, so auch heute noch Werkzeuge zur Verkündigung seines Willens erlese und mit seinem Geist erfülle. Da sie im Gegensatz zu der im Buchstabendienst und Formelwesen erstarrten Orthodoxie der damaligen Zeit einem werktätigen Christentum voll Herzensfrömmigkeit und aufrichtiger Nächstenliebe das Wort redeten, so fanden sie bald Anhänger in Deutschland, der Schweiz und Holland. Aber die Kühnheit, mit welcher die Inspirierten gegen die Mißbräuche in Kirche und Gesellschaft auftraten, zog ihnen so hartnäckige Verfolgungen zu, daß die Gemeinden im Jahre 1843 nach Amerika übersiedelten und in der Nähe der Stadt Buffalo im Staat New York die Kolonie Ebenezer gründeten.

Bereits in der Mitte der fünfziger Jahre wurde diese zu klein. Da Land nur noch zu unerschwinglich hohen Preisen zu haben war, außerdem die nahe Stadt mit ihren Vergnügungen die jüngeren Leute zu sehr anlockte, so verlegten die Inspirierten ihre Niederlassungen nach dem fernen Iowa. Dort schufen sie am Iowafluß den Ort Amana, dessen Namen sie dem im 4. Kapitel des Hohenliedes Salomonis enthaltenen Vers entlehnten: „Gehe herein, tritt von der Höhe Amana."

Durch Zuzug neuer Mitglieder wuchs die Sekte allmählich auf 1800 Seelen an, die sich auf die sieben eng benachbarten Dörfer Amana, West-, Süd-, Ost-, Mittel- und Hoch-Amana und Heimstadt (Homestead) verteilen. Ihr Besitz umfaßt 26 000 Acker guten Prärielandes, von dem 10 000 Acker bewaldet sind.

Die beiden Hauptleiter der Gemeinde waren während der zweiten Hälfte des 19. Jahrhunderts Christian Metz und Barbara Heinemann Landmann. Alle weltlichen Angelegenheiten werden von 13, jährlich neu zu wählenden Vertrauensmännern geleitet, die wieder einen Präsidenten erküren. Jedes Dorf verwaltet sich selbst und legt der Gesamtgemeinde einmal jährlich Rechnung ab.

Die Ehe halten sie nicht für verboten, betrachten sie aber als etwas Unheiliges, was vom wahren Lebenszweck ablenke. Deshalb werden jungverheiratete Eheleute in die unterste der drei Mitgliederklassen, in die der Kinder und weltlich Gesinnten zurückversetzt. Es bedarf dann eines zweijährigen reinen Lebenswandels, bis die Ehegatten sich wieder in eine der beiden höheren

Klassen, die geistlich Gesinnten und Ältesten emporarbeiten können. Da die Sekte der Amaniten demnach durch Geburten vor dem Aussterben bewahrt ist, so mag ihr vielleicht ein längeres Bestehen beschieden sein. Jede Familie bewohnt ihr eignes, von einem Garten umgebenes Wohnhaus. Die Mahlzeiten werden aber gemeinschaftlich in besonderen Speisehäusern eingenommen, wobei Männer und Frauen getrennt sitzen. Alle zum Leben erforderlichen Dinge sucht man in der Gemeinde herzustellen. Außer landwirtschaftlichen Erzeugnissen bringen die Amaniten viel Wolle auf den Markt. Ihre Tuche und gedruckten Kattune sind weithin berühmt. Durch Anlage großer Kattun- und Tuchfabriken, Mehl- und Sägemühlen, Maschinenwerkstätten, Gerbereien, Seifen- und Stärkefabriken erwiesen sich die Amaniten auch als Pioniere der Industrie. Da sie in ihren Betrieben nur das beste Material verwenden und gründliche technische Kenntnisse mit größter Sorgfalt verbinden, so erfreuen sich alle in Amana hergestellten Erzeugnisse eines vorzüglichen Rufes. Das ganze Besitztum ist nicht nur schuldenfrei, sondern man erzielte auch bedeutende Ersparnisse, die in verschiedener Weise nutzbringend angelegt sind.

Die Bauart und Einrichtung der Häuser sind echt deutsch. Desgleichen die Umgangssprache, in welcher auch der Unterricht in den Schulen geführt wird. Dabei wird die Pflege des Englischen keineswegs vernachlässigt. Besonders Befähigte erhalten die Erlaubnis, anderswo höhere Schulen zu besuchen. Sie finden später als Lehrkräfte in den Schulen Verwendung, deren Gesamtunterricht ganz dem Geist der Gemeinde und der Lehre der Inspirierten angepaßt ist.

Indem man den Forderungen der Zeit in gewissem Sinne Rechnung trug, die Verwaltung auch nicht ganz auf demokratischer Grundlage einrichtete, sondern den Begabten größeren Spielraum zur Betätigung ihrer Individualität ließ, befestigte man den Bestand der Gemeinden.

Erst seitdem in neuerer Zeit das Dorf Heimstadt Eisenbahnstation wurde, zeigen sich beim jüngeren Element ähnliche Neigungen, wie sie zur Auflösung der Separatistengemeinde Zoar führten.

* * *

Bethel und Aurora sind die Namen zweier kommunistischer Gemeinden, die von dem in Preußen geborenen Mystiker Keil gegründet wurden. Bethel entstand im Jahre 1844 und liegt im Shelby County des Staates Missouri. Einen Teil dieser Gemeinde führte Keil im Jahre 1855 nach dem fernen Oregon und gründete in dem schönen Tal des Willamette, 29 Meilen südlich von Portland den Ort Aurora. Die Bevölkerung beider Gemeinden bestand aus eingewanderten Deutschen und aus Deutsch-Pennsylvaniern. Aber bald nach Keils Tode löste sich die Kolonie Aurora auf, wobei die Mitglieder das erworbene Vermögen unter sich verteilten.

* * *

Wie aus den obigen Darstellungen ersichtlich ist, bildete bei allen in Amerika gegründeten deutschen Kommunistenkolonien die Gemeinsamkeit der religiösen Anschauungen ein starkes Band, das die Mitglieder zusammenhielt. Es scheint fast, als ob ohne dieses Bindemittel eine kommunistische Vereinigung auf die Dauer kaum möglich wäre. Wenigstens gingen alle diejenigen Vereinigungen, auch die nichtdeutschen, denen dieses religiöse Band fehlte, bald zugrunde. Daneben hängt, wie die Geschichte aller kommunistischen Niederlassungen lehrt, ihre Existenz wesentlich von dem Vorhandensein einzelner starker Leiter ab, deren Willen die Gesamtheit sich unterordnet. Solche führenden Geister waren Beissel, Rapp, Bäumler, Metz und Keil. Ihr Wille konnte, wie derjenige Brigham Youngs bei den Mormonen, um so bestimmter zur Geltung kommen, als ihre Gefolgschaft aus Menschen von verhältnismäßig geringer Bildung bestand, die fleißig und lenksam waren und in ihren Führern höher begabte, prophetische Wesen erblickten. Fanden sich nach deren Tod keine geeigneten Ersatzmänner, so trat, wie die Beispiele Ephrata, Zoar, Bethel und Aurora zeigen, langsam aber unaufhaltsam die Auflösung ein.

Wie die von Anglo-Amerikanern gegründeten kommunistischen Gemeinden, so blieben auch die von Deutschen in den Vereinigten Staaten gestifteten nicht ohne Einfluß auf das amerikanische Kulturleben. Der unermüdliche Fleiß der Mitglieder, ihre Genügsamkeit, ihr stetes Streben nach Verbesserungen konnten jedermann zum Vorbild dienen. Die musterhaften landwirtschaftlichen und industriellen Einrichtungen wirkten ungemein anregend auf die benachbarte Bevölkerung. Nicht minder trug die in Harmonie, Ökonomie, Zoar, Ebenezer und Amana geübte Fürsorge für Kranke, Arbeitsunfähige und Altersschwache viel dazu bei, auch im Amerikanertum jenes Gefühl der Barmherzigkeit und Wohltätigkeit zu erwecken, das sich während des letzten halben Jahrhunderts in so vielen großartigen philantropischen Stiftungen betätigte.

Und so sind auch die deutschen Kommunistengemeinden, obwohl sie in geistiger Hinsicht ein veraltetes Bauernleben mit religiös-kommunistischem Untergrund repräsentierten, nicht ohne günstigen Einfluß auf die neuweltliche Kultur geblieben.

Staatenpläne.

Die großen Erfolge, welche von ihren nach den Vereinigten Staaten übersiedelten Landsleuten allerorten errungen wurden, veranlaßten manche hochherzige Deutsche, sich kühnfliegenden Hoffnungen und Plänen betreffs der zukünftigen Stellung des Deutschtums in Amerika hinzugeben. Es war ihnen nicht entgangen, daß der größte Teil ihrer dorthin ausgewanderten Landsleute mit der Zeit die Sitten und Sprache der Anglo-Amerikaner annahm. Dies war besonders dort der Fall, wo die Deutschen beständig starken Berührungen mit den Anglo-Amerikanern ausgesetzt waren, wie beispielsweise im Mohawktal, dessen ursprünglich rein deutsche Niederlassungen im Laufe weniger Generationen ihr Gepräge verloren, als die Anglo-Amerikaner nach Beendigung des Befreiungskrieges massenhaft in das Tal einströmten. Diese auch an anderen Orten gemachten Wahrnehmungen regten bei vielen Deutschen und Deutsch-Amerikanern die Frage an, ob es nicht möglich sei, den Fortbestand deutscher Sprache und Sitte in Amerika zu sichern, indem man den bisher ungeregelten, über fast alle Staaten sich ergießenden Strom der deutschen Auswanderung nach bestimmten Gegenden lenke, wo er dem Einfluß des Anglo-Amerikaners weniger stark ausgesetzt sei.

In Deutschland waren es besonders der fortschrittliche Pfarrer F r i e d - r i c h M ü n c h und der Gießener Rechtsanwalt P a u l F o l l e n i u s, welche den Plan, deutschem Volksleben auf dem Boden der Neuen Welt eine bleibende Heimstätte zu schaffen, mit Wärme verfochten und zuerst auf seine Verwirklichung ausgingen. Gleichfalls durch die von Gottfried Duden geschriebenen Schilderungen mächtig beeinflußt, riefen sie im Jahre 1833 die „G i e ß e n e r A u s w a n d r u n g s g e s e l l s c h a f t" ins Leben, der zahlreiche vermögende und wissenschaftlich gebildete Leute beitraten. Viele derselben entschlossen sich, das von Duden so verlockend geschilderte Missouri zum Schauplatz ihrer Kolonisationspläne zu machen. An der Spitze von mehreren hundert deutschen Familien segelte Friedrich Münch im Frühling 1834 mit zwei Schiffen von Bremen ab, um in Missouri einen deutschen Staat aufzurichten. Derselbe sollte zwar ein Glied der Union bilden, jedoch eine Staatsform besitzen, welche den Fortbestand deutscher Sprache und Sitten verbürge und echtes, freies, volkstümliches Leben schaffe. Man nahm eine Glocke für die erste zu bauende Stadt mit, desgleichen ein kostbares Fernrohr für die erste zu gründende Hochschule. Die rauhe Wirklichkeit machte aber diese romantischen Träume von einem Jungdeutschland zunichte. Sie scheiterten an dem unpraktischen Sinn der Führer des Zuges, sowie an der Unfähigkeit der einzelnen Teilnehmer, die ungewohnten, mit dem Urbarmachen des wilden Bodens verbundenen Beschwerden und Entbehrungen zu ertragen. Auch verloren die Teilnehmer bald ihren Zusammenhalt. Es schien in der amerikanischen Luft etwas zu liegen, was jeden, der sie einatmete, sofort selbständig und unabhängig machte.

Münch und Follenius, beide mit eisernem Willen begabt, ruhten nicht, bis sie in Missouri angekommen waren. Dort ließen sie sich nieder und zwangen der Wildnis durch rastlose Tätigkeit ertragreiche Felder, blühende Obsthaine und Weinberge ab. Münch benutzte seine Mußestunden zum Abfassen zahlreicher Schriften über Religion, Sittenlehre, Land- und Weinbau, von denen manche große Verbreitung fanden. Später beschritt er auch das politische Gebiet und beteiligte sich als Redner wie Verfasser mehrerer Flugschriften an der Bildung der republikanischen Partei, mit der er beim Ausbruch des Sezessionskriegs den Staat Missouri für die Union erhalten half.

Was der Gießener Auswandrungsgesellschaft nicht gelang, vermochten auch mehrere deutschamerikanische Gesellschaften nicht durchzuführen. In Philadelphia bildete sich im Sommer 1836 eine auf Anteilscheinen begründete **deutsche Ansiedlungsgesellschaft**, die im Gasconade-Bezirk des Staates Missouri 12 000 Acker Land kaufte und im Jahre 1838 den Grund zu der noch jetzt vorwiegend von Deutschen bewohnten und wegen ihres Weinbaus bekannt gewordenen Stadt **Hermann** legte.

Eine größere Ausdehnung vermochte die Gesellschaft ihren deutschen Kolonisationsplänen aber ebensowenig zu geben, wie die New Yorker Gesellschaft „**Germania**", die im Jahre 1839 ins Leben trat. Den Gründern schwebte gleichfalls der Plan eines völlig deutschen Staates in Nordamerika vor, doch waren die Meinungen darüber, wie und wo er verwirklicht werden könne, sehr geteilt. Die einen schlugen vor, der Staat müsse zwischen dem oberen Mississippi und den großen Seen, also im heutigen Wisconsin, gelegen sein. Andere bevorzugten Texas oder das fern am Stillen Ozean gelegene Oregon. Einige meinten, der deutsche Staat müsse zur Union gehören, die andern wollten seine völlige Unabhängigkeit gewahrt wissen. Da die größere Zahl der Mitglieder wohl fühlen mochte, daß der Plan, inmitten des angloamerikanischen Staatenbundes einen rein deutschen Staat aufzurichten, den Widerstand der Amerikaner wachrufen müsse, so einigte man sich endlich dahin, Texas zum Versuchsfelde zu machen.

Texas, ursprünglich zu Mexiko gehörend, war im Jahre 1837 aus dem mexikanischen Staatenverband ausgeschieden und bildete eine völlig unabhängige Republik. Unter ihren Bewohnern befanden sich bereits mehrere tausend Deutsche. Sie hatten an den texanischen Unabhängigkeitskämpfen so lebhaften Anteil genommen, daß der Kongreß der jungen Republik ihnen zum Dank einen

Freibrief für die Gründung einer deutschen Universität — die **Hermanns-Universität** — gewährte und dieselbe mit einer Schenkung von 4428 Acker Staatsländereien dotierte. In der Grafschaft Austin hatten die Deutschen im Jahre 1840 das erste deutsche Städtchen gegründet und demselben den bezeichnenden Namen **Industrie** verliehen.

Nach diesem vielversprechenden Lande segelte am 2. November 1839 die erste, von der New Yorker Gesellschaft „Germania" zusammengebrachte Abteilung von 130 Ansiedlern auf der von der Gesellschaft erworbenen Brigg „North". Sie landete wohlbehalten in Galveston, löste sich aber bereits in Houston auf, worauf der Führer und diejenigen Mitglieder der Expedition, die noch Geld besaßen, mißvergnügt nach New York zurückkehrten.

Der an und für sich nicht üble Plan, Texas in einen unabhängigen deutschen Staat umzuwandeln, wurde bald darauf von mehreren deutschen Fürsten aufgegriffen, die gleichfalls von dem Wunsche beseelt waren, die deutsche Auswandrung auf einen Punkt zu lenken, wo ihre Nutzbarkeit für das Mutterland auf längere Zeit gesichert bleibe. Es bildete sich unter dem Vorsitz des Herzogs von Nassau der „**Mainzer Adelsverein**", dem die Herzöge von Meiningen und Koburg-Gotha, der Prinz Friedrich von Preußen, der Landgraf von Hessen-Homburg, die Fürsten von Schwarzburg-Rudolstadt, Solms-Braunfels, Neuwied, Coloredo-Mansfeld sowie verschiedene andere Grafen und Prinzen angehörten. Sie planten, so viele deutsche Auswandrer nach Texas zu werfen, daß die Deutschen im Laufe der Zeit das Übergewicht erlangen und die Geschicke des Freistaats bestimmen könnten. Im Mai 1842 gingen die Grafen **Joseph von Boos-Waldeck** und **Viktor von Leiningen** nach Texas ab, um Ländereien für die zu gründenden Niederlassungen auszusuchen. Sie fielen aber Schwindlern in die Hände, die ihnen neben gutem Land auch viel schlechtes aufhingen. Im Mai 1844 reiste Prinz **Karl von Solms-Braunfels** als Generalbevollmächtigter des Adelsvereins nach Texas ab; ihm folgten bald 150 deutsche Familien, die im Dezember in Lavacca, dem heutigen Indianola, landeten und nordöstlich von der Stadt San Antonio die Niederlassung **Neu-Braunfels** gründeten. Anfangs ging hier alles gut; nach und nach stellten sich aber Schwierigkeiten ein, besonders als die Geldmittel des Adelsvereins sparsamer zu fließen begannen. Die Übelstände wuchsen, als der Prinz abdankte und nach Europa zurückkehrte. Der an seine Stelle tretende Regierungsassessor **Freiherr von Meusebach**, der nördlich von Neu-Braunfels die Niederlassung **Friedrichsburg** gründete, vermochte trotz größter Sparsamkeit die finanziellen Schwierigkeiten nicht zu heben. Sie steigerten sich ins Ungeheuerliche, als der Adelsverein im Jahre 1846 die Unklugheit beging, den beiden Niederlassungen 2500 neue Auswandrer, aber kein Geld zuzusenden. Als die Auswandrer in Lavacca ankamen, fanden sie an dem öden Strande weder Unterkommen noch Nahrung. Ebensowenig Beförderungsmittel, um die über 200 Meilen weite Reise nach Neu-Braunfels ausführen zu können. Es brach eine so furchtbare Not unter den Unglücklichen aus, daß Hunderte an

Entbehrungen, Fiebern und Seuchen zugrunde gingen. Die meisten machten sich endlich zu Fuß zur Wandrung nach Neu-Braunfels auf. Der lange Marsch durch wüste Gegenden unter halbtropischer Sonnenglut war für viele ein Todesmarsch. Kaum 1200 Personen erreichten den Bestimmungsort. Dort wuchsen die Verlegenheiten von Tag zu Tag, denn bald sahen sich die deutschen Kolonisten völlig auf sich selbst angewiesen, als der Adelsverein teils aus Mangel an Geldmitteln, teils infolge der in Deutschland immer stärker hervortretenden Revolutionsbewegungen sich auflöste. Überdies war der Freistaat Texas am 29. Dezember 1845 dem Nordamerikanischen Staatenbund beigetreten, womit die Möglichkeit, Texas in einen unabhängigen Staat unter deutscher Schutz-

Deutsche Einwandrer auf dem Zuge nach Neu Braunfels.
Nach einem gleichzeitigen Holzschnitt.

herrschaft umzuwandeln, als gescheitert betrachtet werden mußte. Die beiden Niederlassungen Neu-Braunfels und Friedrichsburg entwickelten sich langsam; durch Fleiß und Ausdauer gelang es den dort wohnenden Deutschen, ihre Lage allmählich zu verbessern. Als man im Mai 1895 das 50jährige Bestehen von Neu-Braunfels feierte, konnten die 1800 deutschen Bewohner des Orts diese Feier unter den befriedigendsten Verhältnissen begehen, ein Beweis dafür, daß sie durch Ausdauer und Fleiß die zahllosen Schwierigkeiten, die ihnen entgegenstanden, glücklich überwunden hatten.

Heute bildet das deutsche Gebiet die Perle von Texas. Seine lachenden Auen, wohlgepflegten Farmen, freundlichen Häuser, guten Straßen und frohsinnige Bevölkerung sind ehrende Denkmäler für die Bestrebungen des Mainzer Adelsvereins.

Der Plan, innerhalb der amerikanischen Union einen deutschen Staat zu gründen, wurde auch später noch von den sogenannten „Achtundvierzigern" besprochen, wobei man nacheinander auch Arkansas, Florida, Michigan, Wisconsin, Minnesota und Oregon als geeignete Staaten in Vorschlag brachte. Aber je öfter und eingehender man sich mit solchen Plänen beschäftigte, desto mehr gelangte man zu der Erkenntnis, daß dieselben Utopien seien, deren Verwirklichung weder im Interesse der Deutschen selbst noch im Interesse der Vereinigten Staaten liege.

Die politischen Flüchtlinge der deutschen Revolutionszeit.

Verlockte das die ganze Welt ergreifende Goldfieber viele Deutsche zur Auswandrung nach Amerika, so wurden noch weit mehr durch die geradezu unerträglichen politischen Zustände Deutschlands über das Weltmeer getrieben.

Die von den deutschen Herrschern in den Stunden schwerster Gefahr abgelegten Gelübde, dem Volk eine dem modernen Zeitgeist entsprechende Verfassung und Teilnahme an der Regierung zu gewähren, waren entweder gar nicht oder nur in dürftigster Weise gehalten worden. Nach wie vor huldigten die Fürsten dem Grundsatz, daß nicht die Herrscher der Völker wegen, sondern die Völker der Herrscher wegen da seien. „Wir sind der Staat!" so donnerten sie ihren Untertanen zu. Wer es wagte, die Gültigkeit dieses Satzes anzuzweifeln oder gewaltsam an ihm zu rütteln, wurde als Hochverräter in den Kerker geworfen. Erinnerten die Untertanen ihre Fürsten an die gemachten Zusagen, so empfingen sie die schnöde Antwort, es zieme ihnen nicht, die Herrscher an die Erfüllung ihrer Versprechungen zu mahnen; Pflicht der Untertanen sei es, ruhig abzuwarten.

Aber mit leeren Vertröstungen ließen die immer stärker werdenden freiheitlichen Bestrebungen sich auf die Dauer nicht eindämmen, und je rücksichtsloser die Fürsten in ihren Anstrengungen verfuhren, dieselben zu unterdrücken, um so mehr vertieften sich im Volk der Haß und Abscheu gegen die Gewaltherrscher, von denen manche in das widerwärtige, dem Geist des 19. Jahrhunderts hohnsprechende Treiben ihrer Väter zurückgefallen waren. In Kurhessen führte Wilhelm II. im Verein mit seiner zur Gräfin erhobenen Maitresse eine wahre Lotterwirtschaft; in Braunschweig verpraßte der sogenannte Diamantenherzog mit einer Rotte sittenloser Abenteurer die Einkünfte des Landes in schamlosester Weise. In Bayern beschwor König Ludwig I. durch sein Verhältnis mit der berüchtigten Tänzerin Lola Montez sowie durch sein völlig reaktionäres Regiment den Unmut des Volkes herauf. In Sachsen, Hannover und anderen Staaten hatte man ähnliche Gründe zur Mißstimmung. Um diesen Zündstoff zu entflammen, bedurfte es nur eines Funkens. Da kam im Jahre 1830 die Pariser Julirevolution. Die Kunde ihres Ausbruchs durchzuckte die freiheitsdurstige deutsche Männerwelt gleich einem elektrischen Schlag. In Kassel nahm das Volk eine so drohende Haltung an, daß der Kurfürst mit seiner Maitresse flüchtete. In Braunschweig setzte die Menge das

Schloß in Brand. Auch in Sachsen und Hannover kam es zu Unruhen, die den deutschen Machthabern gleich dem Flammenzucken eines heraufziehenden Gewitters erscheinen mußten.

Auf dem berühmten „Hambacher Fest", das am 27. Mai 1832 auf der bei Neustadt an der Hardt gelegenen Burgruine Hambach abgehalten wurde, erklangen sogar Hochrufe auf „die vereinigten Freistaaten Deutschlands und das konföderierte republikanische Europa". Man kam sogar einer unter den Burschenschaftlern von Heidelberg, Würzburg, Erlangen und Gießen bestehenden geheimen Verschwörung auf die Spur, die den tollkühnen Plan gefaßt hatte, den in Frankfurt a. M. tagenden Bundesrat aufzuheben, und eine Revolution sowie den Übergang Deutschlands zur republikanischen Regierungsform herbeizuführen.

Alle diese Kundgebungen bewogen die Herrscher zu ungeheuren Anstrengungen, um den drohenden Sturm abzuwehren. Die Reaktion begann mit Hochdruck zu arbeiten. Zahlreiche Burschenschaftler und Teilnehmer am Hambacher Fest wurden zum Tode oder zu lebenslänglicher Festungshaft verurteilt. Alle Beamte und Professoren, die für Herbeiführung gerechter Zustände, für Erlösung von Ausbeutung, Privilegienwirtschaft und Bevormundung, für die politische Einheit und geistige Freiheit des deutschen Volkes eingetreten waren, wurden ihrer Ämter enthoben, manche sogar des Landes verwiesen. Das deutsche Volk erlebte eine wahrhaft jammervolle Zeit. Über allen Gauen lagerte die Stille des Friedhofs. Kein fröhlicher Gesang, kein glückliches Lachen ertönte mehr in den Städten und Dörfern. In den finsteren Mienen der niedergedrückten Untertanen malten sich Haß und Erbitterung gegen die Oberhäupter, die mit harter Faust das Lebensglück tausender nach Freiheit dürstender Menschen vernichteten.

Dem Fluch des Volks Hohn bietend, ergingen sich manche Gewalthaber in groben Rechtsverletzungen. In Hannover wurde der Absolutismus Staatsgesetz; in Nassau nahm Herzog Adolf alles Staatseigentum für sich in Anspruch; in Hessen erwarb der Minister Hassenpflug, das willfährige Werkzeug des Kurfürsten, sich den Beinamen eines „Hessenfluch".

Die Folgen dieser Vergewaltigung blieben nicht aus. Die Konservativen verwandelten sich in Liberale, die Liberalen in Revolutionäre. Die Luft wurde erstickend schwül. Wer konnte, suchte sich den unerträglichen Verhältnissen durch Auswandrung zu entziehen, die in immer größerem Maßstab vor sich ging. Während des Zeitraums von 1830 bis 1845 verließen alljährlich gegen 40 000 Deutsche ihr Vaterland, um in Amerika oder anderen Ländern ein menschenwürdiges Dasein zu suchen. Die Zahl solcher Auswandrer schwoll in die Hunderttausende, als es den Regierungen gelang, die während der Jahre 1848 und 1849 an vielen Orten ausgebrochenen Volksaustände niederzuschlagen, worauf die Urheber und Teilnehmer an diesen Erhebungen aufs bitterste verfolgt wurden.

Aus der Tatsache, daß viele hervorragende Gelehrte sich direkt oder indirekt an der Revolution beteiligt hatten, zog man den Schluß, daß die Wissenschaft an der Revolution Anteil habe, was gewiß nicht bestritten werden kann, wenn man unter Wissenschaft Aufklärung versteht. Da die Machthaber durchweg der irrigen Ansicht huldigten, daß ein Volk mit beschränktem Untertanenverstand leichter zu regieren sei als ein gebildetes, so forderten sie die „Umkehr der Wissenschaft". Dieses Schlagwort ward von den kirchlichen Dunkelmännern aller Bekenntnisse aufgegriffen und eifrig unterstützt. Sich selbst den Regierungen als die allein zuverlässigen Säulen anpreisend, auf welche die Herrscher bauen könnten, halfen sie bei dem traurigen Werk, dem hohen Geistesflug des deutschen Volkes neue Fesseln anzulegen.

Die nun anhebende „Reaktionszeit", die sich bis in die sechziger Jahre erstreckte, beraubte Deutschland um 1½ Millionen seiner tüchtigsten Bewohner, von denen die meisten sich den Vereinigten Staaten zuwendeten. Unter ihnen befanden sich Männer wie Karl Schurz, Friedrich Hecker, Franz Sigel, Gustav von Struve, Gottfried Th. Kellner, Konrad Krez, Georg F. Seidensticker, Karl Heinzen, Gustav Körner, Hans Kudlich, Ludwig Blenker, August Willich, Karl Eberhard Salomo, Max Weber, Julius Stahel, Hermann Raster und unzählige andere, die bereits in Deutschland Führer des Volks gewesen, oder denen später in der Neuen Welt angesehene Rollen vorbehalten waren.

Für die Vereinigten Staaten wurde der ungeheure Verlust, der dem deutschen Volk aus dieser Massenauswanderung erwuchs, ein außerordentlicher Gewinn. Bisher hatte die deutsche Einwanderung aus Ackerbauern, Handwerkern und Gewerbtreibenden bestanden. Jetzt aber strömte eine mächtige Flutwelle deutscher Geistesarbeit ins Land. Unter ihnen befanden sich Politiker und Staatsbeamte, Professoren, Doktoren und Studenten jeder Wissenschaft, Künstler, Schriftsteller und Journalisten, Prediger und Lehrer, Landwirte und Forstleute, die als politische Flüchtlinge in den Vereinigten Staaten ein Asyl suchten und mit warmer Teilnahme willkommen geheißen wurden.

Es konnte nicht ausbleiben, daß die ungeheure Summe von Wissen, Begeisterung und Idealismus, von politischer und geistiger Emanzipation, die in diesen Männern, den sogenannten „Achtundvierzigern",[1] aufgespeichert lag, einen gewaltigen Einfluß, insbesondere auf das Deutsch-Amerikanertum ausüben mußte. Bevor derselbe in wohltätiger Weise sich bemerkbar machte, ver-

---

[1] Die Bezeichnung „Achtundvierziger" bedarf einer Erklärung. Man begreift unter dieser Benennung alle Deutsche, die an den freiheitlichen und revolutionären Bewegungen während der ersten Hälfte des 19. Jahrhunderts teilnahmen. Da jene Bewegungen im Jahre 1848 ihren Höhepunkt erreichten, so wurde diese Jahreszahl gewählt, um mit ihr alle Träger des revolutionären Gedankens zu bezeichnen. Die Zeit der Einwanderung solcher politischer Flüchtlinge in Amerika hat mit jener Jahreszahl nichts zu tun. Viele der sogenannten „Achtundvierziger" kamen bereits in den dreissiger und zu Anfang der vierziger Jahre, die meisten erschienen erst in den Jahren 1849 bis 1851.

ging allerdings eine gewisse Zeit, denn den Ankömmlingen fiel es keineswegs leicht, sich in die ihnen völlig fremden Verhältnisse, in die sie so urplötzlich vom Schicksal hereingeschleudert wurden, einzuleben. Wohl waren die deutschen Flüchtlinge und die Amerikaner Träger eines und desselben Freiheitsgedankens. Aber es bestanden in anderen Beziehungen zwischen ihnen doch gewaltige Unterschiede, die, bevor sie sich ausglichen, manche Reibungen herbeiführten. Unter den deutschen Achtundvierzigern befanden sich viele radikale Denker, die für gänzliche Umgestaltung aller sozialen Verhältnisse schwärmten, mit allen Behörden, Kirchen und Predigern am liebsten reine Bahn gemacht hätten und sich niemals scheuten, diesen Wünschen durch Wort oder Schrift Ausdruck zu verleihen. Das Amerikanertum hingegen sowie auch diejenigen Deutschamerikaner, die den zahlreichen Sektenniederlassungen entstammten, waren von religiösem Leben tief durchdrungen. Sie hatten sich im Lauf der Jahrhunderte daran gewöhnt, die Kirche als den Mittelpunkt des geselligen und geistigen Lebens zu betrachten, wobei sie selbst in Sitten und Anschauungen viel Förmliches und Puritanisches annahmen. Auch die Freierdenkenden unter ihnen suchten, teils aus gesellschaftlichen, teils aus geschäftlichen oder politischen Rücksichten, den äußern Schein möglichst zu wahren. Das Förmliche und Zeremoniöse prägte sich natürlich auch in der Tracht und im Benehmen dieser Amerikaner aus. Sie werden uns von einem der Achtundvierziger folgendermaßen beschrieben: „Hohe Zylinderhüte, etwas nach hinten gerückt, bedeckten den Kopf, während unbändig steife Vatermörder das glattrasierte, völlig bartlose Gesicht umrahmten und Hals und Kopf wie in einer Zange hielten. Ein Frack oder Schwalbenschwanz machte das Bild verkörperter Steifheit fertig. Frack und Zylinder legten viele selbst beim Melken, Füttern, Pflanzen und Säen nicht ab."

Diesen steifleinenen Persönlichkeiten erschienen, wie Andrew D. White köstlich schildert, die in Joppen, Garibaldihemden und Schlapphüten einhermarschierenden Deutschen als rätselhafte, absonderliche Wesen. „Sie trugen Bärte, während andere Leute glattrasiert waren; sie tranken Bier, während andere Leute Whisky genossen; sie rauchten aus bemalten Porzellanpfeifenköpfen, während andere Leute Tonpfeifen qualmten; sie sprachen aus freier Kehle, während andere Leute durch die Nase sprachen. Den neuen Ankömmlingen war außerdem das Drama, mit oder ohne Musik, ein Bedürfnis; der damalige Amerikaner und Christenmensch blickte hingegen mit einem gewissen Mißtrauen und Schrecken auf alles, was Theater hieß. Ferner fanden die Neulinge am Tanz Gefallen, während in den Puritanerkreisen das Tanzen als ‚Untergrabung aller Gottgefälligkeit' verpönt war. Die Achtundvierziger brachten auch beharrlich Bacchus und Gambrinus milde Opfer, mit dem Rebenblut vom Rhein und von der Mosel und mit dem Gerstensaft von München, Pilsen oder Würzburg, wobei sie unerschütterlich nüchternen Sinnes blieben, während bei ihren auf der Scholle geborenen Mitbürgern selbst nach der Abstinenzperiode der vierziger Jahre, als die ganze Menschheit angeblich nur Wasser trank,

Völlerei sehr häufig war. An Sonntagen, nachmittags nach der Kirche, ergingen sich wieder dieselben Deutschen mit Weib und Kind unter Gottes freiem Himmel, und störten sich nicht im mindesten daran, daß ihre amerikanischen Mitbürger es für eine heilige Pflicht erachteten, sich innerhalb ihrer vier Wände zu langweilen und nach dem Montag zu sehnen."

Da viele dieser „Achtundvierziger" Freidenker waren, so bildete sich bei den Amerikanern die Überzeugung, daß durch den Fortzug dieser an gar nichts glaubenden „infidels" oder „Heiden" das alte Vaterland nur gewonnen habe.

Auch in den politischen Ansichten traten schroffe Gegensätze zutage. Unter den Achtundvierzigern gab es manche Feuerköpfe, die sich in einem Zustand hochgradiger revolutionärer Erregtheit befanden und mit gänzlich unklaren sozialistischen und kommunistischen Ideen trugen. Widerspruch ertrugen sie nicht, nur ihre Ansichten sollten allein maßgebend sein. Nicht gering war die Zahl derer, die eines Sinnes mit dem Dr. Sorge aus Hoboken waren, der in einer öffentlichen Versammlung feierlich erklärte: „Meine Herren, mein Standpunkt ist einfach der: Ich bin gegen alles Bestehende!" Manche dieser Radikalen, deren fähigster Vertreter Karl Heinzen war, gingen so weit, die Umänderung der Bundesverfassung und die Abschaffung des Präsidentenamts zu verlangen, ohne sich recht darüber klar zu sein, was an deren Stelle treten solle. Auch eine „Republik der Arbeiter", eine Vereinigung aller arbeitenden Klassen zum Zweck ihrer Freimachung vom Kapital, sowie manche andere Luftgebilde wurden eifrig befürwortet. Mit der geschichtlichen und kulturellen Entwicklung der Vereinigten Staaten, mit der Gesinnung ihrer Bewohner wenig oder gar nicht bekannt, trotzdem sich zu unbarmherzigen Kritikern der Verhältnisse des Landes aufwerfend, waren sie auch mit der politischen Stellung des Deutschtums in Amerika durchaus nicht zufrieden. Demselben, so meinten sie, käme die Führung zu. Es schwebte dem Geist vieler dieser Achtundvierziger noch zu mächtig das Traumbild vor, das sie in Deutschland nicht hatten verwirklichen können: das Bild eines deutschen Freistaates auf dem Boden jener Grundsätze, die zwar noch nicht erprobt waren, für die sie aber gekämpft und gelitten, um derentwillen sie die Heimat aufgegeben hatten. Diese Träume sollten nun hier verwirklicht werden. Zu diesem Zweck wurde die Vereinigung aller in Nordamerika lebenden Deutschen, die sich bisher ihrer Überzeugung nach dieser oder jener politischen Partei angeschlossen hatten, zu einer rein deutschen Partei angestrebt, die den Namen „Union der freien Deutschen" tragen und natürlich unter der Führung der radikalen Achtundvierziger stehen sollte. Die im Jahre 1854 in Louisville, Kentucky, veröffentlichte Platform dieser Feuerköpfe erregte nicht bloß ungeheures Aufsehen, sondern durch ihre radikalen, über das Verständnis jener Zeit weit hinausgehenden Forderungen auch große Erbitterung. Manche Achtundvierziger befürworteten auch die Gründung rein deutscher Staaten, wobei sie nicht bedachten, daß sie damit den Widerspruch aller derjenigen hervorrufen mußten, die in solchen Sonderbestrebungen eine schwere Gefahr für den noch im Aufbau begriffenen

Staatenbund erblickten. Wollte man, so betonten die Träger des amerikanischen Einheitsgedankens mit Recht, den Angehörigen eines bestimmten Volkes die Gründung besonderer Staaten innerhalb der Union zugestehen, so würden über kurz oder lang auch die Abkömmlinge anderer Völkerschaften mit ähnlichen Sonderbestrebungen hervortreten. Neben dem von den Deutschen geplanten „Neu-Deutschland" würden bald ein „Neu-Irland", ein „Neu-Skandinavien", ein „Neu-Polen", ein „Neu-Slawonien", ein „Neu-Italien", ein „Neu-Jrdäa", ja wohl gar ein „Neu-Nigritien" oder „Neu-Afrika" entstehen, was unfehlbar den Zusammenstoß der so verschiedenen Interessen all dieser Völkerelemente und schließlich den Zusammenbruch des ganzen Staatenbundes herbeiführen müsse.

Aus diesen gewichtigen Gründen stemmten sich nicht nur die Amerikaner, sondern auch die alteingesessenen Deutschamerikaner den radikalen Achtundvierzigern entgegen. Solange diese sich damit begnügten, ihre modernen Weltverbesserungsideen in den von ihnen gegründeten Zeitungen zum Ausdruck zu bringen, ließ man sie ruhig gewähren. Als sie aber begannen, „Revolutionsvereine" zu gründen und Geld und Waffen zu sammeln, um mit dem allgemeinen Umkrempeln des politischen und sozialen Lebens zu beginnen, da spitzten die Dinge sich zu dem sogenannten „Krieg der Grauen und Grünen" zu, indem die vor 1848 eingewanderten, mit den Landesverhältnissen vertrauten Deutschen, die „Grauen", es mit den Amerikanern hielten, um gemeinschaftlich den „Grünen", d. h. den radikalen Achtundvierzigern, entgegenzutreten. Unvorsichtige Handlungen der „Grünen", wie z. B. der Erlaß des berühmten „Louisviller Programms", steigerten die Erregung der „Grauen" und Amerikaner zur Erbitterung. Blinder Nativismus flackerte überall empor, schließlich kam es an mehreren Orten, besonders in Cincinnati und Louisville, zu blutigen Zusammenstößen, in denen zahlreiche Menschen ihr Leben verloren.

Erst allmählich legten sich die hochgehenden Wogen wieder. Unter den Radikalen trat Ernüchterung ein, die um so heilsamer wirkte, als sie erkannten, daß sie über die Art und den Umfang ihrer Pläne sich selbst im größten Zwiespalt befanden. Mit der Zeit, mit dem Einleben in die neuen Verhältnisse sahen auch viele ein, daß die von den „Grauen" gewandelten Wege doch die rechten seien. Sie bemerkten ferner, daß manche Einrichtungen, die ihnen anfänglich widerstrebten, berechtigt waren und ihrer natürlichen Entwicklung gemäß nicht anders sein konnten. Sie lernten auch die guten Seiten des amerikanischen Lebens würdigen und schätzen und reihten sich damit mehr und mehr als nutzbringende Glieder der Allgemeinheit ein, um von nun ab zur Hebung des Deutschamerikanertums und damit auch zur Hebung der gesamten Bevölkerung der Vereinigten Staaten in großartiger Weise beizutragen. Sie gründeten zahlreiche Zeitungen aller Art, riefen gemeinnützige Vereine ins Leben, bekleideten Lehrstellen an Schulen und Universitäten, wurden öffentliche Beamte, trieben Literatur, Künste und Wissenschaften und wirkten durch diese Betätigung ihres reichen Wissens so befruchtend auf das einseitig gebliebene Volksleben, daß dieses ein ganz anderes, freieres und fortschrittlicheres Gepräge erhielt.

Auch in den politischen Ansichten der meisten Achtundvierziger vollzog sich wohltuender Wandel. Mit der Klärung und dem Reiferwerden ihres Urteils wandten sie sich mehr und mehr von den fanatischen Verfechtern der Arbeiter-Republiken, kommunistischen Niederlassungen, sozialistischen Idealstaaten und ähnlichen Phantasiebildern ab. Sie, die auch in Deutschland die Einigung des Vaterlandes angestrebt hatten, lernten erkennen, daß die Wohlfahrt und Zukunft des ihnen zur neuen Heimat gewordenen Landes nicht etwa durch Sonderbestrebungen, sondern nur durch vollste Beherzigung des amerikanischen Wahlspruchs: "E pluribus unum" („Aus Vielem Eins") gefördert und gesichert werden könne. Wie tief diese Überzeugung in den Herzen der Achtundvierziger allmählich Wurzeln schlug, zeigte sich bereits in den Jahren 1860 und 1861, als die südlichen Staaten sich vom Staatenbund trennen wollten. In diesem kritischen Augenblick sowie in dem die Feuerprobe des Staatenbundes bildenden Bürgerkrieg befanden die Achtundvierziger sich mit wenigen Ausnahmen in den Reihen jener, die mit Schwert und Feder am begeistertsten für die Aufrechterhaltung der Union stritten.

Daß so die Achtundvierziger ein hochbedeutsamer Faktor im amerikanischen Volksleben wurden, ist von vielen mit der Geschichte ihres Landes vertrauten Amerikanern bereitwillig anerkannt worden. „Was dieses Land den Achtundvierzigern verdankt", so schrieb Herbert N. Casson im Januarheft 1906 von Munsey's Magazine, „kann niemals in einem Aufsatz oder Buch erzählt werden. Als sie in dieses Land flohen, hatten sie kaum die Absicht, für immer zu bleiben. Es war ihr Vorsatz, eines Tages mit einer Armee von 100 000 gutgeschulter Soldaten nach Deutschland zurückzukehren und alle Könige, Priester und Geldsäcke zu verjagen. Zum Glück für dieses Land kehrten jene Washingtons und Franklins einer gescheiterten Revolution nicht zurück. Nach einem Dutzend von Jahren jugendlichen Überschäumens ließen sie sich ruhig nieder und wurden die besten amerikanischen Bürger."

Der Anteil der Deutschamerikaner an den Kriegen der Vereinigten Staaten im 19. Jahrhundert.

Hatten die in Amerika ansässig gewordenen Deutschen im Unabhängigkeitskriege ihre Hingabe für die Sache der Freiheit in glänzender Weise bekundet, so ließen sie es auch in den Kriegen, welche die Vereinigten Staaten während des 19. Jahrhunderts zu führen genötigt waren, an Beweisen ihrer tiefen Ergebenheit für das Land ihrer Wahl nicht fehlen.

Als im Jahre 1812 der zweite Krieg mit England entbrannte und nach der Einnahme und teilweisen Zerstörung der Bundeshauptstadt Washington die Feinde sich anschickten, auch Baltimore zu überfallen, da spielten beim Verteidigen dieser Stadt die Deutschen eine hervorragende Rolle.

Durch die Vorgänge in Washington gewarnt, hatten die Bewohner der Stadt sich für das Erscheinen des Feindes wohl vorbereitet. Nicht nur war das den Hafeneingang deckende Fort McHenry mit Munition reichlich versorgt, sondern auch sämtliche Bürgerwehren standen unter den Waffen. Als die Kunde eintraf, daß die 70 Schiffe zählende feindliche Flotte mehrere Meilen von dem Fort entfernt, ein 7000 Mann starkes Heer Fußsoldaten und Kanoniere ans Land gesetzt habe und deren Angriff auf die Stadt durch ein gleichzeitiges Bombar-

---

Kopfleiste: Auszug eines New Yorker Regiments während des Bürgerkriegs. Nach einem Gemälde von Thomas Nast.

dement des Forts McHenry unterstützen wolle, rückten sofort 3000 Milizen unter dem Befehl des im Jahre 1759 zu Frederick, Maryland, geborenen deutsch-amerikanischen Generals J o h a n n S t r i c k e r den Feinden entgegen. Sie mußten zwar vor der beträchtlichen Übermacht langsam zurückweichen, verhinderten die Rotröcke aber doch, einen Angriff auf die Stadt auszuführen. Derselbe schlug völlig fehl, als der Befehlshaber des englischen Heeres, General Roß, durch die Kugel eines Scharfschützen tödlich verwundet wurde und auf dem Rücktransport zu den Schiffen seinen Geist aufgab.

Während diese erbitterten, für die Briten sehr verlustreichen Kämpfe vor sich gingen, hatte das englische Geschwader angesichts des Forts Anker geworfen und am Morgen des 12. September eine wütende Kanonade gegen dasselbe begonnen. Sie währte 36 Stunden lang. Aber der das Fort befehligende Artilleriemajor G e o r g A r m s t a d t, ein am 10. April 1780 zu New

Johann Anton Quitmann.

Market geborener Sohn des Hessen-Darmstädters J o h a n n A r m s t a d t, erwiderte das entsetzliche Feuer nicht nur kräftig, sondern sandte auch die Belagerer, als sie in der Nacht vom 13. auf den 14. September einen Sturm gegen das Fort wagten, mit blutigen Köpfen zurück.

Die Verteidigung von Stadt und Fort war so standhaft, daß das feindliche Geschwader, nachdem es die gelandeten Truppen aufgenommen, am 16. September wieder in See ging, ohne irgendwelche Erfolge errungen zu haben.

Es war an jenen Tagen, wo Frances S. Key, durch die Heldentaten der deutschen und amerikanischen Milizen begeistert, sein berühmtes Lied „The star spangled banner" dichtete, das zur Nationalhymne der Amerikaner wurde.

Auch als im Jahre 1846 der Krieg der Vereinigten Staaten mit Mexiko ausbrach, stellten die Deutschamerikaner einen beträchtlichen Teil der ins Feld rückenden Freiwilligen. In fast allen Großstädten des Westens bildeten sich sofort nach dem ersten Aufruf deutsche Freischaren, von denen viele weit früher als die amerikanischen kampfgerüstet standen.

Unter den Offizieren der nach Mexiko ziehenden Armeen befanden sich zahlreiche Deutsche, die bereits im alten Vaterlande Felddienste verrichtet hatten, wie z. B. August Mohr (Moor), von Gilsea, Samuel Peter Heinzelmann, Christian Steinwehr, Julius Raith, Heinrich Bohlen und Adolf von Steinwehr. Unter den Deutschamerikanern ragte vor allen Johann Anton Quitmann hervor, der 1798 zu Rhinebeck, New York, geborene Sohn des aus den Rheinlanden eingewanderten Pastors Friedrich Heinrich Quitmann. Unser Held hatte sich bereits an den Unabhängigkeitskämpfen der Texaner gegen Mexiko beteiligt. Präsident Polk ernannte ihn zum Brigadegeneral. Als solcher gehörte er der 6000 Mann starken Armee Taylors an.

Als diese im September 1846 die von 10 000 Mexikanern verteidigte Stadt Monterey erstürmte, drang Quitmann mit seinen Truppen unter einem wahren Kugelregen zum Marktplatz vor und pflanzte auf der Spitze einer dort stehenden Kirche das Sternenbanner auf.

Während des Frühlings 1847 befehligte Quitmann die Landbatterien, welche im Verein mit den Schiffen der amerikanischen Flotte die Stadt Vera Cruz bombardierten und sie nach viertägiger, schrecklicher Kanonade zur Übergabe zwangen. Am 13. September folgte die Erstürmung der für uneinnehmbar geltenden Festung Chapultepec durch Quitmanns Truppen. Am folgenden Tag eröffnete Quitmann die Beschießung der Hauptstadt Mexiko, in welche am 15. die amerikanischen Truppen ihren Einzug hielten. Zum Dank für seine vielen hervorragenden Leistungen wurde Quitmann zum Gouverneur der Stadt Mexiko ernannt.

Später, nachdem der Friede wieder hergestellt war, machte Quitmann sich noch als Gouverneur des Staates Mississippi und als Mitglied des Abgeordnetenhauses im Bundeskongreß hochverdient.

* *
*

Leider existiert bis jetzt kein Werk, welches in übersichtlicher Form jenen ungeheuren Anteil schildert, der den Deutschen und Deutschamerikanern an der Erhaltung der Union gebührt, als diese durch den furchtbaren Bürgerkrieg der Jahre 1861 bis 1865 in Frage gestellt wurde.

Es ist hier nicht der Raum, alle Ursachen zu erörtern, welche zu jenem, die Union bis in ihre Grundfesten erschütternden Riesenkampfe führten. Wir müssen auf Spezialwerke verweisen, welche die Vorgeschichte jenes Krieges behandeln. Zweifellos bildeten die Sklavenfrage und die Erhaltung der Union für hunderttausende von Deutschen die Beweggründe, sich den nordischen Fahnen anzuschließen. Waren die Deutschen doch, wie wir aus der Geschichte der Mennoniten von Germantown wissen, von jeher die eifrigsten Gegner der Sklaverei gewesen.

Karl Follen, Franz Lieber, Karl Schurz und manche andere Führer der Deutschamerikaner hielten lange vor dem Ausbruch des Krieges flammende Reden, in denen sie die Ungerechtigkeit der unfreiwilligen Knechtschaft verdammten und auf die schweren Schäden hinwiesen, die durch das Beibehalten dieser dem Geist der Neuzeit hohnsprechenden Einrichtung dem amerikanischen Volk sowohl in moralischer, politischer und wirtschaftlicher Hinsicht erwüchsen.

Follen, Professor an der Harvard-Universität, war einer der ersten, welcher als Mitglied der Anti-Sklaverei-Gesellschaft in den Nordstaaten für die Ziele derselben focht und als Abgeordneter dieser Vereinigung bereits im März 1835 vor der gesetzgebenden Körperschaft von Massachusetts erschien. Im Süden bemühte sich der an der Universität von Südkarolina wirkende Professor der Geschichte und Staatsphilosophie, Franz Lieber, in gleichem Sinne.

Es war in jener Zeit höchster Erregung überaus gefährlich und forderte viel moralischen Mut, auf die Rednerbühne zu treten, für die Schwarzen Partei zu ergreifen und jenen die Wahrheit ins Gesicht zu schleudern, die sie nicht hören wollten. Denn oft wurden solche Personen, die für die Sklavenemanzipation ihr bestes Wissen einsetzten, mit den gemeinsten Schimpfworten überschüttet, oder sie fielen unter den Streichen von Meuchelmördern oder als Opfer blinder Volkswut.

Auch Follen und Lieber mußten ihr Eintreten für die Sklavenbefreiung büßen, indem beide ihre Stellungen verloren. Aber bald nach ihnen erschienen neue begeisterte Streiter auf dem Plan, die „Achtundvierziger". Diese von glühender Freiheitsliebe beseelten Männer forderten, daß die herrlichen, in der amerikanischen Unabhängigkeitserklärung niedergelegten Gedanken von allgemeinen Menschenrechten auch auf die mißbrauchten Neger ausgedehnt werden sollten. Und so nachdrücklich sie dafür in Schrift und Wort eintraten, so energisch handhabten sie, als wegen dieser Frage der grimmige Kampf entbrannte, das Schwert.

Von den vielen Aufzeichnungen amerikanischer Zeitgenossen, die den Enthusiasmus der Deutschen preisen, führe ich die des Oberleutnants Augustus Choate Hamlin, des Historikers des 11. Armeekorps, an. Derselbe schreibt in seinem bewundernswerten Buch: „The battle of Chancellorsville": „Das Land hallte von Jubel wider, als bekannt wurde, daß die gesamte deutsche Bevölkerung des Nordens ohne Zögern zum Beistand der gefährdeten Republik herbeieilte. Die geleistete Unterstützung war bewundernswert und verdient den höchsten Dank des Landes. Ebenso bemerkenswert ist, daß alle jene Revolutionäre, welche sich damals in diesem Lande befanden und unter Kossuth, Garibaldi, Sigel und Hecker gefochten hatten, ihre Dienste den Vereinigten Staaten anboten. Es war in der Tat ein großartiges Schauspiel, wie die gesamte Masse des deutschsprechenden und deutschgeborenen Volks wie ein Mann aufstand, um fest bei der Flagge der Republik zu stehen."

In der Tat gingen an vielen Orten die Deutschamerikaner ihren Mitbürgern anderer Abstammung mit glänzendem Beispiel voran. Bereits am 9. Januar 1861 stellte der spätere Brigadegeneral Karl Leopold Mathies in Iowa der Bundesregierung eine auf seine Kosten ausgerüstete Kompagnie Soldaten zur Verfügung. Ein anderes leuchtendes Beispiel hoher Bürgertugend lieferte der berühmte Gelehrte und Staatsmann Dr. Karl Beck, Professor an der Universität Harvard. Trotzdem er bereits 60 Jahre alt war, ließ er sich nicht abhalten, als Gemeiner in eine Kompagnie Freiwilliger einzutreten, mit welcher er sich willig allen schweren Pflichten eines Soldaten unterzog. Als bei der Einmusterung dieser Kompagnie die militärischen Behörden in Rücksicht auf sein hohes Alter sich weigerten, ihn in die Armee einzureihen, fügte Beck sich grollend, entschädigte sich aber dadurch, daß er hundert kräftige Leute auf seine Kosten völlig ausrüstete und zum Heer sandte.

Und als nach der Einnahme des Forts Sumter durch Truppen der Südstaaten Präsident Lincoln am 15. April 1861 den ersten Aufruf für 75 000 Freiwillige erließ, da erhoben die Deutschen sich in Massen, um für den Schutz der Union einzutreten.

In Cincinnati berief bereits am Morgen des 16. April ein aus hervorragenden deutschen Männern gebildeter Ausschuß für denselben Abend eine deutsche Massenversammlung in die Turnhalle ein. Diese nahm einen so begeisterten Verlauf, und der Zudrang zu den Einschreibelisten war so groß, daß bereits am Abend des 18. April das erste deutsche Regiment, die später so berühmt gewordenen „Neuner von Ohio" eine vollendete Tatsache war. Zehn Tage nach Lincolns Aufgebot stand es, 1200 Mann stark, zur Verfügung der Staatsbehörden.

Das Deutschtum vom Ohio stellte ferner die ausschließlich aus Deutschen und Deutschamerikanern zusammengesetzten Infanterieregimenter No. 11, 28, 37, 47, 58, 67, 74, 106, 107, 108 und 165. Ferner das 3. Kavallerieregiment sowie drei Batterien Artillerie.

In New York war die Opferfreudigkeit der Deutschen nicht minder groß. Zunächst entstand, gleichfalls noch im April, das aus lauter deutschen Turnern gebildete 20. Regiment, die „United Turner Rifles". Deutsche Bürger bestritten sämtliche Kosten ihrer Ausrüstung. Andere deutsche Regimenter des Staates New York waren das 7. oder „Steuben-Regiment"; das 29. oder die „Astor Rifles"; das 45. oder die „German Rifles"; das 46. oder „Fremont-Regiment"; das 5., 8., 41. und 52. Infanterieregiment. Deutsche bildeten ferner das 54. Regiment schwarzer Jäger; das 86. Regiment oder „Steubensjäger"; das 4. New Yorker Kavallerie-Regiment („Dickels Mounted Rifles") und die Batterie des Obersten Ludwig Blenker.

Der Staat Pennsylvanien stellte die beiden reindeutschen Infanterieregimenter No. 74 und 75. Außerdem waren die Deutschen im 4., 8., 9., 10., 11., 14., 15., 16., 18., 21., 27., 48., 50., 51., 56., 65., 79., 89., 96., 97., 98., 112., 113., 130., 131., 152., 153. und 168. Regiment stark vertreten.

Die deutsche Bevölkerung des Staates Indiana lieferte das 32. Indiana Infanterieregiment; diejenige von Illinois das 82. und das aus „Heckers Jägern" bestehende 24. Regiment. Die Deutschen Wisconsins sandten das 9. und 26. Regiment jenes Staates; die Deutschen Missouris das 3., 4. und 5. Regiment Freiwilliger des Staates Missouri. Auch in den von den anderen Bundesstaaten aufgebrachten Truppenkörpern bestanden ganze Kompagnien aus Deutschen und Personen deutscher Abkunft.

Leider existiert keine Statistik, aus der sich die Kopfzahl der Deutschen und Deutschamerikaner, die am Bürgerkrieg teilnahmen, nachweisen ließe. Auch die im Auftrag der „United States Sanitary Commission" von Dr. A. B. Gould auf Grund der in Washington und verschiedenen Staatsarchiven gemachten Aufstellungen liefern kein genaues Bild. Aber seine „Investigations in the Statistics of American Soldiers", die in Armeekreisen als die zuverlässigste gilt, besagen, daß während des Bürgerkriegs 187 858 in Deutschland geborene Männer sich als Soldaten in der Bundesarmee befanden. Zu diesen kommen noch hunderttausende von Amerikanern, die von früheren Generationen deutsches Blut in ihren Adern hatten.[1]

Sicher ist, daß das Deutschtum einen größeren Prozentsatz zur Bundesarmee stellte, als irgendeine andere Nation. Und der Wert dieses Beitrags erhöhte sich dadurch erheblich, daß unter den in Deutschland Geborenen viele Tausende waren, die auf deutschen Kriegsschulen und in deutschen Heeren eine militärische Ausbildung empfangen hatten.[2]

---

[1] Wie groß die Zahl solcher Deutschamerikaner gewesen sein muß, ergibt sich aus einer Statistik, die J. G. Rosengarten in seinem bekannten Buch „The German Soldier" von der pennsylvanischen Familie Pennypacker lieferte. Der Ahnherr dieser Familie war Heinrich Pannebäcker, welcher bereits vor dem Jahre 1699 aus Deutschland einwanderte und sich am Schippackbach niederließ. Seine Familie war im Unabhängigkeitskrieg durch 1 Hauptmann, 1 Fähnrich, 1 Leutnant, 1 Korporal und 1 Gemeinen vertreten. Im Krieg von 1812 hatte sie 2 Mitglieder im Feld; im Krieg mit Mexiko 3. Im Rebellionskrieg fochten auf seiten der Nordstaaten 2 Generalmajore, 1 Generaladjutant, 1 Oberst, 2 Ärzte, 2 Hauptleute, 1 Leutnant, 5 Sergeanten, 8 Korporale, 1 Musiker und 65 Gemeine. In der südlichen Armee dienten 1 Oberstleutnant, 1 Quartiermeister, 4 Hauptleute, 5 Leutnants und 28 Gemeine, insgesamt 128 Personen.

[2] Einer neueren, von William Kaufmann gemachten Berechnung zufolge hätten die Deutschen rund 216 000 Soldaten gestellt. Franz Sigel erwähnt in einem für die „Gartenlaube" geschriebenen Aufsatz, daß in „dem deutschen Kontingent über 5000 Offiziere aller Waffengattungen dienten, ein Teil davon, besonders im Stabe, waren Amerikaner von Geburt; außerdem waren unter den von der Nationalregierung direkt ernannten Stabsoffizieren (Aides-de-camp, Quartier- und Proviantmeistern, Chirurgen usw.) 69 Deutsche."

Die Teilnahme so vieler waffenkundiger Männer war für den Norden von um so höherer Bedeutung, als der Süden beim Ausbruch der Feindseligkeiten eine weit größere Zahl von Offizieren besaß, die in der Militärschule zu West-Point ihre Ausbildung empfangen hatten.

Von den in die Bundesarmee eingetretenen deutschen Offizieren stiegen viele durch ausgezeichnete Taten zu den höchsten militärischen Rangstufen empor. So sind die Namen der Generäle Ammen, Ludwig Blenker, Louis von Blessing, Heinrich von Bohlen, Adolf Buschbeck, Adolf Engelmann, Hagner, Johann Friedrich Hartranft, Franz Hassendeubel, Friedrich Hecker, J. H. Heinzelmann, August V. Kautz, Knobelsdorff, Johann A. Koltes, William C. Küffner, Konrad Krez, Karl Leopold Mathies, August Mohr, Julius Raith, Prinz Felix Salm, Karl Eberhardt Salomon, Georg von Schack, Alexander Schimmelpfennig, Alban Schöpf, Alexander von Schrader, Schriver, Schiras, Adolf von Steinwehr, Louis Wagner, Hugo Wangelin, Max Weber, August Willich, Isaak Wister sowie diejenigen der Generalmajore Samuel Peter Heinzelmann, August Kautz, Peter Joseph Osterhaus, G. Pennypacker, Friedrich Salomon, Karl Schurz, Franz Sigel, Julius Stahel und Gottfried Weitzel unlöslich mit der Geschichte jenes großen Krieges verknüpft.

Leider ist es unmöglich, den vielen Verdiensten jener Heerführer an dieser Stelle in vollem Umfang gerecht zu werden, da der vorliegende Abschnitt dadurch zu einem dicken Buch anschwellen würde. Wir müssen uns darauf beschränken, die wichtigsten Taten einzelner Truppenabteilungen und Generäle zu skizzieren.

Zunächst ist der Tatsache zu gedenken, daß schon am 18. April 1861, drei Tage nach dem Bombardement des Forts Sumter durch die Südländer, die Bundeshauptstadt Washington druch mehrere hundert Deutschamerikaner vor der Gefahr bewahrt wurde, den Südstaaten in die Hände zu fallen. Es bestand ein Komplott, die Stadt den Konföderierten zu überliefern, wodurch denselben ein ungeheurer Vorteil erwachsen wäre, indem dann auch der sezessionistisch gesinnte Staat Maryland mitsamt der Stadt Baltimore für den Norden verloren gewesen wären. Aber noch im letzten Augenblick rückten fünf zum großen Teil aus ansässigen und eingewanderten Deutschen bestehende Kompagnien pennsylvanischer Infanteristen und Artilleristen in Washington ein und besetzten das Kapitol. Damit war der Anschlag auf die Stadt vereitelt. In Baltimore blieb der dortige deutsche Turnverein treu unionistisch und bewirkte dadurch in hervorragendem Maß, daß auch diese Stadt dem Norden erhalten blieb.

Im fernen Westen war dem durch seine Teilnahme am Aufstand in Baden berühmt gewordenen Achtundvierziger Franz Sigel eine wichtige Rolle beschieden.

Zur Zeit des Ausbruchs des Sezessionskrieges lebte derselbe in Missouri. Dieser Staat war den aus der Union ausgetretenen Staaten Mississippi, Florida, Alabama, Louisiana, Texas, Virginien, Arkansas, Tennessee und den beiden Karolinas zwar noch nicht gefolgt, aber ein Handstreich des äußerst zahlreichen sezessionistisch gesinnten Elements stand stündlich zu befürchten. Missouri der Union zu erhalten, war von höchster Wichtigkeit. Insbesondere war der Besitz von St. Louis von Bedeutung, da hier ein Zeughaus bestand, aus dem 40 000 Soldaten sofort mit allem Nötigen ausgerüstet werden konnten.

Auf dieses Zeughaus hatten die Sezessionisten ihre Blicke gerichtet. Aber die in Eile gebildeten Freiwilligenregimenter von St. Louis, mit Ausnahme von vier Kompagnien aus lauter Deutschen bestehend, kamen ihnen unter ihren Befehlshabern **Blair, Lyon, Sigel, Osterhaus, Schäfer** und **Schüttner** zuvor und nahmen obendrein am 10. Mai 1861 die in Camp Jackson lagernden Sezessionisten gefangen. Dadurch war nicht nur Missouri gerettet, sondern den Sezessionisten auch die Möglichkeit genommen, von hier aus die der Union treu gebliebenen Nachbarstaaten zu beunruhigen.

Sigel zog darauf mit dem deutschen 3. Regiment und zwei leichten Batterien durch ganz Missouri und brachte den Feinden trotz bedeutender Übermacht große Verluste bei. Später stieß er zu der Abteilung des Generals Lyon, übernahm nach dessen Tod in der unglücklichen Schlacht am Wilsons Creek den Oberbefehl über das Heer und führte es in guter Ordnung nach Rolla zurück. Dafür ward er zum Brigadegeneral ernannt. In ähnlicher Weise deckte Sigel den Rückzug des Generals Hunter aus Springfield.

Als nach zahlreichen glücklicheren Kämpfen Missouri endlich vom Feind befreit war, rückte Sigel in Gemeinschaft mit General Curtis in den Staat Arkansas ein. Bei Pea Ridge stieß man am 6. März 1862 auf den 20 000 Mann starken Feind. Trotzdem Curtis und Sigel über nur 11 000 Truppen verfügten, schritten sie zum Angriff und fügten nach drei Tage dauernden erbitterten Kämpfen dem Gegner eine empfindliche Niederlage zu. Die Entscheidung wurde durch Sigel herbeigeführt, indem er seine deutschen Regimenter demonstrativ, wie zum Abbrechen des Gefechts, hinter die Linien der Artillerie in eine gedeckte Stellung beorderte und zugleich die ungeschützten Batterien mit blinden Kartuschen feuern ließ, als ob sie ihre Munition aufgebraucht hätten.

Als nun die Feinde siegesgewiß in geschlossenen Massen heranrückten, wurden sie nicht nur mit Kartätschen, sondern auch mit einem vernichtenden Schnellfeuer aus den Büchsen der rasch zwischen die Batterien einschwenkenden Deutschen begrüßt. Im Augenblick der Verwirrung brachen die nordischen Reiter herein, um alles niederzusäbeln, was die Kugeln verschont hatten.

Für diese Waffentat zum Generalmajor befördert, wurde Sigel darauf nach Virginien, dem wichtigsten Schauplatz des Krieges, berufen und dem von Pope befehligten 1. Armeekorps zugeteilt. Auf dem rechten Flügel stehend, errang Sigel am 29. August am Bull Run manche Vorteile über den ihm gegenüber stehenden Jackson. Aber diese gingen wieder verloren, als am zweiten

Tage der Schlacht die Truppen Popes von der weit überlegenen Macht Jacksons umgangen und zum Rückzug genötigt wurden. Sigel deckte mit gewohnter Meisterschaft abermals den Rückzug.

Nach dieser Schlacht befehligte Sigel verchiedene Truppenkörper in Pennsylvanien, und organisierte, als der konföderierte General Lee auf seinem Siegeszug bis Gettysburg vordrang, eine 10 000 Mann starke Reservearmee, um die in den Kohlengebieten drohenden Unruhen zu verhüten. Im Frühling 1864 wurde er mit dem Oberbefehl der im Shenandoahtal stehenden Truppen betraut. Als er aber bei New Market durch den weit überlegenen Brekkinridge eine Niederlage erlitt, wurde ihm ein Reservekorps am oberen Potamac übergeben, mit dem er die wiederholten Angriffe des konföderierten Generals Early auf Harpers Ferry und die strategisch wichtigen Maryland Hights siegreich abschlug.

Generalmajor Franz Sigel.

Gleich allen anderen im amerikanischen Heere dienenden Generälen fremdländischer Abkunft hatte auch Sigel unter Eifersüchteleien, ja Zurücksetzungen seitens seiner amerikanischen Waffengenossen schwer zu leiden.

„West Point gestaltete," so schreibt Augustus Choate Hamlin, der Historiker des 11. Armeekorps, mit erfrischender Offenheit, „alle Dinge seinen Interessen und den Wünschen seiner Partei gemäß. Es mag wahrheitsgemäß gesagt werden, daß in der Verwaltung der Armee oft Patriotismus von kaltem

Reiterstatue des Generalmajors Franz Sigel in New York.
Modelliert von Karl Bitter in New York.

Ehrgeiz überschattet wurde, daß Fehler als Tugenden, und Voreiligkeit als Zeichen überlegener Geistesgröße gepriesen wurden. Wenn wir den über der Potomacarmee hängenden Schleier der Verborgenheit hinwegziehen und die gärende Eifersucht, den versteckten Ehrgeiz, den geilen Argwohn und die Günstlingswirtschaft ihrer Führer untersuchen, so ist es keineswegs angenehm, ein solches Bild zu betrachten oder darüber nachzudenken."

Auch Sigel sah sich in seinen Unternehmungen und Plänen durch solche Ränke und Eifersüchteleien so oft gehindert, daß er im Mai 1865 sein Kommando niederlegte und ins Privatleben zurückkehrte.

Ähnliche Erfahrungen machte sein gleichfalls als politischer Flüchtling nach den Vereinigten Staaten verschlagener Landsmann Karl Schurz. Wegen seiner hervorragenden Verdienste um die Erwählung Lincolns war Schurz zum Gesandten in Spanien ernannt worden. Diesen Posten legte er beim Ausbruch des Krieges nieder, um an den Kämpfen für die Erhaltung der Union teilnehmen zu können. Er erhielt zunächst ein Kommando in der Potomac-Armee. Unglücklicherweise waren die rasch wechselnden Oberbefehlshaber derselben fast durchweg unfähige, ihren Aufgaben keineswegs gewachsene Personen. Fremont, Pope, McClellan, Burnside und Hooker erlitten Niederlage auf Niederlage, unter denen die am Bull Run, bei Fredericksburg und Chancellorsville die schwersten waren.

An der letztgenannten Schlacht am 2. Mai 1863 war auch die Schurzsche Division beteiligt. Sie bildete mit einer von Adolf von Steinwehr und einer von dem amerikanischen General Devens befehligten Abteilung das unter dem Kommando von O. O. Howard stehende 11. Armeekorps und den rechten Flügel der von General Hooker befehligten Hauptarmee. Im Lauf des Tages entdeckten Schurz, von Steinwehr und andere Offiziere, daß die von den genialen Generälen Lee und Jackson geführte feindliche Armee sich unter Fingierung eines Rückzugs anschicke, den rechten Flügel der Bundesarmee zu umgehen. Obwohl Schurz und Steinwehr das Hauptquartier wiederholt auf diese verdächtigen Bewegungen aufmerksam machten und sofortige Gegenmaßregeln empfahlen, geschah vom Hauptquartier nichts, um die bedrohte Flanke zu schützen. Man wiegte sich in dem Glauben, daß die Rebellentruppen sich auf der Flucht befänden. Schurz ließ nun auf eigene Verantwortung die Regimenter seiner Division, das 26. Wisconsiner, 58. New Yorker, 82. Illinoiser, 82. Ohioer und 157. New Yorker Regiment zusammenziehen und Front gen Westen nehmen, von wo er einen Angriff der Konföderierten befürchtete. Dieser erfolgte kurz nach fünf Uhr nachmittags. Und zwar überrannten die plötzlich aus den Wäldern hervorbrechenden 18 000 Mann starken Feinde zunächst die ganz unvorbereitete Division des amerikanischen Generals Devens. Diese hielt dem fürchterlichen Ansturm nicht stand, floh in verworrener Masse und drohte die deutschen Regimenter mit sich zu reißen. Diese, kaum 3000 Mann stark, bildeten die einzige kampfbereite Schlachtlinie.

Das kleine Häuflein stand fest und hinderte Jackson, im Sturm bis zu dem nur zwei Meilen entfernten Hauptquartier vorzudringen. Aber bald umgingen die Massen des Feindes den linken Flügel der Regimenter und begannen ihn im Rücken zu bedrohen. Nun entstand auch Unordnung in den deutschen Reihen. Vergebens sprengte Oberst Friedrich Hecker vom 82. Illinois-Regiment mit der Regimentsfahne vor die Front und feuerte die Seinigen zu einem Bajonettangriff auf. Er wurde von dem allgemeinen Wirrwarr fortgeschwemmt und stürzte bald darauf schwerverwundet vom Pferde. Erst den verzweifelten Anstrengungen der Generäle Schurz und von Steinwehr, des Obersten Buschbeck und des Artillerieoffiziers Hubert Dilger gelang es, die Truppen wieder zum Stehen zu bringen und dem weiteren Vordringen des Feindes Einhalt zu gebieten.

Da in den überrannten Divisionen viele Deutsche waren, so hielten die dem Heer folgenden englisch-amerikanischen Zeitungsleute sich bemüßigt, sowohl Führer wie Mannschaften dieser Abteilungen mit den gröbsten Schmähungen zu überschütten. Ihre gen Osten gesandten Berichte wimmelten von beleidigenden Ausdrücken, unter denen die Bezeichnung „Dutch cowards" einer der gelindesten war. Das Empörendste war, daß manche solcher anonymen Angriffe von Offizieren ausgingen, die sich im Hauptquartier der Armee befanden. Keinem dieser Verleumder kam es bei, die Verantwortung für die Niederlage dorthin zu placieren, wo dieselbe infolge grober Fahrlässigkeit verschuldet wurde. Vergebens verlangten die Generäle Schurz und Schimmelpfennig die Einsetzung eines Untersuchungsgerichts. Ihre wiederholt in dringendster Form gestellten Anträge blieben seitens des Kriegsministers unberücksichtigt. Erst in späteren Jahren nahmen sich berufene Militärschriftsteller wie Samuel P. Bates, Theodore Dodge, Generalmajor Abner Doubleday, Oberstleutnant Augustus C. Hamlin und andere der mit Unrecht verleumdeten deutschen Truppen an und ließen denselben in sorgfältigen Untersuchungen über die Schlacht bei Chancellorsville volle Gerechtigkeit widerfahren. Eine ausführliche Schilderung der Schlacht lieferte auch Schurz in seinen „Reminiscences of a long life".

Übrigens bot sich den Divisionen Schurz und von Steinwehr, sowie manchen anderen deutschen Regimentern noch im selben Jahre Gelegenheit, zu zeigen, aus welchem Stoff ihre Truppen gemacht waren. Durch den Erfolg bei Chancellorsville kühn geworden, raffte General Lee, der Oberbefehlshaber der Konföderierten, sämtliche verfügbaren Streitkräfte zusammen und drang in zwei Kolonnen durch das Shenandoahtal den Südostabhang der Blauen Berge entlang gen Norden vor, wobei er sowohl die Flanken der von Hooker befehligten Bundesarmee wie die Hauptstadt Washington beständig bedrohte.

Da man in Washington das Vertrauen in Hooker verloren hatte, so ersetzte man ihn durch den entschlosseneren General Georg G. Meade. Dieser nötigte den Feind bei Gettysburg zu einer Schlacht, die sich vom Morgen des 1. bis zum Abend des 3. Juli erstreckte.

Während dieses gigantischen Ringens bildeten die Deutschen am zweiten und dritten Tag unter Schurz und von Steinwehr das Zentrum hinter der Friedhofsmauer der berühmten Cemetery Ridge, auf deren strategische Wichtigkeit von Steinwehr zuerst aufmerksam gemacht hatte. Hier hielten sie auch jene fürchterliche Kanonade aus 145 schweren Geschützen aus, die Lee am dritten Schlachttage dem Sturmangriff seiner Kolonnen vorausgehen ließ.

Das war ein Feuer, wie die ältesten Soldaten ein gleiches nie zuvor erlebt hatten. Der Friedhof war eingehüllt in den Rauch explodierender Granaten und in den Qualm der hundert Geschütze, womit die Bundestruppen die Kanonade erwiderten. Und als nach zweistündiger Dauer dieses entsetzlichen Artillerieduells die Konföderierten 15 000 Mann stark aus den Wäldern brachen und im Sturmschritt gegen die Bundestruppen vorrückten, da entspann sich ein

Szene aus der Schlacht bei Gettysburg.
Nach einem gleichzeitigen Holzschnitt.

rasender Kampf, Mann gegen Mann, währenddessen die Leiber der toten und verstümmelten Menschen und Pferde sich zu förmlichen Hügeln emportürmten.

Der heftige Anprall scheiterte an dem erbitterten Widerstand der Verteidiger des Friedhofs. Die Konföderierten wurden in gänzlicher Auflösung zurückgeworfen, die Schlacht zugunsten der Bundesarmee entschieden und Lee zum Rückzug nach Virginien genötigt. Wie mörderisch der Kampf gewesen war, beweisen die Verluste. Die Bundesarmee büßte an Toten, Verwundeten und Vermißten 23 000, die Konföderierten 30 000 Mann ein.

Mit hoher Auszeichnung fochten die deutschamerikanischen Generäle und Regimenter auch am 19. und 20. September 1863 bei Chickamauga und am 24. und 25. November 1863 bei Chattanooga in Tennessee. Dort errang sich vor allem General August Willich als Befehlshaber einer aus neun Regimentern bestehenden Brigade glänzende Lorbeeren, indem er einen mitten im Chattanoogatal aufragenden kegelförmigen Hügel, den Orchard Knob, von dem aus die Konföderierten zwei Monate lang die Bundestruppen beunruhigt hatten, eroberte. Willich nahm mit seinen Truppen auch an der Erstürmung der Missionary Ridge teil und befand sich unter den ersten, welche diesen überaus steilen, hartnäckig verteidigten Höhenzug erstiegen.

An den Kämpfen um Chattanooga hatten auch die von den Generälen Schurz, Osterhaus und von Steinwehr befehligten Truppen glorreichen Anteil. Vornehmlich an der berühmten „Schlacht in den Wolken", auf den Abhängen und dem Rücken des hohen Lookout Mountain, der hauptsächlich durch das rechtzeitige Eintreffen des die Feinde im Rücken fassenden Generals Osterhaus für die Bundestruppen gewonnen wurde.

Die Erstürmung der Missionary Ridge.
Nach einem Gemälde von Arthur Thomas in der Gedächtnishalle zu Columbus, Ohio.

Osterhaus und Schurz nahmen mit ihren Divisionen ferner an dem denkwürdigen Zug Shermans durch Georgia nach Savannah teil und fochten ruhmvoll in den Gefechten bei Tunnel Hill, Buzzards Roost, Dalton, Resaca, Marietta und Atlanta.

Der Pfälzer Louis Blenker, der in New York das nach ihm benannte 8. Freiwilligenregiment organisiert hatte, stand im Juli 1861 in der ersten Schlacht bei Bull Run an der Spitze einer aus vier deutschen New Yorker Regimentern und dem 27. Pennsylvanischen Regiment bestehenden Brigade, die nach dem unglücklichen Ausgang jener Schlacht den Rückzug der von General McDowell geführten Armee deckte. Und zwar so nachdrücklich, daß die Feinde sowohl von der Verfolgung der geschlagenen Armee wie von einem Angriff auf die Bundeshauptstadt Washington absahen. Blenkers deutscher Brigade wurde allein die Ehre zuteil, am 23. Juli mit klingendem Spiel und fliegenden Fahnen über die lange Potomacbrücke in Washington einzurücken. Blenker, darauf zum Brigadegeneral ernannt, organisierte nun die „Deutsche Division", die zuerst in dem Sumnerschen Korps Dienste tat und später unter Fremont in der Schlacht bei Croß Keys sich auszeichnete. Durch

Die Erstürmung des Lookout Mountain.
Nach einem Gemälde von Thomas Nast.

einen Sturz vom Pferde verletzt, nahm Blenker Urlaub, kehrte aber nicht mehr zur Armee zurück.

In glänzendster Weise betätigte sich während des Bürgerkrieges auch der Ingenieur Gottfried Weitzel. Von Geburt Rheinpfälzer, hatte er sich in Westpoint zum Offizier ausgebildet. Unter Butler diente er als Oberingenieur in New Orleans, später bei Banks' unglücklicher Red River-Expedition, als Divisionsführer endlich in Butlers Army of the James. Beim Anlegen von Befestigungen und beim Brückenbau entwickelte Weitzel so hervorragende Fähigkeiten, daß er zum Generalmajor ernannt wurde. Als Führer des 25. Armeekorps zog er am 3. April 1865 in Richmond ein, wo er am folgenden Tage den Präsidenten Lincoln empfing.

Am 28. Dezember 1863 lieferte auch der Oberst Bernhard Laiboldt vom 2. Missouriregiment ein Beispiel echt soldatischer Entschlossenheit, indem er, als er mit einem Trupp von Rekonvaleszenten einen Proviantzug von Chattanooga nach Knoxville führte, einen Reiterangriff des verwegenen Generals Wheeler mit so großem Geschick abschlug, daß er dafür zum Brigadegeneral befördert wurde.

Mit Wheeler traf Laiboldt noch einmal am 14. August des folgenden Jahres zusammen. Er hielt mit 480 Mann seines aus lauter Deutschen bestehenden 2. Missouriregiments die Bahnstation Dalton, deren Behauptung von besonderer Wichtigkeit war. Am Nachmittag des genannten Tages umzingelte Wheeler mit 3000 Mann Kavallerie diesen Platz und forderte die Besatzung zu sofortiger Übergabe auf. Laiboldt beschränkte sich auf folgendes Antwortschreiben: „Sir! Ich wurde hierhergestellt, um diesen Platz zu verteidigen, nicht aber, um ihn zu übergeben!"

Als Wheeler einen zweiten Parlamentär schickte, wurde Laiboldt ungemütlich und ließ Wheeler sagen, er habe ihm schon einmal das Fell gegerbt und sei bereit, es auch zum zweitenmal zu besorgen.

Der sofort entbrennende Kampf währte die ganze Nacht, endete aber mit dem Rückzug des Rebellengenerals, desen Reiter überaus schwere Verluste erlitten.

Auch der tapferen Taten des Generalmajors August V. Kautz und des Brevet Brigadegenerals William C. Küffner müssen wir gedenken. Kautz, bei Pforzheim in Baden geboren, machte bereits den Krieg gegen Mexiko mit. Während des Bürgerkrieges wurde er einer der glänzendsten Reiterführer und einer derjenigen, welche diese im Anfang des Krieges stark vernachlässigte Truppengattung zu hoher Bedeutung brachten. Er befehligte gegen Ende des Krieges das 24. Armeekorps und war an über hundert Gefechten und Schlachten beteiligt.

Sein Landsmann Küffner, ein Mecklenburger, nahm an einhundertundzehn Scharmützeln und Schlachten teil. Er wurde viermal verwundet, darunter zweimal schwer bei Shiloh und Corinth. Er war einer der feurigsten und tapfersten Deutschen des Westens und ein hochgeachtetes Mitglied der in Belleville, Illinois, gegründeten „Liga deutscher Patrioten".

Mit der Schilderung ähnlicher, von deutschen Truppenabteilungen und Offizieren im Bürgerkriege vollführten Heldentaten könnte man viele Seiten füllen. Aber räumliche Rücksichten fordern zur Beschränkung auf.

Von den deutschgeborenen Generälen und Generalmajoren starben mehrere den Heldentod. Die glänzende Laufbahn des Generals Heinrich von Bohlen fand am 22. August 1862 in der Schlacht am Rappahannock ihren Abschluß, als er seine Truppen zum Angriff führte. Die Generäle Adolf Engelmann und Julius Raith fielen im April 1862 bei Shiloh; Franz Hassendeubel im Juli 1863, während der Belagerung von Vicksburg; Johann Koltes am 30. August 1862 in der Schlacht bei Bull Run; Max Weber wurde am 17. September 1863 bei Antietam so schwer verwundet, daß er auf eine fernere Teilnahme am Kriege verzichten mußte. Der Brigadegeneral Hugo Wangelin büßte bei Ringgold den linken Arm ein, trat nach Heilung der Wunde aber wieder in die Armee ein und leistete noch in Georgia und in Missouri vortreffliche Dienste.

Die Zahl der Obersten, Majore, Hauptleute und anderen Offiziere, die ruhmvoll vor dem Feind fielen, beläuft sich auf viele Hunderte; diejenige der gefallenen Soldaten auf viele Tausende. Mehrere deutsche Regimenter erlitten geradezu ungeheure Verluste. So kehrten zum Beispiel von dem im Herbst 1861 aus vier Kompagnien der Sigelschen Rifleschützen und sechs Kompagnien der deutschen Jäger gebildeten 52. New Yorker Regiment im Oktober 1864 nur 5 Offiziere und 35 Mann unter Führung des Majors Retzius zurück. Nachdem es neu ausgemustert und auf seine frühere Stärke von 2800 Mann gebracht worden, zog es abermals aus, um zu Ende des Krieges nur noch 200 Köpfe stark heimzukehren. Nicht weniger als 34 seiner Offiziere waren vor dem Feinde gefallen oder kampfunfähig geworden.

Das aus Turnern gebildete 20. New Yorker Regiment, welches am 31. März 1861 eingeschworen und zunächst nach der Festung Monroe beordert wurde, kehrte nach vielen mit Auszeichnung bestandenen Schlachten am 10. Mai 1863, von 1200 Mann auf nur 462 zusammengeschmolzen, zurück.

So enthält auch die Geschichte des Bürgerkrieges glänzende Beweise, daß die Deutschamerikaner gleich ihren amerikanischen Mitbürgern als echte Patrioten Blut und Leben für die Erhaltung der Union einsetzten.

* *
*

In den Reihen der Konföderierten Armee dienten gleichfalls viele Deutsche, die in den Südstaaten groß geworden und mit dem dortigen Leben und den dortigen Anschauungen verwachsen waren. Von diesen zeichnete sich besonders Oberst Johann Andreas Wagner bei der Verteidigung des Forts Walker in Südkarolina aus. Als die Befestigung am 7. November 1861 von einer 15 000 Mann starken Armee unter General Sherman sowie der 19 Kriegsschiffe zählenden Bundesflotte angegriffen wurde, wurde es von dem fast aus lauter Deutschen bestehenden und von Wagner befehligten 1. Artillerieregiment von Südkarolina und einer Division Infanterie unter General Drayton verteidigt. Fünf Stunden lang ergoß sich aus 300 Feuerschlünden ein verheerender Hagel von Kugeln und Bomben über das Fort. Wagner gab den hoffnungslosen Kampf erst auf, als seine sämtlichen Geschütze zerstört und die Vorräte an Munition verschossen waren. Beim Rückzug, der in bester Ordnung vonstatten ging, nahmen die Deutschen ihre Verwundeten mit sich. In Anerkennung seiner Tapferkeit wurde Wagner zum Brigadegeneral und Platzkommandanten von Charleston ernannt.

Zur Verteidigung dieser Stadt ließ Wagner auf der Nordspitze der den Hafen schützenden Morrisinsel das später nach ihm benannte Fort Wagner aufführen. Im Juni 1863 versuchten die Unionstruppen dieses zu nehmen. Nach einer mehrere Tage dauernden Beschießung liefen sie Sturm, wurden aber mit einem Verlust von 1500 Mann zurückgeworfen. Erst im November, nach längerem Bombardement, konnte Wagner zur Übergabe gezwungen werden.

Heros von Borcke ist der Name eines ehemaligen preußischen Reiterführers, der im Jahre 1862 in die konföderierte Armee eintrat und dem berühmten Reitergeneral Jeb Stuart als Stabschef zugeteilt wurde. Er zeichnete sich durch Kühnheit und Tapferkeit derart aus, daß der konföderierte Kongreß ihm ein besonderes Dankesvotum widmete. Im Gefecht bei Middleburg wurde von Borcke so schwer verwundet, daß er monatelang zwischen Leben und Tod schwebte und aus dem aktiven Dienst ausscheiden mußte. Im Winter 1864—1865 nahm er eine Mission der konföderierten Regierung nach England an, doch blieb dieselbe ohne Ergebnis, da bald darauf der Zusammenbruch der Konföderation erfolgte. Von Borcke kehrte darauf nach Deutschland zurück, wo er das vielgelesene Buch: „Zwei Jahre im Sattel und am Feinde" schrieb. Als er zwanzig Jahre später abermals die Südstaaten besuchte, gestaltete sich seine Reise zu einem förmlichen Triumphzuge.

Der Hannoveraner Carl Friedrich Henningsen, ein richtiger deutscher Landsknecht, brachte es zum Rang eines Brigadegenerals der konföderierten Armee, fand aber nur wenig Gelegenheit, sich auszuzeichnen.

*   *

*

Es ist nötig, hier noch zweier Männer zu gedenken, die während des Bürgerkriegs überaus verantwortliche Stellen in Staatsdiensten bekleideten, der beiden Schatzmeister Francis E. Spinner und Ch. Gustav Memminger.

Der Erstgenannte war ein Sohn des im Jahre 1800 aus Tauberbischofsheim in die Vereinigten Staaten eingewanderten Predigers Johann P. Spinner, der von 1801 bis 1848 der alten Pfälzerkirche zu Herkimer im Mohawktal vorstand. Hier wurde am 21. Dezember 1801 sein Sohn Francis geboren. Nachdem derselbe mehrere wichtige Ämter bekleidet und es in der Miliz zum Generalmajor gebracht hatte, war er viele Jahre als Kassierer und Leiter der Mohawk Valley Bank in Mohawk tätig. Im Jahre 1848 erwählte man ihn zum Abgeordneten für den Bundeskongreß, in dem er einer der eifrigsten Befürworter der Abschaffung der Sklaverei war.

Als der Bürgerkrieg ausbrach, ernannte Präsident Lincoln Spinner zum Schatzmeister der Vereinigten Staaten. Aber die Kassen waren leer. Nichtsdestoweniger glückte es Spinner, durch weise Anordnungen den Finanzen wieder eine so gesunde Grundlage zu geben, daß den ersten Anstürmen auf die Kasse Rechnung getragen werden konnte. Die von ihm getroffenen Einrichtungen bewährten sich so, daß, trotzdem viele Millionen in Umlauf gesetzt wurden, nicht ein einziger Dollar verloren ging. Seiner Gewissenhaftigkeit wegen nannte der Volksmund Spinner „The Watchdog of the Treasury" („Den Wachthund des Schatzamts"). Und H. McCullogh sagt von ihm in dem Buch „Men and conditions of a half century": „Nie hat ein vertrauenswürdigerer, gewissenhafterer und aufrichtigerer Mann ein so schwieriges Amt verwaltet als Francis E. Spinner. Vom frühen Morgen bis spät in die Nacht stand er an seinem Pult, und er war immer der letzte, der das Arbeitszimmer verließ."

Während seines dritten Amtsjahres machte Spinner den ersten Versuch, weibliche Personen als Regierungsangestellte zu verwenden. Diese bewährten sich vorzüglich, indem sie an Pünktlichkeit, Schnelligkeit und Ordnung nichts zu wünschen übrig ließen. Im Auftrag der Regierung besuchte Spinner auch Europa, um dortige Geldleute für amerikanische Staats-

Ch. Gustav Memminger,
Finanzminister der südstaatlichen Regierung während des amerikanischen Bürgerkriegs.

papiere zu interessieren. Er tat dies mit ausgesprochenem Erfolg. Spinner bekleidete seinen verantwortungsvollen Posten 15 Jahre lang. Nach seinem am 31. Dezember 1890 erfolgten Tod veranstalteten die in Dienst der Regierung stehenden weiblichen Angestellten am 10. Januar 1891 in Washington eine Massenversammlung, welche die Errichtung eines Standbildes Spinners beschloß. Dasselbe wurde am 29. Juni 1909 in der im Mohawktal gelegenen Stadt Herkimer enthüllt.

Ch. Gustav Memminger, ein armer deutscher Waisenknabe, hatte sich in Charleston zu einer sehr angesehenen Stellung emporgearbeitet. Als der Bürgerkrieg ausbrach, berief der Präsident der Südstaaten, Jefferson Davis, Memminger als Finanzminister in sein Kabinett. Das war allerdings kein beneidenswerter Posten, denn die finanziellen Hilfsmittel der südlichen Regierung waren in noch viel schlechterer Verfassung als jene der Bundesregierung, die während des langen Krieges mehrmals dem Bankerott nahe war. Trotz der oft unüberbrückbar scheinenden Verlegenheiten bekleidete Memminger sein schweres Amt bis zum Jahre 1864, wo er, die Nutzlosigkeit des ferneren Kampfes erkennend, seinen dornenvollen Posten niederlegte.

* *
*

Manche Offiziere deutschamerikanischer Abstammung spielten auch in den zahllosen Indianerkämpfen, welche die Vereinigten Staaten während des 19. Jahrhunderts im fernen Westen führen mußten, wichtige Rollen. Vor allen der Oberstleutnant F e t t e r m a n und der Reitergeneral G e o r g e A. C u s t e r, der Abkömmling einer während des 18. Jahrhunderts in Pennsylvanien eingewanderten hessischen Familie Namens K ü s t e r. Nach manchen Siegen über die Cheyennen, Arrapahoes und Sioux fiel dieser kühne General nebst 261 seiner Reiter am 25. Juni 1876 am Little Big Horn River in Montana, wo sein tollkühner Mut ihn mitten unter weit überlegene Feinde geführt hatte. In demselben Treffen fand sein Bruder, der Oberstleutnant Thomas Custer den Soldatentod.

In einem der Indianerkriege fiel auch der Brigadegeneral A l e x a n d e r v o n S c h r a d e r, ein ehemaliger preußischer Offizier, der sich als Ingenieur bereits während des Bürgerkriegs ausgezeichnet hatte.

* *
*

Auch im Krieg des Jahres 1898, durch welchen der jahrhundertelangen spanischen Willkürherrschaft in der Neuen Welt das längst verdiente Ende bereitet wurde, dienten sowohl im Heer wie in der Marine zahlreiche Truppen und Offiziere deutschen Namens. Bei dem ersten blutigen Ereignis, der Explosion des Schlachtschiffs „Maine" im Hafen von Havanna, gingen 21 Deutsche zugrunde. Auf der Verlustliste des 8. Freiwilligenregiments stehen ein Drittel mit deutschen Namen. Von 96 Toten des 71. Regiments entstammen gleichfalls 20 deutschen Familien.

Unter den Offizieren, welche auf Porto Rico und den Philippinen fochten, zeichnete sich besonders T h e o d o r S c h w a n aus. Als gemeiner Soldat hatte er bereits an der Expedition gegen die Mormonen teilgenommen. Während des Bürgerkriegs focht er in 20 Schlachten mit, darunter jene von Chancellorsville, Gettysburg, in der Wildnis, Spottsylvania, Petersburg usw. Später diente Schwan in vielen Indianerkriegen. Seine größte militärische Wirksamkeit fällt aber in den spanisch-amerikanischen Krieg. Während desselben befehligte er als Brigadegeneral auf Porto Rico die Heeresabteilung, welche von der Westküste gegen Mayaguez vormarschierte und am 10. August 1898 bei Hormigueros erfolgreich ein blutiges Gefecht gegen eine starke spanische Abteilung bestand. Auf den Philippinen leitete Schwan die Expedtionen in der Provinz Cavite und in Südluzon. Den Rang eines Brigadegenerals erreichte auch Johann Walter Klaus oder Clous, der im Stab des Oberstbefehlshabers, General Miles, den spanisch-amerikanischen Feldzug mitmachte. Ferner der Generalarzt George M. Sternberg, dem der gesamte Sanitätsdienst unterstellt war.

Und unter den Helden jenes Krieges ragt der Nachkomme eines deutschen Schulmeisters hervor: Winfield Scott Schley, der Sieger von Santiago. Sein Urahne war Thomas Schley, der im Jahre 1735 das erste Haus der heutigen Stadt Frederick in Maryland erbaute.

Die Laufbahn weniger Männer ist so reich an ehrenvollen Taten, wie die des Admirals Schley. Am 9. Oktober 1839 in der Nähe des alten Familiensitzes Frederick geboren, durchlief er die Marineakademie in Annapolis.

Admiral Winfield Scott Schley.

Als junger Seeoffizier focht er im Bürgerkrieg; später wurde er dem Geschwader im Großen Ozean zugeteilt. Hier unterdrückte er im Jahre 1864 einen Aufstand chinesischer Kulis auf den Chinchiinseln. 1871 beteiligte er sich an dem Angriff auf die Forts am Salu in Korea. Nachdem er dann fünf Jahre im Atlantischen Geschwader gedient hatte, befehligte er die beiden Dampfer, welche im Jahre 1884 ausgeschickt wurden, um den verschollenen Polarforscher A. W. Greeley aufzusuchen. Es gelang Schley, die auf sechs Mann zusammengeschmolzene Expedition Greeleys zu retten, wofür ihm der Kongreß eine goldene Denkmünze stiftete. 1891 verrichtete er höchst wertvolle Dienste in

Chile. Die Zeit höchsten Ruhms kam für Schley aber im Jahre 1898, als eine aus den Kreuzern „Christobal Colon", „Almirante Oquendo", „Maria Theresa", „Vizcaya" und den Torpedobootzerstörern „Furor", „Terror" und „Pluton" bestehende spanische Flotte unter dem Befehl des Admirals Cervera Europa verließ und die amerikanische Küste bedrohte.

In Eile zog man in den Vereinigten Staaten ein „fliegendes Geschwader" zusammen und unterstellte dasselbe dem Befehl des Commodore Schley. Dieser richtete zunächst mittels schneller Avisos einen ausgedehnten Wachtdienst längs der ganzen atlantischen Küste ein. Als die Nachricht eintraf, daß die feindliche Flotte in Westindien gesichtet worden sei, galt es, Cervera daran zu verhindern, mit seinen Schiffen Havanna, den einzig möglichen Stützpunkt, zu erreichen. Während Admiral Sampson mit seiner starken Flotte die Haiti und Cuba trennende Windwardpassage sperrte, eilte Schley mit seinem fliegenden Geschwader um die Westspitze Cubas durch den Kanal von Yukatan, um auch diesen Weg zu verlegen.

Mangel an Kohlen hatten Cervera gezwungen, den cubanischen Hafen Santiago anzulaufen. Dort wurde seine Anwesenheit am 26. Mai durch die schnellen Aufklärungsboote Schleys festgestellt, worauf sowohl dessen Geschwader wie die Flotte Sampsons herbeieilten, um Cervera die Ausfahrt aus seinem Zufluchtsort zu versperren. Das gelang. Da aber die nahende Regen- und Orkanperiode eine lange Blockade sehr gefährlich machen mußte, so beschloß man in Washington, Cervera durch einen Landangriff aus dem Hafen herauszutreiben und zur Schlacht zu zwingen. Es folgte die Überfahrt einer 17 000 Mann starken amerikanischen Armee unter dem Befehl des Generals Shafter. Diese stürmte den Hügel von San Juan und schloß die Stadt Santiago dermaßen ein, daß ihre Lage unhaltbar und Admiral Cervera zu einen Durchbruchsversuch genötigt wurde.

Dieser erfolgte am 3. Juli, zu einer Zeit, wo Admiral Sampson mit dem Schlachtschiff „New York" abwesend war, und Commodore Schley den Oberbefehl über das ganze amerikanische Geschwader führte.

Es war 9 Uhr 35 Minuten vormittags, als die spanischen Schiffe den Hafen von Santiago plötzlich in voller Fahrt verließen. Voran das Flaggschiff Cerveras, die „Infanta Maria Theresa"; hinter ihr in kurzen Abständen die Schiffe „Vizcaya", „Cristobol Colon", „Almirante Oquendo" und die Torpedobootzerstörer „Pluton" und „Furor".

Sofort flogen auf den amerikanischen Kriegsschiffen die Signalflaggen empor, gleichzeitig machte man sich fertig zur Aktion. Augenscheinlich planten die Spanier, unter Aufgebot der äußersten Geschwindigkeit den Amerikanern zu entrinnen. Aber Schleys „Brooklyn" sowie die „Texas" erwiesen sich als ebenbürtige Renner und blieben, aus ihren schweren Deckgeschützen ein vernichtendes Feuer eröffnend, den westwärts eilenden Spaniern hartnäckig zur Seite. Bereits nach 25 Minuten standen die von zahlreichen Granaten getroffenen Schiffe „Maria Theresa" und „Oquendo" in hellen Flammen und mußten, um den Untergang ihrer Besatzung zu verhüten, auf den Strand gesetzt werden.

„Vizcaya" und „Cristobol Colon" flohen unter Volldampf weiter, hart verfolgt von den Schiffen „Brooklyn", „Texas", „Iova" und „Oregon". Kurz nach elf Uhr geriet auch die „Vizcaya" in Brand und lief bei Aserraderos auf den Strand. Die beiden Torpedobootzerstörer „Pluton" und „Furor" erlitten das gleiche Schicksal.

Am längsten hielt sich der von der „Brooklyn" scharf verfolgte Kreuzer „Cristobol Colon". Es hißte erst gegen ein Uhr nachmittags die weiße Flagge und strandete 50 Meilen westlich von Santiago.

Sämtliche Schiffe, Spaniens letzte Hoffnung, waren in wertlose, rauchende Wracks verwandelt. 2000 Gefangene, darunter Admiral Cervera, fielen den Amerikanern in die Hände. Während die Zahl der Toten auf spanischer Seite über 600 betrug, hatten die Amerikaner nur einen Toten und einen Verwundeten. Schleys glänzender Sieg entschied auch das Schicksal der Stadt Santiago, deren am 17. Juli erfolgende Kapitulation den Amerikanern weitere 22 000 spanische Truppen als Kriegsgefangene überlieferte.

Es ist hier nicht der Platz, auf die später angestellten häßlichen Versuche einzugehen, um Schley den Ruhm des Siegers von Santiago zu entreißen und dem Admiral Sampson zuzuwenden. Die Volksmeinung ist über die unerquicklichen Kontroversen, die sich an diese Bemühungen knüpften, hinweggegangen und hat den Lorbeerkranz jenem Helden zuerkannt, dem er von Rechts wegen gebührt: Winfield Scott Schley.

Die Deutschamerikaner im politischen Leben der Vereinigten Staaten.

Friedrich August Mühlenberg, Vorsitzender im Abgeordnetenhause des Bundeskongresses 1789—1791 und 1793—1795.

Es besteht vielfach die Ansicht, als hätten die in der Union lebenden Deutschen es nicht verstanden, in politischer Hinsicht in gleichem Grade wie auf anderen Gebieten sich Geltung zu verschaffen. In der Tat entsprach ihre Vertretung im Bundeskongreß niemals ihrer Zahl und Macht. Auch sehen wir sie verhältnismäßig selten höhere politische Ämter bekleiden, obwohl die Deutschen ihrer allgemeinen Bildung nach dazu eher berufen wären, als manche andere fremdgeborenen Elemente, die sich stets einen großen Teil der öffentlichen Ämter, besonders in den Städten, zu sichern wissen.

Die Erklärung für die verhältnismäßig geringe Beteiligung des Deutschamerikanertums an politischen Ämtern ist in mannigfachen Umständen begründet. Zunächst ist zu beachten, daß von den in den Vereinigten Staaten einwandernden Deutschen nur wenige der englischen Sprache mächtig sind. Diese so zu erlernen, daß sie imstande wären, in dieser fremden Zunge parlamentarische Kämpfe auszufechten, gelingt nur einzelnen, wogegen dem Irländer dies sprachliche Hindernis nicht im Wege steht. Auch ist zu beachten, daß die in die Vereinigten Staaten einwandernden Deutschen von vornherein nicht in der Absicht kommen, um am politischen Leben teilzunehmen. Sie kommen zunächst, um sich eine bessere Existenz, als ihnen im alten Vaterland zu erringen möglich war, zu suchen. Bei ihrer Ankunft meist nicht mit großen Geldmitteln versehen, sind sie genötigt, ihr Auskommen in sichern Berufen zu suchen. Sind sie hierin erfolgreich, so entschließen sie sich begreiflicherweise selten dazu, die eroberte Stellung aufzugeben und fragliche Erfolge auf dem schwankenden Boden der Politik zu suchen, auf dem ihnen obendrein in den Amerikanern und Irländern so gewichtige Nebenbuhler gegenüberstehen. Berücksichtigt man, daß auch das Deutsche Reich nur wenige berufsmäßige Politiker besitzt, so kann die geringe Zahl deutschamerikanischer Politiker kaum überraschen, wenn man die obigen Gründe in Erwägung zieht. Dazu kommt, daß bis heute in Amerika die berufsmäßigen Politiker, manche verdiente Männer ausgenommen, durchaus nicht die Achtung genießen, die in Europa den Parlamentariern, den Vertretern des Volks, entgegengebracht wird. Man hat in Amerika soviel von gewerbsmäßigen Beute- und Maschinenpolitikern erlebt und erlitten, daß auch das bessere Amerikanertum lange Zeit allen Geschmack an der Politik verlor, und dieselbe, natürlich zu noch größerem Schaden für die Allgemeinheit, den zweifelhaftesten Persönlichkeiten überließ. Diese Abneigung gegen die Politik ist auch bei den Deutschamerikanern in hohem Grade vorhanden; die Mehrzahl folgt den Schleichwegen der Politiker ohne Interesse oder voll Widerwillen. Es mag hauptsächlich darauf zurückzuführen sein, daß das Deutschamerikanertum nur in außergewöhnlichen Fällen sich zu einem einmütigen Handeln bewegen läßt; zudem kommt, daß es sich über ein Gebiet verteilt, welches an Ausdehnung Deutschland siebzehnmal übertrifft und in 48 Staaten und mehrere Territorien zerfällt, die für sich wiederum ihre besonderen Interessen und gesetzgebenden Körperschaften besitzen. Da die in diesem ungeheuren Gebiet unter den verschiedenartigsten Bedingungen lebenden Deutschen auch nicht wie die auf die Wiederaufrichtung Irlands hoffenden und durch den Katholizismus zusammengehaltenen Irländer durch Sonderinteressen oder ein gemeinsames religiöses Band aneinandergekittet sind, sondern in ihren politischen und religiösen Ansichten weit auseinandergehen, so ist auch an die Verwirklichung einer deutschen Partei, welche alle in den Vereinigten Staaten lebenden Deutschen umfasse, nicht zu denken. So wenig ein solcher Traum, der in den Köpfen einiger schwärmerischer Achtundvierziger entstand, in Deutschland verwirklicht werden könnte, so wenig würde er sich hier herbeiführen lassen. Zumal er von der großen Masse der Deutschamerikaner nicht gehegt und von den einsichtsvolleren Deutschen nicht befürwortet wird. Versuche zu seiner Verwirklichung würden ohne praktische Folgen bleiben.

In dieser Erkenntnis haben die mit den amerikanischen Verhältnissen vertrauten Deutschamerikaner den Plan einer besonderen deutschamerikanischen

Partei nie unterstützt. Sie wollen keinen Staat im Staate bilden, sondern sich nur als amerikanische Bürger deutscher Abstammung betrachtet wissen. Als solche schließen sie sich je nach ihrer Überzeugung einer der bestehenden großen Parteien an oder bleiben unabhängig, um derjenigen Partei zum Siege zu verhelfen, die für die Durchführung berechtigter Wünsche die beste Aussicht darbietet.

Fälle, wo große Massen des Deutschamerikanertums eine solche unabhängige Stellung einnahmen und durch ihre Unterstützung einer bestimmten Partei den Sieg verschafften, waren beispielsweise die Präsidentenwahlen der Jahre 1860, 1892 und 1896. In dem erstgenannten Jahre stimmte fast das gesamte Deutschamerikanertum für Lincoln als den Gegner der Sklaverei; 1892 unterstützte es Cleveland als den Vertreter des Freihandels, während es in der Präsidentenwahl des Jahres 1896 fast einstimmig für Gutgeld und ehrliche Finanzwirtschaft eintrat.

Daß Lincoln seine Erwählung den Deutschen des Westens verdankte, hat er oft genug selbst zugestanden. Bis in die Mitte der fünfziger Jahre hinein hatten die Deutschamerikaner meist demokratisch gestimmt. Dann trat aber, durch die machtvollen Reden von Karl Schurz, des in Cincinnati wohnhaften Juristen Johann Bernhard Stallo und anderer deutscher Männer bewirkt, ein sichtlicher Umschwung ein. Im Jahre 1860 schieden die Deutschen bereits massenhaft aus der demokratischen Partei aus und gingen zu den Republikanern über. Durch sie wurden die Staaten Indiana, Illinois, Iowa, Michigan, Minnesota, Wisconsin und Ohio mit insgesamt 66 Elektoralstimmen für Lincoln gesichert.

Die Bedeutung des deutschen Votums in der Sklavenfrage ist auch von vielen großdenkenden Amerikanern stets anerkannt worden. So sprach Charles Sumner am 25. Februar 1862 im Senat der Vereinigten Staaten folgende Worte: „Unsere deutschen Mitbürger sind in dem langen Kampfe mit der Sklaverei nicht nur ernst und treu gewesen, sondern haben die große Frage stets in ihrer wahren Natur und Bedeutung gesehen. Ohne sie würde unsere Sache bei der letzten Präsidentenwahl nicht gesiegt haben."

Und Andrew White äußerte sich folgendermaßen: „Die Reden, die die deutschen Männer vor Ausbruch des Bürgerkriegs über die großen, unser Land bewegenden Fragen hielten, waren voll hoher Gesichtspunkte, voll neuer mächtiger Ideen, von denen wir alle lernten. Sie behandelten die politischen und sozialverderblichen Einflüsse der Sklaverei auf das Land, seine Institutionen, die Sklavenhalter und die weiße Bevölkerung. Und ihre Argumente trugen sie mit einem Feuereifer der Überzeugung und einer Beredsamkeit vor, die alle Anhänger der Union mit fortriß und für die Gestaltung des Kriegs und seinen Ausgang von größter Bedeutung war."

Cleveland wurde im Jahre 1881 durch die Stimmen der Deutschen von Buffalo zum Bürgermeister jener Stadt und im folgenden Jahre durch die Stimmen der Deutschen des Staates zum Gouverneur von New York erwählt.

Und deutsche Bürger des ganzen Landes scharten sich um Clevelands Banner in den drei Nationalwahlen, in welchen er als Präsidentschaftskandidat der demokratischen Partei figurierte. Seinen großen Triumph im Jahre 1892, wo er die Elektoralstimmen der republikanischen Staaten Illinois und Wisconsin, teilweise auch von Michigan gewann, verdankte er gleichfalls der Unterstützung seitens der Deutschen.

Zu den Verdiensten der Deutschen gehört es auch, die Reformierung der amerikanischen Städteverwaltung angebahnt, am nachdrücklichsten für die Tilgung veralteter Gesetze und am kräftigsten für die Erhaltung und Erweiterung der persönlichen Freiheit gekämpft zu haben. Sie taten dies durch Gründung zahlreicher, in fast allen größeren Städten bestehenden Reformvereine, wie z. B. die „Independent Citizens Union of Maryland", deren Programm unter anderem folgende Erklärung enthält: „Sie bezweckt zum allgemeinen Besten die Überwachung aller öffentlichen Angelegenheiten sowie die Sicherung einer ehrlichen, wirksamen und sparsamen Verwaltung in Stadt und Staat. Sie will die Befähigung und den Charakter aller Bewerber um ein Amt feststellen, und nach ihrer Erwählung einen Rekord über ihre amtliche Tätigkeit anfertigen. Sie will ferner die Grundsätze einer repräsentativen Regierung sichern und die bürgerlichen und politischen Rechte ihrer Mitglieder schützen. Endlich auch die Aufhebung veralteter und schädlicher Gesetze bewirken und die Wohlfahrt des Volks durch alle ehrenhaften und gesetzlichen Mittel fördern."

In vielen Städten war es solchen deutschen Reformvereinigungen beschieden, bei kritischen Wahlgängen die Entscheidung zugunsten solcher Parteien und Personen herbeizuführen, deren Grundsätze und Charakter eine Besserung der vorhandenen Zustände verbürgten.

Wie sehr die amerikanischen Politiker mit dem deutschen Votum rechnen, zeigt die Tatsache, daß keine der beiden großen Parteien in einen Wahlkampf eintritt, ohne vorher sich über die Stimmung und die Wünsche der Deutschen genau vergewissert und denselben bei der Abfassung der Prinzipienerklärung Rechnung getragen zu haben.

*   *

*

An hochbegabten Deutschen, die im politischen Leben Amerikas eine angesehene Rolle spielten, hat es keineswegs gefehlt. Einem Deutschamerikaner, Friedrich August Mühlenberg, einem Sohn des berühmten Geistlichen Heinrich Melchior Mühlenberg, fiel die hohe Ehre anheim, im Jahre 1789 in der ersten Tagung des Bundeskongresses zum Vorsitzenden des Abgeordnetenhauses erwählt zu werden. Er bekleidete diese wichtige Stelle von 1789 bis 1791 sowie von 1793 bis 1795. Als Vertreter des Staates Pennsylvanien gehörte er ferner dem ersten, zweiten, dritten und vierten Bundeskongreß an.

Sein Bruder, der berühmte General Peter Mühlenberg, war Abgeordneter Pennsylvaniens im ersten, zweiten und sechsten Kongreß. 1806 wurde er Bundessenator.

Als Senatoren fungierten ferner die Deutschen Jakob Schüremann (1799 bis 1801), Michael Leib (1804 bis 1806) und Karl Schurz (1869 bis 1875).

Von den zahlreichen deutschgeborenen Abgeordneten gehören Gustav Schleicher, Georg Bär, Friedrich Conrad, Adam Seybert, David Rütschi, Michael Hahn, Lorenz Brentano, Anton Eickhoff, Leopold Maaß, Nikolaus Müller, Robert H. Foerderer, Peter V. Deuster, Richard Günther und Richard Barthold zu denjenigen, die durch wiederholte Wahl ausgezeichnet und weithin bekannt wurden.

Der bedeutende Einfluß, den die Deutschamerikaner in Pennsylvanien zeitweise ausübten, läßt sich am besten aus der Tatsache erkennen, daß sie mit nur einer Unterbrechung jenem Staate während des Zeitraums von 1808 bis 1839 sämtliche Gouverneure lieferten. Diese waren Simon Schnyder, welcher die drei Termine von 1808 bis 1817 ausfüllte; Joseph Heister oder Hiester (1820 bis 1823); Johann Andreas Schulze (1823 bis 1829); Georg Wolf (1829 bis 1835) und Joseph Ritner (1835 bis 1839). Ihnen gesellten sich später noch die Deutschamerikaner Francis Schunk (1845 bis 1848); William Bigler (1852 bis 1855); John F. Hartranft (1873 bis 1879); John A. Beaver (1887 bis 1891) und Samuel W. Pennypacker (Pannebäcker) (1903 bis 1906) hinzu.

Von Gouverneuren deutscher Abstammung wurden ferner Johann Brouck in New York, Adam Treutlen in Georgia, A. B. Fleming in Westvirginia, Franz Hoffmann und Johann Altgeld in Illinois, Michael Hahn in Louisiana, Johann Anton Quitmann in Mississippi, Eduard Salomon in Wisconsin und Wilhelm Meyers in Colorado weiteren Kreisen bekannt.

Außer den Genannten nahmen viele andere Deutschgeborene und Abkömmlinge solcher am politischen Leben der Vereinigten Staaten in hervorragender Weise teil. Beispielsweise Wilhelm Wirt, der als Generalanwalt im Kabinett des Präsidenten Monroe saß, und diese Stellung zwölf Jahre lang, bis zum Schluß des Amtstermins des Präsidenten Quincy Adams, bekleidete. Ferner Gustav Körner, Vizegouverneur des Staates Illinois und Gesandter in Spanien; Richter Johann Bernhard Stallo, Gesandter in Italien; John Wannamaker, Generalpostmeister unter der Administration des Präsidenten Harrison. Generalpostmeister im Kabinett des Präsidenten Roosevelt war der in Boston geborene Georg von Lengerke-Meyer, dessen Vorfahren aus Norddeutschland stammen. Er hatte im diplomatischen Dienst als Botschafter in Rom und St. Petersburg bereits Verwendung gefunden. Er bewährte sich in allen Stellen so, daß Präsident Taft bei der Bildung seines

Kabinetts ihn übernahm und zum Marineminister ernannte. Taft berief noch zwei andere Amerikaner deutscher Abkunft in sein Kabinett. Dem ebenfalls im öffentlichen Dienst durchaus erfahrenen Richard Achilles Ballinger übertrug er das Ministerium des Innern, und dem aus Texas stammenden Charles Nagel das bisher von dem Israeliten Oskar Straus innegehabte Ministerium für Handel und Gewerbe.

Bei einer Würdigung des Einflusses der Deutschamerikaner auf das politische Leben Amerikas dürfen wir auch zweier deutscher Künstler nicht vergessen, die durch ihre politischen Karikaturen und Kartons die öffentliche Meinung jahrelang mächtig beeinflußten. Diese beiden waren die Zeichner Thomas Nast und Joseph Keppler. Der erste traktierte seinerzeit die für die Korruption der New Yorker Stadtverwaltung verantwortliche Tammany-Gesellschaft mit fürchterlichen Geißelhieben und trug dadurch ungeheuer zur Beseitigung des Tammanyhäuptlings Tweed und seiner Helfershelfer bei. Während des Bürgerkriegs war Nast als Zeichner für „Harpers Weekly" tätig. Seine Bilder und Karikaturen wurden im Norden vom Volke geradezu verschlungen. Im Süden hingegen gehörte Nast zu den am meisten gehaßten und gefürchteten „Yankees". Nast starb als Generalkonsul der Vereinigten Staaten in Ecuador.

Keppler begründete die politisch-satirische Wochenschrift „Puck" und veröffentlichte in dieser ungemein eindrucksvolle Bilder, von denen viele an nachhaltiger Wirkung manche Wahlrede weit übertrafen.

Keinem von allen bisher genannten Deutschen war aber im politischen Leben Amerikas eine so bedeutende Rolle beschieden, wie dem Rheinländer Karl Schurz, dem es dank seiner hervorragenden Fähigkeiten und seltenen Charaktereigenschaften gelang, nicht bloß die höchsten, einem nicht in Amerika geborenen Mann in der Regierung der Vereinigten Staaten zugängigen Stellungen, sondern auch einen großen Einfluß auf das amerikanische Volk zu gewinnen.

Karl Schurz.

Karl Schurz wurde am 2. März 1829 in Liblar bei Köln geboren, unweit jener Stelle, wo die Ufer des grüngoldigen Rheins ihre höchsten Reize entfalten und sich zum sagenumwobenen, von Ruinen und Burgen gekrönten Siebengebirge erheben.

Wessen Wiege in solcher Umgebung stand, kann kaum etwas anderes sein und werden als ein Idealist. Und ein Idealist war Schurz sein Leben lang. Der sonnig milde Charakter der Heimat übertrug sich auf sein Gemüt, das neben unendlicher Milde und Güte den heiteren Frohsinn, den nie verzagenden Optimismus des Rheinländers zeigte.

Neben diesen anmutenden Eigenschaften verlieh die gütige Natur ihm manche andere wertvolle Gaben: einen scharfen, durchdringenden Verstand und einen Blick von seltener Klarheit, die ihn alle Verhältnisse rasch erfassen ließen. Dazu ein feines Gefühl für die Schönheiten der Schrift und Sprache und — last but not least — eine wahrhaft glänzende Rednergabe. Was er in späteren Jahren über den großen Virginier Henry Clay schrieb, derselbe habe das echte rednerische Temperament, jene Macht nervöser Erregung besessen, wo der Redner andern wie ein höheres Wesen erscheint und seine Gedanken, seine Leidenschaften und seinen Willen in den Geist und Sinn des Zuhörers hinüberfließen läßt, das galt auch von Schurz. Seine unvergleichliche Logik, das Feuer seiner Begeisterung, seine mit einem bestrickenden Wohlklang der Stimme verbundene glänzende Ausdrucksweise übten auf alle Hörer eine so faszinierende Wirkung, daß sie wie verzaubert an seinen Lippen hingen.

Aber nicht bloß die Umgebung, sondern auch die Verhältnisse modellieren den Menschen. Während seiner Studienzeit auf der Universität Bonn zu den Schülern des Kunstgelehrten und Idealisten Gottfried Kinkel gehörend, lernte er die entwürdigende Lage des unter dem Druck rückschrittlicher Regierungen seufzenden deutschen Volkes erkennen. Als in den vierziger Jahren die auf den Sturz dieser Regierungen abzielenden Aufstände im Rheinland losbrachen, nahmen Kinkel wie Schurz an denselben teil. Nach dem Mißlingen der geplanten Erstürmung des Zeughauses in Siegburg wandten beide sich nach Baden. Hier zählten sie zu denjenigen, welche nach dem Abzug des geschlagenen Revolutionsheeres die Festung Rastatt verteidigten, aber am 23. Juli 1848 vor einer ungeheuren Übermacht die Waffen strecken mußten.

Schurz war einer der wenigen, denen es glückte, sich durch die Flucht langjähriger Gefangenschaft zu entziehen. Seinem zu zwanzigjähriger Zuchthausstrafe verurteilten Lehrer Kinkel verhalf er im November 1850 durch eine kühne Tat zur Freiheit. Beide wandten sich nach England, von wo Schurz später, dem großen Strom der politischen Flüchtlinge folgend, sich im September 1852 nach Amerika einschiffte.

Als er hier eintraf, fand er die Vereinigten Staaten in schlimmer Gärung. Norden und Süden standen betreffs der Sklavenfrage einander schroff gegenüber. Alle Anzeichen ließen erkennen, daß diese alte Streitfrage nunmehr zur endlichen Entscheidung dränge. Auf welcher Seite Schurz stehen werde, konnte keinem Zweifel unterliegen. Schon im Jahre 1858 trat er als englischer Redner auf. Seine erste große Rede „The Irrepressible Conflict" wurde überall verbreitet. Noch größeren Erfolg hatte seine berühmte, im Jahre 1860 gehaltene Rede „The Doom of Slavery". Dieselbe fand im ganzen Lande mächtigen Widerhall. Besonders deshalb, weil Schurz in der Sklavenfrage Gesichtspunkte aufstellte, welche neu und weit mächtiger wirkten, als die bisher ins Feld geführten rein rechtlichen und menschlichen Argumente. Schurz beleuchtete nämlich auch die politisch und sozial verderblichen Einflüsse, welche die Duldung der Sklaverei auf das Land, seine Einrichtungen und Bevölkerung ausüben müsse und tat dies in so überzeugender Weise und mit solcher Beredsamkeit, daß seine Ansprachen an Wirksamkeit staatsmännischen Taten gleichkamen.

Es war in jenen erregten Zeiten, wo das Geschick ihn mit Abraham Lincoln zusammenführte. Beide an großen Eigenschaften gleichen Männer erkannten den gegenseitigen Wert. Es bedurfte keines Schachers, um Schurz zu bestimmen, von nun an mit der vollen Begeisterung eines an den Triumph der allgemeinen Menschenrechte glaubenden deutschen Akademikers für die Nomination und Wahl Lincolns zum Präsidenten einzutreten.

Schurz tat dies als einer der Gründer der jungen republikanischen Partei. Als einer der hervorragendsten Wortführer derselben bewirkte er im Verein mit S t a l l o und anderen hervorragenden Deutschen des Westens einen so gewaltigen Umschwung in der Stellung der im Westen wohnenden Deutschen, daß dieselben bei der Präsidentenwahl des Jahres 1860 massenhaft aus der demokratischen Partei ausschieden und zu den Republikanern übergingen. Dadurch wurden die Staaten Ohio, Indiana, Illinois, Michigan, Wisconsin, Iowa und Minnesota für Lincoln gesichert.

In dankbarer Anerkennung dieser Unterstützung und aus persönlicher Wertschätzung ernannte Lincoln nach seinem Amtsantritt Schurz zum Gesandten in Spanien, ein außergewöhnliches Zeichen des Vertrauens, da gerade auf diesem Posten ein kluger und taktvoller Mann stehen mußte, der es vermochte, die Spanier in dem zu erwartenden Krieg zwischen Norden und Süden zum Aufrechterhalten der Neutralität zu bestimmen.

Sobald Schurz dieses Erfolgs gewiß war, kehrte er schleunigst nach

Amerika zurück, um zur Befreiung der Sklaven auch mit dem Schwert beizutragen. Als Führer größerer Heerkörper nahm er an den Schlachten am Bull Run, bei Chancellorsville, Gettysburg und am Lookout Mountain teil. Er bewies dabei Umsicht und Tapferkeit in solchem Maß, daß er in Anerkennung seiner Verdienste zum Generalmajor ernannt wurde.

Nachdem der Bürgerkrieg vorüber, erhielt Schurz vom Präsidenten Johnson den Auftrag, die Zustände des Südens zu studieren und ein Gutachten abzugeben, welche Maßnahmen zur Wiederherstellung der Union dienen könnten. Norden und Süden waren durch den Krieg einander völlig entfremdet. Die radikalen Elemente der republikanischen Partei, ergrimmt über die Ermordung des Präsidenten Lincoln und die furchtbaren, durch den Krieg verursachten Opfer, wollten an dem Süden exemplarische Vergeltung üben und ihn unfähig machen, im inneren politischen Leben der Union je wieder eine Rolle zu spielen. Ihrem Betreiben war es zuzuschreiben, daß die weißen Südländer aller politischen und bürgerlichen Rechte entkleidet wurden, die sie vor dem Kriege genossen hatten. Darüber waren die stolzen Südländer, die vormals zu den Führern und Ratgebern des Volkes gezählt hatten, mit tiefster Bitterkeit erfüllt. Aber mehr noch durch den Umstand, daß man die freigewordenen Neger sämtliche Rechte genießen ließ, die man den weißen Bürgern verwehrte.

Was unter solchen Verhältnissen der beste Kurs gewesen wäre, der im Süden hätte eingeschlagen werden sollen, dürfte vielleicht stets eine offene Frage bleiben. Schurz erkannte die logischen Resultate des Krieges in jeder Hinsicht an. Er empfahl die Einführung und den Schutz der freien Arbeit an Stelle der Sklavenarbeit. Aber er wollte auch die früheren Herren der Sklaven ebenso als Menschen behandelt wissen wie die Freigewordenen. Er befürwortete deshalb die Aufhebung der politischen Entrechtung der weißen Südländer, drang mit dieser Empfehlung aber nicht durch.

Während der nächsten Jahre war Schurz Redakteur verschiedener großer Zeitungen. 1869 erfolgte seine Entsendung in den Bundessenat als Vertreter des Staates Missouri.

Der Senat war der Boden, auf dem Schurz seine glänzenden Eigenschaften voll entfalten konnte. Er zeigte sich nicht nur als Meister der Rede, sondern auch der Debatte. Von ihm sagte die „New York Evening Post" am 14. Mai 1906: „Er war nicht nur der wirkungsvollste Redner der republikanischen Partei, sondern der größte Redner, der während unserer Generation im Kongreß erschienen ist. Ungleich vielen seiner ausgezeichneten Herren Kollegen bediente er sich niemals flacher, bombastischer Redensarten, noch jener ausgetretenen Kunstgriffe, mit welchen Demagogen seit undenklichen Zeiten die Ohren des Pöbels zu kitzeln suchen. Wie von ihm treffend gesagt worden ist, sprach er immer als ein vernünftig denkender Mann zu vernünftigen Männern; stets war er über den Gegenstand seiner Rede vorzüglich unterrichtet, und die Folge war, daß er stets etwas vorbrachte, was der ernsten Beachtung auch jener Personen wert war, die sich in ihren Ansichten von ihm unterschieden."

Karl Schurz offenbarte sich schon damals als eine der eigenartigsten Persönlichkeiten unter den amerikanischen Staatsmännern: als Idealisten edelsten Schlages, der, von tiefem Glauben an die hohe Kulturmission der Vereinigten Staaten durchdrungen, sich selbst die höchsten Ziele steckte und dieselben zu erreichen strebte. „Man mag mir vorwerfen", so äußerte er sich einst, „daß meine Anschauungen phantastisch sind; daß die Geschicke, denen dieses Land entgegengeht, weniger hehrer Art sind; daß das amerikanische Volk nicht so groß ist, wie ich glaube, oder wie es meiner Ansicht nach sein sollte. Ich antworte darauf, daß die Ideale den Sternen am Himmelszelt gleichen. Niemand wird je imstande sein, sie mit seinen Händen zu berühren. Aber der Mensch, der wie der Seemann auf der weiten Wüste des Weltmeeres sie zu seinen Führern nimmt, wird, wenn er ihnen nur getreulich folgt, sein Ziel sicher erreichen."

Um jene Zeit saß der während des Bürgerkriegs zu großem Ruhm gelangte General Grant als Präsident im Weißen Hause. Unter seiner Verwaltung nahmen Korruption und Ämterschacher so überhand, daß Schurz, angeekelt durch diese Zustände, sich von den radikalen Republikanern abwandte und eine neue Partei, die der liberalen Republikaner gründen half. Dieselbe setzte der Grantschen Administration heftigen Widerstand entgegen und stellte, als eine neue Präsidentenwahl nötig wurde, Horace Greeley auf, der aber im Wahlkampf unterlag.

Größeren Erfolg hatte Schurz bei der Präsidentenwahl des Jahres 1876. Er unterstützte dabei den Republikaner Rutherford B. Hayes, weil er diesen in der entbrennenden Währungsfrage für den zuverlässigsten der aufgestellten Kandidaten hielt. Nach der Einführung Hayes in sein Amt erreichte Schurz den Höhepunkt seiner politischen Laufbahn. Er wurde als Minister des Innern in das Kabinett berufen und bekleidete diesen verantwortungsvollen Posten bis zum Jahre 1881.

Während dieser Periode bahnte Schurz manche wichtige Neuerungen an, deren Bedeutung erst in späteren Jahren erkannt und gewürdigt wurden. So trat er aufs nachdrücklichste der beispiellosen Wälderverwüstung entgegen und mahnte zum Schutz der Forsten. Wenn dafür die der Zerstörung des Waldreichtums schuldigen Spekulanten ihn höhnisch den „Amerikanischen Oberförster" tauften, so ahnten sie nicht, daß dieser Spottname eines Tages einem Ehrentitel gleichkommen würde.

Es gelang Schurz nur schwer, das amerikanische Volk von der Bedeutung der Wälder und der Notwendigkeit ihres Schutzes zu überzeugen. Noch weniger war es reif für die Anschauung, daß Ehrlichkeit und gesunder Menschenverstand auch für die Forstverwaltung notwendig seien. Den Umschwung in der Volksstimmung herbeigeführt zu haben, gehört zu den großen Verdiensten, die Karl Schurz sich um dieses Land erworben hat.

Energisch befürwortete Schurz auch die bessere Behandlung der schrecklich mißbrauchten Indianer. Er sorgte nicht bloß für die Abschaffung grober Mißbräuche in der Indianerverwaltung, sondern auch für die Einhaltung der mit den Stämmen geschlossenen Verträge, ferner für die Errichtung geeigneter Schulen, in denen diese „Mündel der Nation" zu zivilisiertem Leben herangezogen werden könnten. Die berühmte Indianerschule zu Carlisle, Pa., wurde unter seiner Verwaltung gegründet.

Schurz nahm ferner Gelegenheit, die von ihm seit Jahren befürwortete Verbesserung des Zivildienstes praktisch zu betätigen. Seitdem unter Präsident Andrew Jackson der Grundsatz „Dem Sieger gehört die Beute" in die Politik eingeführt worden war, hatte die Beutewirtschaft in erschreckender Weise um sich gegriffen. Sie drohte das ganze amerikanische Staatswesen zu vergiften. Die schwersten Schäden dieses Systems bestanden darin, daß an Stelle der von Vaterlandsliebe und Selbstlosigkeit getragenen Helden der amerikanischen Revolution selbstsüchtige, grundsatzlose und käufliche Berufspolitiker traten, von denen die frechsten sich zu „Bossen", das heißt Parteipäpsten aufwarfen, die alle Macht an sich rissen und ihre Anhänger für die geleisteten Parteidienste mit öffentlichen Ämtern belohnten, ohne nach Befähigung oder Ehrlichkeit zu fragen. Es galt der Grundsatz „Wem Gott ein Amt gibt, dem gibt er auch Verstand". Diesen Verstand benutzten die Beutepolitiker aber nur dazu, um das Volk zu plündern, während sie den öffentlichen Dienst in unzulänglichster Weise verrichteten.

Nicht zum wenigsten waren es die Deutschamerikaner, die, von ihrer Heimat her an ein tüchtiges und ehrliches Beamtentum gewöhnt, auf den immer notwendiger werdenden Kampf gegen das Beutesystem hindrängten. Als er endlich aufgenommen wurde, waren sie es, die ihn in der nachdrücklichsten Weise führen halfen. Ihr Vorkämpfer war Schurz, der energisch für die Umgestaltung des Zivildienstes eintrat und mit seinen amerikanischen Gesinnungsgenossen befürwortete, daß der bürgerliche Dienst von der Politik vollständig getrennt werden und daß Tüchtigkeit und Unbescholtenheit die Vorbedingungen sein sollten, um ein öffentliches Amt zu erhalten. Viele Jahre hindurch blieb der Kampf vergeblich, denn die Beutepolitiker besaßen ungeheure Macht und verstanden es trefflich, allerhand Gründe für ihr eigenes System ins Feld zu führen. Sie gaben vor, daß die Zivildienstreformer die Einführung europäischer, monarchischer Zustände beabsichtigten, welche eine zünftige Bureaukratie voll Überhebung hervorrufen müßten, deren Glieder durch langes Verbleiben in den Stellungen einseitig würden und nicht im Einklang stünden mit der jeweiligen, durch die Wahlen bekundeten politischen Richtung sowie den Vertretern dieser Richtung in den obersten Ämtern, denen es doch bei ihrer Verantwortlichkeit überlassen bleiben müßte, ihre Untergebenen selbst auszusuchen. Erst zu Anfang der achtziger Jahre, nachdem die Betrügereien, Unterschlagungen und andere durch öffentliche Beamte hervorgerufene Skandale allzuhäufig wurden, konnten die Zivildienstreformer sich der ersten sichtbaren Erfolge rühmen. Seit jener Zeit hat ihre Sache so bedeutende Fortschritte gemacht, daß nunmehr alle Bundesbeamte mit Ausnahme derer, die vom Präsidenten zu ernennen und vom Senat zu bestätigen sind, dem Zivildienstgesetz unterstehen.

Auch im Verwaltungsdienst vieler Staaten, Gemeinde- und Stadtverwaltungen fand die Zivildienstreform Eingang. Überall erkannte man die ungeheuren Vorteile der Bewegung, durch deren Anbahnung und Ausbreitung Schurz sich Verdienste erwarb, die ihm einen glänzenden Namen in der Geschichte der Vereinigten Staaten sichern. Wie eng Schurz mit der Bewegung verbunden war, ergibt sich daraus, daß er viele Jahre lang den Vorsitz im Zivildienstbund führte.

Nach Ablauf der Hayesschen Administration widmete Schurz sich aufs neue der journalistischen Tätigkeit. Er unterbrach dieselbe wieder, als die Präsidentschaftskampagne des Jahres 1884 heranrückte.

Es war damals, wo Schurz eine ungeheures Aufsehen erregende Schwenkung unternahm. Er, bisher Republikaner, unterstützte die Wahl des demokratischen Reformgouverneurs von New York, Grover Cleveland, gegen den Republikaner Blaine. Zu diesem Schritt ließ Schurz sich durch den persönlichen Wert des einen und den Minderwert des anderen Kandidaten bestimmen.

Obwohl er die Notwendigkeit der Organisation zum Zweck der erfolgreichen Durchführung bestimmter Ziele stets anerkannte, verpflichtete er sich nie dazu, einer bestimmten Partei anzugehören und mit derselben durch Dick und Dünn zu marschieren. Die Losung „My party, right or wrong" („Meine Partei, ob recht, ob unrecht!") stieß ihn ab. Er betrachtete die Parteien nicht als Selbstzweck, sondern nur als Mittel zum Zweck. Deshalb focht er, je nachdem die Umstände es forderten, bald auf seiten der Republikaner, bald auf seiten der Demokraten oder unabhängiger Vereinigungen.

Dies Verhalten wurde ihm von vielen zum Vorwurf gemacht. Schurz ließ sich aber dadurch nicht beirren, sondern fuhr fort, in allen das Land angehenden Fragen seinen eignen Grundsätzen und seiner Überzeugung getreu zu bleiben und zu handeln. Es kann deshalb diejenigen, welche mit der Finanzgeschichte der Vereinigten Staaten vertraut sind, nicht überraschen, daß Schurz im Jahre 1896 als Unabhängiger für die Wahl McKinleys eintrat. Die Gründe dafür waren folgende: Unter der Regierung Clevelands machten die westlichen Silberminenbesitzer ungeheure Anstrengungen, den Kongreß zur Annahme von Gesetzen zu bestimmen, durch welche die sogenannte Silberfreiprägung wieder aufgenommen werden sollte, wonach es jedermann gestattet wäre, seine etwaigen Vorräte an Rohsilber in Münzen der Vereinigten Staaten umprägen zu lassen. Beim niedrigen Stand des Silberpreises hätte die Annahme eines solchen Gesetzes für die über kolossale Vorräte an Rohsilber verfügenden Silberleute ungeheuren Gewinn bedeutet; das Land hingegen würde unter dem Zwang, den Wert seiner Münzen aufrechtzuerhalten, entsetzliche Verluste erlitten haben, wenn es nicht gar dem finanziellen Zusammenbruch zugetrieben worden wäre. Als Cleveland dem Verlangen der Silberleute sich entgegenstemmte, kam es nicht bloß zu einer tiefen Spaltung unter den Demokraten, sondern auch zu einem förmlichen Bruch zwischen dem Präsidenten und dem die Freiprägung fordernden Flügel seiner eigenen Partei. Die Silberdemokraten stellten darauf im Verein mit anderen unsicheren Elementen des Westens William Bryan als Präsidentschaftskandidaten auf, wogegen die Republikaner McKinley zu ihrem Bannerträger erkoren. Dieser fand, als Cleveland eine Wiederwahl ablehnte, die Unterstützung aller für ehrliche Finanzwirtschaft eintretenden Demokraten und Unabhängigen.

Mit dem gleichen Ernst, mit dem Schurz zur Lösung der Sklavenfrage beigetragen hatte, beteiligte er sich nun an der Bekämpfung der schwindelhaften Finanzpolitiker, die mittels der Silberfreiprägung sich auf Kosten des amerikanischen Volkes bereichern wollten. Seine während dieses Streites gehaltenen Reden verfehlten nicht, durch ihre Logik und überzeugende Gründlichkeit auf das ganze Amerikanertum tiefsten Eindruck zu machen.

Mit gleichem Eifer stritt Schurz gegen die als eine Folge des spanisch-amerikanischen Krieges zu betrachtende Expansionspolitik. Trunken von den in jenem Krieg errungenen glorreichen Siegen, befürwortete ein großer Teil des amerikanischen Volkes die Annexion der den Spaniern entrissenen Philippinen, Cubas und Porto Ricos. Darin erblickte Schurz eine schwere Gefährdung jener Grundsätze, auf denen die Republik der Vereinigten Staaten beruht. Wenn das amerikanische Volk, so argumentierte er, zu einer Eroberungspolitik übergehe und seine Herrschaft gewaltsam über Völkerschaften verhänge, welche derselben abgeneigt seien und auf eigenen Füßen stehen wollten, so verfalle es dem Imperialismus und gebe sowohl seine Grundsätze, wie auch seine hohe Mission, zu der es vor allen Nationen berufen sei, preis.

Die dem Lande daraus drohenden Gefahren erschienen Schurz so groß, daß er sich entschloß, in den Wahlkämpfen der Jahre 1899 und 1904 die Demokraten Bryan und Parker gegen die Republikaner McKinley und Roosevelt zu unterstützen.

Gewiß sind diejenigen im Unrecht, welche Schurz wegen seines häufigen Parteiwechsels der Unkonsequenz bezichten wollen. Er kehrte einer Partei nur dann den Rücken, wenn diese inkonsequent wurde und jene Grundsätze verließ, um derentwillen er sich ihr angeschlossen hatte. Er selbst blieb stets seiner Überzeugung treu, daß das Wohl des Landes und die Erhaltung der Union über alles gehe.

Mit vollem Recht wurde an seiner Bahre ausgesprochen, daß er den wahren Geist des amerikanischen Ideals tiefer, inniger erfaßt habe und ein reinerer, ausgeprägterer Amerikaner gewesen sei, als die meisten seiner amerikanischen Mitbürger. Sein ganzes Leben war eine fortgesetzte Betätigung der großen Lehre, ein gewissenhafter, von echtem Patriotismus erfüllter Bürger zu sein.

Und diese Lehre ist nicht ohne Eindruck geblieben. Nach vielen Tausenden zählen diejenigen, welche durch das von Schurz gebotene Beispiel dazu begeistert wurden, gleichfalls ihren Grundsätzen und Idealen treu zu bleiben und einzutreten für alles, was sie für recht hielten.

Den gewaltigsten Einfluß übte der seltene Mann naturgemäß auf seine in den Vereinigten Staaten lebenden Landsleute. Vielen galt er als nachahmenswertes Vorbild. Ein erhabeneres hätten sie schwerlich finden können. Denn wie Schurz im politischen Leben aus den Reihen seiner Mitmenschen hoch emporragte, so lag auch sein bürgerliches Leben vor aller Augen, makellos und rein wie lauteres Gold.

Nie hat man gewagt, ihn der Bestechlichkeit oder einer Unwahrheit zu beschuldigen. Jeder wußte, daß strengste Gewissenhaftigkeit und Wahrheitsliebe seinen Ehrenschild bildeten, an dem alle Pfeile seiner Gegner wirkungslos abprallen mußten.

Obwohl Schurz nicht versäumt hatte, sich alle besseren Eigenschaften des Anglo-Amerikanertums anzueignen, so wurden deutsche Sitten, deutsche Sprache und deutsche Ehre von keinem im Ausland lebenden Deutschen heiliger gehalten als von ihm. Er betonte beständig, daß der deutsche Einwanderer sich amerikanisieren solle. Aber der für das neue Vaterland ersprießlichste Amerikanisierungsprozeß bestehe für den Deutschen darin, das beste des amerikanischen Wesens anzunehmen und das beste des deutschen Charakters zu bewahren. Nur so könne er zu der Kultur des großen amerikanischen Sammelvolkes seinen pflichtmäßigen Beitrag liefern. Von dieser Überzeugung ausgehend, richtete Schurz bei unzähligen Gelegenheiten an seine hier eingewanderten Landsleute die Mahnung, ihre Ideale und freien Lebensanschauungen, ihren Frohsinn, ihre Liebe zu Musik, Kunst und Wissenschaft, vor allem auch ihre herrliche Muttersprache zu bewahren und dieselben als kostbare Besitztümer auf Kinder und Kindeskinder zu vererben.

Aber nicht bloß durch solche Mahnungen leistete Schurz dem Deutschtum Amerikas große Dienste. Er hob auch das Ansehen der Deutschen in diesem Lande mächtig, indem er sein Leben in echt deutscher, idealer Weise dem Dienst der Freiheit, des Fortschritts, der Humanität und Weltkultur weihte.

Noch in den letzten Tagen seines Daseins beteiligte er sich an einem Aufruf zu einer Massenversammlung der deutschamerikanischen Bevölkerung von New York, welche dem Verlangen nach einem Schiedsgerichtsvertrag zwischen den Vereinigten Staaten und Deutschland Ausdruck verlieh.

So war Schurz an allen großen Fragen und Bewegungen beteiligt, die während der letzten fünfzig Jahre dem amerikanischen Volke zur Entscheidung vorlagen. Die Ratschläge, die er dabei erteilte, ließen stets erkennen, daß er hoch über der Masse der amerikanischen Staatsmänner stand, daß er zu der kleinen Gruppe Auserwählter gehöre, zu denen noch die späte Nachwelt voll Dankbarkeit emporblicken wird.

Aber auch die Besten unserer Zeit zögerten nicht, ihm schon zu Lebzeiten die verdiente Anerkennung zu zollen. Als am 2. März 1899 die Elite der amerikanischen Bevölkerung der Stadt New York sich zur Feier seines 70. Geburtstages zu einem glänzenden Festmahl versammelte, da widmete Expräsident Grover Cleveland dem Jubilar folgende herrliche Worte: „Seine Laufbahn und sein Leben erteilen uns Lehren, welche nicht zu oft und stark genug betont werden können. Sie illustrieren die Größe selbstlosen öffentlichen Dienstes und den Edelmut einer furchtlosen Befürwortung von Dingen, welche recht und gerecht sind. Es würde eine traurige Zeit für unser Land kommen, wenn unser Volk, im Lichte eines solchen Beispiels, sich weigern sollte, die beste Staatskunst in unerschütterlichem Festhalten an der Überzeugung, im Sturm sowohl als im Sonnenschein, zu erkennen. Ich glaube, daß die Zukunft und das Fortbestehen unserer freien Einrichtungen auf der Pflege der Eigenschaften beruhen, welche den Mann auszeichnen, welcher heute geehrt wird."

Und am 21. November 1906, als die Besten der Nation in der Carnegiehalle der Stadt New York zu einer Schurz-Gedächtnisfeier versammelt waren, zollte Cleveland dem verewigten deutschamerikanischen Staatsmann einen zweiten glänzenden Tribut, indem er unter anderem sagte: „Diejenigen unter uns, welche sich rühmen, angestammte Amerikaner zu sein, sollten nicht vergessen, daß er (Schurz), der auf solche Weise eine Besserung der politischen Ideen und Gepflogenheiten unserer Nation schuf, von ausländischer Herkunft war. Und laßt uns ferner mit bewundernder Würdigung gedenken, daß, während er niemals ein liebreiches Andenken an sein Vaterland erblassen ließ, er zu gleicher Zeit unvergängliche Lorbeeren in seinem neuen Bürgertum erwarb und dem Patriotismus seiner Natur durch aufopfernde Ergebenheit und Treue gegenüber seiner amerikanischen Zugehörigkeit hellen Glanz verlieh. Wenn sein edles Beispiel und seine Verdienste einen naheliegenden Kontrast bieten, so sollten sie ganz besonders zu besserer Pflichterfüllung und zu größerer politischer Fürsorge diejenigen anreizen, welche auf Grund ihres Geburtsrechts einen bevorzugten Platz in unserem Bürgertum beanspruchen. Und wir alle sollten uns zu Herzen nehmen die große und eindrucksvolle Lehre, welche jedem Amerikaner durch das Leben und die Laufbahn von Carl Schurz eingeprägt wird. Es ist die Lehre vom moralischen Mut, vom einsichtsvollen und gewissenhaften Patriotismus, vom unabhängigen politischen Denken, von der selbstlosen politischen Affiliation und von der beständigen politischen Wachsamkeit."

Ein anderer Amerikaner, Herbert N. Casson faßte hingegen sein Urteil über Schurz in folgende Worte zusammen: „Sowohl als Soldat, wie als Staatsmann, politischer Reformer und Schriftsteller genießt Schurz internationalen Ruf. Niemals war ein Mann unabhängiger als er und doch so mit allen Fasern mit dem Volk seiner Zeit so eng verbunden. Sein Leben war so vielseitig wie ein Diamant und ebenso voll von Licht."

Am 14. Mai des Jahres 1906 fand die irdische Laufbahn dieses bedeutendsten Mannes, den Deutschland den Vereinigten Staaten bisher geliefert hat, ihren Abschluß.

Karl Schurz ist tot! Aber sein Andenken, seine Lehren und sein Vermächtnis werden leben, solange es in den Vereinigten Staaten Bürger deutscher Herkunft, solange es für die Ehre und Wohlfahrt ihres Landes eintretende Amerikaner und solange es eine amerikanische Geschichte geben wird.

Die kulturellen Bestrebungen der Deutschamerikaner während des 19. Jahrhunderts und ihr Einfluß auf die amerikanische Bevölkerung.

Die Gründung der deutschen Turnvereine und ihr Einfluß auf die körperliche Entwicklung der amerikanischen Bevölkerung.

Dem Scharfblick zweier amerikanischer Ärzte waren die ungewöhnlichen Erfolge nicht entgangen, welche Friedrich Ludwig Jahn, der Vater der deutschen Turnerei, erzielte, indem er zu Anfang des 19. Jahrhunderts Deutschlands Jugend durch systematische körperliche Übungen zu einem Geschlecht von wehrhaften, mit nationalem Sinn erfüllten Männern erzog, die imstande waren, in den großen Jahren des Befreiungskrieges das Joch der napoleonischen Fremdherrschaft abzuschütteln.

Diese Mediziner waren die in Boston lebenden Professoren John G. Coffin und John C. Warren, von welchen der letzte an der Harvard-Universität zu Cambridge über die Gesetze der Gesundheit las. Durch George Bancroft, Daniel Webster und andere hervorragende Geister jener Zeit kräftig unterstützt, befürworteten sie die Einrichtung öffentlicher Turnplätze, wo die Studenten eine körperliche Erziehung nach deutschem Vorbild empfangen sollten. Warren versuchte sogar „Vater Jahn, den hervorragenden Philosophen und Gymna-

---

Kopfleiste: Das Deutsche Haus in Indianapolis, Indiana, der Sitz des Turnlehrerseminars des Nordamerikanischen Turnerbundes.

stiker", für das Bostoner Gymnasium zu gewinnen. Dieser Plan scheiterte jedoch an der unerschütterlichen Weigerung desselben, sein geliebtes Vaterland zu verlassen.

Dagegen gelang es, drei als politische Flüchtlinge nach Amerika verschlagene junge Gelehrte zur Übersiedlung nach Massachusetts zu bewegen, die Doktoren Karl Beck, Karl Follen und Franz Lieber. Alle drei waren echte Gesinnungsgenossen Jahns und als Studenten eifrige Turner gewesen. Zugleich waren sie hochgebildete, begeisterungsfähige Männer und zur Durchführung des geplanten Werks hervorragend geeignet.

Beck wurde sofort an die von Bancroft und Cogswell gegründete Round-Hill-Schule in Northampton, Massachusetts, berufen, wo er nach dem Vorbild der Jahnschen Turnschulen die erste Turnanstalt in den Vereinigten Staaten einrichtete. Follen gründete im Mai 1826 an der Harvard-Universität ein Gymnasium. Lieber übernahm den Turnunterricht an der Tremont-Schule in Boston, und so begannen die drei bedeutendsten deutschen Gelehrten, die je nach Amerika dauernd übersiedelten, ihre neuweltliche Laufbahn als aktive Turner.

Beck gab auch dem Turnunterricht in Amerika die erste systematische Grundlage, indem er im Jahre 1828 Jahns „Deutsche Turnkunst" ins Englische übersetzte, um durch ihre Einführung als Leitfaden für den Turnunterricht in Privatschulen Propaganda zu machen.

In dieser „Abhandlung über Gymnastik" äußerte Beck sich über den Wert gymnastischer Übungen folgendermaßen: „Für eine Republik bestehen die Vorteile gymnastischer Übungen darin, daß sie die verschiedenen Klassen ihres Volkes in einer gemeinschaftlichen Tätigkeit vereinigen und auf diese Weise für diejenigen, die durch ihre verschiedene Erziehung und ihre verschiedenen Lebensstellungen voneinander weit getrennt sind, ein neues Band bilden."

Lieber fügte diesem Ausspruch in seinem berühmten Werk über „Politische Ethik" hinzu: „Wenn Turnanstalten überall nötig sind, so sind sie es ganz besonders in diesem Lande. Das amerikanische Klima mit seinem plötzlichen Wechsel von Hitze und Kälte, die Leichtigkeit des Reisens ohne körperliche Anstrengungen, unsre freien Institutionen, unsre Abhängigkeit von der großen Masse des Volks zur Verteidigung des Landes verlangen gebieterisch solche Gymnasien."

Aus zahlreichen schriftlichen und gedruckten Nachrichten jener Zeit wissen wir, daß der Turnunterricht von der studierenden Jugend Amerikas mit Begeisterung aufgenommen wurde und für ihre körperliche Entwicklung die besten Folgen hatte.

Nicht lange blieben die obengenannten Pioniere der Turnerei vereinzelt; befanden sich doch in der mächtigen Flutwelle freiheitsliebender deutscher Elemente, die in dem Zeitraum von 1825 bis 1850 die Vereinigten Staaten überschwemmte, tausende und abertausende von Jünglingen und Männern, die den berühmten Turnerwahlspruch „Frisch! Fromm! Fröhlich! Frei!" im Herzen trugen und der Überzeugung lebten, daß ein gesunder Körper die Vorbedingung zu einem gesunden Geist bilde.

Bestrebt, die eigene Spannkraft zu erhalten und auf ihre Kinder zu übertragen, vereinten sich diese Jünglinge und Männer in allen größeren Orten zur Pflege körperlicher und geistiger Ausbildung, so wie sie dieselbe im alten Vaterlande von Jahn und seinen Aposteln empfangen hatten.

Der erste deutsche Turnverein auf amerikanischem Boden erstand am 21. November 1848 in Cincinnati. Und zwar auf Anregung des berühmten badischen Freiheitsstreiters Friedrich Hecker. Eine bescheidene Bretterhütte diente als erste Behausung.

In demselben Monat entstand auch die New Yorker Turngemeinde. Ähnliche Vereine bildeten sich in rascher Folge in Philadelphia, Boston, Newark, Baltimore, Peoria, Indianapolis, Louisville, Chicago, St. Louis, San Francisco und zahlreichen anderen Städten.

Leicht war es allerdings nicht, der Turnerei in den Vereinigten Staaten einen Boden zu schaffen. Außer materiellem Druck mußten blindem Fremdenhaß entsprungene Vorurteile überwunden werden. Ja, an mehreren Orten war man gezwungen, direkte Angriffe des damals in üppiger Blüte stehenden amerikanischen Rowdytums mit kräftigen Fäusten abzuwehren. Aber zähe Ausdauer führte auch hier zum Ziel. Der jahrelange Kampf wurde siegreich zu Ende geführt und deutschen Sitten und Gebräuchen Duldung und Anerkennung verschafft.

Der Gedanke, zwischen den über das ganze Land verstreuten Vereinen eine engere Verbindung herzustellen und eine Grundlage zu gemeinschaftlichem Handeln zu gewinnen, führte im Oktober 1850 zur Gründung des „Nordamerikanischen Turnerbundes". Die in den verschiedensten Städten abgehaltenen Bundes-Turnfeste desselben nahmen einen alle Erwartungen übertreffenden günstigen Verlauf und machten auch auf das amerikanische Publikum guten Eindruck.

Die bei diesen Festen an die Sieger verteilten Auszeichnungen bestanden altgriechischem Vorbild gemäß nur aus einfachen Eichenkränzen und Diplomen; eine Sitte, die bis heute streng eingehalten worden ist.

Den von edler Begeisterung und ungestümer Freiheitsliebe durchglühten deutschen Flüchtlingen, welche die Turnvereine Amerikas ins Leben riefen, schwebten aber noch höhere Ziele vor. Der Turnerbund sollte nicht bloß der körperlichen Kräftigung der Jugend dienen, sondern auch ein Bollwerk politischer, religiöser und sozialer Freiheit werden und die Jugend für den Fortschritt auf allen Lebensbahnen begeistern. Zu diesem Zweck kultivierte man durch Gründung einer vorzüglich geleiteten „Turnzeitung", durch Errichtung guter Bibliotheken, durch Veranstalten von Diskussions-, Vortrags- und Unterhaltungsabenden das sogenannte „geistige Turnen", um den Mitgliedern Gelegenheit zu geben, ihren Gesichtskreis zu erweitern und auf allen Gebieten menschlichen Wissens unterrichtet zu bleiben. Bereitwilligst stellten sich zahlreiche, geistig hochbegabte Männer in den Dienst dieser hohen Sache. Ferner zog man berühmte Literaten, Naturforscher, Künstler und Weltreisende heran. Alfred Brehm, Robert von Schlagintweit, Ludwig Büchner, Friedrich Bodenstedt und andere wurden auf diese Weise einem großen Teil der deutschamerikanischen Bevölkerung bekannt. So wurden die deutschamerikanischen Turnvereine zugleich Bildungsstätten, von wo reichster Segen über das ganze Land ausströmte.

Die Zukunft des Turnerbundes berechtigte bereits zu den schönsten Hoffnungen, als plötzlich, zu Ende der fünfziger Jahre, alle Errungenschaften mit einem Schlage in Frage gestellt wurden. Und zwar durch die politischen Wirren, die wie die Schwüle eines Gewitters dem Bürgerkriege vorausgingen.

Entschlossen nahmen die Turnvereine Stellung zu den großen Fragen jener Zeit und fügten bereits auf den Versammlungen in Buffalo (1855) und Detroit (1857) Erklärungen in ihre Grundsätze ein, in denen sie sich gegen die Sklaverei, hauptsächlich aber gegen ihre Ausbreitung in freien Territorien erklärten, da die Sklaverei einer Republik unwürdig sei und freien Prinzipien schnurstracks zuwiderlaufe. Die Turner müßten Sklaverei, Nativismus und jede Art von Rechtsentziehung bekämpfen, welche sich auf Hautfarbe, Religion, Geburtsort oder das Geschlecht beziehe und sich mit einer weltbürgerlichen Anschauung nicht vereinigen lasse.

In derselben entschiedenen Weise erklärten die Turner sich, als die Südstaaten ihren Austritt aus dem Staatenbunde ankündigten, für die unbedingte Aufrechterhaltung der Union. Sie seien bereit, sowohl die bestehende Regierung wie die Unzertrennlichkeit der Vereinigten Staaten zu verteidigen und Gut und Blut für sie hinzugeben.

Und als die Entscheidung näher rückte, da wurden Reck und Barren beiseite geschoben und die Turnhallen in Kasernen und Waffenhallen verwandelt, wo das Exerzieren begann.

In einem anderen Kapitel ist erzählt, mit welcher Begeisterung und Selbstverleugnung die Turner Lincolns Aufruf zu den Waffen folgten. Die Turnplätze verödeten; zahlreiche Vereine gingen ein, weil sämtliche Mitglieder als aktive Soldaten unter den Fahnen standen. Auch die Bundesorganisation geriet durch den alle Interessen in Anspruch nehmenden Krieg so in Verfall, daß sie später, im Jahre 1865, aufs neue ins Leben gerufen werden mußte.

Aber nachdem die deutsche Turnerei nun auch in Amerika ihre Bluttaufe erhalten und die Probe glänzend bestanden hatte, nahm sie rasch wieder glänzenden Aufschwung und hat sich seitdem stetig weiter entwickelt.[1]

---

[1] Im Jahre 1908 betrug die Zahl der dem „Nordamerikanischen Turnerbund" angehörigen Vereine 236 mit nahezu 40000 Mitgliedern. Der Gesamtwert des Vereinseigentums belief sich auf 5160131 Dollar und das schuldenfreie Vermögen auf 3644037 Dollar.

Außer diesen Bundesvereinen gibt es eine große Zahl unabhängiger Turnvereine.

Zu diesem Aufschwung trug in erster Linie das Bemühen bei, das System der körperlichen Ausbildung zu verbessern. Man gründete im Jahre 1860 ein Turnlehrer-Seminar, das bis 1907 mit dem in Milwaukee bestehenden Lehrer-Seminar verbunden, dann aber nach Indianapolis verlegt wurde. Es stellt sich die Aufgabe, sorgfältig geschulte Fachmänner heranzuziehen, die das deutsche System in alle Schichten der amerikanischen Bevölkerung tragen und den Tatendrang der Jugend in solche Bahnen lenken sollen, wo er Gutes und Nützliches zu stiften vermag.

Zum Aufschwung der deutschen Turnerei trugen auch die glänzenden Bundesfeste bei, die seit der Reorganisation des Bundes in fast allen Teilen der Vereinigten Staaten abgehalten wurden. Mit den von tausenden von Jünglingen und Männern ausgeführten Massenübungen, den anziehenden Darbietungen der Kinder- und Damenklassen, den erstaunlichen Leistungen der Musterriegen gestalteten sich diese Feste zu mächtigen Demonstrationen, die den Amerikanern das Geständnis abnötigten, daß die deutsche Turnerei über der brutalen amerikanischen Klopffechterei und dem einseitigen Athletentum doch himmelhoch erhaben sei.

Durch die bei allen diesen Festen bewahrte musterhafte Ordnung und durch das frische, freie Benehmen sämtlicher Turner und Turnerinnen wurden auch die früheren Vorurteile der amerikanischen Bevölkerung rasch in herzliche Teilnahme und freundliches Entgegenkommen verwandelt. Zahlreiche junge Amerikaner traten deutschen Turngemeinden bei oder gründeten ähnliche Vereinigungen, wobei sie sich der Anleitung deutscher Turnlehrer versicherten. Die Bundesregierung, welche den ungeheuren Nutzen der jeden Muskel des Körpers gleichmäßig ausbildenden und darum jedem anderen Sport überlegenen Turnerei anerkannte, beeilte sich, dieselbe in den Unterrichtsplan der Kriegs- und Marine-Akademien zu West Point und Annapolis einzuführen, und zwar mit Hilfe deutscher Fachlehrer, die sie vom Seminar des Nordamerikanischen Turnerbundes berief.[1])

Seitdem folgten fast sämtliche Universitäten und Hochschulen des Landes diesem Beispiel und erhoben das Turnen zu einem obligatorischen Unterrichtszweig, von dem nur Krüppel, ganz schwächliche und kranke Personen befreit sind.

Alle diese Erfolge berechtigen zu der Hoffnung, daß der Nordameri-

---

[1]) Das Turnlehrerseminar des Nordamerikanischen Turnerbundes ist sowohl das älteste wie das einzige in den Vereinigten Staaten, das sich die doppelte Aufgabe stellt, Turnlehrer für den Turnerbund, dessen offizielle Sprache die deutsche ist, als auch Turnlehrer für die öffentlichen Schulen, deren Hauptsprache Englisch ist, auszubilden. Im Jahre 1907 waren in 39 amerikanischen Städten 96 vom Turnerbund ausgebildete Turnlehrer tätig. Turnunterricht wurde in den öffentlichen Schulen von 60 Städten erteilt, in denen Bundesvereine bestehen.

kanische Turnerbund auch sein höchstes Ziel, die Einführung des obligatorischen Turnens in den öffentlichen Schulunterricht, erreichen wird. Wird dann die Pflege und Erhaltung der Turnkunst von den Staaten übernommen, so dürfen die deutschen Turner sich schmeicheln, ein Stück Kulturarbeit verrichtet zu haben, deren Nutzen für das amerikanische Volk sich gar nicht abschätzen läßt.

Schlußvignette: Römischer Wagenlenker. Skulpturwerk von Friedrich G. Roth, White Plains, New York.

Der Einfluß des deutschen Erziehungswesens auf die Lehranstalten der Vereinigten Staaten.

Benjamin Franklin.

Seit langer Zeit genießt Deutschland den Ruhm, das Land der großen Denker, Philosophen und Wissenschaftler zu sein. Seine Bildungsanstalten sind die Resultate unermüdlicher, über ein ganzes Jahrtausend sich erstreckenden Arbeit, hingebender Studien und der dabei gewonnenen Erkenntnisse. Infolgedessen sind Gründlichkeit und gediegene Lehrmethoden die Lichtseiten des deutschen Erziehungswesens.

Die dem ganzen Volke innewohnende Liebe zur Wissenschaft zeichnete, wie wir in einem früheren Abschnitt dartun konnten, auch die während der Kolonialzeit nach Amerika gekommenen Deutschen aus, von denen manche, wie z. B. der edle Pastorius, die Prediger Mühlenberg und Schlatter, die Lehrer Schley, Dock und andere die im alten Vaterland genossenen Unterrichtsmethoden auch in den von ihnen gegründeten Schulen anwendeten. Mit welchem Erfolg, ersahen wir aus der Geschichte des Lehrers Dock, des „deutschamerikanischen Pestalozzi".

Niemand erkannte den Wert dieser Methoden mehr als Benjamin Franklin, der große Philosoph und Staatsmann, in dessen Druckerei die Deutschen viele ihrer Schulbücher herstellen ließen. Franklin war es auch, der, nachdem er im Jahre 1766 auf einer Reise durch Deutschland die vortrefflichen Einrichtungen der Universität zu Göttingen kennen gelernt hatte, den Anstoß dazu gab, die in Philadelphia bestehende Public Academy in eine nach dem Muster der Göttinger Universität geleitete Hochschule, die heutige U n i v e r s i t ä t v o n P e n n s y l v a n i e n umzuwandeln. Das geschah noch vor Beendigung des Unabhängigkeitskrieges, im Jahre 1779. Daß seine frühere Abneigung gegen die Deutschen sich in das direkte Gegenteil verwandelt hatte, beweist die Tatsache, daß er dem von ihm entworfenen Lehrplan eine von dem Professor W i l h e l m C r a e m e r geleitete deutsche Abteilung einfügte und so der deutschen Sprache Eingang unter den gebildeten Amerikanern verschaffte.

Franklin unterstützte auch lebhaft die Gründung der von den Deutschen Pennsylvaniens geplanten „F r a n k l i n - H o c h s c h u l e" zu Lancaster. Er steuerte nicht bloß 1000 Dollar zum Bau derselben bei, sondern unternahm noch als 81 jähriger Greis die sehr beschwerliche Reise dorthin, um der Grundsteinlegung beizuwohnen.

Außer jener Hochschule unterhielten die in Pennsylvanien lebenden Deutschen, namentlich die rasch zu Wohlstand gelangten Mennoniten und Herrnhuter, vortrefflich geleitete Schulen. Diejenigen zu Bethlehem und Nazareth bezeichnet Payne in seiner „Universal Geography vom Jahre 1798" als die besten ganz Amerikas.

In Bethlehem bestand seit 1749 auch bereits ein Lehrerinnen-Seminar. Wie weit voraus die Herrnhuter damit den Puritanern Neu-Englands waren, beweist die Tatsache, daß, als im Jahre 1793 der Vorschlag gemacht wurde, eine ähnliche Anstalt in Plymouth, Massachusetts, zu gründen, man dort das Projekt bekämpfte, „weil in einer solchen Schule Frauen gelehrter als ihre zukünftigen Ehemänner werden könnten!"

Ein freierer Geist griff erst Platz, als in der ersten Hälfte des 19. Jahrhunderts zahlreiche geistig hochstehende Amerikaner „Entdeckungsreisen" nach dem Lande der großen Denker unternahmen, um dort ihre Studien fortzusetzen oder zu vollenden. Sie lernten dabei die Einrichtungen der deutschen Schulen und Universitäten so schätzen und lieben, daß sie gleich Franklin für die Umgestaltung des amerikanischen Erziehungswesens nach deutschem Muster eintraten.

Am nachdrücklichsten taten dies die Professoren John Griscom von New York, Alexander D. Bache von Philadelphia und Calwin E. Stowe von Ohio. Diese hervorragenden Pädagogen bereisten Europa zu dem speziellen Zweck, um die dort angewandten Erziehungsmethoden kennen zu lernen. Griscom traf während der Jahre 1818 und 1819 mit Pestalozzi zusammen und hatte Gelegenheit, die nach dessen System geleitete Anstalt in Hofwyl bei Bern zu studieren. Ihre Einrichtungen entzückten ihn dermaßen, daß er schrieb: „Ich kann nur meine Hoffnung aussprechen, daß diese Art der Erziehung, wo landwirtschaftliche und mechanische Fertigkeiten mit literarischem und wissenschaftlichem Unterricht verbunden sind, rasch und in ausgedehntem Maß in den Vereinigten Staaten angenommen werde."

Seine Beobachtungen veröffentlichte Griscom später in dem zweibändigen Werk „Two years in Europe", von welchem der berühmte amerikanische Pädagoge Barnard sagt, daß kein Buch einen so mächtigen Einfluß auf das amerikanische Erziehungswesen ausgeübt habe, als dieses. Thomas Jefferson benutzte die darin gegebenen Winke beim Einrichten der Universität von Virginien.

Alexander Bache, erster Präsident des von Stephen Girard in Philadelphia gestifteten „Girard College" verwertete seine während der Jahre 1837 und 1838 in Preußen gemachten Erfahrungen beim Entwurf der Regeln der von ihm geleiteten hochberühmten Anstalt.

Calwin Stowe besuchte Deutschland während des Jahres 1836, und zwar im Auftrag der Regierung des Staates Ohio. In dem Bericht, welchen er nach seiner Rückkehr erstattete, sagt er über das preußische Schulsystem: „In der Tat, ich halte dieses System in seinen großen Zügen für nahezu so vollkommen, als menschlicher Scharfsinn und menschliche Geschicklichkeit es zu machen imstande sind. Manche Einrichtungen und Einzelheiten mögen noch verbessert werden. Natürlich sind auch Änderungen nötig, um es den Verhältnissen anderer Länder anzupassen."

Seinem, die kleinsten Details berücksichtigenden Bericht fügte Stowe eine Übersetzung der preußischen Schulverordnungen bei, welche bei der Neugestaltung der Schulgesetze Ohios als Grundlage dienten.

Es geschah dies zur selben Zeit, wo auch in anderen Staaten aus Deutschland eingewanderte Schulmänner, wie Franz Lieber, Karl Follen, Karl Beck, Franz Joseph Grund und andere deutsche Lehrmethoden an amerikanischen Hochschulen praktisch anwendeten. Sie wurden darin später durch zahlreiche in Amerika geborene Gelehrte unterstützt, die in Deutschland studierten und nach ihrer Heimkehr als Lehrer in amerikanische Schulen und Universitäten eintraten, um die gesammelten Erfahrungen den amerikanischen Studenten zu übermitteln.

Professor Ira Remsen, Präsident der berühmten, ganz nach deutschem Muster eingerichteten John Hopkins-Universität zu Baltimore, schildert diesen Vorgang in folgenden Worten:

„Seit einem Jahrhundert besuchen Amerikaner deutsche Universitäten, von wo sie jenen Geist mitbrachten, der für diese Hauptsitze der Gelehrsamkeit so bezeichnend ist. Viele der bedeutendsten Professoren an amerikanischen Universitäten und Hochschulen erhielten ihre Schulung in Deutschland und die Hörer solcher Männer nehmen viel von dem Geist, den sie dort empfingen, auf, um ihn weiter über alle Welt zu verbreiten. Gerade hier wünschte ich statistische Angaben einschalten zu können. Es würde nicht nur interessant, sondern auch nützlich sein, festzustellen, wie viele Professoren an etwa einem

Dutzend der leitenden Universitäten Amerikas in Deutschland studierten. Und ferner zu wissen, wie viele jener, die nicht dort studierten, unter solchen Personen arbeiten, die dieses Vorzugs teilhaftig wurden. Soweit ich die Lehrkörper mehrerer der wichtigsten Universitäten persönlich kenne, weiß ich, daß die meisten ihrer Mitglieder entweder in die eine oder die andere Kategorie gehören. Dabei brauchen wir uns nicht auf die größeren Hochschulen zu beschränken. Die gleichen Zustände bestehen auch an vielen kleineren und wenig bekannten. Sie beziehen ihre Professoren größtenteils von Universitäten der ersten Klasse, und auf diese Weise wird deutsche Gelehrsamkeit über das ganze Land verbreitet.

Aber es genügt nicht, den Einfluß Deutschlands auf unser akademisches Leben nur auf diese Weise festzustellen, da der Prozeß zu unbestimmt wäre. Wir kommen weiter, wenn wir zeigen, wie der Einfluß Deutschlands sich in bezug auf die Organisierung unsrer Universitäten kundgibt. — Bis zum Jahr 1876 bildete das „College" (Gymnasium) die höchste Stufe der Erziehungsanstalten unsres Landes. In manchen dieser Colleges befanden sich einige vorgeschrittene Studenten, sogenannte „post graduates", für welche keine besonderen Vorkehrungen getroffen waren. Sie standen außerhalb des Systems und ihre Anwesenheit hatte auf das Lehrpensum der Anstalten geringe Wirkung. Falls ein solcher Student höhere als die vom Lehrplan vorgesehenen Arbeiten zu verrichten wünschte, so riet man ihm stets, nach Deutschland zu gehen. Und viele wandten sich dorthin.

Der erste ernstliche Versuch, der in Amerika angestellt wurde, um solche vorgeschrittene Studenten zu fördern, geschah seitens der „John Hopkins-Universität" zu Baltimore im Jahre 1876. Präsident Gilman, welcher diese Universität organisierte, erklärte aufs bestimmteste, daß es der Wille ihrer Behörden sei, eine wirkliche Universität zu besitzen, die zur Weiterbildung vorgeschrittener Studenten geeignet wäre. Die Tatsache, daß so viele derselben nach Deutschland zogen, hatte gezeigt, daß ein Verlangen nach höherem Studium bestand, als wie es bisher auf den Colleges geboten wurde. Diese Tatsache bestimmte Präsident Gilman, seinen Plan zu fassen. Die Einzelheiten wurden nicht von Anfang an genau ausgearbeitet. Man wählte einen Lehrkörper, mit dem der Präsident gemeinschaftlich das gesteckte Problem lösen könne. Drei Mitglieder dieser Fakultät waren Engländer, die anderen Amerikaner, welche in Deutschland studiert hatten. Auch von jenen Lehrkräften, die späterhin der Fakultät zugefügt wurden, hatten die meisten in Deutschland studiert. In unseren Bemühungen, den zu uns kommenden vorgeschrittenen Studenten weiter zu helfen, fanden wir, daß wir manche der an deutschen Universitäten bestehenden Einrichtungen annahmen. Das kann nicht überraschen, wenn man sich vergegenwärtigt, daß die Universitäten Englands damals so wenig wie heute für die Bedürfnisse vorgeschrittener Studenten besonders eingerichtet waren, und daß die deutschen Universitäten die einzigen in der Welt vorhandenen Vorbilder sind. Wir kamen bald dahin, auf dem Unterricht in methodischen Untersuchungen als einem der wichtigsten Teile der Arbeiten jedes vorgeschrittenen Studenten zu bestehen. Und obwohl wir unsere eigenen Regeln für die Anleitung der Kandidaten für Doktoren der Philosophie aufstellten, ähnelten dieselben doch im allgemeinen den Regeln der deutschen Universitäten. Über ein Vierteljahrhundert hat die „John Hopkins-Universität" die Ideale deutscher Gelehrsamkeit hochgehalten. Sie ist nicht irgendeiner besonderen Methode der deutschen Universitäten blindlings gefolgt, aber sie hat die Wichtigkeit gründlicher Forschung aufs nachdrücklichste betont und damit einen starken Einfluß auf die höhere Erziehung Amerikas ausgeübt. Das von der „John Hopkins-Universität" gegebene Beispiel wurde von vielen anderen Erziehungsanstalten dieses Landes nachgeahmt und die Methoden, welche von den neueren Universitäten angenommen wurden, haben vieles mit jenen der „John Hopkins-Universität" gemeinsam. In allen tritt der Einfluß Deutschlands klar zutage."

Dem Vorgang der „John Hopkins-Universität" folgten zunächst die im Jahre 1890 gegründete „Universität zu Chicago" und die im Jahre 1891 gestiftete „Leland Stanford-Universität" in San Francisco. Ihnen schlossen sich später die älteren Schwestern Harvard in Cambridge, Yale in New Haven und Columbia in New York an. Diesen Beispielen folgten zahlreiche andere Hochschulen, seitdem Deutschland auf den Weltausstellungen zu Chicago und St. Louis sein Unterrichts- und Erziehungswesen in umfassender Weise veranschaulichte und dadurch dem Studium aller amerikanischen Pädagogen zugängig machte.

Die Größe und Bedeutung des so vom deutschen Erziehungswesen auf die Lehranstalten in Amerika direkt und indirekt ausgeübten Einflusses lassen sich natürlich weder statistisch noch anderweitig feststellen. Aber sicher treffen die Worte zu, welche eine anerkannte Autorität, Andrew D. White, der ehemalige Präsident der „Cornell-Universität" zu Ithaka, einst sprach:

„Mehr als irgendein anderes Land hat Deutschland dazu beigetragen, die amerikanischen Universitäten zu dem zu machen, was sie jetzt sind: zu einem gewaltigen Faktor in der Entwicklung der amerikanischen Kultur."

* *
*

Eine ebenso eigenartige wie bedeutungsvolle Neuerung im amerikanischen Erziehungswesen wurde in der jüngsten Zeit durch Kuno Francke Professor der deutschen Sprache und Literatur an der Harvard-Universität eingeleitet. Er befürwortete, daß zwischen den Universitäten Deutschlands und der Vereinigten Staaten ein regelmäßiger Austausch von Professoren vorgenommen werden möge, damit durch den so bewirkten direkten Gedanken- und Meinungsaustausch nicht nur eine innigere Verschmelzung deutscher und amerikanischer Wissenschaft und eine geistige Verbrüderung zwischen dem deutschen und amerikanischen Volke herbeigeführt, sondern zugleich der großen Masse der amerikanischen Studenten das gewährt werde, was gegenwärtig nur einer bevorzugten Minderzahl, die den Besuch ausländischer Universitäten nicht zu scheuen brauche, zu genießen möglich sei: die persönliche Berührung mit hervorragenden, scharf markierten, wissenschaftlichen Persönlichkeiten, wie sie für das deutsche Gelehrtentum so bezeichnend sind. Der deutsche Gelehrte, so betonte Francke, setze sich ein für seine Sache, er gehe auf in seiner Wissenschaft und sei erfüllt vom Glauben an dieselbe. Viele besäßen eine eigenartige Kampfnatur, die Selbständiges leisten wolle, sich durch nichts beirren lasse und nach den höchsten Idealen strebe. Die von solchen Personen ausgehende Anregung müsse sowohl auf die Studierenden wie auf die Lehrer der amerikanischen Hochschulen einen außerordentlich belebenden Einfluß ausüben.

Kuno Francke.

Dieser von Professor Francke im Jahre 1902 erhobene Vorschlag fand sowohl diesseits wie jenseits des Ozeans begeisterte Zustimmung. Namentlich seitens Sr. Majestät des Kaisers Wilhelm II. und des Präsidenten Theodore Roosevelt, welche die Ersprießlichkeit eines engeren freundschaftlichen Verhältnisses zwischen Deutschland und den Vereinigten Staaten längst erkannt und, jeder nach seiner Weise, seit geraumer Zeit für ein solches gewirkt hatten. Es kam infolgedessen im November 1904 zwischen der Universität Harvard und dem preußischen Kultusministerium ein ganz dem Sinne des Franckeschen Vorschlags entsprechender Vertrag zustande, demgemäß sich Professor F r a n cis G. Peabody von der Harvard-Universität im Winter 1905 nach Berlin begab, um an der dortigen Universität eine Reihe von Vorträgen über soziale

Ethik im allgemeinen und über die sozialen Probleme Amerikas im besonderen zu absolvieren. Um die gleiche Zeit reiste der Leipziger Professor Wilhelm Ostwald nach Cambridge, Mass., um an der Harvard-Universität im Auftrag der preußischen Regierung über Naturphilosophie und physikalische Chemie Vortrag zu halten. Ihm folgte im Herbst 1906 als zweiter deutscher Austauschprofessor der Literaturhistoriker Eugen Kühnemann aus Breslau mit Vorträgen über das moderne deutsche Drama. An Stelle Peabodys trat hingegen Professor Theodore W. Richards, der im Frühjahr 1907 an der Berliner Universität einen Kursus über Chemie eröffnete. Diesen Leuchten der Wissenschaft schlossen sich in der Folgezeit manche andere namhafte Gelehrte an.

Ein ähnliches Kartell wurde bald darauf auch zwischen der Columbia-Universität zu New York und dem preußischen Kultusministerium geschlossen, aber mit dem Unterschied, daß dank der hochherzigen Stiftung eines früheren Studenten der Columbia-Universität, des New Yorker Bankiers James Speyer, in Berlin ein permanentes „Amerikanisches Institut", verbunden mit einer „Roosevelt-Professur" geschaffen wurde. In diesem Institut sollen die bedeutendsten Denkmäler der amerikanischen Wissenschaft, Literatur und Kunst allmählich gesammelt und aufbewahrt werden.

Als erster Inhaber der „Roosevelt-Professur" begann im Oktober 1906 Professor John W. Burgess mit Vorlesungen über die Verfassungsgeschichte der Vereinigten Staaten. Ihm folgten später der Nationalökonom Professor Arthur Hadley von der Yale-Universität, Felix Adler, der Gründer der „Ethical Culture Society" und Professor an der New Yorker Columbia-Universität und der Geschichtsprofessor Charles Alphonse Smith von der Universität von Nordkarolina. Die deutsche Regierung hingegen entsandte die Professoren Hermann A. Schumacher aus Bonn (Nationalökonomie und Staatswissenschaften), Rudolf Leonhard aus Breslau (Rechtswissenschaften) und Albrecht F. Penck aus Berlin (Geologie). Ähnliche Kartelle wurden auch seitens der Universitäten zu Chicago und Madison, Wisc., eingeleitet.

Obwohl seit der tatsächlichen Verwirklichung des hochinteressanten Experiments nur kurze Zeit verstrichen ist, liegen für seine Ersprießlichkeit doch bereits die glänzendsten Beweise vor. Denn hüben wie drüben drängten sich lernbegierige Studenten, Professoren, Lehrer, Journalisten, Staatsmänner und andere im öffentlichen Leben stehende Personen zu Hunderten herbei, um die, neuen Botschaften gleichkommenden Eröffnungen entgegenzunehmen, welche von den beredten Lippen jener, einer befreundeten Nation entstammenden Sendlinge, flossen. Daß man in der Auswahl der letzteren auf beiden Seiten glücklich gewesen, zeigten die in Berlin wie in Cambridge und New York gehörten Worte schmerzlichen Bedauerns, daß man so berufene Vertreter echter Wissenschaft nicht zu dem ständigen Lehrpersonal zählen dürfe.

„Unser einziges Bedauern ist nur, daß wir ihn nicht beständig hier behalten können", so berichtete der mit der Leitung der preußischen Universitätsangelegenheiten im Kultusministerium betraute Geheimrat Dr. Althoff über Professor Peabody nach Harvard. Und dort empfand man in gleicher Weise, daß die Besuche der Professoren Ostwald, Kühnemann und anderer Ereignisse waren, die auf die gesamte dortige Studentenschaft tiefe, unauslöschliche Eindrücke hinterließen.

Da sowohl die amerikanischen wie die deutschen Austauschprofessoren während ihres Verweilens in dem befreundeten Lande auch Besuchsreisen nach anderen dort bestehenden Universitäten unternahmen und daselbst Vorträge hielten, so blieb ihr befruchtender Einfluß nicht auf einen engeren Kreis beschränkt, sondern erstreckte sich über große Teile der beteiligten Nationen.

Welche Anregungen diesem fortgesetzten Austausch von Gelehrten fernerhin entsprießen mögen, das läßt sich zurzeit noch nicht absehen. Aber schon jetzt darf man die im schönsten Sinne kosmopolitische Idee als einen vollen Erfolg bezeichnen, der sowohl für Amerika wie für Deutschland von hoher Bedeutung zu werden verspricht. „In dem Austauschgedanken," so äußerte sich Professor Kühnemann über das Experiment, „drückt sich in einer edlen Weise das Gefühl der Verwandtschaft zwischen dem deutschen und dem amerikanischen Volke aus, etwas wie eine Zusammengehörigkeit, die zu dem Bedürfnis führt, sich wahrhaft kennen zu lernen und dadurch wahrhaft näherzutreten, dadurch, daß man die Lehrer der fremden Jugend das Wesen des eignen Volkes erklären hört. Ja, noch mehr, man möchte beteiligt sein am Leben des anderen großen Volkes, indem man mitarbeitet an der Seele seiner Jugend. Jeder dieser ins Ausland gehenden Professoren — das ist gewiß — kommt zurück als ein Mittelpunkt freundschaftlicher Gefühle für die Fremden. Ward je in gleich starker Weise der Professor aus der Enge seiner Gelehrtenstube hinausgeführt? Ward er je stärker daran erinnert, daß auch er ein Glied ist im Dienst der öffentlichen geschichtlichen Aufgaben seines Volks? Eine neue Klasse dieser internationalen Professoren wird sich bilden, die sich untereinander verbunden fühlen als Mitarbeiter an einem gemeinsamen Werk. Der Austausch von Gelehrten ist ein wahrhaft kosmopolitischer Gedanke — nur daß dieser Kosmopolitismus die nationale Eigenart nicht auslöscht, sondern geradezu voraussetzt und steigert."

Und Professor Peabody fügte dem hinzu: „Der Besuch eines Professors ist eine vorübergehende Episode eines Semesters. Was von viel größerer Wichtigkeit ist, als die unmittelbare Wirkung eines einzelnen Vorlesungskursus, das ist die kumulative Wirkung dieser neuen Gelegenheit auf den Ehrgeiz und die Wünsche der jungen Leute. Viel wirksamer, als ein Austausch von Professoren an sich, wäre die Möglichkeit, durch den Austausch von Professoren die Mehrung des Austausches von Studenten zu fördern und den weiterblickenden, unternehmungslustigeren Studenten beider Länder die Erweiterung ihrer Lerngelegenheiten nahezulegen. Der Strom der studentischen Wandrung von den Vereinigten Staaten nach Deutschland ist bereits bedeutend, aber er bedarf sowohl der weiteren Ausdehnung wie der Direktion, welche ein frisch vom Mittelpunkt deutscher Wissenschaft gekommener Ratgeber geben könnte. Auf der anderen Seite könnte eine Gegenwandrung deutscher Studenten nach den Vereinigten Staaten und in soziale Verhältnisse, in denen Initiative und Fortschritt einen von Deutschland so scharf verschiedenen Lauf nehmen, lehrreich genug sein, um eine so kühne intellektuelle Entdeckungsreise zu rechtfertigen. Für die Vereinigten Staaten wenigstens liegt hierin die größte Bedeutung des akademischen Austausches. Der zunehmende Gedankenaustausch und Verkehr der jungen Gemüter in beiden Ländern würde eine Garantie für die Zukunft und die Bürgschaft internationaler Duldsamkeit, Freundschaft und Friedensliebe bedeuten. In Deutschland erwarten den amerikanischen Studenten viele Lehren, die er getrost nach Hause tragen kann, ohne einen Prohibitivtarif auf den wertvollsten deutschen Export fürchten zu müssen. Aber bei diesem Aneignen deutschen Wissens kann der Amerikaner zwei tiefere Lehren erhalten, welche sein Land noch sehr notwendig hat. Die erste dieser Lehren betrifft die Natur der Universität als einer Schöpfung, nicht des Geldes oder lediglich aus Gebäuden bestehend, oder aus ihrer Einrichtung, sondern groß durch die Gelehrsamkeit, die sie fördert, durch die Liebe zur Wissenschaft, welche sie erzieht, als eine Heimat des Idealismus, die sie darbietet. Die zweite Lehre, die sie erteilt, besteht in der Gelehrtennatur, in der Freude an dem selbständigen, fleißigen und zufriedenen Suchen nach Wahrheit, in dem Freisein von Selbstsucht und Ehrgeiz, in welchen Eigenschaften sich noch immer der schönste Typus deutschen Gelehrtentums kennzeichnet."

Der an den Universitäten bemerkbare Einfluß deutscher Methoden strahlt natürlich auch auf die anderen Lehranstalten und Volksschulen über, die bekanntlich einen großen Teil ihrer Lehrkräfte von den Universitäten beziehen

Die ausgezeichneten Ergebnisse des gegenseitigen Professorenaustauschs veranlaßten im Jahre 1908 den Verwaltungsrat der Carnegie-Stiftung zur Förderung des Unterrichtswesens mit dem preußischen Kultusministerium Verhandlungen betreffs eines preußisch-amerikanischen Lehreraustauschs einzuleiten Diese Verhandlungen kamen zum Abschluß, und es ward vereinbart, daß Preußen einen Oberlehrer und sechs Kandidaten entsenden solle, die in New York, Boston, New Haven, Worcester, Chicago und Exeter amtieren sollen Die Vereinigten Staaten sollen zwölf Lehrer nach Preußen schicken, die hauptsächlich in den Universitätsstädten untergebracht werden. Zweifellos dürfte auch dieser Austausch von großem erzieherischen Wert sein.

Der Einfluß deutscher Methoden erstreckt sich selbstverständlich auch auf die Kindergärten, jene von dem großen Menschenfreund Friedrich Fröbel angebahnte Neuerung, die man mit Recht zu den bedeutendsten Errungenschaften der modernen Pädagogik zählt.

Es war Fröbel klar geworden, daß zwischen der Kinderstube, in welcher das Kind zwanglos schalten und walten darf, und dem unerbittliche Anforderungen stellenden Schulzimmer ein Übergang fehle, der dem Kind die Angewöhnung an die Pflichten und Gesetze der Schule erleichtere. Gerade die besten und talentvollsten Kinder, die eine Fülle von Lebenslust bekunden, empfinden den schroffen Wechsel von dem einem zum andern am schwersten. Die Kluft zu überbrücken, schuf Fröbel den Kindergarten, dessen Lieder, Spiele und unterhaltende Beschäftigungen das Kind unbewußt in das ernste Leben hinüberleiten.

Der erste Kindergarten in den Vereinigten Staaten wurde bereits im Jahre 1858 von der Hannoveranerin K a r o l i n e L o u i s e F r a n k e n b e r g, einer Schülerin Fröbels, in Columbus, Ohio, gegründet. Fröbel selbst hatte schon im Jahre 1836 in seiner Broschüre „Wiedererweckung zum Leben" auf die Vereinigten Staaten als dasjenige Land hingewiesen, welches vermöge seines freiheitlichen Geistes und reinen Familienlebens am besten dazu geeignet sei, um seine Gedanken einer idealen Kindererziehung zu verwirklichen und aus derselben moralischen Nutzen zu ziehen. Wahrscheinlich durch diese Worte ihres Meisters angeregt, traf Fräulein Frankenberg 1838 in den Vereinigten Staaten ein, um die amerikanische Jugend nach den Theorien Fröbels zu erziehen. Ihre gute Absicht fand jedoch kein Entgegenkommen und sie kehrte deshalb schon 1840 wieder nach Keilhau, dem Wohnsitz Fröbels, zurück, unterrichtete dort zunächst zwei Jahre unter der persönlichen Leitung Fröbels, um dann ihren Wirkungskreis nach Dresden zu verlegen, wo sie elf Jahre tätig war. Dann wandte sie sich wieder den Vereinigten Staaten zu und gründete einen Kindergarten in Columbus, Ohio. Auch sie mußte alle jene Widerwärtigkeiten und Enttäuschungen durchmachen, die sich stets mit einem bahnbrechenden Pionierleben verknüpfen. Nur mit großer Mühe gelang es ihr, einige Schüler zu erhalten, denn die Eltern betrachteten das Anfertigen von Vögeln, Booten, Hüten und dergleichen aus Papier, das Formen in Sand und Lehm, das Marschieren und Singen lediglich als Spielerei, als die beste Art und Weise, den Kindern die Zeit zu vertreiben und sie vor Unheil und Torheiten zu behüten. Daß in diesem kindlichen Spiel ein hoher erzieherischer Sinn lag, war den wenigsten klar. In ihrem sechzigsten Jahre ward Fräulein Frankenberg infolge eines Unfalls gezwungen, ihre Schule aufzugeben und nach dem Lutherischen Waisenhaus in Germantown, Pennsylvanien, überzusiedeln. In dieser Anstalt führte sie das Kindergartenwesen mit großem Erfolge ein. Fräulein Elisabeth Peabody, welche als die eigentliche Gründerin des amerikanischen Kindergartenwesens gilt, besuchte dort Fräulein Frankenberg öfter, um sich Winke für ihren Kindergarten zu holen, den sie in Boston gegründet hatte.

Fräulein Frankenberg starb in Germantown im Jahre 1882.

*   *

*

Wir können diesen Abschnitt nicht schließen, ohne der Bestrebungen zu gedenken, die gemacht wurden, um auch den Unterricht in deutscher Sprache, Literatur und Kulturgeschichte in die Lehrpläne der amerikanischen Bildungsanstalten einzufügen.

Die in die Vereinigten Staaten eingewanderten Deutschen unterhalten seit langer Zeit deutsche Schulen, einesteils in dem Wunsch, ihren Kindern und Nachkommen die erhabenen Geistesschätze des deutschen Volkes zugängig zu machen, dann auch aus praktischen Gründen, die der Verfasser dieses Buches in einer im August 1903 von den „Vereinigten deutschen Gesellschaften der Stadt New York" ausgesendeten Flugschrift in folgender Weise zusammenfaßte: „Unsere öffentlichen Schulen sind diejenigen Anstalten, wo unsere Kinder für ihren späteren Kampf ums Dasein ausgerüstet werden sollen. Es muß demnach allen Eltern, welchen die Wohlfahrt und Zukunft ihrer Kinder nicht gleichgültig ist, daran gelegen sein, daß dieselben seitens der Schulen in erster Linie mit solchen Kenntnissen ausgestattet werden, welche die besten und sichersten Garantien für ihr späteres Fortkommen darbieten. Angesichts der Tatsache, daß die Handelsbeziehungen sämtlicher Länder Amerikas mit Deutschland in beständiger Zunahme begriffen sind, angesichts der Tatsache, daß in den Vereinigten Staaten allein mehrere Millionen Personen sich des Deutschen als Umgangs- und vielfach auch als Geschäftssprache bedienen, angesichts der von vielen amerikanischen Gelehrten zugestandenen Tatsache, daß die Kenntnis des Deutschen beim Verfolgen wissenschaftlicher Studien heutzutage geradezu unentbehrlich geworden sei, weil unzählige der wichtigsten neueren Werke aller Wissenschaften gerade in dieser Sprache geschrieben sind, angesichts der Tatsache endlich, daß von allen europäischen Sprachen Deutsch, die Mutter des Englischen, nach dem Englischen die verbreitetste ist und gegenwärtig von etwa 80 Millionen über den ganzen Erdball zerstreuten Personen geschrieben und gesprochen wird, geben wir unsrer Überzeugung Ausdruck, daß eine gründliche Kenntnis der deutschen Sprache für unsere Kinder von größter Wichtigkeit ist, weil diese Kenntnis ihre Befähigung zur späteren Teilnahme am wissenschaftlichen Leben erhöht und ihre Aussichten auf eine gesicherte Lebensstellung wesentlich verbessert."

Die betreffende Flugschrift erschien als ein Protest gegen von gewissen Seiten gemachte Versuche, den deutschen Sprachunterricht durch Vorschieben anderer, weit weniger wichtiger Fächer aus den Schulen der Stadt New York zu verdrängen.

Daß das aufgeklärte Amerikanertum an solchen, leider nur zu häufig wiederkehrenden Versuchen keinen Anteil hat, beweisen[1]) nicht bloß zahlreiche

---

[1]) Professor Will H. Carpenter von der Columbia Universität zu New York äußerte sich über die kommerzielle Wichtigkeit der Kenntnis der deutschen Sprache folgendermaßen: „There are almost innumerable instances in America when the value of the possession of the German language may be expressed in the most material way, in terms of actual dollars and cents. In all our larger cities there are opportunities in plenty in the legal and medical profession that are not readily accorded a lawyer or physician who speaks English only.

In teaching, since German has and is to have an important place in the school curriculum, there are opportunities that can only be grasped by one who knows well both German and English. In many branches of trade, a knowledge of the two languages is

Äußerungen hervorragender amerikanischer Professoren, die sich für den Unterricht in deutscher Sprache erklärten, sondern auch die Tatsache, daß der deutsche Sprachunterricht trotz solcher Anfeindungen sich von Jahr zu Jahr mehr auf den höheren amerikanischen Lehranstalten einbürgert. Um die Jahrhundertwende wurde festgestellt, daß an den Universitäten 30 000, an den Hochschulen und Colleges 100 000, an den öffentlichen Volksschulen 300 000, an den katholischen Pfarrschulen 125 000 und an Privatschulen 30 000 Zöglinge am deutschen Unterricht teilnahmen. Da von vielen Schulen keine Angaben eingelaufen waren, so läßt sich annehmen, daß im Jahre 1900 von etwa 15 Millionen Schülern mindestens eine Million Deutsch erlernte.

Fast jede auf Bedeutung Anspruch erhebende Universität und Hochschule besitzt jetzt eine besondere Abteilung, wo deutsche Sprache gelehrt und germanistische Studien betrieben werden. An der Harvard-Universität, deren deutsche Abteilung heute bereits zwölf Professoren benötigt und etwa 1500 Teilnehmer an vierzig germanischen Studien gewidmeten Kursen zählt, kam es sogar dank der Anregung des Professors Kuno Francke zur Gründung eines „Germanischen Museums", welches die Kulturentwicklung der germanischen Rasse in Deutschland, Skandinavien, Dänemark, den Niederlanden, Deutsch-Österreich, den deutschen Kantonen der Schweiz und dem angelsächsischen England an charakteristischen Denkmälern der Kunst und des Gewerbes veranschaulichen soll. Das Ziel, welches Francke sich dabei steckte, ist, dieses Museum zu einem Hochstift deutscher Kultur zu gestalten, wo berufene Gelehrte Vorträge über deutsche Geschichte, Literatur und Kunst halten und die studierende Jugend Amerikas mit den Schätzen der deutschen Kultur bekannt machen sollen. Dieses mit dem Anbruch unseres Jahrhunderts eröffnete Museum hat sich in hohem Grade der Förderung seitens Seiner Majestät des deutschen Kaisers und mancher deutschen Städte zu erfreuen gehabt. Alle Anzeichen deuten darauf hin, daß es im Lauf der Zeit zu einem mächtigen Denkmal deutschen Geistes auf amerikanischem Boden anwachsen wird.

Zu Ende des Jahres 1904 entstand auch in New York eine „G e r m a n i -

---

necessary to a conduct of the business. This is not alone true of the great importing houses which in special cases deal only with Germany, but it is true, also, along vastly extended lines of export and import, in all parts of the country where the industrial and commercial importance of modern Germany inevitably creates German connections and German correspondence which, again, can only be properly attended to by one who knows both the English and German languages. This is true, furthermore, of insurance companies, of banks, and of many other branches of business in which bi-lingual correspondence-clerks and stenographers are needed as a necessary part of equipment. These conditions, too, are increasing, rather than diminishing in numbers and in value, and will continue to increase with the dominance of the English and German speaking nations."

Und Präsident Gilman von der John Hopkins-Universität zu Baltimore sagte: „Wie im Mittelalter das Lateinische, so ist heute das Deutsche die Sprache der Gelehrsamkeit und Bildung, und kein Student kann auf letztere Bezeichnung Anspruch machen, wenn er das Deutsche nicht vollkommen beherrscht."

stische Gesellschaft von Amerika". Sie stellt sich die Aufgabe, das Studium und die Kenntnis deutscher Bildung in Amerika und amerikanischer Bildung in Deutschland zu fördern, und zwar durch Unterstützung des Universitätsunterrichts auf diesem Gebiete, durch Veranstaltung öffentlicher Vorträge, durch Herausgabe und Verbreitung geeigneter Schriften sowie durch andere Mittel, die dem Gründungszweck entsprechen. Ein Zyklus von Vorträgen über deutsche Kulturgeschichte an der Columbia-Universität während des Jahres 1905/06, sowie die Einladung des Dichters Ludwig Fulda und des Assyriologen Professor Friedrich Delitzsch zu einer Reihe von Vorträgen in verschiedenen amerikanischen Städten bildeten die ersten Taten dieser Gesellschaft. Im Jahre 1907 folgten Vorträge der Professoren Heinrich Krämer von der Kunstakademie zu Düsseldorf, des Professors Otto Hötzsch von der Akademie in Posen und von Professor W. Sombart aus Berlin. Diesem schlossen sich in der Folge andere namhafte Gelehrte an.

Ähnliche Ziele verfolgt das in Verbindung mit der "Northwestern Universität" zu Chicago gegründete "Germanische Institut". Es will gleichfalls in Amerika ein weiteres und tieferes Interesse für die Ergebnisse deutscher Gelehrsamkeit und Kultur schaffen und die zwischen den Vereinigten Staaten und Deutschland bestehenden Bande enger knüpfen. Es will ferner zeigen, inwiefern das deutsche Element das Leben und Streben des amerikanischen Volkes beeinflußte und eine wie große Rolle Deutschland und die Deutschen in der Geschichte der Entwicklung Amerikas spielten. Ähnliche Ziele erstrebt die im Oktober 1906 in Boston gegründete "Deutsche Gesellschaft".

Alle diese Gründungen sind nicht bloß bedeutsame Symptome für das mächtig wachsende Interesse an deutscher Kultur, Kunst, Literatur und Wissenschaft, sondern auch Betätigungen des immer weitere Kreise erfassenden Glaubens, daß zwischen der Bevölkerung der Vereinigten Staaten und derjenigen Deutschlands nicht bloß eine Stammesverwandtschaft, sondern auch eine Wahlverwandtschaft besteht und daß die Zukunft der Weltkultur vorwiegend von der geistigen Bundesgenossenschaft beider Völker abhängig sei.

*   *

*

Daß die Deutschamerikaner in vielen Städten eigne, ganz nach deutschem Muster eingerichtete Schulen gründeten, wurde bereits erwähnt. Viele standen und stehen noch unter der Leitung tüchtiger, meist in Deutschland ausgebildeter Pädagogen, wie Rudolf Dulon, Adolf Douai, Hermann Dorner, Emil Dapprich, Otto Schönrich, Hermann Schuricht, Heinrich Scheib, Georg Adler, Julius Sachs, Maximilian Großmann, G. A. Zimmermann, Rudolf Solger, H. H. Fick und andere.

Eine dieser Erziehungsanstalten, die von Peter Engelmann gegründete „Deutsch-Englische Akademie" zu Milwaukee, erhielt eine höhere Mission durch ihre Verbindung mit dem „Deutsch-Amerikanischen Lehrerseminar", dessen Stiftung von dem im Jahre 1870 entstandenen „Deutsch-Amerikanischen Lehrerbund" beschlossen wurde. Und zwar aus folgenden Gründen:

1. Die deutschamerikanische Jugend braucht deutschamerikanische Erzieher.
2. Die zweisprachige Schule, die Schule der Zukunft, fordert für die Vereinigten Staaten Lehrer, die im Deutschen und Englischen gleich vollkommen ausgebildet sind.

Das deutschamerikanische Lehrerseminar in Milwaukee, Wisconsin.

3. Die deutsche Pädagogik, die Pädagogik der Humanität, bedarf solcher Vertreter, denen diese Wissenschaft, diese Kunst zu Fleisch und Blut geworden ist. Solche Lehrer und Erzieher muß das Seminar des Lehrerbundes bilden, wenn es seine Aufgabe richtig erfaßt hat.

Bei der Gründung des Seminars traf man folgende Bestimmungen: „Daß der deutschamerikanische Lehrerbund den Lehrplan für das Seminar und die Seminarschule festsetzen, und daß nur mit seiner Einwilligung derselbe abgeändert werden darf, sowie daß im Seminar nur Wissenschaft von ihrem jeweiligen Standpunkte aus zu lehren ist, nicht aber Glaubenssätze, und daß Geistliche darin nie Lehrer sein können."

Die Eröffnung dieses durch freiwillige Beiträge des Deutschamerikanertums unterhaltenen Seminars erfolgte im Jahre 1878. Der Unterricht ist kostenfrei. Der Lehrplan sichert den Seminaristen eine gründliche Ausbildung auf allen Gebieten. In politischen und religiösen Fragen herrscht die weitestgehende Toleranz. Ein einziger Gedanke leitet die Anstalt: aus ihren Zöglingen echte Schulmänner zu machen.

In der mit dem Seminar verbundenen „Deutsch-englischen Akademie" bietet sich den vorgeschrittenen Seminaristen Gelegenheit, sich für ihren Beruf praktisch auszubilden. Außerdem besteht ein Abkommen mit den Schulbehörden der Stadt Milwaukee, demzufolge die Seminaristen auch in den öffentlichen Schulen, wo deutscher Unterricht erteilt wird, sich täglich eine Stunde lang im Ausüben ihres künftigen Berufs betätigen können.

So ist das deutschamerikanische Lehrerseminar eine Musteranstalt, die nicht nur dem Deutschamerikanertum zur Ehre gereicht, sondern durch die stete Aussendung vorzüglich ausgebildeter Lehrkräfte in hohem Grade befruchtend auf das Bildungs- und Erziehungswesen der Vereinigten Staaten wirkt.

Copyright by A. Thomas, N. Y.

Die deutschamerikanischen Landwirte und Forstleute der Neuzeit.

Die überaus günstigen Urteile, welche von berufenen Männern zu Ende des 18. Jahrhunderts über die in Amerika ansässig gewordenen deutschen Bauern abgegeben werden konnten, brauchten im 19. Jahrhundert nicht geändert zu werden. Der Fleiß, die Stetigkeit und Genügsamkeit, welche den deutschen Landwirt damals auszeichneten, sind geblieben. Zu diesen guten Eigenschaften gesellten sich neue, die durch die fabelhafte, auch das Landleben mächtig beeinflussende Fortenwicklung der amerikanischen Kultur erzeugt wurden.

Die jeden schiffbaren Strom befahrenden Dampfer, die mit überraschender Schnelligkeit bis in die entlegensten Winkel des ungeheuren Landes vordringenden Eisenbahnen, die in den kleinsten Ortschaften entstehenden Zeitungen brachten den Bauer in häufigere, engere Berührung mit der Außenwelt, förderten seinen Weitblick, seine Tatkraft, machten ihn vielseitiger und gebildeter. Die zahllosen Wunderleistungen der landwirtschaftlichen Ingenieurkunst, die kombinierten Mäh-, Binde- und Dreschmaschinen erleichterten sein Dasein und ermöglichten es ihm, einen Teil seiner Zeit auch auf seine geistige Fortbildung zu verwenden.

Noch heute ist die „Farm" des deutschamerikanischen Landwirts höchster Stolz. Ihrer Verbesserung gilt sein Mühen und Plagen. Da, seitdem die Bundesregierung die Indianer auf bestimmte Reservationen beschränkte, keine Gefahren mehr sein Haus umdrohen, so konnte er dasselbe geräumiger und wohnlicher gestalten. Aus Holz erbaut und mit hellen Farben bemalt, leuchtet es aus den wogenden Saaten und blumendurchwirkten Weizenfeldern her-

---

Kopfleiste: Die Landwirtschaft. Gemälde von Arthur Thomas in New York.

Westliche Farmer bei der Mais- und Kürbisernte.

vor. In der Nähe liegen die weiten Scheunen und die Ställe für die Pferde, das Vieh, die Schweine und das Geflügel. Alle Gebäude sind einfach, aber stets groß, sauber und in bestem Zustand. Der Bodenbesitz hat sich im Vergleich mit demjenigen der Farmer des 18. Jahrhunderts beträchtlich vergrößert, was hauptsächlich dem Umstand zuzuschreiben ist, daß auf den weiten Prärien der Boden fast mühelos nutzbar gemacht werden kann, während die Pioniere des 18. Jahrhunderts beständig einen schweren Kampf gegen die schier übermächtigen Urwälder führen mußten. Und wenn es dem bedeutenderen Besitz entsprechend heute auch umfangreichere Strecken Landes umzuackern und größere Ernten einzuheimsen gilt, so werden diese Arbeiten durch die ungemein leistungsfähigen landwirtschaftlichen Maschinen vereinfacht, die an Stelle von Pflug, Spaten und Dreschflegel traten.

Den Hauptteil ihrer geistigen Nahrung beziehen die deutschamerikanischen Farmer aus in deutscher Sprache gedruckten Zeitungen, die den Bedürfnissen der ländlichen Bevölkerung mit großem Geschick angepaßt sind. Sie bringen außer politischen und lokalen Mitteilungen zahlreiche Aufsätze, die für den Landmann von Interesse sind. Und nicht zuletzt auch Nachrichten aus der alten, unvergeßlichen Heimat.

An der Politik nehmen die deutschen Bauern keinen sonderlich großen Anteil. Ohne Erregung lauschen sie den zahlreichen Wanderrednern, die zur Wahlzeit von den einzelnen Parteien ausgeschickt werden, um für ihre Kandidaten Stimmung zu machen. Bei den Wahlen selbst lassen die Deutschen sich dann meist von ihrer eignen Überzeugung leiten.

Religiöser Sinn ist bei dem deutschen Farmer auch heute noch vorhanden. Sitzen mehrere Dutzend in einer Gegend nachbarlich zusammen, so verbinden sie sich zu einer Gemeinde, bauen ein kleines Kirchlein und berufen einen Geistlichen, der sie mit Wort und Sakrament versorgt. Häufig sind Pastor und Lehrer in einer Person vereinigt. Ist die Gemeinde stark genug geworden, außer dem Pastor einen Lehrer unterhalten zu können, so wird auch für eine Gemeindeschule gesorgt. An bestimmten Wochentagen findet dann der Unterricht statt, zu dem die zahlreichen Sprößlinge der Landwirte oft aus weiten Entfernungen sich einfinden.

Gesellig sind die deutschen Farmer geblieben. Wenn sie Sonntags nach dem Gottesdienst sich vor der Kirche versammeln, so treffen sie Verabredungen für den Rest des Tages. Man besucht die Nachbarn, wobei es sich oft ereignet, daß zehn bis fünfzehn Familien auf einer Farm sich zum Besuch einfinden, mitsamt den Kindern an sechzig, siebzig Köpfe zählend. „Da würde," wie ein unter jenen Farmern seit langen Jahren tätiger Geistlicher schilderte, „eine deutsche Hausfrau die Hände über dem Kopf zusammenschlagen und nicht wissen, was anzufangen. Aber die Farmerfrau läßt sich nicht aus dem Gleichgewicht bringen. Vorrat an Fleisch und dem nötigen Zubehör ist reichlich vorhanden, und die anderen Frauen helfen tüchtig beim Zurichten. So wird denn fröhlich getafelt und wacker zugegriffen. Nach dem Essen schmauchen die

Familienväter draußen unter den schattigen Bäumen ihre kurzen Pfeifchen und tauschen ihre Beobachtungen in Ackerbau und Viehzucht aus. Die Frauen halten beim Kaffee ihren gemütlichen Schwatz; die Kinder spielen ihre kindlichen Spiele; die jungen Burschen und Mädchen lassen die alten deutschen Volkslieder erklingen oder drehen sich im Tanz. So bietet der Sonntagnachmittag auf der Farm ein Bild echt deutscher Gemütlichkeit und deutschen Familiensinns."

Am dichtesten sitzen die deutschen Farmer in Ohio, Indiana, Illinois, Michigan, Wisconsin, Minnesota, den beiden Dakotas, Iowa, Nebraska, Missouri und Kansas. Meist sind es Bauern aus Westfalen, Hannover, Schleswig-Holstein, Brandenburg, Mecklenburg und Pommern, die dort ihren Wohnsitz aufgeschlagen haben. Die Süddeutschen bevorzugen mehr die südlichen Staaten, namentlich Texas. Wie sogar von Stockamerikanern rückhaltlos anerkannt wird, trugen deutscher Fleiß und deutsche Beharrlichkeit in hervorragendem Maß dazu bei, jenen Staaten ihre Bedeutung im Bunde der Union zu verschaffen.

In Kansas ließen sich während des letzten Drittels des vorigen Jahrhunderts viele deutsche Mennoniten aus Rußland nieder, welche sich zur Auswandrung entschlossen, als die Regierung die ihnen von früheren Regenten zugestandene Befreiung vom Militärdienst aufhob. Diese Mennoniten, deren erste um das Jahr 1873 anlangten, waren das Erstaunen aller Landagenten, sowohl wegen ihres soliden Reichtums und der baren Bezahlung ihrer bedeutenden Landerwerbungen, als auch wegen der Sorgfalt, womit sie zur Auswahl ihrer neuen Heimstätten schritten. Zu ihnen gesellten sich später viele aus Westfalen und Ostpreußen stammende Glaubensgenossen, mit welchen vereint sie zahlreiche Kolonien schufen, von denen die meisten echt deutsche Namen tragen, wie Johannestal, Gnadenfeld, Hoffnungsau, Blumenort, Brudertal, Grünfeld, Germania. Diese Mennoniten, deren Zahl sich auf 150 000 belaufen mag, sind sowohl wegen ihrer Betriebsamkeit und Sparsamkeit, wie wegen ihrer Geschicklichkeit im Verkaufen ihrer Produkte berühmt. Sie gelten allgemein als vorzügliche Bürger. Außerdem sind sie bekannt dafür, daß sie niemals Prozesse führen.

*   *

Wie das Deutschtum der Vereinigten Staaten in den Reihen der amerikanischen Großindustriellen berufene Vertreter besitzt, so auch unter den Landwirten. Besonders im Nordwesten gibt es zahlreiche deutsche Riesenfarmen, deren fast militärisch organisierte Bewirtschaftung das Staunen aller europäischen Besucher erregte. In Idaho gehören die kolossalen Weizenländereien des 1847 in Deutschland geborenen Johann P. Vollmer zu den ergiebigsten des ganzen Staates. Sie einzuzäunen, erforderte es 250 Meilen Draht. Vollmer ist auch der Begründer der „Vollmer-Clearwater Grain Company", welche zu

Lewiston und an anderen Orten Idahos bedeutende Mühlen besitzt, die jährlich 2 Millionen Bushel Weizen zu Mehl verarbeiten.

Einen hervorragenden Anteil haben die Deutschamerikaner auch an der Entwicklung der Obst- und Weinkultur der Vereinigten Staaten. Ein findiger Hesse, Johann Schwerdkopf, war es, der bereits während der Kolonialzeit auf Long Island große Strecken unbenutzt liegenden Landes pachtete und daselbst Erdbeeren zog. Er brachte die bis dahin in Amerika wenig beachtete Frucht zu solcher Beliebtheit, daß er seine Erdbeerplantagen von Jahr zu Jahr vergrößern mußte. Lange Zeit hatte Schwerdkopf gleichsam das Monopol dieser herrlichen, zu einem förmlichen Leibgericht der Amerikaner werdenden

Ernte im fernen Westen.

Frucht, deren Anbau im 19. Jahrhundert einen geradezu fabelhaften Umfang annahm und zu einem hochwichtigen Erwerbszweig für die amerikanischen Farmer wurde.

Ein anderer Deutscher, dessen Einfluß auf dem Gebiet der Hortikultur sich lange Jahre hindurch in den gesamten Vereinigten Staaten geltend machte, war der Württemberger Georg Ellwanger. Er schuf bei Rochester im Staat New York die als Mount Hope Nurseries bekannt gewordenen Blumengärtnereien, legte großartige Baumschulen an, und machte sich auch durch Einführen des Zwergobstes, durch verbesserte Pfropfverfahren und andere Neuerungen um die Landwirtschaft hochverdient. Die Stadt Rochester verdankt ihm den schönen Highlandpark.

Deutsche waren es auch, welche zuerst im Tal des Ohio den rationellen Weinbau einführten. Von der Mosel und vom Rhein ließen sie Reben und erfahrene Winzer kommen, um ausgedehnte Versuche anzustellen. Diese fielen so gut aus, daß viele sich dem Weinbau zuwandten. Bereits um die Mitte des 19. Jahrhunderts zählte man im Umkreis von Cincinnati 1200 Weinberge. Der hier erzeugte Wein war von solcher Güte, daß man sich sogar zum Herstellen von Schaumwein verstieg. Hier erschien auch die von Karl Rümelin herausgegebene „Deutschamerikanische Winzerzeitung". Leider brachten mehrere Jahre des Mißwachses im Verein mit dem ungeheuren Steigen der Grundeigentumswerte der vielversprechenden Weinindustrie im Cincinnater Distrikt den Untergang.

Durch ihren Weinbau ist auch die von dem deutschen Arzt Wilhelm Schmöle im Verein mit seinem Bruder und seinem Freunde Wolsieffer

Ernte im fernen Westen.

gegründete Kolonie Egg Harbor City in New Jersey bekannt geworden. Dieselbe liefert Rotweine von besondrer Güte.

Auch an die Ufer des Missouri übertrugen die Deutschen den Weinbau. Besonders der im Jahre 1837 von der „Deutschen Ansiedlungs-Gesellschaft zu Philadelphia" gegründete Ort Hermann entwickelte sich zu einer echten, zwischen Rebhügeln eingebetteten Winzerstadt, deren Charakter an die weinfröhlichen Orte des Rheingaus erinnerte. Michael Pöschel und Hermann Burkhardt waren daselbst die ersten erfolgreichen Rebenpflanzer. Ein anderer bedeutender Weinzüchter, der auch zahlreiche deutsche und englische Schriften über den Weinbau verfaßte, war der im Jahre 1834 eingewanderte Georg Husmann, derselbe, welcher später unter den Weinproduzenten Kaliforniens eine Rolle spielte. Von Hermann aus breitete der Weinbau sich nach den gleichfalls in Missouri gelegenen Orten Marthasville, Augusta und Washington aus.

Die Erwerbung Kaliforniens fügte den Vereinigten Staaten ein großes, schon bewährtes Weinland hinzu. Hier war der Weinbau bereits im 17. und 18. Jahrhundert durch spanische Missionare eingeführt worden. Als die Romanen den Amerikanern weichen mußten, brauchten die letzteren die schon bestehenden Pflanzungen nur weiter zu entwickeln. Das geschah freilich erst, nachdem der kalifornische Goldrausch der fünfziger Jahre verflogen war. Um jene Zeit kamen infolge der deutschen Revolution des Jahres 1848 auch zahlreiche Weinbeflissene aus den Rheinlanden nach Kalifornien. Viele wandten sich der systematischen Förderung des Weinbaus zu. Unter ihnen die Brüder Sansewein, Jakob Gundlach, Ch. Bundschu, Julius Dresel und J. Winkel in Sonoma; Karl Krug, die Brüder Beringer, Wilhelm Scheffler, Johann Thomann, J. Schramm, A. Schranz und die Gebrüder Stamer in St. Helena; der obengenannte Professor Georg Husmann in Napa; G. Grözinger in Yountville, Köhler und Fröhlich, J. H. Rose und Stern, Lachmann in Los Angeles; J. E. Baldwin in San Gabriel; Dreyfuß in Anaheim; Scholl, Langenberg, Reißer und manche andere. Sie trugen auch in erster Linie dazu bei, durch Anpflanzen bester deutscher Reben und durch fachmännische Pflege des gewonnenen Weins die gegen denselben bestehenden Vorurteile zu bekämpfen. Es gelang ihnen, seine Qualität auf eine so hohe Stufe zu bringen, daß er auf den Weltausstellungen der letzten Jahrzehnte neben den besten Erzeugnissen Europas bestehen und die höchsten Auszeichnungen erringen konnte.

Sehr viele in Kalifornien seßhaft gewordene Deutsche beteiligten sich auch an dem so großartig entwickelten Anbau der Orangen, Zitronen, Limonen, Granatäpfel, Pfirsiche, Aprikosen, Birnen, Pflaumen, Kirschen, Feigen und Oliven. Desgleichen an der Zubereitung von Rosinen, gedörrtem und eingemachtem Obst.

Einigen der obengenannten deutschen Winzer verdankt die bei Los Angeles gelegene, ihrer landschaftlichen Schönheiten wegen berühmte Kolonie Anaheim ihr Entstehen. Rings um dieselbe liegen Fruchthaine in voller Blütenpracht, grüne Auen, Täler und Hügel, lustig rieselnde Bäche und Bewässerungskanäle, unabsehbare Weingärten und Orangenhaine. Im Hintergrund dieser arkadischen Dekoration erheben sich die in scharfen Umrissen gegen den Horizont abstehenden Gebirgskämme. Die Einzelfarmen von Anaheim, desgleichen seine Bewässerungskanäle und Weinberge wurden unter dem Kooperativsystem geschaffen. Die äußerst zweckmäßige Anlage des Orts diente vielen anderen Ansiedlungen als Vorbild.

Auch an der Nutzbarmachung der wasserlosen Wüsten des fernen Westens, an ihrer Umwandlung in fruchtbringende Gefilde haben Deutschamerikaner großen Anteil. Zu den bekanntesten Autoritäten auf diesem Gebiet zählt beispielsweise der an der Staatsuniversität von Kalifornien angestellte Professor Hilyard, ein Sohn des von den „Lateinischen Farmern" gegründeten Städtchens Belleville in Illinois. Er hat sich hauptsächlich um die Bewässerung und Fruchtbarmachung der dürren Gegenden in Südkalifornien und Arizona große Verdienste erworben.

Auch unter den Viehzüchtern des fernen Westens, besonders in Texas, Kansas und Montana, begegnen wir vielen deutscher Herkunft. In Kalifornien gehörten die beiden Deutschen Miller und Lux zu den bedeutendsten. Sie kamen als arme Burschen nach Amerika, traten hier im Jahre 1856 in Geschäftsgemeinschaft, kauften in Kalifornien Ranchos für ihre Herden und betrieben ihr Geschäft mit seltener Umsicht und Energie. Gegenwärtig besitzt die Firma ungeheure Strecken Weidelandes, auf denen hunderttausende von Pferden, Rindern und Schafen grasen. Desgleichen betreibt sie die Schweinezucht in großartigem Maßstab.

*   *

*

Besondere Verdienste erwarb das Deutschamerikanertum sich um die amerikanische Forstkultur.

Es war Karl Schurz, ein Sohn des die Wälder liebenden deutschen Volks, welcher sowohl als Senator wie als Sekretär des Innern zum erstenmal amtlich das amerikanische Volk darauf aufmerksam machte, welche schwere Schuld es durch die teils in Gedankenlosigkeit, teils aus schnöder Habgier betriebene Verwüstung seiner Wälder auf sich lade. Mit warnenden Worten wies er darauf hin, wie wichtig der Wald für die Erhaltung des notwendigsten Lebenselements der Landwirtschaft, des Wassers sei, und wie durch das Zerstören der Forste die Vereinigten Staaten im Lauf der Zeit einem ähnlichen Schicksal wie Palästina, Spanien und andere ihres früheren Waldreichtums beraubten Länder verfallen müßten.

Angesichts des damals noch unerschöpflich scheinenden Holzreichtums der Vereinigten Staaten lachte man über die Befürchtungen des „deutschen Idealisten". Als aber im Lauf der nächsten Jahrzehnte die mächtigen Forste der Alleghanygebirge und der die großen Binnenseen umgebenden Staaten vor der zügellosen Gier der Holzhändler gänzlich verschwanden und die nüchterne Statistik mit erschreckender Deutlichkeit den raschen Untergang des Waldreichtums verkündete, als der Wasserstand der Seen und Ströme zu sinken und die Temperaturverhältnisse ganzer Länderstrecken in ungünstiger Weise sich zu ändern begannen, da dämmerte auch in den Köpfen der um die Wohlfahrt ihres Landes besorgten Amerikaner die Erkenntnis, wie begründet die Warnungen des „deutschen Idealisten" und der mit ihm übereinstimmenden deutschamerikanischen Zeitungen gewesen seien.

Man begann für den Schutz der Wälder einzutreten, gründete einen „National-Forstverein" (die „National Forestry Association") und bewirkte durch Eingaben an die Bundes- und Staatsregierungen den Erlaß von Gesetzen zum Schutz der bedrohten Wälder.

Der Staat New York war der erste, welcher solchen Forderungen entsprach, indem er nicht nur eine staatliche Forstkommission einsetzte, sondern auch eine Waldreservation einrichtete. Am 3. März 1891 entschloß sich auch der Bundeskongreß zum Erlaß eines Gesetzes, welches den Präsidenten ermächtigte, Forstreservationen zu schaffen und für immer vom Verkauf an private Personen auszuschließen. Kalifornien, Colorado, New Hampshire, Ohio, Pennsylvanien, Minnesota, Wisconsin, Maine und viele andere Staaten folgten, so daß das Areal der in den verschiedenen Teilen der Vereinigten Staaten gelegenen Waldreservationen bis November 1908 auf 167 992 208 Acres anwuchs. Bei ihrer Auswahl achtet man darauf, daß sie die Quellgebiete großer Ströme umfassen, um dadurch den Wasserzufluß zu regeln und Überschwemmungen vorzubeugen.

An dem Verdienst, diese wichtige Anlegenheit in Fluß gebracht zu haben, gebührt einigen praktischen deutschen Fachleuten ein Hauptanteil.

In erster Linie dem aus der Povinz Posen stammenden Forstmann Bernhard E. Fernow, einem der Gründer des „Nationalen Forstvereins" und Redakteur der von demselben herausgegebenen Zeitschrift „The Forester". Man kann ihn getrost den Vater des amerikanischen Forstwesens nennen. Denn seiner Rührigkeit verdankt das Land die Einrichtung einer mit dem Landwirtschaftsministerium verbundenen Forstabteilung, deren Vorsteher Fernow von 1886 bis 1898 war.

Als im letztgenannten Jahre der Staat New York an der Cornell-Universität zu Ithaka eine Forstlehrschule gründete, übernahm Fernow ihre Leitung und führte sie bis 1903, wo eine kurzsichtige Legislatur der Anstalt die nötigen Mittel versagte und dadurch ihren Eingang verschuldete. Gegenwärtig ist Fernow als Leiter der an der Universität zu Toronto, Canada eingerichteten Forstabteilung tätig.

Die Universitäten Yale und Harvard, sowie diejenige des Staates Michigan gründeten während der Jahre 1900 und 1903 gleichfalls Abteilungen für Forstwesen. Jene zu Yale wird von Professor Henry S. Graves, die zu Harvard von Richard F. Fischer, jene in Michigan von Filibert Roth bekleidet. Der Schöpfer der Forstwirtschaft des Staates Pennsylvanien ist Dr. Joseph Rothrock, der Nachkomme eines in Pennsylvanien eingewanderten Deutschen. Er studierte sowohl in Berlin und München Forstwissenschaft, und hat die dort erworbenen Kenntnisse zum großen Segen für Pennsylvanien verwertet. In Südkarolina sorgte der Forstmann Dr. C. A. Schenck in den ausgedehnten Waldungen der Vanderbiltschen Besitzungen bei Biltmore für eine regelrechte Verwaltung. Er richtete auch im Jahre 1898 dort eine Forstschule ein, wo angehende Forstleute sowohl theoretischen wie praktischen Unterricht empfangen.

Von großem Einfluß waren ferner die Forstabteilungen, welche seitens der deutschen Regierung auf den Weltausstellungen zu Chicago und St. Louis dem Studium dargeboten wurden. Durch methodische Gründlichkeit und

Wissenschaftlichkeit sich auszeichnend und in überaus klarer Weise den ungeheuren, aus einer gesunden Waldwirtschaft entspringenden Nutzen veranschaulichend, machten diese Abteilungen auf alle mit Nationalökonomie sich Beschäftigenden tiefen Eindruck.

Die Gewohnheit der Deutschen, ihr Heim durch Baum- und Blumenanpflanzungen zu schmücken, rief die heute blühende Kunstgärtnerei ins Leben, die sich fast ganz in deutschen Händen befindet. Auch sind viele der schönsten Schöpfungen der Landschaftsgärtnerei in Amerika, zahllose öffentliche Parks und Friedhofanlagen als die Werke deutscher Gärtner zu betrachten. So verdankt beispielsweise der im Jahre 1857 begonnene Zentralpark der Stadt New York in der Hauptsache deutschen Gärtnern sein Entstehen. A. Pieper, ein Hannoveraner, leitete die gesamten Hoch- und Niederbauten als zweiter Oberingenieur; A. Torges, ein Braunschweiger, war Leiter der südlichen, und Wonneberg, ein Hannoveraner, der nördlichen Division; B. Pilat, ein Österreicher, hatte als Obergärtner das gesamte Agrikulturwesen unter sich; Fischer, ein Württemberger, war zweiter Obergärtner; W. Müller, ein Kurhesse, erster Architekt; Bieringer, ein Bayer, leitete den Bau des Ent- und Bewässerungssystems; H. Krause, ein Sachse, und Spangenberg, ein Kurhesse, waren die ersten Zeichner.

Um dieselbe Zeit, im Jahre 1854, verwandelte der geniale Landschaftsgärtner Adolf Strauch, der seine Ausbildung unter den berühmtesten Meistern der kaiserlichen Gärten zu Schönbrunn und Laxenburg bei Wien erhalten hatte, den Spring Grove Friedhof in Cincinnati zu einer herrlichen Anlage, die für viele andere amerikanische Friedhöfe vorbildlich wurde.

Der Anteil der Deutschen an der Entwicklung der amerikanischen Industrie.

Wie schon in dem Abschnitt über die kulturellen Zustände der Deutschamerikaner während der Kolonialzeit nachgewiesen wurde, gebührt ihnen an der Einführung, dem Aufbau und der Entwicklung der großen Industrien Amerikas ein gewaltiger Anteil. Heute gibt es in der Tat kaum einen Geschäftszweig, in welchem die Deutschen nicht stark vertreten sind. Gewisse Zweige des Großhandels und der Wareneinfuhr beherrschen sie nahezu ausschließlich; im Kleinhandel und Handwerk, soviel von letzterem bei den alles aufsaugenden und monopolisierenden Bestrebungen der Trusts übriggeblieben ist, prosperieren sie entschieden mehr als die Amerikaner und Irländer.

Es liegt in der Natur der Sache, daß die meisten in die Vereinigten Staaten einwandernden Deutschen klein und bescheiden anfangen und sich bemühen, durch kluges, vorsichtiges Ausnutzen der Gelegenheiten, durch Fleiß und Sparsamkeit größere Geschäfte aufzubauen. Sie sind weniger zu gewagten Unternehmungen geneigt, als die Amerikaner, die es lieben, durch kühne Spekulationen mit einem Schlage Reichtümer zu gewinnen. Sie bevorzugen den langsameren, sichern Weg, wohl wissend, daß dabei ihre meist gut fundierten Geschäfte nicht so leicht jähem Wechsel oder gar dem Zusammenbruch ausgesetzt sind.

Infolge solcher vorsichtigen Führung ist die Zahl alter deutscher Firmen, die sich in steigender Blüte auf nachfolgende Geschlechter vererbten, eine verhältnismäßig große. Dabei darf man keineswegs glauben, daß es den Deutsch-

---

Kopfleiste: Die erste von Johann August Roebling im Jahre 1848 zu Trenton, New Jersey, angelegte Drahtseilfabrik.

amerikanern an Weitblick oder Wagemut fehle. Auch sie stellen ihren Prozentsatz zu jenen „Kapitänen der Industrie", die im geschäftlichen Leben Amerikas die Offiziere, den Generalstab jener Arbeiterarmeen bilden, welche die Reichtümer der Neuen Welt erschließen und zur Entwicklung der letzteren so ungeheuer viel beitragen.

Daß bereits während der Kolonialzeit mehrere deutsche Großindustrielle in Amerika existierten, wurde im ersten Teil dieses Werkes gezeigt. Ihnen schlossen sich nach der Gründung der Vereinigten Staaten manche andere an, wie beispielsweise Johann Jakob Astor, dessen Geschichte unter den Pionieren des fernen Westens erzählt ist. Er war der erste Amerikaner, dessen Fahrzeuge in regelmäßigen Reisen den Erdball umschifften. Einen bedeutenden Teil seines im Welthandel erworbenen Vermögens legte Astor in Landkäufen in und um New York an, darauf rechnend, daß mit dem Wachstum der Stadt der Wert dieser Grundstücke erheblich steigen müsse. Dieser von Astors Nachkommen in großartigem Maßstab fortgesetzten Politik verdankt die heute weit verzweigte Familie Astor ihr kaum noch zu berechnendes Vermögen.

Ein Zeitgenosse Astors war der im Jahre 1761 zu Hagenau geborene Kaufmann Martin Baum. Sein Name ist mit der frühesten Entwicklungsgeschichte der Stadt Cincinnati eng verbunden. War er es doch, welcher dort die erste Zuckersiederei, die erste Eisengießerei, die erste Wollfabrik, die erste Dampfmahlmühle errichtete. Gleichzeitig gründete er die „Miami Exporting Company", die außer Geldgeschäften ein bedeutendes Transportgeschäft betrieb und die Schiffahrt auf den westlichen Strömen entwickelte.

Unter den hervorragendsten Pionieren des Staates Missouri befand sich der 1810 in Bremen geborene Adolf Meier, ein Mann von seltener Tatkraft und Unternehmungslust. Er errichtete in St. Louis die erste, westlich vom Mississippi erbaute Spinnerei und Weberei, gründete die Bessemer Hochöfen zu Ost-Carondolet sowie zahlreiche andere großindustrielle Anlagen. Außerdem war er als Gründer oder Präsident an mehreren der bedeutendsten von St. Louis ausgehenden Eisenbahnen beteiligt.

Die hervorragende Stellung, welche die Deutschamerikaner während des 18. Jahrhunderts in der Eisenindustrie einnahmen, wurde auch später von ihnen behauptet. Dem Großindustriellen Johann Jakob Faesch, der in New Jersey die gewaltigen „Hibernia- und Mount Hope-Werke" besaß, reihten sich die Gebrüder Michael und George Ege an, die in Pennsylvanien zahlreiche Hüttenwerke aufführten. Ebendaselbst schuf der im Jahre 1791 aus Zweibrücken eingewanderte Clemens Rentgen verschiedene Unternehmungen, darunter die „Pikeland Works", wo er sich der Stahlfabrikation befleißigte und für die amerikanische Marine große Lieferungskontrakte ausführte. Peter Grubb, David Heimbach, Wilhelm Müller, Georg Anschütz, Samuel Helfrich, W. Haldemann, Samuel Fahnestock, Gabriel Heister, Peter Karthaus, Johann Probst, Friedrich Geissenhainer, Bernhard

Lauth, Johann Hammer, Konrad Piper, Detmar Bassemüller, Martin Dubbs, Benjamin Jakobs, Philipp Benner, Georg und Peter Schönberger, Karl Lukens und Johann Buchwalter sind die Namen deutscher Pioniere, die in Pennsylvanien in den verschiedensten Zweigen der Eisenindustrie tätig waren. Lukens walzte die ersten Dampfkesselplatten; Clemens Rentgen lieferte das erste Rundeisen; Jakob Baumann gründete die erste, westlich von den Alleghanys gelegene Nagelfabrik. In Kentucky wurde der aus Baltimore eingewanderte deutsche Geschäftsmann Jakob Meyers der Vater der dortigen Eisenindustrie, indem er im heutigen Bath County im Jahre 1791 eine Eisenschmelze und andere Fabriken erbaute, wo alles, vom eisernen Kochtopf und Ofen bis zum schweren Geschütz, hergestellt wurde.

Manche der von solchen deutschen Industriellen gegründeten Werke sind noch heute in Betrieb; viele andere gingen hingegen im Lauf des 19. Jahrhunderts in größeren Unternehmungen auf. Dies geschah beispielsweise mit den in Pittsburg gegründeten Fabriken der aus Trier stammenden Schmiede Andreas und Anton Klomann. Ihre Spezialität bestand in der Herstellung von Achsen für Eisenbahnwagen. Beim Schmieden derselben bedienten sie sich eines besonderen, von Andreas Klomann erfundenen Verfahrens, dessen Vorzüge allenthalben anerkannt wurden. Zu den Abnehmern Klomanns gehörte auch die „Pittsburg, Fort Wayne und Chicago Bahn", deren Einkäufer, Thomas Miller, im Jahre 1859 einen Anteil an der Klomannschen Fabrik erwarb. Seinem Betreiben war es zuzuschreiben, daß, als der Bürgerkrieg bedeutende, die Errichtung größerer Anlagen nötig machende Aufträge brachte, die Firma sich am 16. November 1861 in eine Aktiengesellschaft verwandelte, welche den Namen „Iron City Forge Company" annahm. Da der Preis für Wagenachsen von zwei Cents das Pfund über Nacht auf zwölf Cents emporschnellte, so machte die Gesellschaft glänzende Geschäfte. Leider stand es um die Einigkeit der verschiedenen Teilhaber minder gut. Anton Klomann wurde im Jahre 1863 ausgekauft; dasselbe geschah später mit Andreas Klomann, nachdem am 2. Mai 1864 Andrew Carnegie der Gesellschaft beigetreten war. Man sagt, daß Carnegie herbeigerufen worden sei, um zwischen den uneinigen Parteien Frieden zu stiften. Er habe dabei nach dem Muster jenes Richters in der Fabel gehandelt, der den streitenden Parteien die Schale zuspricht und als Lohn für seine Mühe den Kern behält. Wie dem immer sein möge, so ist gewiß, daß die von den Brüdern Klomann gegründeten Fabriken den Anfang jener von Carnegie geleiteten Riesenunternehmungen bildeten, die später unter den Namen „Union Iron Mills Company", „Carnegie Steel Company" und „United States Steel Corporation" Weltruf gewannen.

In der neueren Geschichte dieser Körperschaft waren übrigens noch zwei anderen Amerikaner deutsch-pennsylvanischer Abkunft leitende Rollen beschieden: Henry C. Frick und Charles Schwab. Der letzte bekleidete ursprünglich einen sehr untergeordneten Posten in einem Stahlwerk Carnegies. Durch Energie und unermüdliches Studium arbeitete er sich allmählich zum Leiter der berühmten „Homestead Werke" empor. In den Jahren 1901 bis 1903 stand er als Präsident an der Spitze der „United States Steel Corporation". Heute ist er Präsident der Stahlwerke zu Bethlehem, Pennsylvanien.

Die heutigen Drahtseilfabriken der Firma John A. Roeblings Sons Company zu Trenton, New Jersey.

Eine ähnliche Bedeutung erlangte der im Jahre 1869 zu Brooklyn geborene F. Augustus Heinze in der Kupferindustrie. Durch sorgfältiges, sowohl an amerikanischen wie deutschen Universitäten betriebenes Studium der Bergwissenschaften vortrefflich ausgerüstet, wandte er sich im Jahre 1889 dem mineralreichen Staate Montana zu und gründete in der Stadt Butte die „Montana Ore Purchasing Company". Später trat Heinze an die Spitze der von ihm gegründeten „United Copper Co."

Von anderen amerikanischen Großindustriellen ist der am 23. November 1906 verstorbene Heinrich Wehrum zu nennen, der Schöpfer der großartigen „Lackawanna Iron & Steel Works" zu Buffalo und Seneca, New York.

Die bedeutenden Drahtseilfabriken der Firma „John A. Roeblings Sons Company" zu Trenton, New Jersey, welche sich mit dem Herstellen von Drähten, Drahtseilen und mächtiger Kabel für Hängebrücken beschäftigen, verdanken ihren Ursprung dem berühmten Brückenbauer Johann August Roebling, dessen Lebensgeschichte in dem Abschnitt „Deutschamerikanische Techniker und Ingenieure" ausführlich erzählt ist. Drahtseile wurden bereits im Jahre 1820 in Deutschland erzeugt. Roebling war es, welcher diese wenig gewürdigte Industrie nach Amerika übertrug und im Jahre 1840 in dem von ihm gegründeten Dorf Germania, dem späteren Saxonbury (Grafschaft Butler in Pennsylvanien) die erste Drahtzieherei in Amerika schuf. Als Roebling im Jahre 1848 mit seiner Familie nach Trenton, New Jersey, übersiedelte, legte er dort sofort eine neue Drahtseilfabrik an, in der er anfangs 25 Mann beschäftigte. Aus diesen bescheidenen Anfängen wuchsen im Lauf der Jahre die riesigen Anlagen der obengenannten Firma hervor, welche im Jahre 1908 ein Heer von über 6000 Arbeitern beschäftigte und den Ruf genießt, nicht allein die bedeutendste, sondern auch die leistungsfähigste Drahtseilfabrik der Welt zu sein. Die Leitung der Fabriken liegt noch heute in den Händen der Söhne Roeblings, Ferdinand W., Charles G. und Washington A. Roebling, sowie deren Nachkommen.

Der aus Kassel stammende G. Martin Brill wandte sich dem Bau von Straßenbahnen zu und gründete in Philadelphia die Firma J. G. Brill & Son, die sich zu einer der bedeutendsten Werkstätten Amerikas entwickelte. Im Jahre 1887 ließ sich die Firma als die „J. G. Brill Company" eintragen, mit Martin Brill als Präsidenten. Seitdem wurden der Gesellschaft mehrere andere große Fabriken in Amerika und England durch Ankauf einverleibt, wie z. B. die „Brownies & American Companies" zu St. Louis, die „G. C. Kuhlman Car Company" in Cleveland und die „John Stevenson Car Company" in Elisabeth, New Jersey. Als Martin Brill im Jahre 1906 auf seinem Landsitz bei Philadelphia starb, repräsentierten die vereinigten Gesellschaften einen Wert von 57 Millionen Dollar.

J. H. Kobusch in St. Louis gründete im Jahre 1887 die „St. Louis Car Company". Sie liefert vollständig ausgestattete Wagen für den Eisenbahn- und Straßenbahndienst. An dem gleichen Ort besteht die von Peter J. Pauly im Jahre 1856 gegründete „Pauly Jail Building Company". Der Bau und das Einrichten von Gefängnissen bildet ihre Spezialität. Viele der wichtigsten Sicherheits- und Sanitätsvorkehrungen der heutigen amerikanischen Strafanstalten wurden von den deutschen Leitern dieser Gesellschaft erdacht und eingeführt.

Die Westfalen Wilhelm F. und Friedrich G. Niedringhaus gründeten im Jahre 1857 die „St. Louis Stamping Co.", die sich mit der Herstellung von Blech- und Zinkwaren beschäftigt. Später, als die Gebrüder nicht genügend Bleche aus England beziehen konnten, schufen sie großartige Walzwerke und in neuerer Zeit auf der Ostseite von St. Louis die bedeutendsten Emaillewerke der Welt. Granite City, heute eine Stadt von 10 000 Einwohnern, ist gleichfalls eine Gründung der Gebrüder Niedringhaus, deren Unternehmen jetzt als die „National Enameling and Stamping Co." bekannt ist. Wilhelm Niedringhaus war einer der ersten Fabrikanten von Zinkwaren und der erste Fabrikant von Emaillewaren in den Vereinigten Staaten. Er stellte auch die erste Maschine zum Pressen von Geschirr und Stahlplatten her.

Benjamin Guggenheim, ein Sohn des aus Deutschland nach Philadelphia übersiedelten Israeliten Meyer Guggenheim, begründete die „International Steam Pump Company", die sich mit dem Herstellen aller Arten von Pumpwerken beschäftigt, von der einfachsten Handpumpe bis zu den beim Entwässern der Bergwerke und im Dienst der städtischen Wasserversorgung benötigten Riesenpumpen. Die „International Steam Pump Co." unterhält zurzeit bereits sieben bedeutende Fabrikanlagen, von welchen sich sechs innerhalb der Vereinigten Staaten, und zwar in East Cambridge, Mass., Holyoke, Mass., Harrison, N. J., Buffalo, N. Y., Cincinnati, Ohio und Cudahy, Wisc., befinden.

Auch der amerikanischen Zuckersiederei verliehen zwei deutsche Familien, die Havemeyers und Spreckels, den eigentlichen Aufschwung. Die Geschichte beider Familien liest sich fast wie ein arabisches Märchen. Diejenige der Havemeyers beginnt mit der Einwanderung zweier armer Zuckerbäcker, der Brüder Friedrich und Wilhelm Havemeyer, welche im Jahre 1802 ihre im Fürstentum Schaumburg-Lippe gelegene Vaterstadt Bückeburg verließen, um jenseits des Ozeans eine neue Heimat zu suchen. Bald nach ihrer Ankunft in New York gründeten die beiden eine kleine Zuckersiederei, deren tägliche Produktion, obwohl die Frauen der beiden nach deutscher Art fleißig mit Hand anlegten, anfangs selten mehr als zwei Fässer überstieg. In dem in Vandam Street gelegenen Quartier der Familien wurde im Jahre 1807 Frederick C. Havemeyer geboren, der sechzehn Jahre später, nachdem er im Columbia College eine gute Erziehung genossen hatte, in das inzwischen stattlich emporgeblühte Geschäft eintrat. Alle Einzelheiten des Zuckerhandels und der Zuckerindustrie von Grund aus studierend, verhalf er dem Geschäft zu so mächtigem Aufschwung, daß er seinen Söhnen Theodor und Henry O. ein Vermögen von vier Millionen Dollar hinterlassen konnte.

Henry O. Havemeyer, der im Jahre 1847 geborene jüngere der Brüder, wurde der Schöpfer des „Zucker-Trusts". Die zwischen den amerikanischen Zuckerproduzenten häufig entbrennenden Konkurrenzkämpfe, während welcher die Raffinerien einander sowohl beim Einkauf der Rohstoffe wie beim Verkauf der fertigen Ware oft bis zum Zusammenbruch bekriegten, riefen in Havemeyer den Gedanken einer Vereinigung aller Raffinerien wach. Durch eine solche Verschmelzung ließen sich nicht bloß jene gefährlichen Kämpfe vermeiden, sondern der Verkaufspreis des Zuckers konnte auch auf einer für alle beteiligten Firmen gewinnbringenden Höhe erhalten werden. Die ersten Schritte zur Gründung dieses Trusts reichen bis in das Jahr 1887 zurück, wo es Havemeyer gelang, eine Vereinigung der in den Oststaaten bestehenden Zuckerfabriken zustande zu bringen. Dieselben verbanden sich am 12. Januar 1891 unter dem Namen „American Sugar Refineries Company". Ihr ursprüngliches Stammkapital von 50 Millionen Dollar wurde später auf 75 Millionen erhöht. Desgleichen erhöhte sich durch den erzwungenen Eintritt anderer Raffinerien die Zahl der Mitglieder. Aus dieser Vereinigung entsprangen sowohl für den Trust wie für die Konsumenten bemerkenswerte Vorteile. Durch Anwerben der erfahrensten Fachleute, durch stetes Verbessern der Maschinen gelang es nicht nur, die bisher angewendeten Herstellungsmethoden bedeutend zu vervollkommnen, sondern auch den Raffinierprozeß von zwei Wochen auf nur 24 Stunden abzukürzen. Diese Vereinfachung und Verbilligung der Herstellung ermöglichte sowohl die Vermehrung der Produktion wie eine erhebliche Verbilligung des raffinierten Zuckers.

Die gewaltige Entwicklung des Zuckertrusts ergibt sich aus folgenden Angaben: Sein Vermögen belief sich um das Jahr 1900 auf 150 000 Millionen Dollar. Seine 20 Raffinerien verteilten sich auf die Städte New York, Brooklyn, Jersey City, Philadelphia, St. Louis, New Orleans, San Francisco und Portland. Die Zahl der in denselben beschäftigten Beamten und Arbeiter betrug 20 000. Außerdem waren 10 000 Arbeiter in den der Gesellschaft gehörigen Faßfabriken und Schiffen oder als Kohlenschaufler und Fuhrleute beschäftigt. Die tägliche Produktion sämtlicher Anlagen betrug 45 000 Faß, der aus dem ganzen Unternehmen entspringende Reingewinn etwa 30 Millionen Dollar pro Jahr.

Eine ähnliche Bedeutung, wie die Havemeyers sie im Osten der Vereinigten Staaten erlangten, gewann im fernen Westen die aus Lamstedt in Hannover stammende Familie Spreckels. Ihre neuweltliche Geschichte beginnt mit dem im Jahre 1828 in Lamstedt, Hannover, geborenen Claus Spreckels, welcher als zwanzigjähriger Jüngling in Charleston, Südkarolina, landete. Sein ganzes Vermögen bestand aus nur drei Dollar. Die ersten Jahre seines Weilens in Amerika unterschieden sich nicht von denen, welche von Millionen andrer Einwandrer durchlebt werden müssen: sie waren voll Mühen und Arbeit. Von Charleston siedelte Spreckels nach New York über; von dort nach Kalifornien. Aber seine finanzielle Lage hatte sich inzwischen bedeutend verbessert. Der Verkauf eines in New York betriebenen Geschäfts hatte ihm 4000 Dollar eingebracht, womit er in San Francisco eine Brauerei gründete. Aber auch diese bildete nur eine vorübergehende Etappe im Entwicklungsgang des jungen Deutschen. San Francisco war der Einfuhrhafen für den auf Hawaii erzeugten Zucker. Beim Studium dieses Zuckerhandels erspähte Spreckels seine Gelegenheit. Ehe er diese ergriff, beschloß er das Zuckergeschäft und die Zuckerfabrikation gründlich zu lernen und trat als Arbeiter in eine New Yorker Zuckersiederei ein. Nachdem er hier alles Wissenswerte erlernt, reiste er nach Deutschland, um sich mit den dort angewendeten Methoden vertraut zu machen. Dann kehrte er nach Kalifornien zurück und gründete in Gemeinschaft mit seinem Bruder im Jahre 1863 die „California Sugar Refinery". Diese überflügelte infolge ihrer vortrefflichen Einrichtungen bald alle anderen kalifornischen Raffinerien. Spreckels legte diese vollends lahm, als es ihm im Jahre 1876 gelang, die ganze Zuckerproduktion Hawaiis an sich zu bringen. Das geschah durch sehr geschickte Schachzüge, welche fast sämtliche Zuckerplantagen jener Inselgruppe in den Besitz der von Spreckels gegründeten „Hawaiian Commercial Company" brachten. Die Erwerbung dieser Plantagen war um so wichtiger, als zwischen Hawaii und den Vereinigten Staaten kurz zuvor ein Handelsvertrag abgeschlossen worden war, der hawaiischem Zucker zollfreie Einfuhr in die Vereinigten Staaten sicherte. Bereits in den achtziger Jahren hatte Spreckels sich den stolzen Beinamen des „kalifornischen Zuckerkönigs" erworben. Sein außerordentlicher Erfolg weckte aber die Eifersucht des den Osten beherrschenden Zuckertrusts. Dieser bot Spreckels eine ungeheure Summe für die Abtretung seiner Interessen. Als Spreckels das Angebot ablehnte, begann der Trust den kalifornischen Zuckerkönig bitter zu befehden. Aber der zähe Norddeutsche trug den Krieg in Feindesland, indem er mit einem Kostenaufwand von fünf Millionen Dollar bei Philadelphia eine Zuckerraffinerie größten Maßstabes errichtete und dem Trust so scharfen Wettbewerb bereitete, daß dieser endlich um Frieden bat. Man traf ein Übereinkommen, wonach der Zuckertrust sich verpflichtete, sich auf den Osten der Vereinigten Staaten zu beschränken, wogegen man Spreckels den unbestrittenen Besitz des westlichen Marktes überließ. Nach diesem Siege wandte Spreckels sich dem weiteren Ausbau seines immer größere Verhältnisse annehmenden Zuckergeschäftes zu. Hauptsächlich auf seine Anregung erfolgte der Anbau der Zuckerrübe, der den westlichen Farmern zu einer neuen Quelle fabelhaften Reichtums wurde. Bei Watsonvilles in Kalifornien bepflanzte Spreckels eine 1500 Acres große Farm mit Zuckerrüben, die er in einer dort errichteten großen Siederei verarbeitete. — Als Spreckels am 26. Dezember 1908 starb, wurde sein Vermögen auf 50 bis 60 Millionen Dollar geschätzt.

Auch in der Getränke-Industrie, besonders in der Bierproduktion, nehmen die Deutschamerikaner heute die führende Stelle ein. Bier war bereits im 17. Jahrhundert in den von den Holländern und Engländern gegründeten Niederlassungen gebraut worden. Im Jahre 1810 bestanden in den Vereinigten Staaten 147 Brauereien, die zusammen 182 690 Fässer Bier erzeugten. Bis zum Jahre 1850 steigerte sich diese, fast ausschließlich von Amerikanern betriebene Produktion auf 740 000 Fässer, um dann aber, als die Deutschen sich der Brauindustrie bemächtigten, geradezu erstaunliche Verhältnisse anzunehmen. Anstatt der nach Art des englischen Ale gebrauten schweren Biere führten die Deutschen das bedeutend leichtere, dem amerikanischen Klima mehr entsprechende Lagerbier ein. Dieses verdrängte nicht nur die weit mehr Alkohol enthaltenden englischen Biere fast vollständig, sondern tat auch dem außerordentlich starken Verbrauch von Whiskey und anderen Branntweinsorten ge-

Die Anheuser-Busch Brauerei zu St. Louis, Missouri.

Die Pabst Brauerei in Milwaukee, Wisconsin.

waltigen Abbruch. Welcher wachsenden Beliebtheit sich das erfrischende deutsche Bier erfreut, erhellt aus folgenden Produktionsziffern:

        1880: 12 800 900 Barrels[1])
        1890: 26 820 953 „
        1900: 39 330 849 „
        1906: 54 724 553 „
        1907: 58 622 002 „

Nahezu drei Viertel aller in den Vereinigten Staaten bestehenden Brauereien befinden sich in deutschen Händen. Die bedeutendsten sind die „Anheuser-Busch Brauerei" in St. Louis, die „Pabst Brauerei" und die „Schlitz Brauerei" in Milwaukee, von denen jede zwischen 1 bis 2 Millionen Fässer Bier jährlich erzeugt.

Es ist zweifellos von großem Interesse, festzustellen, aus welchen bescheidenen Anfängen diese heute so gewaltigen Geschäfte emporwuchsen. Der Anfang der Anheuser-Busch Brauerei reicht bis ins Jahr 1857 zurück, wo Eberhard Anheuser sich genötigt sah, als Hauptgläubiger der in Konkurs geratenen Firma Hammer & Urban deren Brauerei zu übernehmen. Er verband sich im Jahre 1865 mit Adolphus Busch, und nun begann unter der umsichtigen Leitung dieser beiden Männer das junge Geschäft einen geradezu fabelhaften Aufschwung zu nehmen. Dasselbe wandte sich hauptsächlich der bis dahin kaum beachteten Flaschenbierindustrie zu und erzielte darin ganz ungeahnte Erfolge, nachdem sie durch ein besonderes Sterilisierungsverfahren die Ausfuhr des Flaschenbiers auch nach tropischen Ländern ermöglicht hatte. Jahr für Jahr mußten nun den bestehenden Bauten neue hinzugefügt werden, um mit den an die Brauerei gestellten Anforderungen Schritt halten zu können. Im Jahre 1908 bedeckten diese Bauten bereits 136 Acres. Unter ihnen befindet sich ein Brauhaus, welches täglich 9000 Fässer Bier zu erzeugen vermag. Ferner eine Füllanstalt, wo täglich eine Million Flaschen gefüllt werden. Die Vorratsspeicher für Malz und Gerste vermögen 1 750 000 Bushel zu fassen. Die Lagerräume reichen aus für 600 000 Fässer. Eine Eisfabrik liefert täglich 650 Tonnen Eis; eine Kraftstation spendet die nötige Betriebskraft, die jener von 12 000 Pferden gleichkommt. Außerdem unterhält die „Anheuser-Busch Brauerei" zwei eigne Glasfabriken zum Herstellen ihrer Flaschen; ferner eigne Faß-, Wagen- und Maschinenfabriken sowie Reparaturwerkstätten. Eine eigne Eisenbahn verbindet die Brauerei mit den Frachtbahnhöfen. Die Zahl der Angestellten beläuft sich in St. Louis auf 6000 Köpfe. Dazu kommen noch 1500 Personen, die in 42, in verschiedenen Städten der Union bestehenden Zweiganlagen beschäftigt sind.

Der Gründer der „Pabst Brauerei" in Milwaukee war Jakob

---

[1]) 1 Barrel enthält 31 $\frac{1}{2}$ Gallonen oder 117,3 Liter.

Best. Als er im Jahre 1844 seine Brauerei eröffnete, belief sich ihre Produktion im ersten Jahr ihres Bestehens auf nur 300 Fässer. Unter der späteren Leitung von Philipp Best, Emil Schandein, Friedrich Pabst und Gustav Pabst steigerte sich die Produktion auf jährlich zwei Millionen Fässer.

Deutscher Fleiß, deutsche Ausdauer und Sparsamkeit, verbunden mit amerikanischem Erfindungs- und Unternehmungsgeist verhalfen auch der von Joseph Schlitz in Milwaukee gegründeten und nach dessen Tode von seinen Neffen Gebrüder Uihlein weitergeführten „Schlitz Brauerei" zu hoher Blüte.

Hier wie in den vorgenannten deutschamerikanischen Brauereien sieht der Besucher sämtliche wissenschaftlichen Errungenschaften auf chemisch brautechnischem sowohl wie pflanzenphysiologischem Gebiet verwertet. Und zugleich erregen die praktischen Anlagen wie auch die allerwärts herrschende peinliche Sauberkeit gerechte Bewunderung.

Als Joseph Schlitz im Jahre 1849 seine Brauerei eröffnete, belief sich deren Produktion auf nur 400 Fässer. Im Jahre 1880 wurde die Zahl 100 000, im Jahre 1903 die Zahl 1 000 000, 1907 die Zahl 1 500 000 überschritten. Wie in den „Anheuser-Busch-" und „Pabst Brauereien", so sind auch hier alle Anlagen und technischen Einrichtungen ideale zu nennen. Großartige, von Deutschamerikanern betriebene Brauereien bestehen auch in New York, Rochester, Buffalo, Philadelphia, Pittsburgh, Baltimore, Washington, Cincinnati, Chicago und zahlreichen anderen amerikanischen Städten.

In wirtschaftlicher Hinsicht ist die Brauindustrie für die Vereinigten Staaten von außerordentlicher Wichtigkeit geworden. Nicht bloß weil sie hunderttausenden von Arbeitern lohnende Beschäftigung bietet, sondern weil auch fast alle bei der Brauerei verwendeten Rohstoffe, wie Gerste, Malz und Hopfen, in den Vereinigten Staaten gewonnen werden, wodurch den Farmern ungeheure Einnahmen zufließen.

Auch in der Herstellung mancher anderen Nahrungs- und Genußmittel beherrschen Deutschamerikaner das Feld.

Der Hannoveraner F. Schumacher wandte sich der Herrichtung des bei den Amerikanern sehr beliebten Oatmeal zu. Seine in Akron, Ohio, gelegenen „German Mills" erzeugten an Hafermehl, Weizen- und Gerstengraupen, Farina usw. jährlich für mehr als zwei Millionen Dollar. Als Schumacher sich vor wenigen Jahren als vielfacher Millionär zurückzog, verkaufte er seine bedeutenden Anlagen an die „American Cereal Co.", die jetzige „Quaker Oats Co."

Ebenso erfolgreich wie Schumacher war Heinrich J. Heinz, welcher im Jahre 1869 bei Sharpsburg in Pennsylvanien ein kleines, weniger als einen Acker großes Grundstück mit Meerrettig bepflanzte und diesen in dem Hinterstübchen seines bescheidenen Wohnhäuschens durch einige Frauen verarbeiten

Die Joseph Schlitz Brauerei in Milwaukee, Wisconsin.

Die Konservenfabriken der Firma H. J. Heinz Company in Pittsburgh, Pennsylvanien.

ließ. Für das fertige Erzeugnis fand Heinz im nahen Pittsburgh willige Abnehmer. Ihre Zahl wuchs, so daß Heinz zwei Jahre später sein Geschäft nach Pittsburgh verlegte, wo es sich im Lauf der Jahre zu einer großartigen Konservenfabrik entwickelte, die sich mit dem Einmachen von allerhand Gemüsen und Früchten befaßt und zur bedeutendsten der Vereinigten Staaten

In der Konservenfabrik H. J. Heinz & Co., Pittsburgh, Pennsylvanien.

wurde. Heute umfaßt die „H. J. Heinz Company" 18 große und zahlreiche kleinere Gebäude, die eine Fläche von 160 Stadtgrundstücken einnehmen. Gegen 30 000 Acker Landes und Obstgärten werden entweder durch Angestellte der Firma bestellt oder liefern ihre Erzeugnisse auf Grund kontraktlicher Vereinbarungen an die Firma ab. Um diese Rohmateriale in möglichst frischem Zustand verarbeiten zu können, errichtete die Firma nicht nur in sieben verschiedenen Staaten der Union, sondern auch in Canada und Spanien 69 Einmachstationen und 14 Fabriken. Die Zahl der ständig angestellten Personen beträgt 4000. Zur Zeit der Ernten hingegen sind gegen 40 000 für die Zwecke der Firma tätig.

Im Fleischhandel zählt die Firma S c h w a r z s c h i l d & S u l z b e r g e r in New York zu den ersten des Landes. In der Tabakindustrie schritt die von G. W. G a i l und C h r i s t i a n A x in Baltimore gegründete Firma G a i l & A x an der Spitze, bis sie im Jahre 1891 mit der „A m e r i c a n T o b a c c o C o m p a n y" verschmolzen wurde.

In der Konservenfabrik H. J. Heinz & Co., Pittsburgh, Pennsylvanien.

Die Entwicklung der Leder- und Lederwarenindustrie wurde gleichfalls durch die in den Vereinigten Staaten lebenden Deutschen mächtig gehoben. Die bedeutendsten Lederfabriken des

Landes sind entweder ihr Eigentum oder werden von Deutschamerikanern geleitet. Wohl obenan steht diejenige von Robert H. Foerderer in Frankford bei Philadelphia. Seine gegen 4000 Arbeiter beschäftigende Fabrik vermag täglich 50 000 bis 75 000 fertig zugerichtete Ziegenhäute für die Schuhwarenfabrikation zu liefern. Die Möglichkeit, eine so ungeheure Menge zuzubereiten, wurde durch die im Jahre 1883 patentierte Erfindung des in New York lebenden Deutschen August Schultz herbeigeführt, welche an Stelle des bisher üblichen, äußerst langwierigen und nicht immer zufriedenstellenden Gerbeverfahrens mittels vegetabilischer Stoffe ein solches durch Säuren setzte. Dieses, einen völligen Umschwung in der Lederindustrie bewirkende Verfahren, welches von Robert H. Foerderer nach vielen mühseligen und kostspieligen Versuchen in verschiedenen Abweichungen auch auf alle anderen Arten von Leder ausgedehnt wurde, ver-

Die Lederfabriken der Firma Robert H. Foerderer in Frankford, Philadelphia, Pennsylvanien.

ringerte sowohl die Dauer wie die Kosten des Gerbeprozesses. Obendrein erhöhte es die Güte und Gleichmäßigkeit des Leders. Die Folge war, daß das französische Kidleder, welches früher den amerikanischen Markt beherrschte, aus demselben vollständig verdrängt wurde. Auch in der Herstellung von bunten, matten, Glanz- und Lack-Lederarten, ferner der feinen Ledersorten für die Handschuhfabrikation steht die Firma Foerderer an der Spitze. Andere deutschamerikanische Großgeschäfte dieser Art, von welchen mehrere sich auch mit der Herrichtung von Sohlen- und Wagenleder befassen, sind die Firmen P f i s t e r & V o g e l in Milwaukee, O s c a r S c h e r e r & B r o s. in New York, S c h o e l l k o p f & C o. in Buffalo, G e o r g S t e n g e l in New Jersey, C a r l E. S c h m i d t & C o. in Detroit, die „R u e p p i n g L e d e r C o." in Fond du Lac, C. M o e n c h & C o. in Boston sowie die von Deutschen betriebene „K e y s t o n e L e a t h e r C o." und die „W o l f f P r o c e s s L e a t h e r C o." in Philadelphia.

Die Dixie-Gerbereien der Lederriemenfabrik Charles A. Schieren Company (New York) zu Bristol, Tennessee.

Von welcher Bedeutung manche dieser Fabriken sind, kann man daraus schließen, daß die von den drei Württembergern J. F. S c h ö l l k o p f, G u i d o P f i s t e r und F r i e d r i c h V o g e l im Jahre 1848 gegründete Firma P f i s t e r & V o g e l L e a t h e r C o." in Milwaukee 3500 Personen beschäftigt und täglich 16 000 Kalb- und Ziegenfelle, 5000 Rindvieh- und 1500 Pferdehäute verarbeitet. Die Jahresproduktion bewertet sich auf 15 Millionen Dollar.

Die im Jahre 1868 gegründeten Fabriken des aus den Rheinlanden eingewanderten C h a r l e s A. S c h i e r e n in Brooklyn, New York, befassen sich mit dem Herstellen von Treibriemen. In ihren 25 Acker einnehmenden „D i x i e T a n n e r i e s" zu Bristol, Tennessee, werden jährlich 100 000 schwere Häute zu Riemen verarbeitet.

In der Handschuhfabrikation zählen die Firmen Julius Kayser in Brooklyn und Gebrüder Littauer in Gloversville, New York, zu den führenden.

Daß die Deutschen auch an der Fabrikation musikalischer Instrumente einen ungeheuren Anteil haben, kann bei ihrer ausgesprochenen Vorliebe für Musik nicht überraschen. Aber wer die lange Liste der in den Vereinigten Staaten bestehenden Piano- und Orgelfabriken überfliegt, wird über die große Zahl deutscher Namen doch in Staunen geraten.

Schon im Jahre 1789 lebte in Philadelphia ein deutscher Pianobauer Karl Albrecht, von dessen Instrumenten eins sich im Besitz der „Pennsylvania Historical Society" zu Philadelphia, ein zweites im „New Yorker Museum of Art" befindet.

Die Pianofabrik der Firma William Knabe & Co. in Baltimore, Maryland.

Wesentlich verbesserte Instrumente lieferte bereits im Jahre 1833 der Pianobauer Conrad Meyer. Er stellte die ersten sechsoktavigen Klaviere her, die einen vollen Eisenrahmen besaßen. Diese mit Rücksicht auf die eigenartigen klimatischen Zustände der östlichen Vereinigten Staaten getroffene Neuerung bewährte sich so glänzend, daß sie allgemein, auch in Europa, Eingang fand.

Der Ursprung der großen Pianofabriken Lindeman & Sons in New York reicht gleichfalls bis in die erste Hälfte des 19. Jahrhunderts zurück. Sie wurde von Wilhelm Lindemann im Jahre 1836 gegründet.

Der aus Kreuzburg stammende Wilhelm Knabe gründete im Jahre 1837 in Baltimore eine zu großer Bedeutung gelangende Pianofabrik, die hauptsächlich die südlichen Staaten der Union mit vorzüglichen Instrumenten versorgte. Nach Knabes Tode im Jahre 1864 wurde die Firma von seinen Söhnen und Enkeln fortgeführt, aber im Jahre 1908 mit der „American Piano Company" verschmolzen. Der Hauptsitz beider Gesellschaften befindet sich in dem schönen Knabe-Gebäude an der 5. Avenue in New York, welches von der Firma Knabe errichtet wurde.

Die bedeutende, jährlich 5000 Instrumente liefernde „Weber Piano Co." in New York leitet ihren Ursprung auf den genialen Albert Weber zurück, der mit der Herstellung seiner durch ungemein schönen und kräftigen

Heinrich Steinway, der Begründer der Pianofabrik Steinway & Söhne in New York.

Ton ausgezeichneten Pianos im Jahre 1852 begann. Fast um dieselbe Zeit, im März 1853 eröffnete auch der aus Seesen, Braunschweig, eingewanderte Orgelbauer Heinrich Engelhard Steinweg oder Steinway im Verein mit seinen Söhnen Karl, Heinrich, Wilhelm und Theodor in New York eine Pianofabrik, die im Lauf der Jahrzehnte zu einer der bedeutendsten Amerikas emporblühte. Ihre gegenwärtige Jahresproduktion beläuft sich auf

7000 Instrumente. Kaum eine Firma trug durch so viele Erfindungen und Verbesserungen so erheblich zum Aufschwung der amerikanischen Pianoforte-Baukunst bei, als diese; kaum eine erntete aber auch auf den Weltausstellungen

Die Pianofabriken der Firma Steinway & Söhne in Steinway, Long Island, New York.

der letzten Jahrzehnte so zahlreiche Triumphe. Zu den wichtigsten von den Steinways eingeführten Verbesserungen im Pianoforte-Bau gehört die kreuzförmige Anordnung der Saiten. Ferner stellten sie im Jahre 1866 die ersten aufrechtstehenden Instrumente in Amerika her, welche, da sie weniger Raum beanspruchen, die tafelförmigen Klaviere völlig verdrängten.

Außer den bereits genannten Firmen ragen aus der Menge der deutschamerikanischen Pianofabriken noch diejenigen von Kranich & Bach, Sohmer & Co., Otto Wißner, Decker & Sohn, die Schaeffer Piano Co., Steck & Co., Strich & Zeidler und andere in New York hervor. Außerdem bestehen in Auburn und Buffalo, N. Y., in Newark und Woodbury, N. J., in New Haven, Conn., in Easton, Pa., in Baltimore, Md., in Wheeling, W. V., in Cincinnati und Masillon, O., in Jackson, Mich., in Hammond, Ind., in Rockford, Steger und Chicago, Ill., in Faribault, Minn., sowie in St. Louis, San Francisco und anderen Orten des fernen Westens zahlreiche be-

Die Pianofabrik der Firma Steinway & Söhne an Park Avenue und 53. Straße in New York.

deutende Piano- und Orgelfabriken, deren Namen bekunden, daß sie von Deutschen gegründet und geleitet sind.

Auch mit der Fabrikation der zum Piano- und Orgelbau benötigten Eisenrahmen, Stahldrähte, Hämmer, Tasten, Pfeifen und Gehäuse sind viele deutschamerikanische Firmen beschäftigt. Die Herstellung feinster Filze für die Piano-Industrie wurde von dem Chemnitzer Alfred Dolge nach Amerika übertragen. In der auf den Höhen des Mohawktals im Staat New York gelegenen Ortschaft Brockett's Bridge, die ihm zu Ehren den Namen Dolgeville annahm, schuf er bedeutende Anlagen zur Herstellung von Pianofilzen, Klaviergehäusen und Filzschuhen. Später wandte Dolge sich nach Kalifornien und gründete in der Nähe von Los Angeles die Ortschaft New Dolgeville, welche mit ihren rasch aufblühenden Fabriken für die rastlose Energie ihres Begründers das glänzendste Zeugnis ablegt. Alfred Dolge war übrigens in

Amerika auch einer der ersten, welche die Berechtigung der Arbeiter auf mehr als den einfachen Lohn anerkannten. In seinen Fabriken führte er deshalb ein seitdem von manchen anderen großen Körperschaften angenommenes System ein, welches den Arbeitern Lebensversicherung und Pension sichert, wenn ihre Erwerbsfähigkeit ein Ende erreicht.

Unter den zahlreichen deutschamerikanischen Kunsttischlereien und Möbelfabriken ist die mit der Herstellung von Bureauutensilien und Bücherschränken beschäftigte Firma „Globe-Wernicke Company" in Grand Rapids, Michigan, eine der bekanntesten. Sie brachte zuerst jene aus einzelnen Fächern zusammensetzbaren Bücherschränke in den Handel, die sich als eine der praktischsten Neuerungen im Bibliothekswesen bewährten.

Die Spinnereien der von Stöhr, Arnold und Hirsch gegründeten Botany Worsted Mills zu Passaic, New Jersey.

In der hochentwickelten Textilindustrie sind die Deutschamerikaner als Inhaber oder Leiter der größten Fabriken gleichfalls ungemein zahlreich. Zu den bedeutendsten Anlagen Amerikas gehören die von Deutschen gegründeten Kammgarnspinnereien „Botany Worsted Mills" und die „Gera Mills" zu Passaic, New Jersey. Die „Botany Worsted Mills" sind eine im Jahre 1889 erfolgte Gründung des Leipziger Kommerzienrats Eduard P. R. Stöhr im Verein mit Arnold und Hirsch. Zunächst befaßte sich die Fabrik mit dem Spinnen von Kammgarn. Aus kleinen Anfängen entwickelte sie sich rasch. In den nächsten Jahren traten noch Weberei, Appretur und Färberei dazu, so daß die Anstalt heute in der Lage ist, ihre Waren aus dem Rohmaterial, der Wolle, selbständig herzustellen. Sie fabriziert außer Garnen irgendwelche Waren, die von der Herren- und Damenkonfektion benötigt werden. Die Anzahl der Arbeiter betrug im Jahre 1908 gegen 4000.

Die „Gera Mills" wurden von den aus Gera in Sachsen stammenden Gebrüdern Weisflog ins Leben gerufen. Deutschen Ursprungs sind auch die im Jahre 1902 von Paul Haberland und Ernst Pfenning gegründeten „Garfield Worsted Mills" zu Passaic, New Jersey, welche bei der Herstellung von feinen Kammgarnen 900 Arbeiter und 800 Webstühle beschäftigen, und die „Fern Rock Mills" in Philadelphia.

Auch die meisten der in Amerika bestehenden Färbereien und Bleichereien werden von Deutschen betrieben. In fast allen diesen Anlagen stellen sie auch die bestgeschulten Arbeiter. Die Hauptsitze der deutschamerikanischen Seidenfärbereien sind Paterson, Lodi und Philadelphia. Der Name des in der letztgenannten Stadt wohnenden Dr. Karl Schlatter ist für die Färberei in Amerika von ebenso unbestrittener Bedeutung, wie der Name „Hermsdorf" in Deutschland in bezug auf die echte Schwarzfärberei.

Die chemische Industrie der Vereinigten Staaten verdankt ihre ungeheure Entwicklung gleichfalls in erster Linie Deutschen und Deutschamerikanern.

Seitdem an der Universität zu Gießen im Jahre 1831 das erste öffentliche Laboratorium der Welt gegründet wurde, wo hervorragende Chemiker wie Liebig und Will Anleitungen zu chemischen Experimenten und Analysen erteilten, und seitdem die Professoren Fresenius in Wiesbaden, Bunsen in Heidelberg, Woehler in Göttingen die praktische Anwendung solcher Experimente auf die verschiedenen Zweige der Industrie und Künste lehrte, strömten aus allen Teilen der Welt Leute nach den deutschen Universitäten, um die junge, rasch sich entwickelnde Wissenschaft zu studieren. Unter diesen Studenten befanden sich viele Amerikaner deutscher und englischer Abstammung, die nach ihrer Rückkehr die chemische Industrie in Amerika mächtig förderten. Einer der Hauptsitze der chemischen Industrie wurde Baltimore. Hier traten bereits um die Mitte des 19. Jahrhunderts die Chemiker Otto Dieffenbach und Karsten in den Dienst der „Baltimore Chrome Works". Dr. Gustav Liebig schlug im Jahre 1860 ebendaselbst seinen Wohnsitz auf und betätigte sich drei Jahrzehnte hindurch als einer der Pioniere auf dem Gebiet der landwirtschaftlichen Chemie. Durch ihn wurde Baltimore einer der Hauptherstellungsorte künstlicher Düngemittel. Dr. Wilhelm Simon, ein Schüler des Gießener Professors Will, seit 1870 Leiter der „Chrome Werke zu Baltimore", errichtete mit Unterstützung des „Maryland College of Pharmacy" das erste, Lehrzwecken dienende chemische Laboratorium im Staate Maryland. Das von ihm herausgegebene „Manual of Chemistry" erlebte mehrere große Auflagen und ist noch jetzt eins der meist benutzten Lehrbücher. Der Metallurgist G. W. Lehmann, ein Schüler des Professors Fresenius, kam im Jahre 1866 nach Baltimore. Er führte als Erster in Amerika die elektrolytische Methode zur Analysierung des Kupfers ein und beschäftigte sich bereits zu Anfang der siebenziger Jahre mit der Lösung des Problems, auf elektrischem Wege die Scheidung von Silber und Gold als ein kommerzielles Unternehmen zu betreiben.

Viele der in den Vereinigten Staaten einwandernden deutschen Chemiker wandten sich auch der geschäftsmäßigen Herstellung pharmazeutischer Präparate zu. Louis und Karl E. Dohme errichteten beispielsweise in Baltimore eine Anstalt zur Erzeugung organischer und anorganischer Präparate. Dieselbe ist zu einer der bedeutendsten in den Vereinigten Staaten emporgewachsen. Ähnliche, in deutschen Händen befindliche Fabriken sind die „Power, Weightman & Rosengarten Co." in Philadelphia, die „Schäfer Alkaloid Works" in Maywood, New Jersey, die „Verona Chemical Works" in Verona, New Jersey, die „Albany Chemical Works" in Albany, New York, Charles Pfizer & Co. und die „Heyden Chemical Co." in New York, sowie Larkin & Scheffer, Herf & Frerichs und die „Mallinckrodt Chemical Works" in St. Louis.

Mit der Herstellung von Anilin-Farben befassen sich die Firmen H. A. Metz & Co., Heller & Merz in New York und die „Hudson River Aniline & Color Works" in Albany, New York. Chemikalien für technische Zwecke sind die Spezialität der Firma Maas & Waldstein in New York. Die Fabriken der Gebrüder Fritzsche in New York bereiten aromatische Öle; die „International Ultramarine Co." in New York künstliches Ultramarin; A. Klipstein & Co. Saccharin und Vanilin; Marx & Rawolle Glycerin; und die „Roeßler & Haßlacher Chemical Co." Chloroform, Natrium, Aceton, Zinnoxyd, Cyanid und Farben für keramische Zwecke, die bisher in den Vereinigten Staaten nicht hergestellt wurden, sondern aus Europa eingeführt werden mußten.

Die deutsche Firma Battle & Renwick in New York betreibt die Gewinnung von Salpeter und salpetersaurem Soda; W. C. Hereus in Newark diejenige von Platin; Chas. Lenning & Co. in Philadelphia jene von Alaun, und F. Bredt & Co. in New York jene von Bleizucker und Essigsäure.

Die Herstellung von Bleistiften wurde bereits im Jahre 1849 durch Eberhard Faber, ein Mitglied der berühmten Nürnberger Familie Faber, nach Amerika übertragen. Die von ihm in New York erbaute Bleistiftfabrik entwickelte sich seit ihrer im Jahre 1872 erfolgten Verlegung nach Greenpoint auf Long Island zur bedeutendsten der Vereinigten Staaten. Mit ihr wetteifert die im Jahre 1865 von Heinrich Berolzheimer aus Fürth in New York gegründete „Eagle Pencil Company".

In der Tonwaren- und Kunstziegelindustrie sind die großartigen Fabriken von Baltasar Kreischer & Söhnen zu Kreischersville auf Staaten Island nicht nur die ältesten, sondern auch die bedeutendsten Amerikas.

Im Holzhandel Amerikas errang der im Jahre 1834 in Niedersaulheim, Rheinhessen, geborene, im Jahre 1852 in die Vereinigten Staaten eingewanderte Friedrich Weyerhäuser die Führung. Vom Besitzer einer kleinen, zu Rock Island, Illinois, gelegenen Sägemühle schwang er sich durch kluge

Maßnahmen zum Leiter der bedeutendsten Holzhandelsgesellschaften und zum Oberhaupt des unter dem Namen Weyerhäuser Syndikat bekannten Holztrusts empor. Derselbe, über 30 000 000 Acres Waldländereien verfügend, beherrscht hauptsächlich den ungeheuren Holzhandel der südlich von den Großen Seen und am oberen Mississippi gelegenen Staaten. Gleich den Spreckels und Havemeyers, gleich Rockefeller und Schwab zählt Weyerhäuser zu den Giganten des amerikanischen Geschäftslebens und kommt denselben auch in bezug auf die erworbenen materiellen Erfolge gleich.

Der einer deutschpennsylvanischen Familie entstammende G e o r g e F. B a e r wurde als Präsident bedeutender Kohlenminen- und Eisenbahngesellschaften bekannt.

Auch J o h n D. R o c k e f e l l e r, der Gründer und Leiter der im Petroleumhandel fast den Weltmarkt beherrschenden „Standard Oil Company" hat seine deutsche Abstammung niemals verleugnet. Im Jahre 1906 ließ er seinem im Jahre 1735 aus Bonefeld im Fürstentum Wied mit drei Kindern nach Germantown, N. Y., eingewanderten Urahnen J o h a n n P e t e r R o c k e f e l l e r (Roggenfelder) auf dem Friedhof zu Larrison Corners, New Jersey, ein Denkmal setzen.

Unter den Vertretern des Kunstgewerbes und der vervielfältigenden Künste zählen die Namen solcher Deutschamerikaner, die durch hervorragende Leistungen ausgezeichnet sind, gleichfalls nach Hunderten. In dem durch die neueren mechanischen Vervielfältigungsverfahren leider verdrängten Holzschnitt leisteten G u s t a v K r ü l l, J ü n g l i n g, S c h i l l i n g, H e i n e m a n n, T i e t z e, M ü l l e r, S c h l a d i t z u. a. Bedeutendes. Unter den amerikanischen Lithographen stand der im Jahre 1824 in Breslau geborene Achtundvierziger L o u i s P r a n g obenan. Die herrlichsten Erzeugnisse seiner im Jahre 1850 in Boston begründeten Anstalt waren Thomas Morans Aquarelle aus dem Yellowstone-Nationalpark, eine Serie von künstlerischen Schlachtenbildern aus dem Bürgerkrieg, und vor allen die unübertrefflichen Wiedergaben der kostbaren chinesischen Keramiken aus der Sammlung des Baltimorer Millionärs William Th. Walters. Prangs Anstalt wurde zu Ende des 19. Jahrhunderts mit der „Taber Co." in Springfield, Massachusetts, verschmolzen.

Die bedeutende „American Litographic Co.", die Anstalten von J u l i u s B i e n, O t t m a n n in New York und viele andere sind gleichfalls deutsche Gründungen.

Nach Tausenden zählen auch die Deutschen, welche als Gründer und Leiter bedeutender Ein- und Ausfuhrgeschäfte, Banken, Versicherungsgesellschaften und Kaufhäuser zu Ansehen und Einfluß gelangten.

Der eigentliche Schöpfer des modernen Warenhauses ist der der deutschpennsylvanischen Familie W a n n e m a c h e r entstammende J o h n W a n a m a k e r, welcher im Jahre 1861 einen kleinen Laden in Philadelphia eröffnete. Dieser entwickelte sich durch seine Reellität in so erstaunlicher Weise, daß

Wanamaker bald ein Warenhaus in großem Stil beginnen konnte. Heute besitzt die Firma sowohl in Philadelphia wie in New York Kolossalbauten, in denen Monatseinnahmen von mehr als 6½ Millionen Dollar erzielt wurden, während sich der Gesamtumsatz des Geschäfts seit seiner Gründung auf mehr als 500 Millionen Dollar beziffert.

Der aus Eubigheim stammende Henry Siegel ist Begründer des weltbekannten Warenhauses „Siegel & Cooper" in New York.

Dem Unternehmungsgeist des im Jahre 1792 in Dornbirn, Tirol, geborenen Franz Martin Drexel entsprang das hochangesehene Bankhaus Drexel & Söhne in Philadelphia.

Zu Alzey in der Pfalz erblickte August Belmont das Licht der Welt, der Begründer des seit dem Jahre 1837 bestehenden Bankhauses Belmont in New York. Diesem gesellten sich später noch die von deutschen Israeliten gegründeten Bankhäuser Ladenburg; Thalmann & Co.; Jakob H. Schiff; Isaak Seligmann; James Speyer; Heidelbach, Ikelheimer & Co. und Knauth, Nachod & Kühne hinzu, die zu den bedeutendsten Amerikas gehören.

Für die Entwicklung der amerikanischen Industrie ist es ferner von höchster Bedeutung, daß infolge der von der Regierung eingeführten Schutzzölle, welche die Einfuhr europäischer Waren außerordentlich erschweren, zahlreiche europäische, auf den amerikanischen Markt angewiesene Industriegesellschaften veranlaßt wurden, in den Vereinigten Staaten Tochteranstalten zu errichten. Unter solchen deutschen Gesellschaften befinden sich die Kammgarnspinnereien von Wülfing in Lennep und von Stöhr in Leipzig; die „Deutzer Gasmotorenfabrik"; die Aktien-Gesellschaft Arthur Koppel; die Schokoladenfabrik Gebrüder Stollwerk in Köln; die chemischen Fabriken Kalle & Co. und Fritz Schulz jr.; die Bronzefarbenwerke „Aktien-Gesellschaft, vormals Schlenk" in Nürnberg; die Ton- und Steinwerkzeugefabrik Didier March Co. in Stettin; die „Kautschuk und Guttapercha Co." in Hannover; die „Neue Photographische Gesellschaft" in Berlin, und viele andere mehr.

So stoßen wir, wo immer wir auf dem unermeßlichen Gebiet der amerikanischen Handels- und Gewerbtätigkeit Umschau halten, überall auf die rühmlichsten Zeugenmale deutscher Intelligenz, Unternehmungslust und Tatkraft.

Der Anteil der Deutschen an der Entwicklung des amerikanischen Verkehrswesens.

Der Segler „Deutschland" der „Hamburg-Amerika-Linie".

Daß Deutsche das erste Flachboot, die ersten Segelbarken und den ersten Dampfer auf den westlichen Strömen bauten, daß Martin Baum in Cincinnati durch Gründung der „Miami Exporting Company" die Schiffahrt auf dem Ohio und Mississippi entwickelte, wurde bereits in früheren Abschnitten erwähnt. Aber auch zur Entwicklung der Seefahrzeuge, der Eisenbahnen und anderen Verkehrsmittel Amerikas trugen die Deutschen erheblich bei.

Kaum war durch den Abfall der Kolonien der unerträgliche Druck des englischen Handelsmonopols beseitigt worden, so begannen weitblickende Kaufleute aus Bremen und Hamburg in allen amerikanischen Seeplätzen Handelshäuser zu gründen und für einen Schiffsverkehr mit Deutschland zu sorgen.

In Bremen erstand bereits im Jahre 1782 eine Aktiengesellschaft, die den Verkehr mit den Vereinigten Staaten in die Hand nehmen wollte. Sie sandte im Frühling 1783 ihr erstes Schiff nach Philadelphia. Hamburger Kaufleute folgten rasch nach und entwickelten im Verein mit den Bremern eine so energische Tätigkeit, daß der Verkehr hanseatischer Schiffe mit nordamerikanischen Häfen sich von 800 Tonnen im Jahre 1789 auf 22 000 Tonnen im Jahre 1799 steigerte.

Regelmäßige Reisen, sogenannte „Paketfahrten", wurden in den Jahren 1826 und 1828 aufgenommen und feste Linien nach New York, Philadelphia und New Orleans eingerichtet. Der von dem Hamburger Makler R o b e r t S l o m a n im Jahre 1836 gegründeten Paketfahrt zwischen Hamburg und New

York folgte in den vierziger Jahren die auf Anstoß der in den Vereinigten Staaten lebenden hanseatischen Kaufleute gegründete „Ocean Steamship Navigation Company". Diese wieder wurde später von der im Jahre 1847 gegründeten „Hamburg-Amerikanischen Paketfahrt-Aktiengesellschaft" und dem im Jahre 1857 in Bremen gegründeten „Norddeutschen Lloyd" abgelöst.

Aus sehr bescheidenen Anfängen entwickelten sich diese beiden Unternehmungen sowohl hinsichtlich des Waren- wie Personentransports zu Weltgeschäften allerersten Ranges, was nicht zum wenigsten dem Umstand zuzuschreiben ist, daß die weitblickenden, energischen Leiter beider Linien unablässig auf die Verbesserung ihrer Schiffe bedacht waren und den Bedürfnissen des reisenden Publikums vollste Rechnung trugen.

H. H. Meier,
Gründer des „Norddeutschen Lloyd".

Die erreichten Fortschritte lassen sich am besten veranschaulichen durch einen Vergleich der ersten im Dienst jener Gesellschaften verwendeten Schiffe und jener Riesendampfer, die heute unter den Flaggen jener Gesellschaften den Ozean kreuzen. Das erste Fahrzeug der Hamburger Linie war der Segler „Deutschland". Er hatte 717 Tonnen Gehalt und vermochte 20 Kajüten- und 200 Zwischendeckspassagiere zu befördern. Die Reise von Hamburg nach New York dauerte durchschnittlich 42 Tage. Der Lloyd sandte als erstes Schiff den Dampfer „Bremen" nach New York. Seine Ladefähigkeit belief sich auf 1850 Tonnen. Außerdem konnte er 170 Kajütenpassagiere und 401 Zwischendeckler aufnehmen. Er legte seine erste Reise in 12½ Tagen zurück.

Diesen Fahrzeugen stehen die modernen Riesendampfer mit ihrem erstaunlichen, bis zu 25 000 Tonnen emporsteigenden Fassungsvermögen und Unterkunftsräumen für 2000 bis 3000 Passagieren gegenüber. Und welche Verbesserungen weisen diese Ungetüme auf. Die Zwischendecks, früher mit Recht gefürchtete Schreckensorte, sind heute gut gelüftete Abteilungen, wo jedem Auswandrer ein gesetzlich bestimmtes Maß an Raum und Luft gesichert ist. Die Kajüten, die mit verschwenderischem Reichtum ausgestatteten Salons, die mit den erlesensten Dingen besetzten Tafeln wetteifern mit den Darbietungen der vorzüglichsten Gasthöfe. Und wie wurde die Länge der Reise vermindert, seitdem der mächtige Herrscher Dampf zu Hilfe kam! Von monatelanger Dauer sank sie auf zwölf, zehn, neun und acht Tage herab, um sich in neuester Zeit auf sechs, ja auf fünf Tage und wenige Stunden zu verringern.

Bei der Entwicklung ihres fabelhaft wachsenden Verkehrs mit den Vereinigten Staaten wurden beide Linien durch tüchtige, in allen Hauptstädten der Vereinigten Staaten eingerichtete Agenturen unterstützt. Ihre Leiter, namentlich

Lloyddampfer „Kaiser Wilhelm II".

in den Seeplätzen, sind durchweg Inhaber bedeutender, meist von hanseatischen Kaufleuten gegründeter Handelshäuser, die für fachkundige und energische Handhabung aller vorkommenden Geschäfte bürgen. In New York übernahm die

„Kronprinzessin Cecilie", ein moderner Dampfer des Norddeutschen Lloyd.

bereits seit dem Jahre 1798 bestehende Firma O e l r i c h s & C o. die Vertretung des Lloyd und ist seit 1861 mit demselben verbunden geblieben. Ihr jetziger Inhaber, G u s t a v H. S c h w a b, ist ein Enkel des wohlbekannten deutschen Poeten und zugleich Nachkomme des in der Geschichte der Pfälzer am Schoharie und Tulpehocken berühmt gewordenen Conrad Weiser. In

Die Pieranlagen des Norddeutschen Lloyd in Hoboken.

Baltimore liegt die Vertretung seit 1868 in den Händen der Firma A. Schumacher & Co.; in Philadelphia der Firma O. G. Hempstead & Sohn;

in Galveston der Firma Alfred Holt und in San Francisco der Firma Robert Capelle. Kleinere Agenturen bestehen in vielen anderen Städten.

In ähnlicher Weise organisierte die „Hamburg-Amerikanische Paketfahrt-

Die Pieranlagen der Hamburg-Amerika-Linie in Hoboken, New Jersey.

Gesellschaft" ihre Vertretung, übertrug dieselbe aber später auf Emil L. Boas, der als „Generalverwalter" in New York seinen Sitz nahm.

Welchen ungeheuren Anforderungen die Vertreter der beiden Gesellschaften gewachsen sein müssen, ergibt sich aus der Tatsache, daß allein die New Yorker Agentur des „Norddeutschen Lloyd" in der Zeit vom 1. Januar 1873 bis 31. Dezember 1905 3 555 862 Kajüts- und Zwischendecksreisende in Empfang nahm resp. beförderte. Ähnliche Zahlen haben die Agenturen der „Hamburg-Amerikanischen Paketfahrt-Gesellschaft" aufzuweisen. Diese richtete in der neuesten Zeit auch direkte Linien von Hamburg nach Montreal, Boston, Newport News, Philadelphia, Baltimore und New Orleans ein. Außerdem eröffnete sie im Jahre 1901 durch Übernahme der früher in amerikanischen Händen gewesenen „Atlaslinie" einen regelmäßigen Dampferverkehr zwischen New York, Haiti, Jamaica, Costa Rica, Guatemala, Colombia und Colon.

Der Lloyd unterhält regelmäßige Linien nach New York, Baltimore, Charleston und Galveston.

Eine deutsche Gründung war auch die zwischen New York und Hamburg verkehrende „Adler Linie". Von Friedrich Kühne, einem der Inhaber des großen Bankhauses Knauth, Nachod & Kühne im Jahre 1872 ins Leben gerufen, erfreute sie sich wegen ihrer ausgezeichneten Dampfer lange Zeit großer Beliebtheit.

Gaben die Deutschen so dem transatlantischen Verkehr einen gewaltigen Anstoß, so geschah dies auch in dem Verkehr, der sich an der pazifischen Küste entwickelte. In San Francisco gründete nämlich Klaus Spreckels, der „kalifornische Zuckerkönig", in Gemeinschaft mit seinen Söhnen Johann Dietrich und Adolf Bernhard Spreckels die „Oceanic Steamship Company", deren Dampfer regelmäßige Fahrten nach Hawaii, Tahiti und anderen Teilen des Großen Ozeans unternehmen.

Im Schiffsbauwesen vermochten die Deutschen den von jeher auf das Meer angewiesenen Amerikanern kaum etwas zu lehren. Von Interesse ist aber, daß der Ursprung der berühmten Schiffsbauerfamilie Herreshoff auf einen deutschen Stammherrn, den Ingenieur Karl Friedrich Herreshoff, zurückreicht. Derselbe wanderte um das Jahr 1800 in Amerika ein. In Bristol, Rhode Island, heiratete er die Tochter des Schiffbauers John Brown und widmete sich nun gleichfalls dem Schiffbau. Seine Nachkommen wandten sich hauptsächlich dem Bau schnellsegelnder Jachten zu. Die den Namen „Herreshoff Manufacturing Co." annehmende Firma lieferte während der letzten Jahrzehnte sämtliche Rennjachten, welche den berühmten „Amerikabecher", jene am heißesten umstrittene Seetrophäe gegen die Engländer siegreich verteidigten.

Für die amerikanische Küstenschiffahrt waren die Anregungen äußerst wertvoll, die im Jahre 1807 der aus Aarau stammende Mathematiker Ferdinand Rudolf Hassler gab, indem er auf die Notwendigkeit einer genauen Vermessung aller Küsten der Vereinigten Staaten hinwies. Die daraus für den Handel und die Sicherheit der Schiffahrt entspringenden Vorteile erschienen der Regierung wie dem Kongreß so bedeutend, daß ein besonderes Amt, die „Coast Survey", eingerichtet wurde, deren Leitung man Hassler übertrug. Er bekleidete diesen Posten bis zu seinem im Jahre 1843 erfolgten

Tode. Der „Coast Survey" verdankt die Handelswelt ein auf sorgfältigen Aufnahmen beruhendes vorzügliches Kartenmaterial, das für die Schiffahrt von unschätzbarem Wert ist.

Eine Rennjacht der Herreshoffs im Kampf um den Amerikabecher.
Nach einer Originalzeichnung von Rudolf Cronau.

Der in Philadelphia geborene Deutschamerikaner Thomas Leiper gab die erste Anregung zum Bau der Eisenbahnen. Leiper war im Jahre 1806 mit der Ausbeute von Granitsteinbrüchen beschäftigt, die am Avondale in der Grafschaft Delaware in Pennsylvanien lagen. Die Entfernung von den Brüchen bis zur Flußniederung, wo die Steine auf Boote verladen wurden, betrug eine Meile. Um den Pferden den schwierigen Transport zu erleichtern, erfand Leiper besondere Wagen, deren gußeiserne Räder genau auf ein eisernes Schienengleis paßten. Da die Wagen über diese Gleise leicht hinwegglitten, so waren die Pferde imstande, ohne Mühe doppelt so schwere Lasten als früher fortzubewegen. Diese hochwichtige Neuerung führte später zur Erfindung der Eisenbahnen für den Personenverkehr.

Dem Deutschen Eppelheimer verdankt man die Erfindung der Kabelbahnen, die zuerst in San Francisco in größerem Maßstab zur Anwendung kamen.

Auf die innere Entwicklung des amerikanischen Verkehrswesens übte der Eisenbahningenieur Albert Fink bedeutenden Einfluß, indem er in den siebziger Jahren durch Wort und Schrift auf die Übel aufmerksam machte, die sowohl im Eisenbahn- wie Dampfschiffverkehr durch den schrankenlosen Wettbewerb hervorgerufen wurden. Er empfahl, daß die konkurrierenden Gesellschaften ein gemeinsames System unter einer selbstgewählten gemeinschaftlichen Oberbehörde einführen sollten, welche die Fracht- und Personentarife sowie alle anderen Verkehrsangelegenheiten festzusetzen habe und dadurch der verderblichen Unterbietung Einhalt tun möge. Er führte dabei aus, daß die Interessen der Eisenbahnen und diejenigen des Publikums einander nicht feindlich gegenüberstehen, sondern die gleichen sind; daß ein geordneter Tarif mit festen Sätzen, die den Eisenbahnen einen angemessenen Gewinn lassen, für den Verkehr vorteilhafter sei, als ein beständig schwankender, wie er durch die schrankenlose Konkurrenz bedingt werde.

Auf Finks direkte Anregung entstand die „Southern Railway & Steamboat Association", welcher die meisten Eisenbahnen und Dampfergesellschaften des Südens beitraten. Im Jahre 1877 entwarf er auf Einladung der Präsidenten der vier amerikanischen Stammlinien, der „Baltimore & Ohio-", der „Pennsylvania-", der „Erie-" und der „New York Central & Hudson River Eisenbahn" den Plan zu einer ähnlichen, noch größeren Verbindung. Die ihm angebotene Stelle des Vorsitzenden des gemeinsamen Ausführungsausschusses nahm Fink an, wodurch er in allen Tarifangelegenheiten die entscheidende Persönlichkeit der mächtigsten Eisenbahnlinien der Vereinigten Staaten wurde.

Als Präsidenten wichtiger amerikanischer Eisenbahnen wurden ferner Adolf Meier in St. Louis, Karl Gustav Memminger in Charleston und Henry Villard in New York bekannt. Memminger, einstmals der Finanzminister der konföderierten Staaten, bekleidete nach dem Bürgerkrieg das Amt eines Präsidenten der von Charleston nach Cincinnati führenden Bahn.

Der im Jahre 1835 zu Speier geborene Heinrich Hilgard, der

seinen Namen in Henry Villard umwandelte, spielte in der Entwicklungsgeschichte des Nordwestens eine hervorragende Rolle. In den siebziger Jahren wurde er sowohl Präsident der „Oregon & California Railroad" wie der „Oregon Steamship Company". Später, im Jahre 1881, erlangte er die Herrschaft über die „Northern Pacific Bahn" und vollendete als Präsident derselben den Bau ihrer von den Ufern des Mississippi bis zu den Gestaden des Großen Ozeans führenden Hauptlinie. Zu der in den Sommer 1883 fallenden Eröffnungsfeier dieser für den Nordwesten so überaus wichtigen Verkehrslinie hatte Villard Geistesheroen der ganzen Welt eingeladen, berühmte Journalisten, Parlamentarier, Künstler und Finanziers, die er in einem mehrere Monate währenden Triumphzug durch die ganzen Vereinigten Staaten führte.

Mitten in den Festjubel hinein krachte die Nachricht, daß eine Clique gewissenloser Börsenspekulanten, an ihrer Spitze der verrufene Jay Gould, die Abwesenheit Villards von New York dazu benutzt hatten, durch höchst verwerfliche

Heinrich Hilgard-Villard.

Machinationen einen Kurssturz in den Aktien der Villardschen Werte herbeizuführen, der die ganze Finanzwelt erschütterte. Obwohl Villard sofort nach New York zurückeilte, vermochte er den Ruin nicht aufzuhalten und trat, nachdem er sein ganzes ungeheures Vermögen geopfert, von der Leitung der Nord-Pacificbahn zurück. Aber nur für wenige Jahre. Denn er ging nach Berlin und begann in aller Stille Pläne zum Wiedererobern der verlorenen Position zu schmieden. Über außerordentlich reiche, von deutschen Kapitalisten ihm anvertraute Mittel gebietend, kehrte er im Jahre 1886 nach New York zurück und feierte am 21. Juni 1888 den Triumph, abermals zum Präsidenten der „Oregon & Transcontinental Company" erwählt zu werden. Diesen Posten legte er mehrere Jahre später nieder, um seine ganze Kraft der Gründung der gigantischen „Edison General Electric Light Company" widmen zu können, welche die Ausbeutung der im Besitz des berühmten amerikanischen Erfinders Thomas Edison befindlichen Patente für elektrisches Licht bezweckte. Später gründete Villard noch eine zweite gewaltige Körperschaft zum Ankauf der in allen größeren Städten der Vereinigten Staaten bestehenden Straßenbahnsysteme.

Unzweifelhaft war Villard einer der genialsten, weitestblickenden und tatkräftigsten in der Schar jener unternehmenden Männer, die man in Amerika als „Kapitäne der Industrie" bezeichnet hat.

Zu diesen führenden Geistern zählte auch der zu Clairsville in Ohio als Abkömmling einer deutschamerikanischen Familie geborene Präsident der „Western Union Telegraph Company", T h o m a s T. E c k e r t. Derselbe befehligte während des Bürgerkriegs als Hauptmann eine Abteilung von Armeetelegraphisten. Später wurde er zum Brigadegeneral und Hilfssekretär des Kriegsministers befördert. Nach dem Feldzug leitete er die Verschmelzung aller in den Vereinigten Staaten bestehenden Telegraphengesellschaften zur „Western Union Telegraph Company", die im Jahre 1908 1 359 430 Meilen Drähte und 23 853 Stationen unterhielt. Im Jahre 1907 beförderte sie 74 804 551 Depeschen.

Schlußvignette: Der erste Lloyddampfer „Bremen" im Jahre 1858.

Deutschamerikanische Techniker und Ingenieure.

Die Geschichte der deutschamerikanischen Techniker und Ingenieure ist mit der Entwicklung der Technik und des Ingenieurwesens in den Vereinigten Staaten gewissermaßen identisch. Sie hebt an mit der Zeit, wo man sich noch bescheidener Holzbrücken bediente, wo noch niemand jene gewaltigen Triumphe ahnte, die gerade von der Technik und Ingenieurkunst in der Neuen Welt gefeiert werden sollten.

Als der Deutsche W e r n w e g im Jahre 1813 eine Holzbrücke über den Delaware bei Trenton, New Jersey, schlug, als A l b e r t v o n S t e i n im ersten Viertel des 19. Jahrhunderts die Wasserwerke der Städte Cincinnati, Richmond, Lynchburg, New Orleans, Nashville und Mobile herstellte, als derselbe den Appomatox-Kanal bei Petersburg in Virginien schuf und der Schwabe G i n d e l e den Kanal zwischen dem Michigansee und dem Mississippi anlegte, da bewunderte man diese Werke allgemein als solche, welche der Geschicklichkeit ihrer Urheber zur höchsten Ehre gereichten. Den Riesentunnel, mittels welchem Gindele die Stadt Chicago mit frischem Wasser aus dem Michigansee versorgte, zählte man sogar lange Zeit zu den Wunderdingen der Neuen Welt.

Unter den damaligen Bergbauingenieuren galt der Schwabe H e r m a n n G m e l i n als einer der bedeutendsten. Er war einer der ersten, welcher in

---

Kopfleiste: Roeblings Hängebrücke über den Niagara. Nach einem gleichzeitigen Stahlstich.

Amerika ein Bessemer Stahlwerk einrichtete. Zu seinen Zeitgenossen gehörte der im Jahre 1830 zu Aachen geborene Adolf Sutro, der Schöpfer des berühmten Sutro-Tunnels in den Comstockminen Nevadas.

Jene gewaltigen Silbergruben hatten seit ihrer im Jahre 1859 erfolgten Entdeckung ungeheure Reichtümer abgeworfen. Aber der Betrieb litt unter schweren Übelständen. Einesteils fehlten geeignete Mittel und Straßen zur Beförderung der gewonnenen Erze, dann auch hatten die Bergleute in den tiefen Schachten und Stollen beständig mit giftigen Gasen, fast unerträglicher Hitze und bedeutenden Wasserzuflüssen zu kämpfen. Manche Minen waren bereits ertrunken und unzugängig geworden. Bei einem Besuch dieser Bergwerke kam Sutro auf den Gedanken, die einzelnen Minen durch einen gewaltigen Tunnel zu verbinden, der nicht bloß als Mittel zur bequemeren und billigeren Beförderung der Erze, sondern auch zur Ventilation und Entwässerung der Gruben diene.

Ehe Sutro diesen Plan ausführen konnte, mußte er geradezu unglaubliche Hindernisse überwinden, die seinem Vorhaben im Weg standen. Das schlimmste war die völlige Teilnahmlosigkeit, mit der die Grubenbesitzer und Kapitalisten seine Pläne aufnahmen. Als der Nutzen des Unternehmens aber gar zu deutlich zutage trat, mußte Sutro sich gegen mißgünstige Rivalen wehren, welche die Ausführung des Werkes an sich reißen wollten. Erst nach jahrelangen Kämpfen und unsäglichen Enttäuschungen war es Sutro vergönnt, am 19. Oktober 1869 mit dem riesigen Unternehmen zu beginnen. Er schuf einen 4 m weiten und $3\frac{1}{3}$ m hohen Tunnel von nahezu 7000 m Länge, von dem zahlreiche, in nördlicher und südlicher Richtung abzweigende Seitentunnels zu den einzelnen Gruben hinführten. In diesen 600 m unter der Erdoberfläche gelegenen Tunneln legte Sutro ein vollständiges Bahnnetz mit Stationen an. Mehrere senkrechte Schachte sorgten für Luftzufuhr. Sie enthielten zugleich gewaltige Hebemaschinen, welche die gewonnenen Erze an die Oberfläche beförderten.

Im Oktober 1878 war nach einem Kostenaufwand von $6\frac{1}{2}$ Millionen Dollar dies Wunderwerk deutschen Geistes vollendet. Da Sutro mit den Grubenbesitzern günstige Verträge abgeschlossen hatte, so brachte das Unternehmen seinem Urheber großen Gewinn. Einen bedeutenden Teil dieses Reichtums stellte Sutro in den Dienst werktätiger Nächstenliebe, indem er in San Francisco Parkanlagen, öffentliche Bäder und andere philantropische Einrichtungen schuf.

Ein anderer hervorragender deutschamerikanischer Bergbauingenieur war der im Jahre 1817 zu Philadelphia geborene Hermann Haupt. Der 8 km lange Hoosactunnel in Massachusetts, dessen in die Jahre 1856 bis 1861 fallende Ausführung 16 Millionen Dollar kostete, ist sein Hauptwerk. Ihm gebührt auch das Verdienst, die Möglichkeit dargetan zu haben, Erdöl von den Quellen durch ein Röhrensystem auf weite Entfernungen hinzuleiten, wodurch die Petroleumraffinerien viele Millionen Dollar an Transportkosten ersparten.

Zu den bedeutendsten Bergbauingenieuren Amerikas zählt ferner der 1839 in Nassau geborene Anton F. Eilers. Er wanderte im Jahre 1859 in die Vereinigten Staaten ein und spielte hier sowohl als Metallurgist wie als Berater und Präsident zahlreicher Bergwerksgesellschaften jahrzehntelang eine angesehene Rolle.

Die Mittelstaaten waren das Hauptarbeitsfeld des im Jahre 1827 zu Lauterbach geborenen Albert Fink. Derselbe kam im Jahre 1849 nach Amerika und fand im Bureau des im Dienst der Baltimore-Ohio Bahn stehenden Brückenbaumeisters Benjamin H. Latrobe Beschäftigung. Rasch stieg er von Stufe zu Stufe und wurde die rechte Hand Latrobes, des ersten Ingenieurs, welcher Eisen beim Brückenbau verwendete. Fink führte diesen Gedanken weiter aus, indem er das nach ihm benannte Trägersystem erfand. Es kam beim Bau der bei Fairmount über den Monongahela führenden Brücke im Jahre 1852 zum erstenmal zur Anwendung. Fink bestrebte sich, durch sein System die Zahl der steinernen Mittelpfeiler einer Strombrücke möglichst zu verringern. Gleichzeitig suchte er unter sonst gleichen Umständen mit weniger Eisen auszukommen, als es bei den älteren Systemen möglich war, die mehr oder weniger Nachahmungen der Holzbausysteme von Whipple, Rider, Kellog, Bollmann u. a. darstellten. Finks Trägerausbildung war für die damalige Zeit von großer Einfachheit und Klarheit. Er verwendete möglichst viele gleichgebildete Stäbe, die man gegenseitig austauschen konnte. Dadurch wurde die Aufstellung der Brücken so erleichtert, daß einzelne seiner nach Südamerika verschickten Träger dort ohne Monteure von Matrosen zusammengesetzt werden konnten. Das Wichtigste war, daß kein Stab des Finkschen Tragwerks einen Wechsel von Zug und Druck zu erleiden hatte. Es gab nur reine Zug- und reine Druckstäbe, eine Anordnung, die für die damaligen amerikanischen Brückenträger geringerer Weite, deren Knoten durchweg mit Bolzen verbunden wurden, von großer Bedeutung war. Denn der in den Stäben der älteren Konstruktionen auftretende Wechsel von Zug und Druck führte Bewegungen und Erschütterungen der Knoten herbei, die mit der Zeit dem Bestand der Brücken gefährlich wurden. Die größten Fink-Träger liegen in der im Jahre 1870 vollendeten Ohio-Brücke bei Louisville, deren Hauptöffnungen mit 113 und 122 m Weite seinerzeit die weitestgespannten in ganz Amerika waren. Manche der von Fink geschaffenen Brücken, besonders zwei 80 m hohe Übergänge über die weiten Schluchten am Cheat Mountain, galten damals als die kühnsten Bauwerke ihrer Art.

Im Jahre 1857 trat Fink als Oberingenieur in den Dienst der Louisville- und Nashvillebahn und blieb in dieser Stellung bis 1875. Während dieses Zeitraums vollendete er unter anderen die Brücken über den Green River und eine über den Ohio bei Louisville. Seine bedeutenden Fähigkeiten traten am glänzendsten während des Bürgerkriegs hervor. Die seiner Obhut anvertrauten Bahnlinien in Kentucky und Tennessee durchschnitten eines der hauptsächlichsten Kampfgebiete. In raschem Wechsel wurde dasselbe bald von den Truppen der Nordstaaten, bald von jenen des Südens in Beschlag genommen, wobei die Südländer die vorgefundenen Eisenbahnen, Brücken und Viadukte regelmäßig zerstörten. Sobald sie aber den Rückzug antraten, folgte Fink ihnen auf dem Fuße und stellte die verwüsteten Bahnstrecken in erstaunlich kurzer Zeit wieder her.

Der erfolgreichen Tätigkeit des Ingenieuroffiziers G o t t f r i e d W e i t z e l als Brückenbauer und beim Anlegen von Befestigungen während des Bürgerkriegs haben wir bereits in einem früheren Abschnitt gedacht.

In derselben Weise machte sich sein im Jahre 1824 in Baden geborener Kollege H e i n r i c h F l a d hochverdient. Er hatte an der Universität München Ingenieurwissenschaften studiert und als Hauptmann eines Ingenieurbataillons am badischen Aufstand teilgenommen. Nach dem Fehlschlagen jener Bewegung kam Flad im Jahre 1849 nach Amerika und wirkte als Ingenieur beim Bau verschiedener Eisenbahnen mit. Beim Ausbruch des Bürgerkriegs trat er in das 3. Regiment Freiwilliger von Missouri ein, durchlief rasch alle Grade bis zum Oberstleutnant und wurde im Oktober 1863 zum Hauptmann des Westlichen Ingenieur-Regiments ernannt. Als solcher leistete er bei der Wiederherstellung zerstörter Eisenbahnlinien wie bei der Anlage von Befestigungen Dienste, die nur derjenige zu würdigen vermag, welcher über die außerordentliche Bedeutung der Eisenbahnen für den Vorstoß und die Verpflegung einer kriegführenden Armee unterrichtet ist.

Nach Beendigung des Kriegs entwarf Flad in Verbindung mit J. P. Kirkwood die Pläne für die Wasserwerke der Stadt St. Louis und trat dann in Verbindung mit dem Brückenbauer Kapitän Eads, um demselben während der Jahre 1867 bis 1874 als Oberingenieur beim Entwurf und Bau der berühmten Mississippibrücke bei St. Louis behilflich zu sein. Es war bei der Ausführung dieses gewaltigen Werks, wo Flads Meisterschaft im Lösen schwieriger technischer Probleme, in der Anwendung wissenschaftlicher Prinzipien sich im glänzendsten Lichte zeigte.

Nach Vollendung dieser Brücke wurde Flad zum Präsidenten des Ausschusses für öffentliche Verbesserungen der Stadt St. Louis erwählt. Diesen Posten bekleidete er bis zum Frühling 1890, wo er einen vom Präsidenten Harrison ihm angebotenen Platz in der Mississippi River Commission übernahm. Er füllte denselben bis zu seinem im Jahre 1898 erfolgten Tode aus.

H e r m a n n U l f f e r s ist der Name eines in Westfalen geborenen außerordentlich tüchtigen Ingenieurs, der sich im Stab des Generals Sherman befand. Er geriet in Gefangenschaft und kam in das schreckliche Gefängnis Andersonville. Seine Flucht aus dieser „Hölle" erregte allgemeines Aufsehen. In Lumpen gehüllt und bis zum Skelett abgemagert, erreichte er die Vorposten der Unionsarmee wieder, in der er dann als Ingenieuroffizier noch bis zum Jahre 1870 wirkte.

Oberst W a s h i n g t o n A. R o e b l i n g, ein Sohn des berühmten Brückenbauers, machte sich während des Bürgerkriegs als Ingenieur im Stab des Generals McDowell verdient. Er schlug zwei zu Armeezwecken dienende Hängebrücken über den Rappahannock und den Shanandoah.

Adolf Bonzanos Kinzua-Brücke während ihres Baus.

Ein vortrefflicher Brückenbauer war auch der im Jahre 1830 in Württemberg geborene Adolf Bonzano. Als Oberingenieur der Firma Clarke, Rewes & Co. zu Phönixville und später als Vizepräsident der „Phönix-Bridge Company" lieferte er zu vielen großartigen Brückenbauten die Entwürfe. Sein interessantestes Werk war der im Jahre 1882 vollendete Eisenbahnviadukt über das 600 m breite und 90 m tiefe Tal des Kinzua in Pennsylvanien. Derselbe bestand aus zwanzig Türmen, von denen jeder aus vier eisernen Pfeilern zusammengesetzt war. Durch entsprechende Verstrebungen und Etagen waren die Türme nach allen Richtungen hin gegen Zerknicken oder seitliche Ausbiegung gesichert. Oben auf den Säulenköpfen ruhten Gitterträger, welche die direkte Unterlage für die Querschwellen unter den Eisenbahnschienen bildeten. Auf massiven, im Felsboden des Tales fundierten Steinpfeilern fest verankert, gewährte dieses, einschließlich aller Bureauarbeiten in nur 8½ Monaten ausgeführte Werk einen überraschenden Anblick.

Zu den hervorragenden deutschamerikanischen Brückenbauern des 19. Jahrhunderts zählte ferner Karl Konrad Schneider, geboren 1843 in Apolda. Als Oberingenieur und Vizepräsident der „American Bridge Company" baute er im Jahre 1882 die Auslegerbrücke der Canadischen Pacific Eisenbahn über den Fraserfluß in Britisch-Columbia; ferner im Jahre 1883 die Auslegerbrücke über den Niagara.

Eine förmliche Revolution im Brückenbau führte um die Mitte des 19. Jahrhunderts der berühmteste aller amerikanischen Brückenbauer herbei, der am 12. Juni 1806 zu Mühlhausen in Thüringen geborene Johann August Roebling.

Seine Ausbildung zum Ingenieur erhielt derselbe in Erfurt und Berlin. Darauf war er in Westfalen beim Bau einiger Militärstraßen tätig gewesen. Als Mitglied einer in Mühlhausen gegründeten Auswandrungsgesellschaft kam er im Jahre 1831 nach Westpennsylvanien, wo er die Vermessungen mehrerer Kanal- und Eisenbahnbauten leitete.

Im Vergleich zu ihrer heutigen Höhe befand sich die Brückenbaukunst damals noch gewissermaßen in den Anfangsstadien ihrer Entwicklung. Man kannte bereits Hängebrücken, aber die zum Tragen des Brückenstegs verwendeten Kabel bestanden aus mächtigen eisernen Ketten, deren einzelne Glieder trotz ihrer Stärke und Schwere keine große Tragkraft besaßen und die Überwindung weiter Spannungen nicht zuließen. Spannungen von 60 m galten als bemerkenswert.

Ein Versuch, derartige Kettenkabel durch solche aus Drähten zu ersetzen, war bereits im Jahre 1822 bei einer Hängebrücke in Genf gemacht worden. Aber es blieb Roebling vorbehalten, dieses neue System auszubilden und zu seiner höchsten Vollendung zu entwickeln.

Die ungeheuren Vorzüge, die mannigfaltige Verwendbarkeit der Drahtseile hatte Roebling veranlaßt, im Jahre 1840 in dem von ihm gegründeten Ort Germania, dem späteren Saxonburg bei Pittsburgh eine kleine Fabrik anzulegen, die sich ausschließlich mit dem Herstellen solcher Drahtseile beschäftigte.

Deren außerordentliche Tragkraft erprobte er zuerst bei einem Aquädukt, den er bei Pittsburgh über einen der Quellarme des Ohio führte. Dieses eigenartige, an Drahtseile gehängte Werk erregte großes Aufsehen und begründete Roeblings Ruf als Ingenieur. Seine nächste Schöpfung war die prächtige Drahtseilbrücke, die bei einer Länge von 500 m mit acht Spannungen über den Monongahela bei Pittsburgh führt. Darauf folgten viele gleichfalls an Drahtseilen schwebende Aquädukte über den Delaware- und Hudsonkanal.

Bestärkt durch die errungenen Erfolge, wandte Roeblings hochfliegender Geist sich immer kühneren Plänen zu. Er erbot sich, die beiden Ufer des Niagara unterhalb seiner berühmten Fälle durch eine Hängebrücke miteinander zu verbinden. Als Roebling mit diesem Projekt vor die Öffentlichkeit trat, erklärten die bedeutendsten Ingenieure Amerikas und Europas, darunter Stevenson, dasselbe für unausführbar und prophezeiten seinen Fehlschlag. Betrug doch die Weite der 80 m tiefen Schlucht, welche hier von den mit rasender Eile dahinschießenden Fluten in die Felsen gerissen ist, volle 266 m.

Aber Roebling ließ sich von Bedenken nicht anfechten, sondern schritt im September 1852 zur Ausführung des geplanten Werks. Schon der Versuch, den ersten Draht über die ungeheure Kluft zu spannen, stieß auf unerwartete Schwierigkeiten. Kein Boot war imstande, den entsetzlichen Strudeln der Stromschnellen Trotz zu bieten; kein Schwimmer wagte, sein Leben aufs Spiel zu setzen. Nach manchen vergeblichen Bemühungen, kam Roebling auf den glücklichen Einfall, mittels eines Windvogels zunächst einen starken Seidenfaden vom amerikanischen Ufer auf das kanadische zu bringen. Das gelang, und nun wurde an demselben die erste jener Sehnen über den Strom gezogen, aus denen die Kabel der Hängebrücke gesponnen werden sollten.

Als Träger der vier Kabel, an welche Roebling seine Brücke zu hängen gedachte, ließ er auf jedem Ufer zwei 26 m hohe steinerne Türme erbauen, stark genug, um das gewaltige Gewicht der Kabel und Brücke zu tragen. Jedes Kabel bestand aus 3640 einzelnen Drähten. Die Kabel wurden mittelst mächtiger Ketten hinter den Türmen in Kammern verankert, die in den Felsen eingehauen waren. Die Brücke selbst besaß zwei Stockwerke, ein unteres für Wagen und Fußgänger und ein oberes für die Eisenbahnen.

Bereits im März 1855 konnte die mit einem Kostenaufwand von 400000 Dollar erbaute Brücke dem Verkehr übergeben werden. Mehrere Jahrzehnte hindurch bildete sie wegen der Kühnheit ihres Entwurfs und der Schönheit ihrer Erscheinung eine der Hauptsehenswürdigkeiten der Niagararegion.

Dieser glänzende Triumph über die widerstrebenden Naturgewalten bewirkte einen völligen Umschwung im Brückenbau, den Übergang vom Kettenkabel- zum Drahtseilkabelsystem. Zur raschen Annahme des letzten trug Roebling durch mehrere noch größere Werke bei. Er baute zunächst die Hängebrücke, welche zwischen den beiden Städten Cincinnati und Covington den

Johann August Roebling.

Ohio überspannt. Dieselbe ist mit ihren Anfahrten 750 m lang und wird von zwei mächtigen Kabeln getragen, deren jedes aus 10 360 einzelnen Drähten besteht. Die Kabel ruhen auf zwei steinernen Pfeilern von 66 m Höhe. Die zwischen ihnen liegende Hauptspannung der Brücke beträgt nicht weniger als 351 m. Die 11 m breite Plattform schwebt 33 m über dem Stromspiegel. Die ganzen Kosten dieser Brücke beliefen sich auf 1 800 000 Dollar.

Das letzte, größte Werk Roeblings war sein Entwurf zur Riesenbrücke über den East River zwischen New York und Brooklyn. Das rapide Wachsen der Bevölkerung dieser beiden Städte, das Unvermögen der Dampffähren, den gewaltigen, schnell zunehmenden Verkehr zwischen denselben zu bewältigen, machten eine bessere Verbindung zur dringenden Notwendigkeit. Eine Vermehrung der Fähren war ausgeschlossen, da es an Platz für neue Anlegestellen fehlte. Zudem kam, daß die Fähren bei nebligem Wetter, Schneegestöber und winterlichen Eisblockaden ihren Dienst nur in unvollkommener Weise verrichteten. In dieser Notlage begann man an einen Brückenbau zu denken. Aber die vorliegenden Verhältnisse und Entfernungen waren derart, daß kaum jemand den Mut faßte, an die Ausführbarkeit dieses Gedankens zu glauben. Der Bau einer auf Pfeilern ruhenden Brücke war ausgeschlossen, da zunächst weder der ungeheure Schiffsverkehr auf der Wasserstraße gehemmt und gefährdet werden durfte, noch die Tiefe des Wassers und die Stärke seiner Strömung die Anlage sicherer Fundamente möglich machten.

Gleich einem Adler höher und höher kreisend, faßte Roebling den kühnen Entschluß, sein Hängebrückensystem, das sich bisher so glänzend bewährt hatte, auch an dieser Stelle in Anwendung zu bringen.

Zehn Jahre beschäftigte er sich mit dem Entwurf und Durcharbeiten seines Planes. Die ungeheuren Verhältnisse, mit denen er rechnen mußte, verlangten die sorgfältigste Beachtung selbst der unscheinbarsten Dinge, da der kleinste, beim Berechnen der Länge und Stärke der Kabel, Träger und Pfeiler begangene Fehler für das glückliche Gelingen des Brückenbaues von verhängnisvoller Bedeutung werden konnte. Fast ebenso schwierig wie die technischen Vorarbeiten gestaltete sich die Beschaffung der Baugelder. An vielen Stellen klopfte Roebling vergeblich an; ein Teil der von der Stadt bewilligten Gelder verschwand, da die städtischen Beamten nur für die eigene Tasche sorgten. Mehrere dieser Diebe mußten nach kurzer Zeit ins Ausland flüchten. Schließlich gelang es Roebling, den Geldmann W. C. Kingsley von Brooklyn für den Plan zu interessieren. Derselbe gründete im Januar 1867 die „New York Bridge Company" mit einem Grundkapital von 5 Millionen Dollar. Die Stadt New York zeichnete einen Betrag von $1\frac{1}{2}$ Millionen, Brooklyn die Summe von 300 000 Dollar.

Zu Anfang des Jahres 1869 waren die mühseligen Vorarbeiten so weit vollendet, daß Roebling mit dem Bau beginnen konnte. Aber es war, als ob das neidische Geschick dem großen Ingenieur seinen höchsten Triumph nicht gönnen wolle: bei den an Ort und Stelle begonnenen Arbeiten erlitt Roebling durch einen herabstürzenden Balken eine Quetschung, welche die Amputation mehrerer Zehen notwendig machte. Die Operation verlief glücklich. Leider

Roeblings Hängebrücke über den East River zwischen New York und Brooklyn.

stellte sich wenige Tage später Starrkrampf ein, welchem Roebling am 22. Juli 1869 erlag.

Die schwierige Aufgabe, den gewaltigen Bau zu vollenden, fiel nun dem Sohn des Verstorbenen, Washington A. Roebling, zu. Dieser ließ am 3. Januar 1870 mit dem Fundamentieren der beiden 92 m hohen Brückentürme beginnen. Die angestellten Bohrungen hatten ergeben, daß man, um auf geeigneten Felsgrund zu kommen, auf dem Brooklyner Ufer des East River 15 m, auf Manhattan Island sogar 26 m unter den Wasserspiegel gehen und dabei mächtige Schichten von Schlamm und Geröll durchdringen müsse. Über den betreffenden Stellen baute man zunächst zwei gewaltige Caissons, kistenähnliche, aus schweren, einander kreuzenden und stützenden Balken gezimmerte Behälter, welche 2 bis 2½ m über ihrem unteren Rande einen Boden besaßen, so daß der unter demselben gelegene Raum eine Kammer bildete, die durch nach oben führende Schlote und Röhren Luft erhielt. Diese Kammer war der wichtigste Teil des Caissons. Das Caisson auf der Manhattan-Seite ist 40 m breit und 56 m lang; jenes auf der Brooklyner-Seite 40 m breit und 39 m lang. Nachdem sie vom Stapel gelassen und genau über den Stellen verankert worden waren, wo die Brückentürme zu stehen kommen sollten, begann man auf der Oberfläche der Caissons mit dem Legen der Steinfundamente, deren täglich wachsendes Gewicht die Caissons immer tiefer ins Wasser hinabdrückten. Zu gleicher Zeit trieben mächtige Dampfmaschinen in die unter Wasser befindlichen, taucherglockenartigen Kammern komprimierte Luft hinein, die das Wasser verdrängte, den von den unteren Rändern der Caissons eingeschlossenen Teil des Flußbettes trocken legte und es den innerhalb der Kammern befindlichen Arbeitern ermöglichte, den unter ihren Füßen gelegenen Schlamm und das Geröll zu beseitigen. Diese äußerst unangenehme und obendrein kostspielige Arbeit mußte fortgeführt werden, bis endlich die Caissons die ganze Schlammschicht durchdrungen hatten und auf die als Fundament dienen sollenden Felsen aufstießen.

Beim Fundieren der East Riverbrücke arbeiteten Tag für Tag 236 Menschen in diesen beiden unterseeischen Arbeitskammern, die von 56 Gasflammen erleuchtet und sogar mit Wasserleitungen versehen waren. Leider war es unmöglich, in den komplizierten Behältern jeden Unfall zu vermeiden. Denn je tiefer die Caissons sich unter den Wasserspiegel und in das Flußbett senkten, desto gewaltiger wurde der Druck der sie umgebenden Wassermassen; desto größere Mengen komprimierter Luft mußten eingepumpt werden, um den Druck auszugleichen und die Arbeitsräume von Wasser freizuhalten.

Es kann gewiß nicht überraschen, daß der längere Aufenthalt in den Caissons für die unter so unnatürlichen Verhältnissen arbeitenden Menschen allerhand üble Folgen hatte. Sie wurden von der eigentümlichen „Caisson-Krankheit" befallen, die sich in heftigen neuralgischen Schmerzen, Schüttelfrost, Erbrechen, Krämpfen und Lähmungen äußert.

Trotz aller Vorsichtsmaßregeln nahmen viele dieser Erkrankungsfälle einen tödlichen Ausgang. Auch Roebling wurde von der Krankheit befallen und hatte an ihren Nachwirkungen viele Jahre zu leiden. Auch an anderen bösen

Vorkommnissen fehlte es nicht. Im Januar 1871 entstand in dem Brooklyner Caisson eine Feuersbrunst, die einen Schaden von 15 000 Dollar anrichtete — ein Brand unter den Wellen des East Rivers!

Nach Überwindung zahlreicher anderer Schwierigkeiten wurde der Bau der beiden, den Wasserspiegel um 90 m überragenden Türme vollendet, worauf mit dem Legen der den Brückensteg tragen sollenden Kabel begonnen werden konnte. Neue Schwierigkeiten! Natürlich war es ein Ding der Unmöglichkeit, die gewaltigen, tausende Kilogramm schweren Massen zu so bedeutender Höhe emporzuheben. Und so mußte man die 5296 Stahldrähte, aus denen jedes der vier Kabel gesponnen werden sollte, einen nach dem andern an der ihm zugedachten Stelle befestigen.

Unvorhergesehene Hindernisse traten ferner ein, als man den ersten, auf den Meeresgrund versenkten und mittels eines Fahrzeugs zum gegenüberliegenden Turm geleiteten Draht heben wollte. Der East River war nicht frei! Da war kein Augenblick, wo nicht Dutzende von Schiffen vorüberfuhren und das Heben des Drahtes verhinderten. Endlich, am 14. August 1876, verkündete ein Kanonenschuß, daß für die nächsten Minuten kein Schiff zu erwarten sei, und nun schnellte die erste Sehne in die Höhe, um welche das gewaltige Netz der Brücke gewoben werden sollte. Zahllose Drähte wurden hin und hergezogen, und an diesen Drähten hingen in kleinen Käfigen die Arbeiter, um in der schwindelnden Höhe die Tausende von Drähten zusammenzuspinnen. Wie unendlich viel gab's noch zu erwägen, zu berücksichtigen! Bevor man die mathematisch genaue Lage des ersten Drahtes den Plänen der Ingenieure gemäß richtig bestimmen konnte, mußte man wochenlang auf einen windstillen Tag warten, da jeder Druck der über den East River brausenden Winde genügte, die Richtung und Bahn des hängenden Drahtes zu verschieben.

Und als endlich, nach unsäglicher Mühe, die vier Kabel regelrecht hingen, da brachen am 19. Juni 1878 die Verankerungen eines derselben, und die gewaltige Masse, vom eignen Gewicht über den Brückenturm hinweggerissen, stürzte mit fürchterlichem Getöse in die Fluten des East River, wobei mehrere Arbeiter in ein nasses Grab gerissen wurden. Aufs neue hatte das Werk zu beginnen.

Endlich, am 24. Mai 1883, nach dreizehn Jahre langer Arbeit und einem Kostenaufwand von 9 Millionen Dollar war die Brücke vollendet und konnte dem Verkehr übergeben werden. Zur Feier dieses nationalen Ereignisses stellten sich der Präsident der Vereinigten Staaten und mehr als 50 000 Fremde ein. Alle in der Bai von New York befindlichen Schiffe prangten in reichstem Flaggenschmuck. Das Fort Columbus und die im Hafen versammelten Kriegsschiffe feuerten Salutschüsse ab. Von allen Kirchtürmen erschallte Glockengeläut. Und am Abend beschloß ein glänzendes Feuerwerk das seltene Fest.

Das großartige Werk verleugnet in der Tat nicht die kolossalen Schwierigkeiten, über die des Menschen Geist hier den mühsamen Triumph errang. Eine Vorstellung von den alle bisherigen Brückenbauten übertreffenden Verhältnissen dieses Verkehrsweges gibt die Angabe, daß die Gesamtlänge des Brückenkörpers mit den Anbauten über 2500 m beträgt. Diese gewaltige Entfernung wird durch nur drei Bogen überwunden, deren mittlerer in der

Lindenthals Eisenbahnbrücke über die Höllengasse bei New York.

bisher unerhörten Spannung von 478 m 40 m hoch über dem Wasser schwebt.

Das Meisterwerk Roeblings übte auf den Verkehr zwischen New York und Brooklyn eine ungeahnte Wirkung. Nach allen Seiten hin ausdehnungsfähig und nunmehr mittels der Brücke in wenigen Minuten erreichbar, blühte Brooklyn zu einer Millionenstadt empor. Welche Massen von New Yorkern hierher ihre Wohnsitze verlegten, ergibt sich am deutlichsten aus der Zahl der Personen, welche während der nächsten Jahre die Brücke passierten. Im Jahre 1884 betrug dieselbe 8 823 200. Im Jahre 1890 war diese Zahl bereits auf 34½ Millionen, bis zum Jahre 1897 auf 45½ Millionen angeschwollen.

Im Jahre 1902 betrug der Durchschnittsverkehr pro Tag von 24 Stunden für die Brückenbahn 159 637 und für die über die Brücke führende Straßenbahn 147 660 Personen. Das würde für das Jahr 1902 einen Gesamtverkehr von 112 163 405 Personen ergeben.

Das glückliche Gelingen des die Bewunderung der ganzen Welt hervorrufenden Roeblingschen Werkes stachelte die Ingenieure Amerikas zu noch gewaltigeren Leistungen an. Einer der kühnsten unter den neueren Brückenbauern ist der im Mai 1850 zu Brünn geborene Gustav Lindenthal. Sein größtes in der Ausführung begriffenes Werk ist eine viergleisige Eisenbahnbrücke, welche den als „Hellgate" („Höllengasse") bekannten Teil des die Stadt New York von Long Island trennenden East Rivers überschreitet. Eine versteifte Stahlbogenbrücke und Stahlviadukte von 4,80 km Länge, wird sie das Eisenbahnnetz der großen Pennsylvaniabahn auf Long Island mit der Hauptbahn von New York nach Boston auf dem Festland verbinden, und es ermöglichen, daß Reisende von Boston nach Philadelphia und den Südstaaten ohne Umsteigen direkt durch New York fahren werden können, nämlich durch die neue Pennsylvaniastation an der 32. Straße und 7. Avenue. Die Brücke überschreitet die Höllengasse in einem 300 m weiten und 100 m hohen Bogen, dem größten, der bisher bei diesem Brückensystem zur Anwendung kam.

Ein anderer von Lindenthal entworfener und in der Ausführung begriffener Riesenbau ist die doppelgleisige Eisenbahnbrücke von drei Spannweiten über die 300 m weite und 118 m tiefe Schlucht des Kentuckyflusses im Staat Kentucky. Die Brücke wird die schwerste und größte genietete Stahlkonstruktion in der Welt sein, wird ohne Gerüst aufgestellt und von zwei Stahltürmen getragen. Sie soll die alte eingleisige eiserne Brücke ersetzen, welche als die erste und kühnste Ausleger-(Cantilever-)Brücke im Jahre 1876 in den Vereinigten Staaten gebaut wurde, und bei welcher der Deutschamerikaner Charles S. Strobel als Ingenieur tätig war. An derselben Stelle hatte Roebling eine große Stahlhängebrücke geplant, von welcher aber nur die Steintürme zur Ausführung kamen, da der Bürgerkrieg der Jahre 1861 bis 1865 den Weiterbau verhinderte.

Seit einer Reihe von Jahren beschäftigte Lindenthal sich auch mit dem Entwurf einer Riesenbrücke, die den Hudson überschreiten und den ungeheuren

Verkehr zwischen New York und dem Staate New Jersey vermitteln soll. Den bereits vollendeten Plänen zufolge würde diese Brücke auf jedem Stromufer von zwei 220 m hohen stählernen Türmen getragen, in denen die vier Kabel der Brücke aufgelagert werden sollen. Die erstaunliche Großartigkeit des Entwurfs läßt sich am besten aus nachstehendem Vergleich seiner Verhältnisse mit denjenigen der Roeblingschen East Riverbrücke erkennen:

	East River-Brücke	Hudson River-Brücke
Gesamtlänge der Brücke, einschließlich der Verankerungen	1110 m	2202 m
Länge der Landspannen	279 „	550 „
Länge der Hauptspanne	480 „	930 „
Höhe der Türme von der Hochwassermarke an	81 „	198 „
Höhe der Türme von den Fundamenten an	105 „	255 „
Weite der Brückenbahn	25½ „	36 „
Länge jedes Kabels	1070 „	2040 „
Zahl der Schienengleise	2	6—14

Leider gerieten die Vorarbeiten zu dieser Riesenbrücke in neuester Zeit ins Stocken, als die einen großen Teil des Personen- und Warenverkehrs zwischen New York und New Jersey vermittelnde Pennsylvania-Eisenbahn bei der Wahl zwischen Brücke und einem unter dem Hudson dahinführenden Tunnel sich für den Bau des letzteren entschied. Damit ist aber keineswegs gesagt, daß die Lindenthalsche Brücke der Vergessenheit anheimfallen wird. Denn das fabelhafte Wachsen des überwältigend großartigen Personen- und Güterverkehrs zwischen New York und New Jersey bedingt immer neue, gewaltigere Verkehrsmittel. Und so dürfte die Wahrscheinlichkeit nicht ausgeschlossen sein, daß in zehn bis zwanzig Jahren der Hudson gleichfalls von einem Wunderwerk der modernen Ingenieurkunst überbrückt sein wird.

Außer den bisher Genannten boten sich vielen anderen deutschamerikanischen Technikern und Ingenieuren in den Vereinigten Staaten Gelegenheiten, ihr Können zu betätigen. Sie fanden hier ein um so großartigeres und lohnenderes Feld, als den amerikanischen Ingenieuren, soweit sie nicht im Ausland studiert hatten, die nötigen Kenntnisse abgingen, ein Mangel, der sich durch das Fehlen technischer Hochschulen erklärt. Solche wurden erst nach dem Bürgerkrieg in den Vereinigten Staaten gegründet und benötigten natürlich längere Zeit zu ihrer Entwicklung.

Inzwischen drängte aber der rastlose, auf die Erschließung des weiten Landes bedachte amerikanische Unternehmungsgeist ungestüm auf die stete Entwicklung und Verbesserung der Verkehrsmittel und -wege, wobei er zu großen Wagnissen und bedeutenden Opfern stets bereit war. Aus diesen Gründen erklärt es sich, warum man deutsche und deutschamerikanische Ingenieure fast überall im Besitz solcher Stellungen findet, in denen es auf gründliches Wissen und wirkliches Können ankommt. Wir finden sie im Dienst der großen Eisenbahnen und Schiffbauwerkstätten, der städtischen Wasserwerke und Straßenbahnen und Beleuchtungsgesellschaften.

Eine der eigenartigsten Persönlichkeiten unter diesen Männern ist zweifellos Dr. Karl Prometheus Steinmetz, der leitende Geist der „General Electric Company", deren gewaltige Fabriken in Schenectady, New York, ihren Sitz haben. Steinmetz wurde am 9. April 1865 zu Breslau geboren. Dort durchlief er auch das Gymnasium und die Universität. Mathematik und Astronomie bildeten seine Lieblingsbeschäftigungen, bis er eines Tages in nähere Berührung mit einem Mitschüler kam, welcher sich dem Studium der Elektrizität zugewendet hatte. Das Wesen dieser geheimnisvollen Kraft, die Möglichkeit ihrer Verwendung für industrielle und Beleuchtungszwecke waren damals kaum erkannt. Bogen- und Glühlichtlampen galten als Kuriositäten. An Motoren, Dynamos und andere, heute allgemein gebrauchte elektrische Apparate dachte noch kein Mensch. Aber der Einblick in das noch unerschlossene Zauberreich bestimmten den jungen Steinmetz, sich dem Studium der Elektrizität zu widmen und auf neue Entdeckungen auszugehen. Ob Steinmetz' Vater, als er seinem Sohn den Namen Prometheus verlieh, geahnt haben mag, daß derselbe einst ein Bringer und Beherrscher des Lichtes sein werde?

Schon bald nach Ablauf seiner Studentenjahre wanderte Steinmetz nach Amerika aus und fand in den dem Deutschen Eickemeyer gehörigen Elektrizitätswerken in Yonkers, New York, Anstellung. Allerdings mit dem bescheidenen Anfangsgehalt von 12 Dollar pro Woche. Aber er verstand sein reiches Wissen so zur Geltung zu bringen, daß er bald die rechte Hand seines Brotherrn bildete und denselben beim Ausarbeiten neuer Erfindungen unterstützte. Nach wenigen Jahren war Steinmetz zum technischen Leiter der Eickemeyerschen Fabrik emporgerückt. Und als diese dem allgemeinen Zug der Zeit folgte, und sich mit anderen im Osten der Union bestehenden großen Anlagen zu der „General Electric Company" vereinigte, ward Steinmetz an die Spitze dieser gewaltigen, über ein Heer von 14 000 Angestellten gebietenden Unternehmung berufen. Die eignen Erfindungen und weitreichenden Verbesserungen, die Steinmetz herbeiführte, sind viel zu zahlreich und kompliziert, als daß sie anderswo als in einem Fachwerk nach Gebühr gewürdigt werden könnten.

Ebensowenig sind wir imstande, manchen anderen Deutschamerikanern, wie z. B. dem in Pommern geborenen Bernhard A. Behrend, dem Hannoveraner Emil Berliner und anderen gerecht zu werden, deren Erfindungen das moderne Kulturleben manche wichtige Fortschritte verdankt.

Die deutsche Presse in den Vereinigten Staaten.

Der während der Kolonialzeit erschienenen Erstlinge der deutschamerikanischen Presse gedachten wir bereits in früheren Abschnitten. Desgleichen des wackeren Johann Peter Zenger, dessen Furchtlosigkeit die amerikanische Journalistik ihre höchste Errungenschaft, die Preßfreiheit, verdankt.

Als nach der glücklichen Beendigung des amerikanischen Unabhängigkeitskriegs deutsche Einwandrer wieder in größerer Zahl eintrafen, stieg natürlich auch das Bedürfnis für in deutscher Sprache gedruckte Zeitungen. Bereits zu Ende des 18. Jahrhunderts bestanden ihrer in Pennsylvanien nahezu ein Dutzend. Sie verteilten sich auf die Städte Philadelphia, Germantown, Lancaster, Easton und Reading. Baltimore, Boston und New York besaßen gleichfalls deutsche Zeitungen, die einmal wöchentlich erschienen.

Eine der wichtigsten Perioden in der Geschichte der deutschamerikanischen Presse bilden die dreißiger, vierziger und fünfziger Jahre des 19. Jahrhunderts, während welcher sowohl in den Städten des Ostens wie auch in den Mittelstaaten und am Mississippi zahlreiche deutsche Zeitungen entstanden, darunter mehrere, die aus bescheidenen Anfängen zu großen Tageszeitungen, ja Weltblättern, emporwuchsen.

Den Hauptanstoß zum Emporblühen der deutschamerikanischen Presse gaben die „Achtundvierziger", jene hochgesinnten Freiheitsstreiter, von denen viele bereits im alten Vaterland literarisch und journalistisch tätig gewesen waren. Gelang es solchen politischen Flüchtlingen nicht, an einer Universität oder sonstigen Lehranstalt unterzukommen, so übernahmen sie die Leitung bereits bestehender Zeitungen oder gründeten eigne Organe, für die sie in dem starken Deutschtum willige Abnehmer fanden. Friedrich und Rudolf Lexow, Lorenz Brentano, Friedrich Hassaurek, Wilhelm Rapp, Karl Heinze, Gottfried Kellner, Oswald Ottendorfer, Johann Georg Wesselhöft, Georg Hillgärtner, Emil Pretorius, Paul Löser, Karl Dänzer, Friedrich Raine, Hermann Raster, Eduard Leyh und viele andere traten auf solche Weise in die Journalistik ein.

Diese Männer erkannten mit klarem Blick, daß die wichtigste Mission der deutschamerikanischen Zeitungen im Erfüllen der Aufgabe bestehe, die in die

Vereinigten Staaten einwandernden Deutschen mit den Gesetzen, Einrichtungen, politischen, wirtschaftlichen und sozialen Zuständen des Landes vertraut zu machen, und ihnen durch Vermittlung dieser Kenntnisse die Teilnahme am amerikanischen Leben sowie das Emporkommen in geordnete, bessere Verhältnisse zu ermöglichen. Aber sie fühlten auch, daß die deutschamerikanischen Zeitungen den deutschen Einwandrern um so rascher liebe und traute Gefährten sein würden, wenn sie ihnen möglichst viel von den Vorgängen in der alten Heimat berichteten, und sie dadurch in beständiger Fühlung mit derselben erhielten.

Ein typisches Bild der Entwicklung einer deutschamerikanischen Zeitung bietet die „New Yorker Staatszeitung". Als sie im Jahre 1834 zuerst erschien, legte sie ihr Programm in folgenden Worten dar: „Die New Yorker Staatszeitung ist, wie ihr Name besagt, hauptsächlich eine politische Zeitung, und wird es sich angelegen sein lassen, nach bestimmten und bewährten Prinzipien echt demokratisch-republikanische Ideen unter unseren Mitbürgern zu erhalten; falsche mit allem Eifer nach den Forderungen des ewigen Vernunftrechts in ihrer Unhaltbarkeit und Schädlichkeit darzustellen. Obgleich namentlich der Wohlfahrt deutschamerikanischer Bürger geweiht und deswegen auf deren Verhältnisse in den Vereinigten Staaten besonders ihre Aufmerksamkeit richtend, wird sie nicht versäumen, die Erwähnung der Tagesbegebenheiten der Alten Welt denen der Neuen anzureihen, durch Blicke auf Natur- und Kulturgeschichte, Literatur und Kunst, Gewerbe, Ackerbau, Handel und damit zusammenhängende Zweige der menschlichen Tätigkeit unter uns und anderen Völkern, den zeitigen Standpunkt aller dieser Gebiete dem Beobachter darzulegen. Sie wird zu dem schönen Ziele mitzuwirken suchen, deutsche Sprache, Sitten, Wissenschaft, Kunst und mechanische Fertigkeiten in ihrer Eigentümlichkeit, so weit in Amerika die deutsche Zunge reicht, zu erhalten und zeitgemäß weiterzubilden. Sie wird bezwecken, unsere deutschen Mitbürger durch politische und wissenschaftliche, möglichst nach männlicher Ruhe und Festigkeit strebende Aufsätze zu unterhalten und zu belehren."

Diesem Programm ist die „New Yorker Staatszeitung" während der vielen Jahrzehnte ihres Bestehens treu geblieben. Stetes von tüchtigen Männern geleitet, alle Fortschritte im Zeitungswesen sich zunutze machend, durch Haltung und Sprache rasch das Vertrauen und die Gunst des Deutschtums gewinnend, konnte das ursprünglich vierseitige Wochenblatt sich bald in eine tägliche Zeitung verwandeln. Neben die morgens erscheinende Hauptausgabe trat später eine Abendausgabe, von denen die erste gegenwärtig in einem Umfang von 14 bis 16, die letztere in einem Umfang von 8 Seiten erscheint. Einer ihrer wertvollsten Bestandteile ist unstreitig das 32 Seiten umfassende Sonntagsblatt, welches seinen Lesern eine geradezu erstaunliche Fülle von belletristischem Unterhaltungsstoff und populär wissenschaftlichen Aufsätzen, darunter viele Originalartikel, darbietet. Die Qualität dieser Aufsätze übertrifft diejenigen der in den amerikanischen Zeitungen enthaltenen bei weitem, was hauptsächlich dem Umstand zuzuschreiben ist, daß infolge der bis zum Sommer 1909 zwischen den Vereinigten Staaten und Deutschland bestehenden mangelhaften Schutzgesetze für geistiges Eigentum die deutschamerikanischen Zeitungen in der Lage waren, ihre Auswahl kostenlos aus dem unerschöpflichen Reichtum der jenseits des Atlantischen Ozeans veröffentlichten Zeitungs- und Zeitschriftenliteratur treffen zu können.

Außer der „New Yorker Staatszeitung" bestehen in New York die „**Groß New Yorker Zeitung**", der „**Herold**", das „**Morgenjournal**", die „**Volkszeitung**" und die „**Brooklyner freie Presse**". In Philadelphia finden wir den „**Demokrat**" und die „**Gazette**", in Baltimore den „**Deutschen Correspondenten**". Chicago hat vier deutsche Tagesblätter, von denen die früher hochangesehene „**Illinois Staatszeitung**" und die „**Freie Presse**" in neuester Zeit miteinander verschmolzen wurden. Außer diesen erscheinen dort die „**Abendpost**" und die „**Arbeiterzeitung**". Milwaukee besitzt den „**Herold**" und die „**Germania**". St. Louis dominiert die „**Westliche Post**". Cincinnati hat die „**Westlichen Blätter**" und das „**Volksblatt**". In Cleveland erscheinen „**Wächter**" und „**Anzeiger**"; in San Francisco der „**California Demokrat**"; in Buffalo der „**Volksfreund**" und „**Demokrat**"; in New Orleans die „**Neue deutsche Zeitung**"; in St. Paul die „**Volkszeitung**"; in Minneapolis die „**Freie Presse**" und der „**Herold**".

Der Ton der deutschamerikanischen Presse ist echt amerikanisch. Sie ist im allgemeinen stets eine treue Verfechterin der besten Einrichtungen des politischen Systems, scharf in der Kritik seiner Fehler und eine unermüdliche Kämpferin für die allgemeine Wohlfahrt, für Ordnung und persönliche Freiheit gewesen.

Zum Ruhm der deutschamerikanischen Zeitungen darf man ferner sagen, daß sie mit sehr wenigen Ausnahmen von der ekelhaften Sensationshascherei, durch welche viele amerikanische Zeitungen ihren Leserkreis zu vergrößern trachten, frei sind. Die deutschen Leiter der Blätter hielten stets an der Überzeugung fest, daß eine Zeitung höhere Pflichten habe, als ihre Leser durch allerlei, oft jeder Grundlage entbehrenden oder durch unwahre Zutaten ausgeschmückten Skandalgeschichten in beständiger Erregung zu erhalten.

Zu ihren schönsten Aufgaben zählt die deutschamerikanische Presse auch die, die guten Beziehungen zwischen Amerika und Deutschland zu pflegen und für beide Teile immer segensreicher zu gestalten. Diese Aufgabe ist keineswegs leicht. Wird sie doch sowohl durch die auf wirtschaftlichem Gebiet bestehende Rivalität als auch durch unaufhörliche, gehässiger Eifersucht entspringende Hetzversuche der Londoner Presse sowie mancher direkt in englischem Solde stehender amerikanischer Zeitungen erschwert.

Die Bedeutung der deutschamerikanischen Presse für das gesamte amerikanische Kulturleben läßt sich am besten daraus erkennen, daß im Jahre 1908 in den Vereinigten Staaten über 700 Zeitungen und Zeitschriften in deutscher Sprache gedruckt wurden, darunter etwa 100 Tagesblätter, von denen mehrere Auflagen von 25 000 bis 100 000 Exemplaren besitzen.

Unter den Zeitschriften überwiegen natürlich die gewerblichen Fachblätter. Die der Belletristik gewidmeten vermochten sich nach dem Aufkommen der reich ausgestatteten und vielseitigen Sonntagsausgaben der großen Zeitungen nicht zu halten, zumal sie obendrein den Wettbewerb der amerikanischen sowie der aus Deutschland eingeführten Wochen- und Monatsschriften ertragen mußten.

An einzelnen eigenartigen Erscheinungen innerhalb der deutschamerikanischen Presse hat es nicht gefehlt. In erster Linie wäre das von dem Achtundvierziger Karl Heinzen im Jahre 1854 in Louisville, Kentucky, gegründete Wochenblatt, „Der Pionier", zu erwähnen, eine Zeitschrift, die auf dem Felde radikalen Denkens und rücksichtslosen Kämpfens gegen Dummheit und Schlechtigkeit kaum jemals ihresgleichen hatte. Heinzen redigierte dieselbe bis zu seinem im Jahre 1880 erfolgten Tode, worauf der „Pionier" mit dem in Milwaukee erscheinenden, ähnliche Tendenzen verfolgenden „Freidenker", verschmolzen wurde.

Außerordentlich weite Verbreitung fand seinerzeit auch der von Robert Steitzel in Detroit herausgegebene „Arme Teufel", eine Wochenschrift, die es auf vierzehn Jahrgänge brachte. Sie war ungemein reich an in wahrhaft klassischem Deutsch geschriebenen Vorträgen, Skizzen, Schilderungen und Dichtungen, an geistsprühenden Essays und Satiren. Nach dem Tode des gleich Heinrich Heine die Welt von seinem Krankenlager, „Luginsland", aus beobachtenden Schriftstellers ging die Zeitung ein.

*
*   *

Es möge an dieser Stelle auch erwähnt werden, daß eine für die Entwicklung des Zeitungswesens in Amerika überaus wichtige Erfindung durch Deutsche nach den Vereinigten Staaten übertragen wurde. Friedrich Gottlieb Keller und Heinrich Voelter hatten in Deutschland die Entdeckung gemacht, daß aus zermalmten, in Brei verwandelten Holzfasern Papier hergestellt werden könne. A. Pagenstecher, ein hervorragender Papierhändler in den Vereinigten Staaten, ließ zwei der von Voelter erfundenen Holzmahlmaschinen in Curtisville bei Stockton, Massachusetts, aufstellen. Der erste Holzbrei wurde damit im März 1867 erzeugt. Eine nahebei gelegene Papiermühle versuchte aus diesem Brei Papier zu bereiten. Dieser Versuch verlief so befriedigend, daß die Besitzer der Mühle sofort einen Vertrag für die Lieferung alles von Pagenstecher erzeugten Holzbreis abschlossen. Es hielt anfangs schwer, die Papierfabrikanten für die neue Sache zu interessieren, da man keine Ahnung von dem fabelhaften Aufschwung hatte, den infolge dieser Erfindung und der dadurch ermöglichten Verbilligung der Papierpreise das Zeitungswesen nehmen würde.

Aber die Erkenntnis brach sich dann rasch Bahn und ermöglichte sowohl die Verbilligung der Zeitungen wie die Herausgabe der großen täglichen Ausgaben, an welche niemand denken könnte, wenn man noch heute auf die alte Art der Papierbereitung aus Lumpen angewiesen wäre.

Eine zweite, für das Zeitungswesen ebenso wichtige Erfindung verdankt man dem am 10. Mai 1854 zu Mergentheim in Württemberg geborenen Ottomar Mergenthaler. Derselbe kam im Jahre 1872 nach Amerika, wo er sich zuerst in Washington, später in Baltimore mit der Herstellung feiner elektrischer Instrumente und mit Entwürfen für eine Schriftsetzmaschine beschäftigte. Die erste wurde im Jahre 1886 im Setzersaal der New Yorker „Tribune" aufgestellt, und bewährte sich als zeit- und arbeitskräftesparende Maschine so außerordentlich, daß sie sowohl in Nordamerika wie in Europa und Australien überall Eingang fand. Mit ihrer Herstellung befaßten sich in den Vereinigten Staaten die „Mergenthaler Printing Company" und seit 1891 die „Mergenthaler Linotype Company of New Jersey". Leider wurde dem am 28. Oktober 1899 in Baltimore verstorbenen Erfinder nicht der gebührende Lohn zuteil. Es erging ihm, wie so vielen anderen, die durch das ausbeutende Kapital um den verdienten klingenden Erfolg gebracht wurden.

Deutsche Gelehrte in den Vereinigten Staaten.

Bedürfte die „Internationalität der Wissenschaft" eines Beweises, so gibt es keinen schlagenderen, als die überraschend große Zahl deutscher Gelehrter, die an dem Aufbau und der Entwicklung des wissenschaftlichen Lebens in den Vereinigten Staaten beteiligt waren und noch beteiligt sind. Mit den Namen solcher Männer, die hier in den verschiedenen Zweigen der Wissenschaft tätig waren und auf das Geistesleben des amerikanischen Volkes befruchtend wirkten, könnte man Seiten füllen.

Den ersten in Amerika auftretenden Pionieren deutscher Wissenschaft, Augustin Herrman, Johann Lederer, Franz Daniel Pastorius und David Rittenhausen reihten sich im 18. und 19. Jahrhundert zahllose andere an, von denen viele in ihren speziellen Fächern Vortreffliches leisteten, ja, insofern Amerika in Betracht kommt, die Bahnbrecher waren.

Der erste Entomologe Amerikas war Friedrich Valentin Melsheimer (1749 bis 1814), ein lutherischer Pfarrer in Pennsylvanien. Er veröffentlichte das erste Verzeichnis der im Osten der Vereinigten Staaten vorkommenden Insekten. Sein Bruder Friedrich Ernst Melsheimer schrieb ein großes Werk über die Käfer Nordamerikas. Mitarbeiter an diesem Werk

---

Kopfleiste: Ludwig Johann Rudolf Agassiz.

war der Deutschpennsylvanier Samuel Haldeman, welcher sich später durch ähnliche Werke über die Süßwassermollusken Amerikas auszeichnete.

Der erste Forscher, welcher die Fische der amerikanischen Gewässer wissenschaftlich untersuchte, war der Regimentsarzt David Schoepf, der mit den im britischen Heer dienenden deutschen Hilfstruppen nach Amerika kam. Nach Beendigung des Kriegs blieb er noch ein Jahr im Lande, um die in der Bai von New York vorkommenden Fische zu studieren, von welchen er ein beschreibendes Verzeichnis lieferte.

Als erster deutschamerikanischer Botaniker gilt der lutherische Pastor Gotthilf Heinrich Ernst Mühlenberg (1753 bis 1815). Er veröffentlichte über die Flora Pennsylvaniens mehrere wichtige Werke. Der Arzt Georg Engelmann, einer jener „lateinischen Farmer", die sich im Stromgebiet des Mississippi ansiedelten, beschrieb die noch unerforschte Flora des Westens, wobei er weite Reisen durch Missouri, Arkansas, Louisiana und Texas unternahm. Die Ergebnisse seiner mit größter Sorgfalt angestellten Studien veröffentlichte er in zahlreichen Monographien und fachwissenschaftlichen Zeitschriften. Von bleibendem Wert sind seine Untersuchungen über die Struktur der Kakteen, Euphorbien und Koniferen. Welchen Fleiß er entwickelte, ergibt sich aus einem Verzeichnis seiner Schriften, von denen C. S. Sargent in der „Botanical Gazette" vom Mai 1884 nicht weniger als 112 aufzählte. Die Gelehrtenwelt zollte dem verdienstvollen Forscher reiche Anerkennung. Seine amerikanischen Fachgenossen setzten ihm ein dauerndes Denkmal, indem sie außer mehreren neuen Pflanzengeschlechtern eine der herrlichsten Fichten der Felsengebirge „Albis Engelmanni" tauften.

Die Flora des Staates Texas wurde durch Ferdinand Jakob Lindheimer erschlossen, einen Studenten der Universität Jena, welcher vor den Verfolgungen der reaktionären deutschen Regierungen nach Amerika geflohen war. Er schlug seinen Wohnsitz in dem texanischen Städtchen Neu-Braunfels auf, von wo er zahlreiche Forschungsreisen in die noch unbekannten Wildnisse von Texas unternahm. Auch seinen Namen ehrten spätere Forscher, indem sie ihn mehreren von Lindheimer entdeckten Pflanzen als Beinamen zufügten.

Ein Freund und Studiengenosse der beiden obengenannten, Friedrich Adolf Wislizenus, erwarb sich große Verdienste um die Erforschung der Flora und Geologie der Felsengebirge. Ferner machten sich die Deutschamerikaner David von Schweinitz, Johann Nepomuk Neumann, Wangenheim, Rafinesque, Menzel, Schott, Friedrich, Fendler, Salm, Römer, Creutzfeld, Bolander, Geyer, Hilgard, Link, Kramer, Scheer, Poselger, Franser, Berland, Hoffmannsegg, Schrank, Höpf, Heyder, Deppe, Pfeiffer, Klotsch, Rothrock, Seubert, Hartweg, Kuhn, Metzger, Horkel und andere als tüchtige Botaniker bekannt.

Gerhard Troost, ein Zögling der berühmten Bergschule zu Freiberg in Sachsen, gebührt der Ruhm, der erste Gelehrte gewesen zu sein, welcher in Amerika Vorlesungen über Geologie und Mineralogie hielt. Von 1810 bis 1827 wirkte er als Professor der Mineralogie am Museum zu Philadelphia. Er war auch einer der Gründer und der erste Präsident der „Academy of Science". Später siedelte er nach Nashville in Tennessee über und bekleidete den Posten eines Staatsgeologen. Er soll der Erste gewesen sein, welcher seine Wissenschaft praktisch verwertete, indem er auf Kap Sable in Maryland eine chemische Fabrik, die erste in den Vereinigten Staaten, anlegte.

Sein Berufsgenosse Karl Rominger erforschte als Staatsgeologe von Michigan in jahrelangen Wandrungen beide Halbinseln jenes Staates. Sein vier stattliche Bände umfassender Bericht erschien in den Jahren 1873 bis 1881.

Seinem ganzen Entwicklungsgang nach gehört auch der im Jahre 1807 im schweizerischen Kanton Freiburg geborene Naturforscher Ludwig Johann Rudolf Agassiz zu den Deutschamerikanern. Erhielt er doch seine wissenschaftliche Ausbildung auf den Universitäten Zürich, Heidelberg und München, sowie als Schüler und Mitarbeiter der berühmten deutschen Gelehrten Oken, Schelling, Döllinger, Spix und Martius. Von letzterem wurde er mit der Beschreibung der Fische für sein großes südamerikanisches Reisewerk betraut. Agassiz' Name hatte in der Gelehrtenwelt bereits einen guten Klang, als er im Jahre 1846 im Auftrag des Königs von Preußen die Vereinigten Staaten besuchte. Seine hier gehaltenen Vorträge machten so tiefen Eindruck, daß die Harvard-Universität ihm die Professur für Zoologie und Geologie anbot. Er nahm dieselbe an und bekleidete sie bis 1873. Der Staat Massachusetts unterstützte seine Bestrebungen, indem er die Mittel zur Gründung des großartigen Naturgeschichtlichen Museums zu Cambridge bewilligte, welches überraschend schnell zum wichtigsten Amerikas emporblühte. Agassiz war unermüdlich tätig. Nach zahlreichen Forschungsreisen durch Nordamerika unternahm er im Jahre 1865 eine großartige Expedition in das Gebiet des Amazonenstroms. Dieser folgte später eine zweite zum Golf von Mexiko und den kalifornischen Küstengewässern, wobei er, von zahlreichen Assistenten unterstützt, ausgedehnte Tiefseeforschungen ausführte. Die ungemein reichen Ergebnisse dieser Expedition veröffentlichte Agassiz in viel gelesenen Werken, von denen mehrere, wie z. B. „A Journey in Brazil" zahlreiche Auflagen erlebten.

Eines der größten Verdienste Agassiz' besteht darin, daß er das Interesse des Amerikanertums für naturwissenschaftliche Forschungen mächtig belebte. Seine Darstellungsweise in Wort wie in Schrift nahm unwiderstehlich gefangen und begeisterte Leser und Hörer zu ansehnlichen Opfern. So empfing Agassiz die Mittel zur Anlage einer Station zur Beobachtung der Meeresfauna von einem reichen New Yorker, der ihm zu diesem Zweck 50 000 Dollar sowie die an der Ostküste gelegene Insel Penikese schenkte. Ein anderer Gönner stiftete für den gleichen Zweck eine mit allen Hilfsmitteln zur Tiefseeforschung ausgerüstete Jacht.

Einen hervorragenden Mitarbeiter besaß Agassiz in dem mit ihm nach Amerika übersiedelten Grafen Ludwig Franz von Pourtales (geb. 1823 in Neuchatel). Derselbe war, wie in einer Biographie des Grafen hervorgehoben wird, „in der Jugend Agassiz' Lieblingsschüler, während des langen wirksamen Lebens sein treuer Freund und Genosse, und die Stütze seiner im Alter nachlassenden Kraft."

Nach Agassiz' Tode übernahm Pourtales auch die Leitung des Naturhistorischen Museums und stand demselben bis zu seinem eigenen Ableben vor. Pourtales' Andenken lebt in der Wissenschaft als das eines der ersten Pioniere der Tiefseeforschung. Hauptsächlich widmete er sich der wissenschaftlichen Begründung des Golfstroms und seines erstaunlich reichen Lebens.

Agassiz' Sohn Alexander, geboren 1835 in Neuchatel, steht dem Zoologischen Museum zu Cambridge seit 1902 vor. Die von seinem Vater in Südamerika begonnenen wissenschaftlichen Forschungen setzte er in erfolgreichster Weise fort. Sein Werk „Explorations of Lake Titicaca" machte ihn in weiten Kreisen bekannt.

Mehrere deutsche Gelehrte beteiligten sich auch an den von der amerikanischen Regierung ausgesendeten Forschungsexpeditionen und bearbeiteten die wissenschaftlichen Ergebnisse derselben. Unter ihnen finden wir den Stuttgarter Arthur Schott, den Heidelberger Emil Bessels und andere. Schott gehörte jener wissenschaftlichen Kommission an, welche im Jahre 1852 die Vermessung der Grenze zwischen den Vereinigten Staaten und Mexiko vornahm. Bessels war wissenschaftlicher Leiter der berühmten „Polaris-Expedition" unter Charles Francis Hall, welche im Jahre 1871 durch den Smith Sund und den Kennedy-Kanal in völlig unbekannte arktische Gebiete führte. Nach dem Tode Halls und dem Untergang der „Polaris" rettete Bessels einen Teil der Mannschaften sowie die wissenschaftlichen Aufzeichnungen auf eine mächtige Eisscholle, von welcher die Schiffbrüchigen nach einer 196 tägigen schrecklichen Reise von dem Dampfer „Tigress" aufgenommen wurden. Eine zweite, im Auftrag der Regierung unternommene Expedition, welcher Bessels wiederum als wissenschaftlicher Leiter vorstand, scheiterte an der Küste von Vancouver Island. Bessels Hauptwerk bildet das drei Bände umfassende Buch über die Polaris-Expedition.

Die neueste Zeit konnte den Namen dieser Pioniere der Naturwissenschaft zahlreiche andere hinzufügen, wie z. B. diejenigen des Paläontologen Timothäus Conrad, des Biologen Georg Eugen Beyer, des Ornitologen Franz Nehrling, der Zoologen Karl H. Eigenmann, Arnold Ortmann, der Entomologen Georg H. Horn, E. A. Schwarz, Otto Lugger, Hermann von Bähr, Hermann Strecker, A. Hagen, William Beutenmüller, Henry Ulke, der Geologen Eugen Waldemar Hilgard, Georg Ferdinand Becker, Karl Schuckert, Rudolf Rüdemann und George Frederick Kunz. Der letzte lieferte in seinem Buch „Gems and precious stones of North America" die erste Übersicht über die Edelsteine Nordamerikas. Im Jahre 1906 schuf er in seinen, in nur 100 Exemplaren gedruckten „Investigations and Studies in Jade" ein Monumentalwerk von ungewöhnlicher Kostbarkeit. Es enthält eine mit zahlreichen Farbentafeln und Radierungen geschmückte Beschreibung der herrlichen Jadeit-Sammlung, die von dem Amerikaner H. Bishop in vielen Jahren zusammengebracht wurde und sich jetzt im Besitz des „Naturhistorischen Museums der Stadt New York" befindet. Ein drittes von Kunz verfaßtes, ungemein reich ausgestattetes Werk ist das im Jahre 1908 in New York erschienene „Book of the Pearl".

Auch auf den weiten Gebieten der Altertums- und Völkerkunde leisteten deutschamerikanische Gelehrte Bedeutendes. Als Archäologen machten sich Philipp Valentini, Karl Hermann Berendt, Gustav Brühl und der lange Jahre mit dem „Smithsonian Institute" zu Washington verbundene Karl Rau bekannt.

Auch der Name des im Jahre 1840 zu Bern geborenen Adolf Franz Bandelier hat einen ausgezeichneten Klang. Im Auftrag des „Archäologischen Instituts von Amerika" und des „Naturgeschichtlichen Museums zu New York" durchforschte Bandelier jahrzehntelang Neu-Mexiko, Arizona, Mexiko, Zentralamerika, Peru und Bolivia. Seine dabei gewonnenen Beobachtungen und Schlüsse führten förmliche Umwälzungen in den die ältere Geschichte jener Länder betreffenden Anschauungen herbei.

Auf dem von Bandelier mit so großem Glück bearbeiteten Gebiete ist auch der 1856 in Dresden geborene, später an der Universität von Kalifornien und jetzt als Direktor des Museums zu Lima, Peru, angestellte Archäologe Friedrich Max Uhle tätig. Seinem Eifer verdankt die Wissenschaft gleichfalls manche neue Aufschlüsse. Uhle lieferte den Text zu dem großen, in Deutschland veröffentlichten Prachtwerk „Kultur und Industrie südamerikanischer Völker nach den im Besitz des Museums für Völkerkunde zu Leipzig befindlichen Sammlungen", Berlin 1887; desgleichen beteiligte er sich an dem Monumentalwerk A. Stübels über „Die Ruinenstätte von Tiahuanaco", Breslau 1892.

Mit dem Studium der lebenden Indianer befaßten sich als erste bereits im 18. Jahrhundert die Herrnhuter Missionäre David Zeisberger und Johann Heckewelder. Ihre Aufzeichnungen über die Stämme im oberen Stromgebiet des Ohio sind für den Freund der Völkerkunde wahre Fundgruben. Dasselbe läßt sich von den Werken des katholischen Missionars Friedrich Baraga sagen, der in der ersten Hälfte des 19. Jahrhunderts unter den Ottawas, Pottawatomies und Chippewas lebte und außer Lehr- und Wörterbüchern der Sprachen jener Stämme eine wertvolle Darstellung ihrer Sitten und Gebräuche hinterließ.

Dem im Jahre 1809 in Dresden geborenen, in New York verstorbenen Advokaten Hermann Ernst Ludewig verdankt man das großartig angelegte bibliographische Werk „The Literature of American Aboriginal Languages". Mit Zusätzen des Professors M. W. Turner in Washington versehen, erschien es nach dem Tode Ludewigs 1858 in London. Das Buch enthält literarische Nachweise über die Geschichte, Sprache, Religion und Sitten von mehr als tausend Indianerstämmen.

Die größte Anerkennung für seine Leistungen auf dem Gebiet der amerikanischen Linguistik gebührt aber dem 1832 im Kanton Bern geborenen Albert S. Gatschet, welcher viele Jahre mit dem in Washington begründeten „Bureau of American Ethnology" verbunden war und als der bedeutendste Kenner nordamerikanischer Indianersprachen galt.

Gleichfalls auf linguistischem und ethnologischem Gebiet betätigte sich der im Jahre 1858 in Minden geborene Franz Boas. Nachdem er sich zuerst durch ausgedehnte Forschungen unter den Eskimos von Baffin Land vorteilhaft bekannt gemacht hatte, verlieh er später als Urheber und Leiter der vom „Naturhistorischen Museum der Stadt New York" ausgerüsteten „Jesup-Expedition" seinem Namen einen Klang, der in der Geschichte der ethnographischen Forschung nie verhallen wird. Jene, im Frühling 1897 anhebenden, eine Reihe von Jahren hindurch fortgesetzten Expeditionen verfolgten den Zweck, die so wichtige Frage der Beziehungen zwischen den Ureinwohnern Asiens und Amerikas ihrer Lösung näherzubringen. Die außerordentlich reichen Ergebnisse dieser von Professor Boas, Harlan Smith, James Teit, Gerhard Fowke und Livingstone Farrand an der Nordwestküste Nordamerikas, von Waldemar Bogoras, W. Jochelsen und L. Sternberg in Sibirien, und von Berthold Laufer am Amur und in China ausgeführten Forschungsreisen sind in zahlreichen, vom „Naturhistorischen Museum zu New York" veröffentlichten Monographien niedergelegt. Insgesamt bilden diese ein stolzes Monumentalwerk, wie deren die amerikanische Wissenschaft nur wenige aufzuweisen hat.

Von den Schülern Boas' tat sich der Deutschamerikaner Alfred L. Kroeber durch gediegene Arbeiten über verschiedene Indianerstämme, besonders diejenigen Kaliforniens, hervor.

William S. Hoffmann, ein Deutschpennsylvanier, schrieb wertvolle Monographien über die Menomoni-Indianer und die bildlichen Darstellungen der Eskimo. Beide Werke kamen in den Jahrbüchern des „Bureau of American Ethnology" und des „Smithsonian Institute" zum Abdruck.

Als wissenschaftlicher Leiter der im Jahre 1888 von der Universität von Pennsylvanien veranstalteten Expedition nach Babylonien, die bei der Aufdeckung der Ruinen von Nippur so glänzende Ergebnisse erzielte, machte sich Hermann V. Hilprecht bekannt.

Für hervorragende Leistungen auf staatswissenschaftlichem Gebiet sind die Vereinigten Staaten in erster Linie dem am 15. März 1798 in Berlin geborenen Franz Lieber zu tiefstem Dank verpflichtet. Dieser in jeder Beziehung ungewöhnliche Mann ging gleich vielen anderen jungen Gelehrten seinem Vaterlande durch die Verfolgungen der reaktionären deutschen Regierungen verloren. Er kam am 20. Juni 1827 in New York an, von wo er sich nach Boston wandte. Seine erste größere literarische Arbeit bestand in der Herausgabe der „Encyclopaedia Americana", eines dreizehn Bände umfassenden amerikanischen Konversationslexikons, dem das berühmte in Leipzig herausgegebene Brockhaussche Konversationslexikon zugrunde lag. Die Arbeit war eine sehr umfangreiche, da viele nur den deutschen Leser interessierende Abschnitte gekürzt oder ausgelassen und ebenso viele amerikanische Artikel neu geschrieben und eingefügt werden mußten. Daß dabei ein starker Hauch deutschen Geistes in dieses Werk und durch dasselbe in das Amerikanertum hineinwehte, kann nicht bestritten werden.

Im Jahre 1835 erhielt Lieber einen Ruf als Professor der Geschichte und Volkswirtschaft an die Hochschule zu Columbia in Südkarolina. Hier lehrte er zwei Dezennien lang. Als er wegen seiner offen bekundeten Abneigung gegen die Sklaverei diese Stelle verlor, folgte er im Jahre 1857 einem Ruf an das „Columbia College" der Stadt New York, wo er bis zu seinem im Jahre 1872 erfolgenden Tode eine Professur für Geschichte, Nationalökonomie und politische Wissenschaften bekleidete.

Franz Lieber.

Liebers große Werke entstanden in Südkarolina. Als erstes erschien im Jahre 1838 das „Manual of Political Ethics", ein Handbuch der politischen Sittenlehre, welches der berühmte Jurist Story als die bei weitem vollständigste und beste Abhandlung bezeichnete, die je über die Formen und Zwecke einer Regierung geschrieben worden sei.

Lieber verwirft in diesem Buch die Lehre vom Gottesgnadentum der Herrscher als eine unchristliche und unmoralische. Sie zu verbreiten, sei positives Unrecht. Dem Menschen sei der Begriff von Recht und Unrecht von Gott eingegeben. Es sei daher Aufgabe der reinen oder abstrakten Sittenlehre, die Pflichten des Menschen gegen sich selbst und seinen Schöpfer sowie die daraus entstehenden Rechte festzustellen. Wenn dies geschehen, so wäre es Aufgabe der praktischen Staatswissenschaft, zu lehren, wie diese Rechte am besten gesichert werden könnten. Den Begriff „Staat" erklärt Lieber dahin, derselbe sei eine Rechtsgemeinschaft oder Rechtsgesellschaft. Wie die Liebe das Grundprinzip der Familie und der Glaube das Grundprinzip der Kirche bilde, so sei dasjenige des Staates das Recht. Die Souveränität des Staates beruhe in der Gesellschaft. Diese stelle den Gesamtwillen und die Gesamtkraft dar. Eine Ansiedlerkolonie auf einer Südseeinsel, abgesondert von jeder anderen menschlichen Gesellschaft, besitze ebensowohl Souveränität wie irgendein anderes Volk und könne mit demselben Recht Einrichtungen treffen und Gerichtsbarkeit ausüben. Die Aufgabe des Staates bestehe in der Förderung der jeweilig erlaubten Lebenszwecke des Volkes, und zwar vom einzelnen bis zur Gesellschaft. Weiter verbreitet sich Lieber über die ethischen und philosophischen Grundlagen des Staates, die öffentliche Meinung, die Vereine und Gesellschaften, die politischen Parteien, das Stimmrecht, die Preßfreiheit, die Stellung der Frauen, die Pflichten der Volksvertreter, Richter und Beamten, über Patriotismus, friedliche Opposition und Revolution, Demagogie und viele andere Themata. Die Grundnote des Buches lautet: „Kein Recht ohne Pflichten, keine Pflichten ohne Rechte!"

Liebers zweites bedeutendes Buch erschien im Jahre 1839 unter dem Titel „Legal and Political Hermeneutics", Grundsätze zur Auslegung der bürgerlichen und politischen Gesetze. Bei der Besprechung dieser Themata entwickelte Lieber viele neue, überraschende Gedanken. Der Buchstabenvergötterung durchaus abhold, bestand er darauf, daß der einem Schriftstück, einer Urkunde innewohnende wahre Sinn für die Auslegung maßgebend sein solle. Nur wo es sich um die Rechte des einzelnen gegenüber der Gesamtheit handle, wie besonders in der Strafgesetzgebung, sei peinlich genaue Auslegung am Platze. Zur Begründung seiner Ansicht gibt Lieber viele praktische, auf vorkommende Fälle anwendbare Regeln.

Im Jahre 1853 vollendete Lieber sein drittes großes Werk: „On Civil Liberty and Self-Government", „Über bürgerliche Freiheit und Selbstregierung". Dasselbe stellt sich die Aufgabe, durch Vergleich der in England, Frankreich und anderen Ländern gültigen Freiheitsbegriffe nachzuweisen, welche Vorbedingungen, Maßnahmen und Einrichtungen zur Erzielung und dauernden Begründung gesetzlicher bürgerlicher Freiheit notwendig seien. Lieber bezeichnet die amerikanische Freiheit als eine Fortsetzung, zugleich aber auch als eine bedeutende Erweiterung der englischen Freiheit. Dabei behandelt er sehr eingehend die die Grundlagen der englischen und amerikanischen Freiheit bildenden Einrichtungen, das Geschworenensystem, die repräsentative Regierung, das Common Law, die Selbstbesteuerung, die Unterordnung der bewaffneten Macht unter die Gesetzgebung, die republikanische Bundesordnung, die Trennung von Staat und Kirche, die gesetzgebenden Körperschaften, die Wahl der Beamten, die Verfassungsurkunden, das Bürgerrecht und vieles andere mehr.

Der Einfluß, den Lieber durch diese Werke auf das gebildete und gelehrte Amerikanertum ausübte, war ungeheuer. Besonders da viele Professoren, welche an den amerikanischen Universitäten über Staats- und Rechtswissenschaft unterrichteten, ihren Studenten die Werke Liebers als Lehrbücher verordneten. Aber auch nach andrer Richtung hin übte Lieber nachhaltigen Einfluß auf die studierende Jugend. Der Einladung folgend, vor den Studenten der Miami-Universität eine Ansprache zu halten, schrieb er im Jahre 1846 die kurze Abhandlung „The Character of the Gentleman", ein Essay, von welchem Professor Hatfield von der Northwestern University sagte, „es verdiene, mit goldenen Buchstaben gedruckt zu werden".

Daß der rege Geist Liebers auch zu den wichtigen Fragen Stellung nahm, die zur Zeit des Bürgerkriegs das ganze Land bewegten, bedarf kaum der Betonung. Seine Flugschriften „Lincoln or McClellan"; „No party now, all for our Country"; „Slavery Plantations and the Yeomanry" usw., in denen er die unbedingte Aufrechterhaltung der Union, die kräftige Unterstützung der Bundesregierung sowie die Abschaffung der Sklaverei forderte, fanden durch die „Loyal Publication Society" weite Verbreitung.

Auf Anregung des Präsidenten Lincoln verfaßte er ferner „Instructions for the Government of Armies of the United States in the field". Dieselben wurden vom Kriegsministerium gedruckt und als „Generalbefehl No. 100" allen Stabsoffizieren als Richtschnur zugestellt. Sie bilden die erste Kodifizierung des humanen Kriegsrechts. Aus ihm schöpfte Bluntschli den großen Gedanken, das ganze moderne Völkerrecht in bestimmte Formen zu bringen. Im Jahre 1867 schrieb Lieber das derselben Idee dienende Werkchen „Nationalismus und Internationalismus". Er schließt mit den Worten: „Die zivilisierten Nationen sind dahin gekommen, eine Völkergemeinschaft zu bilden, in den Schranken und unter dem Schutz des Vigore Divino herrschenden Völkerrechts. Sie ziehen den Streitwagen der Zivilisation nebeneinander, wie im Altertum die Rosse den Siegeswagen zogen."

Noch als 70jähriger Greis beschäftigte Lieber sich mit einem großen Werk über den Ursprung und die Grundzüge der Verfassung der Vereinigten Staaten. Es blieb unvollendet, denn am 2. Oktober 1872 wurde er mitten in dieser Arbeit vom Tode abberufen.

Liebers hohe Bedeutung ergibt sich am klarsten aus den begeisterten Urteilen seiner gleiche Bahnen wandelnden Berufs- und Zeitgenossen. Andrew D. White, damals Präsident der Cornell-Universität zu Ithaka, nannte ihn „einen Staatsphilosophen der edelsten Art". Englische Kritiker stellten ihn Montesquieu zur Seite; Holtzendorff bezeichnete ihn als „einen Höhepunkt politischer Weltbildung, in welchem alle Geisteskräfte altklassischer Kultur, italienischer Kunstsinnigkeit, deutscher Wissenschaft, englischer Freiheitsliebe und amerikanischer Unabhängigkeit zur Einheit verschmolzen waren". Er habe das seltene Bild eines auf allen Stufen seines Lebens rein erhaltenen Charakters dargeboten, dessen Wirken in der Pflege der höchsten sittlichen Interessen innerhalb der Rechtsformen des modernen politischen Lebens bestand. Und Professor J. T. Hatfield von der Northwestern-Universität zu Evanston, Illinois, schrieb:

„Der Einfluß dieses großen Deutschen ist für mehr denn eine Generation des jungen Amerikanertums von unschätzbarem Wert gewesen. Lieber muß als der Begründer der politischen Wissenschaften in den Vereinigten Staaten betrachtet werden, als der Mann, welcher das feste Fundament legte, auf dem alle künftigen Geschlechter sicher bauen können. Er verband tiefes philosophisches Denken mit praktischem Sinn. Als Theoretiker war er ein Deutscher; an politischer Weisheit ein Engländer; im Herzen und im Leben aber durch und durch Amerikaner im vollsten Sinne des Worts."

Liebers Sohn, Norman, geboren 1837 in Columbia, Südcolumbia, lebt seit vielen Jahren als juristischer Berater des Kriegsministeriums zu Washington. Er ist Urheber der wichtigen Werke: „The use of the army in the aid of the civil power", und „Remarks on the Army Regulations", welche gewissermaßen Fortsetzungen der von seinem Vater stammenden „Instructions" bilden.

Das von Lieber geplante Werk über die Verfassung der Vereinigten Staaten wurde später von dem Deutschlivländer Hermann Eduard von Holst, einem ehemaligen Professor der Universität zu Strasburg und Freiburg, geschrieben. Derselbe lehrte zuerst an der Johns Hopkins-Universität zu Baltimore, später an der Universität zu Chicago. Seine Hauptwerke sind „Verfassung und Demokratie der Vereinigten Staaten von Nordamerika" und „The Constitutional Law of the United States of America". Das erstgenannte Werk erschien in englischer Übersetzung unter dem Titel „Political History of the United States, 1750 bis 1833" (5 Bände, Chicago, 1876 bis 1885).

Einem anderen Deutschen, Karl Gustav Rümelin, verdanken wir das bedeutende Buch „Treatise on Politics as a Science", welches im Jahre 1875 in Cincinnati erschien.

Bedeutende nationalökonomische Werke schrieben Friedrich List („Outlines of a new System of Political Economy", Philadelphia 1827); ferner Johann Tellkampf („Political Economy", 1840). Im Verein mit seinem Bruder, dem Mediziner Theodor Tellkampf, veröffentlichte Johann Tellkampf ein wertvolles Werk („Über die Besserungsgefängnisse in Nordamerika und England", Berlin 1844). In neuerer Zeit wirkten auf nationalökonomischem Gebiet der in New York geborene E. R. Seligman, Professor an der Columbia-Universität zu New York, und der in St. Louis geborene Frank William Taussig an der Harvard-Universität. Der letzte ließ die Werke „Wages and Capital", „Tariff History of the United States" und „The Silver situation in the United States" erscheinen.

Unter den sehr zahlreichen Theologen deutscher Abstammung war besonders Ernst Ludwig Hazelius ein eifriger Forscher. Er schrieb eine vier Bände umfassende „Church History" (New York 1820 bis 1824); sowie eine „History of the American Lutheran Church, from its commencement in 1865 to 1842" (Zanesville, Ohio, 1846), welche einen äußerst wichtigen Beitrag zur Geschichte des Deutschtums in den Vereinigten Staaten bildet.

Philipp Schaff verfaßte die Werke: „The Principles of Protestantism", 1845; „America, its political, social and religious character", 1855; „History of Ancient Christianity", 1860; „Slavery and the Bible" und andere mehr.

Zu den bedeutenderen theologischen Schriftstellern zählen ferner W i l h e l m N a s t, M a x i m i l i a n Ö r t e l, S. S. S c h m u c k e r, L. F. W a l t h e r und manche andere.

Ein sehr fruchtbarer Gelehrter war auch der Deutschösterreicher F r a n z J o s e p h G r u n d, der in der ersten Hälfte des 19. Jahrhunderts als Professor der Mathematik an der Universität Harvard lehrte. Außer verschiedenen Lehrbüchern schrieb er „The Americans in their social, moral and political relations", 1837; ferner „Aristocracy in America", 1839.

Unter den in den Vereinigten Staaten wirkenden deutschen Philologen waren zunächst G e o r g A d l e r (geboren 1821 in Leipzig) und A l e x a n d e r J a k o b S c h e m (geboren 1826 in Wiedenbrück, Westfalen) von Bedeutung. Der erste war Professor der deutschen Sprache an der Universität zu New York. Außer zahlreichen trefflichen Lehrbüchern verfaßte er ein großes Wörterbuch der englischen und deutschen Sprache. Schem betätigte sich besonders als Enzyklopädist. Außer vielen Beiträgen für verschiedene amerikanische Sammelwerke verfaßte er ein „Deutsch-Amerikanisches Konversationslexikon", welches 1873 in elf großen Bänden erschien und durch seine vielen Angaben über hervorragende deutschamerikanische Persönlichkeiten und deren Leistungen besonders für die Geschichte des deutschen Elements in den Vereinigten Staaten von Wert ist.

Nach Hunderten zählen die hervorragenden deutschen und deutschamerikanischen Gelehrten, welche als Philologen, Philosophen, Mathematiker, Chemiker oder in anderen Fächern an amerikanischen Universitäten wirkten und noch wirken. Manche gewannen durch ihre Erfolge und fachwissenschaftlichen Werke angesehene Namen. Ich nenne beispielsweise K a r l F o l l e n, K a r l B e c k, G e o r g B l ä t t e r m a n n, O s w a l d S e i d e n s t i c k e r, J o h a n n L u t z, M a x i m i l i a n S c h e l e, J o h a n n M. S c h ä b e r l e, I s a a k N o r d h e i m e r, B e r n h a r d R ö l k e r, K a r l G ü n t h e r v o n J a g e m a n n, A u g u s t F r i e d r i c h E r n s t, W i l h e l m B a e r, K a r l R a d d a t z, K a r l K r e u t z e r, L o u i s A g r i c o l a B a u e r, H. G. B r a n d t, F. A. R a u c h, H e r m a n n C o l l i t z, A l b e r t F a u s t, O s k a r B o l z a, A d o l f G e r b e r, J u l i u s G ö b e l, G e o r g H e n c h, A. R. H o h l f e l d, J. H a n n o D e i l e r, H e r m a n n S c h ö n f e l d, L u d w i g und B e r n h a r d S t e i n e r, W i l h e l m R o s e n s t e n g e l, O t t o H e l l e r, H e i n r i c h R a a b, G u s t a v K a r s t e n, H. K. B e c k e r, K u n o F r a n c k e, H u g o M ü n s t e r b e r g und manche andere.

Unter den von diesen Gelehrten verfaßten Werken sind M a x i m i l i a n S c h e l e s „Romance of American History"; K u n o F r a n c k e s „Social Forces in German Literature"; desselben Verfassers „History of German Literature" sowie Münsterbergs „American traits from the point of view of a German"; „Die Amerikaner" und „Aus Deutsch-Amerika" hervorzuheben.

Eines der Hauptverdienste der in Amerika wirkenden deutschen Gelehrten besteht unstreitig darin, daß sie in das wissenschaftliche Leben Amerikas deutschen Ernst und deutsche Gründlichkeit einführten, zwei Dinge, die für die wahre Wissenschaft so unendlich viel bedeuten. „Deutsche Gründlichkeit", sa sagte Professor Ira Remsen, Präsident der John Hopkins-Universität zu Baltimore, „ist ein oft gebrauchter Ausdruck. Für den Gelehrten bedeutet er viel. Welche andere Eigenschaften Gelehrsamkeit immer haben mag, so zählen sie doch wenig ohne Gründlichkeit. Fragte man mich, was amerikanische Wissenschaft Deutschland in erster Linie verdankt, so würde ich ohne Zögern antworten, daß es mehr als alles andere die Tugend der Gründlichkeit sei."

* * *

Ist der Anteil der in die Vereinigten Staaten eingewanderten deutschen Gelehrten an dem Aufbau und der Entwicklung des wissenschaftlichen Lebens Amerikas zweifellos ein ungeheurer, so ist damit aber der Einfluß der deutschen Wissenschaft auf die amerikanische bei weitem nicht erschöpft.

Die zündenden Funken aus den Schriften Fichtes, Kants, Schellings, Goethes, Schillers, Humboldts fanden ihren Weg über den Ozean und regten Tausende von begeisterten amerikanischen Studenten zu Reisen nach Deutschland an, um auf den dortigen Universitäten ihre Ausbildung zu vollenden. Zu den ersten, die sich zu solchen Studienreisen entschlossen, gehören die Historiker George Bancroft und George Ticknor. Der erste zählte zu den Schülern des berühmten Geschichtsprofessors Arnold Ludwig Heeren in Göttingen, der zweite zu den Schülern Beneckes.

Zur gleichen Zeit besuchten Everett, Woolsey, Felton, Lowell, Motley, Longfellow deutsche Hochschulen. Die Aufsätze, welche sie über Land, Volk, Erziehungswesen und deutsche Literatur in amerikanischen Monatsschriften veröffentlichten, sowie der Charakter vieler ihrer größeren Werke bekunden, wie tief sie aus dem Quell deutschen Geisteslebens schöpften.

Andere junge Amerikaner saßen zu Füßen der großen Gelehrten von Guericke, Siemens, Bunsen, Liebig, Wöhler, Fresenius, Gauß, Weber, Helmholtz, Clausius, Wollny, Fraunhofer, Hellriegel, Ostwald, Sachs, Grimm, Werner, von Buch, Virchow, Häckel, Röntgen und Koch, um später die dem Geist, der Freiheit und dem Wesen der deutschen Wissenschaft entsprossenen Edelreise in die eigene Heimat zu übertragen.[1]

Welche Summe von Anregungen die amerikanische Wissenschaft durch den Austausch und Bezug wissenschaftlicher Fachliteratur aus Deutschland empfing, läßt sich wohl ahnen, aber nicht in irgendeiner Form feststellen.

---

[1] Durchschnittlich belief sich die Zahl der an deutschen Universitäten studierenden Amerikaner während der letzten Jahrzehnte auf 300 bis 500 pro Jahr.

Der Einfluß des deutschen Ärztetums auf die amerikanische Heilkunde.

Für die Einwandrung deutscher Ärzte in Amerika lassen sich zwei Hauptperioden unterscheiden: der Ausbruch des Unabhängigkeitskrieges und das Jahr 1848. Sämtliche Regimenter deutscher Hilfstruppen, die während des Unabhängigkeitskriegs von den Briten und Franzosen nach Nordamerika gebracht wurden, waren von tüchtigen deutschen Ärzten und Chirurgen begleitet. Viele derselben lernten während ihres jahrelangen Verweilens Land und Leute so lieben, daß sie nach Beendigung der Feldzüge entweder in das amerikanische Heer eintraten oder sich in den Städten niederließen, wo die meisten infolge ihrer Geschicklichkeit rasch das Vertrauen der Bevölkerung gewannen. Einzelne in so hohem Grade, daß ihr Andenken sich für Generationen erhielt. So wurde beispielsweise erst vor wenigen Jahren in Schenectady, New York, dem Gedächtnis des deutschen Arztes von Spitzer, dem Generalarzt bei den revolutionären Streitkräften der Kolonie New York, ein Denkmal gesetzt.

Ein anderer berühmter deutscher Arzt war der Preuße C. F. Wiesenthal. Er soll eine Zeitlang Leibarzt Friedrichs des Großen gewesen sein. Im Jahre 1776 stand er als Oberstabsarzt bei den Truppen von Maryland. Später gründete er in Baltimore die „Medizinische Schule des Staates Maryland". Dieselbe wurde von seinem Sohne Andrew fortgeführt, bis sie von der medizinischen Fakultät der Universität von Maryland abgelöst wurde.

An der Spitze dieser Fakultät standen gleichfalls mehrere hervorragende deutsche Gelehrte: Johann Thomas Schaaf, Jakob Schnively und Peter Waltz. Samuel Becker war der Begründer der medizinischen Bibliothek, während Jakob Baer, C. H. Ohr, W. H. Kemp, Miltenburger, Rohe, Diffenderfer, Humrickhausen und Neuheuser oder Nihiser der Fakultät als Präsidenten und Vizepräsidenten vorstanden.

Während der ersten Hälfte des 19. Jahrhunderts genossen ferner die deutschpennsylvanischen Familien entsprossenen Mediziner, Chirurgen und Anatomen Joseph Leidy, William Pepper, Samuel Groß, Kaspar Wistar, Eberle und Adam Kuhn großen Ruf. Sie bekleideten Professuren an den hervorragendsten Universitäten Amerikas, machten sich aber außerdem durch zahlreiche vortreffliche fachwissenschaftliche Werke verdient.

Manche deutsche Ärzte trugen auch als Gründer gelehrter Gesellschaften und bedeutender Hospitäler zu der glänzenden Entwicklung der Medizin und Chirurgie in Amerika bei. Der bereits erwähnte Professor Johann Thomas Schaaf von der medizinischen Fakultät der Universität von Maryland rief im Jahre 1819 die „Medical Society" des Distrikts Columbia ins Leben. Aloys Lützenburg war Gründer und erster Präsident der „Medical Society of Louisiana". Desgleichen stiftete er das zu großem Ruf gelangende „Lützenburg-Hospital" in New Orleans. Konstantin Hering schuf die „Homöopathische Lehranstalt zu Allentown, Pennsylvanien.

Julius Reinhold Friedländer, geboren 1802 in Berlin, eröffnete im Jahre 1834 in Philadelphia die erste Blindenanstalt, die später in eine Staatsanstalt umgewandelt wurde und unter seiner bis zum Jahre 1840 währenden Leitung zu einer Musteranstalt für die ganzen Vereinigten Staaten emporblühte.

In ähnlicher Weise betätigten sich zahlreiche jener medizinischen Paladine, die infolge der verunglückten deutschen Freiheitsbewegung des Jahres 1848 nach Amerika getrieben wurden. Unter ihnen waren Ernst Krakowitzer, von Roth, Abraham Jacobi, von Hammer, Noegerath, Althaus, Vogt, Roeßler, Krehbiel und Joseph Schnetter die bedeutendsten. Krakowitzer, einer der fähigsten Chirurgen der Universität zu Wien, gründete mit Jacobi in New York das „Deutsche Dispensary". In Gemeinschaft mit von Roth und Herczka veröffentlichte er auch die „New Yorker medizinische Monatsschrift", das erste in deutscher Sprache gedruckte Ärztefachblatt in Amerika. Ein Verein deutscher Ärzte kam in New York bereits im Jahre 1846 durch den ausgezeichneten Chirurgen W. Detmold zustande.

Die ebenfalls den „Achtundvierzigern" zugehörigen berühmten Ärzte Gustav C. Weber in Cleveland, Adolf Zipperlen in Cincinnati, Kiefer in Detroit, von Herff in San Antonio und zahlreiche andere wirkten in gleicher Weise anregend. Manchen dieser Männer verdankt die Heilkunde in Amerika wichtige Fortschritte. Der Chirurg von Roth war der erste, welcher den Luftröhrenschnitt in den Vereinigten Staaten einführte. Gustav Weber erwarb sich als Generalarzt der Truppen von Ohio große Verdienste um die Organisation des Medizinalwesens im Bürgerkriege. Namentlich drängte er auf die Anstellung tüchtiger Chirurgen. Er erfand auch eine neue Art, bei Operationen die Arterien zu schließen und Verblutung zu verhüten. Friedrich Lange führte die antiseptische Wundbehandlung zuerst praktisch in Amerika ein und machte auch hier die erste Kehlkopfexstirpation.

Auf dem Gebiete der Augen- und Ohrenkrankheiten verdankt man den hervorragenden Spezialisten Hermann Knapp, Professor an der Columbia-Universität zu New York und Georg Reuling, Professor an der John Hopkins-Universität zu Baltimore bedeutende Fortschritte. Auf die Entwicklung der Histologie übte Karl Heitzmann starken Einfluß aus. Auf dem Gebiet der Frauenkrankheiten waren Noeggerath und Joseph Schnetter, in bezug auf Kinderkrankheiten Abraham Jacobi Autoritäten.

Diesen älteren reihten sich in neuerer Zeit zahlreiche andere hervorragende deutsche Ärzte an, von denen viele als klinische Lehrer mit großem Erfolg tätig sind. Hand in Hand mit ihnen wirken Tausende und aber Tausende Amerikaner, die nach Deutschland zogen, um als Hörer und Schüler der an den dortigen Universitäten und Kliniken lehrenden großen Chirurgen und Mediziner ihr Wissen zu vertiefen.

Wieviel das amerikanische Ärztetum hierdurch und durch die deutsche medizinische Literatur beeinflußt wurde, läßt sich natürlich weder statistisch noch in irgendeiner anderen Weise feststellen. Sagen kann man aber bestimmt, daß die amerikanische Heilkunde in den letzten fünfzig Jahren viel mehr von Deutschland empfangen hat, als von allen übrigen Ländern zusammengenommen.

Deutschamerikanische Schriftsteller.

Gegenüber den achtunggebietenden Beiträgen, die das Deutschtum der Vereinigten Staaten auf fast allen Gebieten menschlicher Tätigkeit zur neuweltlichen Kultur lieferte, wollen seine Leistungen auf literarischem Gebiet verhältnismäßig gering erscheinen. Trotzdem mehr als 250 Jahre verflossen sind, seitdem Deutsche in die Neue Welt einzogen, kann man weder das Vorhandensein einer bestimmt ausgeprägten deutschamerikanischen Literatur, noch das Vorhandensein eines deutschamerikanischen Schriftstellerstandes behaupten. Literarische Größen gleich einem Gustav Freitag, Victor Scheffel, Paul Heyse, Friedrich Spielhagen oder Hermann Sudermann sind aus dem Deutschamerikanertum bisher nicht hervorgegangen. Die Deutschamerikaner sind mit sehr wenigen Ausnahmen nur Literaten aus Liebhaberei; weshalb die ihren Federn entsprungenen Werke auch nur vereinzelte Leistungen geblieben sind. Damit soll keineswegs gesagt sein, daß es den Deutschamerikanern an Begabung zu literarischem Schaffen fehle. Die Gründe für die verhältnismäßig geringe Zahl deutschamerikanischer Literaturwerke sind anderswo zu suchen.

Zunächst in dem beklagenswerten Umstand, daß die amerikanische Regierung sich bis zum Jahre 1909 nicht bereitfinden ließ, den Schutz, welchen sie jeder im Auslande gemachten technischen oder gewerblichen Erfindung, jedem Arbeitserzeugnis gewährt, in gleichem Umfang auch auf die geistigen Erzeugnisse fremdländischer Schriftsteller auszudehnen.

Bis zum Jahre 1893 waren sämtliche im Auslande erscheinenden Literaturwerke in den Vereinigten Staaten vogelfrei und konnten von jedermann nachgedruckt werden. Im Jahre 1893 kam ein Copyrightgesetz zustande, welches fremdländischen Schriftstellern Schutz für ihr geistiges Eigentum zugestand, sofern sie gewisse Bedingungen erfüllten. Die wichtigste schrieb vor, daß das betreffende Werk zur gleichen Zeit, wo seine Veröffentlichung im Auslande erfolgte, auch in den Vereinigten Staaten erscheinen müsse. Und zwar gedruckt von Typen und Platten, die in den Vereinigten Staaten hergestellt und gesetzt sein mußten.

Diese, lediglich die Interessen der amerikanischen Setzer und Drucker berücksichtigende Bedingung, die seitens der ausländischen Verleger aus finanziellen und technischen Gründen äußerst selten erfüllt werden konnte, machte den scheinbar gewährten Schutz völlig illusorisch. Infolgedessen konnte nach wie vor die gesamte Masse der im Auslande erzeugten Literatur seitens der amerikanischen Verleger und Zeitungsherausgeber kostenlos ausgebeutet werden.

Während der anglo-amerikanische Schriftsteller in seinem Erwerb Schutz empfing, indem man die im Auslande in englischer Sprache gedruckten Bücher mit sehr hohen Einfuhrzöllen belastete, blieb der deutschamerikanische Schriftsteller ohne solchen Schutz. Seine Produktion wurde erstickt durch die ungeheure Masse der in Deutschland und in anderen Reichen erzeugten Literatur, deren Schöpfungen, mochten es Bücher oder in Zeitungen veröffentlichte Romane und Aufsätze sein, in Amerika nachgedruckt werden konnten, ohne daß an ihre Urheber Honorare bezahlt werden mußten.

Unter solchen Umständen war die Existenzmöglichkeit deutschamerikanischer Berufsschriftsteller ausgeschlossen. Da sie für ihre Werke nur selten Verleger finden und klingende Erfolge erzielen konnten, so waren sie, um ihren Lebensunterhalt zu gewinnen, genötigt, sich in die Tagespresse zu flüchten. Wie viele Genies in dieser beim Erledigen der täglichen Routinegeschäfte verkümmerten, wer kann's sagen?

Nur wenigen blieb Zeit, in dem sie umbrausenden, ihre ganze Aufmerksamkeit und Kraft beanspruchenden Kampf des Lebens größere Werke zu schaffen. Glücklicher waren einzelne Ärzte, Gelehrte und Beamte, die im Besitz einträglicher Stellungen nicht auf Honorare zu sehen brauchten, sondern die Erzeugnisse ihrer Muße sogar auf eigene Kosten drucken lassen konnten.

Daß die Zahl solcher Werke keine große sein kann, versteht sich von selbst. Gegenüber der ungeheuren Menge billiger Nachdrucke der besten deutschen Werke ist sie verschwindend klein.

Trotzdem befinden sich unter den von Deutschamerikanern geschaffenen Werken, namentlich denjenigen geschichtlichen Charakters, manche, die wegen ihrer Auffassung und Darstellungsweise oder wegen ihrer auf sorgfältiger Quellenforschung beruhenden Angaben Beachtung und Verbreitung fanden.

Beispielsweise die acht Bände umfassende „Weltgeschichte", welche von dem an den Aufständen in Baden beteiligt gewesenen Achtundvierziger G u s t a v v o n S t r u v e während der Jahre 1850 bis 1860 in New York veröffentlicht wurde und wegen des streng demokratischen Standpunktes ihres Verfassers von Interesse ist.

Von Wert sind ferner R o b e r t C l e m e n's „Geschichte der Inquisition" (Cincinnati 1849); des Theologen P h i l i p p S c h a f f „Geschichte der Christlichen Kirche" (Mercersburg 1851), sowie „Amerika, seine politischen, socialen und kirchlich-religiösen Zustände" (Berlin 1854). Die zu Halle geborene, unter dem Schriftstellernamen T a l o j bekannt gewordene Gattin des Professors Eduard Robinson, eine geborene v o n J a k o b, verfaßte während ihres langjährigen Aufenthaltes in den Vereinigten Staaten eine „Geschichte des Kapitän John Smith (Leipzig 1847) und eine „Geschichte der Kolonisation von Neu-England" (Leipzig 1847).

Viel gelesen wurden seinerzeit auch Friedrich Münchs „Erinnerungen aus Deutschlands trübster Zeit". Der Rheinpreuße Gustav Brühl, welcher als Arzt in Cincinnati tätig war, schrieb das vorzügliche Buch „Die Kulturvölker Alt-Amerikas". Rudolf Cronau lieferte in seinem zwei Bände umfassenden Werk „Amerika" (Leipzig 1892) ein Gesamtbild der Entdeckung und Erschließung der Neuen Welt von der ältesten bis auf die neueste Zeit. Seine in den Bahamas und St. Domingo angestellten Forschungen über die erste Landestelle des Columbus und dessen Begräbnisstätte werden von den meisten Gelehrten für jene Fragen als entscheidend betrachtet.

Hermann A. Schumacher schilderte auf Grund sorgfältiger archivalischer Studien die im Auftrag der Augsburger Kaufleute Welser während der Jahre 1528 bis 1546 erfolgten Eroberungszüge nach Venezuela und Columbia. Franz Löher, Anton Eickhoff und Julius Goebel lieferten allgemeine Übersichten über die Geschichte des Deutschtums der Vereinigten Staaten, der erstgenannte in dem Buch „Geschichte und Zustände der Deutschen in Amerika" (Cincinnati 1847). Friedrich Kapp schrieb eine wertvolle „Geschichte der Sklaverei" (New York 1860), ferner vortreffliche Biographien der Generäle von Steuben (Berlin 1858) und Kalb (Stuttgart 1862); desgleichen eine Abhandlung über den „Soldatenhandel deutscher Fürsten nach Amerika" (Berlin 1864), sowie eine „Geschichte der deutschen Einwanderung in den Staat New York" (New York 1868). Alle Werke Kapps zeichnen sich durch künstlerische Ausgestaltung des verwendeten Materials und warme Färbung aus.

Oswald Seidensticker verdankt man „Bilder aus der deutschpennsylvanischen Geschichte", die zum schönsten gehören, was die Geschichtsschreibung in Amerika hervorgebracht hat. Von Wichtigkeit sind ferner seine „Geschichte der deutschen Gesellschaft von Pennsylvanien" sowie seine Forschungen zur Geschichte des deutschen Zeitungswesens und Buchdrucks in Amerika.

Hohen Wert besitzen auch die vorzüglichen Monographien mancher Mitglieder der „German Historical Society of Pennsylvania". Insbesondere die erschöpfenden Studien von Julius Sachse, Samuel Pennypacker, Daniel Rupp, Daniel Cassel, Oskar Kuhns, Diffenderfer, Hartranft, Schmauk u. a. über die deutschen Einwandrer und Sektierer in Pennsylvanien.

Der Lehrer Hermann Schuricht erforschte die Geschichte des Deutschtums in Virginien; Emil Klauprecht und H. A. Rattermann diejenige der Deutschen im Ohiotal; Joseph Eiboeck schrieb die Geschichte der Deutschen in Iowa; Wilhelm Hense und Ernst Brumken diejenige der Deutschen in Wisconsin, und Professor Hanno Deiler jene der Deutschen am unteren Mississippi. Gustav Körner stellte wertvolle Notizen über „Das deutsche Element während der Periode 1818 bis 1848" zusammen (Cincinnati 1880).

Gert Göbel schilderte in seinem Buch „Länger als ein Menschenleben in Missouri" (St. Louis 1877) das Leben der deutschen Hinterwäldler; Friedrich Rübesamen das Grenzlerleben in Texas, Neu-Mexiko und Arizona.

Zahlreiche Schriften vermischten Inhalts lieferte der bereits mehrfach erwähnte Achtundvierziger Karl Heinzen, ein ungestümer Feuergeist, der in den Vereinigten Staaten Hauptführer der radikalen deutschen Demokraten wurde. Von seinen größeren Werken verdienen die in den Jahren 1867 bis 1879 erschienenen vier Bände „Teutscher Radikalismus in Amerika" sowie die beiden Bände „Erlebtes" (Boston 1864 und 1874) hervorgehoben zu werden.

Ebenso fruchtbar, aber durchaus andere Wege wandelnd ist Karl Knortz. Er beschäftigte sich vorzugsweise mit literatur- und kulturgeschichtlichen Studien und veröffentlichte als Ergebnisse derselben zahlreiche kleinere Werkchen.

Feuilletonistisch behandelte Reiseschilderungen lieferte Theodor Kirchhoff in seinen vortrefflichen „Californischen Kulturbildern" und in seinen „Reisebildern und Skizzen" (Altona 1875); denselben verwandt sind Rudolf Cronaus „Von Wunderland zu Wunderland, Landschafts- und Lebensbilder aus den Staaten und Territorien der Union" (Leipzig 1885); „Im wilden Westen" (Braunschweig 1890) und „Fahrten im Lande der Sioux" (Leipzig 1885).

Ziemlich zahlreich sind die von Deutschamerikanern verfaßten Romane, Novellen und Erzählungen. Aber die meisten verfielen samt den Tageszeitungen, in denen sie veröffentlicht wurden, der Vergessenheit. Unter ihren Urhebern befand sich der geistvolle Achtundvierziger Friedrich Hassaureck, dem wir die vortrefflichen, auch in Buchform veröffentlichten Romane „Hierarchie und Aristokratie" und „Das Geheimnis der Anden" verdanken. Friedrich Otto Dresel schrieb den Roman „Oskar Welden", ferner die Novellen „Bekenntnisse eines Advokaten", „Doppelehe oder keine Doppelehe" und „Die Lebensversicherungs-Police". Friedrich Lexow verfaßte die Novellen „Auf dem Geierfels", „Imperia", und „Vornehm und gering". Sein Bruder Rudolf Lexow schrieb die Novellen „Annies Prüfungen" und „Der Rubin"; während der geschickten Feder Karl Diltheys verschiedene Novellen und Erzählungen, darunter „Die schönsten Tage einer Tänzerin", „Henriette Sonntag", „New York in alten Tagen" u. a. entflossen.

Der gelehrte Arzt Hermann von Bähr in San Francisco, ein Achtundvierziger, veröffentlichte unter dem Pseudonym Atti Cambam den Roman „Dritte Söhne", welcher in der Kölnischen Zeitung zum Abdruck kam und aus dieser in verschiedene deutschamerikanische Tagesblätter überging. Reinhold Solger schuf in seinem „Anton in Amerika" eine Novelle von bleibendem Wert. Douai lieferte den Roman „Fata Morgana", und Willibald Winkler den „Sklavenjäger". Diesen Werken reihten sich während des letzten Vierteljahrhunderts die unter dem Pseudonym D. B. Schwerin veröffentlichten Romane der Dichterin Dorothea Böttcher an: „Der Sohn des Bankiers" und „Die Erbschleicher"; ferner Udo Brachvogels „King Korn" und „Adolf Schaffmeyers Romane „Ein Phantom", „Auf steiler Höhe" und „Im Wirbel der Großstadt".

Der kernige Journalist Eduard Leyh schrieb die deutschamerikanische Erzählung „Tannhäuser"; Johann Rittig lieferte charakteristische „Federzeichnungen aus dem amerikanischen Stadtleben"; und Caspar Stürenburg „Kleindeutschland, Bilder aus dem New Yorker Alltagsleben". Verwandte Erscheinungen sind Henry Urbans „Just zwölf"; „Der Eisberg"; „Mans Lula"; „Aus dem Dollarlande" und „Lederstrumpfs Erben". Ferner Edna Ferns „Gentleman Gordon"; „Der Selbstherrliche und andere Geschichten". G. von Skal ließ die Sammlung „Im Blitzlicht" und „Das amerikanische Volk" erscheinen. Der schlichte Kürschner Hugo Bertsch veröffentlichte die beiden Novellen „Bob, der Sonderling" und „Die Geschwister" (Stuttgart 1905), welche durch ihre drastische Darstellungsweise auch in Deutschland Aufsehen erregten.

Unter den Deutschamerikanern, welche sich mit großem Geschick der englischen Sprache zu bedienen lernten, steht Karl Schurz obenan. Die gleiche glänzende Ausdrucksweise, über welche er als Redner gebot, bekundete er auch in seinen historischen Werken. Zu diesen gehören in erster Linie die in englischer Sprache geschriebenen Lebensschilderungen des amerikanischen Staatsmannes Henry Clay (Boston 1887) und des Präsidenten Abraham Lincoln (London 1892). Ungemein fesselnd sind auch seine „Erinnerungen aus einem langen Leben" (Berlin 1906). Dieselben erschienen zuerst in englischer Sprache unter dem Titel „Reminiscences of a long life" (New York 1906). In ihnen schilderte der hochbetagte, aber noch vom Feuer des Idealismus durchglühte Greis die Denkwürdigkeiten seines Lebens, das so reich an Arbeit, Mühen, Kämpfen, Hoffnungen, Enttäuschungen und Erfolgen war, wie es nur wenigen Menschen beschieden ist. Für die Beurteilung des Aufstandes von 1848 sowie der politischen Zustände der Vereinigten Staaten in der zweiten Hälfte des 19. Jahrhunderts bilden diese Erinnerungen zweifellos ein Quellenwerk allerersten Ranges.

Fast ebenso gewandt wie Schurz wußte der im August 1830 in Westfalen geborene Karl Nordhoff die englische Sprache zu handhaben. Die Erfahrungen seiner ursprünglichen Seemannslaufbahn verwertete er in den Werken „Man of War Life"; „Merchant Vessel"; „Whaling and Fishing"; „Stories of the Island World". Als Nordhoff sich später dem Journalismus zuwandte und für die New Yorker „Evening Post" und den „Herald" tätig war, schrieb er vielgelesene Reisewerke über Kalifornien, Oregon und die Sandwichinseln. Sein berühmtes Buch „The Cotton States" (New York 1876) gab zu überaus heftigen Kontroversen Anlaß, da Nordhoff die nach dem Bürgerkrieg in die Südstaaten einströmenden republikanischen Beutepolitiker sowie die verkehrten Maßnahmen der Bundesregierung für die im Süden zutage tretenden Mißstände verantwortlich machte. Eines seiner wertvollsten Bücher beschreibt die „Communistic Societies in the United States".

Rudolf Cronau ließ zu Ende des Jahres 1908 in New York sein erstes in englischer Sprache geschriebenes Werk unter dem Titel „Our wasteful nation, the story of American prodigality and the abuse of our national resources" erscheinen, das sich in energischer Weise gegen die maßlose Vergeudung und den Mißbrauch der natürlichen Hilfsquellen Amerikas richtet. Dem als Professor der Musik an der Harvard-Universität tätigen Komponisten Friedrich Louis Ritter verdanken wir eine in Boston erschienene „History of Music in the form of lectures" sowie das Werkchen „Music in America".

Der deutschamerikanischen Literatur darf man auch manche Werke beizählen, die von deutschen Novellisten und Romanschriftstellern während ihres längeren Verweilens in den Vereinigten Staaten geschrieben wurden.

Zu ihnen gehören in erster Linie einige Romane des am 3. März 1793 in Seefeld, Unterösterreich geborenen Karl Postel. Ursprünglich dem Orden der Kreuzherrn zu Prag angehörend, entwich er im Jahre 1822 dem Kloster und begab sich nach Amerika. In New York verweilte er bis 1826. In den Jahren 1828 bis 1830 bereiste er die Südstaaten und sammelte hier das Material zu seinem ersten großen, in englischer Sprache geschriebenen Roman „Tokeah or the White Rose" (Philadelphia 1828). Derselbe erschien später in einer von ihm selbst vollzogenen deutschen Bearbeitung unter dem Titel „Der Legitime und die Republikaner" (Zürich 1833). Diesem Roman schlossen sich „Transatlantische Reiseskizzen" (1833), „Lebensbilder aus der westlichen Hemisphäre", „Pflanzerleben und die Farbigen", „Nathan der Squatter-Regulator", „Deutschamerikanische Wahlverwandtschaften", sowie der prächtige Roman „Virey und die Aristokraten" an. Lange Zeit gehörte dieser unter dem Pseudonym Charles Sealsfield verborgene Autor zu den meist gelesenen beider Erdteile. Ein genialer Beherrscher der Sprache, ein ungemein scharfer Beobachter, begabt mit einer reichen, glühenden Phantasie, entrollte er seinen Lesern eine neue Welt mit bisher nie geschilderten Menschencharakteren. In scharfen Umrissen zeichnete er den schlauen Yankee, den leichtlebigen Franzosen, den bedächtigen Deutschpennsylvanier, den sinnlichen Kreolen und die Kreolin, den kühnen Trapper und den zähen Kulturpionier des fernen Westens. Und als Hintergründe lieferte er farbensprühende Landschaftsgemälde vom Ohio, dem Mississippi, aus den Prärien von Texas und den grünen Gebirgen Vermonts.

Ihm verwandt sind Otto Ruppius, Friedrich Gerstäcker und Balduin Möllhausen, welche gleichfalls längere Zeit in den Vereinigten Staaten weilten. Zu den Früchten dieses Aufenthalts gehören Ruppius' vielgelesene Romane „Der Pedlar", „Das Vermächtnis des Pedlars" und „Der Prärieteufel". Gerstäcker veröffentlichte als literarische Ergebnisse jahrelanger Wanderungen sein Tagebuch unter dem Titel „Streif- und Jagdzüge durch die Vereinigten Staaten von Nordamerika" (1844). Außerdem verfaßte er die Romane „Die Regulatoren in Arkansas" (1845), „Die Flußpiraten des Mississippi" (1848); ferner „Mississippibilder" (1847), „Amerikanische Wald- und Strombilder" (1849) und „Kalifornische Skizzen" (1856), die wegen ihrer frischen, unterhaltenden Schilderungen weite Verbreitung fanden. — Der Aufenthalt Möllhausens in den Vereinigten Staaten fällt in die Mitte des 19. Jahrhunderts, wo er mit dem Herzog Karl von Württemberg und später als Topograph und Zeichner zweier amerikanischer Expeditionen den fernen Westen, insbesondere Neu-Mexiko und Arizona, bereiste. Diese Fahrten beschrieb er in dem „Tagebuch einer Reise vom Mississippi nach den Küsten der Südsee" (1858) und in „Reisen in die Felsengebirge Nordamerikas" (1861). Außerdem verfaßte er zahlreiche Romane, von denen die bekanntesten „Die Mandanenwaise", „Der Reiher" und „Der Schatz von Quivira" in den von Möllhausen besuchten Teilen der Neuen Welt spielen. Die bereits erwähnte Schriftstellerin von Jakob (Taloj) verfaßte während ihres Aufenthaltes in Amerika die Romane „Héloise, or the unrevealed secret" (New York 1850) und „Die Auswanderer" (Leipzig 1852), welches Buch im folgenden Jahre unter dem Titel „The Exiles" auch in New York erschien.

* * *

Beweise, daß es ihnen an Geschick zu literarischen Arbeiten nicht fehlt, haben die Deutschamerikaner zur Genüge abgelegt. Nachdem im Jahre 1909 endlich eine dem modernen Zeitgeist entsprechende Verbesserung der amerikanischen Copyright-Gesetze erfolgte und jene Vorschrift, daß fremdsprachliche Werke, um den Schutz der amerikanischen Gesetze genießen zu können, in Amerika gesetzt und gedruckt sein müssen, aufgehoben wurde, ist auch für die deutschamerikanische Literatur eine Möglichkeit eröffnet worden, sich voller und kräftiger zu entfalten.

Die deutschamerikanische Dichtung des 19. und 20. Jahrhunderts.

Frauenfigur. Von Henry Linder, New York.

Der schlichte, tiefreligiöse Sinn, der für die während der Kolonialzeit entstandenen deutschamerikanischen Dichtungen so bezeichnend war, wich zu Anfang des 19. Jahrhunderts mit dem Einströmen einer anders gearteten Einwanderung. Die Deutschen, welche um jene Zeit, angewidert von den rückschrittlichen Maßregeln der deutschen Regierungen, ihr Vaterland verließen, waren weder mystische Schwärmer gleich Kelpius und Beissel, noch stillzufriedene beschauliche Gelehrte wie Pastorius.

Sie repräsentierten ein neues Geschlecht voll idealer Begeisterung, voll Empfänglichkeit für die Reize und den Sonnenglanz dieser Welt. Sie waren Himmelsstürmer, von Tatendrang durchglühte Agitatoren, die zum menschlichen Fortschritt, zum Erlangen höherer persönlicher und geistiger Freiheit beitragen wollten. Für Frauenschönheit, für das Glück echten Familienlebens, für die Erhabenheit der neuweltlichen Natur, für die Größe des amerikanischen Freiheitsgedankens hatten sie ein offenes Auge und ein warmes empfängliches Gemüt. Kein Wunder, daß die von ihren Lippen strömenden Lieder anderen Klang besaßen. Sie sangen von Lenz und Liebe, priesen Wein,

Weib und Gesang, feierten Mannskraft und Heldenmut, wenig danach fragend, ob jemand und wer ihnen lausche.

Und zahlreich wie die einander treibenden Wellen eines Waldbachs fluten die Namen solcher deutschamerikanischen Dichter und Dichterinnen daher, die inmitten des rastlosen Geschäftslebens den Sinn für das Schöne und Ideale zu bewahren wußten. Alle aufzuführen und in Kategorien zu bringen, wäre ein Unterfangen, das sich an dieser Stelle aus räumlichen Rücksichten verbietet. Sind doch in den Sammelwerken deutschamerikanischer Dichtungen, die bisher in den Vereinigten Staaten erschienen, ihrer mehr als 400 durch Beiträge vertreten.

Natürlich haben die von diesen Sangesfrohen gelieferten Dichtungen sehr verschiedenen Wert. Wie unter den gefiederten Sängern, so sind auch unter den die Feder gebrauchenden die Nachtigallen selten. Aber auch unter den von deutschamerikanischen Poeten geschaffenen Dichtungen gibt es manche, die der Literatur jedes Volkes zur Ehre gereichen würden.

Einige der herrlichsten sind der deutschen Heimat gewidmet.

Wer in den Werken der deutschamerikanischen Dichter blättert, wird die Überzeugung gewinnen, daß bei vielen dieser Männer das Heimweh das treibende Motiv war, das sie zu Poeten machte und ihre Klage zu Versen formte.

Konnte es anders sein? — Die politischen Flüchtlinge, welche vor und nach dem Jahre 1848 an die Gestade Amerikas verschlagen wurden, liebten ihr Vaterland aus tiefster Seele. Seiner Größe und Einigung hatte ihr ganzes Sinnen und Trachten gegolten; ihm gehörten ihre Gedanken bei Tage wie bei Nacht; in seinen Schoß hofften sie zurückzukehren, in seinem heiligen Boden einst begraben zu werden. Daß man sie, die nur Deutschlands Herrlichkeit herbeiführen wollten, von dort vertrieben, erfüllte sie mit Bitterkeit, hinderte sie aber nicht, der Heimat treue Liebe zu bewahren.

Die heiße Sehnsucht nach den fernen Fluren ließ manche dieser Geächteten für ihre Lieder Töne finden, wie sie ergreifender kaum erklangen, seitdem die in Gefangenschaft geratenen Juden an den Wassern von Babylon des fernen Zion gedachten. Mit solchen tiefempfundenen „Heimatklängen" könnte man allein einen stattlichen Band füllen. Für die Echtheit der in ihnen offenbarten Empfindung sprechen folgende Beispiele.

Da dichtete der seit dem Jahre 1854 unter dem grünen Rasen ruhende „Achtundvierziger" Heinrich Schnauffer:

> Oh, sprich von keiner schönern Zone —
> Ich hang an meinem Heimatland,
> Und mir ist aller Länder Krone
> Des Rheines rebengrüner Strand.
>
> Oh, sprich nicht von des Südens Palmen —
> Des Schwarzwalds süße Tannennacht,
> Das Tal mit Blumen und mit Halmen —
> Wo find' ich diese deutsche Pracht? —

Oh, sprich von keinem bessern Volke,
Als das, was meine Sprache spricht!
Der Stern bleibt Stern, auch wenn die Wolke
Verfinstert hat sein goldnes Licht;

Und jene Sprache, sanft und linde,
Klingt sie im Herzen fort und fort,
Darin die Mutter mit dem Kinde
Gekoset einst das erste Wort.

Oh, sprich von keinen froher'n Stunden,
Die hier die Zukunft bringen mag:
Die Heimat heilt die tiefsten Wunden
Und Freuden bringt sie jeden Tag.

Oh, Zeit! wo froh im Lenz als Knabe
Ich wilde Rosen suchen ging,
Und kniend auf des Vaters Grabe
Ums Kreuz die duft'gen Kränze hing!

Oh, sprich von keinem treuern Herzen
Und sprich von keinem fremden Glück,
Mild, wie der Strahl der Himmelskerzen
Ist meines deutschen Mädchens Blick.

Zum Heimatland steht mein Verlangen,
Ein müder Fremdling, such' ich Ruh',
Und wo das Licht mir aufgegangen,
Drück' man mir auch die Augen zu.

Der auf einem stillen Friedhof des Staates Illinois schlafende Pfälzer E m i l D i e t z s c h schrieb:

Ich hab' hier manches lange Jahr
Als Mann mich durchgestritten;
Ob's Sturm, ob Friedensstille war,
Ob ich frohlockt, gelitten:
ich konnt' des Heimwehs Herzeleid
Doch niemals ganz bezwingen.
Es heilet vieles ja die Zeit,
Nicht wollt' ihr das gelingen...

Von A l b e r t W o l f f, der im seen- und wälderreichen Minnesota begraben liegt, rührt folgende Dichtung:

Wie, was ist das, du alter Kerl?
Im Auge eine Tränenperl?
Ja! ja! so ist's. Wer kann dafür?
Mein Vaterland, das bring' ich dir!

> Die Träne ist der Diamant,
> Den rein ich hielt im fremden Land;
> Ich seh's, ich seh's, das Kleinod mein,
> Lag tief im heil'gen Herzensschrein!
>
> Ich hab' es selbst nicht mehr gewußt,
> Daß ich es trug in meiner Brust,
> Daß ich dich ganz noch mein genannt,
> O heil'ge Lieb' zum Vaterland!

Wohl das ergreifendste dieser Lieder stammt von dem am 9. März 1897 in Milwaukee verstorbenen Konrad Krez. Es trägt die Überschrift: An mein Vaterland.

> Kein Baum gehörte mir von deinen Wäldern,
> Mein war kein Halm auf deinen Roggenfeldern,
> Und schutzlos hast du mich hinausgetrieben,
> Weil ich in meiner Jugend nicht verstand,
> Dich weniger und mehr mich selbst zu lieben
> Und dennoch lieb ich dich, mein Vaterland!
>
> Wo ist ein Herz, in dem nicht dauernd bliebe
> Der süße Traum der ersten Jugendliebe?
> Doch heiliger als Liebe war das Feuer,
> Das einst für dich in meiner Brust entbrannt;
> Nie war die Braut dem Bräutigam so teuer,
> Wie du mir warst, geliebtes Vaterland.
>
> Hat es auch Manna nicht auf dich geregnet,
> Hat doch dein Himmel reichlich dich gesegnet.
> Ich sah die Wunder südlicherer Zonen,
> Seit ich zuletzt auf deinem Boden stand;
> Doch schöner ist als Palmen und Zitronen
> Der Apfelbaum in meinem Vaterland.
>
> Land meiner Väter! länger nicht das meine,
> So heilig ist kein Boden wie der deine.
> Nie wird dein Bild aus meiner Seele schwinden,
> Und knüpfte mich an dich kein lebend Band,
> So würden mich die Toten an dich binden,
> Die deine Erde deckt, mein Vaterland!
>
> Oh, wollten jene, die zu Hause blieben,
> Wie deine Fortgewanderten dich lieben,
> Bald würdest du zu einem Reiche werden,
> Und deine Kinder gingen Hand in Hand,
> Und machten dich zum größten Land auf Erden,
> Wie du das beste bist, o Vaterland!

Wie aus der letzten Strophe hervorgeht, entstand die Dichtung lange vor den Jahren 1870-71.

Daß an den die politische Einigung Deutschlands bringenden großen Ereignissen jener Jahre die nach Amerika geflohenen „Achtundvierziger" den lebhaftesten Anteil nahmen, ist selbstverständlich. War doch die Einigung aller deutschen Stämme, die Erhebung des Deutschen Reichs der Traum ihrer Jugend, die Sehnsucht und Hoffnung ihres Alters gewesen.

Mit welcher Begeisterung und Kampfesfreude sie den Taten der deutschen Truppen in Frankreich folgten, erhellt aus folgendem „Gruß der Deutschen in Amerika", den K a s p a r B u t z über das Meer sandte.

>Wenn Wünsche Kugeln wären, wenn Blitz und Donnerschlag
>Der längst Verbannten zürnen, jetzt am Entscheidungstag,
>Wie würd' der Donner rollen gewaltig übers Meer,
>Für Deutschland eine Salve und für sein tapfres Heer!
>
>Vergessen ist ja alles, vergessen jede Not,
>Vergessen jedes Urteil, ob es auch sprach: der Tod!
>Für dich, o Muttererde, du Land der Herrlichkeit,
>Auch deine fernen Söhne, sie stehen mit im Streit!
>Nicht Zeit ist's mehr für Worte! Gott grüße dich mein Land!
>Wie stehst du stolz im Streite, der jetzt so jäh entbrannt!
>Ein Feigling, der verzweifelt nur einen Augenblick!
>Hol' deine alte Größe und Ehre dir zurück!
>Pflanz' auf des Wasgau's Höhen das deutsche Banner auf,
>Laß weh'n die alten Fahnen von Straßburgs Domes Knauf!
>Nun ist für **d e i n e** Kammern, trotz des Jahrhunderts Hohn,
>Endlich die Zeit gekommen, die Zeit der Reunion! ...

Und bald darauf jubelte er:

>O große Zeit! Wir wuchsen mit bei jedem deutschen Siege;
>Wir bebten, ob der deutsche Aar das Ziel auch stolz erfliege.
>Wir fühlten, daß ein Vaterland, dem wir noch nicht verloren,
>Aus jenem grimmen Männerkampf für uns auch ward geboren ...

Eines der köstlichsten Güter, welches die auswandernden Deutschen mit in die neue Heimat nahmen, war das deutsche Lied. Unzählige in den Vereinigten Staaten lebende Dichter priesen seine Zaubermacht. Der aus Alzey stammende K o n r a d N i e s tat dies in folgenden Strophen:

>Als wir entflohn aus deutschen Gauen,
>Durchglüht von jungem Wanderdrang,
>Um fremder Länder Pracht zu schauen,
>Zu lauschen fremder Sprache Klang,
>Da gab zum Segen in die Ferne,
>Die Heimat uns ihr deutsches Lied,
>Das nun, gleich einem guten Sterne,
>Mit uns die weite Welt durchzieht.

Wohin auch unsere Wege führen,
Zum Steppensaum, zum Meeresport;
Wo immer wir ein Heim uns küren,
Im tiefen Süd, im hohen Nord:
Der deutschen Heimat Segensgabe
Von unsrer Schwelle nimmer flieht,
Und als des Herzens schönste Gabe,
Bleibt heilig uns das deutsche Lied.

Es klingt um hohe Urwaldtannen,
Am blauen Golf, am gelben Strom,
Fern in den Hütten der Savannen
Und ferner unterm Palmendom.
Es braust aus frohem Zecherkreise,
Es jauchzt und schluchzt mit Mann und Maid
Und klagt in heimattrauter Weise
Von deutscher Lust und deutschem Leid.

Und wo es klingt, da bricht ein Blühen
Und Leuchten auf in weiter Rund;
Wie Veilchenduft und Rosenglühen
Geht's durch des Herzens tiefsten Grund.
Was längst zerronnen und zerstoben,
Was mit der Kindheit von uns schied:
Es wird in Träumen neu gewoben,
Wenn uns umrauscht das deutsche Lied.

Wir schau'n der Heimat grüne Tale,
Der Schwalbe Nest am Vaterhaus;
Wir ziehn im Ostermorgenstrahle
Durchs alte Tor zur Stadt hinaus;
Wir hören ferner Glocken Klingen
Und deutscher Eichenwälder Weh'n,
Wir fühlen junges Frühlingsringen
Und erster Liebe Auferstehn!

Und ob auch Früchte viel und Blüten
Die Hand auf fremder Erde zieht,
Wir wollen hegen doch und hüten
Den Frühlingssproß, das deutsche Lied,
Das uns zum Segen in die Ferne,
Die Muttererde einst beschied,
Und das, gleich einem guten Sterne,
Mit uns die weite Welt durchzieht.

Die sinnige New Yorker Dichterin Henni Hubel preist das deutsche Lied in folgenden Worten als einen Zauberquell:

Ich kenn' einen nimmer versiegenden Quell,
Der rieselt und sprudelt gar wonnig und hell;
Und kannst du das Rauschen der Quelle verstehn,
So wird dich ein mächtiger Zauber umweh'n.

Verstehst du mit ganzer Seele zu lauschen,
So kündet wonnige Märchen sein Rauschen.
Beglückend umspinnt er die Menschen, die Welt,
Nichts gibt es, das nicht diesem Zauber verfällt.
Ob hoch oder niedrig — ob arm oder reich —
Er macht einen Bettler dem Könige gleich.
Das ärmlichste Kindlein auf Mütterchens Arm
Umschmeichelt der Zauber so lieblich und warm
Genau wie den Sprößling im prunkenden Schloß,
Den Reichen sowohl wie den dienenden Troß.
Mit gleicher Macht kann er Herzen bewegen,
Mit gleichem Entzücken Seelen erregen.
Wärst du in der einsamsten Wüste allein,
Der Zauber, der lullt dich in Träume wohl ein.
Statt trostloser Öde — statt sengendem Sand
Erscheint deinem Auge der heimische Strand,
Die schattigen Wälder, die Berge, das Tal —
So mildert der Zauber dir jegliche Qual.
In jauchzender Freude entzückt er dein Herz,
Und lindernd verscheucht er den nagenden Schmerz.
Er lernt dich vergessen, was schwer dich bedrückt,
Und zeigt dir, was einst und was jetzt dich beglückt.
Wißt ihr, was so mächtig durchs Weltall zieht?
Jener Zauberquell ist — das deutsche Lied.

Die gleichfalls in New York lebende Dichterin Elisabeth Mesch weihte der deutschen Poesie folgende Strophen:

Und ob auch längst des Schicksals rauhe Hand
Entrissen mich dem alten Vaterland,
Ob Freunde nicht mir folgten in die Weite:
Das Schönste, was die Heimat mir verlieh —
Das Liebste — gab mir dennoch das Geleite;
Es ist allein die deutsche Poesie!

Wohl bot die Fremde, schön und wunderbar,
Der bunten Reize viel mir freundlich dar,
Und manches Herz erschloß sich meinem Herzen.
Doch wenn ich oft mit wehmutsvollem Sinn
Gedachte meiner Seele größter Schmerzen,
War Poesie die beste Trösterin.

Sie ist mein Glück in dieses Daseins Hast,
Das Herrlichste, was Menschengeist erfaßt.
Sie ist ein weiches, wonnevolles Sehnen,
Von göttlichen Gedanken eine Flut;
Sie ist das Edelste von allem Schönen,
Und mir ist wohl in ihrer sanften Glut.

Ein heller Stern auf wechselvoller Bahn,
So leuchte sie auch fürder uns hinan,

> Und labe süß aus ihrem Heiligtume
> Die Herzen all, bedrückt von Sorg' und Müh'!
> Gepriesen sei die wunderholde Blume:
> **Im fremden Land die deutsche Poesie!**

Es ist manchmal behauptet worden, den deutschamerikanischen Dichtern fehle die Eigenart. Ihre Poesie sei nur das ausgewanderte Echo der vaterländischen Dichtung und variiere bis zum Überdruß das Thema vom fernen Vaterland, anstatt sich der von der Neuen Welt in Überfülle gebotenen neuen Stoffe zu bemächtigen.

Kein Vorwurf ist ungerechter als dieser. Er konnte nur von Personen kommen, die weder die Mannigfaltigkeit noch den Reichtum der deutschamerikanischen Poesie kennen. Diese Kenntnis wird allerdings durch den beklagenswerten Umstand erschwert, daß eigentliche Sammelstellen für die Werke der deutschamerikanischen Dichter und Schriftsteller fehlen. Da die amerikanischen Bibliotheken an der deutschamerikanischen Literatur nur geringes Interesse nehmen, so sind deren Werke mehr als alle anderen der Verzettelung und dem Vergessenwerden ausgesetzt.

Daß den deutschamerikanischen Poeten der Blick für ihre Umgebung, für den Reichtum des sie umbrausenden Lebens nicht fehlt, könnte man durch Hunderte von Dichtungen beweisen. Meisterhafte Naturschilderungen lieferten **Kuno Francke, Julius Hoffmann, Johannes Hensen, Frank Siller** und viele andere.

Otto Soubron malt die düstere Einsamkeit des in Wisconsin gelegenen Teufelssees in folgenden Worten:

> Starre Felsen ragen trotzig
> Um den See, den schwarzen, stillen,
> Der wie ein gebrochnes Auge —
> Leblos, kalt und unergründlich —
> Blickt verglast empor zum Himmel.
>
> Still, verödet ist die Gegend,
> Nur mit trägem Flügelschlage
> Überm Abgrund kreist der Adler,
> Und die Brut der Schlangen nistet
> Unten in den Felsenspalten.

Der in Missouri geborene Priester **Johannes E. Rothensteiner** schildert das Erschließen jener in den Wüsten Mexikos heimischen, nur eine Nacht blühenden Wunderblume (cereus nycticalus), die als „Königin der Nacht" bekannt ist.

> Den Kaktus seht im Brand der Wüste
> Ein stachlichtes Gerippe nur!
> Kein Tauwind, der ihn freundlich grüßte,
> Den Eremiten der Natur.

Fest eingeklemmt in Felsenspalten,
Scheint jeder Lebenstrieb erstarrt:
Mit Staub bedeckt die Runzelfalten,
Da sehnlich er der Blüte harrt.

Doch endlich fühlt den Saft er drängen
In seinem Innern voller Macht:
Ein Knösplein sieh die Rinde sprengen
Beim Zauberruf der Sommernacht.

Und voller wird's von Stund' zu Stunde;
Es kreist der Saft in heißem Lauf.
Da geht ein Leuchten durch die Runde,
Da geht das große Wunder auf.

Viel süßer als die Südlandsrose,
Und leuchtender als Lilienpracht
Im Mondlicht blüht die makellose,
Die Königin der Wüstennacht.

Doch wirren Spiels beim Morgengrauen
Durchs Wüstenland die Dolde treibt,
Verschrumpft und trostlos anzuschauen
Das stachlichte Gerippe bleibt.

Nur duftig haftet im Gemüte
Das Märchen seiner kurzen Pracht,
Bis wieder einst die Wunderblüte
Sich öffnen mag der Sommernacht.

Dem Föhrenrauschen der kalifornischen Sierra Nevada lauschend, schrieb der Pfarrer Johann W. Theiß folgendes Gedicht:

Horch! — Der Föhrenwipfel Sausen;
Lauter wird's, wie Meeresbrausen;
Dann erstirbt der Wind, und leise
Säuseln sie wie Schlummerweise.

Wieder kommt der Klang gezogen,
Schwellend wie des Meeres Wogen;
Wieder klingt ihr Gruß in trauten
Wonnevollen Flüsterlauten.

Wieviel tausendmal die schöne
Reihenfolge dieser Töne
Wohl die Wipfel schon durchzogen,
Seit der Schöpfungstag verflogen?

Wieviel tausendmal beim Fliehen
Der Jahrhunderte wird ziehen
Dieser Laut durch Millionen
Föhrenwipfel, Nadelkronen?

>Einer nur vermag's zu sagen,
>Der vernimmt der Schöpfung Klagen,
>Der vernimmt der Schöpfung Loben
>In den heil'gen Höhen droben.

Und an den Gestaden des Atlantischen Ozeans wurde G u s t a v R o m m e l zu folgenden Versen angeregt:

>Wie Äolsharfen-Säuseln
>Bebt's durch den Lorbeerhain.
>Die Azurwogen kräuseln
>Sich sanft im Abendschein.
>Wie Gold und Demant flimmert
>In ros'ger Glut das Meer,
>Im Purpurglühlicht schimmert
>Der Wellen endlos Heer.
>Sie wandern, rollen, wallen
>Zum grünen Ufersaum;
>Sie prallen an und fallen
>Zurück als Silberschaum.
>Bald gleicht's dem süßen Kosen
>Von Bräutigam und Braut,
>Bald wird's zu wildem Tosen,
>Vor dem der Seele graut.
>Jetzt spielend, buhlend, minnend
>Wirbt fromm der Ozean,
>Dann stürmt er, Unheil sinnend,
>In Heeressäulen an.

*   *   *

>So währt schon manch Jahrtausend
>Krieg zwischen Strand und See,
>Als gärt, am Abgrund brausend,
>Uraltes Leid und Weh.
>Ein uralt Lieben, Leiden,
>Dem keine Werbung frommt,
>Ein ewig Sehnen, Meiden,
>Das nie zur Ruhe kommt.

Die überwältigende Farbenglut des amerikanischen Herbstes, des sogenannten „Indianersommers", besangen F e r d i n a n d H u n d t, J u l i u s H o f f m a n n und U d o B r a c h v o g e l. Der letzte wurde dieser schwierigen Aufgabe folgendermaßen gerecht:

>Den Hügel noch empor, mein wackres Tier,
>Dort lichtet sich der Wald, dort halten wir —
>Fühlst du den Sporn? Hinan mit flücht'gen Sätzen!
>Schon schließt sich hinter uns die Tannennacht;
>Frei schweift der Blick — ha, welche Farbenpracht!
>Erschloß sich Scheher'zadens Märchenpracht,
>Rings alles zu bestreu'n mit ihren Schätzen?

Der Himmel leuchtet, ein saphirner Schild;
Es strahlt an ihm die Sonne hehr und mild,
Nicht tödlich, nein, nur schmeichelnd allem Leben.
Am fernen Horizonte rollt der Fluß;
Jedwede Wog' umspielt des Mittags Kuß,
Sie bebt und zittert unter ihm, — so muß
Die Braut am Herzen des Ersehnten beben.

Und schimmernd liegt das Tal, wie Mosaik,
Wie reicher es und blendender dem Blick
Noch niemals unter Künstlers Hand entglommen.
Hin strömt es zwischen dunklem Braun und Grün
Gleich Flammen, die aus Goldtopasen sprühn,
Gleich Purpurmänteln, die um Schultern glühn
Von Königen, die von der Krönung kommen.

Der Ahorn lodert, wie im Morgenhauch
Einst Moses brennen sah den Dornenstrauch,
Gefacht von unsichtbarer Engel Chore.
Dort rankt sich's flimmernd und verzweigt sich's bunt,
Wie die Koralle auf des Meeres Grund,
Und drängt sich um das silberfarbne Rund
Des Stamms der königlichen Sykamore.

Und einsam ragt und priesterlich zumal
Die Lorbeereiche aus dem Bachanal
Von Licht und Glanz, von Farben und von Gluten.
Doch auch von ihrer dunkeln Äste Saum,
Aus ihrer Krone tropft wie Purpurflaum
Die wilde Reb'; es ist, als ob der Baum
Sein Herz geöffnet habe, zu verbluten.

Das Eichhorn springt. Es lockt mit tiefem Klang
Der Tauber seine Taube nach dem Hang,
Wo überrreich sich Beere drängt an Beere.
Die Drossel stimmt ihr schmelzend Tongedicht,
Der Falter badet sich im Sonnenlicht,
Und aus der Sumachbüsche Scharlach bricht
Das dunkle Reh, des Waldes Bajadere.

„Und dies ist Herbst? So sterben Wald und Flur?
Wie ist dann das Erwachen der Natur,
Wenn noch ihr Tod sich hüllt in solches Leben?" —
So ringt sich's von des Reiters Lippe los, —
Da rauscht's ihm Antwort aus des Waldes Schoß —
Ein Windstoß braust heran und noch ein Stoß,
Und läßt das Meer von Blättern niederbeben.

Rings quillt es plötzlich auf, wie Schleierflug,
Schneewolken weh'n daher in dichtem Zug,
Von Norden pfeift's, und trübe wird's und trüber.

Der Taube Ruf verstummt; ein Büchsenknall,
Im Blute liegt das Reh, und in dem Fall
Der Blätter rauscht's wie leiser Seufzerhall:
Noch eine Nacht, und alles ist vorüber!

Der Reiter fröstelt in des Nordwinds Hauch,
Er ruft: „Und dennoch ist dies Tod, ob auch
Gleich Hochzeitskleidern prangt sein Leichenlinnen.
So stirbt ein Tag im reichsten Abendrot,
So küßt die Lippen einer Braut der Tod,
So fühlt ein Jüngling, rings vom Feind bedroht,
Aus Wunden tausendfach sein Herzblut rinnen!" —

Den majestätischen Niagara priesen Franz Lieber, Kaspar Butz, Heinrich Fick, Frank Siller und Mathias Rohr. Michael Lochemes schloß sich mit folgenden Versen an:

Es rasen die Wasser dahin mit Macht,
Sich bäumend wie Rosse bei nahender Schlacht,
Wo über der Felsen granitnem Wall
Hinab sie tosen in jähem Fall. —

Und Wogen auf Wogen jagen heran,
Ziehn schäumend und zischend die wallende Bahn;
Doch alle nach kurz vollendetem Lauf
Nimmt gähnend die dunkle Tiefe auf.
Und sendet in Wolken, so weiß wie Schnee,
Die sprühenden Tropfen zurück zur Höh'. —

Mit verhaltenem Atem der Wandrer lauscht,
Wie der mächt'ge Choral in den Tiefen rauscht,
Der, seit die Welt aus dem Nichts entsprang,
Zu Gottes Preis durch die Wildnis klang
Und, bis die Welt in Trümmer geht,
Fortklingt in gewalt'ger Majestät.

Echte Urwaldspoesie durchweht die Lieder und Skizzen von Wilhelm Dilg, Karl de Haas, Georg Giegold und Joseph Grahamer. Eduard Dorsch, einer der gemütvollsten deutschamerikanischen Dichter, entwarf das folgende Gemälde:

Der Menschen Hütten liegen hinter mir,
Die winz'gen Plätze, wo die Axt gelichtet;
Vor mir der Wald in seiner vollen Zier
Und Stamm an Stamm zum Himmel aufgerichtet.
Kein Sonnenstrahl ist kräftig da genug,
Daß er durch diese Nacht von Blättern dränge,
Noch ist geschmiedet nicht der starke Pflug,
Der dieser Bäume Lebenskraft bezwänge.

Kein abgestorbner Baum fällt hier zum Grund,
Ihn stützen, immer rüstig, die Genossen;
Sein Tod wird selbst den Nachbarn oft nicht kund,
Denn ihn ersetzen seine kräft'gen Sprossen.
Die wilde Rebe schlingt die Ranken noch,
Die weitverschlungnen, um die morsche Leiche,
Und die Trompetenblume blühet doch,
Ist auch vom Blitz zerschellt ihr Stab, die Eiche.

Von Schilf und Silberweiden eingefaßt
Schlingt sich durchs Dickicht dort des Baches Faden,
Der Kranich ist sein oftgeseh'ner Gast,
Von reicher Beute allezeit geladen.
Brüllfrosch und Unke lassen abendlich
Ihr Lied ertönen aus des Wassers Schoße,
Und oben auf der Fläche tummeln sich
Die wilde Ente und die Wasserrose.

Wie friedlich rings und wie unendlich reich
An mannigfaltig wechselnden Gestalten!
Was kommt an Schönheit dir, Natur, wohl gleich,
Wenn du vor'm Menschenaug' dich willst entfalten!
Wie klingt es lieblich, wenn die Melodien
Von tausend Vögeln durch die Lüfte schallen,
Wie liegt das Herz andächtig auf den Knien,
Wenn hoch im Blau der Bäume Wipfel wallen!

Urwald, oh, nimm mich auf in deinen Schoß,
Laß, wie ein Kind, mich Schmetterlinge haschen.
Und dein Getier, auf deinem Bett von Moos
Mit neubegier'gen Augen überraschen.
Die Träne fächle mir vom Angesicht,
Die manchmal ich vergangner Zeit noch weine,
Und, ist mein Auge wieder klar und licht,
Dann leih' zu einem Haus mir Holz und Steine.

Wenn der Orkan dann durch die Bäume fegt,
Geheime Zwiesprach' mit der Welt zu halten,
Wenn donnernd hier die Eiche niederschlägt,
Und dort die Erde klafft in weiten Spalten:
Einstimmen will ich dann in gleichem Ton,
Will die Natur in meine Reime zwingen,
Ein grimmes Lied der Revolution
Und einen Hymnus auf die Freiheit singen!

Das tragische Geschick, dem die roten Urbewohner Amerikas verfielen, stimmte Rudolf Puchner zu folgendem Gesang:

Goldne Blüten schwanken lässig wie im Traume
Langsam hin und her am flachen Ufersaume,
Und im Westen in der Sonne heil'gen Gluten
Will des Abends Seele langsam sich verbluten.

Fernhin auf des Wassers rotbemaltem Spiegel
Ziehen Möwen; wer hält dort am scharfen Zügel
Wohl sein Roß? Vom stolzen Stamm der Chippewäer
Ist's der Krieger einer, einer ihrer Späher.
Sieht er aus nach einem seiner frühern Feinde,
Die sein Blick oft mit dem finstern Tod vereinte,
Wenn er, dem der Haß in seinem Herzen brannte,
Seine Pfeile in die Brust des Feindes sandte?

Fern im Westen ist die Sonne jetzt gesunken,
Deren Strahlen kaum die Erde noch getrunken;
So versank auch dir im dunklen Reich der Sagen
Alles, was du einst in deiner Hand getragen.

Sieh, so weit hier westwärts unsre Blicke reichen,
Fernhin, alles trug einst deines Stammes Zeichen;
Und wenn du den Streit nach fernen Gauen führtest,
Dein war alles, alles, was du nur berührtest!

Leise, wie die Winde durch die trocknen Halme gehen,
Fühltest alles, was dich schmückte, du verwehen.
Wie die Sonne dort, vom hellen Purpur trunken,
Ist dein Glück, dein Stolz — ist deine Macht versunken.

Der gleichfalls zu den „Achtundvierzigern" zählende Rheinpreuße Gustav Brühl, der als Arzt und Gelehrter in Cincinnati lebte, behandelte mit Vorliebe geschichtliche Stoffe in seinen Dichtungen. So machte er beispielsweise das von dem edlen Pastorius entworfene, den Wein, Lein und Webeschrein zeigende Ortssiegel von Germantown zum Gegenstand folgender Dichtung:

Sie sind nicht tot — nach weisem Rat
Schickt Gott zuweilen noch Propheten,
Zu zeigen ihrem Volk den Pfad,
Den es zum Heile soll betreten.

Nur wer des Volkes Tiefen kennt,
Erfreut sich dieser Wundergabe,
Daß er sein künftig Los ihm nennt,
Als schüf' er's mit dem Zauberstabe.

So war es jenes Lichtes Blick,
Der Germantown ersann sein Siegel,
Der ihm verkündet sein Geschick
Und hell erschloß der Zukunft Spiegel.

Doch nicht der deutschen Stadt allein,
Der ersten, die einst hier erstanden —
Es sollte Prophezeiung sein
Dem ganzen Deutschtum dieser Landen.

Wie sinnig „Wein, Lein, Webeschrein".
Ja, Frohsinn, Ackerbau, Gewerbe,
Das soll der Deutschen Banner sein,
Das ihr Symbol, ihr stolzes Erbe!

Sie sollen ihre heitre Lust
Ins starre Yankeeleben tragen,
Froh soll ihr Herz in freier Brust
Nach echter deutscher Weise schlagen.

Mit Reben soll der Hände Fleiß
Die waldumkränzten Hügel krönen,
Und, kosten sie der Traube Preis,
Ihr Lied das stille Tal durchtönen.

Die Axt, der Spaten und der Pflug,
Sie seien ihre Lieblingswaffen,
Den Urwald, drin der Wilde schlug
Sein Zelt, in Gärten umzuschaffen.

Auch in der Werkstatt soll die Hand,
Die ems'ge, sich geschäftig rühren,
Und, an die Arbeit festgebannt,
Den Hammer und die Spule führen;

Soll leiten der Paläste Bau,
Der Brücken, die das Dampfroß tragen,
Der Dome, die ins Ätherblau
Mit ihren stolzen Türmen ragen!

So ist's geschehn — ihr edles Ziel
Verhieß den Deutschen jenes Wappen,
Im heitern und im ernsten Spiel
Fand sie das Leben treu als Knappen.

Sie haben redlich mitgebaut
Am Landeswohl, an seinem Glücke,
Wie's klar der Führer einst erschaut
Mit gottbegabtem Seherblicke.

Wilhelm Müller schildert das mühsame, des großen Zuges aber nicht entbehrende Dasein des deutschen Ansiedlers.

Ich sah dich im Regen und Sonnenbrand,
Im Kampf mit der Wildnis Gewalten,
Die Steppen des Westens mit schwieliger Hand
Zum blühenden Garten gestalten.
Wo jagend der Yuma durchstreifte das Moor,
Da sproßte dir goldener Weizen empor.

Ich hörte, vom laub'gen Dach überspannt,
Dich reden von heiligen Rechten,

Und was du als lautere Wahrheit erkannt,
Mit kernigen Worten verfechten;
Und wenn deine Rede des Glanzes entbehrt,
Nie fehlte ihr Kraft und der innere Wert.

Oft hast du im ärmlichen Werktagskleid
Den Frevler am Frieden gerichtet;
Und redlichen Sinnes durch klugen Entscheid
Den Hader der Nachbarn geschlichtet;
Und war auch der Römer Gesetz nicht zur Hand,
Dir sagte was Rechtens, dein klarer Verstand.

Und wie seine Brut der erzürnte Aar
Befreit vom verfolgenden Schwarme,
So hast du gerettet aus Not und Gefahr
Die Deinen mit schützendem Arme.
Und wenn es die Rothaut zu züchtigen galt,
Erlag deiner Büchse die Axt von Basalt.

Oft fragte ich staunend: „Ist dies der Mann,
Den Armut zum Westen getrieben?
Der zagend des Elends erdrückendem Bann
Entflohn mit den weinenden Lieben?
Der Mann, der hier schaltet mit Wort und mit Tat,
Im Kampfe ein Held und ein Weiser im Rat?"

Wohl bist du derselbe, doch stolz, wie der Baum
Zum Himmel erhebt seine Krone,
Wenn man ihn verpflanzt in sonnigen Raum
Aus rauher, unwirtlicher Zone,
So reifte der Freiheit erwärmender Schein,
Was menschlich in dir und was edel und rein. —

Die Bekanntschaft eines echt modernen deutschen Kulturpioniers vermittelt uns K o n r a d N i e s in seiner formvollendeten Dichtung „Unter texanischer Sonne".

Texanischer Frühling durchs Bergland ging,
Ein Weben und Wogen den Wald umfing.
... Dem deutschen Siedler ritt ich zur Seit'
Durch die weite, blühende Einsamkeit.

Er hatte einst drüben das Schwert geführt,
Eh' texanischen Grund sein Fuß berührt.
Noch hatte das Tagwerk des Rangers nicht
Den Adel geraubt dem Rassengesicht.

In seinem Auge, das blau und tief,
Ein Abglanz versunkener Sonnen schlief;
Aus Stirn und Nacken, gebräunt und breit,
Sprach unverwüstliche Vornehmheit.

Seit zwei Jahrzehnten, der Freiheit Sohn,
Hatt' er die Wildnis gezwungen zur Fron,
Und hatte sein Feld wie die andern bestellt.
... Doch abseits von ihrer lag seine Welt. —

... Die Pferde hielten... am Waldesrand
Erschimmerte saatgrünes Ackerland,
Das, frisch gerodet, entbrochen dem Hag,
Inmitten der wuchernden Buschwelt lag.

... „Mein letztes Werk," — er lächelte fein
Und wies in die keimende Saat hinein.
„— Vor wenig Monden... drei oder vier...
War alles noch Urwald und Wildnis hier!

Das lockte zur Axt — und manchen Tag
Gab's schwere Arbeit, doch Schlag auf Schlag
Wich Baum um Baum, und Busch und Dorn.
... Nun keimt schon fröhlich das erste Korn.

... Es ist ja nichts Großes, was man getan.
Ich rechne mir sicher nicht hoch es an...
... Und dennoch, es ist — wie dem auch sei —
Ein Stückchen Schöpferfreude dabei ..."

Und plötzlich über die Stirne ihm schoß
Ein leichter Schatten, als leise er schloß:
„... So macht man der Zukunft die Wege klar,
Und lernt vergessen, was einmal war."

... Er spornte sein Tier... In leichtem Trab
Wir ritten den steinigen Weg hinab
Und sahen den wandernden Wolken nach,
Als plötzlich von — Friedrich Nietzsche er sprach.

Er hatte des Umwerters Wahn erschaut
Und eigene Werte sich aufgebaut.
— Und was er davon mir offenbart
War, wie das Land rings von großer Art.

Und wie er so ritt durch das Sonnenlicht,
So stolz und stark, so rauh und schlicht,
War mir's, als wehe um Baum und Strauch
Vom echten Übermenschen ein Hauch.

... Und lächelnd dacht ich der faselnden Schar
Mit rollendem Aug' und fliegendem Haar,
Die hinterm Ofen weltwichtig krähn,
Und übermenschelnd in Sprüchen sich blähn.
— Wie anders reift, als in Sprüchen und Buch,
Das Leben bei Axthieb und Erdgeruch! — —
... Und tief im texanischen Sonnenschein,
Sprengten wir beide wegfröhlich landein. — —

Dem bittern Unmut über die von ruchloser Habgier verschuldete Verwüstung der amerikanischen Wälder verlieh Nies in seiner berühmten Dichtung „Die Rache der Wälder" energischen Ausdruck.

   Des Nachts, wenn die Sonne im Meer entschwand
   Und die Wolken im Sturme jagen,
   Da geht in den Lüften ein Brausen durchs Land,
   Wie geächteter Rechte Klagen.
   Aus den Catskills kommt's, wo die Eichen weh'n,
   Aus Pennsylvaniens Gebreiten,
   Von den Tannen an Minnesotas Seen,
   Aus Texas' waldigen Weiten,
   Aus den Föhren und Fichten bricht es hervor
   In Colorados Gesteinen,
   Aus den Rotholzriesen am Goldenen Tor,
   Aus den Zedern in Floridas Hainen.
   Aus Ost und West, aus Süd und Nord,
   Durch Klüfte und Felsen und Felder
   Erschwillt er im donnernden Sturmakkord —
   Der Racheruf der Wälder!
   Wir wuchsen und wachten viel tausend Jahr'
   Bei der Wildnis rotem Sohne;
   Wir boten ihm Obdach und Waffe dar,
   Und Liebe ward uns zum Lohne.
   Wir sproßten in Frieden, wir grünten in Ehr',
   Wir schützten und schirmten die Lande.
   Da brachen die Bleichen waldein übers Meer
   Und lösten die heiligen Bande.
   Sie danken uns Heimat, sie danken uns Herd,
   Die Bleichen, die Feigen, die Feinen,
   Doch danklos verwüsten, von Habgier verzehrt,
   Das Mark sie von Wäldern und Hainen!
   Uns Hüter des Hochlands, uns Wächter der Seen,
   Der Vorzeit heilspendende Erben,
   Sie fällen uns herzlos, in frevlem Vergehn,
   Um Haufen von Gold zu erwerben;
   Doch eh' wir zerbrochen, als lebloses Gut,
   Der Habsucht uns fügen zum Dache,
   Hört, Sturm, uns, und Erde und Feuer und Flut,
   Euch rufen herbei wir zur Rache!
   Ihr seid uns Genossen seit ewiger Zeit;
   Die Urkraft, euch lieh sie die Waffen,
   Drum sollt ihr Vergeltung im rächenden Streit
   Am Werke der Menschen uns schaffen.
   Was immer gezimmert aus unserm Gebein,
   Der Städte Getürm und Gemäuer,
   Reiß es ein, du, o Sturm, reiß es ein, reiß es ein!
   Verzehre in Flammen es, Feuer!
   Die Brücken der Ströme, die Schiffe im Meer,
   Mit unserem Herzblut errichtet,

Verschling sie, o Flut, bis Welle und Wehr
Verstrudelt, verstrandet, vernichtet!
Verschütte, o Erde, du Mine und Schacht,
Die unserem Schoße entragen! . . .
Auf! auf! Ihr Genossen der Nacht, zur Schlacht,
Bis die Werke der Menschen zerschlagen! . . .
So hallt es und schallt es im nächtlichen Chor
Durch Klüfte und Felsen und Felder,
Vom Hudson landein bis zum Goldenen Tor:
Der Schrei der geächteten Wälder. —
Und täglich und stündlich erstarrt uns das Blut,
Wenn neu uns die Kunden umwogen,
Daß Sturmwind und Erde, daß Feuer und Flut
Die Rache der Wälder vollzogen.

Aber auch Töne tiefster Herzinnigkeit standen deutschamerikanischen Dichtern zu Gebote, wenn es galt, häusliches Glück, die behagliche Wärme des eignen Herdes, den Wert echter Weiblichkeit zu preisen. Heinrich A. Bielfeld, der im „Deutschamerikanischen Athen", in Milwaukee, lebte und starb, weihte der Mutterliebe folgende Strophen:

Mutterliebe dauert immer,
Sie ist rein, von echtem Gold,
Ohne Prunk und ohne Schimmer,
Stilles Blümchen Wunderhold.
Oh, der süßen Mutterliebe!
   Wenn mir je ein Lied gelang,
   Das aus innerm Herzensdrang,
   Das nicht bloß dem Hirn entsprang,
Sei's ein Lied der Mutterliebe.

Mutterliebe, zart und innig,
Ohne Rast und ohne Ruh,
Immer tätig, immer sinnig,
Nie die Herzenskammer zu.
Oh, der süßen Mutterliebe!
   Gibt es einen Erdenpreis?
   Ein unsterblich Lorbeerreis?
   Vater, Gatte, Sohn und Greis,
Reichet es der Mutterliebe!

Mutterliebe! Heil'ger Frieden,
Hohe Wonne, sel'ge Lust!
Was an Glück uns hier beschieden,
Wohnet in der Mutterbrust.
Oh, der süßen Mutterliebe,
   Die da stets dieselbe ist,
   Doch sich selber stets vergißt.
   Wo der Mann, der dich ermißt,
Reine, süße Mutterliebe?

Mutterliebe, Mutterplage!
Mutterfreude, Mutterschmerz!
Heil dem Kind, das keine Klage
Dir entrissen, Mutterherz!
Oh, der süßen Mutterliebe,
   Die an deiner Wiege wacht,
   Mit dir weinet, mit dir lacht,
   Für dich sorget Tag und Nacht! —
S e i u n s h e i l i g, M u t t e r l i e b e!

Seiner das Grau des Alltagslebens veredelnden Genossin weihte der in weltabgeschiedener Pfarrei wohnende Alfred Walter Hildebrandt folgenden Lobgesang:

Du schrittest über meine Schwelle,
Die Diele war geflickt und rauh;
Doch Stub' und Herz ward licht und helle
Als du erschienst, geliebte Frau.

Die Heimchen, die verstummt am Herd gesessen,
Sie grüßten uns mit frohem Zirpereim,
Und als zusammen wir das Mahl gegessen,
Ward mir das Haus verwandelt in ein Heim.

Du weißt doch noch? Wir schritten beide
Erregt durchs überschneite Land.
In süßer Lieb und herbem Leide
Sich willig Hand und Lippe fand.

Wohl war's ein Kämpfen und ein Streiten,
Bergauf, bergab ging unser Pfad;
Doch immer war's ein Vorwärtsschreiten
Mit Dir, mein guter Kamerad.

In breiten Straßen und in engen Gassen
Bliebst Du an meiner Seite treu und dicht,
Und fühlt ich mich von aller Welt verlassen,
Von dir verlassen fühlt' ich doch mich nicht.

Das dank ich Dir! Du hast gegeben
Nicht nur den Sinnen flücht'gen Rausch,
Du gabst Dein Herz zum Liebesleben,
Ich gab Dir meins in sel'gem Tausch.

Verlodert ist uns nicht der Liebe Feuer,
Der heiligen, ob auch die Jugend schied;
Am trauten Herd sing' ich in ewig neuer
Verehrung Dir, mein Weib, ein Liebeslied.

Und die geistreiche Dichterin Edna Fern (Frau Fernande Richter) in St. Louis gewährt einen Einblick in die Seligkeit der Liebe in folgenden schönen Versen:

In dem Augenblick der größten Wonne
Hielt ich meine Augen fest geschlossen;
Und da war es mir, als ob die Sonne
Golden hätt' dein Angesicht umflossen;

War es mir, als ob ein Kranz von Blüten
Das geliebte Haupt dir hätt' umgeben;
War's, als ob sich zarte Hände mühten,
Uns ins Grenzenlose aufzuheben.

In der weiten Ferne, fast verloren,
Wundersüße Melodei ertönte:
Ewigkeit war's, die uns selige Toren
Unter Sonnenschein mit Blüten krönte.

Und der freudige Stolz über das eigene Kind kann schwerlich schöner zum Ausdruck kommen als in Hermann Huß' „Sigelind".

Was blitzt dort fern auf hohem Pfad
Und naht sich pfeilgeschwind?
Ich wett' den Kopf, es kommt zu Rad
Nach Hause Sigelind.

Ein flinker Punkt, ein Zitterstrahl
Erschien es nur vorhin;
Jetzt saust es jäh herab ins Tal,
Als Roß und Reiterin.

Sie ist's! Ich seh's am weißen Hut
Und himmelblauen Kleid,
Noch mehr am frischen Wagemut
In Wegesfährlichkeit.

Jetzt schwindet sie im Grund dem Blick,
Jetzt taucht sie wieder auf,
Fährt jede Kurve mit Geschick
Bei ungehemmtem Lauf.

Im Nu ist sie der Brücke nah.
Jetzt fliegt sie um den See,
Noch ein Moment und sie ist da, —
Dort bringt sie die Allee.

Im Takte hebt sich Knie um Knie,
Und emsig kreist der Fuß,
Mit straffen Armen steuert sie
Den vogelschnellen Schuß.

Wie frei das Amazönchen sitzt,
Wie leicht und schnurgerad!
Wie hell ihr Auge strahlt und blitzt,
Nun jubelnd sie mir naht!

Ein Lichtgebild! Ihr reiches Haar
Weht sonnengoldig im Wind
Ein Diadem nur fehlt, fürwahr,
Prinzeßchen Sigelind.

Ein Augentrost, ein Sonnenstrahl!
Lust, Freude, Jugendglück,
Wie perlender Wein im Goldpokal,
Erglüht in ihrem Blick.

Noch in Bewegung, springt gewandt
Und sicher sie zur Erd;
Und wie sie schiebt zum Straßenrand
Das blinkende Gefährt:

„Papa, da bin ich," ruft sie hell,
„Ich, deine Sigelind!"
Ich aber flieg' und nehme schnell
Ans Herz mein liebes Kind.

Georg Asmus, dem Verfasser des berühmten „Amerikanischen Skizzebüchelche", verdankt man die beiden folgenden, in hessischer Mundart gehaltenen Dichtungen „Mainacht" und „Im Dörfche".

In dunkelfeuchter Maienacht,
Leuchtkäferche nur glüht;
Verstohle noch manch Herzche wacht;
Was blühe kann, das blüht.
Und 's Mädche unnerm Flieder,
Da drin ein Hänftling baut,
Drückt sich die Händ ans Mieder
Und seufzt enaus halblaut:
„Ach, wer heint en Schatz hätt'!"

* *
*

Armselig Dörfche, was biste so arm,
Die Häuscher, die Scheuern, daß Gott sich erbarm!
Die Küchcher, die Geise wie mager und klein,
An de Bäum da, das müsse Holzäppel sein.
So dacht ich und strich durch das Dörfche geschwind,
Da guckt aus em Fenster e wundersam Kind;
Es ware die Haare aus Gold ihr gemacht,
Die Zähncher von Perle unschätzbarer Pracht;
Die Haut war von Sammet, die Lippe Rubin,
Und all um ihr Köppche Demantelicht schien.
Ei, dacht ich, arm Dörfche, was biste so reich,
Is das e Verschwendung, sin das vor Gebräuch!
Und wie ich am Zaun e Blümche mir brach,
Warf blaue Juwele ihr Blick mir noch nach.

„Die rote Blume" nannte der hochbegabte George Sylvester Viereck in New York einen Sang, der für seine Dichtkunst besonders bezeichnend ist.

> Es war in den Tagen, den Tagen der Rosen,
> Da küßtest von Kummer das Herz du mir frei!
> Jetzt blühen im Garten die Herbstzeitlosen,
> Und Herbstzeitlosen bekränzen uns zwei:
> Gestorben die Liebe, das Glück und der Mai,
> Und kalt ist und trostlos ein jeglicher Ort,
> Die Tage der Rosen sind längst vorbei:
> Und die rote Blume ist längst verdorrt.
>
> Einst wollte allewig die Lippen ich küssen,
> Die rot wie der Mantel der Königin sind;
> Einst glaubt' ich allewig dich lieben zu müssen,
> Mein traumschönes, braunes, liebreizendes Kind.
> In den Kronen der Bäume, da raschelt der Wind,
> Er trägt in die Ferne die Blätter hinfort,
> Die Liebe erstirbt und der Sommer verrinnt:
> Und die rote Blume ist längst verdorrt.
>
> Wir haben vom Honig der Liebe gegessen,
> Wir haben getrunken den Sonnenschein,
> Wir haben den Schlüssel zum Garten besessen,
> Wo blühet die Blume so rot wie Wein.
> Da stahl ihn ein goldiges Vögelein,
> Es blieb unsrer Liebe nicht Zuflucht noch Hort,
> Es herbstelt da drinnen wie draußen im Hain:
> Und die rote Blume ist längst verdorrt.
>
> Es ändert das Schicksal nicht Elfe, noch Fei;
> Ich finde nie mehr das erlösende Wort;
> Nichts zaubert Vergangnes wieder herbei:
> Und die rote Blume ist längst verdorrt.

Für den Philosophen und Fabeldichter Hermann Rosenthal ist die folgende Dichtung charakteristisch:

> Der Esel sprach zur Nachtigall:
> „Schon lange hör' ich überall
> Von deiner Kunst die rühmlichsten Geschichten!
> Doch trau' ich nicht den täglichen Berichten.
> Laß hören deiner Stimme Klang
> Und deinen wunderlichen Sang,
> Dann will ich selber richten!"
>
> Die Nachtigall begann alsbald
> Ein Lied aus tiefster Seele.
> Es drang aus voller Kehle
> In tausend Trillern durch den Wald.

Die Vöglein in den Zweigen
Verharrten still in Schweigen;
Der Schäfer am Waldessaume
Stand lange wie im Traume. —
Und als der Sang zu Ende war
Der Esel sprach: „J—a, das ist klar,
Daß dir's nicht mangelt an Talent,
Daß man mit Recht dich Säng'rin nennt, —
Und daß du in der Form gewandt bist.
Doch tut's mir leid,
Daß du mit unsrem Hahn nicht bekannt bist!
Du könntest mit der Zeit,
Hört'st öfter du den Meister singen,
Zur Sängerin des Hofs es bringen." —

Der in New York dem Lehrfach obliegende Deutsch-Österreicher J o s e p h W i n t e r widmete dem Andenken des Dichters Platen folgende Ode:

Nächtlich in dem stillen Landhaus liegt der edle Dichter Platen,
Ferne von der deutschen Heimat, fern den heimischen Penaten.
Und die bleichen Lippen lispeln, und es klingt wie Sterbelieder,
Aus der fast verklärten Seele tönen seine Geister wieder.
Und der Gastfreund Landolina sendet nach dem frommen Pater;
Um den Kranken zu versöhnen, kam der geistliche Berater.

Doch der Sänger will nicht beichten; er verlangt nur nach dem Kreuze;
Küssen will er den Erlöser sehnsuchtsvoll im Glaubensreize.
„Ich bin Protestant, Hochwürden!" gab dem Priester er zu wissen,
„Doch ich möchte, eh' ich sterbe, einmal noch den Heiland küssen."
Und mit tiefgerührtem Schweigen wird erfüllt die letzte Bitte,
Denn der Dichter ist kein Ketzer, trennt sie auch des Glaubens Sitte.

Bald drauf eilt durch Syrakus die ernste Trauerkunde
Von dem Tod des deutschen Sängers und von seiner Sterbestunde.
Unter Lorbeern, tief beschattet, ruht der Dichter auf der Bahre,
In der Hand sein „Buch der Oden", einen Kranz um seine Haare.
Und die Stadt des Theokritos gibt dem Toten das Geleite,
Als der Trauerzug, der fromme, sich in dumpfem Schweigen reihte.

Doch, wer harret vor dem Dome? — Hundert Priester im Talare,
An der Spitze ihren Fürsten, folgen sie der schlichten Bahre.
Ja, es folgt der ganze Klerus mit dem greisen Kardinale,
Orgelton und Chorgesänge dringen aus der Kathedrale.
Und sie knien vor dem Grabe bei den düsteren Zypressen,
Jeder Unterschied des Glaubens ist in dieser Stund' vergessen.

Nur das Dogma konnt' sie trennen! Doch den Dichter muß man ehren!
Und des Glaubens Schranken fallen, wenn es gilt, den Ruhm zu mehren.

„Nächtlich am Busento lispeln bei Cosenza dumpfe Lieder",
Und am stillen Dichtergrabe schallt die Antwort leise wieder:

„Ruhe sanft, du edler Sänger, vielgeschmäht und ohne Habe,
Deutschlands Söhne halten Wache an des toten Barden Grabe.
Deiner Oden Feuerklänge, der Sonette Reimesheere,
Deiner Lieder Tönewellen rauschen fort von Meer zu Meere!"

Der sinnige Newarker Karl Kniep zeigt uns die wesenlosen Schatten der Vorzeit:

Es ist ein langer, bunter Zug,
Bald farbenreich, bald düster,
Bald Wahrheit folgend, bald dem Trug,
Bald Schöpfer, bald Verwüster;
Bald blasen lieblich die Schalmein;
Bald donnern die Kanonen drein.

Hier hörst du einen lust'gen Hauf'
Dem Bachus Lieder singen;
Und blutbesudelt schaust du drauf
Die andern Schwerter schwingen;
Hier beten sie zum lieben Gott,
Dort schlagen sie einander tot.

Schaust du ihm nach, in weiter Fern'
Im Nebel er verschwindet;
Dort leuchtet schwach noch mancher Stern,
Und auf dem Weg man findet
Noch manchen Rest verschwundner Pracht,
Und Tote, die einst froh gelacht.

Doch von dem Zug, ganz weit vorauf,
Kannst nichts du unterscheiden;
Es hat der langen Zeiten Lauf
Verwischet Freud' wie Leiden
Von jener allerersten Schar,
Die dieses Zuges Anfang war.

Im Meere der Unendlichkeit
Sind längst sie aufgegangen,
Und von der fern verflossnen Zeit
Konnt' nichts zu uns gelangen.
Was sie auch auf den Weg gestreut,
Kein Stäubchen blieb davon für heut!

So zogen sie manch tausend Jahr',
Und keine Spur blieb haften;
Und dürftig auch der Fund nur war
Von dem, was Spätre schafften.
Treu wird ein Bild der Zeit uns nie,
Hier zeichnet nur die Phantasie.

Sie sinnt und zeichnet emsig fort
Und will uns Einsicht geben,

Mutmaßend nach geschriebnem Wort
Von längst verschollnem Leben.
Es bleibt ein Schattenbildnis nur,
Das man entwirft nach schwacher Spur.

Echte Zukunftspoesie durchzuckt hingegen Friedrich Michels „Weltausstellungslied", zu dem er auf der Weltausstellung zu St. Louis beim Durchschreiten des Gebäudes für Elektrizität angeregt wurde:

Allüberall flutet
Es taghell und glutet;
Und Funken, die sprühen,
Und Lampen, die glühen.
Geknister, Geknatter,
Hier stärker, dort matter.
Welch magische Schöne!
Welch seltsame Töne!
Und Räder, die surren
Und treiben und schnurren
So rasend geschwinde
Wie sausende Winde;
Elektrische Wunder
Herauf und hinunter,
Herüber, hinüber,
So schießt ihr vorüber
Am Aug', das geblendet
Und staunend sich wendet.
Ich aber beginne
Zu träumen und sinne
Vom kommenden Lichte
Der Menschheitsgeschichte,
Vom Fortschritt der Zeiten,
Vom endlichen Scheiden
Der finsteren Mächte
Der Herren und Knechte.
Schon seh' ich umfluten
Die goldenen Gluten
Der Freiheit die Erde. —
Sprich Menschheit: Es werde!

Der Größe und Herrlichkeit der neuen Heimat sangen deutschamerikanische Poeten gleichfalls begeisterte Lieder. Theodor Kirchhoff, der „Poet vom Goldenen Tore", widmete dem Staat Kalifornien folgende Hymne, die erhebendste, die je zum Preise dieses Wunderlandes gedichtet wurde:

Warum du mir lieb bist, du Land meiner Wahl? —
Dich liebt ja der warme Sonnenstrahl,
Der aus Ätherstiefe, azurrein
Deine Fluren küßt mit goldenem Schein!
Dich liebt ja des Südens balsamische Luft,
Die im Winter dir schenket den Blütenduft,

Deine Felder schmückt mit smaragdenem Kleid,
Wenn's friert im Osten und stürmet und schneit!
Dich liebt ja das Meer, das „Stille" genannt,
Das mit Silber umsäumt dein grünes Gewand,
Das dich schützend umarmt, mit schwellender Lust
Dich wonniglich preßt an die wogende Brust! —
Wie dein Meer, wie der Lüfte Balsamhauch,
Wie die Sonne dich liebt, so lieb' ich dich auch.
Deine Söhne zumal, — ihr rasches Blut,
Pulsierend in frohem Lebensmut,
Deine Töchter mit Wangen frisch und gesund,
Die Seele im Auge, zum Küssen der Mund.

Warum du mir lieb bist? — Nicht ist es dein Gold,
Du Land, wo die westliche Woge rollt.
Ich wählte zur Heimat diesen Strand,
Weil ich offne, warme Herzen hier fand,
Weil fremd hier der niedrige, kleinliche Sinn,
Der nur strebt und trachtet nach kargem Gewinn,
Weil die eigene Kraft hier den Mann erprobt,
Nicht ererbtes Gut den Besitzer lobt.
Eine Welt für sich, voll Schönheit, trennt
Dich die hohe Sierra vom Kontinent;
Doch schlugst du mit eiserner Brücke den Pfad
Über wolkentragender Berge Grat,
Und täglich vernimmst du am goldenen Port
Von den fernsten Gestaden der Völker Wort.
Du bewahrtest das Feuer der Jugend dir,
Den Geist, dem Arbeit des Lebens Zier,
Der wagt und ringet und nie verzagt,
Und wo es sich zeiget, das Glück erjagt.
Ja! ich liebe dich, blühendes, westliches Land,
Wo die neue, die schöne Heimat ich fand.
Wer früge wohl noch, der dich Herrliche sah,
Warum du mir lieb, California!

In nicht minder schwungvollen Versen sangen Friedrich Grill, Heinrich Fick und viele andere das Lob Columbias. Dem „Gruß an Amerika" von Dorothea Böttcher entnehmen wir folgende Strophen:

Amerika, o neues Heimatland!
Du Land der Freiheit, Land voll Licht und Wonne!
Sei uns gegrüßt, du gastlich holder Strand,
Sei uns gegrüßt, du goldne Freiheitssonne!

Du Rieseninsel, die sich aus dem Beit
Gezeuget in Poseidons Riesenbette,
Erhoben, in sich selber eine Welt,
Der Menschheit schönste, letzte Zufluchtsstätte!

O gottbegnadet Land, wie reich, wie schön!
Mit deinen Seen, üppigen Prärien,
Fruchtbaren Tälern, waldumkränzten Höh'n,
Und deinen süßen Freiheitsmelodeien!

Heil dir, Columbia, herrlich, groß und kühn!
Das Auge von Millionen ruht verwundert,
Auf dir, Erhabne, deren Staaten blühn,
Frei, reich und unabhängig, ein Jahrhundert.

Dein glorreich Haupt, umstrahlt vom Freiheitsschein,
Die Herrscherin der Welt wirst du erstehen!
Die Zukunft wie die Gegenwart sind dein,
Und siegreich wird dein Sternenbanner wehen!

Ziel unsrer Wünsche, aller Hoffnung Strand,
Wird hier die Not, der Schmerz, die Sehnsucht schwinden?
Das uns verheißne, das gelobte Land —
O Gott im Himmel, laß es hier uns finden!

In die Gattung dieser Poesien gehört auch Friedrich Albert Schmitts feuriges Freiheitslied „Sterne und Streifen", das zweifellos zu den besten in Amerika entstandenen patriotischen Dichtungen gehört:

Im Morgenwind in der Sonne Gold
Der Freiheit heiliges Banner rollt;
Sein Rauschen tönet wie Adlerflug
Um Alpenhäupter im Siegeszug.
Es klingt wie das Rauschen im Urwaldsdom,
Es klingt wie das Brausen im Felsenstrom,
Es klingt wie die Brandung am Klippenstrand,
Von See zu See und von Land zu Land:
  Freiheit! Freiheit!

Wie die ewigen Sterne vom Himmelszelt
Herniedergrüßen zur träumenden Welt,
Wie im blauen Äther ihr Licht erglüht,
Erfreuend, erhebend das Menschengemüt,
So grüßen die Sterne des Banners, wenn hold
Es den staunenden Blicken der Völker entrollt,
So kündet ihr Anblick vom heiligen Hort
Dem Lande der Freien das herrliche Wort:
  Freiheit! Freiheit!

So zog es voran einst der Väter Heer,
Als die Knechtschaft dräute und Fesseln schwer;
So hat es ermutigt die Kämpfer im Streit,
So hat es die Waffen der Krieger gefeit,
So hat es die heilige Liebe geschürt,
So hat es zum herrlichen Sieg sie geführt,
So hat es gewährt ihnen köstlichen Lohn,
So hat es geheiliget der Union
  Freiheit! Freiheit!

> Ihr Sterne so hehr und ihr Streifen so hold,
> Oh, rauschet zum Feste, oh rauschet und rollt
> Und kündet den Kindern und Enkeln es an,
> Was einst um die Freiheit die Väter getan!
> Oh, rollet und rauschet ein ewiges Lied,
> Daß tief in den Herzen es woget und glüht,
> Oh, rollet und rauschet, dem Segen geweiht,
> Ob dem Lande der Freien in Ewigkeit!
>   Freiheit! Freiheit!

Doch genug der Proben deutschamerikanischer Dichtkunst. Es gebricht an Raum, allen im Bereich der Union erstandenen deutschen Poeten gerecht zu werden, von denen der gemütvolle Friedrich Castelhun, der Richter Max Eberhardt, der geistvolle Kuno Francke und sein Kollege Hugo Münsterberg, der Wandervogel Wilhelm Benignus, der sarkastische Witzbold Karl Hauser, der feurige Martin Drescher, die Dichterinnen Marie Raible, Johanna Nicolai, Martha Toeplitz und viele hundert andere verdienen, genannt zu werden. Aber die mitgeteilten Proben dürften beweisen, daß die Göttin Poesie auch unter den Deutschen Amerikas ebenso begeisterte wie berufene Priester besitzt, die imstande sind, durch ihrer Sprache Zauberklang Tausende und aber Tausende zu erfreuen und zu erheben. Möge es ewig rauschen und brausen im deutschamerikanischen Dichterwald.

     *   *

     *

Auch auf dem Gebiet der Bühnendichtung schufen Deutschamerikaner manches Bemerkenswerte.

Mit besonderer Vorliebe behandelten sie historische Stoffe. Der lodernder Begeisterung fähige Kaspar Butz schrieb das mit großem Erfolg in St. Louis aufgeführte Drama „Florian Geyer"; Ernst Anton Zündt die Trauerspiele „Jugurta", „Rienzi" und „Galilei"; P. J. Reuß unter dem Pseudonym Otto Welden „Karl XII.", „Arria", „Die Zerstörung Jerusalems" und „Tippo Saib"; Karl Heinrich Schnauffer das Trauerspiel „Cromwell"; Hugo Schlag „Thomas Münzer"; Emil Schneider „Ulfila".

Ernst Henrici bekundete sich in den Dramen „Nausikaa", „Herostratos", „Bretius" und „Charlotte Corday" als feinfühlender Dichter.

Friedrich Schnake behandelte in den Trauerspielen „Montezuma", „Quatemozin" und „Maximilians letzte Tage" erschütternde Vorgänge aus der mexikanischen Geschichte.

Victor Precht machte den wackeren Gouverneur Jakob Leisler zur Hauptfigur eines gleichnamigen Trauerspiels, das zuerst im Jahre 1877 in New York große Begeisterung erregte. Karl Lorenz und Bertrand Hoffacker entnahmen die Vorwürfe zu ihren Tragödien „Das Schandmal" und „Enthüllungen, oder Rot, Weiß und Schwarz" hingegen dem modernen Leben.

Unter den Schauspieldichtern steht Wilhelm Müller mit den beliebten Volksstücken „Im gelobten Land" und „Ein lateinischer Bauer" obenan. Der vielseitige Karl Heinzen schrieb das Lustspiel „Dr. Nebel, oder Gelehrsamkeit und Leben". Glückliche Griffe ins amerikanische Volksleben taten Heinrich Börnstein mit seinem „Einwandrer", Max Cohnheim mit „Herz und Dollar", Georg Hermann mit „Strategie der Liebe" und W. L. Rosenberg mit den Stücken „Crumbleton" und „Die Moralwage".

Erwähnenswert sind ferner Katzers „Kampf der Gegenwart", Bernhard Bettmanns „Zigeunerrache", Karl Diltheys „Küraß und Kutte", Friedrich H. Ernsts „Peter Mühlenberg oder Bibel und Schwert".

Zur seichteren Ware zählen die von Adolf Philipp geschriebenen Lustspiele „Der Corner Grocer aus der Avenue A", „Der Pawnbroker", der „Brauer" und andere, die aber in dem von Philipp geleiteten Germaniatheater zu New York zahllose Aufführungen erlebten.

August L. Wollenweber behandelte in den Schauspielen „Gila, das Indianermädchen" und „Die Lateiner am Schuylkill Kanal" Episoden aus dem Leben deutscher Ansiedler in Amerika. —

Unter den epischen Dichtungen sind Theodor Kirchhoffs „Hermann", Ferdinand Schreibers „Amanda", Gustav Brühls „Charlotte", Julius Brucks „Ahasver", Henricis „Aztekenblume", Rudolf Puchners „Aglaja", Wilhelm Müllers „Schabiade" und Rudolf Thomanns „Leben und Taten des Hannes Schaute" hervorzuheben.

Auch an Festspieldichtungen ist kein Mangel. Von diesen kamen besonders die von Konrad Nies verfaßten, in edler Sprache gehaltenen „Deutschen Gaben" und „Rosen im Schnee" wiederholt in deutschamerikanischen Vereinigungen zur Aufführung. Ihnen reiht sich die ebenbürtige Leistung „Arminius' Brautfahrt" an, die von Emil Roller gedichtet, in reizvoller Weise das Werben eines deutschen Recken um die in Jugendschönheit strahlende Braut Columbia schildert.

Überblickt man die lange Reihe der deutschen Männer und Frauen, denen inmitten der keuchenden, atemlos hetzenden Arbeitsatmosphäre Amerikas die Dichtkunst eine liebe Gefährtin blieb, so kann man sich eines Gefühls tiefer Ehrfurcht nicht erwehren.

Ruhm und klingender Lohn war diesen Priestern und Priesterinnen der Poesie selten beschieden. Nie wurden ihre Namen den breiten Volksmassen vertraut. Ihre Werke verfielen, kaum daß sie geboren, der Vergessenheit. Aber dennoch nährten und behüteten diese Deutschen die heilige Flamme, die ihr Inneres erwärmte und ihnen als Führerin auf den verworrenen Wegen des Lebens voranleuchtete.

Deutsches Lied und deutscher Sang in Amerika.

> Ich dachte dein, du trautes Heimatstal,
> So oft ich träumend in die Ferne schaute;
> Ich dachte dein, als ich zum erstenmal
> In fremdem Lande hört' der Heimat Laute. —
> Die Töne fernher zu mir drangen,
> Ein wundersam ergreifender Gesang;
> Wie nehmen sie das ganze Herz gefangen,
> Oh, diese Lieder — dieser Töne Klang!
>
> Da kam es über mich wie Zuversicht;
> Und als der Töne letzter Hauch zerstoben,
> Erhob ich frei mein Haupt zum Sternenlicht
> Und lenkte dankerfüllt den Blick nach oben. —
> Ob in der Heimat, ob an fremdem Ort
> Der wackre Sohn des deutschen Landes lebt,
> Oh, deutsches Lied, stets wirst du hier wie dort
> Das Herz erfreu'n, das stilles Glück umwebt!
>
> Adolf Hachtmann.[1]

Wo in Amerika das erste deutsche Lied erklang? Ob an den Ufern des südamerikanischen Silberstroms, ob unter den Palmen Venezuelas, ob auf den Hochebenen von Bogota und Mexiko, ob an den Gestaden des Hudson? Niemand vermag es zu sagen. Wir wissen nur, daß das deutsche Lied zu den kostbarsten Schätzen gehörte, die von den aus dem alten Vaterlande Auswandernden mit in die Neue Welt hinübergenommen wurden.

Bereits in früheren Abschnitten zeigten wir, daß die deutschen Sektierer, die sich zu Ende des 17. und zu Anfang des 18. Jahrhunderts in Pennsylvanien niederließen, große Neigung für Gesang und geistliche Musik bekundeten und damit ihren Gottesdienst auszuschmücken pflegten. Daß diese Sektierer in der Pflege des Gesanges unter den Deutschen nicht vereinzelt standen, ergibt sich aus dem Zeugnis des oft erwähnten Dr. Benjamin Rush, welcher in seiner Darstellung der Sitten und Lebensweise der deutschen Einwohner von Pennsylvanien denselben nachrühmte, daß sie im Psalmensingen alle anderen religiösen Gesellschaften im Staate übertroffen hätten.

---

[1] Die obigen Verse wurden in der von Faßbender bewirkten Vertonung bei der Feier des fünfzigjährigen Bestehens des „Nordöstlichen Sängerbundes" am 5. Juli 1900 als Preislied von den um den Kaiserpreis wetteifernden Vereinen gesungen.

Zur Gründung eines weltlichen Gesangvereins kam es erst am 15. Dezember 1835, an welchem Tage unter der Leitung des tüchtigen Musikers Philipp Mathias Wolsiefer der noch heute bestehende „Männerchor von Philadelphia" gestiftet wurde. Diesem reihten sich bald darauf in anderen Städten ähnliche Vereine an. So entstanden im Jahre 1836 der „Liederkranz" in Baltimore; 1838 der „Deutsche Gesangverein" in Cincinnati; 1847 der „Deutsche Liederkranz" in New York; 1848 der „Deutsche Liederkranz" in Louisville usw. Bald besaß jede Stadt mit deutscher Bevölkerung einen oder mehrere deutsche Gesangvereine. In Baltimore wurde zur selben Zeit, im Jahre 1838, durch Verschmelzung des Damenchors der Zionskirche mit dem „Liederkranz" der erste gemischte deutsche Chor Amerikas gegründet.

Das Gedeihen aller dieser Vereine wurde durch die Einwanderung der aus Deutschland kommenden politischen Flüchtlinge der dreißiger und vierziger Jahre mächtig gefördert. Dieselben brachten die begeisternden Freiheitslieder Hoffmanns von Fallersleben, Herweghs, Freiligraths, die Lieder Uhlands, Heines, Lenaus u. a. mit und bereicherten obendrein die deutschamerikanische Literatur durch zahllose eigene Dichtungen.

Gelegentliche Besuche, wie sie beispielsweise im Jahre 1837 vom „Liederkranz" der Stadt Baltimore, dem „Männerchor" von Philadelphia, und vom „Liederkranz" zu Louisville der „Liedertafel" in Cincinnati abgestattet wurden, gaben die Anregung zu gemeinschaftlichen Sängerfesten wie zu den Sängerbünden.

Als das erste deutsche Gesangfest in Amerika darf jenes gelten, welches am 1. und 2. Juni 1849 von den vereinigten Sängern von Louisville, Madison und Cincinnati in der letztgenannten Stadt abgehalten wurde. Das Programm des am 1. Juni abgehaltenen Hauptkonzerts war folgendes:

Erster Teil.

1. Chor der drei hiesigen Vereine:
    Sängergruß: „Seid gegrüßt in froher Stunde" . . . . Zöllner
2. Allgemeiner Chor:
    „Herbei, herbei, du trauter Sängerkreis" . . . . Mozart
3. Chor der Cincinnatier Liedertafel:
    Das Vaterland: „Dir möcht' ich diese Lieder weihen" . . . Kreutzer
4. Chor des „Louisville Liederkranz":
    „Mein Lebenslauf ist Lieb und Lust" . . . . Volkslied
5. Chor des „Gesang- und Bildungsvereins" von Cincinnati:
    „Macht der Töne" . . . . Frech
6. Chor des „Schweizervereins" von Cincinnati:
    „Das Alpenhorn" . . . . Proch
7. Allgemeiner Chor:
    Die Kapelle: „Was schimmert dort auf dem Berge so schön" Kreutzer

Zweiter Teil.

8. Allgemeiner Chor:
    „Was ist des Deutschen Vaterland" . . . . Reichardt
9. Chor des „Schweizervereins":
    „Der Morgen" . . . . Baumann
10. Chor des „Gesang- und Bildungsvereins":
    „Soldaten-Trinklied" . . . . Abt
11. Chor des „Liederkranzes":
    „Wir kommen, uns in dir zu baden" . . . . F. Silcher
12. Chor der „Liedertafel":
    „Das ist der Tag des Herrn" . . . . Kreutzer
13. Allgemeiner Chor:
    „Ein Leben wie im Paradies" . . . . Zöllner

Alle Nummern wurden gut, manche sogar so vorzüglich durchgeführt, daß die Begeisterung der Zuhörer kaum übertroffen werden konnte. In der am folgenden Morgen, dem 2. Juni, abgehaltenen Generalversammlung der beteiligten Vereine beschlossen dieselben, die freundschaftliche Verbindung nicht nur aufrechtzuerhalten, sondern auch auf andere deutsche Gesangvereine auszudehnen. So entstand der „Deutsche Sängerbund von Nordamerika", dessen Geburt am dritten Festtag, einem herrlichen Sonntag gefeiert wurde. Sämtliche Festteilnehmer, über tausend an der Zahl, fuhren in aller Morgenfrühe auf reichgeschmückten Dampfern den Ohio hinauf bis zu dem sechs Meilen entfernten, romantisch gelegenen Bald Hill, von dessen bewaldetem Gipfel sich ein entzückender Ausblick auf die Täler des Ohio und Miami darbot. Unter fröhlichen Gesängen verstrich der Vormittag; dann vereinigten sich die Teilnehmer zu einem durch treffliche Reden gewürzten Mahl, an welches sich später ein echtes deutsches Volksfest anreihte.

Der herzerhebende Verlauf dieses ersten deutschen Gesangfestes in Amerika war für die amerikanische Presse eine Quelle des Staunens. „The music on the high hill, in the midst of a pleasant grove, by nearly two hundred singers, was grand beyond our power of description." So schrieb die „Gazette", wobei sie einflocht, daß die Amerikaner, die sich viel zu wenig Erholungen gönnten, häufiger an derartigen Vergnügungen teilnehmen möchten.

Daß in der puritanischen Presse auch einzelne absprechende Stimmen laut wurden, war nicht anders zu erwarten. Zumal die Deutschen gewagt hatten, ihr Volksfest an einem Sonntag zu begehen. Eine dieser Zeitungen machte die Sänger sogar für das Erscheinen der Cholera in Cincinnati verantwortlich, behauptend: „These Dutch singers with their intemperate jubilee, drinking the sour wine, have brought the cholera upon us."

Hatte so das deutsche Lied an den Ufern des Ohio eine Heimstätte gefunden, so blieb man auch im Osten nicht müßig. Wohl in der Erkenntnis, daß die ungeheuren räumlichen Entfernungen des Landes den östlichen Vereinen die Beteiligung an den Sängerfesten der westlichen Vereine unmöglich machen würden, gründete man im Jahre 1850 in Philadelphia den „Allgemeinen östlichen Sängerbund", der als Vorläufer des heutigen „Nordöstlichen Sängerbundes" anzusehen ist. Während der „Nordamerikanische Sängerbund" sich auf die zwischen den Alleghanygebirgen und dem Mississippi bestehenden Vereine beschränkte, sammelte dieser die östlich von den Alleghanys entstandenen Vereine um sich. In den Jahren 1852 und 1855 reihten sich diesen Bünden noch der „Deutsch-Texanische" und der „Nordwestliche Sängerbund", an, von denen der letzte die in Wisconsin, Minnesota und westlich vom Mississippi emporgeblühten Vereine umfaßt.

Den mächtigen Anstrengungen dieser Bünde ist es zu danken, daß das deutsche Lied in überraschend kurzer Zeit einen wahren Siegeszug durch ganz Amerika vollenden konnte.

Auch die Amerikaner gelangten zu der Einsicht, daß es töricht sei, den Blick ausschließlich aufs Jenseits gerichtet zu halten. Sie begannen nicht nur ihre Häuser dem deutschen Musiklehrer zu öffnen, sondern deutschen Gesangvereinen beizutreten und sogar eigene ins Leben zu rufen. Schon bei dem vierten, im Juni 1853 zu Philadelphia abgehaltenen Sängerfest befand sich unter den am Preissingen teilnehmenden Vereinen ein anglo-amerikanischer, der sich kurz zuvor dem Nordöstlichen Sängerbunde angeschlossen hatte und von diesem zur Mitwirkung an gemeinsamer Kulturarbeit freudig aufgenommen worden war.

Die Folge hat gelehrt, daß die bei den Amerikanern erweckte Liebe zur Musik und zum Gesang keine vorübergehende Neigung war; sie befestigte sich für alle Zeiten, als hervorragende Dirigenten an die Spitze der Gesangvereine, Konzert- und Opernunternehmungen traten und die Amerikaner mit den großartigsten Schöpfungen der deutschen Gesangskunst bekannt machten; als so gottbegnadete Sänger und Sängerinnen wie Theodor Wachtel, Albert Niemann, Pauline Lucca, Lilli Lehmann, Henriette Sontag, Amalie Materna, Etelka Gerster, Johanna Gadsky, Ernestine Schumann-Heink und viele andere die Neue Welt besuchten und die Amerikaner mit den herrlichsten Schöpfungen der deutschen Gesangskunst, den wunderbaren Arien der deutschen Oper und Oratorien vertraut machten. Von der Zaubermacht solcher Schöpfungen bezwungen, scharten die Amerikaner sich gleichfalls zu Gesangvereinen zusammen, die in dem Bestreben, in der Wiedergabe der Schöpfungen und Oratorien deutscher Meister die höchste Vollkommenheit zu erringen, mit den deutschamerikanischen Vereinen wetteifern.

Wenn es, wie in der Geschichte aller Vereinigungen, auch bei den großen deutschamerikanischen Sängerbünden Zeiten der Lauheit gab, so können aber im allgemeinen diese Verbände mit gerechtem Stolz auf die vollbrachte Kulturarbeit zurückblicken. Ihre Bedeutung und ihr Einfluß sind noch heute beständig im Wachsen. Das ergibt sich am schlagendsten aus den Sängerfesten des

„Nordöstlichen Bundes", die nach einem im Jahre 1871 gefaßten Beschluß nicht mehr jährlich, sondern nur alle drei Jahre stattfinden. Von Fall zu Fall haben sich diese Feste bedeutungsvoller, großartiger gestaltet. Das im Lande der Riesenströme, Riesenbäume, Riesenschluchten, Riesenbrücken und Riesenbauten überall wahrnehmbare Streben nach Gigantischem, Massigem, teilte sich nämlich auch diesen Sängerfesten mit und ließ sie zu Ereignissen werden, wie sie in gleich großem Maßstabe in Deutschland nie gefeiert wurden. Bei dem in Brooklyn abgehaltenen vierzehnten Sängerfest waren 2200 Sänger versammelt. An dem fünfzehnten Feste in Baltimore nahmen 3000, am sechzehnten in Newark 400, am siebzehnten in New York 5000, am 18. in Philadelphia 5300 aktive Sänger teil.

Während dieser Feste stellte es sich heraus, daß die Vereinigung so gewaltiger Sängerscharen zu gigantischen Massenchören zwar große Reize, aber auch Schwierigkeiten und Gefahren für das allseitig befriedigende Gelingen der Feste besitzt. Das trat in sehr anschaulicher Weise bereits bei dem im Jahre 1894 in New York abgehaltenen siebzehnten Sängerfest zutage, wo man, um die volle Entfaltung der Massenchöre sicherzustellen, genötigt war, als Festhalle den „Madison Square Garden", das größte, 15 000 Personen fassende Versammlungslokal New Yorks, zu wählen. Kamen daselbst die vieltausendstimmigen Massenchöre in geradezu überwältigender Weise zur Geltung, so ergab sich aber auch, daß die Lungenkraft der mitwirkenden Solisten nicht ausreiche, so ungeheure Räume zu beherrschen und gegenüber dem niagaraartigen Brausen der Chöre zu entsprechender Wirkung zu gelangen.

Mit Recht erhoben deshalb maßgebende Kritiker die Warnung, nicht in das undeutsche Streben nach dem Massenhaften, Mammutartigen zu verfallen, sondern die Ziele anstatt in Monstrefesten in alljährlich wiederkehrenden kleineren Sängerfesten der Gauverbände zu erstreben.

Diese Empfehlung konnte bei dem im Juli 1900 abgehaltenen neunzehnten Sängerfeste zu Brooklyn nicht ganz beherzigt werden. Verschiedene Umstände bewirkten vielmehr, daß dasselbe eine noch größere Ausdehnung als seine Vorgänger annahm. Es beteiligten sich an demselben nämlich 174 Vereine mit über 6000 Sängern!

Zu diesem Massenzuzug trug einmal der Umstand bei, daß der „Nordöstliche Sängerbund" die Feier seines fünfzigjährigen Bestehens beging; dann auch war aus Anlaß dieses Ereignisses für die in der edlen Sangeskunst wetteifernden Vereine eine große Zahl sehr wertvoller Preise ausgesetzt, darunter ein von Sr. Majestät Kaiser Wilhelm II. gewidmeter, dessen Stiftung in den Herzen aller Deutschamerikaner begeisterte Freude erweckte und dem Jubelfeste eine ungewöhnliche Anziehungskraft verlieh.

Die Gabe bestand in der auf einem Untersatz aus Bronze stehenden 40 cm hohem Silberstatuette eines Minnesängers des 12. Jahrhunderts. Es wurde beschlossen, dieses kostbare Kunstwerk jenem Verein endgültig als Eigentum zuzusprechen, der ihn zweimal unbestritten gewann. Da diese Bedingung bisher kein Verein erfüllte, so muß bis auf weiteres dem Programm jedes Sängerfestes ein Kaiser-Preislied zugefügt werden.

Vom künstlerischen Standpunkt aus betrachtet, ist dieser Umstand mit Freuden zu begrüßen, da es sich herausgestellt hat, daß das Kaiserpreissingen bei allen Festen nicht nur eine ungeheure Anziehungskraft ausübte, sondern daß in diesem edlen, mit allen Aufregungen und dem Nervenkitzel eines wirklichen Kampfes verbundenen Wettstreit auch die allervollendetsten Darbietungen zu Gehör gebracht wurden.

Beim Kaiserpreissingen des Jahres 1900 erzielten der „Arion" von Brooklyn und der „Junge Männerchor" von Philadelphia die gleiche Punktzahl. Da sonach keiner der beiden Vereine einen unbestrittenen Sieg davontrug, so entschied die Bundesleitung, daß jeder der beiden Vereine den Preis 18 Monate lang bis zum nächsten Sängerfest in Besitz nehmen solle. Beim Sängerfest des Jahres 1903 in Baltimore gewann der

Die von Sr. Maj. Kaiser Wilhelm II. dem Nordöstlichen Sängerbund gestiftete Silberstatuette.

„Junge Männerchor" von Philadelphia den alleinigen Sieg. Beim Sängerfest des Jahres 1906 in Newark trug die „Concordia" von Wilkesbarre, Pennsylvanien, den Preis davon. Beim Sängerfest des Jahres 1909 in New York erzielten wiederum zwei Vereine — der „Kreutzer Quartett-Klub" von New York und der „Junge Männerchor" von Philadelphia die gleiche Punktzahl. So muß nun mindestens noch einmal, im Jahre 1912, um den endgültigen Besitz des kostbaren Preises gekämpft werden.

Fast alle in den Vereinigten Staaten abgehaltenen großen Sängerfeste gestalteten sich sowohl in bezug auf die hohen Kunstleistungen wie auf die Menge der Teilnehmer zu förmlichen Triumphen. Und durch das allgemeine, auch seitens des Anglo-Amerikanertums bewiesene Interesse erhielten sie den Charakter amerikanischer Nationalfeste.

Erwähne ich noch, daß die allgemeine Lage der Nordamerikanischen Sängerbünde recht befriedigend ist und daß nach dem Beispiel der östlichen Städte sich auch in den fernsten westlichen Ortschaften mit deutschamerikanischer Bevölkerung allenthalben Gesangvereine bilden, so kann man dem deutschen Lied in Amerika getrost eine glänzende fernere Zukunft voraussagen. Und zwar um so sicherer, je mehr in den Herzen der Deutschen sowohl wie der Amerikaner die Erkenntnis um sich greift, daß die Gesangvereine in der Tat eine Kulturaufgabe erfüllen und in hohem Grade zur Bildung, Erhebung und Veredlung der ganzen Nation beitragen.

Deutsche Einflüsse im Musikleben Amerikas.

Den frommen Sektierern zu Ephrata und Bethlehem, welche unter den in Amerika eingewanderten Deutschen die ersten waren, die sich die Pflege des Gesanges angelegen sein ließen, gebührt auch der Ruhm, die ersten gewesen zu sein, welche der Musik liebevolles Interesse zuwandten. Vornehmlich waren es die Herrnhuter oder Mährischen Brüder, welche ihren Gottesdienst mit Orgelgetön, Posaunenschall und Zimbelklang eindrucksvoller zu machen suchten. Schon im Jahre 1780 schlossen die musikliebenden Brüder der Gemeinde Bethlehem sich zu einem Orchester zusammen, um die Wiedergabe der von Haydn, Händel, Bach, Mozart und anderen deutschen Meistern geschaffenen geistlichen Tonwerke zu versuchen. An tiefem Ernst und hoher Begeisterung ließen sie es nicht fehlen und so kam es, daß die in der alten Kirche zu Bethlehem abgehaltenen Musikfeste bald großen Ruf erlangten und Besucher aus weitem Umkreise anzogen.

Nicht lange blieben die Herrnhuter im Kultus dieser ernsten Musik vereinzelt. Händels „Messias" und Haydns „Schöpfung" waren auch in England als die höchsten Leistungen auf dem Gebiet der geistlichen Musik anerkannt

---

Kopfleiste: Die alte Herrnhuter Kirche zu Bethlehem in Pennsylvanien.

worden. Sie fanden auch ihren Weg nach den Neu-England-Staaten. Bruchstücke der großartigen Tonwerke wurden bereits am 10. Januar 1786 durch die in Boston bestehende „Musical Society" zu Gehör gebracht. Desgleichen am 27. Oktober 1789 zu Ehren der Anwesenheit des Präsidenten George Washington.

Die erhabenen Werke machten auf die Puritaner so mächtigen Eindruck, daß an verschiedenen Orten Amateure und berufsmäßige Musiker sich zu „Händel und Haydn Societies" vereinigten. Eine solche entstand im Jahre 1786 zu Stoughton, Massachusetts. Ihr schloß sich im Jahre 1815 diejenige zu Boston an, welche im Kunstleben Amerikas zu höchstem Ansehen gelangte. Als Gründer darf man wohl den Komponisten Gottlieb Graupner betrachten. Derselbe war Oboist in einem Hannoverschen Regiment gewesen und im Jahre 1798 nach Boston gekommen. Hier schuf er im Jahre 1810 im Verein mit mehreren Amateuren das erste Orchester in Neu-England, die „Philharmonic Society", welche bis 1824 bestand. Die „Händel and Haydn Society" zu Boston veranstaltete ihr erstes öffentliches Konzert am Weihnachtsabend 1815, wobei sie sowohl Haydns „Schöpfung" wie auch Händels „Messias" zur Aufführung brachte.

In New York pflegten die im Jahre 1799 gegründete „Euterpean Society", die 1823 entstandene „Sacred Music Society", die „Choral Society" und die „Harmonic Society" die Oratorienmusik.

Noch größere Bedeutung als diese während der ersten Hälfte des 19. Jahrhunderts wieder erlöschenden Vereinigungen erlangte die „Philharmonic Society". Ihr Ursprung reicht bis in das Jahr 1839 zurück, wo eine Anzahl tüchtiger Künstler für die Hinterbliebenen eines verstorbenen Kollegen am 25. Juni ein Benefizkonzert veranstalteten und dabei mit der vortrefflich gelungenen Wiedergabe der „Freischütz-Ouvertüre" ungeahnten Erfolg erzielten. Das gab den Anstoß zur Gründung der aus lauter Berufskünstlern bestehenden „Philharmonischen Gesellschaft". Ihre Mitglieder, der Mehrheit nach Deutsche, hatten nicht etwa schnöden Gelderwerb im Auge, sondern steckten sich das Ziel, in ihrer hehren Kunst das Vollkommenste zu leisten, unbekümmert darum, ob sie dabei pekuniäre Opfer bringen müßten.

Die Eintragung der Gesellschaft erfolgte im April 1842. Als Dirigenten wechselten anfangs U. C. Hill, Georg Loder, H. C. Timm, Theodor Eisfeld und Karl Bergmann miteinander ab. Hill, ein ausgezeichneter Violinist, der in Kassel bei Spohr studiert hatte, erschien während der ersten Jahre am häufigsten am Dirigentenpult. Von 1865 ab bis 1876 leitete Bergmann ausschließlich die Konzerte.

Der Philharmonischen Gesellschaft zu New York folgten im Jahre 1851 das aus Amateuren bestehende „Haydn-Orchester" in Baltimore; 1862 die „Philharmonische Gesellschaft" in Brooklyn; 1881 das „Symphonie-Orchester" in Boston; 1885 das „Philharmonische Orchester" in Cleveland; 1891 das „Symphonie-Orchester" in Chicago und 1895 das „Symphonie-Orchester" in Cincinnati. Die Gesellschaften in Brooklyn und Baltimore lösten sich während der achtziger Jahre auf, als das zu hoher Bedeutung gelangende „Bostoner Symphonie-Orchester" regelmäßige Kunstreisen durch den Osten der Vereinigten Staaten unternahm und mit seinen vollendeten Leistungen jene Gesellschaften überflügelte.

Mit der Geschichte der genannten Vereinigungen aufs engste verknüpft sind die Namen mancher, von echtem Künstlergeist beseelten Männer, welche als Apostel deutscher Musik für die Entwicklung des Kunstsinns in Amerika von höchster Bedeutung wurden: Karl Bergmann, Theodor Thomas, Karl Zerrahn, Georg Henschel, Wilhelm Gericke, Leopold und Walter Damrosch, Anton Seidl, Emil Paur, Frank van der Stucken u. a.

Karl Bergmann, ein wahres Dirigentengenie, kam im Jahre 1848 als Mitglied des aus etwa 50 politischen deutschen Flüchtlingen bestehenden „Germania-Orchesters" nach Amerika. Dieses veranstaltete in verschiedenen Städten Konzerte, mit denen man zwar große künstlerische, aber nur geringe finanzielle Erfolge erzielte. Trotzdem bestand es unter der Leitung Bergmanns und später unter Karl Zerrahn bis 1854.

In den Jahren 1852 bis 1854 war Bergmann Dirigent der „Händel und Haydn Society" in Boston. Zu Ende der fünfziger Jahre siedelte er nach New York über und führte als erster ständiger Leiter der „Philharmonischen Gesellschaft" diese Vereinigung während der Jahre 1865 bis 1876 zu stolzer Höhe empor.

An seine Stelle trat im Winter 1876/77 der in Posen geborene Leopold Damrosch, ein hochbegabter Musiker, der alle Eigenschaften eines ausgezeichneten Violinisten, Komponisten und Dirigenten in sich vereinigte. Er kam auf Einladung des Männergesangvereins „Arion" nach New York, um dessen Leitung zu übernehmen. Aber sein hochstrebender Geist betätigte sich bald auch nach anderen Richtungen hin. So rief er im Jahre 1873 die „Oratorio Society" ins Leben, die sich der Wiedergabe der Werke der großen Tondichter befleißigte. Um die Orchestermusik zu kultivieren, gründete Damrosch im Jahre 1877 die „Symphony Society", welche gelegentlich mit der „Oratorio Society" gemeinschaftlich wirkte. So z. B. bei dem großen Musikfest, welches am 3. bis 7. Mai 1881 in der Waffenhalle des 7. New Yorker Regiments abgehalten wurde. Das war ein musikalisches Ereignis allerersten Ranges. Der Chor bestand aus 1200 Stimmen, da zu jenen der „Oratorio Society" bewährte Sänger aus anderen Städten zugezogen waren. Außerdem diente ein aus 1000 jungen Damen der New Yorker Hochschulen und 250 Knaben der Kirchenchöre gebildeter Hilfschor als Unterstützung. Das Orchester zählte 250 Instrumente. Händels „Messias" und „Te Deum", Rubinsteins „Turmbau zu Babel", Berlioz' „Totenmesse" und Beethovens „9. Symphonie" waren die bedeutendsten der zu Gehör gebrachten Werke. Das Fest gestaltete sich sowohl in künstlerischer wie finanzieller Hinsicht zu einem großartigen Erfolg.

Später bereiste Damrosch mit einem eigenen Orchester den Westen der Vereinigten Staaten und übernahm dann im Jahre 1884 die Leitung der Deutschen Oper im „New Yorker Metropolitan Opernhause". Die 57 Vorstellungen umfassende Saison nahm in künstlerischer Hinsicht einen überaus glänzenden Verlauf, brachte aber für Damrosch so außerordentliche Anstrengungen mit sich, daß der überbürdete Mann zur selben Zeit, wo ganz New York seines Ruhmes voll war, am 10. Februar 1885 seinen Lasten erlag.

Leopold Damrosch.

Der große persönliche Magnetismus, der von Damrosch ausströmte, die Gabe, seine Ideen sofort dem Orchester mitzuteilen, vererbten sich in hohem Grade auf seinen Sohn Walter, der nach dem Tode seines Vaters auch die Leitung der von demselben gegründeten Oratorien- und Symphonie-Gesellschaften, übernahm, im Jahre 1903 das „New Yorker Symphonie-Orchester" gründete und im modernen Kunstleben Amerikas eine der ersten Stellen einnimmt.

Aufs engste mit der Geschichte der „Philharmonischen Gesellschaft" zu New York verknüpft ist ferner der Name des in dem kleinen ostfriesischen Städtchen Esens geborenen Theodor Thomas. Derselbe kam als zehnjähriger Knabe im Jahre 1845 nach Amerika und mußte seinem streng musikalischen Vater, einem Violinisten, schon frühzeitig helfen, Geld zu verdienen. Wie ernst es ihm um die Kunst war, beweist die Tatsache, daß er, kaum zwanzig Jahre alt, in New York bereits eine Kammermusikvereinigung gründete. Kurze Unterbrechungen abgerechnet, unterhielt Thomas während des Zeitraumes 1864 bis 1891 auch ein eigenes Orchester, mit welchem er ausgedehnte Konzertreisen unternahm. Dieselben machten zwar seinen Namen zu einem der berühmtesten in ganz Amerika, waren aber nur selten von großen finanziellen Erfolgen begleitet. Dagegen war ihr erzieherischer Wert ungeheuer. Der Musikkritiker John Cornelius Griggs äußert sich in seinen „Studien über die Musik in Amerika" folgendermaßen: „Vielen Leuten erschien das Thomas-Orchester als die erste wundervolle Offenbarung der Macht der Instrumentalmusik. Ich werde niemals den Blick in eine neue Welt vergessen, die sich mir beim ersten Hören eines Thomas-Symphonie-Konzertes erschloß. Der Reichtum und die Tiefe des Tons der zwölf ersten Violinen, die wunderbare Bestimmt-

Theodor Thomas.

heit, die Einheit der Wirkung, welche der ganzen lebenden, immer wechselnden Fülle der Töne den Anschein gaben, als ginge sie von dieser einen, ruhigen, würdevollen Person aus —, dies und noch viel mehr brachten die Konzertreisen von Theodor Thomas zuerst Tausenden zur Kenntnis und zum Genuß."

Mit seinem auf 150 Musiker verstärkten Orchester und einem Chor von 400 Sängern gab Thomas im April 1884 im „Metropolitan-Opernhause" zu New York sechs Wagnerkonzerte, wobei unter den Solisten Berühmtheiten wie Amalie Materna, Winkelmann und Scaria mitwirkten. Die Konzerte der „Philharmonischen Gesellschaft" zu New York leitete Thomas während des Zeitraumes 1877 bis 1891. In der Geschichte jener Vereinigung ist diese Periode zweifellos eine der glänzendsten.

Im Jahre 1891 erhielt Thomas von Chicago aus den Antrag, an die Spitze eines dort zu gründenden Symphonieorchesters zu treten. Da das Unternehmen durch die Freigebigkeit kunstsinniger Männer gesichert wurde, so nahm Thomas den Ruf an und blieb bis zu seinem am 4. Januar 1905 erfolgten Tode mit jenem Orchester verbunden.

Seinen hohen künstlerischen Idealen unentwegt nachstrebend, die Schöpfungen der großen Tonkünstler gewissenhaft interpretierend und stets bemüht, die Massen des Volkes emporzuführen, anstatt selbst zum Niveau der Tagesmode herabzusteigen, gehört Thomas zu den hervorragendsten Pionieren der Musik in Amerika. Und deshalb hat sein Name in der Geschichte des amerikanischen Musiklebens dauernden Bestand. —

Als Thomas nach Chicago übersiedelte, trat in New York an seine Stelle der 1850 in Pest geborene Anton Seidl, ein früherer Zögling des Leipziger Konservatoriums. Nach der Absolvierung dieser berühmten Musikschule hatte Seidl mehrere Jahre in der nächsten Umgebung Richard Wagners in Bayreuth verlebt und dessen letzte Werke mit herstellen helfen. Wagner war es auch, der ihn als Kapellmeister an das Leipziger Stadttheater brachte. Später füllte Seidl ähnliche Stellen in Prag und Bremen aus, von wo er im Jahre 1885 nach dem Tode Damroschs nach New York berufen wurde. Hier leitete er das „Metropolitan-Opernhausorchester", die „Philharmonische Gesellschaft" und die „Seidl-Gesellschaft" in Brooklyn. Was Seidl an der Spitze dieser ausgewählten Künstlerscharen, insbesondere als Apostel seines geliebten Meisters Wagner leistete, wird in der Musikgeschichte New Yorks unvergeßlich bleiben. Er stand auf dem Gipfel seines Ruhmes, als er am 28. März 1898 einer Ptomainvergiftung erlag. —

Was Bergmann, Damrosch, Thomas und Seidl für das Kunstleben New Yorks bedeuteten, das waren Karl Zerrahn, Georg Henschel und Wilhelm Gericke für Boston. Zerrahn, ein Mecklenburger, war in dem bereits erwähnten, aus flüchtigen deutschen Musikern bestehenden „Germania-Orchester" Flötist und später Dirigent. Als das Orchester im Jahre 1854 sich auflöste, übernahm er die Leitung des Bostoner „Philharmonischen Orchesters". Ferner leitete er mehrere Jahrzehnte hindurch die „Händel and Haydn Society", desgleichen die von der „Harvard Musical Association" während der Jahre 1866 bis 1882 veranstalteten Symphoniekonzerte, die Konzerte der „Oratorio Society" zu Salem, sowie die in der Stadt Worcester, Massachusetts abgehaltenen „Worcester Festivals", die für den Nordosten der Vereinigten Staaten die gleiche

Bedeutung besitzen, wie die „Rheinischen Musikfeste" für das nordwestliche Deutschland. Welch ungeheuren Einfluß Zerrahn auf das Musikleben der Neu-Englandstaaten ausübte, geht aus folgender Stelle des von L. Elton verfaßten Werkes „National Music of America" hervor: „Zerrahn was the bridge, by which New England travelled to its modern goal in classical music." —

Der Breslauer Georg Henschel, ein Zögling der Konservatorien zu Leipzig und Berlin, leitete das durch die Freigebigkeit des musikliebenden Privatmannes Higginson möglich gewordene „Symphonie-Orchester" der Stadt Boston während des Zeitraums 1881—1884. In seine Stelle rückte später Wilhelm Gericke ein, der frühere Dirigent der Wiener Hofoper und Gesellschaftskonzerte. Als diesen im Jahre 1889 Gesundheitsrücksichten nötigten, nach Europa zu gehen, füllten bis zu seiner Rückkehr im Jahre 1898 der geniale Arthur Nikisch und Emil Paur seinen Platz aus. Beide wußten das Boston-Orchester nicht nur auf der von Gericke erzielten imposanten Höhe zu erhalten, sondern seinen Ruhm durch regelmäßige Konzertreisen auch über den ganzen Osten zu verbreiten. Wie hoch seine künstlerischen Leistungen stehen, geht aus einem Urteil des berühmten Dirigenten Felix Weingartner aus München hervor, der während einer Besuchsreise in Amerika das Orchester hörte und es in einem für die Berliner Zeitschrift „Die Musik" geschriebenen Aufsatz „einen Tonkörper allerersten Ranges" nennt. Der Klang seines starkbesetzten Streicher-

Karl Zerrahn.

chors sei prächtig, die Feinheit der Bläser bezaubernd und die Gesamtwirkung von glänzender Schönheit. —

Emil Paur übernahm im Jahre 1898 die Leitung der „Philharmonischen Gesellschaft" zu New York, im Jahre 1904 diejenige des von Victor Herbert gegründeten Orchesters zu Pittsburg.

Das im Jahre 1895 entstandene „Symphonie-Orchester" zu Cincinnati steht unter Leitung des am 15. Oktober 1858 in der deutschen Ansiedlung Fredericksburg in Texas geborenen F r a n k v a n d e r S t u c k e n, eines unermüdlichen Pioniers der hohen Musik in Amerika. Seine künstlerische Bildung erhielt derselbe in Antwerpen und Leipzig. Nach manchen Wanderjahren finden wir ihn im Jahre 1881 als Kapellmeister des Stadttheaters in Breslau, 1883 in der Umgebung Liszts in Weimar, 1884 als Dirigenten des ausgezeichneten Männergesangvereins „Arion" zu New York. Mit diesem unternahm er im Jahre 1892 eine einzig dastehende Sängerfahrt durch Deutschland und Österreich, während welcher die deutschamerikanischen Sänger durch ihre vollendeten Leistungen bewiesen, daß sie den besten Gesangvereinen der Alten Welt ebenbürtig seien.

Neue Triumphe erntete van der Stucken als Leiter mehrerer großer Musik- und Sängerfeste. Im Jahre 1895 übernahm er das neugegründete „Symphonie-Orchester" in Cincinnati und hat dieses seitdem zu zahlreichen Siegen geführt.

Zu den deutschen Pionieren der abstrakten Musik zählt auch der im Jahre 1859 in Breslau geborene älteste Sohn Leopold Damroschs, F r a n k H. D a m r o s c h, welcher gleich seinem Bruder Walter auf eine reiche Tätigkeit zurückblicken kann. So leitete er den „Chorus Club" der Stadt Denver, Colorado, die „Harmonic Society" zu Newark, New Jersey, den „Orpheus Club" zu Philadelphia, sowie den „Choral Club", die „Oratorio Society" und das „Symphonie-Orchester" zu New York.

Ferner ist der Dresdener F r a n z X a v e r A r e n s zu erwähnen, welcher in den Jahren 1885 bis 1888 das „Philharmonische Orchester" zu Cleveland leitete und seit 1898 an der Spitze der „Manuscript Society" zu New York steht. Hier eröffnete er auch im Jahre 1900 die rasch zu großer Beliebtheit gelangenden „Volkssymphoniekonzerte" („Peoples Symphony Concerts"), welche durch ihre gut ausgewählten Programme und sehr geringen Eintrittspreise zur Hebung des Kunstsinnes unter den großen Massen beträchtlich beitragen, da vorwiegend Geschäftsangestellte, Studierende, wenig bemittelte Bürger und Arbeiter zu den Besuchern dieser Konzerte gehören.

Die fortschrittliche Gesinnung für symphonische Konzerte zeigt sich auch in vielen anderen Städten, in Philadelphia, Brooklyn, Washington, Portland (Maine), New Haven (Conn.), St. Louis, Milwaukee, Louisville, Cleveland usw., wo überall Bestrebungen zur Gründung von Orchestervereinigungen zutage treten. Nach weiteren zehn Jahren dürfte kaum eine größere Stadt der Union mehr ohne eigenes Orchester sein.

*   *   *

Neben den Symphonieorchestern entstanden da und dort auch Kammermusikvereinigungen, deren Mitglieder sich bestrebten, die schwierigsten Tondichtungen berühmter Meister in vollendeter Weise wiederzugeben. Auch auf diesem Felde war Theodor Thomas der Pionier, indem er 1855 mit den beiden Geigern Georg Matzka und Joseph Mosenthal, dem Cellisten Karl Bergmann und dem Pianisten William Mason eine Kammermusikvereinigung gründete, die ihre Missionstätigkeit zehn Jahre lang fortsetzte, trotzdem sie niemals nennenswerte Einnahmen erzielte.

Unter den später entstandenen Genossenschaften steht obenan das von dem Konzertmeister des „Boston Symphonie-Orchesters" Franz Kneisel gegründete „Kneisel-String-Quartett", welches in seinen Darbietungen nach dem Urteil der berufensten Musikkenner den allerbedeutendsten Kammermusikvereinigungen der Alten Welt vollkommen ebenbürtig ist. Nach Überwinden zahlloser Schwierigkeiten und Enttäuschungen erreichte diese Genossenschaft es endlich, daß ihre im Musikleben Amerikas die erste Stelle einnehmenden Konzerte in allen Städten nur noch vor ausverkauften Sälen stattfinden. Zweifellos zählt sie in musikalischer Hinsicht zu den wichtigsten Kulturfaktoren Amerikas, da sie außerordentlich viel dazu beitrug, die Kammermusik auch in vielen Privathäusern heimisch zu machen.

In Boston besteht ferner der von dem Amerikaner Thomas Ryan gegründete „Mendelssohn Quintett-Club", dessen Mitglieder mit alleiniger Ausnahme Ryans Deutsche sind.

New York besitzt eine ähnliche Vereinigung, den „Philharmonic Club", welche von dem über dreißig Jahre als Konzertmeister mit der Philharmonischen Gesellschaft verbundenen Violinisten Richard Arnold gegründet wurde.

Diesen hohen Vorbildern folgen zahlreiche ähnliche Vereinigungen, die in anderen amerikanischen Städten zusammentraten, um ihr Teil an dem großen Kulturwerk beizutragen. Zur Fortführung desselben wurden sie nicht wenig durch jene großen Virtuosen und Dirigenten angespornt, die der Einladung solcher Vereinigungen folgten und sich zu Besuchsreisen durch die Vereinigten Staaten entschlossen.

Unter diesen Gastdirigenten befanden sich Max Bruch, Hans von Bülow, Felix Weingartner, Gustav Kogel, Richard Strauß, Carl Panzner, Fiedler, Kunwald, Karl Muck und Gustav Mahler; unter den Violinvirtuosen August Wilhelmj, Fritz Kreisler und Hugo Heermann; unter den Pianisten Anton Rubinstein, Rafael Joseffy, Thalberg, Xaver Scharwenka, Louis Maas, Emil Liebling, Eugen d'Albert, Emil Sauer, Joseph Hofmann, Stavenhagen, Reisenauer, Moritz Rosenthal sowie die Damen Marie Krebs, Anna Mehlig, Alide Topp, Adele aus der Ohe, Fanny Bloomfield-Zeisler u. a.

Die hohen Leistungen solcher Künstler und Künstlerinnen regten zur

Gründung von Musikschulen an, aus denen bereits manche hochbegabte Zöglinge hervorgingen, deren Namen heute guten Klang besitzen.

Von Jahr zu Jahr mehrt sich die Zahl solcher Schulen und Vereinigungen. Da neuerdings auch die Universitäten beginnen, der Kenntnis der Tonkunst großen Wert beizulegen und „Musikalische Abteilungen" gründen, so wird die Musik, die holdeste, gewinnendste und erhebendste unter den Musen, ihre hohe Kulturmission auch in Amerika erfüllen.

* * *

Unter den deutschen Musikern, welche der Tonkunst in Amerika neue Heimstätten bereiteten, befanden sich viele, die sich nicht damit begnügten, die von anderen Meistern geschaffenen Werke zu Gehör zu bringen, sondern sich auch in eigenen Schöpfungen zu betätigen suchten.

Konrad Beissel sowie verschiedene unter den Herrnhutern lebende Musikfreunde sind auch auf diesem Gebiet als Pioniere zu betrachten, da sie zu vielen in Ephrata, Bethlehem, Nazareth und anderen Orten gedichteten geistlichen Liedern die Melodien komponierten.

Zu Ausgang des 18. Jahrhunderts lebten auch in Boston und Philadelphia einzelne professionelle deutsche Musiker, die sich der Tonsatzkunst befleißigten. Die bedeutendsten waren Hans Gram und Gottlieb Graupner. Gram war Organist der Brattle-Kirche in Boston. Zusammen mit Oliver Holden und Samuel Holyoke gab er im Jahre 1795 den „Massachusetts Compiler" heraus, eine der frühesten musikalischen Zeitschriften der Vereinigten Staaten. Gram verdankt man außer anderen Kompositionen auch die im Jahre 1793 veröffentlichten „Sacred Lines for Thanksgiving Day".

Seinen Landsmann Gottlieb Graupner lernten wir bereits als Begründer des ersten Orchesters sowie der berühmten „Händel and Haydn Society" zu Boston kennen. Von ihm erhielten sich gleichfalls mehrere Kompositionen, deren Titel und Erscheinungsjahre in Sonnecks „Bibliography of early secular American Music" aufgezählt sind. Dasselbe Werk nennt auch die Namen sowie einzelne Werke der um die gleiche Zeit in Boston lebenden Violinvirtuosen und Komponisten Peter Albrecht von Hagen (Vater und Sohn); ferner des Franz Schaffer oder Schäfer, dessen Werke auf Bostoner Musikprogrammen vom Ende des 18. Jahrhunderts erscheinen.

In Philadelphia lebte um jene Zeit Philipp Roth, ehemals Kapellmeister eines englischen Füsilierregiments. In ihm vermutet man den Komponisten des Präsidentenmarsches „Hail Columbia".

Philadelphia war ferner der Wohnsitz des Komponisten Johann Heinrich Schmidt, welcher im Jahre 1788 dort Vorträge über Musik hielt und diese durch eingestreute Gesang- und Musikstücke illustrierte. Daß all diese wackeren, im Dienst der edlen Musika stehenden Männer einen harten Kampf ums Dasein zu fechten hatten, darf man daraus schließen, daß sie neben musikalischem Unterricht auch Musikalienhandel betrieben, um mit den Erträgnissen desselben einen Teil ihres Lebensunterhalts zu decken.

Das während des 19. Jahrhunderts sich zeigende Erwachen musikalischen Lebens in Amerika bekundete sich auch in der raschen Zunahme der zur Veröffentlichung gelangenden Kompositionen. Sangesweisen für geistliche und weltliche Lieder, besonders für Männerchöre entstanden in großer Zahl. Dem genialen Leopold Damrosch verdankt die Welt zahlreiche Violinstücke, darunter das biblische Idyll „Sulamith"; ferner eine Festouvertüre. Frank van der Stucken zeigte sein Können in den symphonischen Dichtungen „Pax triumphans" und „Ratcliff", ferner in einer „Bundeshymne" und vielen anderen Werken, die, durch wundervolle Orchestration und glänzendes Kolorit ausgezeichnet, auch in Europa zahlreiche Aufführungen erlebten.

Ferner bereicherten die deutschamerikanischen Komponisten F. X. Ahrens, Johannn A. Beck, Friedrich Brandeis, Wilhelm Heinrich Beerwald, Arthur Claasen, E. G. Dossert, J. Eichberg, Alexander von Fielitz, Adolf Förster, R. Goldbeck, Louis Gottschalk, Simon Hassler, R. Hoffman, Bruno Oskar Klein, Adolf Killing, Mathias Keller, E. R. Kröger, E. Liebling, Julius Lorenz, M. Merz, Eduard Mollenhauer, Walter Petzet, Friedrich Louis Ritter, Louis Saar, H. Schönfeld, W. C. Seeböck, Otto Singer, Hermann Spielter, Max Spicker, Arthur Velten u. a. die Welt um zahllose köstliche Darbietungen, von denen manche bleibenden Wert besitzen. In vielen dieser Tondichtungen offenbaren sich echt deutsches Gemüt und jenes tiefe Empfinden, daß die Natur dem Deutschen zugleich mit seiner Sangesfreude ins Herz gesenkt hat.

Deutsche Einflüsse zeigen sich auch in den Werken zahlreicher amerikanischer Komponisten, besonders derjenigen welche gleich vielen amerikanischen Gelehrten, Medizinern, Chemikern, Ingenieuren und Baumeistern die Grundlagen für ihr Können an deutschen Lehranstalten legten oder ihr Wissen in Deutschland vervollständigten. Zu diesen von der deutschen Kunst beeinflußten Amerikanern zählen beispielsweise die berühmten Komponisten Paine, MacDowell, Kelley und Chadwick.

Der 1839 in Portland, Maine, geborene John Knowles Paine pilgerte im Alter von 19 Jahren nach Berlin, wo er unter Haupt, Wieprecht und Teschner Orgel, Komposition und Gesang studierte. Nach seiner Rückkehr lehrte er im Jahre 1862 als Privatdozent an der Harvard Universität. Diese Stellung wurde 1875 zu einer Professur für Musik erhoben, — die erste derartige an irgendeiner amerikanischen Hochschule. Die anfangs geringe Zahl der dort Musik Studierenden wächst von Jahr zu Jahr. Sie beträgt gegenwärtig bereits über 200, so daß Paine die Hilfe mehrerer Assistenten benötigte.

Die deutsche Schulung Paines zeigt sich selbstverständlich am stärksten in seinen frühesten Kompositionen; der Einfluß Händels beispielsweise in dem Oratorium „St. Peter", welches, im Jahre 1874 von der „Händel- und Haydn-Society" in Boston zuerst gesungen, als das beste aller in Amerika geschaffenen Oratorien gilt.

Der 1861 in New York geborene, im Jahre 1907 verstorbene Komponist Edward MacDowell studierte in Stuttgart und Frankfurt; in der letztgenannten Stadt unter Carl Heymann an dem von Raff geleiteten Konservatorium. Später wirkte er als erster Klavierlehrer am Konservatorium zu Darmstadt, verlebte dann mehrere Jahre in Weimar, Frankfurt und Wiesbaden und kehrte 1889 nach den Vereinigten Staaten zurück, wo er im Jahre 1896 die eben an der Columbia-Universität zu New York geschaffene Professur für Musik übernahm. Während seine frühesten Lieder und Klavierstücke entschieden nach deutschen Vorbildern geschaffen sind, entwickelte Mac Dowell in seinen späteren Schöpfungen eine Eigenart, die ihn im Musikleben Amerikas zu einer der bemerkenswertesten Persönlichkeiten werden ließ.

Edgar Stillman Kelley, 1857 in Wisconsin geboren, ist gleichfalls ein ehemaliger Zögling des Stuttgarter Konservatoriums. George W. Chadwick, gegenwärtig Direktor des New England-Konservatoriums in Boston, verdankt seine vorzügliche Schulung den Professoren Judassohn und Reinecke in Leipzig, sowie Rheinberger in München. Den Unterricht des letzten genoß übrigens auch Horatio Parker, der seit zwei Jahrzehnten die Musikprofessur an der Yale-Universität bekleidet.

Es wäre nicht schwer, den mächtigen Einfluß der deutschen Tonkunst auf die amerikanische noch an vielen anderen Beispielen festzustellen. Aber die hier angeführten genügen vollkommen, um die reiche Befruchtung, die das Musikleben der Neuen Welt aus Deutschland empfing, erkennen zu lassen.

Das deutsche Theater in Amerika.

Fast um dieselbe Zeit, wo die großen Schöpfungen der deutschen Tondichter ihren Einzug in die Vereinigten Staaten hielten, begannen auch die Werke deutscher Bühnenautoren ihren Weg dorthin zu finden. Und zwar über London, wo die Dramen Kotzebues, Schillers, Zschokkes und Halms in englischen Übersetzungen über die weltbedeutenden Bretter gingen und stets volle Häuser brachten.

Schillers „Räuber" erlebten, gleichfalls in englischer Übersetzung, bereits im Jahre 1795 in New York, Philadelphia und Baltimore ihre amerikanische Erstaufführung. „Wilhelm Tell", „Don Carlos" sowie „Kabale und Liebe" folgten wenige Jahre später. Desgleichen gehörten Zschokkes „Abellino, der große Bandit" und Halms „Sohn der Wildnis" zu den gern gesehenen Stücken.

Seit jener Zeit haben unzählige Werke der späteren und neueren deutschen Dramatiker in englischen Umarbeitungen in den Vereinigten Staaten Aufführungen erlebt, z. B. Heyses „Maria Magdalena" (unter dem Titel „Mary of Magdala"); Försters „Alt Heidelberg"; Fuldas „Paradies" und „Talisman"; Blumenthal-Kadelburgs „Im weißen Rößl" („In the White Horse Tavern"); Sudermanns „Es lebe das Leben", „Heimat" und „Die Ehre"; ferner die besten Werke von Gustav von Moser und Roderich Benedix. Daß alle diese hervorragenden Stücke auf die amerikanischen Bühnenschriftsteller und Darsteller großen Einfluß ausübten, dürfte von niemandem angezweifelt werden.

Dem Verlangen der deutschamerikanischen Bevölkerung nach Vorstellungen in deutscher Sprache suchten zuerst die in zahlreichen geselligen Vereinen gegründeten Liebhabertruppen zu entsprechen. Erst im zweiten Drittel des 19. Jahrhunderts brachten Friedrich Schwan in New York und von Adlerberg in Indianapolis kleine Truppen berufsmäßiger Schauspieler zusammen. Die Lokalitäten, in denen diese ihre Aufführungen darboten, waren allerdings recht bescheiden und stellten mit ihren an die Bühnen Shakespeares erinnernden primitiven Einrichtungen an die Phantasie der Zuschauer große Anforderungen.

Der höhere Ansprüche stellenden Einwandrung der Achtundvierziger ist die Gründung wirklicher deutscher Theater in den Vereinigten Staaten zu danken. In New York schuf der an den Hoftheatern zu Dresden und Darmstadt beschäftigt gewesene Heldendarsteller Otto von Hoym in Gemeinschaft mit Eduard Hamann im Jahre 1853 an der Bowery das deutsche

„Stadttheater". Hoym war der künstlerische Leiter desselben. Dieser erste deutsche Theaterdirektor in Amerika besaß manche Eigenschaften, die ihn rasch zu einer der beliebtesten Persönlichkeiten des damaligen New York machten. Ein wahrer Adonis an Gestalt, zugleich über ein prächtiges Organ und ein ausgezeichnetes Darstellertalent gebietend, war er der ideale Vertreter eines von allen Schönen angeschmachteten jugendlichen Helden. Seine eheliche Verbindung mit der vom Darmstädter Hoftheater stammenden tragischen Liebhaberin Elise Hehl gestaltete sich zu einem Ereignis, an dem das ganze New Yorker Deutschtum lebhaften Anteil nahm. Das von Hoym beim Ausbruch des Bürgerkriegs bei der Organisierung des 42. Regiments New Yorker Freiwilliger wacker mitwirkte und als Hauptmann in dasselbe eintrat, trug ungeheuer zu seiner Beliebtheit bei. Seine Gefangennahme in Virginien nach siebentägigem Gefecht, seine Einkerkerung in dem berüchtigten Libby-Gefängnis zu Richmond erhöhten die ihn umgebende Romantik. Kein Wunder, daß, als Hoym später ausgetauscht wurde, sein Wiederauftreten in New York zu den stürmischsten Ovationen Anlaß gab.

Da im Stadttheater ausschließlich berufsmäßige Künstler auftraten und man auf gute Inszenierung hielt, so gestaltete der Besuch sich so gut, daß die beiden Direktoren nach mehreren Jahren zum Bau eines 3500 Personen fassenden „Neuen Stadttheaters" schreiten konnten. In diesem gleichfalls an der Bowery gelegenen, am 6. September 1864 eröffneten Hause pflegte man sowohl das Schau- und Lustspiel als auch Operette und Oper. Unter den hier auftretenden Künstlern befanden sich zahlreiche aus Deutschland zu Gastspielen eingeladene Größen wie Pauline Lucca, Magda Irschick, Daniel Bandmann, Eugenie Schmitz, L'Arronge, Bogumil Davison, Friedrich Haase u. a. Ihre Gastspiele gestalteten sich zu förmlichen Triumphen und brachten sowohl den Darstellern wie den Direktoren Gold und Ehren ein. Als von Hoym wegen eines Augenleidens im Jahre 1867 die Leitung des Stadttheaters niederlegte und nach Deutschland zurückkehrte, zeigte es sich, in wie hohem Grade die Erfolge des Theaters seiner Beliebtheit zuzuschreiben waren. Denn seinem bisherigen Teilhaber wollte es nicht glücken, sich in der Gunst der Theaterbesucher zu behaupten. Trotzdem er es an Anstrengungen nicht fehlen ließ, mußte das Stadttheater im Jahre 1872 seine Pforten schließen.

Aber bereits in demselben Jahre gründete Adolf Neuendorf das „Germania-Theater". Diesem gesellte sich im Jahre 1879 das zuerst von der Soubrette Matilde Cotrelly, später von den Direktoren Hermann, Gustav Amberg und Heinrich Conried geleitete „Thalia-Theater" zu. Und nun erlebte die deutsche Kunst in New York eine wahre Glanzperiode.

Was Deutschland an Bühnenberühmtheiten aufzuweisen hatte, wurde von jenen wagemutigen Direktoren zu Gastspielen eingeladen. Außer verschiedenen bereits obengenannten Künstlern, die sich zu abermaligem Besuch der Vereinigten Staaten entschlossen, kamen Franziska Ellmenreich, Georgine von Januschowsky, Maria Barkany, Kathi Schratt, Lina Mayr, Marie Seebach, Fanny Janauscheck, Hedwig Niemann-Raabe, Gertrude Giers, Agnes Sorma, Marie Geistinger, Karl Sontag, Ernst Possart, Ludwig Barnay, Junkermann, Adalbert Matkowsky, Joseph Kainz, Friedrich Mitterwurzer, Adolf Sonnenthal, die Komiker Wilhelm Knaak, Franz Tewele und viele andere.

„Beginnt man," so urteilte im Jahre 1905 ein berufener Kritiker, „über jene Zeit zu schreiben, so fällt es schwer, sich solcher Sprache zu bedienen, daß man nicht in den Verdacht der Überschwenglichkeit kommt. Man macht sich in unserer nüchternen Zeit keinen Begriff, welcher Kunsttaumel damals New York — nicht nur das deutsche New York, sondern das ganze New York — ergriffen hatte."

Besonders die zu den ständigen Gästen zählenden Leiter und darstellenden Mitglieder der anglo-amerikanischen Bühnen kamen aus dem Staunen gar nicht heraus. Bildete doch jede einzelne der von den genannten Künstlern verkörperten Figuren eine Studie, die an Reiz, Vollendung und innerer Wahrheit kaum übertroffen werden konnte. Possart, Barnay und die Ellmenreich erschütterten durch ihre großartigen Darstellungen geschichtlicher Persönlichkeiten; Knaak und Tewele wurden infolge ihrer unausgesetzten Wirkung auf die Lachmuskeln der Zuschauer fast lebensgefährlich. Und nun vollends die göttliche, ewig junge Marie Geistinger! Die „Begeistingerung" kannte keine Grenzen. Man ging einfach jeden Abend ins Theater, denn jeden Abend konnte man diese geniale Künstlerin in einer anderen Rolle bewundern. Heute erschien sie in einer übermütigen Posse, morgen in einem tiefernsten Drama, übermorgen in einer Operette und dann wieder in einem zwergfellerschütternden Lustspiel. Bald brillierte sie als „Großherzogin von Gerolstein", „Bocaccio" oder „Schöne Helena", um am folgenden Abend mit vollendetem Geschick die Königin Elisabeth in Schillers „Maria Stuart", die „Therese Krones", die „Cameliendame" oder „Donna Diana" zu spielen.

Wieviel die englische Bühne in den Vereinigten Staaten durch das Auftreten so bedeutender deutscher Künstler und Künstlerinnen profitierte, läßt sich natürlich nicht feststellen. Aber ein Beweis, welch ungeheures Interesse die amerikanischen Bühnenleiter und Darsteller den deutschen Künstlern entgegenbrachten, ist gewiß darin zu finden, daß Edwin Booth, hingerissen von dem Spiel Bogumil Davisons, an diesen die Einladung ergehen ließ, in dem von Booth geleiteten „Winter Garden" den „Othello" zu spielen, während er die Rolle des „Jago" übernehmen wolle. In dieser Mustervorstellung, die im Januar 1867 zustande kam, wirkte überdies die deutsche Schauspielerin Frau Methua-Scheller als „Desdemona" mit, wobei sie in ihren Szenen mit Booth Englisch, mit Davison hingegen Deutsch sprach.

In demselben Jahre folgte auch Fanny Janauscheck einer Einladung Booths, in seiner in Boston gastierenden englischen Gesellschaft dreimal als

„Lady Macbeth" aufzutreten. Obwohl sie sich dabei der deutschen Sprache bediente, erweckte sie durch ihr Spiel solche Begeisterung und solchen Zulauf, daß Booth der Künstlerin die Summe von 11 000 Dollar als Honorar aushändigen konnte.

Durch solche auf englischen Bühnen errungenen Triumphe ließen sich manche deutsche Schauspieler und Schauspielerinnen bestimmen, ganz zur englischen Bühne überzugehen. Darunter Fanny Janauscheck, welche zuerst in der „Academy of Music" zu New York englisch sprechend auftrat und später mit einer eigenen englischen Gesellschaft die Vereinigten Staaten bereiste.

Einen noch gewaltigeren und nachhaltigeren Einfluß als solche Einzeldarsteller übten die Gastspielreisen mehrerer, die Vereinigten Staaten besuchenden deutschen Truppen, besonders der „Münchener", „Schlierseer" und eines Teiles der berühmten „Meininger" auf die amerikanische Bühne aus. Die letzteren standen unter der Leitung des vorzüglichen Charakterdarstellers L u d w i g B a r n a y. Sie überraschte zunächst durch die bis auf die kleinsten Einzelheiten der Kostüme, Waffen und Gerätschaften ausgedehnte historische Treue der Ausstattung, dann aber auch durch ihr wunderbares, in solcher Vollendung nie zuvor gesehenes Zusammenspiel. Hier wirkte alles echt. Solchen Darstellungen gegenüber verlor man jedes Bewußtsein, daß man sich in einer Welt des Scheins, im Theater befinde und daß die hier auftretenden Könige und Helden gewöhnliche Sterbliche seien, nachdem sie ihre Purpurmäntel und Waffenröcke abgelegt hätten.

Die Münchener Truppe unter Leitung des tüchtigen M a x H o f p a u r frappierte gleich den Schlierseern durch die ungeschminkte, derbe Natürlichkeit und Frische, mit der sie ihre oberbayrischen Volksstücke wiedergaben. Derartige Vorführungen wirkten nicht bloß auf die theaterbesuchenden Feinschmecker, sondern auch auf die amerikanischen Bühnenleiter und Darsteller gleich großen Offenbarungen. Und von dieser Zeit datiert auch ihr Bestreben, jenen glänzenden Vorbildern nachzuahmen.

Ein Künstler, der wohl am meisten während jener theatralischen Glanzperiode lernte und profitierte, war H e i n r c h C o n r i e d. Selbst ein tüchtiger Darsteller, hatte er bereits unter den Direktionen Cotrelly und Amberg die artistische Leitung der Vorstellungen in Händen gehabt und ihre großen Erfolge ermöglicht. Am 1. Mai 1893 übernahm er das im Besitz Ambergs gewesene „Irving Place Theater" und leitete damit eine dritte Glanzepoche ein, in deren einzelnen Abschnitten er dem New Yorker Publikum fast alle neueren Berühmtheiten der deutschländischen Bühne zuführte. Die bedeutendsten Gastspiele unter seiner Leitung waren diejenigen von A d o l f S o n n e n t h a l, G e o r g E n g e l s, F e l i x S c h w e i g h o f e r, R u d o l f C h r i s t i a n s, F e r d i n a n d B o n n, H a r r y W a l d e n, A g n e s S o r m a, H e l e n e O d i l o n, A n n i e D i e r k e n s, A g a t h e B a r s e s c u und M i a W e r b e r.

Als Conried im Jahre 1903 an die Metropolitan Operngesellschaft berufen wurde, legte er die Leitung des Irving Place-Theater nieder. An seine Stelle trat der Schriftsteller M. Baumfeld, unter dem das deutsche Theater zwar manche glanzvolle Darbietungen, leider aber auch in der Saison 1908 bis 1909 seinen durch allerhand Intriguen herbeigeführten Zusammenbruch erlebte.

Andere amerikanische Städte, welche deutsche Theater unterhalten oder vorübergehend unterhielten, sind Philadelphia, Baltimore, Buffalo, Cincinnati, Cleveland, Indianapolis, Detroit, Chicago, St. Louis, Milwaukee, Davenport, Dubuque, La Crosse, St. Paul, New Orleans, Denver und San Francisco. Mit der Geschichte der deutschen Bühne in Chicago, Milwaukee und St. Louis sind die Namen der Direktoren Leon Wachsner und Ferdinand Welb, mit derjenigen des Theaters zu San Francisco der Name der Direktorin Ottilie Genee unlöslich verbunden.

Viele der außerhalb der Stadt New York bestehenden deutschen Musentempel wurden von den Wandertruppen besucht, die von den Leitern der deutschen Theater in New York ausgesendet wurden. Mit solchen Truppen unternahmen auch Haase, Barnay, Josephine Gallmeyer, Marie Geistinger, die Schlierseer und andere ausgedehnte Kunstreisen durch den fernen Westen, dessen Bevölkerung dadurch gleichfalls Gelegenheit erhielt, sich an den hohen künstlerischen Darbietungen so seltener Gäste zu erfreuen und zu begeistern.

Die deutsche Oper in Amerika.

Anton Seidl.

Die Mitte des 19. Jahrhunderts war die Zeit, wo im Deutschamerikanertum der Sinn für die tönende Kunst mächtig erwachte. Allerorten erstanden Gesang- und Musikvereine, Symphonie-, Orchester- und Oratoriengesellschaften, welche sich die Pflege der Musik in ihren verschiedenen Zweigen zur Aufgabe machten. Viele dieser Vereinigungen brachten in ihren Konzerten Ouvertüren und andere Abschnitte aus deutschen Opern zu Gehör und erweckten dadurch das Verlangen, jene Bühnenwerke vollständig kennen zu lernen. Dieser Wunsch trat um so lebhafter hervor, als man sich an dem süßlichen, unwahren und auf die Dauer schrecklich monoton wirkenden Singsang der italienischen Oper, die neben der englischen bisher in den Vereinigten Staaten das Feld beherrschte, gründlich den Magen verdorben hatte. Man verlangte nach Kräftigerem, Vollblütigerem. Das schienen die deutschen Opern, namentlich die eben ihre Rundreise über Deutschlands Bühnen antretenden Opern Wagners zu verheißen. Und unternehmende Bühnenleiter säumten nicht, dem geheimen Sehnen des Publikums Rechnung zu tragen.

Der Ruhm, die ersten Opern in deutscher Sprache in Amerika aufgeführt zu haben, gebührt Julius Unger. Derselbe veranstaltete im Jahre 1855 in „Niblos Garden" zu New York eine zwölf Abende umfassende Saison, während welcher unter anderen der „Freischütz", „Martha" und „Czar und Zimmermann" gegeben wurden.

Ihm folgten Max Maretzek sowie Karl Bergmann, der geniale Leiter der „Philharmonischen Gesellschaft". Bergmann eröffnete seine Saison am 4. April 1859 im alten „Stadttheater" mit Wagners „Tannhäuser", unterstützt von dem Gesangverein „Arion", dessen Mitglieder den Chor stellten. Bergmanns Darbietungen fanden so warme Aufnahme, daß durch dieselbe ermutigt, im September 1862 auch Karl Anschütz eine deutsche Opernsaison eröffnete, während welcher das New Yorker Publikum mit der „Zauberflöte", der „Entführung aus dem Serail", „Joseph in Ägypten", „Stradella", „Don Juan" und anderen Opern bekannt wurde.

Dieser Saison schlossen sich zu Ende der sechziger und zu Anfang der siebziger Jahre mehrere andere unter verschiedenen Direktoren und unter der künstlerischen Leitung von Adolf Neuendorff an. „Lohengrin" und „Der Fliegende Holländer" erlebten in dieser Zeit ihre amerikanischen Erstaufführungen. „Rienzi" bekamen die Amerikaner im Jahre 1878 zum erstenmal zu hören. Unter den großen Gesangskünstlern, welche damals reiche Lorbeeren ernteten, befanden sich Eugenie Pappenheim, Ines Lichtmay, die einzige Pauline Lucca, Theodor Habelmann, Wilhelm Formes, Theodor Wachtel und andere.

Im Jahre 1884 wußte Leopold Damrosch die Direktoren des „Metropolitan Opernhauses" zu bestimmen, an Stelle der italienischen Oper, die in dem neuerbauten Hause schweres finanzielles Fiasko erlitten hatte, eine deutsche Saison zu veranstalten. Sie umfaßte nicht weniger als 57 Aufführungen, in denen „Tannhäuser", „Fidelio", „Die Hugenotten", „Freischütz", „Wilhelm Tell", „Lohengrin", „Don Juan", „Der Prophet", „Die Stumme von Portici", „Rigoletto", „Die Jüdin" und „Die Walküre" gegeben wurden. Amalie Materna, Marianne Brandt, Frau Marie Schröder-Hanfstängl, Frau Auguste Seidl-Kraus, Josef Staudigl, Adolf Robinson und Anton Schott ragten dabei als Solisten hervor. Beim Zusammenstellen seiner Künstlerschar brach Damrosch mit dem in Amerika üblichen Starsystem, wo einer Hauptzugkraft in der Regel ein sehr minderwertiges Personal als Folie dient. Er legte vielmehr Gewicht auf ein abgerundetes Zusammenspiel. Zugleich wandte er volle Aufmerksamkeit auf die bisher gänzlich vernachlässigte Ausstattung und auf das Herausarbeiten der dramatischen Wirkung. Der künstlerische Eindruck, den diese deutsche Saison hinterließ, war ein so tiefgehender, daß die Direktoren des „Metropolitan-Opernhauses" sich entschlossen, derselben sofort eine zweite folgen zu lassen. Aber Damrosch war vom Tode abberufen worden. Deshalb begaben sich Edmund Stanton, der langjährige Sekretär der „Metropolitan-Opernhausgesellschaft" und Damroschs Sohn Walter nach Deutschland und schlossen dort mit Anton

Seidl einen Vertrag ab, durch welchen dieser sich verpflichtete, die deutsche Opernsaison 1885—1886 zu leiten. Die unvergleichliche Lilli Lehmann, ferner Marianne Brandt, Frau Seidl-Kraus, Emil Fischer, Albert Stritt, Gudehus, Robinson und andere Künstler wurden als Solisten gewonnen. Wagners „Meistersinger" und Goldmarks „Königin von Saba" bildeten die Neuheiten des Repertoirs.

Schon die Eröffnungsvorstellung am 23. November bedeutete eine gewonnene Schlacht. Man gab den „Lohengrin" und entfesselte damit eine Begeisterung, wie sie beim New Yorker Publikum selten erlebt worden war. Dieselbe erfaßte auch die mit hochgespannten Erwartungen gekommenen Musikreferenten. Einer der bekanntesten, H. E. Krehbiel, schrieb über den Abend folgendermaßen: „Die Aufführung war jedenfalls die allerkünstlerischste, die Wagners bewundertes Werk jemals in Amerika erfahren hat, eine Tatsache, für die vor allem Anton Seidls herrliche musikalische Leitung verantwortlich ist. Auch wenn die Leute auf der Bühne sich mit weniger anerkennenswerter Gewissenhaftigkeit der Aufgabe entledigt hätten, die ihnen die Partitur stellte, würde Herrn Seidls Einfluß dennoch den ganzen Abend hindurch allen sensitiven Zuhörern offenbar geworden sein. Aber nicht die unübertreffliche technische Präzision, der sich alle, auf der Bühne und im Orchester, bei der Wiedergabe des Werkes befleißigten, ja, nicht einmal deren bewundernswertes Resultat war das Anerkennenswerteste an Seidls Leistung. Durch seine sorgsame Temponahme, durch seinen geläuterten Geschmack in der Hervorbringung delikater Ausdrucksnuancen, durch seine Gewandtheit, den Instrumentalisten und Sängern seine Wünsche zu vermitteln, durch sein Geschick, von ihnen ohne Verzug das Verlangte zu erhalten, und durch die offenbare Vertrautheit mit Buchstaben und Geist des Werkes wurde es ihm möglich, dem „Lohengrin" eine Interpretation zu geben, die beinahe neu war und die, trotz der Bekanntheit der Oper, gar manche poetische Schönheit erschloß, die bis dahin verborgen geblieben war."

Man hatte manche Schöpfungen Wagners schon früher in Amerika gehört. Aber zur Erkenntnis ihrer reichen Poesie und vollen Gewalt gelangte man doch erst, als Seidl und die mit ihm verbundenen Künstler diese Werke interpretierten.

Die zweite, von Seidl dirigierte Saison im Winter 1886—1887 brachte den als Sänger und Darsteller gleich großartigen Albert Niemann nach den Vereinigten Staaten. Mit ihm gelangte unter ungeheurem Beifall am 1. Dezember „Tristan und Isolde" zur ersten Aufführung in Amerika. Die drei noch unbekannten Teile der Nibelungen, „Rheingold", „Siegfried" und „Götterdämmerung" kamen in den folgenden Jahren an die Reihe, wobei die New Yorker neben den bisherigen Bühnensternen auch den rasch zum Liebling aller werdenden Max Alvary (Achenbach), einen idealen Darsteller „Jung-Siegfrieds", kennen lernten, und zugleich eine der bedeutendsten Sängerinnen Deutschlands, Fanny Moran-Olden. Da Niemann und Fischer, die Lehmann, Brandt und Seidl-Kraus gleichfalls mitwirkten, so stieg der Wagner-Enthusiasmus auch beim amerikanischen Publikum aufs höchste. Es geschah das Unerhörte, daß die trocknen Börsenmenschen der Weltstadt „wagnertoll" wurden und nachmittags nicht schnell genug ihre Geschäftsbücher zuklappen konnten, um sich in die mystischen Geheimnisse der germanischen Götter- und Heroenwelt zu versenken. Kein Wunder, daß, als am 21. März 1891 die letzte deutsche Vorstellung unter Seidl gegeben wurde, dieselbe sich zu einer sowohl dem Dirigenten wie den Sängern dargebrachten überwältigenden Ovation gestaltete. —

Es trat nun in der deutschen Oper eine mehrjährige Pause ein. Erst im Februar 1895 veranstaltete Walter Damrosch auf eigene Faust im „Metropolitan-Opernhause" eine dreiwöchentliche Saison Wagnerscher Opern, die sowohl in künstlerischer wie finanzieller Hinsicht ungemein erfolgreich verlief. Neben Alvary und Fischer erschienen als neue Solisten Rosa Sucher, die berühmteste „Isolde" Deutschlands, ferner die jugendliche Johanna Gadsky, Marie Brema, die Kutschera, sowie die Sänger Rothmühl und Konrad Behrens. Der überraschend große finanzielle Erfolg dieser Unternehmung bestimmte die Pächter des Metropolitan-Opernhauses, Abbey & Grau, ihrem in der Regel nur italienische und französische Opern umfassenden Spielplan fortan auch deutsche Opernaufführungen einzuverleiben und mit der Leitung derselben deutsche Dirigenten zu beauftragen. Das war ein Schritt, der den Bedürfnissen und Wünschen der Bevölkerung des kosmopolitischen New York durchaus entsprach.

Seidl, Schalk, Paur, Walter Damrosch und Alfred Hertz wirkten als Dirigenten dieser Aufführungen, zu deren Gelingen außer manchen der von früher her bekannten Künstler Ernest van Dyck, Anton van Rooy, Andreas Dippel, Otto Goritz, Jean und Eduard de Reczke, Marcella Sembrich, Milka Ternina, Frau Ritter-Götze, Ernestine Schumann-Heinck und Fritzi Scheff beitrugen. —

Während die deutsche Oper so in New York Triumphe über Triumphe feierte, hatte sie auch bereits an anderen Orten der Union Fuß gefaßt. Während der sechziger, siebenziger und achtziger Jahre verbanden sich nämlich manche Künstler und Künstlerinnen zu selbständigen Truppen und unternahmen ausgedehnte Rundreisen durch die amerikanischen Großstädte. Mitglieder solcher Gesellschaften waren Formes, Habelmann, Wachtel, Bernhardt, Bischoff, sowie die bedeutende Frau Ines Fabri-Lichtmay.

Die letztere eröffnete im Winter 1875—1876 in Gemeinschaft mit dem Dirigenten Gustav Hinrichs in San Francisco eine Saison, während welcher in sechs Monaten dreißig verschiedene Opern in deutscher Sprache zur Aufführung gelangten. Gemeinschaftlich mit Theodor Thomas dirigierte Hinrichs später die amerikanische Oper in der „Academy of Music" zu New York, die unter ihren Mitwirkenden gleichfalls viele deutsche Künstler und Künstlerinnen zählte, darunter Wilhelm Candidus, Emma Juch, Amande Fabris und Frau Hastreiter. Zu Ende der achtziger Jahre organisierte Hinrichs in Philadelphia eine eigene Operngesellschaft, womit er zehn Saisons erledigte und zahlreiche Gastreisen nach anderen Großstädten ausführte. Bei den in deutscher Sprache gegebenen Opern wirkten unter anderen Amalie Materna und Minnie Hauck, Fischer und andere berühmte Künstler mit.

Mit eigenen Truppen bereisten auch Frau Pappenheim (1878) und Emma Juch (1889—1891) den Kontinent. Eine vorwiegend deutsche Berühmtheiten umfassende Gesellschaft war ferner „Kelloggs-Opera-Company", welche im Jahre 1876 Wagnersche Opern aufführte.

Eine neue glorreiche Epoche der deutschen Oper in Amerika hob an, als im Jahre 1903 an Stelle des bisherigen Direktors der Großen Oper in New York, Maurice Grau, der Direktor des Deutschen Irving Place-Theaters, Heinrich Conried trat. Wie unter ihm das Deutsche Theater in New York eine gründliche Umgestaltung erfahren hatte, so reorganisierte er nun auch die Große Oper.

In erster Linie wurde die bis dahin benutzte Bühne in eine drehbare nach dem von Karl Lautenschläger in München erfundenen System verwandelt. Die wichtige, hier zuerst in Amerika eingeführte Neuerung ermöglichte es den Bühnenmeistern, ihre szenischen Vorbereitungen so zu treffen, daß die früher unvermeidlichen, durch ihre Länge oft schrecklich ermüdenden Zwischenpausen fast ganz in Wegfall kamen und notwendige Verwandlungsszenen mit geradezu verblüffender Schnelligkeit vollzogen werden können.

Die erlesensten künstlerischen Kräfte seines Vorgängers an sich fesselnd, fügte Conried denselben sodann eine Reihe neuer hinzu, von denen in erster Linie die deutschen Sänger Alois Burgstaller, Albert Reis, Robert Blaß, Adolf Mühlmann, Heinrich Knote, Franz Steiner und Karl Burrian, sowie die Sängerinnen Josephine Jacoby, Paula Ralph, Marie Mattfeld, Katharina Fleischer-Edel, Marie Rappold und Johanna Poehlmann genannt zu werden verdienen. Auf die Mitwirkung solcher Künstlerscharen gestützt, durfte Conried es wagen, schon bald nach der Übernahme der Leitung die Welt durch die Ankündigung zu überraschen, daß er Wagners letztes Werk, das Bühnenweihfestspiel „Parsifal" zur Aufführung zu bringen gedenke. Damit erregte er um so gewaltigeres Aufsehen, als „Parsifal" — abgesehen von einer einzigen Privataufführung in München vor König Ludwig von Bayern — noch nirgendwo außerhalb Bayreuths gegeben worden war, da die Witwe Wagners, um diese letzte Offenbarung des großen Meisters ausschließlich für das Bayreuther Festspielhaus zu reservieren, die Bewerbungen aller anderen europäischen Bühnen rundweg abgelehnt hatte. Tatsächlich wandte sie auch alle erdenklichen gerichtlichen und außergerichtlichen Mittel an, um die Aufführung des „Parsifal" in New York zu verhindern. Conried ließ sich aber nicht beirren, sondern brachte seiner Ankündigung getreu das bedeutende Werk am Weihnachtsabend 1903 zur Aufführung. Die Titelrolle lag in den Händen des bewährten Alois Burgstaller, der in seiner großen Szene mit Kundry noch erheblich über die hohe Leistung, die man von ihm erwartet hatte, hinauswuchs.

Milka Ternina verrichtete als Kundry das Wunder, diesen rätselhaftesten Charakter, den je ein Dichterhirn geschaffen, menschlich-sympathisch erscheinen zu lassen. Gleich vortreffliche Darbietungen lieferten Blaß, von Rooy, Goritz und Journat als „Gurnemanz", „Amfortas", „Klingsor" und „Titurel". Die Chöre der Ritter, Knaben und Blumenmädchen überraschten durch ihre Leistungen nicht minder als die Künstler, welche die szenische Ausstattung des Festspiels geschaffen hatten, die in manchen Dingen, z. B. dem Zaubergarten und der Frühlingslandschaft, die Bayreuther Vorbilder weit übertraf.

Und das Publikum? — Zu Tausenden erschienen, nahm es in andachtsvoller Stimmung die letzte Botschaft des großen deutschen Meisters entgegen, und gar manchem Mann, der sich sonst wohl gar auf seinen Zynismus etwas zugute tat, wurden beim Karfreitagszauber die Augen feucht. „In seinem zwanzigjährigen Bestehen", so schrieb der Referent der „New Yorker Staatszeitung", „hat das Metropolitan-Opernhaus noch keine Vorstellung dargeboten, die mit einem solchen Aufwand von Fleiß und eindringendem Verständnis vorbereitet worden wäre; niemals ist dort dem Gelingen des Ganzen und aller seiner Einzelheiten ein solches Arbeitsopfer dargebracht worden. Die Parsivalvorstellung hat uns einen neuen Maßstab für unsere Opernvorstellungen im allgemeinen gegeben, einen Maßstab, den das Publikum im Gedächtnis behalten wird. Und dann muß die Aufführung selbst, sowie die andachtsvolle Teilnahme des Publikums den Gedankenträgern einmal wieder zum Bewußtsein gebracht haben, daß es die deutsche Kunst ist, die das Höchste gewährt, die vor anderen imstande ist, den Menschen gar gegen seinen Willen über das Alltägliche zu erheben. Über das Werk selbst mögen die Ansichten weit auseinandergehen; über die Wirkung, die es ausübte, kann kein Zweifel aufkommen. Niemand wird leugnen wollen, daß der Eindruck ein tiefer und veredelnder gewesen. Unsere Musikhistoriker aber werden den 24. Dezember 1903 als einzigartig zu vermerken haben; war es doch das erstemal, daß die gesamte europäische Kunstwelt ihr Augenmerk auf ein New Yorker musikalisches Ereignis richtete! Will diese europäische Welt nun ehrliche Kritik üben, dann wird sie ohne Einschränkung zugeben, daß New York die Probe mit Ehren bestanden hat."

Zu den weiteren Großtaten des Conriedschen Regimes gehören die wiederholten Aufführungen des vollständigen Nibelungenrings mit durchaus neuer Ausstattung; der „Meistersinger" und der Mozartschen Opern „Die Hochzeit des Figaro" und „Don Juan".

In überaus glänzender Ausstattung brachte Conried auch die von Richard Strauß komponierte Oper „Salome" zur Aufführung, mußte dieselbe aber trotz ihres unbestrittenen künstlerischen und über alle Erwartung großen finanziellen Erfolges auf Geheiß des Direktorenrats nach ihrer ersten Aufführung vom Spielplan wieder streichen.

Conried vermittelte dem New Yorker Publikum ferner die Bekanntschaft mit der bisher in Amerika nicht gesehenen deutschen Oper „Hänsel und Grethel" von Humperdinck.

Die wiederholten Gastreisen, welche die Truppen der Großen Oper unter der bewährten Führung von Ernst Görlitz nach Philadelphia, Baltimore, Washington, Boston, Pittsburg, Chicago, St. Louis, Kansas City und San Francisco ausführten, trugen in höchstem Grade dazu bei, auch dort die Liebe und das Verständnis für die wunderbaren Schöpfungen der deutschen Kunst zu erwecken. Die Rundreise der Saison 1906 kam freilich am 18. April in San Francisco zu einem jähen Abschluß, da an jenem Tage sämtliche Szenerien und Garderobeausstattungen zu neunzehn Opern durch die dem Erdbeben folgende Feuersbrunst vernichtet wurden. Bewertete die dadurch erlittene Einbuße sich auf eine Viertelmillion Dollar, so hatte die Truppe aber glücklicherweise den Verlust keines ihrer Mitglieder zu beklagen.

Von schwerer Krankheit befallen, legte Conried im Jahre 1908 die Leitung der Großen Oper nieder und begab sich nach Europa, um Genesung zu suchen. Dort starb er aber am 25. April 1909. Nach Conrieds Rücktritt erhielt die Große Oper der Stadt New York eine Doppelleitung. Und zwar dirigierte der Italiener Gatti Casazza die italienischen und französischen, der seit mehreren Jahren mit dem Institut verbundene Tenorist Andreas Dippel hingegen die deutschen Opern.

Wie Dippel über die gegenwärtige Stellung der Metropolitan-Oper denkt, geht aus einem für das „New Yorker Journal" vom 20. Juni 1909 geschriebenen Aufsatz hervor, in dem er die Ansicht vertritt, daß keine andere Stadt der Welt solche Vorstellungen von Opern jeder Schule biete, als das Metropolitan-Opernhaus. Auch in der Qualität seiner Darstellung habe dieses Institut eine höhere Stufe erreicht als irgendein anderes, das neben ihm genannt werden könnte. Es sei durchaus wahr, daß die Interpretationen der Wagnerschen Opern im New Yorker Opernhause weit vollendeter als in den Hoftheatern Deutschlands seien, oder selbst in den Sondervorstellungen, wie sie in Bayreuth veranstaltet würden.

Die großen, durch Conried erzielten Erfolge veranlaßten den New Yorker Oscar Hammerstein ein zweites Opernunternehmen, das Manhattan-Opernhaus, ins Leben zu rufen, in welchem allerdings nur französische und italienische Opern zur Aufführung gelangen. Nachdem die „Salome" vom Spielplan der Metropolitan-Operngesellschaft gestrichen worden, nahm Hammerstein dieselbe auf und erzielte damit mehr als ein Dutzend übervolle Häuser.

*   *

*

Wir würden uns einer Unterlassungssünde schuldig machen, wollten wir nicht erwähnen, daß auch aus dem eingeborenen Deutschamerikanertum zahlreiche Bühnenkünstler und Künstlerinnen, Sänger und Sängerinnen hervorgingen, von denen manche sich der amerikanischen Bühne zuwandten und auf derselben, meist unter angenommenen englischen Namen, bedeutende Erfolge erzielten.

Eine geschätzte Sängerin war beispielsweise die im Jahre 1852 in New York geborene Minnie Hauck, die erste und zugleich eine der vorzüglichsten Darstellerinnen der „Carmen". Die in Louisville geborene Helene Hastreiter sowie die unter dem Namen Marie Litta auftretende New Yorkerin Marie von Ellsner gehörten gleichfalls im letzten Viertel des 19. Jahrhunderts zu den Gefeierten. Desgleichen die in Iowa geborene Operettensängerin Helene Louise Leonard, welche unter ihrem Bühnennamen Lilian Russell auch in der Alten Welt bekannt wurde. Unter den deutschen Sängerinnen, die sich der amerikanischen Bühne zuwandten, ist Fritzi Scheff zu erwähnen, die während der letzten Jahre als „Mademoiselle Modiste" große Triumphe feierte.

Deutschamerikanische Maler, Bildhauer und Baumeister.

Bis in die Mitte des 18. Jahrhunderts lassen sich die Spuren deutscher Kunst in Amerika verfolgen. Sie führen uns wiederum in die Herrnhuter Niederlassung Bethlehem, deren Mitglieder, trotzdem sie in der Hauptsache gottgefälligen Werken lebten und ihre Blicke auf das Jenseits richteten, sich doch den Sinn für das Schöne in der Natur, für Gesang, Musik und Malerei bewahrten. Ihnen schloß sich im Jahre 1754 ein Künstler an, der in Rom, Florenz, Paris und London studiert hatte, irgendwie und irgendwo aber mit den Herrnhutern in Berührung gekommen und durch ihr tiefinnerliches Leben so angezogen worden war, daß er der Sekte beitrat und nach Bethlehem übersiedelte. Es war der im Jahre 1700 in Danzig geborene Johann Valentin Haidt. Seiner fleißigen Hand entsprangen in Bethlehem zahlreiche Gemälde, deren Vorwürfe er der Bibel entlehnte. Daneben schuf er viele Bildnisse, von denen manche noch heute im Archiv der Herrnhuter Gemeinde zu sehen sind. Als Haidt im Jahre 1780 aus dem Leben schied, wurde er auch auf dem stillen Friedhof der Herrnhuter begraben.

Einen Berufsgenossen hatte Haidt in dem 1776 in Lancaster, Pennsylvanien geborenen Jakob Eichholz, welcher sich zu Ausgang des 18. Jahrhunderts in Philadelphia niederließ und als geschickter Porträtmaler die Züge mancher dort wohnenden Notabilitäten auf die Leinwand bannte. Mehrere dieser Bildnisse befinden sich jetzt in den Sammlungen der Kunstgenossenschaft zu Philadelphia.

Im allgemeinen waren zu Anfang des 19. Jahrhunderts der Sinn und das Verständnis für die schönen Künste in den jungen Vereinigten Staaten sehr wenig entwickelt. Berufskünstler gab es nur einzelne und auch diese waren genötigt, ihr Auskommen im Porträtfach zu suchen. Erst um die Mitte des Jahrhunderts begann es sich zu regen. Und nun sehen wir auch an den ver-

---

Kopfleiste: Malerei, Architektur und Poesie. Nach einem Relief von Henry Linder.

Washingtons Übergang über den Delaware.
Nach dem im Metropolitan Museum of Art zu New York befindlichen Gemälde von Emanuel Leutze.

schiedensten Orten deutsche Maler und Bildhauer auftreten, von denen einige sogar zu großem Ruhm gelangten. Die bedeutendsten waren E m a n u e l L e u t z e (geboren 1816 in Schwäbisch-Hall); K a r l F e r d i n a n d W e i m e r (geboren 1828 in Siegburg) und A l b e r t B i e r s t a d t (geboren 1830 in Solingen). Alle drei kamen in ihrer Jugend nach Amerika, wo sie auch die ersten Anregungen und Anweisungen für ihren späteren Beruf empfingen. Später zogen alle drei nach Düsseldorf, um in dieser berühmten Künstlerstadt ihre Ausbildung zu vollenden. Leutze erschien dort im Jahre 1841. Weimer folgte 1852. Um dieselbe Zeit kam Bierstadt.

Es kann kaum überraschen, daß die Gemälde der in beständigen Umgang mit den damaligen Größen jener Kunststadt lebenden Deutschamerikaner sich sowohl durch ihre Komposition, wie durch ihre Technik und Farbengebung als Werke der damaligen Düsseldorfer Schule kennzeichnen. Nur durch die ihnen zugrunde gelegten Vorwürfe unterscheiden sie sich von denselben. Anstatt der zu jener Zeit so beliebten Szenen trauten Familienglücks und romantischer Ritterherrlichkeit, anstatt der zahmen Landschaften vom Rhein, der Schweiz und Italiens, zeigen sie die Natur und Menschen einer fremden wilden Welt, die man bisher nur aus den Beschreibungen einzelner kühner Reisenden und den vielgelesenen Romanen eines Cooper, Sealsfield und Gerstäcker hatte kennen lernen. Sie veranschaulichten Szenen aus dem Leben der großen Entdecker und Eroberer, das Dasein der Indianer und Waldläufer, oder Vorgänge aus den jahrelangen Kämpfen, durch welche die Amerikaner ihre Unabhängigkeit erstritten.

Es ist eine eigentümliche Tatsache, daß die genannten drei deutschamerikanischen Künstler sich in bezug auf die Wahl ihrer Motive als weit bessere Amerikaner erwiesen, als ihre damaligen, im Lande geborenen amerikanischen Berufsgenossen. Ihre Herzen waren voll Begeisterung für die Helden, die sich die Bewunderung der ganzen zivilisierten Welt errungen hatten. Sie standen staunend vor der ihren Blicken sich darbietenden großartigen Natur. Und sie fühlten sich angezogen durch die von wilder Romantik umkleideten Gestalten, die im fernen Westen die eingeborene rote Rasse repräsentierten oder die Vorhut der weißen bildeten.

Emanuel Leutze beschäftigte sich in der ersten Zeit seines Düsseldorfer Aufenthaltes häufig mit der ihn mächtig interessierenden Gestalt des Columbus. Er stellte ihn dar, wie er dem hohen Rat der Stadt Salamanca seine kühnen Pläne auseinandersetzt; in Audienz mit seiner hohen Gönnerin, der Königin Isabella; seinen Einzug in Sevilla nach der Rückkehr von der erfolgreichen Entdeckungsreise; und endlich auch den so schmählich mißbrauchten Mann im Kerker, mit Ketten belastet. Diesem in Brüssel mit der goldenen Medaille ausgezeichneten Gemälde schloß sich bald darauf ein anderes geschichtliches Bild an: die Landung des Normannen Leif in Finland.

War Leutzes Name bereits durch diese Kunstwerke auf beiden Erdhälften bekannt geworden, so sollte er aber durch sein ebenfalls in Düsseldorf entstandenes Gemälde „Washingtons Übergang über den Delaware" zu noch weit höherem Glanz gelangen. Das jetzt im Kunstmuseum der Stadt New York aufgestellte mächtige Bild mit seinen lebensgroßen Figuren versetzt uns in die frühen Morgenstunden eines frostigen Wintertags. Noch leuchtet der letzte Stern am Himmel, gegen dessen Graublau die malerischen Gestalten der Freiheitskämpfer sich in scharfen Umrissen abheben. Auf Ruderbooten arbeiten die Männer sich durch die mit Eisschollen bedeckten Fluten des Delaware. Im ersten Boot steht der Held jener großen, die Herzen aller Männer prüfenden Zeit, George Washington, mit seinem klaren Adlerblick in die ungewisse Ferne hinausspähend.

Welch tiefen Eindruck dies Gemälde in Deutschland hinterließ, beweist die Tatsache, daß die preußische Regierung dem Künstler die große Medaille für Kunst und Wissenschaft verlieh. In Amerika aber fand es, durch Steindruck, Stahl- und Kupferstich vervielfältigt, Eingang in viele hunderttausend Hütten und Paläste. Und so wurde das an Größe der Auffassung bisher von keinem anderen in Amerika entstandenen historischen Gemälde übertroffene Werk ein wirkliches Nationalgut des amerikanischen Volkes.

Außer zahlreichen anderen, meist in Privatgalerien übergegangenen Bildern schuf Leutze im Auftrag der Bundesregierung noch ein gewaltiges Wandgemälde im Kapitol zu Washington. Es zeigt eine Karawane jener Westfahrer, die um die Mitte des vorigen Jahrhunderts, durch die kalifornischen Goldfunde angezogen, von den Ufern des Mississippi aufbrachen, um an den Gestaden des Stillen Ozeans neue Heimstätten zu gründen und neue Staaten aufzubauen. Eben haben die vom monatelangen Marsch über die endlosen Prärien Erschöpften einen Paß in der Kette der Felsengebirge erstiegen und lassen nun die entzückten Blicke über die westlichen Länder schweifen, die, ein zweites Kanaan, in weiter Ferne mit dem vom Abendglanz überfluteten Himmel verschwimmen.

In der sehr geringen Zahl amerikanischer Historienmaler des 19. Jahrhunderts gebührt Leutze zweifellos der erste Platz. Das erkennt auch ein neuerer Kunstkritiker an, indem er schrieb: „Er war ein groß angelegter, hoher Begeisterung fähiger, mit echter Hingabe für dies Land, seine Geschichte und den Geist seiner Einrichtungen erfüllter Mann, der stets nach den höchsten Idealen strebte. Obwohl seiner Kunst gewisse Mängel anhafteten, so können wir uns angesichts seiner Werke des Eindrucks nicht erwehren, daß sie die Produkte eines gewaltigen Geistes sind, dem anscheinend Quellen von unerschöpflicher Inspiration zu Gebote standen. Im Ungestüm seines Genius, in der rauhen Unvollständigkeit seines Stils, in seiner herrlichen Leidenschaft, in seiner Phantasie, in der epischen Größe, Energie und Kühnheit seiner Schöpfungen erinnert Leutze an Byron. Ihm verdanken wir unzweifelhaft das Beste unsrer historischen Malerei bis zum Jahre 1860."

Infolge eines Schlaganfalls verschied Leutze am 17. Juli 1863 in Washington.

Die Westfahrer.

Nach einem Wandgemälde von Emanuel Leutze im Kapitol zu Washington, D. C.

Wie sehr die Umgebung und äußeren Eindrücke die Entwicklung des Menschen bestimmen, zeigt auch der Werdegang Karl Ferdinand Weimers. Er kam als 15jähriger Knabe im Jahre 1844 mit seinen aus Deutschland ausgewanderten Eltern nach St. Louis. Damals war die heutige Großstadt ein kleiner Grenzort, der aber insofern Bedeutung hatte, als sich hier eine Hauptstation der Amerikanischen Pelzhandelsgesellschaft befand. Gleichzeitig bildete St. Louis den Ausrüstungsplatz für jene Karawanen von Händlern und Ansiedlern, die nach New Mexiko, Kalifornien und dem fernen Oregon zogen. Hierher brachten auch die auf den Prärien und an den Ufern des Missouri und Mississippi jagenden Indianer und Trapper die erbeuteten Felle, um sie gegen Proviant und Schießmaterial einzutauschen. Und so traf man in den Straßen und Kaufläden des Orts beständig jene malerischen Gestalten, die den an der sogenannten „Indianergrenze" entstehenden Niederlassungen ein so eigenartiges, phantastisches Gepräge verliehen. Weimer, der bei einem Haus- und Schiffsanstreicher in die Lehre gekommen war, wurde durch dieses Getriebe mächtig angezogen, und er bemühte sich, die herrlich gebauten Figuren dieser Indianer und Trapper zu zeichnen. Mehrere Fahrten, die er als Anstreicher auf einem Flußdampfer in die Regionen am oberen Missouri mitmachte, bestärkten ihn in seinem Vorsatz, Künstler zu werden und die ihn so lebhaft interessierende westliche Welt in Gemälden festzuhalten. Und als ihm eines Tages eine kleine Erbschaft zufiel, reiste er damit im Jahre 1852 nach Düsseldorf, um sich dort zum wirklichen Maler auszubilden. Er wurde zunächst Schüler von Joseph Fay, einem Schwager von Oswald Achenbach. Später stellte er sich unter die Leitung Emanuel Leutzes, der damals gerade seine bedeutendsten Werke schuf. Unter ihm lieferte Weimer mehrere vortreffliche Bilder, von welchen „Das gefangene Schlachtroß", das von Indianern fortgeführte Reittier eines im Handgemenge erschlagenen amerikanischen Offiziers als das beste gilt.

Nachdem Weimer sich alle technischen Fertigkeiten seines Berufs angeeignet hatte, kehrte er im Jahre 1856 nach St. Louis zurück, nahm an mehreren Expeditionen der Amerikanischen Pelzhandelsgesellschaft zum obern Missouri teil und schuf in der Folgezeit unter anderen zwei herrliche Gemälde, welche indianische Büffeljagden darstellen. Eines befindet sich jetzt im Museum zu St. Louis, das zweite im Besitz von Charles Reymerhoffer in Galveston, Texas. Zu Anfang der sechziger Jahre begann Weimer die Kuppel des Gerichtsgebäudes in St. Louis auszuschmücken. Eben hatte der reichbegabte Künstler diese, zwölf Gemälde umfassende Arbeit vollendet, so fiel er im Jahre 1862 der Schwindsucht zum Opfer, die er sich auf einer seiner Reisen zugezogen hatte.

Seinen Vorsatz, der Nachwelt eine möglichst getreue und vollständige Darstellung vom Leben der Indianer Nordamerikas zu überliefern, konnte Weimer nur zum kleinsten Teil erfüllen. Aber es bleibt ihm das Verdienst, die Möglichkeit, den roten Urbewohner Amerikas als einen höchst dankbaren Vorwurf für die Malerei zu verwerten, zuerst erkannt und ausgenutzt zu haben.

Weimer war der Vorläufer eines Frederick Remington, Schreyvogel, Bush, Demming und anderer, die in neuerer Zeit mit ihren Darstellungen des wildwestlichen Lebens so große Erfolge erzielten.

Waren Leutze auf dem Gebiet der geschichtlichen und Weimer auf dem der ethnographischen Malerei Bahnbrecher, so erschloß der Rheinländer Albert Bierstadt den Amerikanern zuerst die überwältigende Majestät der jungfräulichen Landschaften des fernen Westens. Wohl hatte man erfahren, daß es jenseits der endlosen Prärien, im Herzen der wolkenhohen Felsengebirge an großartigen Szenerien nicht mangle. Aber noch hatte sich kein Künstler dorthin gewagt, um den Bewohnern des Ostens jene herrlichen Landschaften zu veranschaulichen. Als Bierstadt zu Anfang der sechziger Jahre als Früchte einer mit dem General Lander in die Rocky Mountains unternommenen Expedition mehrere mächtig wirkende Gemälde ausstellte, welche die schneebepanzerten Gipfel jener Hochgebirge, die erhabenen Granitdome und Felsenkathedralen der Sierra Nevada und des Yosemitetals veranschaulichten, da wirkten diese Gemälde wie Offenbarungen. Das waren keine nüchternen, photographisch getreuen Abschreibungen der Natur, sondern Kunstwerke, in denen ihr Urheber mit großem Glück die Seele, die Stimmung der Landschaft erfaßt und auf die Leinwand gezaubert hatte. Nicht umsonst war Bierstadt bei den großen Düsseldorfer Meistern Schirmer, Lessing und Achenbach in die Schule gegangen. Die Art der heroisch machtvollen oder poetisch durchgeistigten Darstellung, welche die Gemälde jener Künstler auszeichnet, war auch ihm zu eigen geworden. Und so zählen viele seiner Bilder, wie „Mount Corcoran", „Landers Peak", ein „Sturm in den Felsengebirgen", die „Goldene Gasse bei San Francisco", ein „Abend am Mount Tacoma" und das im Kunstmuseum der Stadt New York aufgestellte „Indianerlager am Fuß der Felsengebirge" mit Recht zu den Perlen der Landschaftsmalerei des 19. Jahrhunderts.

Es ist angesichts dieser Schöpfungen erklärlich, daß Bierstadt, der „Entdecker des malerischen Westens", in vielen amerikanischen Künstlern Nachfolger fand. Zu ihnen zählen vor allen Thomas Moran, Thomas Hill und Julian Rix.

Den namhaften deutschamerikanischen Landschaftern der zweiten Hälfte des 19. Jahrhunderts gehören ferner Gottfried Frankenstein, Wilhelm Sonntag, Hermann Füchsel und Heinrich Vianden an. Frankensteins Niagarabilder erfreuten sich auch in Europa großer Anerkennung.

Unter den Figurenmalern jener Periode wären in erster Linie noch der 1824 im Elsaß geborene Christian Schüssele und der 1840 zu Landau (Pfalz) geborene Thomas Nast zu nennen. Von Schüssele haben sich nur wenige Werke erhalten. Das bedeutendste ist zweifellos ein jetzt im Besitz der Herrnhutergemeinde zu Bethlehem in Pennsylvanien befindliches Gemälde, welches den ganz von seinem hohen Beruf erfüllten Missionar David Zeisberger zeigt, wie er den am nächtlichen Lagerfeuer versammelten Urbewohnern Amerikas die Lehren des Christentums verkündigt. Das durch scharfe Charakteristik der

Büffeljagd.
Nach einem Gemälde von Karl Weimer. Im Besitz des Kunstmuseums der Stadt St. Louis, Missouri.

Figuren ausgezeichnete Bild wurde 1862 in Philadelphia gemalt. Dort lebte *der Künstler als Leiter der Kunstschule bis zu seinem im Jahre 1879 erfolgenden Tod.*

Der Name Thomas Nasts wurde hauptsächlich als der eines sehr geschickten Karikaturenzeichners gefürchtet und berühmt. Aber auch die beiden großen Gemälde „Der Ausmarsch des 7. New Yorker Regiments am 19. April 1861" und „Lincolns Einzug in Richmond" sind Leistungen, die sich weit über das Alltägliche erheben. Das erstgenannte Bild schmückt die Waffenhalle des noch heute bestehenden 7. Regiments.

Mount Corcoran.
Nach einem Gemälde von Albert Bierstadt.

Nasts Berufsgenosse Theodor Kaufmann, ein aus der Provinz Hannover eingewanderter „Achtundvierziger", befaßte sich gleichfalls mit künstlerischen Darstellungen aus dem Bürgerkriege. Seine Gemälde „General Sherman am Wachtfeuer" und „Farragut" fanden in verschiedenen Nachbildungen weite Verbreitung. Ferner wählte der Künstler die tragische Ermordung des Präsidenten Lincoln zum Vorwurf eines figurenreichen Gemäldes.

Der Deutschpennsylvanier Peter Rothermel veranschaulichte die Schlacht von Gettysburg. Den Indianerkämpfen und dem Soldatenleben des fernen Westens entlehnte hingegen der im Jahre 1861 in New York geborene Charles Schreyvogel Szenen, deren überaus lebendige Darstellung den Namen des Künstlers rasch in allen Teilen Amerikas bekannt machte.

Bereits das erste Bild „My Bunkie" erregte allgemeine Aufmerksamkeit. Es zeigt einen im Galopp dahinspringenden Reiter, der mitten im Gefecht einen seines Rosses verlustig gewordenen Kameraden zu sich in den Sattel emporhebt. Von dramatischer Wirkung ist auch desselben Meisters Bild „How Cola". Eine kleine Abteilung Kavalleristen hat eine Truppe Indianer in die Flucht geschlagen. Wild stürmen die Bleichgesichter nach. Im Vordergrund setzt ein Gaul über einen mit seinem Pferde gestürzten Indianer hinweg. Schon hebt der Reiter den Revolver, um dem am Boden liegenden den Gnadenschuß zu versetzen. Da erkennt der Wilde in dem ihn Bedrohenden einen ehemaligen Freund, mit dem er manchmal am Lagerfeuer zusammengesessen. Ein lautes „How Cola!" „Gut Freund!" erschallt von seinen Lippen, worauf die verhängnisvolle Mündung des Revolvers sich nach oben richtet und der Reiter weitersprengt. —

Ein fast noch ergreifenderes Gemälde Schreyvogels versetzt uns ins Innere eines von wenigen Soldaten verteidigten Forts. Überall Pulverdampf, überall leidenschaftlicher Kampf. Schon schicken die in der Übermacht befindlichen Rothäute sich an, die Palisaden zu übersteigen und die Besatzung des Forts durch herabgeschleuderte Bündel brennenden Reisigs zu vertreiben. Da raffen sich die tapferen Verteidiger zu einem letzten Verzweiflungskampf auf, um die blutdürstigen Feinde womöglich noch einmal abzuschlagen.

Ein viertes Bild nennt sich „Der Kampf ums Wasser". Inmitten einer von der untergehenden Sonne mit magischem Licht beleuchteten Wüste liegt in einer kleinen Vertiefung eine Quelle. Ihr Besitz bedeutet Leben oder Tod, denn in der fürchterlichen Sonnenglut sind Menschen und Tiere nahezu verschmachtet. Eine auf dem Kriegspfad befindliche Truppe Indianer hält die Quelle besetzt. Auf die sich tapfer Verteidigenden stürmt eine kleine Abteilung Kavallerie mit ganz außergewöhnlicher Wucht herein. Fast kerzengerade steigt das Pferd des amerikanischen Offiziers empor. Auf dem Boden liegen bereits mehrere erschossene Rothäute neben ihren Gäulen; andere setzen sich noch zur Wehr.

Außer diesen durch die überaus bewegte Handlung, wie durch vortreffliche Zeichnung und klare Farbengebung hervorragenden Gemälden schuf der Künstler zahlreiche andere, von welchen „Der Depeschenträger", „Der Durchbruch", „Ein sichrer Schuß" genannt sein mögen. Vortreffliche Nachbildungen der Gemälde Schreyvogels wurden im Herbst 1909 in dem Prachtwerk „My Bunkie and others" (Verlag von Moffart, Yard & Co., New York) vereinigt.

Der Deutschamerikaner V. Nehlig schuf ein Kolossalgemälde, das die Rettung des als Gründer der Kolonie Virginien bekannten Kapitän John Smith durch die schöne Häuptlingstochter Pocahontas veranschaulicht.

Ein überaus feinsinniger und vielversprechender Künstler war der im Jahre 1867 in Cincinnati geborene, bereits 1904 verstorbene Robert F. Blum. Seitdem eine Reise ihn nach Japan führte, entnahm er die Motive zu seinen Bildern mit Vorliebe dem japanischen Volksleben. Wer das Kunst-

Der Kampf um die Palisaden.
Nach einem Gemälde von Charles Schreyvogel.

museum der Stadt New York besucht, kann dort eins der trefflichsten Gemälde Blums, ein Meisterwerk an Carakteristik und sonniger Farbengebung be-

Ein sichrer Schuß.
Nach einem Gemälde von Charles Schreyvogel.
Copyright 1902 by Ch. Schreyvogel.

wundern. Es stellt einen von naschhaftem jungen Volk belagerten japanischen Zuckerwarenhändler dar.

Ein vortrefflicher Genremaler war ferner der 1858 in New York geborene Charles F. Ulrich. Von ihm besitzt die Corcoran Kunstgalerie zu Washington ein Gemälde, welches das Getriebe in Castle Garden, der früheren Landestelle der in New York ankommenden Einwandrer zeigt. Das Kunstmuseum der Stadt New York zählt unter seinen Schätzen ein zweites Bild Ulrichs, „Die Glasbläser in Burano".

Der aus Hannover stammende Friedrich Dielmann, seit 1899 Präsident der „National Academy of Design" in New York, betätigte sich vornehmlich in Wandmalereien. Sowohl die Kongreßbibliothek zu Washington, die Sparbank zu Albany, das Gebäude des „Washington Evening Star" und andere Bauten sind mit Werken seiner Hand geschmückt.

Der gleichen Spezialität wandte sich auch der in New York lebende Arthur Thomas zu. Er zierte die Hallen und Wandelgänge des Gerichtsgebäudes der Stadt South Bend, Indiana; ferner das Rathaus zu St. Louis, die Gedächtnishalle zu Columbus, Ohio, und viele andere öffentliche und Privatgebäude mit geschichtlichen und allegorischen Gemälden, die sich durch klaren Entwurf, solide Zeichnung und feines Kolorit auszeichnen. Der vornehmlich als Porträtmaler bekannte Karl Gutherz fertigte für die Kongreßbibliothek zu Washington die Allegorie „Das Licht der Zivilisation".

Von den neueren deutschamerikanischen Künstlern, die figürliche und landschaftliche Darstellungen zu verbinden lieben, ist Rudolf Cronau, (geboren 1855 zu Solingen), zu nennen. Seitdem er zu Anfang der achtziger Jahre als Spezialzeichner der „Gartenlaube" Amerika bereiste, wandte auch er sich vorwiegend der malerischen Darstellung des fernen Westens zu. Von seinen größeren Gemälden vergegenwärtigt „Ein Renkontre in den Felsengebirgen" den Zusammenstoß zweier wandernden Indianerhorden, die an dem durch seine phantastischen Felsformationen bekannten Green River, einem Quellarm des Colorado, lagerten. „Sonnenuntergang der roten Rasse" nennt sich ein zweites Gemälde. Es zeigt einen am Fuß der Grabgerüste seiner toten Stammesgenossen sitzenden Dakota-Indianer, der wehmütigen Blickes das unter ihm liegende, von der Abendsonne vergoldete Flußtal überschaut, wo eben mit schrillem Pfiff eine Eisenbahn, das Symbol der dem roten Mann den Untergang bringenden Zivilisation, dahineilt.

Zu den neueren hervorragenden deutschamerikanischen Landschaftern zählen ferner John Henry Twachtmann und der in Chicago geborene Alexander Schilling. Der New Yorker Albert Groll wählte die durch ihre Farbenpracht ausgezeichneten Wüsten Arizonas als Studienfeld.

Als Porträtmaler taten sich Adolf Müller-Ury, Johann Gerke, Emil Fuchs, Paul Selinger, Karl L. Brandt, W. J. Baer und Wilhelm Funk hervor. Von anderen innerhalb der Vereinigten Staaten lebenden Künstlern deutscher Abkunft verdienen A. B. Wenzell, Edward Potthast, John Ehninger, Max A. Friederang, John Ewers, R. Launitz, Alfred Kappes, Edward Kuntze,

Der französische Entdecker La Salle schließt einen Vertrag mit den Miami-Indianern.
Wandgemälde von Arthur Thomas im Rathause zu South Bend, Indiana.

Keller, B. F. Reinhardt, Albert Wuest, Alfred Stieglitz und Louis Kronberg Erwähnung.

Ein Renkontre in den Felsengebirgen.
Nach einem Gemälde von Rudolf Cronau.

Ein Tiermaler ersten Ranges ist Karl Rungius in New York. Die mächtigen Wapiti der Felsengebirge, die zierlichen Antilopen der Prärien, wie die gewaltigen Moosetiere der nordischen Wälder finden in ihm einen unübertrefflichen Darsteller. Die Spezialität der beiden Künstler Edmund H. Ost-

Sonnenuntergang der roten Rasse.
Nach einem Gemälde von Rudolf Cronau.
Copyright 1909 by R. Cronau.

haus in Toledo und Arnold in New York bildet der Hund. Mit welchem Geschick der erstgenannte Künstler die schwierigen Aufgaben, welche er sich zu stellen liebt, zu lösen weiß, beweist die unserem Buch einverleibte Wiedergabe eines seiner besten Gemälde.

Copyright 1901 by E. H. Osthaus.

„Losgelassen."
Gemälde von Edmund H. Osthaus.

Sehr zahlreich ist die Liste solcher Deutschamerikaner, die als Illustratoren Hervorragendes leisten. Unter ihnen finden wir Frank und Frederick Schell, Rudolf Cronau, Julius Loeb, Max F. Klepper,

Copyright 1908 by C. Rungius.
Ein Monarch der amerikanischen Wildnis.
Nach einem Gemälde von Carl Rungius.

Joseph Leyendecker, Erich Pape, Blumenschein, Nahl, Keppler und andere.

Manche in Amerika geborene Künstler deutscher Abkunft zogen aus verschiedenen Gründen vor, ihre Werkstätten in den europäischen Kunstzentren

Ein König der Felsengebirge.
Nach einem Gemälde von Carl Rungius.
Copyright 1907 by C. Rungius.

aufzuschlagen. Einer dieser Wandervögel ist der im Jahre 1841 in New York geborene Henry Mosler, von dessen unzähligen köstlichen Genrebildern die im Museum seiner Vaterstadt befindliche „Hochzeit in der Bretagne" hervorzuheben ist. Die Corcoran-Galerie zu Washington besitzt das schöne Gemälde

„The Dawn of our Flag". Wie der Titel verrät, ist es eine symbolische Verherrlichung der amerikanischen Flagge. Eine nackte Frauengestalt schwebt über der noch im Abendschein erglänzenden Landschaft zum dunkelnden Nachthimmel, an dem bereits die Sterne zu funkeln beginnen, empor. Im Schweben hält sie das flatternde Banner, das in dem sternenbesäten Himmel zu zerfließen scheint. Die Auflösung des Sternenbanners im Nachthimmel ist vortrefflich gelungen, und die Wiedergabe der tief drunten liegenden Abendlandschaft zeigt, daß Mosler zu den Künstlern der alten Schule gehört, welche moderne Technik in Anwendung bringen können, wenn es ihnen angebracht erscheint. Eines seiner

Mit Genehmigung der Photographischen Gesellschaft in Berlin.
Ahasver.
Nach einem Gemälde von Karl Marr. Im Besitz des Metropolitan-Kunstmuseums der Stadt New York.

neueren Werke „The Forging of the Cross" zeichnet sich durch eine so kräftige Behandlung der von dem glühenden Eisen ausgehenden Lichteffekte aus, daß man unwillkürlich an Menzel erinnert wird, obgleich Mosler, wenn man Vergleiche ziehen will, im allgemeinen eher an Knaus erinnert.

In München finden wir den im Jahre 1848 in New Haven, Connecticut, geborenen Toby Rosenthal, dessen mannigfaltige, oft von köstlichem Humor durchwehte Genrebilder ihm einen hochangesehenen Namen machten. Als Professor an der Münchener Akademie wirkt der 1858 in Milwaukee geborene Karl Marr, einer der bedeutendsten Künstler, die Amerika hervorgebracht hat. Seine Ausbildung verdankt er Deutschland, das er auch zu seinem dauernden Wohnsitz erkor. Eines seiner ersten, dort entstandenen Ge-

Hochzeit in der Bretagne.
Nach einem Gemälde von Henry Mosler, im Besitz des Metropolitan-Kunstmuseums der Stadt New York.

Die beiden Schwestern.
Nach einem Gemälde von Gari Melchers, im Besitz des Herrn Hugo Reisinger, New York.

mälde veranschaulicht „Ahasver", den vom Tod gemiedenen „ewigen Juden", wie er in düstrer Versunkenheit über dem von den Wellen an den Strand gespülten Leichnam eines Mädchens grübelt. Diesem jetzt im Kunstmuseum zu New York befindlichen Gemälde folgten die „Spinnerin" und mehrere Szenen aus der deutschen Geschichte. Dann kam das gewaltige aufsehenerregende Bild „Die Flagellanten"; 7 m lang und 4,40 m hoch, zeigt es einen Zug jener von religiösem Wahnsinn befallenen Sektierer, die zu den seltsamsten Erscheinungen des christlichen Mittelalters gehörten. Da nahen die halbnackten, sich geißelnden jungen und alten Männer, blutüberströmt, in ihrer leidenschaftlichen Raserei schreckenerregend. In der Mitte des unheimlichen Zuges tragen vermummte Gestalten das Bild des Heilands. Dahinter folgen Büßer, die betend die Arme zum Himmel strecken. So mögen sie einhergezogen sein, die Flagellanten, deren frommer Wahnsinn ganze Städte, ganze Länder erfaßte. Das Bild trug Marr die goldene Medaille ein. Nachdem es die Runde durch Europa gemacht, fand es einen dauernden Platz im Museum der Vaterstadt des Künstlers, Milwaukee. Diesem ergreifenden Bilde schlossen sich Genrebilder, Allegorien, historische Gemälde und Porträts an. Alle bekunden die außergewöhnliche Begabung ihres Urhebers und sein unermüdliches Ringen nach Vollkommenheit.

Gleiches läßt sich von den Werken des 1860 in Detroit geborenen Gari Melchers sagen, der ebenfalls in Deutschland seinen Studien oblag, von Liebermann, Uhde, Leibl und anderen mächtig beeinflußt wurde, aber doch seine eignen Wege ging. Seine mit Vorliebe dem holländischen Fischerleben entnommenen Motive sind mit überzeugender Wahrheit und ungewöhnlicher Kraft ausgeführt. Die „Predigt", das „Abendmahl in Emmaus", die „Bootbauer", „Zwischen den Dünen", die im Besitz der Nationalgalerie zu Berlin befindliche „Holländische Familie", die in der Kunstgalerie zu Philadelphia hängenden „Schlittschuhläufer", „Die beiden Schwestern" in der Galerie von Hugo Reisinger in New York sind sowohl in Auffassung, Technik und Farbengebung Meisterwerke ersten Ranges.

Hermann Hartwich und Walter Gay zählen gleichfalls zu den in Europa lebenden deutschamerikanischen Malern, die sich durch ihre vorzüglichen Leistungen Ruhm und Auszeichnungen aller Art errangen.

* *

*

War zu Anfang des 19. Jahrhunderts das Verständnis des jungen, meist mit Daseinsfragen beschäftigten amerikanischen Volkes für die Werke der Malerei wenig entwickelt, so bekundete es für die Schöpfungen der Bildhauerkunst fast noch geringeres Interesse. Die seltenen Aufträge, die man den in den Vereinigten Staaten lebenden Meistern des Meißels zuteil werden ließ, beschränkten sich fast ausschließlich auf Grabmonumente, wozu nach Beendigung des Bürgerkriegs da und dort Kriegerdenkmale kamen.

Einer der ersten der mit solcher Ungunst der Verhältnisse kämpfenden Pioniere deutscher Kunst war der Dresdener Ferdinand Pettrich, ein Schüler Thorwaldsens. Im Jahre 1835 nach Philadelphia verschlagen, fand er dort Gelegenheit, mehrere Monumente herzustellen, die durch ihre Schönheit allgemeine Aufmerksamkeit erregten. Einige sind noch heute auf dem Laurel Hill-Friedhof erhalten. Die Figuren eines „besiegten Amor", eines „Mephistopheles" und „Fischermädchens" fanden gleichfalls große Anerkennung und bewogen den damaligen Präsidenten Tyler, Pettrich mit der Ausführung von vier Reliefs für den Sockel der von Greenough geschaffenen großen Washington-Statue zu beauftragen. Die umfangreichen, Szenen aus der Geschichte der Vereinigten Staaten darstellenden Reliefs wurden zwar von dem Künstler in Ton modelliert, aber ihre Ausführung unterblieb, da der Kongreß nicht das dazu nötige Geld bewilligte. Als auch manche andere großen Pläne des Künstlers scheiterten, wandte derselbe enttäuscht Amerika den Rücken und kehrte im Jahre 1845 nach Europa zurück.

Unter ähnlichen Schwierigkeiten arbeiteten Franz Meinen in Philadelphia, Franz Xaver Dengler in Boston, Christoph Paulus, Heinrich Baerer, Georg Hesse und Caspar Buberl in New York, sowie Ephraim Kaiser in Cincinnati. Gezwungen ihr Auskommen im Herstellen solcher Grabmonumente und gelegentlicher Büsten zu suchen, bot sich ihnen nicht allzuhäufig Gelegenheit, ihr Können im Ausführen größerer Werke zu zeigen.

Eine dieser seltenen Gelegenheiten ermöglichte es Buberl, für das Garfield-Denkmal in Cleveland fünf gewaltige Reliefplatten anzufertigen. Dieselben enthalten mehr als hundert lebensgroße Figuren und zeigen den Märtyrerpräsidenten als Dorfschullehrer, als Depeschenträger im Bürgerkrieg, als Volksredner, als Präsident und als Dulder auf seinem Schmerzenslager.

Das Patentamt der Bundeshauptstadt Washington schmückte derselbe Künstler mit den allegorischen Darstellungen „Elektrizität und Magnetismus"; „Feuer und Wasser"; „Erfindung und Industrie"; „Landwirtschaft und Bergbau". Vor dem Nationalmuseum in Washington fand noch ein anderes bedeutendes Werk Buberls Aufstellung, die Kolossalgruppe „Columbia als Protektorin der Wissenschaft, Kunst und Industrie".

Die Arbeiten Heinrich Baerers blieben meist in New York. Im Central-Park sowie im Prospekt-Park zu Brooklyn finden sich Kolossalbüsten Beethovens. Auch über der Fassade des dem New Yorker Gesangverein „Arion" gehörenden schönen Gebäudes lenkt eine von Baerer geschaffene Kolossalgruppe die Blicke auf sich. Ferner schuf Baerer Büsten des Poeten John Howard Payne und des Brückenbauers Johann August Roebling; desgleichen Standbilder der Generäle Warren und Fowler; ein Schubertdenkmal und eine Kolossalbüste Schillers, die bei der Gedächtnisfeier der hundertjährigen Wiederkehr des Todestages Schillers in New York Verwendung fand.

Joseph Sibbel, der gleichfalls New York als Wirkungskreis erkor, lieferte für zahlreiche katholische Kirchen Amerikas den Figurenschmuck: Madonnen, Märtyrer, Heilige und Apostel. Einzelne seiner durch harmonischen Aufbau und Innigkeit des Ausdrucks ausgezeichneten Gruppen, gehören zum besten, was auf dem Gebiet der Kirchenkunst in der Neuen Welt je geschaffen wurde. Nach dem im Jahre 1908 erfolgten Tode Sibbels führte sein langjähriger bewährter Mitarbeiter Joseph Lohmüller das künstlerische Werk des Verstorbenen ganz im Sinne desselben fort. —

Eine günstigere Epoche brach für die Meister des Meißels mit den Weltausstellungen zu Chicago, Omaha, Buffalo, St. Louis und Portland an.

Die heilige Familie.
Skulptur von Joseph Sibbel und Joseph Lohmüller.

Die dort geplanten Riesenpaläste, gewaltigen Festplätze und Ehrenhöfe, die endlosen Säulengänge mußten, um ihre ermüdende Eintönigkeit zu heben, mit Standbildern und allegorischen Gruppen geschmückt werden, wie man dies auf den Weltausstellungen Europas zu sehen gewöhnt war. Da gab's endlich auch für die deutschamerikanischen Bildhauer Arbeit in Fülle. Gelegentlich der Weltausstellung zu Buffalo und St. Louis fiel dem aus Wien nach New York übersiedelten Karl Bitter sogar die Oberleitung sämtlicher Bildhauerarbeiten zu. Die Anwartschaft für diesen schwierigen Posten hatte Bitter sich bereits durch seine mustergültigen Skulpturen für das Verwaltungsgebäude der Weltausstellung zu Chicago erworben. Für den Festplatz zu Buffalo lieferte er zwei mächtige, auf bäumenden Rossen sitzende Standartenträger. Für

„Unsere Frau der immerwährenden Hilfe."
Skulptur von Joseph Sibbel in der St. Francis Xavier-Kirche zu St. Louis, Missouri.

St. Louis schuf er das zur Erinnerung an den Ankauf Louisianas von Frankreich dienende „Louisiana Purchase Monument", eine hochragende mächtige Rundsäule, die eine Friedensgöttin trug. Den Sockel des mächtigen Denkmals zierten äußerst lebendige allegorische Gruppen sowie die auf Seite 261 unseres Buches abgebildete Darstellung der im Jahre 1803 vollzogenen Unterzeichnung des Louisiana-Kaufaktes.

In neuerer Zeit schuf Bitter außer mehreren zum Schmuck öffentlicher Gebäude dienenden Friese und Statuen für die Stadt New York ein Reiterstandbild des Generals Franz Sigel und eine Statue von Karl Schurz.

Die Weltausstellungen zu Buffalo und St. Louis eröffneten auch dem Wiener Isidor Konti die erwünschte Gelegenheit, seine üppige Phantasie und große Begabung zu zeigen. In der Mississippimetropole schmückte er die Umgebung der großen Kaskade mit mehr denn zwanzig Gruppen, die sich aus Wassergöttern, Nymphen und fabelhaften Seeungetümen zusammensetzten.

Einen grundverschiedenen Ton schlug Konti in einer „Das despotische Zeitalter" benannten Gruppe an. Keuchende, mit Ketten belastete, unter furchtbaren Anstrengungen fast zusammensinkende Sklaven ziehen einen schweren Triumphwagen dahin, auf dem ein brutal vierschrötiger Despot thront. Hart blicken seine mitleidlosen Augen, während

Der kreuztragende Christus und Maria.
Skulptur von Joseph Lohmüller.

ein neben dem Wagen dahinschreitendes furienhaftes Weib mit wuchtiger Geißel das menschliche Gespann zur äußersten Kraftanstrengung anpeitscht.

Eine Tragödie des Lebens verkörperte auch der New Yorker Adolf Alexander Weinman in seiner für die Weltausstellung zu St. Louis geschaffenen Gruppe, „Das Schicksal der roten Rasse". Sie symbolisiert den unvermeidlichen Untergang der Indianer. Da ihr Dasein in erster Linie von der Existenz des sie mit allen Lebensnotwendigkeiten versorgenden Büffels abhing, so stellte der Künstler einen dieser der Ausrottung zuerst verfallenden Wiederkäuer an die Spitze des melancholisch stimmenden Zugs. Ein Häuptling, ein Medizinmann, zwei Krieger und ein von Kindern umgebenes Weib

Copyright 1903 by A. A. Weinman.
Das Schicksal der roten Rasse.
Skulptur von Adolf Alexander Weinman auf der Weltausstellung zu St. Louis, Missouri.

bilden denselben. Mit ihnen entschwebt Manitu, der gute Geist und Weltenschöpfer, auf welchen die roten Männer einst ihr ganzes, vergebliches Hoffen setzten.

Max Mauch, Henry August Lukemann, A. Schaff, Bruno Louis Zimm, Carl Heber, F. W. Ruckstuhl, F. E. Triebel, Henry Linder und Albert Jägers sind deutschamerikanische Bildhauer, die gleichfalls mit Werken auf den erwähnten Weltaus-

Denkmal des Generalmajors Friedrich Wilhelm von Steuben in Washington.
Von Albert Jägers.

stellungen vertreten waren. Mauch lieferte ein Standbild Gobelins, des Urhebers der Gobelin-Weberei. Ferner die Gruppe „Der Fortschritt, die Theorie und Praxis bewillkommend".

General Grant.
Reiterstandbild von Charles Niehaus.

Ruckstuhl war auch bei der Ausschmückung der Kongreßbibliothek zu Washington beteiligt. Er fertigte die Statuen Solons, Macauleys, Franklins und Goethes. Theodor Baur meißelte die Allegorie „Religion"; und

Philipp Martiny die Darstellungen der Erdteile Amerika, Europa, Asien und Afrika.

Charles Niehaus, ein in Cincinnati geborener Künstler deutscher Abkunft, von dem die Kongreßbibliothek die Standbilder „Moses" und „Gibbon" besitzt, zählt unstreitig zu den fruchtbarsten Bildhauern, die Amerika bisher hervorbrachte. Die Grundlage zu seinem Können legte er in München. Als Wohnsitz wählte er nach seiner Rückkehr New York. Hier fertigte er äußerst charakteristische Standbilder des Präsidenten Garfield sowie der Staatsmänner Allen und Morton für das Kapitol zu Washington. In der Bundeshauptstadt finden wir ferner sein Denkmal des berühmten Homöopathen Hahnemann. Für die Stadt Indianapolis modellierte er ein Standbild des Präsidenten Harrison; für Canton ein solches von McKinley; für Muscegon, Michigan, die Denkmäler Lincolns und Farraguts. Zu den Hauptwerken des Künstlers gehört unstreitig die für die Weltausstellung zu St. Louis gefertigte Apotheose Ludwigs IX. Königs von Frankreich, nach welchem das frühere französische Kolonialreich Louisiana einst seinen Namen empfing. Die gewaltige Reiterstatue wurde nach Schluß der Weltausstellung in Bronze gegossen und bildet nun eine bleibende Erinnerung an die mit der Gedenkfeier der Erwerbung Louisianas verbunden gewesenen Festtage.

Der im Jahre 1868 in Elberfeld geborene Albert Jägers, der für die Weltausstellung zu St. Louis die Statuen „Arkansas" und „Pestalozzi", und für das Zollgebäude in New York die Figur der „Germania" schuf, trug bei einem von der Bundesregierung erlassenen Wettbewerb um ein in der Stadt Washington zu errichtendes Denkmal des Generalmajors Friedrich Wilhelm von Steuben den Sieg davon. In seinem Entwurf stellte er den General dar, wie er im Winterlager zu Valley Forge mit dem Einexerzieren der Soldaten beschäftigt ist. Seine Haltung ist die eines scharf beobachtenden Offiziers. Eine Figurengruppe am Sockel des Denkmals deutet sinnig an, was Steuben für das amerikanische Heer getan. Sie stellt einen erfahrenen Krieger dar, der einen Jüngling im Gebrauch der Waffen unterweist. Eine zweite Gruppe repräsentiert die „Amerika", welche eine Jungfrau dazu anhält, zur Erinnerung an Steuben einen Lorbeerzweig auf den Ruhmesbaum der Vereinigten Staaten zu pfropfen.

Während der New Yorker Henry Linder vorzugsweise entzückend schöne Entwürfe für kunstgewerbliche Gegenstände aller Art schuf, ließ der in White Plains wohnende Friedrich C. Roth seiner Vorliebe für Tier-Darstellungen freien Lauf. Eine seiner lebendigsten Gruppen ist die eines römischen Wagenlenkers, der seine dahinstürmenden Rosse zu rasender Eile antreibt. (S. Seite 354.)

* *

*

Auch unter den hervorragenden Baumeistern Amerikas sind die Deutschamerikaner vortrefflich vertreten. Von den verhältnismäßig wenigen amerikanischen Bauten, die Anspruch auf die Bezeichnung „schön" erheben dürfen, wurden einige der schönsten von Deutschen entworfen.

An erster Stelle sei die herrliche Kongreßbibliothek der Bundeshauptstadt Washington genannt. Ihre Urheber sind in allererster Linie der im Jahre 1841 zu Seitendorf in Schlesien geborene P a u l J o h a n n e s P e l z und ferner der Wiener J o h a n n L. S c h m i t m e y e r (Smithmeyer). Beide kamen bereits in früher Jugend nach Amerika. Pelz genoß für eine Reihe von Jahren den Unterricht des aus Holstein stammenden und in New York ansässig gewordenen Baumeisters D e t l e f L i e n a u. Nachdem er in Berlin und Paris seine architekto-

Copyright 1899 by Howard Gray Douglas.
Die Kongreßbibliothek zu Washington, D. C.
Entworfen von Paul J. Pelz und Johann L. Schmitmeyer.

nischen Studien vollendet, zog er nach Washington, wo er für die Bundesregierung zahlreiche Entwürfe zu Leuchttürmen anfertigte, deren künstlerische Eigenart dem amerikanischen Leuchthausamt auf der Wiener Weltausstellung des Jahres 1873 den ersten Preis einbrachte.

Um diese Zeit vereinigte Pelz sich mit dem gleichfalls in Washington heimisch gewordenen Architekten Johann L. Schmitmeyer und beide beteiligten sich an dem Wettbewerb, den der Bundeskongreß im Jahre 1873 für den Entwurf eines Prachtgebäudes ausschrieb, welches die ungemein rasch anwachsende Kongreßbibliothek aufnehmen sollte. Von achtundzwanzig Entwürfen, unter denen sich solche der bedeutendsten Baumeister beider Erdhälften befanden, erwiesen sich die von Schmitmeyer und Pelz eingelieferten als die schönsten und zweckmäßigsten. Sie behaupteten auch den ersten Platz, als der Bibliothekausschuß im Jahre 1874 ein weiteres Ausschreiben erließ, wodurch die Zahl der eingelieferten Entwürfe sich auf vierzig steigerte.

Korridor in der Kongreßbibliothek zu Washington, D. C.
Copyright 1899 by Howard Gray Douglas.

Nachdem den beiden der endgültige Sieg zuerkannt worden, blieben sie dreizehn Jahre lang mit der weiteren Durchbildung ihrer Pläne beschäftigt und unternahmen zu diesem Zweck auch längere Studienreisen nach Europa, um die Anlage und Einrichtungen der dort bestehenden großen Bibliotheken zu studieren und deren Vorzüge beim Verbessern der eigenen Pläne zu berücksichtigen. So entstand durch die Vereinigung jahrhundertelanger Erfahrungen

Copyright 1899 by Howard Gray Douglas.
Treppenaufgang in der Kongreßbibliothek zu Washington, D. C.

und praktischer zeitgemäßer Neuerungen jene herrliche Bibliothek, die sowohl in bezug auf zweckmäßige Aufstellung der Bücherschätze wie auch hinsichtlich der Beleuchtung, Heizung und Feuersicherheit unter allen ähnlichen Zwecken dienenden Bauwerken der Welt fraglos an erster Stelle steht.

Copyright 1899 by Howard Gray Douglas.
Die Lesehalle der Krongreßbibliothek zu Washington, D. C.

Zweifellos gebührt dieser Bibliothek auch in architektonischer Hinsicht unter allen öffentlichen Gebäuden Amerikas der erste Platz. Obwohl das gewaltige Kapitol in unmittelbarer Nachbarschaft steht, wird der Bau keineswegs von diesem erdrückt, sondern bildet seine harmonische Ergänzung. Vertieft man sich gar in das Studium der herrlichen, im italienischen Renaissancestil gehaltenen Fassade, der imposanten Treppenaufgänge, Korridore, Säle, Versammlungsräume, und der mächtigen, als Lesesaal dienenden Rotunde, so wird auch der verwöhnteste Reisende anerkennen müssen, nirgendwo ein Architekturwerk gesehen zu haben, wo feiner künstlerischer Geschmack und verschwenderische Prachtentfaltung so vollkommene Triumphe feierten. An Anstrengungen, solche zu erzielen, ließ man es aber auch nicht fehlen. Um in der 40 m hohen und 33 m weiten Rotunde den dort herrschenden, aus Goldbraun, Malachitgrün und anderen abgetönten Farben entstandenen harmonischen Einklang zu erzielen, holte man die kostbarsten Steinarten aus drei Erdteilen herbei. Der magische Eindruck wird bei Tage noch erhöht durch acht, die Wappen der Bundesstaaten zeigende Oberlichtfenster von je 10 m Breite. Abends hingegen flutet von einer den Mittelpunkt der Kuppel bildenden elektrischen Sonne mildes Licht in den weiten Raum hernieder, wo an kreisförmig geordneten Lesetischen 300 Leser Platz haben. Die Sitze des Oberbibliothekars und seines Stabes befinden sich auf einer in der Mitte der Rotunde angebrachten Tribüne, die einen Überblick über den ganzen Leseraum gewährt.

Angesichts der Tatsache, daß die Urheber des herrlichen Bauwerkes die besten Jahre ihres Lebens, ihr ganzes Wissen und Können einsetzten und sich bemühten, die Bibliothek in allen Dingen so vollkommen als möglich zu gestalten, ist es um so tiefer zu bedauern, daß ihnen für ihre Mühe weder die verdiente materielle Entschädigung noch die in weit höherem Grade verdiente künstlerische Anerkennung zuteil wurde. Ehe man den beiden Architekten die Ausführung des Baus übertrug, stellte der sogenannte Bibliothekausschuß des Kongresses an sie das Verlangen, ihre bisherige Geschäftsverbindung zu lösen. Nachdem dieser seltsamen Forderung entsprochen worden, machte man Schmitmeyer zum ersten, Pelz zum zweiten Architekten. Bereits im Jahre 1888 beseitigte man Schmitmeyer und setzte an seine Stelle den Chef des Ingenieurkorps, General T. L. Casey. Wohl nur weil dieser militärisch ausgebildete Mann unfähig war, die künstlerische Leitung des Baus zu überwachen, beließ man Pelz für einige Zeit länger auf seinem Posten. Erst nachdem Pelz sämtliche Entwürfe für die innere Ausschmückung des Gebäudes geliefert hatte, entließ man auch ihn und übertrug die künstlerische Leitung des Baus dem 25jährigen Sohn Caseys, welcher in Paris einige Zeit architektonische Studien betrieben hatte. Obwohl dieser noch durch keine einzige selbständige Leistung sein Können bewiesen hatte, bewilligte der Bibliothekausschuß ihm einen doppelt so großen Gehalt als man Pelz bezahlt hatte. Und Casey jr. bezog denselben, bis im Jahre 1897 der Bau vollendet war.

Um diesen unsauberen Machenschaften die Krone aufzusetzen, fügte man über dem Eingang der Bibliothek eine Marmortafel ein, welche folgende Inschrift trägt:

> Erected under the Acts of Congress of April 15, 1866, October 2, 1888 and March 2, 1889 by
> Brig. Gen. Thos. Lincoln Casey, Chief of Engineers, U. S. A.
>
> Bernard R. Green, Supt. and Engineer.
> John L. Smithmeyer, Architect.
> Paul J. Pelz, Architect.
> Edward Pearce Casey, Architect.

Und so wurde vor den Augen der Welt der Oberingenieur der amerikanischen Armee T. L. Casey zum eigentlichen Urheber der Bibliothek gestempelt. Die Architekten Schmitmeyer und Pelz sollten sich mit der dritten und vierten Stelle begnügen und ihre künstlerischen Ansprüche obendrein mit einem jungen, noch unerprobten Manne teilen, der kaum etwas zur künstlerischen Gestaltung des Bauwerks beigetragen hatte. Die eigentlichen Urheber erhoben gegen diese an ihnen begangene Benachteiligung Einspruch, aber derselbe fand keine Beachtung. Die Tafel wurde eingesetzt und dort befindet sie sich noch heute, ein steinernes Denkmal der im amerikanischen Kongreß möglichen Machenschaften.

Wie diese von den Berufsgenossen der um ihren künstlerischen Lohn gebrachten eigentlichen Urheber des Baus beurteilt werden, ergibt sich aus folgender, vom Vorsitzenden und Schriftführer des „American Institute of Architects" erlassenen Erklärung:

„We are familiar with this building, from the beginning to the present time, and feel that no one can, with propriety or honesty, be entitled to the credit as architects of this building except J. L. Smithmeyer and Paul J. Pelz. They have devoted the best years of their lives, from 1873 to 1893, in perfecting the plan and in designing the exterior and interior of that building."

Die Zeitschrift „Architecture and Buildings" bemerkte in ihrer Nummer vom 3. April 1897 dazu:

„It looks queer to professional men that the names of the paymaster who drew the money for the building out of the Treasury on his signature and the clerk of the works or superintendent, with the supernumerary and superfluous title of engineer (as if there had been anything to „engineer" in the building, save the appropriations in Congress) appear above those of the architects, who created it in their minds and who are in truth the fathers of the structure. Why does there appear a line of demarcation below the Chief of Engineers, putting the architect ‚below the salt' as it were? — It must be remembered here that the advent of General Casey wat at a time, when Messrs. Smithmeyer & Pelz had, like Columbus, already discovered America; their plans were complete and ready to be proceeded with."

Auch ein großer Teil des materiellen Lohns wurde den beiden Baumeistern vorenthalten. Denn bis zum Jahre 1909 hatte der Bundeskongreß ihre 105 500 Dollar betragenden Forderungen noch nicht beglichen.

Das Waldorf Astoria Hotel in New York.
Entworfen von Henry J. Hardenbergh.

Deutschamerikanische Archtitekten lieferten auch zu anderen hervorragenden öffentlichen und privaten Bauten die Entwürfe. Dem New Yorker H o r n -

b o s t e l verdankt man jene zu der von Andrew Carnegie gestifteten Technischen Hochschule zu Pittsburg. A l f r e d C. C l a s erbaute die Bibliotheken

Das Gebäude der „Times" in New York.
Entworfen von Otto Eidlitz.

der Städte Milwaukee und Madison, Wisconsin. H. C. K o c h entwarf das schöne Rathaus „Deutsch-Athens" am Michigansee; S c h m i d t jenes der Stadt Cleveland in Ohio. E r n s t H e l f e n s t e i n führte das prächtige Gebäude des Liederkranzklubs in St. Louis auf. Die deutschen Inhaber der Firma Delemos & Cordes schufen das schöne Heim des deutschen Gesangvereins „Arion" in New York. Die Gebrüder Hertel sind die Urheber des vornehmen, in Braunsandstein ausgeführten Doppelpalastes der Vanderbilts in New York. Der gleichfalls deutscher Herkunft sich rühmende New Yorker Architekt Henry J. Hardenbergh zeichnete die Pläne für die gewaltigen New Yorker Hotels „Waldorf-Astoria", „Manhattan", „Dakota", „Plaza" und „Martinique", deren kostbare Einrichtungen die Bewunderung aller Fremden erregen. Und Otto Eidlitz verstand es, im Entwurf des an der Kreuzung des Broadway und der 42. Straße errichteten Zeitungspalastes der „New York Times" die ungemein schwierige Aufgabe zu lösen, den wegen ihres nüchternen Aussehens berechtigten amerikanischen „Wolkenkratzern" architektonische Schönheit zu verleihen.

* * *

Der vorstehende, das Wirken der deutschamerikanischen Maler, Bildhauer und Baumeister berücksichtigende Abschnitt kann selbstverständlich keinen Anspruch auf Vollständigkeit erheben. Der Raum eines starken Buches würde nicht ausreichen, um dem Schaffen der genannten Meister und jener, deren Namen und Wirkungskreis dem Verfasser bisher nicht bekannt wurden, gerecht zu werden. Aber die hier aufgeführten Beispiele beweisen unstreitig, daß Amerika auf jenen künstlerischen Gebieten, die zu den höchsten Stufen der menschlichen Kultur zählen, den Deutschamerikanern vieles verdankt. Denn unter den von ihnen geschaffenen Werken befinden sich gar manche, die durch ihre edle Auffassung, ihren Gedankenreichtum und ihre echt künstlerische Ausführung unter den in der Neuen Welt entstandenen Kunst- und Architekturwerken Ehrenplätze verdienen.

Ehrendenkmäler des Deutschamerikanertums.

Während die in den Vereinigten Staaten lebenden Deutschen und ihre Nachkommen eine schier überwältigende Menge physischer und geistiger Leistungen zum kulturellen Fortschritt Amerikas beitrugen, riefen sie auch zahlreiche Einrichtungen ins Leben, die für ihre Nächstenliebe wie für ihren Wohltätigkeits- und Gerechtigkeitssinn glänzendes Zeugnis ablegen.

Der Ursprung mancher dieser Ehrendenkmäler reicht bis ins 18. Jahrhundert zurück, wo am zweiten Weihnachtstag 1764/65 deutsche Bürger der Stadt Philadelphia sich im lutherischen Schulhause versammelten, um die „Deutsche Gesellschaft von Pennsylvanien" zu gründen. Diese stellte sich das Ziel, deutsche Einwanderer sowie deren Nachkommen gegen Unterdrückung, Beraubung und Betrug in Schutz zu nehmen, ihnen im Fall der Not beizustehen und mit Rat und Tat zum Fortkommen behilflich zu sein. Wie nötig eine solche Vereinigung war, ergibt sich aus jenen mit der damaligen Einwanderung verbundenen wahrhaft scheußlichen Mißständen, wie wir sie in dem Abschnitt „Die Käuflinge oder Redemptionisten" schilderten. Der schamlos betriebene Menschenhandel und die fürchterlichen Übervorteilungen, denen die unglücklichen Auswandrer schutzlos preisgegeben waren, ent-

---

Kopfleiste: Das Mary Drexel-Heim in Philadelphia. Gestiftet von Johann B. Lankenau zum Andenken an seine Gattin Mary Drexel.

flammten schließlich den Unmut der in den Kolonien ansässigen Deutschen derart, daß sie, empört über die ihren Landsleuten zuteil werdende Behandlung sich zu Gesellschaften verbanden, um jene Mißstände zu beseitigen. Nach dem Vorbild der „Deutschen Gesellschaft von Pennsylvanien" entstand im Jahre 1765 eine ähnliche Vereinigung in Charleston, Südcarolina. Im August 1784 folgte die Gründung der „**Deutschen Gesellschaft der Stadt New York**". Während des 19. Jahrhunderts bildeten sich ferner Schwestergesellschaften zu Baltimore, Boston, Cincinnati, Birmingham, Ala., Allentown, Hartford, New Haven, Rochester, Petersburg, Pittsburg, Chicago, Milwaukee, St. Paul, St. Louis, Kansas City, New Orleans, San Francisco, Portland, Seattle und Toronto.

Von diesen deutschen Gesellschaften erzwangen die älteren nach jahrzehntelangen Kämpfen, durch rücksichtsloses Aufdecken der Übeltaten und Verfolgen der Schuldigen, durch unermüdliches Befürworten und Unterstützen geeigneter Gesetzesvorschläge nicht nur die Abschaffung des fluchwürdigen Käuflingssystems, sondern führten auch die menschenwürdigere Behandlung der Auswandrer auf den Schiffen und in den Hafenorten herbei. Mit vollem Recht darf man sie als die Urheber der heutigen Einwandrungsgesetzgebung bezeichnen, welche dem von der Heimat sich Loslösenden eine menschenwürdige Behandlung vom Abfahrtshafen bis zu seinem in der Neuen Welt gelegenen Ziele sichert.

Den Deutschen Gesellschaften gebührt ferner das Verdienst, dem nichtswürdigen Treiben jener Runner oder Makler entgegengetreten zu sein, die, im Sold fragwürdiger Wirte, Geldwechsler, Schiffs- und Eisenbahngesellschaften stehend, sich unter allerhand Vorwänden an die Einwandrer herandrängten, um deren Unerfahrenheit und Vertrauen aufs gemeinste zu mißbrauchen.

Je mehr die von den „Deutschen Gesellschaften" gemachten Vorschläge in bezug auf die Einwandrung von den Regierungen anerkannt und gesetzlich durchgeführt wurden, desto mehr sahen die Gesellschaften sich entlastet. Um so kräftiger konnten sie nun ihre Tätigkeit auch auf solche Hilfeleistungen erstrecken, die außerhalb des Bereichs der Behörden lagen. Sie fanden genug zu tun, denn je mächtiger der Strom der deutschen Einwandrung anschwoll, desto schwierigere Probleme boten sich den Beamten der „Deutschen Gesellschaften" dar. In den Protokollen fast aller kehrt die stete Klage wieder, daß man in Verlegenheit sei, welche Mittel ergriffen werden sollten, um den täglich sich steigernden Anforderungen zu genügen.

Um ein Bild des vielseitigen und segensreichen Wirkens der heutigen „Deutschen Gesellschaften" zu geben, bietet sich kein besseres Beispiel als das der „Deutschen Gesellschaft der Stadt New York". Am 23. August 1784 von dreizehn Männern gegründet, zählt sie heute etwa 1200 Mitglieder, die sich zu freiwilligen Beiträgen von mindestens 10 Dollars jährlich verpflichteten. Je mehr im Lauf des 19. Jahrhunderts New York das Haupteingangstor der deutschen Einwandrung in Amerika wurde, desto größere Ausdehnung nahm auch das Arbeitsfeld dieser Gesellschaft an. In erster Linie ließ sie sich natürlich die Armen- und Krankenpflege angelegen sein. Trotz ihrer beschränkten Mittel gewährt die „Deutsche Gesellschaft" notleidenden Einwandrern oder deren Nachkommen Bargeldunterstützungen und bezahlt bedeutende Summen für an Arme verabreichte Kohlen, Mahlzeiten aus den Suppenanstalten, Medikamente und Stimulantien. Die im Dienst und Sold der Gesellschaft stehenden Ärzte behandeln jährlich Tausende von Familien, machen unentgeltlich ärztliche Besuche und verschreiben von der Gesellschaft bezahlte Rezepte.

Eine nicht minder wichtige und segensreiche Abteilung der „Deutschen Gesellschaft der Stadt New York" ist das von ihr unterhaltene Arbeitsnachweisbureau, welches den Beschäftigung suchenden Einwandrern unentgeltlich Gelegenheiten zur Arbeit nachweist. In der Zeit vom 1. Juli 1875 bis 1908 verschaffte dieses Bureau mehreren hunderttausend Personen Stellen, in denen sie ihren Unterhalt erwerben konnten. In einzelnen Jahren betrug die Zahl der vermittelten Stellen über 12 000. Zu den Einrichtungen der „Deutschen Gesellschaft" gehört ferner ein Auskunftsbureau. Es erteilt den Einwandrern praktische Ratschläge und gibt über ihre Ziele und Unternehmungen geeignete Auskunft. Wie umfangreich die Tätigkeit auch dieser Abteilung sich gestaltet hat, ergibt sich daraus, daß außer den mündlichen jährlich auch Tausende von brieflichen Anfragen empfangen und beantwortet werden. Ferner übermittelt das Bureau Briefe an Neueingewanderte und solche, die es trotz längeren Aufenthalts in den Vereinigten Staaten noch nicht zu einem ständigen Wohnsitz brachten.

In ihrer seit dem Jahr 1868 bestehenden Bankabteilung bietet die „Deutsche Gesellschaft der Stadt New York" Deutschen einen zuverlässigen und billigen Weg zur Besorgung der verschiedensten Geldgeschäfte, von Reisebilletts von Europa hierher und umgekehrt, sowie nach allen Plätzen im Innern der Vereinigten Staaten. Desgleichen befördert sie Pakete, vollführt notarielle Geschäfte, kassiert Gelder und Erbschaften und verwaltet liegendes und bewegliches Eigentum. Für ihre Leistungen berechnet die Bankabteilung nur so viel, als erforderlich ist, um die entstandenen Unkosten zu decken. Der gesamte, durch die Bankabteilung erzielte Reingewinn sowie die Zinsen eines bis zum Jahre 1885 aus dem Reingewinn angesammelten Reservefonds von 50 000 Dollar fließen dem Fonds für Wohltätigkeitszwecke zu. So erklärt es sich, daß die Gesellschaft seit einer Reihe von Jahren 1000 bis 2000 Dollar jährlich mehr für Unterstützung hilfsbedürftiger Deutscher ausgeben konnte, als die in den Beiträgen ihrer Mitglieder bestehenden Einnahmen betrugen. Die Unkosten des Arbeitsnachweisungsbureaus und die Gesamtkosten für die Verwaltung werden gleichfalls aus den Einnahmen der Bankabteilung gedeckt, ohne daß der geringste Teil der Beiträge der Mitglieder für diese Zwecke in Anspruch genommen wird.

Auf die Anregung der „Deutschen Gesellschaft" ist ferner die vor einer Reihe von Jahren erfolgte Gründung der „Deutschen Sparbank" zurückzuführen; desgleichen des im Jahre 1861 inkorporierten „D e u t s c h e n H o s p i t a l s" und des im Jahre 1876 gebildeten „D e u t s c h e n R e c h t s s c h u t z v e r e i n s".

Die Gründung des letzteren erfolgte, um deutsche Einwandrer vor Übervorteilungen jeder Art zu bewahren. Es gab so viele Fallen, die ihrem einfachen Sinn und ihrer Treuherzigkeit gestellt wurden, daß die der Sprache und der Schliche Unkundigen nur zu oft betrogen wurden. Wohin sich um Hilfe wenden, wo Recht suchen? war die Frage. Naturgemäß wandten sich die Opfer an die „Deutsche Gesellschaft der Stadt New York". Soweit diese irgend Abhilfe schaffen konnte, geschah dies. Aber die Schliche der „Emigranten-Runners" und Personen gleichen Gelichters wurden so spitzfindig und die Verleugnung des Rechts den Emigranten gegenüber so brutal, daß in vielen Fällen Hilfe nur bei den Gerichten gesucht werden konnte. Man schickte daher die oft aller Mittel entblößten Hilfesuchenden an Rechtsanwälte, die in selbstloser, edler Weise sich bereit erklärten, in solchen Fällen unentgeltlich zu dienen.

Der Andrang Hilfesuchender überstieg jedoch schließlich die Kräfte einzelner. In manchen Fällen war wohl auch der erste Enthusiasmus bald verraucht. Kurz, es mußte Abhilfe geschaffen werden, wenn nicht das gute Werk ganz einschlafen sollte. Es wurde daher im März 1876 beschlossen, einen Verein zu gründen, welcher unter Mithilfe des gesamten Deutschtums ein Bureau mit einem besoldeten, beständig anwesenden Rechtsanwalt einrichten solle, der die Klagen mittelloser Landsleute anhöre, untersuche und mit Hilfe der Gerichte in passenden Fällen zum Austrag bringe. So entstand der „Deutsche Rechtsschutzverein".

Er begann seine Tätigkeit im Jahre 1876 mit 52 Mitgliedern und engagierte den Anwalt C h a r l e s K. L e x o w mit einem Jahresgehalt von 1000 Dollar.

Im ersten Jahre seines Bestehens wandten sich 212 Hilfesuchende an den Verein. Seine Verfassung schrieb vor, daß die Hilfe des Vereins nur Personen deutscher Geburt, die zu arm seien, sich anderwärts Recht zu verschaffen, geleistet werden sollte. Es zeigte sich aber im Lauf der Jahre, daß diese Bestimmung aus mancherlei Gründen nicht aufrechterhalten werden könne. Leute anderer Nationalität, denen bitteres Unrecht geschehen und die sich hilfesuchend nahten, konnten unmöglich abgewiesen werden. Man beschloß deshalb im Jahre 1890, den Beistand des Rechtsschutzvereins allen zuteil werden zu lassen, die in seinen Armen Schutz suchten. Da diese weitgehende Unterstützung die Mittel des Vereins bald erschöpfte, so suchte man auch das eingeborene Amerikanertum zur Hilfeleistung heranzuziehen und wandelte deshalb den Namen des Vereins in „L e g a l A i d S o c i e t y" um, damit dadurch der allgemein nützliche Charakter der Gesellschaft angezeigt werde.

Wie umfangreich deren Geschäfte sich gestaltet haben, ergibt sich daraus, daß im Jahre 1908 31 036 Personen die Dienste der „Legal Aid Society" in Anspruch nahmen. Davon waren 10 315 in Amerika geboren; 4341 waren

Russen und russische Juden; 4558 Deutsche, 4455 Engländer, 3168 aus Österreich-Ungarn, 1397 Skandinavier, 1114 Italiener.

Insgesamt erledigten der „Deutsche Rechtsschutzverein" und die „Legal Aid Society" während des 33 Jahre umfassenden Zeitraums 1876 bis 1908 nicht weniger als 287 526 Fälle. Sie verausgabten dafür 332 402 Dollar, konnten dagegen 1 431 437 Dollar an diejenigen abführen, welche ihre Hilfe in Anspruch nahmen.[1])

Zu den Einrichtungen der „Legal Aid Society" gehört eine Abteilung, die sich mit dem Rechtsschutz der Seeleute befaßt, die infolge ihres unbeständigen Aufenthaltortes von Reedern und Kapitänen gar oft gröblich mißbraucht werden. Neuerdings ist auch eine Kriminalabteilung geplant, die armen und hilflosen Angeklagten in Kriminalfällen Beistand leisten, dem schamlosen Treiben unwürdiger Anwälte steuern und die Richter in ihren Bemühungen, die Kriminalgesetze für Arm und Reich in unparteiischer, gerechter Weise durchzuführen, unterstützen will.

So ist die „Deutsche Gesellschaft der Stadt New York" ihrem Zweck: „deutsche Einwanderer zu unterstützen, sowie notleidenden Deutschen und deren Nachkommen Hilfe zu leisten" allezeit in der edelsten Weise gerecht geworden. Sie ist in den vielen Jahrzehnten ihres Bestehens ungezählten Tausenden ein treuer Führer und Berater, in den Stunden banger Not ein Helfer gewesen. Sie sowohl wie auch ihre in den anderen amerikanischen Städten bestehenden, die gleichen Ziele verfolgenden Schwesteranstalten verdienen es deshalb in höchstem Maße, in ihrer segensreichen Tätigkeit von allen Edeldenkenden durch Beiträge, Schenkungen und Vermächtnisse unterstützt zu werden. Denn wie die menschliche Not auf Erden in absehbarer Zeit kein Ende nehmen wird, so ist auch keine Aussicht dafür vorhanden, daß die „Deutschen Gesellschaften" mit gutem Gewissen auf die weitere Ausübung ihres wohltätigen Wirkens verzichten dürften.

*   *

*

Zu den Ehrendenkmälern des Deutschamerikanertums zählen ferner die zahlreichen Krankenhäuser, Greisenheime, Waisenanstalten und Unterstützungsgesellschaften, die in fast allen Städten mit einer größeren deutschen Bevölkerung eingerichtet wurden. Manche dieser Anstalten erregten durch ihre Ausdehnung, schöne Architektur, herrliche Lage und musterhaften Einrichtungen das Staunen aller europäischen Fachleute, die zum Studium solcher Institute nach Amerika kamen.

---

[1]) Nach dem Vorbild der New Yorker „Legal Aid Society" entstanden während der letzten Jahre ähnliche Gesellschaften in Boston, Philadelphia, Washington, Newark, Alleghany City, Cincinnati, Chicago und San Francisco. Ferner in London, Edinburg, Kopenhagen und zahlreichen Städten des europäischen Festlandes.

Unter den Deutschen, welche solche Anstalten in hochherziger Weise mit Stiftungen bedachten, verdienen die Frauen Anna Ottendorfer und Anna Woerishoffer in New York, Lauretta Gibson geb. Bodman in Cincinnati, Eleonore Ruppert in Washington, die Herren Johann B. Lankenau und Peter Schem in Philadelphia, Edward Uhl, Henry Villard, Georg H. F. Schrader und H. O. Havemeyer in New York, Johann August Roebling, F. A. Poth, Georg Ellwanger und andere ehrenvoll erwähnt zu werden.

Das Isabella-Heim in New York.
Gestiftet von Frau Anna Ottendorfer.

Von dem Wunsch getrieben, der Stadt New York eine öffentliche Wohltat zu erweisen und zur Förderung nützlicher Kenntnisse beizutragen, stiftete Johann Jakob Astor die nach ihm benannte und am 1. Februar 1854 eröffnete „Astor-Bibliothek". Von seinen Nachkommen zu verschiedenen Zeiten durch bedeutende Summen unterstützt, wuchs diese Büchersammlung rasch zu einer der bedeutendsten Amerikas heran und wurde durch ihre reichen Schätze für viele Millionen Menschen ein nie versiegender Quell des Wissens und der Belehrung.

Oswald Ottendorfer stiftete im Jahre 1899 der New Yorker Universität eine sehr reichhaltige Germanistische Bibliothek, die dazu bestimmt ist, die Studierenden mit den herrlichen Erzeugnissen der älteren und neueren deutschen Literatur vertraut zu machen.

Von der Freigebigkeit der deutschen Brauer in Milwaukee zeugen das von Friedrich Pabst der Stadt geschenkte „Deutsche Theater" und der von Joseph Schlitz gestiftete „Schlitz-Park". Dem Gemeinsinn Adolf Sutro's verdanken die Bewohner der Stadt San Francisco einen herrlichen Park und großartige öffentliche Badeanstalten. Claus Spreckels, der kalifornische Zuckerkönig, ließ ebendaselbst eine kostbare Musikhalle erbauen. Der Brauer Stiefel schenkte der Stadt St. Louis ein kostbares Schiller- und Goethe-Monument. Charles Schwab, der Präsident der „United States Steel Corporation", gründete in Homestead, Pennsylvanien, die dortige Industrieschule. Zur Erinnerung an den Deutschen Johann Kraus, der sich um die Mitte des vorigen Jahrhunderts in Syracuse, N. Y., niederließ und einer der bedeutendsten Großhändler wurde, ließen seine Nachkommen das mit der dortigen Universität verbunden „Crouse Building", ein dem Musikunterricht dienendes Gebäude von seltener Schönheit errichten. Ähnliche, dem Gemeinsinn der Deutschamerikaner zur Ehre gereichende Stiftungen findet man in zahlreichen anderen amerikanischen Städten.

Bei der Betätigung ihres Wohltätigkeitssinnes vergaßen manche zu Reichtum gekommene Deutschamerikaner auch nicht ihrer alten Heimat.

Die Familie Astor stiftete in dem Geburtsort ihres berühmten Ahnen Johann Jakob Astor, dem badischen Dörfchen Waldorf, ein Armenhaus und eine Erziehungsanstalt für arme Kinder. Die Stadt Zwittau in Mähren verdankt dem dort geborenen Oswald Ottendorfer gleichfalls ein Armen- und Waisenhaus sowie eine vorzüglich eingerichtete öffentliche Bibliothek. Henry Villard gründete in seiner Vaterstadt Speier ein Hospital und eine Schule für Krankenpflegerinnen. Desgleichen wendete er der dort bestehenden pfälzischen Industrieschule bedeutende Summen zu und sicherte sich dadurch auch in seinem Vaterlande ein ehrenvolles Andenken.

Die neueste Zeit.

Der amerikanische Bürgerkrieg übte auf die Einwanderung in die Vereinigten Staaten naturgemäß eine einschränkende Wirkung. Die Zahl der deutschen Ankömmlinge, die 1854 nicht weniger als 215 000 betragen hatte, sank bis zum Jahre 1862 auf 27 000 herab. Sobald aber die Aussicht, daß die Sache des Nordens siege, zur Gewißheit wurde, begann auch der Zustrom der

Kopfleiste: Der Bannerträger. Skulptur von Karl Bitter auf der Weltausstellung zu Buffalo, New York.

Deutschen wieder zu steigen, denn im Jahre 1864 kamen bereits wieder 67 000 und im darauffolgenden Jahre 83 000 Deutsche in den Häfen der Union an.

Einen großen Anstoß erhielt die deutsche Einwandrung dadurch, daß die „Hamburg-Amerika Paketfahrt-Actiengesellschaft" sowie der „Norddeutsche Lloyd" regelmäßige Fahrten nach den Vereinigten Staaten ausführten und durch ihre über ganz Deutschland verteilten Agenturen sehr anregend auf die Auswandrungslustigen einwirkten. Infolgedessen stieg die Zahl der nach Amerika ziehenden Deutschen von Jahr zu Jahr, bis sie im Jahre 1882 mit 250 630 Köpfen ihren Höhepunkt erreichte.

Blicken wir auf die deutsche Einwandrung seit 1820 zurück, so finden wir, daß nach den mit jenem Jahre anhebenden, allerdings nicht sehr zuverlässigen offiziellen Aufnahmen während des Zeitraums von 1820 bis 1860, also innerhalb 40 Jahren, 1 545 508 Deutsche sich in der Union niederließen. Nahezu ebenso viele kamen während des nur 20 Jahre umfassenden Zeitraums von 1861 bis 1880; das Jahrzehnt 1881 bis 1890 hingegen reicht mit 1 452 970 Köpfen an die früheren, doppelt und viermal so großen Zeiträume heran. Während der Jahre 1891 bis 1900 trafen 505 152 Deutsche in den Häfen der Vereinigten Staaten ein.

Über die deutsche Einwandrung vor 1820 liegen keine verläßlichen Angaben vor, man wird aber nicht fehlgehen, wenn man annimmt, daß Deutschland bis heute insgesamt gegen 6 bis 7 Millionen Personen an die Vereinigten Staaten abgegeben hat, wobei die über Canada sowie die aus Österreich, der Schweiz, aus Luxemburg, Belgien, Holland, England, Rußland und anderen Teilen der Welt gekommenen Deutschen nicht mitgerechnet sind.

In einem von Emil Mannhardt im Juliheft 1903 der „Deutschamerikanischen Geschichtsblätter" veröffentlichten Aufsatz kommt derselbe zu dem Schluß, daß im Jahre 1900 in den Vereinigten Staaten 13 437 061 Personen mit deutschem Blute vorhanden waren, die 17,68 Prozent der Gesamtbevölkerung ausmachten. Diese waren indessen nur aus der Einwandrung während des 19. Jahrhunderts hervorgegangen, und zu ihnen müssen noch die Nachkommen der früheren Einwandrer gezählt werden. Mannhardt berechnet die Nachkommen der deutschen Einwandrer in Pennsylvanien auf etwas mehr als vier Millionen, was nicht zu hoch ist, denn der vortreffliche Forscher Oskar Kuhns vertritt in seinem Buche „The German and Swiss Settlements in Colonial Pennsylvania" die Ansicht, daß sie vier bis fünf Millionen stark sind. Die Schätzung, daß im Jahre 1800 ein Fünftel der Bevölkerung der Vereinigten Staaten deutsch war, erscheint berechtigt; ebenso der Schluß, daß dieser Teil des Volkes sich jetzt auf rund 13 Millionen vermehrt hat. Berücksichtigt man, daß ein verhältnismäßig großer Teil der aus dem 18. Jahrhundert stammenden Einwandrung sich sehr lange deutsch erhalten hat, stellenweise sogar bis auf den heutigen Tag, und beachtet man ferner die Spuren deutschen Blutes, welche sich allenthalben in reinen oder verstümmelten deutschen Namen finden lassen, so muß man Mannhardt beistimmen, wenn er zu der Annahme gelangt, daß gegenwärtig in mehr als einem Drittel des amerikanischen Volkes deutsches Blut fließt.

Am stärksten war das deutsche Element zu Anbruch des 20. Jahrhunderts im mittleren Westen vertreten, in Wisconsin, Minnesota, Iowa, Nebraska, Illinois, Dakota und Kansas. Auch in den Industriestaaten des Ostens bildete es einen ungemein starken Bestandteil der Bevölkerung. Weniger zahlreich war es in den Südstaaten. Etwa 50 Prozent der in Deutschland geborenen Deutschen lebten in den Städten, von denen manche es hinsichtlich ihrer deutschen Bevölkerung kühn mit den bedeutendsten Städten Deutschlands aufnehmen können. Groß-New York käme z. B. mit etwa 900 000 deutschsprechenden Personen direkt hinter Berlin und Hamburg. Chicago steht mit etwa 500 000 Deutschen München gleich. Philadelphia hat mehr Deutsche als die Stadt Düsseldorf; St. Louis ebenso viele wie Danzig; Milwaukee ebenso viele wie Straßburg.

Daß ein so zahlreich vertretenes und dazu so kraftvolles Volkselement einen bedeutenden Einfluß auf das Kulturleben Amerikas ausüben muß, ist selbstverständlich. Dieser Einfluß zeigt sich nicht bloß im Erwerbsleben, sondern auch in der Kulturentwicklung der Amerikaner, von denen viele Gebildete, die sich einen offenen Blick bewahrten, bereitwilligst den großen Anteil des Deutschtums an dem Aufschwung Amerikas in materieller und kultureller Hinsicht anerkennen. Sie geben zu, daß, wenn die Einwandrung nach Nordamerika eine ausschließlich englische geblieben wäre, der von den ersten Ansiedlern mitgebrachte und im vorigen Jahrhundert sich immer weiter ausbreitende streng puritanische Geist unausbleiblich zu Einseitigkeit und Erstarrung hätte führen müssen. Sie erkennen an, daß der Einfluß des lebensfreudiger veranlagten Deutschtums das Amerikanertum dieser Gefahr sowie der noch größeren des Versinkens in der immer dichter zu werden drohenden „Almighty-Dollar"- Atmosphäre entrückte.

Wo nämlich deutsche Einwanderer sich niederließen, da regten sie durch ihre freiere Lebensauffassung zur Geselligkeit und zum Frohsinn an. Sie pflegten Gymnastik, Musik, Gesang, Schauspielkunst und Rezitation, veranstalteten gemeinschaftliche Ausflüge und fröhliche Feste, bei denen alle Teilnehmer sich herrlich vergnügten, ohne daß jemals Klagen über Ausschreitungen bekannt geworden wären. Die Deutschen zeigten ihren amerikanischen Mitbürgern, wie man freie Lebensanschauungen besitzen und dabei doch stets maßhalten und Ordnung bewahren kann.

Eine geradezu erstaunliche Entwicklung nahm das deutsche Vereinswesen. Besonders infolge der starken Anregungen, die von den „Achtundvierzigern" ausgingen. Zwar schleppten sich in zahlreichen Vereinen noch Überbleibsel der alten deutschen Sonderbündlerei hin, aber der mächtige Einfluß der Ereignisse der siebenziger Jahre und der überall wahrnehmbare Zug zur Zentralisation werden diese Nachklänge einer glücklicherweise versunkenen Zeit mehr und mehr verwischen.

Die besten Anzeichen dafür sind nicht bloß in dem raschen Wachsen des „Deutschamerikanischen Nationalbundes", sondern auch in dem zunehmenden Bestreben zu erblicken, dem deutschen Vereinsleben in den sogenannten „Deutschen Häusern" Zentralstellen zu schaffen. Solche, von vielen Vereinen gemeinsam benützten Gebäude, die sowohl dem einzelnen Besucher behagliche Räume darbieten wie auch Säle für größere Zusammenkünfte und Festlichkeiten enthalten, bestehen bereits in manchen Städten. Eines der schönsten und ausgedehntesten ist das „Deutsche Haus in Indianapolis", welches mit seinen Sälen, Versammlungs- und Beratungszimmern vorbildlich dienen könnte.

Die große Opferwilligkeit der Deutschamerikaner in bezug auf ihr Vereinswesen bekundet sich auch in zahlreichen, oft glänzend ausgestatteten Klubhäusern. Heimstätten, wie die Mitglieder des „Deutschen Liedeskranzes" und des „Arion" zu New York, des „Germaniaklubs" zu Brooklyn, Baltimore und Chicago solche schufen, stehen in nur sehr wenigen deutschen Großstädten einer geselligen Vereinigung ausschließlich zu Gebote. Daß das hier sich entfaltende Vereinsleben die häufig als Gäste erscheinenden Amerikaner zur Gründung ähnlicher Klub- und Gesellschaftshäuser anregte, kann keinem Zweifel unterliegen.

Die Neigung zu engerem Zusammenschluß, zur Zentralisation, bekundete sich auch im kirchlichen Leben der Deutschamerikaner, auf welches wir hier einen flüchtigen Blick werfen wollen.

Als älteste deutsche religiöse Gemeinschaft in den Vereinigten Staaten dürfte die Deutsch lutherische Kirche zu betrachten sein. Deutsche Lutheraner kamen bereits in der ersten Hälfte des 17. Jahrhunderts nach Neu-Niederland und Neu-Schweden, wo sie sich den dort bestehenden holländischen und schwedischen Gemeinden anschlossen oder eigene gründeten. Eine von dem sächsischen Prediger Justus Falkner gestiftete bestand bereits im Jahre 1703 in Falkners Swamp in Pennsylvanien. Im Lauf des 18. Jahrhunderts schlossen die lutherischen Gemeinden verschiedener Landesteile sich zu Synoden zusammen, die wiederum in der am 22. Oktober 1820 gegründeten General-Synode ein Einheitsband gewannen. Es umfaßte im Jahre 1908 25 Synoden mit 1734 Gemeinden, 265 469 Kommunikanten und 1322 Predigern. Von dieser General-Synode lösten sich im Jahre 1866 mehrere Synoden ab und bildeten das General-Konzil, das im Jahre 1908 437 788 Mitglieder zählte und 2195 Kirchen mit 1433 Geistlichen unterhielt.

Außerdem besteht die von dem Sachsen Karl Ferdinand Wilhelm Walther im Jahre 1847 gegründete Synodal-Konferenz mit 643 599 Mitgliedern, 3101 Kirchen und 244 Predigern. Andere, fast rein deutsche lutherische Körperschaften sind die Ohio-, Iowa-, Texas- und Buffalo-Synoden mit zusammen etwa 220 000 Mitgliedern.

Die Deutsche reformierte Kirche in den Vereinigten Staaten, die den im Jahre 1746 gelandeten Michael Schlatter als Gründer verehrt, besitzt gleichfalls mehrere Synoden, die im Jahre 1863 sich zur Generalsynode verbanden. Im Jahre 1908 hatte sie 1754 Gemeinden mit 1164 Pastoren und 284 073 Kommunikanten. Die im Jahre 1877 gegründete Deutsche evangelische Synode entsprang dem in Missouri entstandenen Deutschen Evangelischen Kirchenverein des Westens, dem sich später andere evangelische Gemeinden anschlossen. Die Synode hatte im Jahre 1908 237 321 Mitglieder, 1262 Kirchen und 974 Geistliche.

Um dieselbe Zeit zählten die Deutschen evangelischen Protestanten 20 000 Mitglieder, 155 Kirchen und 100 Geistliche.

Die von dem Schwaben Wilhelm Nast gestiftete Deutsche Methodistenkirche der Vereinigten Staaten hat etwa 100 000 Mitglieder. Auch die deutschen Baptisten und Presbyterianer unterhalten mehrere hundert Gemeinden, außerdem, gleich allen anderen bereits genannten religiösen Genossenschaften, eigene Seminare, Akademien, Missionshäuser und Zeitschriften.

Der Nassauer Philipp Otterbein stiftete im Jahre 1805 in Baltimore die „Gemeinschaft der Vereinigten Brüder in Christo", die im Jahre 1908 291 758 Mitglieder mit 4378 Kirchen und 2160 Predigern umfaßte.

Die in den Vereinigten Staaten lebenden deutschen Katholiken gewannen in dem am 15. April 1855 in Baltimore gegründeten Deutschen römisch-katholischen Zentralverein einen Mittelpunkt, dessen Bedeutung beständig im Steigen begriffen ist.

Im Gegensatz zu den anglo-amerikanischen Kirchengemeinden, die sich noch heute durch das von den Puritanern ererbte starre Festhalten am Buchstabenglauben, an strengster Sonntagsruhe und gänzlicher Enthaltung aller geistigen Getränke kennzeichnen, hegen die deutschamerikanischen Gemeinden einen freieren Geist, der menschlicher Freude nicht grundsätzlich abhold ist, sondern die Pflege heiterer, durch Musik und Gesänge verschönten Geselligkeit die gebührende Beachtung zuteil werden läßt.

Dem Einfluß dieses liberaler gesinnten Deutschtums ist die Umgestaltung der amerikanischen Sonntagsfeier zu danken. Solchen Europäern, die vor einem Vierteljahrhundert die Vereinigten Staaten besuchten und den „amerikanischen Sonntag" kennen lernten, steht derselbe als ein Tag drückendster Langerweile in Erinnerung. In vielen Staaten war es infolge des eingestellten Eisenbahn- und Schiffsverkehrs nicht möglich, einen Ausflug zu unternehmen. Sämtliche Museen, Bibliotheken, Theater und Konzerthallen blieben geschlossen. Öffentliche Vergnügungen waren ebenso verpönt, als daheim nichtgeistliche Gesänge und Musikstücke erklingen zu lassen. Kein Ton der Freude, kein frohes Lachen erhellte die Gesichter. Der Glanz der Sonne, das Zwitschern und Singen der Vögel, die Pracht der Natur blieben ohne Eindruck auf die Gemüter, die von dem Irrwahn befangen waren, daß dieses Leben nur als eine Vorbereitung für das Jenseits zu gelten habe. Es bedurfte jahrelanger Kämpfe, um so düstere, sich und andere um jede Lebensfreude betrügende Anschauungen zu besiegen.

Aber schrittweise gelang es den Deutschen, auch auf diesem Gebiet Eroberungen zu machen und zeitgemäße Änderungen herbeizuführen. Auf ihr Betreiben wurden die Museen, Bibliotheken und Lesehallen auch Sonntags geöffnet und dadurch den während der Woche beschäftigten Arbeitern und Geschäftsleuten zugängig. Die Eisenbahnen und Schiffe nahmen einen beschränkten Verkehr auf und ermöglichten es den Erholungsbedürftigen, die Pracht und den Frieden der Wälder, die erquickende Frische der Seeluft zu genießen. Deutsche Gesangvereine veranstalteten in den öffentlichen Parkanlagen freie Konzerte und bahnten dadurch an, daß solche heute in vielen Städten während der Sommermonate zu den stehenden Einrichtungen gehören. Welch eine Quelle des Genusses, der Erhebung und Bildung dieselben für die Bevölkerung sind, ist für jeden ersichtlich, der in den gewaltigen Parks der Stadt New York Tausenden von sonntäglich gekleideten Menschen, die Damen in duftigen Toiletten, lustwandelnd oder auf Felsen und im grünen Grase lagernd den Klängen der Musik lauschen sieht.

Andere Teile der Parks wurden dem Ball- und Lawn-Tennisspiel freigegeben, und so hat der wegen seiner Öde verrufene amerikanische Sabbat begonnen, sich mehr und mehr in einen wahrhaft idealen Feiertag zu verwandeln, an dem auch die Erholungsbedürftigen und die Jugend zu ihrem Rechte kommen.

Daß mit solchen Neuerungen der richtige Pfad betreten wurde, auf dem weitergeschritten werden sollte, haben viele aufgeklärte Amerikaner bereitwilligst anerkannt. Noch vor kurzem schrieb H. M. Ferren, ein an der Hochschule zu Alleghany, Pa., angestellter Lehrer: „True enjoyment is a matter of grave importance. The truth will dawn upon you, that the Germans, in promoting music and song in this country, contributed infinitely more towards the suppression of vice than all our law and order societies ever did or ever will do. Brutality and excess of every kind come rushing in like a replenishing ether wherever a social vacuum occurs. To displace them effectively, we must secure a richer content for our inner national life. Our temperance and Sunday questions, along with many others of a similar nature, will sink into insignificance the moment we learn to provide for the masses the proper forms of enjoyment, because a heart overflowing with genuine joy has no room for wickedness. Let us hope that this nation may soon proclaim a second declaration of independence, that it may bid a friendly but final farewell to British insularity. Long enough we have tarried in the narrow English Channel. Let us lift our anchors and hoist our sail! Tis time to put to sea — in quest of our lost birthright, the golden fleece of the worlds best thought."

Von den Deutschen wurde auch die erhebende Weihnachtsfeier nach Amerika übertragen. Mancherlei Nachklänge des altgermanischen Sonnenwendfestes waren zwar schon mit den ersten holländischen und englischen Kolonisten nach der Neuen Welt gekommen. Aber man beschränkte sich darauf,

Blick auf den Dachgarten des Hotel Astor in New York.

die Kinder mit Zuckerwerk zu beschenken, die Fenster mit Kränzen zu schmücken und unter die Decke des Zimmers einen Mistelzweig zu hängen. Der in mildem Kerzenschein und flimmerndem Schmuck strahlende Tannenbaum fehlte hingegen. Er wurde erst von den Deutschen eingeführt und damit zugleich dem höchsten Fest der Christenheit jene Weihe gegeben, die es zu einem Fest heiligster Freude für alle macht, welche sich im Glück der Jugend sonnen und beim Leuchten seliger Kinderaugen die unvergeßlichen Wonnen der eigenen Jugend wiedererleben.

Seit der Mitte des vorigen Jahrhunderts hat sich die Weihnachtsfeier nicht nur in unzähligen deutschamerikanischen geselligen Vereinigungen und Kirchengemeinden, sondern auch in vielen anglo-amerikanischen Familien eingebürgert. Der von Jahr zu Jahr steigende Bedarf an Tannenbäumen, der im Osten der Vereinigten Staaten bereits mehrere Millionen Exemplare erheischt und einen einträglichen Handel ins Leben rief, beweist, wie sehr das schöne Fest dem Sinn der Amerikaner entspricht.

Zum Einbürgern der Weihnachtsfeier nach deutschem Muster trugen nicht wenig die Bemühungen zweier Frauen bei, der als Professorin am Wellesley College tätig gewesenen Fräulein Carla Wenckebach und der in New Britain, Connecticut, lebenden Frau Elise Traut. Beide Damen schrieben reizend ausgestattete Werkchen, in denen sie sowohl über den Ursprung des Weihnachtsfestes und seine Bedeutung, wie über die schönste Art, es zu feiern, Aufschluß gaben.[1]

Auch eine andere Neuerung, die im Leben der amerikanischen Großstädte Eingang fand, ist auf deutsche Anregung zurückzuführen: Die sogenannten „Roof Gardens" oder „Dachgärten". Der erste wurde von der Hand eines deutschen Kunstgärtners auf dem Dach eines von Anton Faust in St. Louis betriebenen Restaurants angelegt. Er übte auf die Gäste so große Anziehungskraft, daß man an Sommerabenden, wenn man ein wenig spät kam, jedes Plätzchen besetzt fand. Von der Pariser Weltausstellung des Jahres 1878 brachte Faust einen elektrischen Beleuchtungsapparat mit, den ersten seiner Art in Amerika, und von der Zeit an zeichnete sich die sogenannte „Terrasse" neben allem anderen auch durch eine glänzende Beleuchtung aus.

In den an freien Vergnügungsplätzen und Sommergärten armen Städten Chicago und New York wurde diese Neuerung begierig aufgegriffen und weiter entwickelt. Man verlegte dabei die Dachgärten auf die flachen Dächer der zehn, zwanzig und mehr Stockwerke zählenden Häuserkolosse, wo allabendlich eine erquickende Seebrise breit und mächtig einherflutet und die drunten so schmerzlich vermißte Kühlung gewährt. Um in diese luftigen Höhen zu gelangen, bedient man sich der bequemen Fahrstühle. Droben angelangt, findet man in

---

[1] Das von Frl. Wenckebach veröffentlichte Büchlein trägt den Titel „A Christmas Book. Origin of the Christmas tree, the mistletoe, the Yule log and St. Nicholas". (Wellesley College 1898.) „Christmas in Heart and Home" lautet der Titel des von Frau Elise Traut in 'hre 1901 zu New York herausgegebenen Büchleins.

den Raum für Tausende bietenden, mit prachtvollen Blattpflanzen und Palmen ausgestatteten und in einem Meer buntfarbigen Lichtes schwimmenden Zaubergärten musikalische und theatralische Darbietungen aller Art. Zu den geistigen und leiblichen Genüssen gesellt sich der Ausblick auf die von Millionen Lichtern erstrahlenden Riesenstädte und auf stolze, von unzähligen Schiffen durchfurchte Seen und Wasserstraßen. Kein Wunder, daß die Dachgärten, wo zu dem gebotenen Guten noch der Reiz des Phantastischen und Ungewöhnlichen sich hinzugesellte, die Gunst des Publikums im Fluge sich eroberten. Der größte und zweifellos schönste aller Dachgärten Amerikas wurde im Juni 1905 in New York auf dem von den Deutschamerikanern William C. und Frederick A. Muschenheim geleiteten Hotel Astor eröffnet. Im Jahre 1909 an Größe verdoppelt, bedeckt er jetzt eine Fläche von 5580 Quadratmeter. Ein einziger Rundgang auf geradestem Wege beträgt $\frac{1}{3}$ km. Durch acht Aufzüge erreichbar, zählt er mit seinen im italienischen Stil gehaltenen Laubengängen, Rosenhainen, Palmengruppen, plätschernden Springbrunnen und murmelnden Wasserfällen, mit seinem überwältigenden Ausblick über das lichtüberflutete, im Westen vom Hudson umschlossene Häusermeer der Weltstadt, mit dem Fernblick auf die Klippenmauer der Palisaden unstreitig zu den überraschendsten Sehenswürdigkeiten der Beherrscherin der westlichen Erdhälfte.

* *

*

Es bleibt uns noch übrig, verschiedene Vorgänge zu erwähnen, die während der zweiten Hälfte des 19. und zu Anfang des 20. Jahrhunderts das Deutschamerikanertum betrafen.

Bei der fast allgegenwärtigen Verbreitung der Deutschen in den Vereinigten Staaten ist es selbstverständlich, daß bei den großen Katastrophen, von welchen mehrere Städte Amerikas heimgesucht wurden, — dem Brande Chicagos, der Überschwemmung Johnstowns, dem Wirbelsturm zu St. Louis, dem Erdbeben zu San Francisco — auch sie tief in Mitleidenschaft gezogen wurden. Außerdem stehen der 30. Juni 1900 und der 15. Juni 1904 als Tage schweren Unheils in der Chronik des Deutschamerikanertums verzeichnet.

An dem erstgenannten Tage brach 4 Uhr nachmittags auf den in Hoboken gelegenen Piers des „Norddeutschen Lloyd" Feuer aus, welches sich mit so rasender Geschwindigkeit über die ganzen Anlagen jener Schiffsgesellschaft verbreitete, daß dieselben in wenigen Minuten ein wogendes Flammenmeer bildeten. Mehrere Schiffe des Lloyd, die „Saale", „Bremen", „Main" und „Kaiser Wilhelm der Große" lagen an den Piers vor Anker. Es glückte, den letztgenannten Dampfer abzuschleppen. Die drei anderen Fahrzeuge wurden hingegen vom Feuer ergriffen und trieben in brennendem Zustande den Hudson hinab, um bald darauf als wertlose Wracks ihren Untergang zu finden. Leider war es den auf den Schiffen beschäftigten Mannschaften infolge des raschen

Umsichgreifens des Feuers nicht möglich, das Ufer zu gewinnen. Auf den brennenden Schiffen stromabwärts treibend, kamen viele in den Flammen um oder fanden in den Fluten ihr Grab. Unter den Verunglückten befand sich auch der Kapitän der „Saale", J. Mirow. Insgesamt gingen bei dieser Katastrophe gegen 300 Menschenleben verloren. Der materielle Schaden belief sich auf 5 Millionen Dollar.

Ein zweites, noch weitaus schrecklicheres Unglück, traf am 15. Juni 1904 die lutherische „St. Markus-Gemeinde" zu New York, deren Mitglieder mit ihren Angehörigen und Freunden einen Ausflug auf dem Vergnügungsdampfer „General Slocum" geplant hatten. Schon bald nachdem der mit 1290 fröhlichen Menschen belastete Dampfer seine Anlegestelle verlassen hatte, brach in einem Öl und Farben enthaltenden Vorratsraum Feuer aus. Aber weder der Kapitän noch die gänzlich ungeübte Bemannung ergriffen Maßregeln, den Brand zu ersticken. Unbekümmert setzten sie die Reise fort, als ob keine Gefahr bestehe. Das Feuer machte rasche Fortschritte. Aus dem dichter werdenden Rauch züngelten rote Flammen empor. In der Nähe befindliche Dampfer ließen Alarmsignale ertönen. Doch als nun endlich der verbrecherisch leichtfertige Kapitän seine Leute an die Spritzen befahl, zeigte es sich, daß die im Lauf langer Jahre vermürbten, nie erneuten Schläuche kein Wasser zu halten vermochten. Sie barsten gleich den morsch gewordenen Rettungsgürteln, zu denen die an Bord des Unglücksschiffes Befindlichen in Todesangst griffen, um im Augenblick äußerster Not ins Wasser zu springen. Diejenigen, welche der Tragkraft der Gürtel vertrauten, versanken in den quirlenden Wassern wie Blei.

Angesichts dieser Zustände brach unter den Passagieren eine fürchterliche Panik aus, deren Schrecken noch dadurch vermehrt wurde, daß der Kapitän, anstatt das Fahrzeug zum nächsten Ufer zu dirigieren, einem zwei Meilen entfernten Landeplatz zuhielt. Ehe das Schiff diesen erreichte, stand es lichterloh in Flammen, so daß den an Bord befindlichen Unglücklichen nur die Wahl blieb zu verbrennen oder über Bord zu springen. Szenen von beispielloser Schrecklichkeit folgten, denn die Mehrzahl der Passagiere bestand aus hilflosen Frauen und Kindern, welche angesichts des sie umgebenden Entsetzens die Geistesgegenwart verloren. Was hätte solche auch nützen können, als urplötzlich alle drei Decke des Bootes sich in eine brausende Hölle verwandelten und bei ihrem Einsturz alle Lebende hinabrissen und unter sich begruben. Ganze Familien wurden mit einem Schlage ausgelöscht. Die Familie D i e c k h o f f beklagte fünf, die Familie G r e s s sechs, die Familie W e i s s zehn, die Familie R h e i n f r a n k sogar den Verlust von elf Mitgliedern. Der von 51 Zöglingen besucht gewesene Kindergarten der „St. Markusgemeinde" besaß deren nach dem schrecklichen Vorfall nur noch 12!

Insgesamt fanden 924 Personen in der grauenhaften Katastrophe, der schaurigsten, die sich jemals auf einem Schiff ereignete, ihren Untergang. Sie wurden Opfer jener verbrecherischen, schnöder Gewinnsucht entspringenden Fahrlässigkeit, die so mancher amerikanischen Geschäftsunternehmung anhaftet.

Obwohl grobe Fahrlässigkeit bei den späteren gerichtlichen Untersuchungen sowohl den Eigentümern, dem Kapitän van Schaik und der Bemannung des „Slocum", wie auch den New Yorker Schiffsinspektoren auf Schritt und Tritt nachgewiesen wurde, ließ man mit Ausnahme des Kapitäns sämtliche Schuldigen der verdienten Bestrafung entrinnen und setzte damit der korrupten amerikanischen Rechtspflege ein weiteres Denkmal.

Einen Monat nach dieser die ganze zivilisierte Welt in Erregung versetzenden Katastrophe richteten die „Vereinigten Deutschen Gesellschaften von New York" eine öffentliche Trauerfeier aus, wie die Stadt sie ergreifender nie zuvor gesehen hatte. Das auf dem lutherischen Friedhof zu Middle Village auf Long Island befindliche Massengrab, welches die Reste der nicht mehr erkennbaren Verunglückten aufnahm, erhielt ein würdiges Denkmal, dessen Weihe man am 15. Juni 1906 vollzog.

*　　　　　*

*

An den großen Freuden- und Festtagen der amerikanischen Nation beteiligte sich das Deutschtum der Vereinigten Staaten stets in erhebender Weise. Die hundertste Feier des Geburtstags George Washingtons, Benjamin Franklins und Abraham Lincolns, die Hundertjahrfeier der Unabhängigkeitserklärung, die Heimkehr der Armeen aus dem Bürgerkrieg und dem Krieg mit Spanien, die Hudson-Fultonfeier im Oktober 1909, alle diese Ereignisse wurden mit herzlicher Begeisterung gefeiert.

Daß die Deutschamerikaner aber auch das Andenken der dem deutschen Volke entsprungenen Geisteshelden ehren, bekundeten die großartigen Gedenkfeierlichkeiten, welche seitens vieler Gesellschaften zur Erinnerung an Guttenberg, Humboldt, Goethe, Schiller, Mozart, Beethoven, Haydn, Abt, Wagner, Fichte, Bismarck und andere begangen wurden.

Manche dieser Feierlichkeiten gestalteten sich zu großartigen Ovationen. Der Impuls, welcher von der Schillerfeier des Jahres 1859 ausging, war so mächtig, daß die Schillerliteratur in Amerika nahezu unübersehbare Dimensionen annahm. Auch die in das Jahr 1905 fallende Feier zum Gedächtnis an Schillers Tod gestaltete sich an vielen Orten zu einem höchst eindrucksvollen Ereignis. Um so mehr, als in manchen Städten die dort bestehenden Universitäten sich an der Feier beteiligten. Den glänzendsten Verlauf nahm dieselbe unstreitig in New York, wo am 6. Mai die „Vereinigung alter deutscher Studenten," am 7. Mai die „Vereinigten Sänger", am 8. Mai die „Vereinigten deutschen Gesellschaften" und am 9. Mai die „Columbia-Universität" den Manen Schillers ergreifende Huldigungen darbrachten.

Die meisten seiner obengenannten Geisteshelden hat das Deutschamerikanertum durch prächtige Denkmäler geehrt. Aber auch wenn es galt, einen hervorragenden lebenden deutschen Dichter zu ehren, oder zu einem Liebeswerk beizusteuern, versagte das Deutschamerikanertum selten.

Natürlich fanden die gewaltigen Ereignisse des Jahres 1870—1871, welche das geliebte alte Vaterland endlich auf den ihm gebührenden Platz unter den Weltmächten erhoben, in den Herzen aller Deutschamerikaner einen ergreifenden Widerhall. Tausende in den Vereinigten Staaten lebende Deutsche, die bisher nicht das amerikanische Bürgerrecht erworben hatten, eilten in die Heimat, um sich in die deutschen Armeen einreihen zu lassen. Ihre zurückbleibenden Stammesgenossen aber gründeten „Patriotische Hilfsvereine", die sich die Aufgabe stellten, Geld zur Unterstützung der Witwen und Weisen gefallener deutscher Soldaten, sowie zur Pflege der Verwundeten aufzubringen. Um dieses Liebeswerk systematisch zu betreiben, organisierten aus allen Teilen der Union kommende Abgeordnete am 18. August 1870 in Chicago den „Deutschen patriotischen Hilfsverein der Vereinigten Staaten". Dabei wurde der New Yorker Verein zu dessen Generalagentur ernannt, um die gesammelten Gelder, deren Höhe über drei Millionen Mark betrug, dem Zentralausschuß in Berlin zuzuführen. Daß die deutschamerikanischen Frauen zu diesem Liebeswerk durch Veranstaltung von Sammlungen, Basaren und Konzerten nach Kräften beitrugen, braucht kaum betont zu werden.

Natürlich wurden die überraschend großen Siege der deutschen Truppen und die Einnahme von Paris in gebührender Weise gefeiert. Besonders gestalteten sich die zur Feier des Friedensschlusses anberaumten Festlichkeiten zu überwältigend großartigen Demonstrationen, wie man solche in den amerikanischen Weltstädten nie zuvor gesehen hatte. Als die glanzvollsten sind diejenigen zu Cincinnati am 4. Februar, zu St. Louis am 6. bis 15. März, zu San Francisco am 22. März, zu New York am 9. bis 11. April, zu Philadelphia am 15. Mai und zu Chicago am 29. Mai 1871 hervorzuheben. Zum erstenmal erschien dabei das Deutschtum der Vereinigten Staaten den Anglo-Amerikanern in der ganzen Ebenbürtigkeit seiner Nationalität.

Trugen so die Siege der deutschen Waffen in großartiger Weise dazu bei, das Ansehen des gesamten Deutschtums zu heben, so vertiefte sich dieser Eindruck durch die beispiellosen Triumphe, welche deutsche Gewerbtätigkeit, Kunst und Wissenschaft auf den Weltausstellungen zu Chicago, Buffalo und St. Louis feierten. Die deutsche Regierung hatte mit richtigem Blick erkannt, daß namentlich Chicago der Platz sein werde, wo die Völker der Erde um die Herrschaft auf dem Gebiet des Welthandels streiten würden. Sie bot deshalb alle Kräfte auf, um der Welt zu zeigen, was die deutsche Nation auch in den Werken und Künsten des Friedens zu leisten vermöge. Bei der Auswahl und und Veranschaulichung des Dargebotenen verfuhr sie mit solchem Geschick, daß das Ergebnis alle Erwartungen übertraf und für den deutschen Handel die schönsten Früchte zeitigte.

Einen äußerst befriedigenden Verlauf nahm auch die Ausstellung deutscher Kunstwerke, die in den Monaten Januar, Februar, März und April des Jahres 1909 in New York, Boston und Chicago dem amerikanischen Publikum dargeboten wurde. Ihr Zustandekommen war in erster Linie das Werk des

New Yorker Großkaufmanns Hugo Reisinger. Selber ein begeisterter Kunstfreund und Sammler, wollte er die Amerikaner nicht nur mit den Perlen der deutschen Malerei bekannt machen, sondern auch der von ihm hochgeschätzten deutschen Kunst, die um die Mitte des 19. Jahrhunderts das Kunstleben der Neuen Welt mächtig beeinflußt hatte, das verloren gegangene Terrain zurückerobern.

Mit opferwilligem Idealismus unterzog Reisinger sich dem Erledigen der mit diesem Unternehmen verbundenen Arbeiten und brachte mit Unterstützung der deutschen Regierung eine 214 Kunstgegenstände umfassende Sammlung der besten neueren deutschen Meister zusammen. Die den hohen Wert dieser Veranstaltung erkennende Verwaltung des Metropolitan-Kunst-Museums zu New York trug dem Plan die größten Sympathien entgegen und bot der Sammlung in ihren eignen Hallen die würdigste Unterkunftsstätte.

Das rege Interesse des kunstliebenden Publikums dokumentierte sich in dem geradezu überraschenden Besuch, dessen diese Ausstellung sich zu erfreuen hatte. Noch nie zuvor war das Museum innerhalb eines gleich langen Zeitraums von so vielen Personen besucht worden. Am letzten Sonntag, wo die Ausstellung zugänglich war, betrug die Zahl der Besucher nahezu 14 000! Zweifellos hinterließ die Ausstellung bei den amerikanischen Künstlern und Kunstkennern einen tiefen, nachhaltigen Eindruck.

*   *

*

Es ist einer der Hauptzüge in der neueren Geschichte der in den Vereinigten Staaten lebenden Deutschen, daß sie stets strebten, dazu beizutragen, das internationale Verhältnis zwischen ihrer neuen Heimat und dem geliebten alten Vaterland zu einem möglichst freundschaftlichen, herzlichen zu gestalten. Sie taten dies in der richtigen Erkenntnis, daß kaum zwei Völker soviel voneinander lernen und durch engere Freundschaft einander so viel nützen können, als das amerikanische und das deutsche. Aus diesem Grunde begrüßten die Deutschamerikaner im Jahre 1897 die Ernennung eines von der gleichen Überzeugung beseelten, bewährten Freundes des deutschen Volkes, Andrew D. White, zum Botschafter in Berlin mit besonderer Genugtuung und veranstalteten zu Ehren des Botschafters vor dessen Scheiden am 22. Mai 1897 in der prächtigen Festhalle des „Deutschen Liederkranz" in New York ein Bankett, das infolge seines erhebenden Verlaufs bei allen Teilnehmern noch in schönster Erinnerung steht.

Aus den gleichen Gründen bewillkommte das Deutschamerikanertum die Ernennung der deutschen Botschafter von Holleben und Speck von Sternburg zu Ehrendoktoren amerikanischer Universitäten, die Entsendung amerikanischer Kriegsschiffe nach deutschen Häfen, die allgemeine Teilnahme des Anglo-Amerikanertums an der Feier des 70. Geburtstages von Karl

Schurz mit aufrichtiger Freude. Und ganz besonders auch den in die Monate Februar und März des Jahres 1902 fallenden Besuch des Prinzen Heinrich von Preußen. Der Prinz erschien als Vertreter seines kaiser-

Die Einfahrt des Prinzen Heinrich von Preußen an Bord des Lloyddampfers „Kronprinz Wilhelm" in den Hafen von New York am 23. Februar 1902.

lichen Bruders und wurde als solcher von der ganzen amerikanischen Nation mit beispielloser Herzlichkeit aufgenommen. Seine Ausflüge nach Washington und Mount Vernon, dem Grab des Begründers der Republik, seine Reisen nach

Pittsburg, Cincinnati, Indianapolis, Chicago, Nashville, Louisville, St. Louis, Milwaukee, Buffalo, Boston, Albany und Philadelphia gestalteten sich zu förmlichen Triumphzügen, an welchen das Amerikanertum nur das auszusetzen hatte, daß der Besuch des hohen Gastes viel zu kurz bemessen war.

*   *

*

In das Jahr 1883 fällt ein Ereignis, welches für das Deutschtum der Vereinigten Staaten von größter Bedeutung werden sollte. In Philadelphia feierte man am 6. Oktober den hundertsten Jahrestag der Landung der Gründer von Germantown.

Diese erhebende Feier regte zwei wackere Männer, die um die deutschamerikanische Geschichtsforschung hochverdienten Doktoren Oswald Seidensticker und Gottfried T. Kellner zu dem Vorschlag an, das Andenken an die Landung jener deutschen Pilgerväter alljährlich am 6. Oktober zu feiern und diesen Tag zu einem vom gesamten Deutschamerikanertum begangenen Fest, dem „Deutschen Tage", zu erheben. Mit diesem Vorschlag erwarben die beiden sich ein Verdienst, das nicht hoch genug gewürdigt werden kann. Sie erweckten dadurch im Deutschamerikanertum nicht bloß das Interesse an seiner Geschichte, sondern stärkten es auch in seinem Selbstbewußtsein und ließen es über den eigenen Wert klarer werden. Sie gaben den über unendlich weite Strecken verteilten, nur durch die losen Bande der Sprache und gemeinsamen Abstammung zusammengehaltenen Deutschamerikanern einen gemeinsamen Nationalfeiertag, der ganz dazu geeignet ist, sie fester miteinander zu verbinden. In vielen größeren Städten der Vereinigten Staaten begehen die Deutschen diesen „Deutschen Tag" alljährlich durch Veranstaltung von Freudenmahlen, verbunden mit Reden, in denen die großen Züge der deutschamerikanischen Geschichte gewürdigt werden.

In überaus großartiger Weise geschah dies in Chicago und St. Louis gelegentlich der dort abgehaltenen Weltausstellungen. Hier erhielten die Feierlichkeiten ein besonders erhebendes Gepräge durch die Gegenwart zahlreicher Deutschen, die sich zum Besuch jener Weltausstellungen aus allen Gauen des alten Vaterlandes eingefunden hatten. Um diesen die Teilnahme an dem Fest zu ermöglichen, hatte man in Chicago die Feier des Deutschen Tages auf den 15. Juni 1893 verlegt. Vormittags bewegte sich ein Festzug durch die Straßen der Stadt, an dem sich 30 000 Menschen zu Fuß, zu Roß oder zu Wagen beteiligten. Er wurde durch eine aus hundert Reitern bestehende Ehrenwache eröffnet. Dieser schlossen sich in buntem Wechsel unzählige Turn-, Gesang-, Krieger-, Schützen-, Krankenunterstützungs- und Frauenvereine an. Darauf folgten die verschiedensten Orden und Logen, Schillerklubs, Grütlibündler, Druiden, Hermannssöhne, Schwabenvereine, Plattdeutsche Gesellschaften und Hunderte anderer Vereinigungen, deren Bestehen ein sprechendes Zeugnis dafür ablegte, wie reich und mannigfaltig entwickelt das Vereinsleben der Deutschamerikaner ist. Erhielt der großartige Festzug schon durch die Tausende von

Die Feier des Deutschen Tages auf der Weltausstellung zu Chicago am 15. Juni 1893.
Nach einer für die „Gartenlaube" aufgenommenen Originalzeichnung von Rudolf Cronau.

flatternden Vereinsfahnen und Bannern ein buntes Gepräge, so erregten die mitgeführten Schauwagen ganz besonderes Interesse. Viele dieser Wagen gewährten einen prunkvollen Anblick, besonders wenn die Darstellung in den Händen deutschamerikanischer Frauen und Jungfrauen lag. Von den Schönen Chicagos hatten die Schönsten sich freudig zur Verfügung gestellt, um Gruppen wie „Columbia, von den dreizehn Staaten umgeben" und „Germania im Kreise der Musen" so wirkungsvoll als möglich zu gestalten. Unter den historischen Gruppen befanden sich „Die Teutoburger Schlacht", „Columbus auf der Santa Maria", „Nach der Schlacht bei Rezonville" und vieles andere mehr. Durchweg trug der imposante Festzug, dessen Vorbeimarsch zwei und eine halbe Stunden erforderte, ein echt deutsches Gepräge, und überall wurde er von der nach Hunderttausenden zählenden schaulustigen Menge mit brausendem Jubel begrüßt.

Nach seiner Auflösung begann 3 Uhr nachmittags die offizielle Feier auf dem Weltausstellungsplatz vor dem von der deutschen Regierung erbauten „Deutschen Hause", dessen hochragender, bunte Malereien tragender Giebel im Schmuck lustig flatternder Wimpel prangte. Auf einer mächtigen, mit Eichenlaub umkränzten Tribüne nahmen die geladenen Ehrengäste, 2000 an der Zahl, Platz. Ihnen gegenüber auf einer zweiten Tribüne die deutschamerikanischen Weltausstellungschöre und das Bülow-Orchester. Ein Teil der mitwirkenden Damen erschien in roten, ein anderer in weißen Gewändern. Entsprechend gruppiert, bildeten sie im Verein mit den schwarzgekleideten Herren eine riesige deutsche Flagge, welcher der blaue Michigansee als herrlicher Hintergrund diente.

Webers Jubelouvertüre eröffnete die erhebende Feier; dann folgte ein von dem Chicagoer Großkaufmann Harry Rubens gesprochener „Gruß des Deutschtums von Amerika an Deutschlands Vertreter". Die nachfolgenden Reden bewegten sich ausnahmslos um den Preis des alten Vaterlandes, der neuen Heimat und des zwischen den beiden bestehenden Freundschaftsbandes. „Wir blicken zurück", so erklärte Karl Schurz, der Hauptfestredner, „auf jene dunklen Tage des Rebellionskrieges, wo die Union am Rande des Untergangs zu taumeln schien; als unsere Heere Niederlage auf Niederlage erlitten; als nicht nur unsere Feinde und Neider, sondern auch unsere schwachherzigen Freunde in der Alten Welt den Zerfall der großen Republik prophezeiten; als der Kredit unserer Republik auf den niedrigsten Punkt sank; als die Hoffnung auch der Mutigsten ins Wanken kam. Mit freudiger Genugtuung erinnern wir uns, daß von allen Völkern der Erde das deutsche Volk allein nicht das Vertrauen auf den endlichen Sieg unserer guten Sache und auf die Zukunft Amerikas verlor; daß es unbedenklich seine Ersparnisse zu Millionen und Millionen unserer schwergeprüften Republik herlieh und ihr so in dem verzweifelten Kampf neue Kraft gab. Das war der Freund in der Not, der dem bedrängten Freund vertrauensvoll beistand; und reichlich, wie es verdiente, wurde dieses Vertrauen voll belohnt. Diese Völkerfreundschaft zwischen dem alten und dem neuen Vaterlande ewig stark zu erhalten, das ist der Wunsch, den der Deutschamerikaner warm im Herzen trägt, und den er gewiß im Herzen eines jeden edelgesinnten, patriotischen Amerikaners wiederfindet."

Dann wies Schurz auf jenen herrlichen Wahlspruch hin, der hoch über seinem Haupte an der Stirnseite des Deutschen Hauses prangte:

> „Nährhaft und wehrhaft,
> Voll Korn und voll Wein,
> Voll Kraft und Eisen,
> Klangreich und gedankenreich,
> Ich will dich preisen
> Vaterland mein!"

In meisterhaften Worten stellte er dann die deutsche Ausstellung in Chicago in Vergleich zu der Ausstellung des Jahres 1876 in Philadelphia. „Die Politik des Unterbietens im P r e i s e — das war Deutschland in Philadelphia — ein nachschleichender Schatten des Deutschlands der alten Zeit, der Zeit der Zerrissenheit, der Ohnmacht, der Kleinlichkeit, des Zweifels an der eigenen Kraft. Die Politik des Überbietens im W e r t — das ist Deutschland in der weißen Stadt zu Chicago — das Deutschland der neuen Zeit, des mächtigen Reichs, des gehobenen Nationalgefühls, der Selbstachtung, der großen Inspirationen, des gewaltigen Könnens und des hohen Wollens, groß in seinem Kriegsruhm und nicht weniger groß in den Werken des Friedens. Diesem Deutschland bringen wir heute unseren Gruß. Mit stolzem Bewußtsein des Vollbrachten kann Deutschland hier den Völkern der Erde zurufen: ‚Kommt her und seht!' In diesen Räumen zeigt sich nur das treffliche Produkt, hier weht der Geist der Nation. Nach den deutschen Siegen im französischen Kriege sagte man: ‚Das war nicht bloße brutale Kraft, das hat der deutsche Schulmeister getan!' Dasselbe Wort gilt hier, wenn man dem deutschen Schulmeistertum die deutsche Universität zuzählt. In keinem Lande der Welt wird soviel wie in Deutschland die Wissenschaft um ihrer selbst wegen, das ist, um der Erkenntnis wegen gepflegt, und doch hat sie in keinem Lande der Welt dem praktischen Schaffen größere Dienste getan. Das Beispiel steht vor uns. Was ist hier nicht alles — von dem Nürnberger Spielzeug bis zu dem riesigen Ungeheuer der Kruppschen Kanone, bis zu den Wundern der Schmiedekunst und des Berliner und Meißener Porzellans, bis zu den modernsten Erzeugnissen auf dem Gebiet des Maschinenbaus, des Bergbaus, des Eisenbahnwesens, der Chemie, der elektrischen Triebkraft und des elektrischen Lichtes, bis zu den Herrlichkeiten der heutigen Textilindustrie, bis zu den glänzenden Schöpfungen der Neuzeit in Malerei und Skulptur, von den einfachsten Lettern des gewöhnlichen Buchdrucks bis zu dem blendendsten Prachtwerk in Buchstaben und Bildern, von der Handfibel der deutschen Volksschule bis zu dem Apparat höchster Wissenschaft. Alles dies und viel mehr, wie es auf deutschem Boden gewachsen ist, das Nützliche und Schöne vereint in einer Mannigfaltigkeit, Fülle und Pracht, und von jener Anmut durchwebt, wie sie nur einem in vielhundertjähriger Geschichte gebildeten Kulturvolke eigen sein kann, — hier ist dies alles, so erstaunlich und doch so unleugbar und überzeugend, daß die Kritik ohne Kampf der Bewunderung weicht und selbst die Mißgunst und Eifersucht stumm werden."

Ein herrliches Konzert, ein großartiges Freiturnen und abends eine von blendendem Feuerwerk begleitete allgemeine Beleuchtung des ganzen Weltausstellungsplatzes beendeten den ohne Mißton verlaufenen „Deutschen Tag", der in der Geschichte des Deutschtums der Vereinigten Staaten einzig dasteht.

Einen ähnlichen erhebenden Verlauf nahm die Feier des deutschen Tages auf der Weltausstellung zu St. Louis. Dort kam noch ein Germanistenkongreß hinzu, an dem sich hervorragende Gelehrte der Alten wie der Neuen Welt beteiligten.

Alle diese Ereignisse trugen mächtig dazu bei, das Einheitsgefühl der Deutschamerikaner zu heben. Und diesem Gefühl entsprang mit dem Anbruch des 20. Jahrhunderts der „Deutschamerikanische Nationalbund", dessen Zwecke und Ziele in dem folgenden Abschnitt unseres Werkes geschildert werden sollen.

Der deutschamerikanische Nationalbund.

Der Anbruch des 20. Jahrhunderts bedeutete für das Deutschtum der Vereinigten Staaten zugleich den Beginn einer neuen verheißungsvollen Zeit. In Philadelphia, der alten Hochburg des Deutschtums, wurde nämlich zur Förderung aller würdigen Interessen desselben der „Deutschamerikanische Nationalbund" gegründet.

Der Gedanke, das bisher nur durch die lockeren Bande der gemeinsamen Sprache und Erinnerungen an das alte Vaterland zusammengehaltene Deutschtum der Vereinigten Staaten fester zusammenzuschweißen, damit die ihm innewohnende gewaltige Kraft nachdrücklicher als bisher zu seinem eignen Besten wie zum Wohl der neuen Heimat verwertet werden könne, war nicht neu. Er bewegte schon in der ersten Hälfte des vorigen Jahrhunderts die Herzen und Köpfe vieler Deutschen, denen es klar wurde, daß weder sie selbst noch ihre früher hierher gekommenen Landsleute die Anerkennung fanden, zu welcher sie wegen ihrer Bildung, Strebsamkeit und unbestreitbaren Verdienste um die kulturelle Entwicklung des Landes berechtigt gewesen wären.

Kopfleiste: Das Gebäude der „Deutschen Gesellschaft" zu Philadelphia, die Geburtsstätte des Deutschamerikanischen Nationalbundes.

Aber die in den Jahren 1837, 1838, 1839 und 1841 auf Anregung mehrerer patriotischer Bürger der Stadt Pittsburg dort abgehaltenen Zusammenkünfte von Abgeordneten deutscher Vereine führten, obwohl manche tüchtige Männer sich an denselben beteiligten, zu keinem dauernden Ergebnis. Nicht einmal das unter großen Mühen gegründete deutsche Lehrerseminar zu Phillipsburg in Pennsylvanien konnte aufrechterhalten werden, da es sowohl an Mitteln wie an Schülern gebrach.

Es fehlte der damaligen Zeit noch das erhebende Bild eines geeinigten Deutschland; es fehlte der großen Masse des Deutschamerikanertums noch die Erkenntnis, daß, um wahrhaft große Dinge zu erringen, ein enger Zusammenschluß sowohl der Individuen und Berufsgenossen wie der verwandten Völkerstämme nötig ist. Jene Erkenntnis brach sich erst Bahn, seitdem man die Einigung Deutschlands, Italiens und der australischen Kolonien, die Gründung der Zoll- und Münzverbände, der „Alliance française" und des „Israelitischen Bundes", der Verschmelzung zahlloser kleiner Geschäftsbetriebe zu ungemein kapitalkräftigen Körperschaften, den Zusammenschluß sowohl der Industriellen wie der Arbeiter zu mächtigen Verbänden erlebte.

Besonders die Verwirklichung des Einheitsgedankens in Deutschland übte auf die deutschen Bewohner der Vereinigten Staaten nachhaltige Wirkung. Die vorher scharf getrennten Landsmannschaften begannen sich mehr und mehr zu vermischen. Man erinnerte sich dessen, was die Deutschen während der zwei Jahrhunderte ihres Verweilens in Amerika geleistet und welche Wunder sie durch ihren Fleiß und ihre Intelligenz verrichtet hatten. Das Jahr 1883 mit seiner erhebenden Gedächtnisfeier zur Erinnerung an die Landung der deutschen Pilgerväter, die immer weitere Verbreitung findende Feier des „Deutschen Tages" vertieften das Einheitsgefühl. Auch fehlte es nicht an äußeren Gründen, die auf einen engeren Zusammenschluß hindrängten. An vielen Orten hatten deutsche Vereine berechtigte Ursache, sich über direkte Eingriffe in ihr Hausrecht zu beklagen, indem man ihnen den Genuß geistiger Getränke in den eignen Hallen verwehren wollte. An anderen Orten bestrebten sich kurzsichtige Nativisten, die fernere Einwanderung zu erschweren und sowohl den Turn- wie den deutschen Sprachunterricht aus den öffentlichen Schulen zu verdrängen.

Alle diese Ereignisse sowie das Verlangen, dem Deutschtum in den Vereinigten Staaten die ihm gebührende Achtung zu sichern, bestimmten im Juni 1900 eine Anzahl Männer, einen „Deutschamerikanischen Nationalbund" zu gründen.

Die erste konstituierende Versammlung wurde auf den „Deutschen Tag" des folgenden Jahres, den 6. Oktober 1901, einberufen. Als dieser Zeitpunkt kam, versammelten sich in der festlich geschmückten Halle der ehrwürdigen, bereits seit dem Jahre 1764 zu Nutz und Frommen deutscher Einwanderer wirkenden „Deutschen Gesellschaft von Pennsylvanien" zahlreiche, aus allen Teilen der Union gekommene Abgeordnete größerer deutscher Vereinigungen. Da waren kernige Gestalten, die den fast unvermischt gebliebenen Typus der früheren deutschen Einwanderung zeigten, echte Deutschpennsylvanier. Da waren wackere Männer aus dem sonnigen Maryland und dem herrlichen Virginien, aus dem Distrikt Columbia, aus New York, New Jersey, Ohio und Missouri. Sogar die fern entlegenen, von deutschen Einwandrern seit langer Zeit bevorzugten Staaten Wisconsin, Minnesota, Idaho und Kalifornien hatten Abgeordnete entsendet. Auch der Deutschamerikanische Lehrerbund, sowie das Lehrerseminar zu Milwaukee waren durch Mitglieder vertreten.

Nachdem am Abend des 5. Oktober diese Repräsentanten des Deutschamerikanertums in Gemeinschaft mit der deutschen Bevölkerung Philadelphias den „Deutschen Tag" gefeiert hatten, begannen sie am 6. Oktober ihr Werk. Nach längeren Beratungen einigten sie sich über folgende Grundsätze:

„Der Bund erstrebt das Einheitsgefühl in der Bevölkerung deutschen Ursprungs in Amerika zu wecken und zu fördern, zu nützlicher, gesunder Entwicklung der, wenn zentralisiert, ihr innewohnenden Macht, zum gemeinsamen energischen Schutz solcher berechtigter Wünsche und Interessen, die dem Gemeinwohle des Landes und den Rechten und Pflichten guter Bürger nicht zuwider sind; zur Abwehr nativistischer Übergriffe; zur Pflege und Sicherung guter, freundschaftlicher Beziehungen Amerikas zu dem alten deutschen Vaterlande. Was die deutsche Einwandrung zur Förderung der geistigen und wirtschaftlichen Entwicklung dieses Landes beigetragen und ferner beizutragen berufen ist, wie sie allzeit in Freud und Leid treu zu ihm stand, das beweist und lehrt seine Geschichte. Der Bund fordert deshalb volle, ehrliche Anerkennung dieser Verdienste und bekämpft jedweden Versuch zur Schmälerung derselben. Allzeit treu dem Adoptivvaterlande, stets bereit, das Höchste einzusetzen für dessen Wohlfahrt, aufrichtig und selbstlos in der Ausübung der Bürgerpflichten, den Gesetzen untertan — bleibt auch ferner die Losung! Er beabsichtigt keine Sonderinteressen, keine Gründung eines Staates im Staate, erblickt aber in der Zentralisierung der Bevölkerung deutschen Ursprungs den kürzesten Weg und die beste Gewähr für die Erreichung seiner in dieser Verfassung klargelegten Ziele; er fordert deshalb alle deutschen Vereinigungen auf — als die organisierten Vertreter des Deutschtums — für seine gesunde, kräftige Entwicklung mitzuwirken und befürwortet deshalb ferner die Bildung von Vereinigungen zur Wahrung der Interessen der Deutschamerikaner in allen Staaten der Union, zu schließlicher Zentralisierung derselben zu einem großen Deutschamerikanischen Bunde, und macht es allen deutschen Vereinigungen zur Ehrenpflicht, der Organisation in ihrem Staate beizutreten. Der Bund verpflichtet sich, mit allen verfügbaren gesetzlichen Mitteln unentwegt und jederzeit einzutreten für die Erhaltung und Verbreitung seiner Prinzipien, zu ihrer kräftigen Verteidigung, wo und wann immer in Gefahr; er stellt zunächst die folgende Plattform auf:

1. Der Bund als solcher enthält sich der Einmischung in die Parteipolitik, jedoch unbeschadet des Rechts und der Pflicht zur Verteidigung seiner Grundsätze auch auf dem politischen Gebiete, sollten dieselben durch politische Angriffe oder Maßregeln behelligt oder gefährdet werden.

2. Fragen und Sachen der Religion sind strengstens ausgeschlossen.

3. Er empfiehlt die Einführung des Unterrichts der deutschen Sprache in öffentlichen Schulen auf der folgenden breiten Grundlage: Neben der englischen bildet die deutsche Zunge die Weltsprache; in den entferntesten Winkeln der Erde, wohin die Pioniere der Zivilisation, des Handels und Verkehrs gedrungen, finden wir die Völker beider Zungen vertreten; wo allgemeinere, eigene Kenntnis herrscht, bildet sich leichter selbständiges, klares und vorurteilfreies Verständnis und fördert so wechselseitige, freundschaftliche Beziehungen.

4. Wir leben in dem Zeitalter des Fortschritts und der Erfindungen; rasch ist das Tempo dieser Zeit, unerbittlich die Ansprüche, die es den einzelnen stellt; die damit verbundene körperliche Anspannung steigert die Ansprüche an die körperliche Kraft; ein gesunder Geist sollte in einem gesunden Körper wohnen! Auf dieser Grundlage erstrebt der Bund die Einführung eines systematischen und zweckdienlichen Turnunterrichts in den öffentlichen Schulen.

5. Er erklärt sich ferner für die Befreiung der Schule von der Politik, denn nur ein von politischen Einflüssen freies Erziehungswesen kann dem Volke wahre Lehranstalten bieten.

6. Er fordert alle Deutschen auf, das Bürgerrecht zu erwerben, sobald sie gesetzlich dazu berechtigt, sich rege am öffentlichen Leben zu beteiligen und ihre Bürgerpflicht an der Wahlurne furchtlos und nach eigenem Ermessen auszuüben.

7. Er empfiehlt eine liberale, zeitgemäße Handhabung oder die Tilgung solcher Gesetze, welche die Erwerbung des Bürgerrechts unnütz erschweren und häufig ganz verhindern. Guter Ruf, unbescholtener, rechtschaffener Lebenswandel, Gesetzesliebe sollten entscheiden, nicht aber die Beantwortung oder Nichtbeantwortung beliebig herausgegriffener, den Ansuchenden leicht verwirrender, politischer oder geschichtlicher Fragen.

8. Er nimmt Stellung gegen jedwede Beschränkung der Einwanderung gesunder Menschen aus Europa, mit Ausschluß überführter Verbrecher und Anarchisten.

9. Er befürwortet die Löschung solcher veralteter, dem Zeitgeist nicht länger entsprechender Gesetze, welche den freien Verkehr hemmen und die persönliche Freiheit des Bürgers beschränken.

10. Er empfiehlt die Gründung von Fortbildungsvereinen als Pflegestätten der deutschen Sprache und Literatur, zur Weiterbildung Lernbegieriger, Abhaltung von Vorlesungen über Kunst und Wissenschaft und Fragen von allgemeinem Interesse.

11. Er empfiehlt eine systematische Forschung der deutschen Mithilfe an der Entwicklung des Adoptivvaterlandes in Krieg und Frieden auf allen Gebieten deutschamerikanischen Wirkens, von den frühesten Tagen an, zur Gründung und Weiterführung einer deutschamerikanischen Geschichte.

12. Er behält sich das Recht vor, diese Plattform zu erweitern oder zu ergänzen, wenn neue Ereignisse im Rahmen seiner Zeit und Zwecke es wünschenswert oder erforderlich machen."

Der Nationalbund hatte das Glück, in Dr. Charles John Hexamer, dem im Jahre 1862 zu Philadelphia geborenen Sohn eines „Achtundvierzigers", einen ebenso begeisterten wie klarblickenden, zielbewußten und zäh ausdauernden Führer zu finden, der die große Bewegung in das richtige Fahrwasser zu leiten und in demselben zu erhalten verstand.

Im September 1903 fand in Baltimore der zweite, im Oktober 1905 in Indianapolis der dritte, im Oktober 1907 in New York der vierte und im Oktober 1909 in Cincinnati der fünfte Konvent des Deutschamerikanischen Nationalbundes statt. Aus den dort verlesenen Berichten ergab sich die erfreuliche Tatsache, daß der Einigungsgedanke im Deutschtum der ganzen Union Wurzel geschlagen hat.

Im Jahre 1909 erstreckte sich der Bund bereits über 42 Staaten. Die Mitgliederzahl der ihm angehörigen Vereinigungen belief sich auf 1½ bis 2 Millionen.

Dr. Charles John Hexamer.

Die Konvente zu Baltimore, Indianapolis und New York bildeten in ihrem Verlauf würdige Fortsetzungen des ersten, und es konnte ein um so größeres Pensum bewältigt werden, als während der vergangenen Jahre die Ansichten über die anzustrebenden Ziele und einzuschlagenden Wege klarer, bestimmter geworden waren. Obenan unter den zahlreichen Beschlüssen, die zur Annahme gelangten, stand eine politische Unabhängigkeitserklärung, die den Krebsschaden des politischen Lebens Amerikas, die Ämterjägerei, aufs nachdrücklichste verurteilt und es allen Bürgern und Parteien ans Herz legt, dahin zu wirken, daß bei den Wahlen nicht wie bisher Beeinflussungen durch Geld und Versprechungen, sondern wirkliche Befähigung und ehrliches Wollen den Ausschlag geben sollen. Das Stimmrecht sei das höchste Recht des Bürgers und müsse unverfälscht zum Ausdruck gelangen. Es sei daher die Pflicht der Behörden, darüber zu wachen, daß das System der Beeinflussung durch Begünstigungen irgendwelcher Art aufhöre und bestraft werde. Die Ämterjägerei müsse einer Gleichberechtigung aller guten Bürger, Ämter zu bekleiden oder in die Gemeinde- und gesetzgebenden Körperschaften gewählt zu werden, Platz machen. Dieses Ziel zu erreichen, sollten alle politischen Parteien behilflich sein, denn nichts sei ehrender für eine solche, als wenn sie den Willen des Volkes in der lautersten Weise zum Ausdruck bringe. Sollten die Parteien es unterlassen oder sich weigern, dies zu tun, so sei es Pflicht jedes Deutschamerikaners, sich von seiner Partei loszusagen.

Um jeden Verdacht zu ersticken, daß der Nationalbund jemals eine selbstsüchtige Politik, etwa im Interesse seiner eigenen Mitglieder, ausüben werde, wurde ferner beschlossen, daß kein Beamter des Nationalbundes oder eines Zweiges desselben sich um ein wählbares öffentliches Amt bewerben darf. Beabsichtigt er dies zu tun, so muß er seinen Ehrenposten zuvor niederlegen.

Bekundete so der Bund seinen Entschluß, in durchaus neutraler Weise zum besten des ganzen Landes wirken zu wollen, so bekräftigte er dies durch Annahme des Antrags, auch Frauenvereinigungen aufzunehmen, da die Frau und Mutter von überaus wichtigem Einfluß auf die Heranbildung der Jugend sei.

Es wurde ferner beschlossen, für Franz Pastorius und die Gründer von Germantown ein würdiges Denkmal zu errichten, das deutschamerikanische Lehrerseminar sowie das an der Harvard-Universität gegründete Germanische Museum zu unterstützen und alle Maßnahmen zum Schutz und zur Erhaltung der natürlichen Hilfsmittel Amerikas, insbesondere seiner Wälder, zu fördern.

Aus alledem ist ersichtlich, daß das Programm des „Deutschamerikanischen Nationalbundes" ein großes ist. Im Ausführen desselben hat der Bund trotz seiner Jugend, trotz mancher Hindernisse schon vieles erreicht. Und diese Erfolge werden sich steigern, je mehr man auch in solchen Kreisen, die anfänglich hinter den Zielen des Bundes „deutschpolitische Bestrebungen" witterten, erkennen lernt, daß es amerikanischer Patrioten würdig ist, das Selbstvertrauen der Deutschen Amerikas zu wecken, um all das Schöne, Edle, Gute und Große, das im deutschen Volkscharakter enthalten ist, der erst im Werden begriffenen amerikanischen Nation einzuimpfen.

*
*   *

Wir sind mit unserer Geschichte des Deutschtums in den Vereinigten Staaten zu Ende. Wo immer wir die Blätter dieser Geschichte aufschlagen, strahlt uns stiller, erwärmender Glanz entgegen. Zur Ehre des Deutschamerikanertums darf es betont werden, daß diese Geschichte nirgendwo

ein Blatt enthält, dessen es sich schämen müßte, das ihm zur Unzierde gereicht.

Und deshalb darf sie von allen Deutschamerikanern als ihr wertvollstes Besitztum, als die kostbarste Hinterlassenschaft ihrer Väter betrachtet werden, als ein Dokument, auf welches sie sich allezeit wie auf ihren Bürgerbrief berufen können. Sie ist ihr Ehrenschild, wenn selbstsüchtiger Nativismus versuchen will, den Deutschen das Recht auf den Mitbesitz Amerikas streitig zu machen. Mit nichts können derartige Angriffe so nachdrücklich abgeführt werden, als mit den Worten: „Blickt hin auf unsere Vergangenheit und beurteilt offen und ehrlich, ob wir Deutschamerikaner nicht ebensoviel und ebenso Wertvolles zur Entwicklung der Union beitrugen und beitragen, wie irgendein Volksstamm, der an ihrem Aufbau beteiligt ist!"

Aus seiner glorreichen Geschichte soll das Deutschamerikanertum aber auch selber Lehren ziehen. Es muß sich bewußt sein, daß auch auf diese Geschichte das Dichterwort Anwendung hat: „Was du ererbt von deinen Vätern hast, erwirb es, um es zu besitzen!"

Die gegenwärtigen wie die kommenden Geschlechter müssen sich ihrer Väter wert erweisen, indem sie fortfahren, durch ehrliche Arbeit und unermüdlichen Fleiß ihr volles Anrecht auf den von ihren Vorfahren überkommenen Boden täglich neu zu verdienen. Sie müssen sich der Tatsache bewußt bleiben, daß sie ihre Pflicht der Union gegenüber am treusten erfüllen, wenn sie das hochhalten, was ihre Väter auszeichnete: Ehrenhaftigkeit, Beständigkeit, echtes Familienleben und einen empfänglichen Sinn für alles Gute und Schöne. An ihrer eigenen Veredelung arbeitend, müssen sie die besten Züge des deutschen Charakters der in den Vereinigten Staaten entstehenden neuen Nation einzuverleiben suchen, damit dieselbe befähigt werde, die hohe Aufgabe zu erfüllen, zu der sie berufen ist.

Das Amerikanertum der Zukunft wird nicht, wie manche die Welt glauben machen möchten, ein Zweig des englischen Volkes sein, sondern eine **aus Bestandteilen aller Völker hervorgegangene neue Nation, wie sie eigenartiger die Welt bisher nie gesehen hat.** Wir befinden uns mitten innerhalb dieses Verschmelzungsprozesses, dessen Ende noch gar nicht abzusehen ist. Was das schließliche Ergebnis dieser in gleicher Großartigkeit noch nicht erlebten Völker- und Rassenmischung sein und wodurch der Nationalcharakter des amerikanischen Volkes sich einst kennzeichnen wird, wenn er seine bestimmtere Ausprägung erhalten hat, kann man wohl ahnen, aber nicht mit Sicherheit voraussagen. Das Amerikanertum der Zukunft wird einen neuen Menschenschlag darstellen, dessen Bestimmung es ist, die von der Alten Welt übernommene Kultur auf dem Boden der Neuen Welt in großartiger und eigentümlicher Weise weiter zu entwickeln, was wiederum nicht ohne die segensreichste Rückwirkung auf die Kultur der Alten Welt, der ganzen Menschheit bleiben kann.

Keinem Volke war es bisher vergönnt, an die Erfüllung seiner Mission unter so günstigen Verhältnissen heranzutreten, wie den Amerikanern. Über einen mit schier unerschöpflichen Reichtümern ausgestatteten ungeheuren Tummelplatz gebietend, nicht bedroht von feindlichen Nachbarn, frei von beengenden Traditionen, nicht der Willkür eines Monarchen oder der Soldatenherrschaft untertan, kann und sollte dies Land zu einem Hort geistiger und körperlicher Freiheit, zu einer Heimstätte edler Menschlichkeit werden, zu dem die Völker der ganzen Erde allezeit mit der gleichen Hoffnungsfreudigkeit emporblicken, wie in den Tagen George Washingtons, als die hier aufgehende Sonne der Freiheit die Welt mit ihrem Glanze erhellte.

Will Amerika diese große Bestimmung erfüllen, so kann es die idealen Züge des deutschen Charakters nicht entbehren. Je inniger und nachhaltiger dieselben das Amerikanertum durchdringen und sich mit demselben vermählen, um so bestimmter wird das letztere seiner Sendung gerecht werden können. Und deshalb ist es für die Deutschamerikaner eine Pflicht, festzuhalten an allem, was am deutschen Volke gut und lobenswert ist. Zugleich aber sollen sie auch dasjenige in sich aufnehmen, was am Anglo-Amerikanertum groß und bewundernswert erscheint. Bewahren sie so, was sie besitzen und nehmen an, was andere ziert, so arbeiten sie nicht bloß an der eigenen Veredelung, sondern vererben auf ihre Nachkommen diejenigen Eigenschaften, die den Erfolg ihrer Sendung gewährleisten.

Die Quellen zur Geschichte des deutschen Elements in den Vereinigten Staaten.

Um Freunden der deutschamerikanischen Geschichte, welche diesen oder jenen Abschnitt derselben tiefer zu ergründen wünschen, die Quellen zum Weiterforschen nachzuweisen, sind hier die wichtigsten jener Werke aufgezählt, die beim Abfassen der vorliegenden Geschichte zu Rate gezogen wurden. Selbstverständlich erhebt die Liste keinen Anspruch auf Vollständigkeit. Die in neuester Zeit von verschiedenen Seiten gemachten Versuche, Verzeichnisse solcher Werke zusammenzustellen, welche die Geschichte des deutschen Elements in den Vereinigten Staaten betreffen, förderten eine erstaunlich große Zahl von Titeln zutage. Im Jahre 1904 ließ A. P. Griffin diejenigen der in der Kongreßbibliothek zu Washington vorhandenen einschlägigen Werke drucken und zwar unter dem Titel: „A list of works relating to the Germans in the United States; Washington, 1904." Sie wird dem Forscher stets ein guter Wegweiser sein.

Die Freiheitsstatue im Hafen von New York.

Eine umfassende Bibliographie von Deutsch-Amerikana hat Richard E. Helbig, Hilfsbibliothekar der Stadtbibliothek von New York, in Bearbeitung. Dieselbe soll die Titel aller das deutsche Element in den Vereinigten

Staaten betreffenden Werke, ferner die Titel aller von deutschamerikanischen Schriftstellern in deutscher oder englischer Sprache veröffentlichten Bücher, außerdem die Titel deutscher Werke über die Vereinigten Staaten und alles über die verschiedenen Wechselbeziehungen zwischen diesen und Deutschland enthalten. Bis zum Herbst 1909 hatte Helbig bereits über 10 000 Titel solcher Bücher und Einzelaufsätze zusammengebracht.

Allgemeine Werke zur Geschichte des Deutschtums in den Vereinigten Staaten. Der erste Versuch zu einer Gesamtdarstellung der Geschichte des deutschen Elements in den Vereinigten Staaten wurde bereits in der ersten Hälfte des vorigen Jahrhunderts von Franz Löher unternommen. Beim Fehlen fast aller Quellenwerke in damaliger Zeit kann es nicht überraschen, daß seine „Geschichte und Zustände der Deutschen in Amerika" (Cincinnati und Leipzig 1847) klaffende Lücken enthält. Ist der historische Teil des Buches demnach unvollkommen und längst veraltet, so werden aber Löhers Aufzeichnungen über die damalige Stellung der Deutschen in den Vereinigten Staaten stets von großem Wert bleiben.

Anton Eickhoffs Buch: „In der neuen Heimat", New York 1884, kann nur als eine Aneinanderreihung geschichtlicher, von verschiedenen Urhebern stammenden, nach Staaten geordneter Mitteilungen über die deutschen Einwanderer gelten. Sein wertvollster Bestandteil ist zweifellos die den Anhang bildende Geschichte der „Deutschen Gesellschaft zu New York".

Julius Göbels Schriftchen „Das Deutschtum in den Vereinigten Staaten", München 1904, soll den in Deutschland Lebenden einen kurzen Abriß der Geschichte ihrer Stammesgenossen in den Vereinigten Staaten geben. Es erfüllt diesen Zweck in vortrefflicher Weise, wenn auch die scharfen Urteile des Verfassers über manche Vorgänge, Zustände und Personen keineswegs als gerecht und auf gründlichen Studien beruhend gelten können.

Unter den Zeitschriften, welche sich die Aufgabe stellten, Material zur Geschichte der Deutschen in Amerika zu sammeln, ist in erster Linie „Der Deutsche Pionier" zu nennen, welcher in den Jahren 1869 bis 1887 in Cincinnati unter der Redaktion von G. Brühl, E. H. Mack, K. Rümelin, K. Knortz, H. A. Rattermann und H. Hensel herausgegeben wurde. Ihm folgte das gleichfalls von Rattermann geleitete „Deutschamerikanische Magazin", welches aber auf nur einen Jahrgang, 1886 bis 1887, beschränkt blieb. Ein ähnliches Sammelwerk wurde im Jahre 1901 von der „Deutschen historischen Gesellschaft von Illinois" unter dem Titel „Deutschamerikanische Geschichtsblätter" begründet und von Emil Mannhardt in Chicago redigiert.

In Philadelphia veröffentlichte Professor M. D. Learned von 1897 bis 1902 die „American-Germanica", welche in dem letztgenannten Jahre den Titel „German-American Annals" annahmen und zugleich das Organ des „Deutschamerikanischen Nationalbundes" sowie der von demselben gegründeten „Deutschamerikanischen historischen Gesellschaft" wurden.

Alle diese Sammelwerke zeichnen sich durch eine Fülle wertvoller Aufsätze aus. Zu ihnen gesellen sich die von mehreren historischen Gesellschaften veröffentlichten Monographien und Jahresberichte. Unter ihnen stehen die seit 1891 in Lancaster, Pennsylvanien, erscheinenden „Proceedings and addresses of the Pennsylvania German Society" wegen ihrer gediegenen Darstellungen sowie reichen bildlichen Ausstattung obenan. Für den regen historischen Sinn der deutschen Bevölkerung Pennsylvaniens spricht ferner das Bestehen der seit dem Jahre 1899 zu Lebanon, Pennsylvanien erscheinenden Monatsschrift „The Pennsylvania German", welche gleichfalls viel geschichtliches Material veröffentlicht.

In Baltimore hat die im Jahre 1886 gegründete „Society for the History of the Germans in Maryland" ihren Sitz. In Washington und Chicago traten in neuerer Zeit gleichfalls historische Gesellschaften ins Leben, welche sich die Erforschung der deutschamerikanischen Geschichte angelegen sein lassen.

Zu wünschen wäre, daß diese Vorbilder auch in allen anderen Staaten der Union Nachahmung fänden, damit das vorhandene geschichtliche Material gesammelt und der Forschung zugängig gemacht wurde.

Die ersten in Deutschland gedruckten Flugblätter über Amerika sind in folgenden Werken aufgeführt: H. H a r r i s s e: „Bibliotheca Americana vetustissima. Description of works relating to America, publ. between 1492 and 1551," New York 1866 bis 1872. — J. F. S a c h s e: „The Fatherland; showing the part it bore in the discovery, exploration and development of the western continent." Philadelphia 1897. — R u d o l f C r o n a u's „Amerika, die Geschichte seiner Entdeckung", Leipzig 1892, enthält im 1. Bande, Seite 350 bis 357 eine Darlegung über Waldseemüller und die Benennung der Neuen Welt.

Die deutschen Gouverneure von Neu-Niederland und Neu-Schweden. Nachrichten über Peter Minnewit finden sich in F r i e d r i c h K a p p's: „Die Deutschen im Staate New York", New York 1868. — Eine ältere Abhandlung ist in den „Proceedings der New York Historical Society" vom Jahre 1849 enthalten. — Die „Historical Society of Delaware" veröffentlichte im Jahre 1881 in Wilmington Delaware eine Arbeit von J. M i c k l e y: „Some accounts of Wm. Usselinx and Peter Minuit." — Ferner erschien in Delaware ein Bericht über „Memorial services in honor of Peter Minnewit, celebrated by the General Assembly of Delaware 1895." — Über die Quellen zur Geschichte der deutschen Gouverneure von Neu-Schweden finden sich die erforderlichen Angaben in dem die Kolonien Neu-Schweden behandelnden Abschnitt des IV. Bandes der von J. W i n s o r herausgegebenen „Narrative and critical History of America." — Von großem Wert sind ferner J. A c r e l i u s: „History of New Sweden; vol. XI of the Memoirs of the Historical Society of Pennsylvania", Philadelphia 1874. — C h. D. E b e l i n g: „Erdbeschreibung und Geschichte von Amerika", Hamburg 1799, vol. V.

Jakob Leisler. Die wichtigsten Quellen für die Geschichte des unglücklichen Gouverneurs Jakob Leisler sind die vom Staat New York veröffentlichten großartigen Urkundensammlungen: „Documents relative to the Colonial History of the State of New York, procured in Holland, England and France, collected by J. R. B r o a d h e a d", Albany 1856 bis 1861; und „The documentary history of the State of New York, collected by E. B. O ' C a l l a g h a n ," Albany 1849 bis 1852. Hauptsächlich auf Grund dieser Sammlungen bearbeitete Friedrich Kapp den seiner „Geschichte der Deutschen im Staate New York" einverleibten Abschnitt über Jakob Leisler. — Außerdem enthalten die „New York Historical Society Collections" wertvolle, von Kapp nicht benützte Dokumente.

August Herrman und Johann Lederer. Die Geschichte des Landvermessers Augustin Herrman ist in den Jahresberichten der „Society for the History of the Germans in Maryland" niedergelegt. Den spärlichen Nachrichten über Johann Lederer konnte neuerdings C h. S t r a c k einige neue hinzufügen, die in den Berichten der „Deutschen historischen Gesellschaft für den Distrikt Columbia", Washington D. C. 1906 zum Abdruck gelangten.

Die deutschen Sektenniederlassungen. Die Geschichte der in Pennsylvanien eingewanderten deutschen Sektierer wurde in musterhafter Weise erforscht. In höchst anziehender Form schilderte O s w a l d S e i d e n s t i c k e r die Ankunft der Krefelder Mennoniten und die Gründung Germantowns sowohl im „Deutschen Pionier" wie in dem Werkchen „Bilder aus der deutschpennsylvanischen Geschichte", New York 1885. Den gleichen Stoff behandelten S. P e n n y p a c k e r in dem Buch „The Settlement of Germantown" Philadelphia 1880, und J e l l e t in „Germantown, its founders and what we owe them". Ferner erschienen die Bücher: D. K. C a s s e l: „Geschichte der Mennoniten", Philadelphia 1890. — F. S a c h s e: „Letters relating to the settlement of Germantown" Philiadelphia 1903. — Ein höchst verdienstvolles Werk ist ferner M a r i o n D. L e a r n e d s Buch „The Life of Francis Daniel Pastorius", Philadelphia 1908.

Über die Labadisten besitzen wir die von B. J. B a r t l e t t geschriebene Abhandlung „The Labadist Colony in Maryland", No. 6 of Series of John Hopkins University Studies, Baltimore 1899. Ferner finden sich wertvolle Angaben in den „Annual Reports of the Society for the History of the Germans in Maryland", vol. III., 5. V. 76; desgleichen in den „Memoirs of the Long Island Historical Society" vol. I.; endlich in J o h n s t o n s: „History of Cecil County in Maryland" sowie in den von M c M a h o n und S c h a r f verfaßten „Histories of Maryland". — **Den Mystikern oder Rosenkreuzern,** die sich mit Kelpius am Wissahickon niederließen, widmete J u l i u s S a c h s e die vorzügliche Monographie: „The German Pietists of Provincial Pennsylvania", Philadelphia 1895. — Desgleichen schildert O s w a l d S e i d e n s t i c k e r ihr Leben und Treiben in seinen bereits genannten „Bildern aus der deutschpennsylvanischen Geschichte". — Dasselbe Werk enthält eine Geschichte des **Klosters Ephrata,** dessen Insassen übrigens in dem umfangreichen „Chronicon

Ephratense", Ephrata 1786, die Hauptquelle zur Beurteilung ihres Schaffens lieferten. — Neuerdings wurde die Geschichte des Klosters Ephrata von Julius Sachse behandelt in: „The German sectarians of Pennsylvania, a critical and legendary history of the Ephrata cloister and the Dunkards", Philadelphia 1899—1900. — Über die „Tunker" oder „Deutschen Baptisten" schrieb Falkenstein die Abhandlung „The German Baptist Brethren or Dunkers", in „Proceedings of the Pennsylvanian German Society", vol. 10; ferner Moritz Busch in seinen „Wanderungen zwischen Hudson und Mississippi", Band 1, S. 126; desgleichen Lloyd in dem Aufsatz: „Among the Dunkers", „Scribners Magazine", Nov. 1901. — Über die Geschichte und die Zustände der **Schwenkfelder** unterrichteten folgende Werke: „Erläuterung für Herrn Caspar Schwenkfeld und die Zugethanen seiner Lehre", Summytown, Pa. 1830. — „Kaspar von Schwenkfeld und die Schwenkfelder", Lauban 1860. — Berclay: „Religious Societies of the Commonwealth", London 1876. — C. Heydrich: „Genealogical Record of the Descendants of the Schwenkfelders", Manayunk, Pa., 1879. — H. M. Jenkins: „The Schwenkfelders" in „Friends Quarterly Examiner", London 1896. — Prof. Ch. D. Hartranft veröffentlichte im Jahre 1906 den Prospectus eines auf 16 Bände berechneten Monumentalwerkes „Corpus Schwenkfeldianorum", welches sämtliche Schriften Schwenkfelds sowie eine umfassende Geschichte seiner Sekte enthalten soll. — Die Geschicke der **Salzburger** in Georgia sind beschrieben in einem: „Extract of the Journals of Mr. Commissary Von Reck, who conducted the first transport of Salzburgers to Georgia", London 1734. — Über die späteren Schicksale der Salzburger unterrichten vor allen folgende Werke: Samuel Urlspergers: 1. „Ausführliche Nachrichten von den Saltzburgischen Emigranten, die sich in Amerika niedergelassen haben: Von dem Transport derselben, die Reise-Diaria des k. Großbrit. Commissarii und der beiden Saltzburg. Prediger, wie auch eine Beschreibung von Georgien, etc." Halle 1738—1752. — 2. „Zuverlässiges Sendschreiben von den geist- und leiblichen Umständen der Saltzburgischen Emigranten, die sich in America niedergelassen haben, bis den 1sten Sept. 1735 u. von den Predigern in Eben Ezer etc. nach Teutschland überschrieben worden." Halle 1736. — 3. „Americanisches Ackerwerk Gottes, oder zuverlässige Nachrichten, den Zustand der americanisch englischen und von salzburgischen Emigranten erbauten Pflanzstadt Ebenezer in Georgien betreffend, aus dorther eingeschickten glaubwürdigen Diarien genommen und mit Briefen der dasigen Prediger noch weiter bestätigt", Augsburg 1754—1760. — Diesen Darstellungen schließen sich an A. Strobel: „The Salzburgers and their descendants", Baltimore 1856; sowie J. Hursts: „The Salzburger Exiles in Georgia", „Harpers Monthly Magazine", vol. 85, p. 392. — Gleich den Klosterbrüdern zu Ephrata sorgten auch die betriebsamen **Herrnhuter oder Mährischen Brüder** für historische Darstellungen ihrer Tätigkeit. Edmund von Schweinitz, ein Mitglied der Sekte, schrieb das „Moravian Manual, containing an account of the Moravian Church or Unitas Fratrum", Bethlehem

1869. Denselben Zwecken dienen die „Transactions of the Moravian Historical Society", in denen sich unter anderen L. T. Reichels „Early History of Moravians in North America", Nazareth, Pa. 1888, befindet. Von demselben Verfasser stammt das Werk: „Moravians in North Carolina", Salem, N. C. 1857. — E. H. Reichel lieferte eine „Historical Sketch of church and mission of the Moravians", Bethlehem 1848. — J. H. Martin schrieb eine „Historical Sketch of Bethlehem", Philadelphia 1872. — J. T. Hamilton ist Verfasser des Abschnitts „The Moravian Church", in vol. VIII der „American Church History". — Die segensreiche Missionstätigkeit der Herrnhuter beschreibt G. H. Loskiel's „Geschichte der Mission unter den Indianern Nordamerikas", Barbey 1789. Eine englische Übersetzung, hergestellt von Ch. La Trebe, erschien 1794 in London. — Der Bischof J. M. Levering schrieb „A History of Bethlehem from 1741—1892", welche im Jahre 1903 zu Bethlehem gedruckt wurde. — Das Leben des Missionars David Zeisberger behandeln die Bücher: E. de Schweinitz: „The life and times of David Zeisberger, the western Pioneer and apostle of the Indians", Philadelphia 1870. — J. J. Heim: „David Zeisberger, der Apostel der Indianer", Bielefeld 1849. — Zeisberger selbst führte ein Tagebuch, welches als „Zeisbergers Diary" in zwei Bänden in Bethlehem gedruckt wurde. Der Herrnhuter Edw. Rondthaler verfaßte das Buch „Life of John Heckewelder", Philadelphia 1847. — Auch die „Ohio Annals", herausgegeben von C. H. Mitchener, Dayton 1876, befaßten sich mit den Erlebnissen der herrnhutischen Missionare. Friedrich Kapp erzählt in seiner „Geschichte der Deutschen im Staate New York", New York 1868, die schlimmen Erfahrungen der Herrnhuter am Schekomeko.

Die Pfälzer: Außergewöhnlich reich fließen die Quellen über die Einwanderung und die Ansiedlung der Pfälzer in Amerika. Wir nennen zunächst: F. R. Diffenderfer: „The German exodus to England in 1709", vol. VII of the „Proceedings of the Pennsylvania German Society"; ferner S. H. Cobb: „The Story of the Palatines", New York 1897. — Beiträge zur Geschichte der Pfälzer im Staat New York enthalten die Werke: E. B. O'Callaghan: „Documentary History of the State of New York", Albany 1848—1851. — N. S. Benton: „Herkimer County and Upper Mohawk Valley", Albany 1856. — F. Kapp: „Die Deutschen im Staate New York", New York 1867. — Earl: „The Palatines in the Mohawk Valley". — „Papers of the Herkimer County Historical Society", Herkimer and Ilion, N. Y. 1899. — J. M. Brown: „A brief sketch of the first settlement of the county of Schoharie by the Germans", Schoharie, N. Y. 1823. — J. R. Simms: „History of Schoharie County", Albany 1845. — N. S. Benton: „A History of Herkimer County", Albany 1856. — I. Ellison: „The Germans of Buffalo", in „Publications of the Buffalo Historical Society", Buffalo 1880. — Den Auszug der Pfälzer von Schoharie nach Pennsylvanien und ihre Schicksale dort schildern die Werke von M. H. Richards: „The German emigration from New York into Pennsylvania", vol. IX of „Proceedings of the German Historical Society of Pennsylvania". —

F. R. Diffenderfer: „German immigration into Pennsylvania 1700 bis 1775", Lancaster, Pa., 1900. — Kuhns: „German and Swiss settlement of Colonial Pennsylvania", New York 1901. — J. D. Rupp: „History of Berks County, Pennsylvania", Lancaster 1844 und „The early history of Western Pennsylvania", Pittsburgh 1876. — W. Beidelman: „The story of the Pennsylvania Germans", Easton, Pa., 1898. — Über Conrad Weiser besitzen wir das Werk C. Z. Weisers: „Life of Conrad Weiser", Reading 1876; ferner F. R. Diffenderfer: „Conrad Weiser", 1877. — J. H. Walton: „Conrad Weiser and the Indian policy of Colonial Pennsylvania", Philadelphia 1900. — Die durch den französischen Finanzschwindler Law nach Louisiana gelockten Pfälzer und Elsässer fanden einen vortrefflichen Historigraphen in Hanno Deiler. Derselbe ließ folgende Schriften erscheinen: „Geschichte der Deutschen am unteren Mississippi", New Orleans 1901; ferner: „Geschichte der ersten Deutschen am unteren Mississippi und die Creolen deutscher Abstammung", New Orleans 1904. — Auch Alexander Franz schilderte die Schicksale der Pfälzer in seinem Werk: „Die Kolonisation des Mississippitals bis zum Ausgang der französischen Herrschaft", Leipzig 1906. — Über die deutschen Niederlassungen in den Neu-Englandstaaten unterrichten die im „Deutschen Pionier" veröffentlichten Aufsätze H. A. Rattermanns: „Geschichte des deutschen Elements im Staate Maine". Andere Quellenwerke sind die „Maine Historical Collections", vols V und VI. — J. W. Jordan: „Moravian Mission at Broad Bay, Maine", Bethlehem 1891. — Williamson: „History of Maine", Hallowell 1832. — Pattee: „History of Braintree in Massachusetts", Quincy 1878. — Holmes: „American Annals", Cambridge 1805. — J. G. Holland: „History of Western Massachusetts", Springfield 1855. — J. W. Starman: „Some accounts of the German settlement in Waldoborough" in „Collections of the Maine Historical Society", Portland 1857. — H. Pohlman: „The German Colony and the Lutheran Church in Maine", Gettysburg 1869. — Den Einfluß der Pfälzer auf die Kultur Amerikas heben folgende Schriften hervor: F. R. Diffenderfer: „The Palatine and Quaker as commonwealth builders", Lancaster, Pa., 1899. — Greene: „The Palatines as founders and patriots". — Eine neuere, zusammenfassende Darstellung der Pfälzerkolonien lieferte Daniel Häberle in dem Buch: „Auswandrung und Koloniegründungen der Pfälzer im 18. Jahrhundert", Kaiserslautern 1909.

Die Käuflinge. — Unbedingt die wertvollste Arbeit über die Käuflinge oder Redemptionisten ist F. R. Diffenderfers: „The German immigration into Pennsylvania", vol. X of the „Proceedings of the Pennsylvania German Society", Philadelphia 1900. — Den gleichen Gegenstand behandelte O. Seidensticker in seiner „Geschichte der deutschen Gesellschaft von Pennsylvanien", Philadelphia 1876; sowie L. F. Bittinger in dem Buch: „Germans in Colonial times", Philadelphia 1901. — Außerdem liegt vor: K. F. Geiser: „Redemptioners and indentured servants in Pennsylvania", New

Haven, Conn., 1901. — Die „Reports of the German Historical Society of Maryland" enthalten das Material über das Käuflingssystem jener Kolonie. — H. Deiler verdanken wir das interessante Werkchen „Das Redemptionssystem im Staat Louisiana", New Orleans 1901.

Die kulturellen Zustände der Deutschamerikaner während der Kolonialzeit. — Das erste Werkchen, welches uns über diese Zustände Aufschlüsse gibt, ist das des Patriarchen Franz Daniel Pastorius: „Umständige Geographische Beschreibung der Provinz Pennsylvaniä", Frankfurt und Leipzig 1700. — Von unschätzbarem Wert ist ferner die vorzügliche Schrift des Dr. Benjamin Rush: „An account of the Manners of the German Inhabitants in Pennsylvania", Philadelphia 1789. — Eine deutsche Übersetzung ist im 7. Jahrgang des „Deutschen Pionier" zu finden. — Hochinteressant ist auch des Lehrers Gottlieb Mittelberger: „Reise nach Pennsylvanien 1750", Frankfurt und Leipzig 1756. Ferner enthalten folgende Bücher reiches Material: L. F. Bittinger: „The Germans in Colonial Times", Philadelphia 1901. — O. Kuhns: „The German and Swiss settlements of Colonial Pennsylvania", New York 1901. — Über das Leben der deutschen Pioniere an den Grenzen der Wildnis enthalten die Lokalchroniken unzähliger Ortschaften Mitteilungen. Außerdem seien genannt: C. Z. Weiser: „Life of Conrad Weiser", Reading 1876. — Britts: „Border Warfare", Abingdon, Va., 1849. — „Frontier Forts of Pennsylvania", Printed by the State, 1896. — C. F. Post: „Journals". Reprinted in Rupp's: „History of Western Pennsylvania", Pittsburgh and Harrisburg 1846. Posts „Journals" wurden neuerdings auch in der gegen 25 Bände umfassenden Serie „Early western travels" abgedruckt. — Fr. Kapp: „Die Deutschen im Staat New York", New York 1868. — Simms: „Frontiersmen of New York", Albany 1882. — W. W. Campbell: „Annals of Tryon Co., N. Y.", New York 1831. — Speed: „The Wilderness Road", Louisville 1886. — C. B. Hartley: „Life of Lewis Wetzel; also of Kenton and other heroes of the West", Philadelphia 1860. — A. L. Mason: „The Pioneer History of America", Cincinnati 1884. — W. W. Fowler: „Woman on the American Frontier", Hartford 1877. — J. Doddridge: „Notes on the settlements and Indian Wars of the western parts of Virginia and Pennsylvania", Wellsburgh, Va., 1824; reprinted Albany 1876. — Simms: „Trappers of New York or Biography of Nicolas Stoner and Nathaniel Foster", Albany 1871. — Simms: „Border wars of New York". — Curtiss: „Life and adventures of Nat. Foster, Trapper of the Adirondacks", Utica 1897. — Th. Roosevelt: „The winning of the West". — Den deutschen Landwirten des 18. Jahrhunderts ist ein Aufsatz in dem 10. Bande der „Proceedings of the Pennsylvania German Society" gewidmet. — Das religiöse Leben der Deutschen während der Kolonialzeit schildert Lucy F. Bittinger's: „German Religious Life in Colonial Times", Philadelphia 1906. — Den kulturellen Zuständen der deutschen Ansiedler in der Kolonie New York widmete Friedrich Kapp in seiner „Geschichte der Deutschen im Staat New York", New York 1868, einen längeren

Abschnitt. — Über die Deutschen New Jerseys berichtet T. F. C h a m b e r s: „Early Germans in New Jersey", Dover, N. J., 1895. — Über die Verhältnisse der Deutschen in Pennsylvanien unterrichten die Werke: G. F. B a e r: „The Pennsylvania Germans", Reading 1876. — M r s. E. G i b b o n s: „The Pennsylvania Dutch", Philadelphia 1872. — D r. B. R u s h: „Manners of the German inhabitants of Pennsylvania". Edited by J. D. Rupp, Philadelphia 1875. — J. D. R u p p: „Thirty thousand names of German immigrants", Harrisburg 1856. — L. A. W o l l e n w e b e r: „Gemälde aus dem Pennsylvanischen Volksleben", Philadelphia 1869. — Kulturgeschichtliche Nachrichten über das Deutschtum in M a r y l a n d finden sich verstreut in den „Reports of the Society for History of Germans in Maryland". — Ferner in S c h a r f s: „History of Maryland", Baltimore 1879. — E. T. S c h u l t z: „First settlement of Germans in Maryland", Frederick, Md., 1896. — Quellen zur Kulturgeschichte der Deutschen in V i r g i n i e n sind unter anderen: H. S c h u r i c h t: „History of the German element in Virginia", Baltimore 1898. — W a d d e l l: „Annals of Augusta County", Richmond 1886. — B u r k: „History of Virginia", Petersburg, Va., 1804—1816. — J e f f e r s o n: „Notes on State of Virginia", Boston 1802. — F i s k e: „Old Virginia and her neighbors", Boston 1897. — R. A. B r o o k: „Official letters of Governor Alexander Spotswood", Richmond 1882 bis 1885. — J. C. S t ö v e r: „Kurze Nachricht von einer Evangelisch-Lutherischen Deutschen Gemeinde in Virginien", Hannover 1737. — K e r c h e v a l: „History of the valley of Virginia", Winchester 1833. — J. W. W a y l a n d: „The German element of the Shenandoah valley of Virginia", Charlottesville 1907. — Material zur Kulturgeschichte des Deutschtums in den beiden C a r o l i n a s und in G e o r g i a findet sich in folgenden Schriften: A l l e n: „German Palatines in North Carolina". — B e r n h e i m: „History of German settlements and of the Lutheran Church in North and South Carolina", Philadelphia 1872. — „Memorial of Jean Pierre Pury in behalf of the colonisation of South Carolina", London 1724; reprinted Augusta, Georgia 1880. — S t e v e n s: „History of Georgia", New York, 1847—1859. — H e w e t t: „Historical Account of Colonies of South Carolina and Georgia", London 1779. — Historical Collections of South Carolina", New York 1836. — D a l c h o: „History of Episcopal Church in South Carolina", Charleston 1820. — H o w e: „History of Presbyterian Church in South Carolina", Columbia 1870. — E. L. W h i t n e y: „Government of Colony of South Carolina", John Hopkins University Studies, Baltimore 1895. — W. G. S i m s: „History of South Carolina", Charleston 1842. — J o n e s: „Dead towns of Georgia", in „Georgia Historical Collections", vol. IV, Savannah 1878. — W i l l i a m s o n: History of North Carolina", Philadelphia 1812. — R a m s e y: „History of South Carolina", Charleston 1809. — J. H. W h e e l e r: „Historical Sketches of North Carolina", Philadelphia 1851. — W. H. F o o t e: „Sketches of North Carolina", New York 1846. — C. L. H u n t e r: „Sketches of Western North Carolina", Raleigh 1877. — D. S c h e n k: „North Carolina 1780—1781", Raleigh 1889. — H a w k,

Swain and Graham: „Revolutionary History of North Carolina", Raleigh 1843. — Über den Industriellen Peter Hasenclever enthält der „Deutsche Pionier" vom Jahre 1883 ausführliche Nachrichten.

Oswald Seidensticker behandelte die Geschichte der deutschen Zeitungen und des deutschamerikanischen Buchdrucks im „Deutschamerikanischen Magazin"; ferner lieferte er das Werk: „The first century of German printing in America, 1728—1830", Philadelphia 1893. — Den gleichen Gegenstand behandeln die Bücher: F. Kapp: „Der deutschamerikanische Buchdruck und Buchhandel im vorigen Jahrhundert," Leipzig 1878. — G. T. Watkins: „Bibliography of printing in America. Books, pamphlets, and some articles in Magazines relating to the history of printing in the New World", Boston 1906. — Eine Lebensgeschichte des Schullehrers Dock ist S. Pennypacker's „Historical and Biographical Sketches", Philadelphia 1883 einverleibt. Außerdem veröffentlichte Martin G. Brumbaugh eine Abhandlung über „Das Leben und die Werke von Christoph Dock, Amerikas Pionier-Schriftstellers über Erziehung", Philadelphia 1908. Docks hundert Regeln kamen 1764 in Saurs „Geistlichem Magazin" und im 10. Bande der „Proceedings of the Pennsylvania German Society" zum Abdruck.

Der Franzosenkrieg. Das Material über den Anteil der deutschen Ansiedler an den Franzosen- und Indianerkriegen des 18. Jahrhunderts ist in zahllosen Lokalchroniken enthalten, von denen die wichtigsten bereits unter den Quellen über die kulturellen Zustände der deutschen Ansiedler genannt wurden. Eine Geschichte des „Royal American Regiments" lieferte N. W. Wallace in dem Buch: „A Regimental Chronicle and List of Officers of the Sixtieth, or the King's Royal Rifle Corps, formerly the Sixty-second, or the Royal American Regiment of Foot", London 1879.

Die Deutschen im amerikanischen Unabhängigkeitskriege. Zur Feststellung des Anteils der Deutschen am Unabhängigkeitskriege wurden unter anderen folgende Werke benutzt: G. W. Greene: „The German element in the war of American independence", New York 1876. — Pfister: „Die amerikanische Revolution 1775, unter Hervorhebung des deutschen Anteils", Stuttgart und Berlin 1904. — Linn & Egle: „Pennsylvania in the Revolution", Philadelphia 1890—1895. — „Deutscher Pionier", 8. Jahrgang, „Die Beteiligung der Deutschen am Unabhängigkeitskrieg". — Die wichtigsten Quellen über Nikolas Herchheimer und die Schlacht von Oriskany sind vor allem die „Papers of the Herkimer County Historical Society", Herkimer and Ilion 1899. — „Proceedings of Oneida Historical Society." — Jones: „History of Oneida County." — Simms: „History of Schoharie County." — Benton: „History of Herkimer County." — Ferner F. Kapp: „Geschichte der Deutschen im Staate New York," New York 1868. — H. A. Mühlenberg, ein Nachkomme des berühmten Generalmajors, veröffentlichte das Buch: „Life of Major General Peter Mühlenberg," Philadelphia 1849. — Auch im „Deutschen Pionier" der Jahre 1869—1872 findet sich ein längerer Aufsatz „Peter Mühlenberg und seine deutschen Soldaten". — Sehr umfangreich ist die Literatur über die deutschen Hilfstruppen im englischen Heere. Wohl die erste aktenmäßige Darlegung des von mehreren degenerierten deutschen Fürsten betriebenen Schachers mit ihren Untertanen ist Friedrich Kapp's: „Der Soldatenhandel deutscher Fürsten nach Amerika", Berlin 1864. Derselbe Stoff wurde in neuester Zeit von E. J. Lowell in dem Buch: „The Hessian and the other German auxiliaries of Great Britain in the Revolutionary War", New York 1884 behandelt. Ferner von Max von Eelking in: „Die deutschen Hilfstruppen im nordamerikanischen Befreiungskrieg." Eine englische abgekürzte Übersetzung dieses Buches wurde von J. G. Rosengarten unter dem Titel: „The German Allied Troops in Albany", New York 1893, herausgegeben. Den gleichen Gegenstand behandeln ferner: C. Preser: „Der Soldatenhandel in Hessen", Marburg 1900. — Clark: „The Hessians." — Mellik: „The Hessians in New Jersey; just a little in their favor." — Slafter: „The landing of the Hessians." — Werther: „Hessische Hilfstruppen." — Manche Tagebücher und Aufzeichnungen der die deutschen Hilfstruppen begleitenden Offiziere, Ärzte und Feldprediger kamen in den Sammelwerken: „Der deutsche Pionier", „Americana Germanica" und „German American Annals" zum Abdruck. Zahlreiche von George Bancroft gesammelte Abschriften von Dokumenten und Manuskripten zur Geschichte der deutschen Hilfstruppen befinden sich unter den Handschriften der New Yorker Bibliothek. M. von Eelking verfaßte: „Das Leben und Wirken des braunschweigischen Generalleutnants F. A. von Riedesel", Leipzig 1856. — Wertvolle Aufzeichnungen enthält auch General Riedesels „Berufsreise nach America. Briefe auf der Reise und während ihres 6jährigen Aufenthalts in America zur Zeit des Krieges in den Jahren 1776—1783 nach Deutschland geschrieben", Berlin 1800. — Diesen Aufzeichnungen schließen sich an Stones: „Memoirs of General Riedesel", Albany. Der Regimentsarzt J. D. Schöpf veröffentlichte: „Eine Reise durch einige der mittleren und südlichen Staaten", Erlangen 1788. — Dem verdienten Friedrich Kapp verdanken wir auch „Das Leben des amerikanischen Generals Kalb", Stuttgart 1862, engl. New York 1870. — Über Kalb existiert ferner ein: „Memoir of the Baron de Kalb," read at the meeting of the Maryland Historical Society 7. Jan. 1858 by J. S. Smith. — Weitere Nachrichten enthält Th. Wilson: „The Biography of the Principal American Military and Naval heroes", New York 1817. — Headley: „American Generals." Ein Gegenstück zu Kapp's Biographie über General Kalb ist desselben Verfassers Buch: „Das Leben des amerikanischen Generals Friedrich Wilhelm von Steuben", New York 1850, Berlin 1858. — Ein ähnliches Werk ist: „N. Schmitt: „Leben und Wirken von F. W. von Steuben", Philadelphia 1859. — Auch William North, der Adjutant Steubens, schrieb dessen Biographie. Sie findet sich im 8. Band des „Magazine of American History", Weitere Nachrichten über Steuben sind in Thatchers: „Military Journal", 517—531; in Ebelings: „Amerikanisches Magazin", 1797; in Sparks:

„American Biographies", vol. IX, p. 1—88; in Headleys: „Washington and his Generals" und im „Magazine of Western History", 1886 enthalten. Die ausführlichste Arbeit über die deutschen Truppen im französischen Hilfsheer erschien im „Deutschen Pionier". Derselben ist ein ziemlich umfangreicher Nachweis über die benutzten Quellen angehängt.

Die deutschen Ansiedler im Stromgebiet des Ohio. Die wichtigsten, für diesen Abschnitt benutzten Quellenwerke sind: E. Klauprecht: „Deutsche Chronik in der Geschichte des Ohiothales, Cincinnati, 1864. — H. Kephart: „Pennsylvanias part in the winning of the West", St. Louis 1902. — Th. Roosevelt: The winning of the West, New York 1895. — J. Carr: „Early times in Tennessee", Nashville 1859. — W. A. Fritzsch: „Zur Geschichte des Deutschtums in Indiana", New York 1900. — Dietzsch: „Geschichte der Deutschamerikaner in Chicago", Chicago 1881. — H. A. Rattermann: „Germany. Die erste deutsche Niederlassung im Miamithale." 1878. — L. Stierlein: „Der Staat Kentucky und die Stadt Louisville mit besonderer Berücksichtigung des deutschen Elements", Louisville 1873. — Th. Stempfel: „Fünfzig Jahre deutschen Strebens in Indianapolis", Indianapolis 1898. — E. Seeger: „Chicago, die Geschichte einer Wunderstadt", Chicago 1892.

Die deutschen Ansiedler im Mississippital. Die wichtigsten Werke, welche den Anteil der Deutschen an der Besiedlung jenes großartigen Stromtales berücksichtigen, sind: G. Duden: „Bericht über eine Reise nach den westlichen Staaten Nordamerikas", Bonn 1829. — G. Goebel: „Länger als ein Menschenleben in Missouri", St. Louis 1877. — Lunz: „Reise nach St. Louis." — Thümmel: „Die Natur und das Leben in den Vereinigten Staaten", Erlangen 1848. — V. Nolte: „Fünfzig Jahre in den beiden Hemisssphären", Hamburg 1854. — Kargau: „Missouris German Immigration." — „St. Louis in früheren Jahren", St. Louis 1905. — „Geschichte des Deutschtums von St. Joseph, Mo." — F. Münch: „Der Staat Missouri", New York und St. Louis 1859. — Über die Lateinischen Settlements und die Lateinischen Farmer enthalten die Werke von Gustav Körner: „Das deutsche Element in den Vereinigten Staaten 1818—1848", Cincinnati 1880, sowie Wagner & Scherzer: „Reisen in Nordamerika", Leipzig 1857 ausführliche Mitteilungen. — J. Eiboeck schrieb das treffliche Werk: „Die Deutschen von Iowa und ihre Errungenschaften", Des Moines 1900. — Jensen und Bruncken verfaßten das Buch: „Wisconsins Deutsch-Amerikaner", Milwaukee 1902. — Ferner ist zu erwähnen K. Levi: „How Wisconsin came by its large German element", Madison, Wis., 1892.

Ziemlich zahlreich sind die Werke, welche den Indianeraufstand des Jahres 1862 und die Belagerung der Stadt Neu-Ulm schildern. Wir nennen folgende: T. Heard: „History of the Sioux War and Massacres of 1862 and 1863," New York 1865. — A. Berghold: „Indianer-Rache, oder die Schreckenstage von Neu-Ulm im Jahre 1862", New Ulm 1876. — R. Leonhart: „Erinnerungen aus Neu-Ulm", Pittburg 1880. — J. H. Strasser: „Chronologie der Stadt Neu-Ulm, Minn.", New Ulm 1899. — A. Berghold: „Geschichte von Neu-Ulm". 8. Jahrgang des „Deutschen Pionier". — „Die Gartenlaube", Leipzig 1862.

Deutsche Pioniere im fernen Westen. Dem wagemutigen Johann Jakob Astor und seiner Gründung Astoria setzte Washington Irving in seinem klassischen Werk: „Astoria, or anecdotes of an enterprise beyond the Rocky Mountains", Philadelphia 1826, ein bleibendes Denkmal. Demselben Kulturpionier widmete W. I. von Horn die Biographie: „Johann Jakob Astor", New York 1868. — Friedrich Kapp fügte seiner „Geschichte der Deutschen im Staate New York" gleichfalls ein die Unternehmungen Astors verherrlichendes Kapitel ein. — Die Schicksale Johann August Sutters sind im „Deutschen Pionier" und in zahllosen anderen, die kalifornischen Goldfunde berücksichtigende Werken erzählt. Ziemlich eingehend wurden sie auch von J. Bidwell in dem Aufsatz: „Life in California before the Gold discovery" im „Century Magazine" des Jahres 1890 erörtert. — H. von Ehrenberg beschrieb seine Erlebnisse in den Büchern: „Fahrten und Schicksale eines Deutschen in Texas", Leipzig 1845; und: „Texas und die Revolution", Leipzig 1843. — F. Römer's: „Texas", Bonn 1849; und A. Schütze's: „Jahrbuch für Texas", Austin, Tex., 1882—1884 enthalten gleichfalls Angaben über Ehrenberg und andere Pioniere. — Über die seltsamen Irrfahrten August Laufkötters berichtet A. Eickhoffs: „In der neuen Heimat", New York 1884.

Deutsche Kommunisten-Gemeinden. Die seltsamen Einrichtungen der deutschen kommunistischen Gemeinden in den Vereinigten Staaten riefen eine ziemlich reiche Literatur hervor. Wir erwähnen zunächst Ch. Nordhoffs: „Communistic Societies of the United States", New York. Ihm schließen sich an W. A. Hinds: „American communities", Chicago 1902. — Über die von Rapp gegründeten Niederlassungen finden sich interessante Angaben in Wagner und Scherzers: „Reisen in Nordamerika", Leipzig 1857; ferner in Moritz Buschs: „Zwischen Hudson und Mississippi." Desgleichen in F. Löhers: „Über Land und Leute in der Alten und Neuen Welt", Göttingen 1855. Endlich in den Reisewerken der Prinzen Maximilian zu Wied, Bernhard von Sachsen-Weimar und Paul von Württemberg. Zu diesen Mitteilungen kommen die Werke: A. Williams: „The Harmony Society of Economy", Pittsburg 1866 und J. A. Bole: „The Harmony Society", Philadelphia 1904. — Die Geschichte der Gemeinde Zoar fand in Georg B. Landis ihren Darsteller, dessen Untersuchungen: „The Separatists of Zoar" dem „Annual Report of the American Historical Association 1898" einverleibt wurden. Zur Ergänzung derselben dürften das 1856 in Zoar gedruckte Werk: „Die wahre Separation, oder die Wiedergeburt, dargestellt in geistlichen und erbaulichen Versammlungsreden und Betrachtungen, gehalten in der Gemeinde in Zoar im Jahre 1832" und E. O. Randall: „History of the Zoar society", Columbus, Ohio

1900 dienen. — Die deutschen Kommunistengemeinden in Iowa beschrieb Eiboeck in seiner „Geschichte der Deutschen von Iowa"; ferner Karl Knortz in dem Heftchen „Die wahre Inspirationsgemeinde in Iowa", Leipzig 1896.

Staatenpläne: Über die Pläne zur Gründung deutscher Staaten im Westen der Union orientieren die Schriften „Festausgabe zum 50jährigen Jubiläum der deutschen Kolonie Friedrichsburg", Fredericksburg, Texas, 1896. — „Kritik der Geschichte des Vereins zum Schutz der deutschen Auswandrer nach Texas", Austin 1894. — J. Meusebach: „Answer to Interrogatories in case No. 396", Austin 1894. — Penniger: „Geschichte des Mainzer Adelsvereins". — Die Geschichte der deutschen Ansiedlungsgesellschaft von Philadelphia wurde von Gustav Körner in: „Das deutsche Element in den Vereinigten Staaten 1818—1848" besprochen.

Die politischen Flüchtlinge der deutschen Revolutionszeit. Eine Geschichte der „Achtundvierziger" in den Vereinigten Staaten ist leider noch nicht geschrieben worden. Wertvolles Material zu einer solchen lieferte aber Gustav Körner in dem Buch: „Das deutsche Element in den Vereinigten Staaten 1818—1848", Cincinnati 1879. — Auch Jakob Müllers: „Erinnerungen eines Achtundvierzigers", Cleveland, O., 1896; Philipp Wagners: „Ein Achtundvierziger", Brooklyn 1882; H. A. Rattermanns: „Gustav Körner", Cincinnati 1902, sind reich an verwertbarem Material. Dasselbe gilt von F. Kapps: „Aus und über Amerika", Berlin 1876, und Brunckens: „German Political refugees in the United States during the period from 1815 bis 1860", Chicago 1904. — Endlich verdient noch erwähnt zu werden: C. Hexamer: „A study of the causes of the great wave of German immigration of 1848 to 1852 and its results on German American poetry".

Der Anteil der Deutschamerikaner an den Kriegen der Vereinigten Staaten im 19. Jahrhundert. — Hier sind wir vor allem auf die offiziellen Armeeberichte angewiesen. Über die heldenmütige Verteidigung des Forts McHenry im Kriege 1812—1814 berichten ferner die Lokalgeschichten der Stadt Baltimore. Desgleichen B. J. Lossings: „Pictorial field book of the war of 1812", New York 1868. — Ein Lebensabriß des Generals Johann A. Quitman, eines der Helden des Mexikanischen Krieges, findet sich im „Deutschen Pionier" des Jahres 1874. Ferner sind über denselben in folgenden Werken Notizen enthalten: Ch. Peterson: „The military heroes of the war with Mexico", Philadelphia 1858. — G. W. Kendall: „The war between the United States and Mexico", New York 1851. — J. B. Thorpe: „Our army at Monterey", Philadelphia 1847. — C. v. Grone: „Briefe über Nordamerika und Mexico und den zwischen beiden geführten Krieg", Braunschweig 1850. — „Battles of Mexico, containing an authentic account of all battles fought in that republic, until the capture of Mexico, with a list of the killed and wounded", New York 1847. — Über die Taten deutschamerikanischer Heerführer und Truppen während des Bürgerkrieges enthält J. G. Rosengartens: „The German Soldier in the

Wars of the United States", Philadelphia 1890, zahlreiche, leider wenig geordnete Mitteilungen. — Eine gleichfalls nur einzelne Episoden des Bürgerkrieges berücksichtigende Schrift ist W m. V o e k e's: „Der deutsche Soldat im amerikanischen Bürgerkriege", Chicago 1895, englisch 1899. — Über die Unruhen in Missouri berichten: D. H e r t l e: „Die Deutschen in Nordamerika und der Freiheitskampf in Missouri", Chicago 1865. — A. K r ü e r: „Der Aufstand in Missouri 1862". — Biographien der Generäle von Steinwehr, Moor, Osterhaus, Sigel, Stahel, Schurz, Weber, Weitzel, Wangelin, Bohlen, Schimmelpfennig u. a. finden sich in verschiedenen Jahrgängen des „Deutschen Pionier", der „Deutschamerikanischen Geschichtsblätter" und des von R ü t e n i k geschriebenen Buches „Berühmte deutsche Vorkämpfer für Fortschritt, Freiheit und Friede in Nord-Amerika", Cleveland, O., 1888. — Generalmajor F r a n z S i g e l veröffentlichte in dem von ihm während der neunziger Jahre herausgegebenen „New York Monthly" Denkwürdigkeiten, die später auch in Buchform erschienen. Das wichtigste Quellenwerk für die Lebensgeschichte von K a r l S c h u r z sind natürlich seine „Reminiscences of a long life", welche zuerst im Jahre 1906 in dem in New York erscheinenden „McClures Magazine", später auch in Buchform herausgegeben wurden. Eine deutsche Ausgabe erschien in Berlin. — Von hohem Wert für die Geschichte der Deutschamerikaner im Bürgerkrieg sind auch folgende Regimentsgeschichten: G. S t r u v e: „Das 8. Regiment New Yorker Freiwilliger und Prinz Felix Salm-Salm", Washington 1862. — C. G r e b n e r: „Die Neuner. Eine Schilderung der Kriegsjahre des 9. Regiments Ohio Vol. Infanterie", Cincinnati 1897. — Ferner die nachstehenden, von Teilnehmern am Kriege verfaßten Bücher: F r. A n n e c k e: „Der zweite Freiheitskampf", Frankfurt a. M. 1861. — O t t o H e u s i n g e r: „Amerikanische Kriegsbilder. Aufzeichnungen aus den Jahren 1861—1865", Leipzig 1869. — B. D o m s c h k e: „Zwanzig Monate in Kriegsgefangenschaft", Milwaukee 1865. — J. S c h e i b e r t: „Sieben Monate in den Rebellenstaaten", Stettin 1868. — F. M a n g o l d: „Der Feldzug in Nord-Virginien im August 1862", Hannover 1881. — R. A s c h m a n n: „Drei Jahre in der Potomac-Armee oder eine Schweizer Schützen-Kompagnie im nordamerikanischen Kriege", Richterswei 1865. — A. C o n r a d: „Schatten und Lichtblicke aus dem amerikanischen Leben während des Secessions-Krieges", Hannover 1879. — Über die vielbesprochene Schlacht bei Chancellorsville besitzen wir außer den Darstellungen, die S c h u r z in seinen „Reminiscences" lieferte, die äußerst wertvolle Untersuchung des Oberstleutnant A. C h. H a m l i n, Historikers des 11. Armeekorps: „The Battle of Chancellorsville", Bangor, Maine, 1896. — Über dieselbe Schlacht schreibt auch H. A. R a t t e r m a n n im „Deutschen Pionier" in einer Biographie des Generals von Steinwehr. — Dem ehemaligen preußischen Reiterführer H e r o s v o n B o r c k e, der seinen Degen der konföderierten Regierung angeboten hatte, verdankt man das wertvolle Buch: „Zwei Jahre im Sattel und am Feinde". Es gibt ein überaus anschauliches Bild von dem Leben und Treiben im südstaatlichen Heere. — Über die schwierige Lage Memmingers, des Schatzministers der südstaatlichen Regierung, unterrichtet das von H. C a p e r s geschriebene Buch: „Life and Times of Memminger", Richmond 1893.. — Den Anteil des Admirals W. S. Schley an der Seeschlacht bei Santiago würdigt M. W i l c o x in seiner „Short history of the war with Spain", New York 1898. — Derselbe ist ferner im „Century Magazine" des gleichen Jahres geschildert.

Der Einfluß der Deutschamerikaner auf die physische Entwicklung der amerikanischen Bevölkerung. Für die Geschichte der deutschen Turnerei sind H. M e t z n e r s: „Geschichte des Nordamerikanischen Turnerbundes 1850—1873" und „Jahrbücher der Deutsch-Amerikanischen Turnerei", New York 1891—1894, von bleibendem Wert. — Außerdem enthalten die schier zahllosen Festschriften, welche bei Jubiläen und Bundesturnfesten erschienen, eine Fülle lokalgeschichtlicher Angaben. — Aufsätze über die turnerische Tätigkeit der deutschen Professoren Karl Beck, Karl Follen und Franz Lieber finden sich im 2. Heft der „American Physical Education Review" und im „Circular 5 des National Education Bureau in Washington D. C.". — Wichtige Angaben sind ferner in folgenden Schriften enthalten: E. M. H a r t w e l l: „Physical Training", Boston 1897. — Bureau of Education: „Physical Training in American Colleges", Washington 1883.

Der Einfluß des deutschen Erziehungswesens auf die Lehranstalten der Vereinigten Staaten. Von den zahlreichen Werken über diesen Gegenstand seien genannt: R. B o o n e: „Education in the United States", New York 1890. — N. M. B u t l e r: „Education in the United States". — H. S c h ö n f e l d: „Quellen zur Geschichte der Erziehung in den Vereinigten Staaten", Pädagogisches Archiv, 38. Jahrgang, Heft 9. — R. D u l o n: „Aus Amerika über Schule, deutsche Schule, amerikanische Schule und deutsch-amerikanische Schule", Leipzig und Heidelberg 1866. — L. V i e r e c k: „German instruction in American schools", Chapt. XIV of the Report of the Commissioner of Education for 1900—1901. Washington 1902. — H. S c h u r i c h t: „Geschichte der deutschen Schulbestrebungen in Amerika", Leipzig 1884. — H. A. R a t t e r m a n n: „Die deutsche Sprache in der amerikanischen Schule", „Deutscher Pionier", 13. Jahrgang, Heft 5. — K. F r a n c k e: „Deutsche Cultur in den Ver. Staaten und das Germanische Museum der Harvard Universität", in „Deutsche Rundschau" 1902. — Über die amerikanischen Kindergärten berichtete Dr. B a r n a r d während der Jahre 1856 bis 1858 in seinem „American Journal of Education". — K a t e W i g g i n s verfaßte das Buch: „The Republic of Childhood". — F e l i x A d l e r: „The moral Instruction of Children". — E. A. E. S h i r e e f f: „Moral training". — F r i e d r i c h F r ö b e l: „The education of Man".

Der Anteil der Deutschen an der Entwicklung der amerikanischen Industrie. Die meisten in jenem Abschnitt enthaltenen Angaben gründen sich auf persönlich eingezogene Erkundigungen. An Quellenwerken seien außerdem genannt: J. L. B i s h o p: „History of American Manufactures, from 1608—1860", Philadelphia 1864. — T h. L e m k e: „Geschichte des Deutschtums von New York von 1848 bis 1892", New York. — R ü t e n i k : „Berühmte deutsche Vorkämpfer in Nord-Amerika", Cleveland 1888. — G. K ö r n e r : „Das deutsche Element in den Vereinigten Staaten von Nord-Amerika 1818 bis 1848", Cincinnati 1880.

Der Anteil der Deutschen an der Entwicklung des amerikanischen Verkehrswesens. Für die Geschichte des „Norddeutschen Lloyd" in Amerika ist folgendes Schriftchen von Interesse: „Caspar Meier and his Successors", printed for private circulation, New York 1890. — Ferner E. v. H a l l e : „Amerika, seine Bedeutung für die Weltwirtschaft", Hamburg 1905. — Über Hassler berichtete der „Deutsche Pionier".

Deutschamerikanische Techniker und Ingenieure. Geschichtliches Material über dieselben findet sich hauptsächlich in den fachwissenschaftlichen Zeitschriften des 19. Jahrhunderts. — Über Adolf Sutro schrieb C h a r l e s I n g o m a r im Jahrgang 1879 des „Deutschen Pionier". Ferner C h. H. S h i n e in: "The story of the mine", New York 1897. — Mitteilungen über Albert Fink enthalten die „Transactions of the American Society of Civil Engineers", ferner die Zeitschriften „Bridges", 1899 und „Stahl und Eisen", Düsseldorf 1899. — Der Lebenslauf Henry Flads ist ebenfalls im Jahrgang 1899 der „Transactions of the American Society of Civil Engineers" geschildert. — Über Johann August Roebling sind außer in den bereits genannten Fachschriften Aufsätze im „Deutschen Pionier" und in biographischen Nachschlagewerken zu finden. Seine reichen Erfahrungen im Brückenbau überlieferte Roebling der Nachwelt in einem äußerst gediegenen Werke: „Long and Short Span Bridges". Es erschien im Jahre 1869 in New York, bald nach dem Tode seines Urhebers.

Die deutsche Presse in den Vereinigten Staaten. Über das deutschamerikanische Zeitungswesen schrieb U. B r a c h v o g e l einen Beitrag für das Sammelwerk A. T e n n e r s : „Amerika, der heutige Standpunkt seiner Kultur", Berlin und New York 1886. — Angaben über Zahl und Charakter der einzelnen deutschamerikanischen Zeitungen sind in den von A y e r & S o n herausgegebenen „American Newspaper Annals" zu finden.

Deutsche Gelehrte. Das Quellenmaterial über die deutschamerikanischen Gelehrten ist nicht nur dürftig, sondern auch sehr verstreut. Über diejenigen der ersten Hälfte des 19. Jahrhunderts finden sich einzelne Nachrichten im „Deutschen Pionier". R a t t e r m a n n schrieb für denselben eine Biographie des Botanikers G. Engelmann. A. S i e m e r i n g lieferte eine ähnliche über Lindheimer. — Nachrichten über Agassiz sind in verschiedenen biographischen Lexika enthalten. Dem Andenken des Grafen Pourtales widmete A l e x a n d e r A g a s s i z das Buch: „Biographical Sketch of Louis François de Pourtales". — Frau E. C. F o l l e n veranstaltete nicht nur eine Sammlung von Werken ihres Gatten, sondern verfaßte auch dessen Lebensgeschichte, die unter dem Titel: „Life of Charles Follen" 1846 in Boston erschien. — Mit dem Wirken Franz Liebers beschäftigen sich die Schriften: F. W. H o l l s : „Franz Lieber, sein Leben und seine Werke", No. 9 der vom „Deutschen gesellig-wissenschaftlichen Verein zu New York" herausgegebenen Vorträge, 1884. — L. R. Harley: „Sketch of Francis Lieber", „Popular Science Monthly". — F. von Holtzendorff: „Franz Lieber, aus den Denkwürdigkeiten eines Deutsch-Amerikaners", Berlin und Stuttgart 1885. — M. R. Thayer: „Life, Character and Francis Lieber. A discourse delivered before the Historical Society of Pennsylvania", Philadelphia 1873.

Die deutschamerikanische Dichtung im 19. und 20. Jahrhundert. Sammlungen deutschamerikanischer Dichtungen existieren mehrere. Die erste veranstaltete Conrad Marxhausen in Detroit bereits im Jahre 1856 unter dem Titel: „Deutsch-amerikanischer Dichterwald". Ihr folgten im Jahre 1859 das in Philadelphia gedruckte „Schiller Album" und die 1870 und 1871 in New York verlegten „Heimatsgrüße aus Amerika" und „Dornrosen". — Den ersten Versuch zu einer chronologisch geordneten Übersicht unternahm G. A. Zimmermann in der vom „Germania Männerchor" zu Chicago herausgegebenen Sammlung: „Deutsch in Amerika", Chicago 1892. In derselben sind über 160 deutschamerikanische Dichter des 17., 18. und 19. Jahrhunderts vertreten, viele mit mehreren Beiträgen. Eine im Jahre 1905 von Gotthold A. Neeff veranstaltete Sammlung: „Vom Lande des Sternenbanners" fügt den in den älteren Sammlungen vertretenen Dichtern die Namen vieler neueren hinzu.

Deutsches Lied und deutscher Sang in Amerika. Das Material zur Geschichte der deutschamerikanischen Gesangvereine und Sängerbünde liegt in zahllosen Festschriften verborgen, die gelegentlich der von solchen Vereinen und Bünden gefeierten Jubiläen und Sängerfeste das Licht der Welt erblickten. Manche dieser Festschriften sind von großem Wert. Die Geschichte des „Ersten deutschen Sängerbundes von Nordamerika" schrieb H. A. Rattermann für den „Deutschen Pionier". Der verdienstvolle J. F. Sachse machte das Musikleben des Klosters Ephrata zum Gegenstand eingehender Forschungen. Ihm verdanken wir die Abhandlung: „The music of the Ephrata Cloister and Conrad Beissels treatise on Music", in den „Proceedings of the Pennsylvania German Society", vol. 12. — Über die Musik der Herrnhuter oder Mährischen Brüder belehren die Sammlungen: „Moravian Tune Book", collected by Ch. T. La Trobe, London 1867, sowie die „Official Tune Books and Hymn Tunes", die in Gnadau und Bethlehem gedruckt wurden. Die Namen mancher deutschamerikanischer Komponisten vom Ende des 18. und Anfang des 19. Jahrhunderts sowie Titel ihrer Werke sind in O. G. Sonnecks: „Bibliography of early secular American Music", Washington 1905, genannt. Als Quellenwerke zur Geschichte der neueren deutschen Musik in Amerika können folgende Bücher gelten: L. F. Ritter: „Music in America", New York 1900. — W. L. B. Matthews: „Hundred years of Music in America", Chicago 1889. — J. C. Griggs: „Studien über die Musik in Amerika", Leipzig 1894. — „Die Musik", Berlin und Leipzig, IV. Jahrgang, 1904/05. — H. E. Krehbil: „The Philharmonic Society of New York", New York 1892. — Manche dieser Werke enthalten auch Material zur Geschichte des deutschen Theaters und der deutschen Oper. Über letztere besitzen wir ferner: H. C. L a h e e: „Grand Opera in America", Boston 1902, sowie H. E. K r e h b i l s: „Chapters of Opera", New York 1908.

Deutschamerikanische Künstler, Bildhauer und Architekten. Ein Versuch, die Tätigkeit der in den Vereinigten Staaten ansässig gewordenen oder geborenen Künstler deutscher Abstammung zu schildern, wurde bisher nie unternommen. Der Forscher ist auf dürftige, in allerhand Magazinen verstreute Angaben angewiesen. Kurze Biographien Emanuel Leutzes, Weimers und Albert Bierstadts brachten der „Deutsche Pionier" und H. T u c k e r m a n n's: „Book of the Artist", New York 1867. Über Weimer ist außerdem ein von W i l l i a m R. H o d g e s verfaßter Aufsatz im 2. Band der „American Art Review" zu finden. Dieser Aufsatz wurde im Jahre 1908 durch C h a r l e s R e y - m e r s h o f f e r in Galveston, Texas, in Buchform und mit zahlreichen Anmerkungen und mehreren Illustrationen versehen, herausgegeben. Die „American Art Review" bringt in den Nummern 13 und 14 des Jahrgangs 1880 einen Aufsatz von M c L a u g h l i n über mehrere Cincinnatier Künstler der Münchener Schule. — Die in München erscheinende „Kunst unserer Zeit" würdigte das Schaffen des in Milwaukee geborenen Karl Marr. Über den Maler Peter Rothermel finden sich Angaben im Jahrgang 1904 des „Pennsylvania German". — Über die Erbauer der Kongreßbibliothek zu Washington berichten: „Die deutsche Bauzeitung", XXXII. Jahrgang, Berlin 1898. — „Architecture and Building", vol. XXVI 1897, New York and Chicago. — H. S m a l l: „Handbook of the New Library of Congress in Washington", Boston 1897.

Ehrendenkmäler des Deutschamerikanertums. Das Material für die Geschichte der in den Vereinigten Staaten bestehenden „Deutschen Gesellschaften zum Schutz der Einwandrer" ist in den Jahresberichten derselben enthalten. Sehr eingehend behandelte O s w a l d S e i d e n s t i c k e r die Geschichte der „Deutschen Gesellschaft von Pennsylvanien" in einer 1876 in Philadelphia erschienenen Festschrift. Eine ähnliche umfassende Arbeit über die „Deutsche Gesellschaft der Stadt New York" lieferte A n t o n E i c k h o f f als Anhang zu seinem Buch: „In der neuen Heimat", New York 1884. — Eine Geschichte der „Deutschen Gesellschaft von New Orleans" hat den Professor H a n n o D e i l e r zum Verfasser.

Der Deutschamerikanische Nationalbund. Der Ursprung und die Entwicklung des Deutschamerikanischen Nationalbundes wurden nach persönlichen Aufzeichnungen des Verfassers und den vom Bunde herausgegebenen Jahresberichten dargestellt.

* * *

Außer den genannten Quellen wurden unzählige, in den verschiedensten Tages- und Monatsschriften enthaltene Aufsätze und Nachrichten sowie persönlich eingezogene Auskünfte benutzt.

Register.

Adler, Felix 361.
— Georg 367, 456.
von Adlerberg 517.
Agassiz, Alexander 449.
— Ludwig Johann Rudolf 448.
Ahrens, F. X. 515.
Albany Chemical Works 408.
d'Albert, Eugen 513.
Albrecht, Heinrich 141.
— Jacob 149.
— Karl 402.
Altgeld, Johann 336.
Althaus 459.
Alvary (Achenbach), Max 524.
Amberg, Gustav 518.
Amman, Jacob 75.
Ammen 314.
Anheuser, Eberhard 393.
Anschütz, Georg 259, 382.
— Karl 523.
Arendt, Baron 188.
Arens, Franz Xaver 512.
Arensburg, Karl Friedrich von 112.
Arets, Lenert 52.
Armstadt, Georg 309.
— Johann 309.
Armbrüster, Anton 143.
Arnold, Richard 513.
— (Fabrikant) 406.
— (Violinist) 550.
Asmus, Georg 489.
Astor, Johann Jakob 274, 382, 583, 584.
aus der Ohe, Adele 513.
Ax, Christian 399.

de la Badie 70.
von Bähr, Hermann 449, 564.

Bär, Georg 336.
Baer, George F. 409.
— Jakob 458.
— Wilhelm 456.
— W. J. 546.
Baerer, Henry 560.
Baldwin, J. E. 377.
Ballinger, Richard Achilles 337.
Bandelier, Adolf Franz 450.
Bandmann, Daniel 518.
Baraga, Friedrich 450.
Barkany, Marie 519.
Barnay, Ludwig 519, 520.
Barsescu, Agathe 520.
Barthold, Richard 336.
Bassemüller, Detmar 383.
Battle & Renwick 408.
Bauer, Louis Agricola 456.
Baum, Martin 258, 382.
Baumfeld, M. 521.
Baur, Theodor 567.
Beaver, John A. 336.
Bechtle, Heinrich 258.
Beck, Johann A. 515.
— Dr. Karl 312, 350, 357, 456.
Becker, Georg Ferdinand 449.
— H. K. 456.
— Samuel 458.
Bedinger, Heinrich u. Georg Michel 186.
van der Beek, Paulus 42.
Beerwald, Heinrich 515.
Behrend, Bernhard A. 440.
Behrens, Konrad 525.
Behrle, Friedrich 221.
Beissel, Konrad 76, 145, 514.
Belmont, August 410.
Benignus, Wilhelm 496.

Benner, Phillipp 383.
Berchelmann, Adolf 268.
Berendt, Karl Hermann 450.
Bergmann, Karl 506, 507, 513, 523.
Beringer 377.
Berkenmeyer, Wilhelm Christoph 147.
Berland 447.
Berliner, Emil 440.
Bernhardt 525.
Berolzheimer, Heinrich 408.
Bertsch, Hugo 465.
Bessels, Emil 449.
Best, Jakob 394.
— Philipp 394.
Bettmann, Bernhard 497.
Beutenmüller, William 449.
Beyer, Georg Eugen 449.
Bien, Julius 409.
Bielfeld, Heinrich A. 486.
Bieringer 380.
Bierstadt, Albert 533, 538.
Bigler, William 336.
Bischoff 525.
Bitter, Karl 561.
Blättermann, Georg 456.
Blair 215.
Blass, Robert 526.
Bleickers, Johann 52.
Blenker, Ludwig 313, 314, 322.
von Blessing, Louis 314.
Bloomfield-Zeisler, Fanny 513.
Blum, Robert F. 542.
Blumenschein 552.
Boas, Emil L. 417.
— Franz 451.
Böhm, Anton 143.
Börnstein, Heinrich 497.

Böttcher, Dorothea 465, 494.
Bohlen, Heinrich 310, 314, 325.
Bolander 447.
Bolaus, Daniel 221.
Bolza, Oskar 456.
Bolzius, Johann Martin 83.
Bonn, Ferdinand 520.
Bonzano, Adolf 429.
von Borcke, Heros 326.
Bouquet, Heinrich 161, 164.
Brachvogel, Udo 465, 477.
Brandeis, Friedrich 515.
Brandt, H. G. 456.
— Karl L. 546.
— Marianne 523, 524.
Bredt, F., & Co. 408.
Brehm 150.
Brema, Marje 525.
Brentano, Lorenz 336, 441.
Brill, G. Martin 385.
Brouck, Johann 336.
Bruch, Max 513.
Bruck, Julius 497.
Brühl, Gustav 450, 463, 481, 497.
Brumken, Ernst 463.
Buberl, Caspar 560.
Buchwalter, Johann 383.
von Bülow, Hans 513.
Büttner 90.
Bundschu, Jakob 377.
Bunsen, Georg 268.
— Gustav 267.
Burgeß, John W. 361.
Burgstaller, Alois 526.
Burkhardt, Hermann 376.
Burrian, Karl 526.
Busch, Adolphus 393.
Buschbeck, Adolf 314, 320.
Butz, Kaspar 472, 479, 496.

Candidus, Wilhelm 525.
Capelle, Robert 417.
Cassel, Daniel 463.
Castelhun, Friedrich 496.
Chadwick, George W. 515, 516.
Christians, Rudolf 520.
Christiansen, Hendrik 11.
Claasen, Arthur 515.
Clas, Alfred C. 576.
Clemens, Robert 462.

von Closen-Haydenburg, Ludwig 243.
Cohnheim, Max 497.
Collitz, Hermann 456.
Columbus, Christoph 3.
Conrad, Friedrich 336.
— Timothäus 449.
Conried, Heinrich 518, 520.
Cotrelly, Matilde 518.
Craemer, Wilhelm 144, 356.
Crellius, Joseph 143.
Creutzfeld 447.
Cromberger, Johann 41.
Cronau, Rudolf 463, 464, 466, 546, 551.
Custer (Küster), George A. 328.
von Custine, Adam Philipp, Graf 242.

Dänzer, Karl 441.
Damrosch, Frank H. 512.
— Leopold 507, 523.
— Walter 507, 508, 525.
Dapprich, Emil 367.
Davison, Bogumil 518.
Decker & Sohn 405.
Deckhardt 141.
Deiler, J. Hanno 456, 463.
Delemos & Cordes 577.
Delitzsch, Friedrich 367.
Dengler, Franz Xaver 560.
Denman, Mathias 256.
Deppe 447.
Deuster, Peter V. 336.
Deutzer Gasmotorenfabrik 410.
Dicks, Peter 140.
Didier March Co. 410.
Dieckhoff 595.
Dieffenbach, Otto 407.
Dielmann, Friedrich 546.
Dierkens, Annie 520.
Diete, Peter 154.
Dietzsch, Emil 470.
Diffenderfer 458, 463.
Dilg, William 479.
Dilger, Hubert 320.
Dilthey, Karl 464.
Dimmew, Jakob 154.
van Dinklage, Dr. Lubbertus 42.

Dippel, Andreas 525, 528.
Dock, Christoph 150, 355.
Dohme, Louis und Karl 840.
Dolge, Alfred 405.
Dorner, Hermann 367.
Dorsch, Eduard 479.
Dossert, E. G. 515.
Douai, Adolf 367, 464.
Drescher, Martin 496.
Dresel, Friedrich Otto 464.
— Julius 377.
Drexel, Franz Martin 410.
Dreyfuß 377.
Dubbs, Martin 383.
Duden, Gottfried 265.
Dulon, Rudolf 367.
Dyck, Ernest 525.

Ebbing, Hieronimus 42.
Eberhardt, Max 496.
Eberle 458.
Eckert, Thomas T. 422.
Ege, Georg 140, 382.
— Michael 382.
Engel, Paul 181.
Engelmann, Adolf 314, 325.
— Friedrich 267.
— Georg 447.
— Peter 368.
Engels, Georg 520.
Ehninger, John 546.
von Ehrenberg, Hermann 282.
Ellmenreich, Franziska 518.
von Ellsner, Marie 529.
Ellwanger, Georg 375, 583.
Eiboeck, Joseph 463.
Eichberg, J. 515.
Eichholz, Jakob 530.
Eickemeyer 440.
Eickhoff, Anton 336, 463.
Eidlitz, Otto 577.
Eigenmann, Karl H. 449.
Eilers, Anton F. 425.
Eisfeld, Theodor 506.
Eppelheimer 420.
Ernst, August Friedrich 456.
— Friedrich H. 497.
von Esebeck, Eberhard 242.
Ettwein, Johann 94.
Ewers, John 546.

Faber, Eberhard 408.
Fabricius, Jakob 42.
Fabris, Amande 525.
Faesch, Johann Jakob 141, 382.
Fahnestock, Samuel 382.
Falkner, Justus 588.
Faust, Albert 456.
— Anton 593.
Federmann, Nikolaus 9.
Fellbaum, Georg 220.
Fendler 447.
Fern, Edna (Fernande Richter) 465, 487.
Fernow, Bernhard E. 379.
von Fersen, Axel, Graf 242.
Fetterman 328.
Fick, Heinrich 367, 479, 494.
Fiedler 513.
von Fielitz, Alexander 515.
Fink, Albert 420, 425.
Fischer (Gärtner) 380.
— Emil 524, 526.
— Richard P. 379.
Flad, Heinrich 426.
Fleischer-Edel, Katharina 526.
Fleming, A. B. 336.
Foerderer, Robert H. 336, 400.
Förster, Adolf 515.
Follen, Karl 311, 350, 357, 456.
Formes, Wilhelm 523, 525.
Francke, Kuno 359, 456, 475.
Franke, Gotthilf August 147.
Frankenberg, Karoline Louise 364.
Frankenstein, Gottfried 538.
Franklin, Benjamin 355.
Franser 447.
Frick, Henry C. 383.
Friederang, Max A. 546.
Friedländer, Julius Reinhold 459.
Friedrich 447.
Fritzsche, Gebr. 408.
Fröhlich 377.
Fuchs, Emil 546.
Füchsel, Hermann 538.
Fulda, Ludwig 367.
Fullenweider, Peter 220.
Funk, Wilhelm 546.

Gadsky, Johanna 501, 525.
Gail, G. W. 399.

Gatschet, Albert S. 451.
Gay, Walter 559.
Geib, Adam 142.
Geiger, Emilie 192.
Geißenhainer 382.
Geistinger, Marie 519.
Genee, Ottilie 521.
Gerber, Adolf 456.
Gericke, Wilhelm 507, 510, 511.
Gerke, Johann 546.
Gerstäcker, Friedrich 466.
Gerster, Etelka 501.
Geyer 447.
Gibson, Lauretta 583.
Giegold, Georg 479.
Giers, Gertrude 519.
Gillon, Alexander 190.
von Gilsea 310.
Gindele 423.
Gist (Geist), Christoph 154.
Gmelin 423.
Göbel, Gert 464.
— Julius 456, 463.
Görlitz 528.
Goldbeck, R. 515.
Goritz, Otto 525.
Gottschalk, Louis 515.
op den Graeff, Abraham und Dirk 52.
von Graffenried, Christoph 101.
Grahamer, Joseph 479.
Gram, Hans 514.
Graupner, Gottlieb 506, 514.
Graves, Henry S. 379.
Greider, Margarethe 193.
Greß 595.
Grill, Friedrich 494.
Grözinger, G. 377.
Groll, Albert 546.
Gronau, Israel Christian 83.
Groß, Samuel 458.
Großmann, Maximilian 367.
Grubb, Peter 140, 382.
Grund, Franz Joseph 357, 456.
Gudehus 524.
Günther, Richard 336.
Guggenheim, Benjamin 386.
Gundlach, Jakob 377.
Gutherz, Karl 546.
Gutwasser, Johann Ernst 42.

de Haas, Karl 479.
Haase, Friedrich 518.
Habelmann, Theodor 523, 525.
Haberland, Paul 407.
Hadley, Arthur 361.
Häger, Johann Heinrich 101.
Hagner 314.
Hagen, A. 449.
— Peter Albrecht 514.
Hahn, Michael 336.
Haidt, Johann Valentin 530.
Haldeman, Samuel 447.
— W. 382.
Hamann, Eduard 517.
Hamburg-Amerikanische Paketfahrt-Aktiengesellschaft 412.
von Hammer 459.
Hammer, Johann 383.
Hammerstein, Oskar 528.
Hardenbergh, Henry J. 577.
Hartmann, Johann Adam 221.
Hartranft 463.
— Johann Friedrich 314, 336.
Harttafel 142.
Hartweg 447.
Hartwich, Hermann 559.
Hasenclever, Peter 140.
Hassaurek, Friedrich 441, 464.
Hassendeubel, Franz 314, 325.
Hassler, Ferdinand Rudolf 419.
— Simon 515.
Hastreiter, Helene 525, 529.
Hauck, Minnie 526, 529.
Haupt, Hermann 424.
Hausegger, Nikolaus 188.
Hauser, Karl 496.
Havemeyer, Familie 386.
— H. O. 583.
Hazelius, Ernst Ludwig 455.
Heber, Carl 564.
Hecker, Friedrich 314, 320, 351.
Heckewelder, Johann 94, 450.
von Heer, Bartholomäus 190.
Heermann, Hugo 513.
Hehl, Elise 518.
Heidelbach 410.
Heimbach, David 382.
Heinemann 409.

Heinrich von Preußen, Prinz 599.
Heinz, Heinrich J. 394.
Heinze, F. Augustus 385.
— Karl 441.
Heinzelmann, Samuel Peter 310, 314.
Heinzen, Karl 305, 444, 464, 497.
Heis, Marie 191.
Heister, Familie 189.
— Gabriel 382.
— (Hiester), Joseph 336.
Heitzmann 460.
Helfenstein, Ernst (Architekt) 576.
— (Pastor) 183.
Helfrich, Samuel 382.
Heller, Otto 456.
— & Merz 408.
Helm, Leonhardt 190.
Helmuth 144, 185.
Hempstead, O. G., & Sohn 416.
Hench, Georg 456.
Henningsen, Carl Friedrich 326.
Henrici, Ernst 496.
Henschel, Georg 507, 510, 511.
Hense, Wilhelm 463.
Hensen, Johannes 475.
Hercheimer, Johann Jost 159.
— Nikolas 182, 196.
Hereus, W. C. 408.
Herf & Frerichs 408.
von Herff 459.
Hering, Konstantin 459.
Hermann, August 147.
— Familie 52.
— Georg 497.
— (Theaterdirektor) 518.
Herreshof, Karl Friedrich 419.
Herrman, Augustin 42, 446.
Hertel, Gebr. 577.
— Martin 154.
Hertz, Alfred 525.
Hesse, Georg 560.
Hexamer, Dr. Charles John 609.
Heyden Chemical Works 408.
Heyder 447.

Hildebrandt, Alfred Walter 487.
Hilgard (Botaniker) 447.
— Eugen Waldemar 449.
— Theodor 267.
Hill, U. C. 506.
Hillegas, Michael 195.
— Peter 181.
Hillgärtner, Georg 441.
Hilprecht, Hermann V. 451.
Hilyard 377.
Hinrichs, Gustav 525.
Hirsch 406.
Höpf 447.
Hötzsch, Otto 367.
Hoffacker, Bertrand 496.
Hoffmann, Franz 336.
— Julius 475, 477.
— R. 515.
— William S. 451.
Hoffmannsegg 447.
Hofmann, Joseph 513.
Hofpaur, Max 520.
Hohlfeld, A. R. 456.
Holland 143.
von Holleben 598.
Hollenbach 218.
Hollender, Peter 22.
von Holst, Hermann Eduard 455.
Holt, Alfred 417.
Holtzklau, Johann 102.
Horkel 447.
Horn, Georg H. 449.
Hornbostel 575.
von Hoym, Otto 517.
Hubel, Henni 473.
Huber, Johann 139.
Hudson River Aniline & Color Works 408.
Hulse, Gotthold 187.
Humrickhausen 458.
Hundt, Ferdinand 477.
Husman, Georg 376, 377.
Huß, Hermann 488.
von Hutten, Philipp 9.
Huygen, Johann 42.

Ikelheimer & Co. 410.
International Ultramarine Co. 408.
Irschick, Magda 518.

Jacobi, Abraham 459, 460.
Jacoby, Josephine 526.
Jäger, Georg 254.
Jägers, Albert 564, 568.
von Jagemann, Karl Günther 456.
Jakobs, Benjamin 383.
Janauscheck, Fanny 519.
von Januschowsky, Georgine 519.
Juch, Emma 525, 526.
Jüngling 409.
Jungmann, Johann Georg 94.
Junkermann 519.
Joseffy, Rafael 513.

Kainz, Joseph 519.
Kaiser, Ephraim 560.
von Kalb, Johann 222.
Kalteisen, Michael 189.
Kalle & Co 410.
Kapp, Friedrich 463.
Kappes, Alfred 546.
Karsten 407, 456.
Karthaus, Peter 382.
Kaufmann, Theodor 541.
Kautz, August V. 314, 324.
Kayser, Julius 402.
Keller, Mathias (Komponist) 515.
— (Maler) 549.
Kelley, Edgar Stillman 515, 516.
Kellner, Gottfried T. 441, 600.
Kelpius, Johann 71, 145.
Kemp, W. H. 458.
Keppler, Joseph 337, 552.
Keurlis, Peter 52.
Kichlein 189.
Kiefer 459.
Kierstede, Hans 42.
Killing, Adolf 515.
Kirchhoff, Theodor 464, 493, 497.
Klauprecht, Emil 463.
Klaus (Clous), Johann Walter 329.
Klein, Bruno Oscar (Komponist) 515.
— (Orgelbauer) 142.
Klepper, Max F. 551.
Klipstein, A., & Co. 408.

Klomann, Andreas u. Anton 383.
Klotsch 447.
Knaak, Wilhelm 519.
Knabe, Wilhelm 402.
Knapp, Hermann 459.
Knauth, Nachod & Kühne 210, 419.
Kneisel, Franz 513.
Kniep, Karl 492.
Knobelsdorff 314.
Knortz, Karl 464.
Knote, Heinrich 526.
Kobusch, J. H. 385.
Koch, H. C. 576.
Kocherthal, Josua von 99.
Köhler 377.
Körner, Gustav 267, 336, 463.
Kogel, Gustav 513.
Koltes, Johann A. 314, 325.
Konti, Isidor 563.
Koppel, Arthur 410.
Krämer, Heinrich 367.
Krakowitzer, Ernst 459.
Kramer 447.
Kranich & Bach 405.
Kraus (Crouse), Johann 584.
Krause, H. 380.
Krebs, Marie 513.
Krehbiel 459.
Kreischer, Balthasar 408.
Kreisler, Fritz 513.
Kreutzer, Karl 456.
Krez, Konrad 314, 471.
Kroeber, Alfred L. 451.
Kröger, E. R. 515.
Kronberg. Louis 549.
Krüll, Gustav 409.
Krug, Karl 377.
Küffner, William C. 314, 324.
Kühne, Friedrich 419.
Kühnemann, Eugen 361.
Kuhn (Botaniker) 447.
— Adam (Mediziner) 458.
Kuhns, Oskar 463, 586.
Kuirlis, Peter 52.
Kunders, Tünes 52.
Kuntze, Edward 546.
— Johann Christoph 144.
Kunwald 513.
Kunz, George Frederick 449.

Kurtz 139.
Kutschera 525.

Lachmann 377.
Ladenburg 410.
La Fevre, Philipp 141.
Laiboldt, Bernhard 324.
Lange, Friedrich 459.
Langenberg 377.
Lankenau, Johann B. 583.
Larkin & Scheffer 408.
L'Arronge 518.
Lauck, Peter 187.
Laufkötter, August 282.
Launitz, R. 546.
Lauth, Bernhard 382.
Lederer, Johann 43, 446.
Leffler, Georg u. Jakob 220.
Lehmann, G. W. 407.
— Lilli 501, 524.
Leidy, Joseph 458.
Leiper, Thomas 420.
Leisler, Jakob 27.
von Lengerke-Meyer, Georg 336.
Lenning, Chas., & Co. 408.
Lensen, Jan 52.
Leonard, Helene Louise 529.
— Rudolf 361.
Leutze, Emanuel 533.
Lexow, Charles K. 581.
— Friedrich und Rudolf 441, 464.
Leyendecker, Joseph 552.
Leyh, Eduard 441, 465.
Lieber, Franz 311, 350, 357, 451, 479.
— Norman 455.
Liebig, Gustav 407.
Liebling, Emil 513, 515.
Lichtmay, Ines 523, 525.
Lienau, Detlef 569.
Lindemann, Wilhelm 402.
Linder, Henry 564, 568.
Lindenthal, Gustav 438.
Lindheimer, Ferdinand Jakob 447.
Link 447.
List, Friedrich 455.
Littauer, Gebr. 402.
Lochemes, Michael 479.
Lochmann, Pastor 135.

Loeb, Julius 551.
Löher, Franz 463.
Löser, Paul 441.
Lohmüller, Joseph 561.
Lorenz, Julius 515.
— Karl 496.
Lucca, Pauline 501, 218, 523.
Ludewig, Hermann Ernst 450.
Ludlow, Israel 257.
Ludwig, Christoph 181, 193, 214.
Lüken, Jan 52.
Lützenburg, Aloys 459.
Lugger, Otto 449.
Lukemann, Henry August 564.
Lukens, Karl 383.
Lutz, Johann 456.
Lux 378.
Luyken, Jan 52.
Lyon 315.

Maaß, Leopold 336.
— Louis 513.
Mac Dowell, Edward 515, 516.
Mack 90.
Mahler, Gustav 513.
Mallinckrodt Chemical Works 408.
Mannhardt, Emil 586.
Mansker, Kaspar 221, 254.
Maretzek, Max 523.
Martiny, Philipp 568.
Martyr, Peter 3.
Marx & Rawolle 408.
Mason, William 513.
Materna, Amalie 501, 510, 523, 526.
Mathies, Karl Leopold 312, 314.
Matkowsky, Adalbert 519.
Mattfeld, Marie 526.
Matzka, Georg 513.
Mauch, Max 564.
Mayr, Lina 519.
Mehrlin, Thomas 154.
Mehlig, Anna 513.
Meier, Adolf 382, 420.
Meinen, Franz 560.
Melchers, Gari 559.
Melsheimer, Friedrich Valentin und Friedrich Ernst 446.

Memminger, Karl Gustav 420.
— Gustav Ch. 326.
Menzel 447.
Mergenthaler, Ottomar 445.
Merz, M. 515.
Mesch, Elisabeth 474.
Methua-Scheller 519.
Metz, H. A. & Co. 408.
Metzger 447.
de Meyer, Nikolaus 42.
Meyer, Conrad 402.
Meyers, Jakob 259.
— Wilhelm 336.
Meylin, Martin 141.
Meytinger, Jakob 190.
Michel, Franz Ludwig 101.
Michels, Friedrich 493.
Miller (Viehzüchter) 378.
— Heinrich, 143, 183.
— Peter 143.
Miltenburger 458.
Minnewit, Peter 12.
Mittelberger, Gottlieb 118, 142.
Mitterwurzer, Friedrich 519.
Möllhausen, Balduin 466.
Moench, C. 400.
Mohr (Moor), August 310, 314.
Mollenhauer, Eduard 515.
Moran-Olden, Fanny 524.
Morgan, Daniel 186
Mosenthal, Joseph 513.
Mosler, Henry 553.
Muck, Karl 513.
Mühlenberg, Friedrich August 332, 335.
— Gotthilf Heinrich Ernst 447
— Heinrich Mechior 148.
— Peter 181, 205, 336.
Mühlmann, Adolf 526.
Müller (Holzschneider) 409.
— Jakob (Siedler), 220.
— Nikolaus (Abgeordneter) 336.
— W. (Architekt) 380
— Wilhelm (Dichter) 482, 497.
— Wilhelm (Fabrikant) 382.
Müller-Ury, Adolf 546.
Münch, Friedrich 463.
Münsterberg, Hugo 456, 457, 496.

Muschenheim, William C. u. Frederick A. 594.

Nagel, Charles 337.
Nahl 552.
Nast, Thomas 337, 538.
— Wilhelm 456, 589.
Neering, Heinrich 142.
Nehlig, V. 542.
Nehrling, Franz 449.
Neue Photographische Gesellschaft 410.
Neuendorf, Adolf 518, 523.
Neuheuser (Nihiser) 458.
Neumann, Johann Nepomuk 447.
Nicolai, Johanna 496.
Niedringhaus, Wilhelm F. u. Friedrich G. 385.
Niehaus, Charles 568.
Niemann, Albert 501, 524.
— -Raabe, Hedwig 519.
Nies, Konrad 472, 483, 497.
Niesvanger, Peter 221.
Nikisch, Arthur 511.
Nitschmann, David 86.
Noegerath 459, 460.
Norddeutscher Lloyd 412.
Nordheimer, Isaak 456.
Nordhoff, Karl 465.
Nutter, Johann 190.

Ocean Steamship Navigation Company 412.
Odilon, Helene 520.
Oelrichs & Co. 415.
Ohr, C. H. 458.
Opdyck, Gysbert 42.
Ortel, Maximilian 456.
Ortmann, Arnold 449.
Osterhaus, Peter Joseph 314, 315.
Osthaus, Edmund H. 550.
Ostwald, Wilhelm 361.
Ottendorfer, Anna 583.
— Oswald 441, 583
Otterbein, Philipp Wilhelm 149, 589.
Ottmann 409.

Pabst, Friedrich 394, 584.
— Gustav 394.

Pagenstecher, A. 444.
Paine, John Knowles 515.
Pannebäcker s. Pennypacker.
Panzner, Carl 513.
Pape, Erich 552.
Pappenheim, Eugenie 523, 526.
Parker, Horatio 516.
Pastorius, Franz Daniel 51, 446.
Paulus, Christoph 560.
Pauly, Peter J. 385.
Paur, Emil 507, 511.
Peabody, Francis G. 360.
Pelz, Paul Johannes 569.
Penck, Albrecht F. 361.
Penn, William 50.
Pennypacker (Pannebäcker), Familie 313.
— G. 314.
— Samuel W. 336, 463.
Pepper, William 458.
Petersen-Bielefeld, Peter 42.
Pettrich, Ferdinand 560.
Petzet, Walter 515.
Pfeiffer 447.
Pfenning, Ernst 407.
Pfister, Guido 400.
Pfizer, Charles & Co. 408.
Pieper, A. 380.
Philipp, Adolf 497.
Pilat, B. 380.
Piper, Konrad 383.
Pitcher, Molly 191.
Poehlmann, Johanna 526.
Pöschel, Michael 376.
Poselger 447.
Possart, Ernst 519.
Post, Christian Friedrich 161.
Postel, Karl (Charles Sealsfield) 466.
Poth, F. A. 583.
Potthast, Edward 546.
von Pourtales, Ludwig Franz 448.
Power, Weightmann & Rosengarten Co. 408.
Prang, Louis 409.
Precht, Viktor 496.
Pretorius, Emil 441.
Printz von Buchau, Johann 23.
Probst, Johann 382.
Puchner, Rudolf 480, 497.

Quitmann, Johann Anton 310, 336.

Raab, Heinrich 456.
Rabenhorst 184.
Raddatz, Karl 456.
Rafinesque 447.
Raible, Marie 496.
Raine, Friedrich 441.
Raith, Julius 310, 314, 325.
Ralph, Paula 526.
Rapp, Johann Georg 284.
— Wilhelm 441.
Rappold, Marie 526.
Raster, Hermann 441.
Rattermann, H. A. 463.
Rau, Karl 450.
Rauch, Christian Heinrich 89.
— F. A. 456.
de Reczke, Jean u. Eduard 525.
Reichelsdorfer, Friedrich 157.
Reinhardt, B. F. 549.
Reis, Albert 526.
— Daniel 220.
Reisenauer 513.
Reisinger, Hugo 598.
Reisser 377.
Rentgen, Clemens 382, 383.
Retzius 325.
Reuling, Georg 460.
Reuss, Adolf 268.
— P. J. 496.
Rheinfrank 595.
Richards, Theodore W. 361.
Rising, Johann 24.
Ritner, Joseph 336.
Rittig, Johann 465.
Rittenhausen, David 143, 446.
Ritter, Friedrich Louis 466, 515.
Ritter-Götze 525.
Robinson, Adolf 523, 524.
Rock, Georg 140.
Rockefeller, Johann Peter 409.
— John D. 409.
Roebling, Johann August 385, 429, 583.
— Washington, A. 426, 435.
Rölker, Bernhard 456.
Römer 447.
Roeser, Matthaeus 141.
Roeßler 459.
— & Haßlacher 408.

Rohe 458.
Rohr, Mathias 479.
Roller, Emil 497.
Rominger, Karl 448.
Rommel, Gustav 477.
van Rooy, Anton 525.
Rose, J. H. 377.
Rosefeld, Bernhard 259, 262.
Rosenberg, W. L. 497.
Rosenstengel, Wilhelm 456.
Rosenthal, Hermann 490.
— Moritz 513.
— Toby 554.
von Roth 459.
Roth, Filibert 379.
— Johannes 94.
Rothensteiner, Johannes E. 475.
Rothermel, Peter 541.
Rothmühl 525.
Rothrock, Dr. Joseph 379, 447.
Royal Americans, The 161.
Rubens, Harry 602.
Rubinstein, Anton 513.
Ruckstuhl, F. W. 564.
Rübesamen, Friedrich 464.
Rüdemann, Rudolf 449.
Rümelin, Karl 376.
— Karl Gustav 455.
Ruepping 398.
Rütschi, David 336.
Rufner, Georg 221.
Rungius, Karl 549.
Rupp, Daniel 463.
Ruppelius, Michael 268.
Ruppert, Eleonore 583.
Ruppius, Otto 466.
Rush, Dr. Benjamin 138, 170, 175, 498.
Russell, Lilian 529.
Rutter, Thomas 139.
Ryan, Thomas 513.

Saar, Louis 515.
Sachs, Julius 367.
Sachse, Julius 463.
Salling, Johann 154.
Salm 447.
Salomon, Friedrich 314.
— Eduard 336.
— Karl Eberhard 314.
Sansewein 377.

Sauer, Emil 513.
Saur, Christoph 63, 146, 174.
— — der Jüngere 143.
Scaria 510.
Schaaf, Johann Thomas 458, 459.
von Schack, Georg 314.
Schäberle, Johann M. 456.
Schäfer 315.
— Alkaloid Works 408.
— Piano Co. 405.
Schaff, A. 564.
— Philipp 455, 462.
Schaffer (Schäfer), Franz 514.
Schaffmeyer, Adolf 465.
Schandein, Emil 394.
Scharwenka, Xaver 513.
Scheer 447.
Scheff, Fritzi 525, 529.
— Wilhelm 106.
Scheffler, Wilhelm 377.
Scheib, Heinrich 367.
Schele, Maximilian 456.
Schell, Franz und Frederick 551.
— Johann Christian 219.
Schem, Alexander Jakob 456.
— Peter 583.
Schenck, Dr. C. A. 379.
Scherer, Oscar 400.
Schieren, Charles A. 401.
Schiff, Jakob H. 410.
Schilling, Alexander 409, 546.
Schimmelpfennig, Alexander 314.
Schiras 314.
Schladitz 409.
Schlag, Hugo 496.
Schlatter, Dr. Karl 407.
— Michael 148, 184.
Schleicher, Gustav 336.
Schlenk 410.
Schley, Johann Thomas 115, 150, 329.
— Winfield Scott 329.
Schlitz, Joseph 394, 584.
Schlosser, Georg 181.
Schmauk 463.
Schmick 195.
Schmidel, Ulrich 9.
Schmidt (Architekt) 576.
— Carl E. (Fabrikant) 401.

Schmidt, Johann Heinrich (Komponist) 514.
— Johann Wilhelm (Pastor) 184.
Schmitmeyer (Smithmeyer), Johann L. 569.
Schmitt, Friedrich Albert 495.
Schmitz, Eugenie 518.
Schmöle, Wilhelm 376.
Schmucker, S. S. 456.
Schnake, Friedrich 496.
Schnauffer, Karl Heinrich 469, 496.
Schneider, Emil 496.
— Karl Konrad 429.
Schnetter, Joseph 459.
Schnively, Jakob 458.
Schnyder, Simon 336.
Schöllkopf, J. F. 401.
Schönberger, Georg u. Peter 383.
Schönfeld, Hermann (Gelehrter) 456.
— H. (Komponist) 515.
Schönrich, Otto 367.
Schöpf, Alban 314.
Scholl 377.
Schott (Botaniker) 447.
— Anton 523.
— Arthur 449.
— Paul 215.
von Schrader, Alexander 314, 328.
Schrader, Georg H. F. 583.
Schramm, J. 377.
Schrank 447.
Schranz, A. 377.
Schratt, Kathi 519.
Schreewe 259, 262.
Schreiber, Ferdinand 497.
Schreyvogel, Charles 541.
Schriek, Paul 42.
Schriver 314.
Schröder-Hanfstängel 523.
Schuck, Michael 254.
Schuckert, Karl 449.
Schüssele, Christian 538.
Schüttner 315.
Schultz, August 400.
— Fritz 410.
Schulze, Johann Andreas 336.
Schumacher, A., & Co. 416.

Schumacher, F. 394.
— Hermann A. 361, 463.
Schumann-Heink, Ernestine 501, 525.
Schunk, Francis 336.
Schuricht, Hermann 367, 463.
Schurz, Karl 311, 314, 319, 334, 337, 338, 378, 465, 599, 602.
Schwab, Charles 383, 584.
— Gustav H. 415.
Schwan, Friedrich 517.
— Theodor 328.
Schwarz, E. A. 449.
Schwarzschild 399.
Schweighofer, Felix 520.
von Schweinitz, David 447.
Schwerdkopf, Johann 375.
Schwerin, D. B. 464.
Seebach, Marie 519.
Seeböck, W. C. 515.
Seidensticker, Oswald 456, 463, 600.
Seidl, Anton 507, 510, 522, 524.
Seidl-Kraus, Auguste 523, 524.
Seligmann, E. R. 455.
— Isaak 410.
Selinger, Paul 546.
Sembrich, Marcella 525.
Seubert 447.
Seybert, Adam 336.
Sibbel, Joseph 560.
Siegel, Henry 410.
Sigel, Franz 314.
Siller, Frank 475, 479.
Singer, Otto 515.
Simens, Jan 52.
Simon, Menno 49.
— Dr. Wilhelm 407.
von Skal, G. 465.
Sloman, Robert 411.
Sodowsky, Anton 154.
Sohmer & Co. 405.
Solger, Reinhold 464.
— Rudolf 367.
Sombart, W. 367.
Sonnenthal, Adolf 519, 520.
Sonntag, Wilhelm 538.
Sontag, Henriette 501.
— Karl 519.
Sorma, Agnes 519, 520.

Spangenberg (Zeichner) 380.
— A. G. 86.
Speck von Sternburg 598.
Speier, A. 278.
Speyer, James 410.
Spicker, Max 515.
Spielter, Hermann 515.
Spinner, Francis E. 326.
— Johann P. 326.
von Spitzer 568.
Spreckels, Claus 387, 419, 584.
Stade, Hans 9.
Stahel, Julius 314.
Stallo, Johann Bernard 334, 336, 339.
Stamer 377.
Staudigl, Josef 523.
Stavenhagen 513.
Steck & Co. 405.
Stedmann 140.
von Stein, Albert 423.
Steiner, Franz 526.
— Ludwig u. Bernhard 456.
— Michael 221, 254.
Steinweg (Steinway), Heinrich Engelhard 403.
von Steinwehr, Adolf 310, 314, 320.
Steinwehr, Christian 310.
Steinmetz, Dr. Karl Prometheus 440.
Steitz, Benjamin 256.
Steitzel, Robert 444.
Stengel, Georg 401.
Stern 377.
Sternberg, George M. 329.
Steuben, Friedrich Wilhelm von 226.
Stiefel (Brauer) 584.
— (Lehrer) 150.
Stiegel, Friedrich Wilhelm von 139.
Stieglitz, Alfred 549.
Stöhr, Eduard P. R. 406, 410.
Stöver 135.
Stollwerk, Gebr. 410.
Strauch, Adolf 380.
Straus, Oskar 337.
Strauß, Richard 513.
Strecker, Hermann 449.
Strepers, Wilhelm 52.
Strich & Zeidler 405.

Stricker, Johann 309.
Stritt, Albert 524.
Strobel, Charles S. 438.
Strübing, Philipp 190.
von Struve, Gustav 462.
van der Stucken, Frank 507, 512.
Sturenburg, Caspar 465.
Sucher, Rosa 525.
Sulzberger 399.
Sutro, Adolf 424, 584.
Sutter, Johann August 277.
Swearingen, J. 255.

Taloj (v. Jakob) 462, 467.
Tanneberger 142.
Taschemacher, Heinrich 283.
Taussig, Frank William 455.
Tellkampf, Johann 455.
Ternina, Milka 525.
Tewele, Franz 519.
Thalberg 513.
Thalmann & Co. 410.
Theiß, Johann W. 476.
Theissen, Reinert 52.
Thomann, Johann 377.
— Rudolf 497.
Thomas, Arthur 546.
— Theodor 507, 508.
Tietze 409.
Timm, H. C. 506.
Tisen, Reinert 52.
Toeplitz, Martha 496.
Topp, Alide 513.
Torges, A. 380.
Traut, Elise 593.
Treutlen, Adam 336.
Triebel, F. E. 564.
Troost, Gerhard 447.
Trophagen, Wilhelm 42.
Tünes, Abraham 52.
Twachtmann, John Henry 546.

Uhl, Edward 583.
Uhle, Friedrich Max 450.
Uihlein, Gebrüder 394.
Ulffers, Hermann 426.
Ulke, Henry 449.
Ulrich, Charles F. 546.
Unger, Julius 522.
Urban, Henry 465.

Valentini, Philipp 450.
Velten, Arthur 515.
Verona Chemical Works 408.
Vespucci, Amerigo 5.
Vianden, Heinrich 538.
Viereck, George Sylvester 490.
Villard, Henry 420, 583, 584.
van Vleck, Tielmann 42.
Vogel, Friedrich 400.
Vogt 459.
Vollmer, Johann P. 374.
Vonderschmitt, Johan 141.

Wachsner, Leon 521.
Wachtel, Theodor 501, 523, 525.
Wagner, Johann Andreas 325.
— Louis 314.
Walden, Harry 520.
Waldo, Samuel 113.
Waldseemüller, Martin 6.
Wallrat, Wilhelm 106.
Walther, Karl Ferdinand 588.
— L. F. 456.
Waltz, Peter 458.
Wanamaker (Wannemacher), John 336, 409.
Wangelin, Hugo 314, 325.
Wangenheim 447.
Weber, Albert 403.
— Gustav C. 459.
— Karl Maria 282.
— Max 314, 325.
— Wilhelm 267.
Wehrum, Heinrich 385.
Weimer, Karl Ferdinand 533, 537.
Weingartner, Felix 513.
Weinmann, Adolf Alexander 563.
Weiser, Johann Konrad 106.
— Konrad 109.
Weisflog, Gebr. 407.
Weiß, Familie 595.
— (Lehrer) 150.
— Ludwig (Rechtsgelehrter) 122.
Weitzel, Gebrüder 221.
— Gottfried 314, 323, 426.
Welb, Ferdinand 521.
Wells, Wilhelm 221.
Weltner, Ludwig 188.
Wenckebach, Carla 593.

Wenzell, A. B. 546.
Werber, Mia 520.
Wernweg 423.
Wesselhöft, Johann Georg 441.
Wetzel, Johann 255.
— Ludwig 255.
Weyberg 184.
Weyerhäuser, Friedrich 408.
White, Andrew D. 598.
von der Wieden, Georg Gerhard 189.
Wiesenthal, C. F. 458.
Wilhelmj, August 513.
Willich, August 314, 320.
Winkel, J. 377.
Winkelmann 510.
Winkler, Willibald 464.
Winter, Joseph 491.
Wirt, Wilhelm 336.
Wislizenus, Adolf 447.
Wissner, Otto 405.
Wistar, Kaspar (Fabrikant) 139.
— — (Mediziner) 458.
Wister, Isaak 314.
Woerishoffer, Anna 583.
Wolf, Georg 336.
Wolff, Albert 470.
Wolsiefer, Mathias (Musiker) 499.
Wolsieffer (Weinbauer) 376.
Wonneberg 380.
Wülfing 410.
Wuest, Albert 549.

Zane (Zahne), Ebenezer 257.
— Elisabeth 192.
Zeisberger, David 93, 450.
Zeller, Christiana 220.
Zenger, Peter 178, 441.
Zerrahn, Karl 507, 510.
Ziegenhagen 147.
Ziegler, David 257.
Zimm, Bruno Louis 564.
Zimmermann, G. A. 367.
— Mathias 142.
von Zinzendorf, Graf Nikolaus Ludwig 85.
Zipperlen, Adolf 459.
Zuberbühler, Sebastian 113.
Zundt, Ernst Anton 496.
Zweibrücken - Birkenfeld, Christian u. Wilhelm 242.